シリーズ

●監修● 瀬崎圭二

百貨店宣伝資料 1

白木屋 ① 『家庭の志る遍』第１号～第4号

ゆまに書房

（一）

（二）

（三）

（四）

（一）木綿《もめん》ちゞみの中形《ちうがた》　潮染《うしほぞめ》　雨《あめ》に散《ち》り銀杏《いてう》の模樣《もやう》は凄《すご》いほどの上あがり、價一圓五十五錢。

（二）潮染《うしほぞめ》。大勝利模樣《だいしやうりもやう》。探海燈《たんかいとう》の光《ひか》り

（三）白地《しろぢ》に濃《こ》いお納戸《なんど》で赤小豆《あづき》のさやを面白《おもしろ》き趣向《しゆかう》、價一圓四十五錢。

（四）濃《こ》き潮染《うしほぞめ》に植物《しよくぶつ》の葉《は》の線《せん》を何《なん》圓六十錢。

（イ）

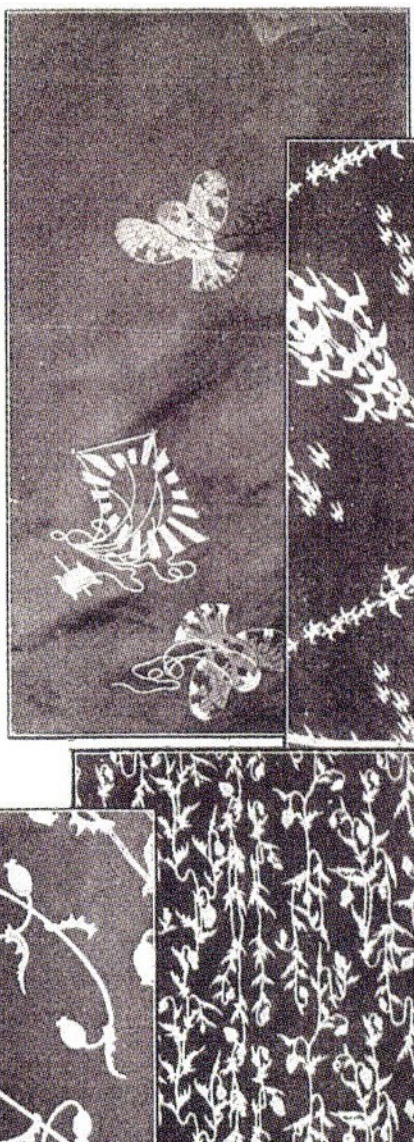

（ロ）

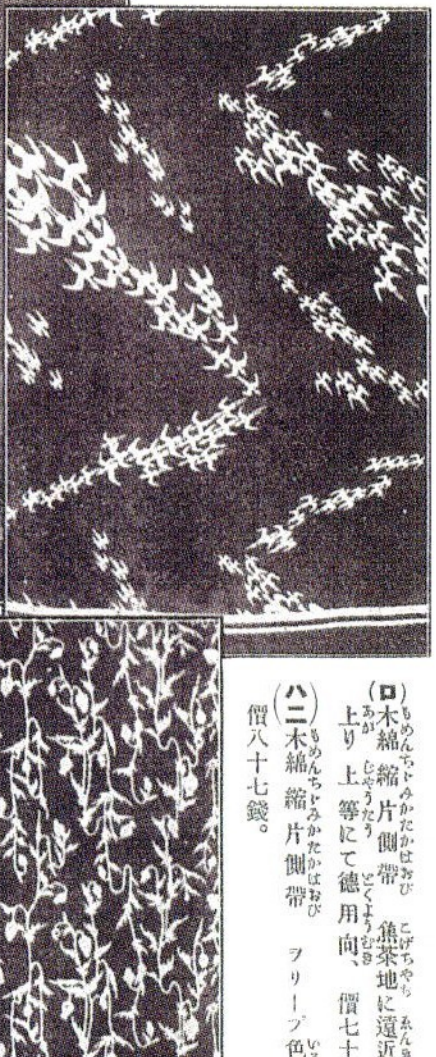

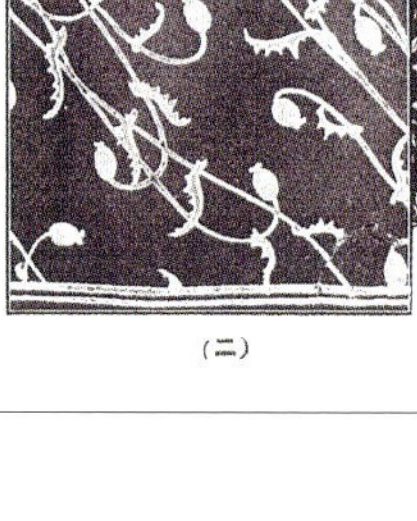

（ハ）

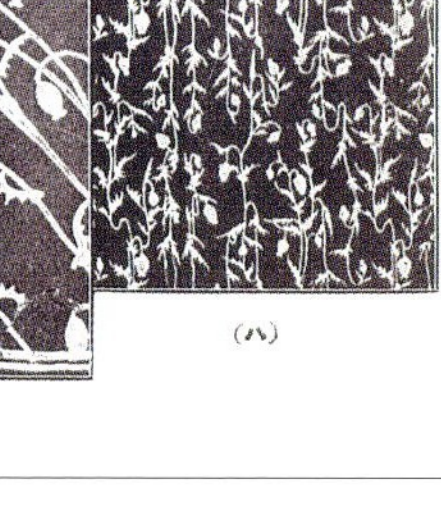

（ニ）

（イ）博多織片側帶地《はかたおりかたかはおびぢ》　地色《ぢいろ》薄赤小豆《うすあづき》へ鐵《てつ》お納戸利休茶等《なんどりきうちやとう》にて日章旗《につしようき》の凧《たこ》と紙鳶《とびだこ》に擬《ぎ》したる破《やぶ》れ鷲《わし》の凧《たこ》を散《ち》らしたる戰勝模樣《せんしようもやう》、價六圓八十五錢。

（ロ）木綿縮片側帶《もめんちゞみかたかはおび》　焦茶地《こげちやぢ》に遠近《ゑんきん》の千鳥《ちどり》を散《ち》らしたる染《そめ》上《あが》り上等《じやうとう》にて德用向《とくようむき》、價七十七錢。

（ハニ）木綿縮片側帶《もめんちゞみかたかはおび》　ヲリーブ色地《いろぢ》へけしの花《はな》の白《しろ》ぬき價八十七錢。

第１号より

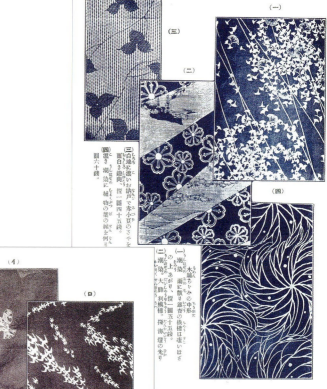

○金糸入縮緬長襦袢《きんしいりちりめんながじゆばん》 白地《しろぢ》へ五分隔《ぶへだ》て位《ぐらゐ》に金糸《きんし》もて細《ほそ》く霞《かすみ》のやうに織《お》り出《だ》したるに、彼《か》の蘇東坡《そとうば》にあらぬも朱竹《しゆちく》を描《ゑが》きこれに鼠《ねづみ》の竹《たけ》を影《かげ》に映《うつ》した達筆《たつぴつ》の好畫幅《とうぐわふく》、二《は》十前後《たちせんご》の標致婦人《ひやうちふじん》に適切《てきせつ》。

價拾九圓五拾錢

○明石縮《あかしちゞみ》 白地《しろぢ》に思《おも》ひきつて紅《くれない》のかすりは圖《ゴ》に表《あら》はしたる通《とほ》りにて凡《およそ》實物《じつぶつ》の十分一、十四五の銀杏返《いてふがへ》しに好適《とうてき》。價拾貳圓也。

○鹽瀬丸帶《しほせまるおび》 赤地《あかち》に寫生《しやせい》の蝶《てふ》のいろ〳〵、羽文《はもん》を彩糸《いろいと》にて縫《ぬひ》にしたる精《せい》巧《こう》の絶品《せつぴん》、十六七の令嬢《れいぢやう》に此上《こよ》なきもの。價參拾參圓五拾錢。

第２号より

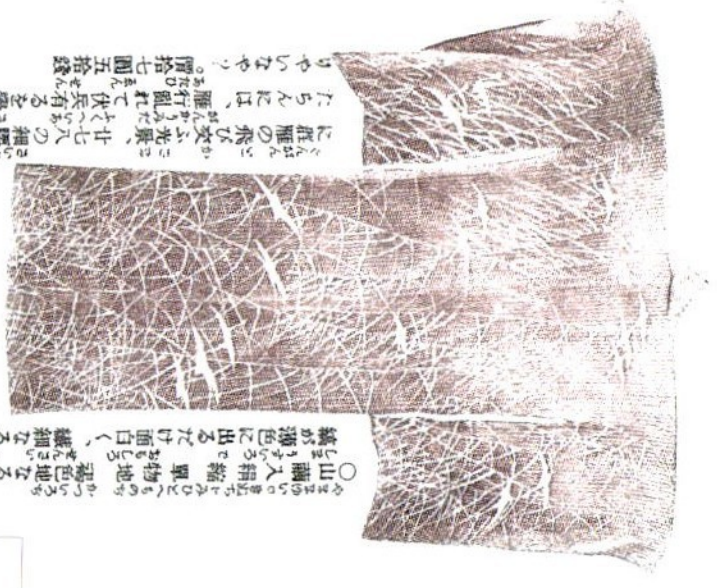

○山繭入絹縮單物地《やまゆいりきぬちゞみひとへものぢ》　褐色地《かついろぢ》なるも山繭《やまゝゆ》の縞《しま》が薄色《うすいろ》に出《で》るだけ面白《おもしろ》く、纖細《せんさい》なる草叢《そうくわ》の蘆《あし》に群雁《ぐんがん》の飛《と》び交《か》ふ光景《こゝ》、廿七八の細腰婦人《さいようふじん》が着《き》たらんには、雁行亂《がんかうみだ》れて伏兵《ふくへい》有《あ》るを覺《さと》る勇士《ゆうし》ありやいなやゝ。價《あたひ》拾七圓《ゑん》五拾錢《せん》

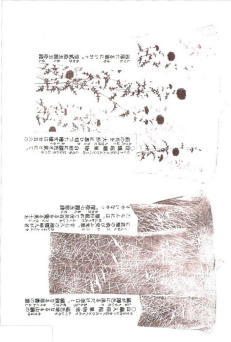

○段鶉縮緬單物《だんうづらちりめんひとへもの》　白地《しろぢ》に縹色《はないろ》と鼠《ねつみ》とにて、薊《あざみ》の花《はな》を大形《おほがた》に思《おも》ひ切《き》つた繪文樣《ゑもやう》は廿五六の洒落《しやれ》たる筋《すぢ》にいかゞ。價《あたひ》貳拾五圓《ゑん》五拾錢《せん》

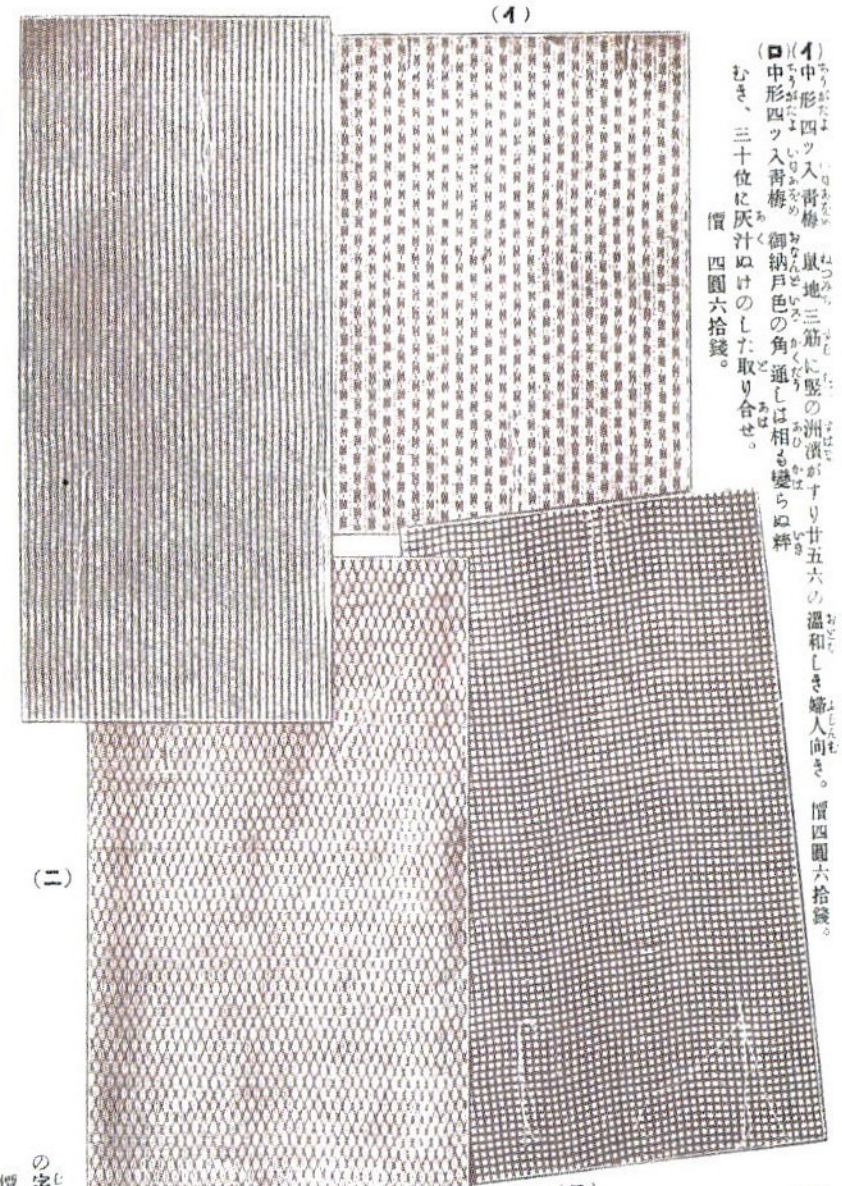

（イ）

（ロ）

（ハ）

（ニ）

（イ）中形四ッ入青梅《ちうがたよいりあをうめ》　鼠地《ねつみぢ》三筋《すぢ》に竪《たて》の洲濱《すはま》がすり廿五六の温和《おとな》しき婦人向《ふじんむ》き。價四圓六拾錢。

（ロ）中形四ッ入青梅《ちうがたよいりあをうめ》　御納戸色《みなんどいろ》の角通《かくだう》しは相《あひ》も變《かは》らぬ粋《いき》むき、三十位に灰汁《あく》ぬけのした取《と》り合《あは》せ。價　四圓六拾錢。

（ハ）四ッ入青梅《よいりあをうめ》　薄《うす》御納戸色《おなんどいろ》に西川《にしかは》縞《じま》を置《お》きたる眞《ま》面目《じめ》の柄《がら》、二十七八頃《ころ》の實用向《じつようむ》き。

價　四圓六拾錢

（ニ）中形四ッ入《ちうがたよいり》青梅《あをうめ》　鼠地《ねづみぢ》に萌《もや》し豆《まめ》の貝割《かいわ》り芽《め》の如《ご》き形《かたぎ》を行儀《ぎやうぎ》よく小紋《こもん》に染《そ》めたる粋《すい》にして温和《おとな》しき柄《がら》、廿五六のちよく〳〵着《ぎ》に誰《たれ》も不《ふ》の字《じ》は莫《なか》るべし。

價　四圓五拾五錢

第３号より

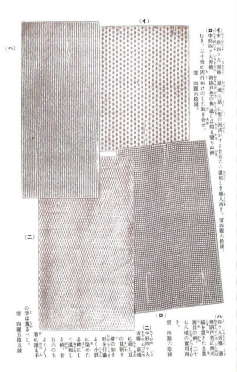

友禅《いうぜん》三種《しゆ》

（い）縮緬《ちりめん》、鼠地《ねづみぢ》へ鐵納戸地《てつなんどぢ》へ笹《さゝ》を染《そめ》出《だ》したる撥包《ばちづゝ》み、他《た》は悉《こと／＼》く寫生《しやせい》の色《いろ》に巧妙《こうめう》の染《そめ》を表《あらわ》したる新柄《しんがら》、太棹界《ふとざほかい》に捨《す》て難《がた》き品《しな》なるべし。價拾七圓

（い）

（ろ）

（は）紋羽二重地《もんはぶたへぢ》へ濃淡《のうたん》の墨繪《すみゑ》の如《ごと》き雲《くも》に荒濤《あらなみ》、なかに白鷺《しらさぎ》の舞《ま》ふさまは、いづれ我《わ》が旗艦《きかん》の檣《マスト》に羽《は》をや息《やす》めんか。

價拾四圓九拾錢

（は）

（ろ）縮緬《ちりめん》時代《じだい》紫地《むらさきぢ》へ扇散《あふぎち》らしは、濃紅《こきくれない》に白菊《しらぎく》など配《はい》色《しよく》の妙《めう》至《いた》れり盡《つく》せり。　價拾八圓

○紡績《ばうせき》并に漣織《さゞなみおり》の絣《かすり》

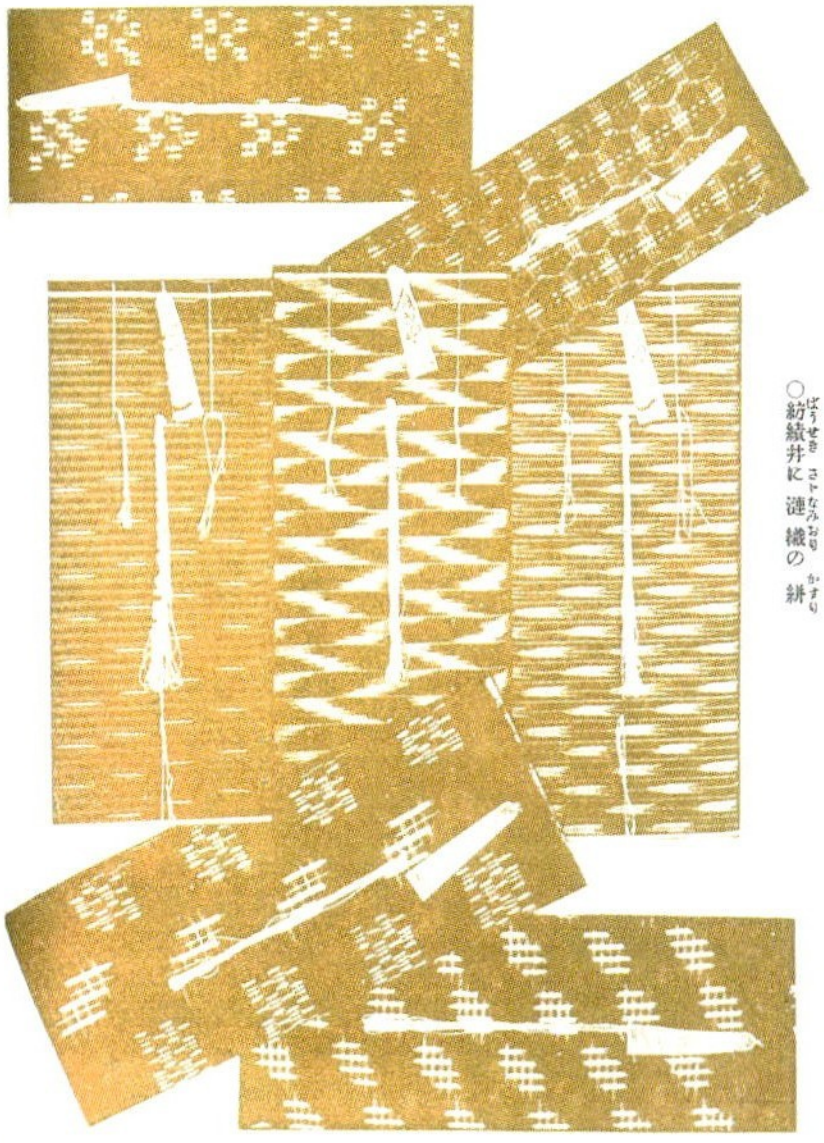

中央《ちうわう》に三反《たん》ならびたるは漣織《さゞなみおり》にて價は各武圓六拾錢上部《じやうぶ》と下《か》部《ぶ》の二反《たん》づゝは紡績絣《ばうせきがすり》にて價武圓前後《ぜんご》。各《おの／＼》精巧《せいこう》を極《きわ》めたる製品《せいひん》にて絹布《けんぷ》を陵《しの》ぐの趣《おもむき》あり。

第４号より

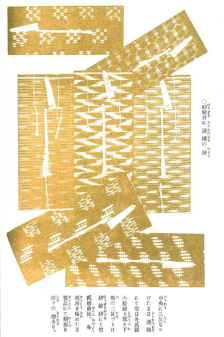

刊行にあたって

瀬崎圭二

かつて白木屋という百貨店が存在したことを知る人が現在どれほどいるのだろうか。それを、現在でも東京都内を中心に営業を続けている東急百貨店の前身であると説明することはもちろん可能である。しかし、白木屋の象徴であった日本橋本店の後身東急百貨店日本橋店も平成一一（一九九九）年に閉店してしまっており、その名残すら追うことは出来ない。そのような意味で、もはや白木屋は歴史となってしまっているし、それどころか、「百貨店」や「デパート」という語がもたらす質感、あるいは、その場が喚起するイメージ、物語ももはや失われつつある。

現在では知る人も少なくなっているのであろうが、江戸から昭和の時代において白木屋は日本を代表する呉服店であり、百貨店であった。それは単なる一商店ではなく、文化的な記号でもあった。白木屋の社史『白木屋三百年史』（株式会社白木屋　一九五七年三月）によると、その発端は、寛文二（一六六二）年に大村彦太郎が江戸の日本橋に開店した小さな小間物店にあるという。その後発展し、江戸有数の大店となった白木屋は、明治を迎え、近代的な百貨店の様式を取り入れていく。明治三六（一九〇三）年の店舗改築はその最たるもので、これを機に、巨大なショーウインドーや遊戯室、食堂の設置、陳列販売方式の導入が行われた。むろん、こうした改革は同時期の他の呉服店にも見られるものだ。

多くの呉服店が自社の宣伝のために月刊誌を刊行していくようになるのもちょうどこの頃のことである。白木屋では、明治三七（一九〇四）年七月に創刊された『家庭の志《し》る遍《べ》』とその後継誌『流行』がそれにあたる。こうした雑誌の大きな特徴は、その店で扱っている布地や帯などの商品を、写真や価格と共に誌面で紹介している点にある。そして、読者／消費者は、雑誌に添えられている注文書でそれらを実際に購入することもできた。月刊誌という速度の中で更新された商品が、流行として意味づけられていくという意味では後年のファッション誌と同じであり、雑誌を通じてそれらを購入することもできるという意味では通信販売のカタログ誌と同じであると言うことも出来る。ここには日々刻々と変化する当時の流行の一端が刻まれていると言って良い。

この度、その『家庭の志る遍』が復刻されることとなった。全十八冊を数えるこの月刊誌の奥付に編輯者として名が記されている山口笑昨は、前掲の社史によると、新潟で裁判所の判事を務めたのち白木屋に関係するようになったという。発行所として記されているのは冨山房で、雑誌の価格は「一冊十二銭」とある。こうした雑誌の発行はその呉服店が担うケースが多いのだが、冨山房に発行を委託している点で『家庭の志る遍』はやや特異だ。

この雑誌が刊行されていた当時は、日露戦争の最中にあった。第一号に掲載された「本誌発刊の必要」という序文にも、「一は此良心警発の機を利用して、戦捷国民の新家庭を準備し、一は戦捷後の道徳界を予想して、其弊害を未雨に彫繆す」という二つの目的が掲げられている。つまり、戦時下、あるいは来るべき戦勝後の家庭や道徳を形作るための雑誌であるというわけだ。したがって、口絵も戦場の様子を伝えるものが多く、誌面も戦争色が濃い内容となっている。明治二〇年代から家庭《ホーム》という概念が広まり、「家庭」の名を冠した雑誌が刊行されるようになることはよく知られているが、こうした系譜の中にこの『家庭の志る遍』を置くことも出来よう。それらの多くが女性を家庭に囲い込もうとする力に満ちていたように、この雑誌の誌面にも家事、育児や礼法に関する記事が毎号並んでいる。よって、この雑誌に毎号掲載されている読み物や小説も、家庭の女性を読者として想定していると考えて良いだろう。例えば、第一号、第二号に連載された青濤の小説「夏蜜柑」には日露戦に出征した兵士とその帰還を待つ女性たちの生活が描かれており、この雑誌の特徴が表れた物語内容となっている。当時の呉服店が刊行していた雑誌には文学作品が掲載されている場合も多く、白木屋のライバル、三越が刊行していた『時好』（明治三六〈一九〇三〉年八月創刊）や『三越』（明治四四〈一九一一〉年三月創刊）は文芸誌的な側面が強い。『家庭の志る遍』には文芸誌と呼べるほどの要素は認められないが、第十一号（明治三八〈一九〇五〉年五月刊行）に、紀行文や山岳文学の書き手として知られる遅塚麗水の小説「籤当」が掲載されていることには注意すべきだ。この雑誌に掲載された小説や読み物に注目してこの雑誌を捉え直すと、日露戦の戦時下において、白木屋の想定する読者／消費者にどのような物語が発信され、また受容されていたのかを知る手掛かりも得られよう。

（せざき・けいじ　同志社大学准教授）

凡　例

・本シリーズ「百貨店宣伝資料」は、明治・大正期において、流行の商品を消費者に宣伝し販売するために、各百貨店から発行された宣伝資料（PR誌）を復刻するものである。

・第Ⅰ期第一回として、一九〇四（明治三七）年七月～一九〇五（明治三八）年一二月に発行された、白木屋のPR誌『家庭の志る遍』（全十八冊）を復刻する。第二回以降では、後続誌である『流行』（一九〇六〈明治三九〉年一月～一九一八〈大正七〉年二月）を復刻する。

・なお『家庭の志る遍』の「遍」には、実際には変体仮名である「遍」が使われているが（第一八号のみ『家庭の志るべ』の表記）、本復刻では「遍」で代用する。

・原書の判形は、210ミリ×152ミリ（A五判に相当）、もしくは220ミリ×152ミリ（菊判に相当）である。収録に際しては、現行のA五判（210ミリ×148ミリ）に収まるよう適宜縮小した。

目次

『家庭の志る遍』

第一号（一九〇四〈明治三七〉年七月）／第二号（一九〇四〈明治三七〉年八月）
第三号（一九〇四〈明治三七〉年九月）／第四号（一九〇四〈明治三七〉年一〇月）

シリーズ

百貨店宣伝資料 1

白木屋 ①

『家庭の志る遍』

第一号（一九〇四〈明治三七〉年七月）

第壹號

目次

發刊の趣意
裁縫指南
室內裝飾……松浦伯直傳
式法（婚禮之部）
通俗法律
笑門……丈八述
流行案內
茶道……勇猛精進菴
料理法
素人醫者
小說夏蜜柑……青濤
表紙畫……內山倣塘

東京日本橋區
通壹丁目
白木屋呉服洋服店
店頭の全景

上掲の圖は白木屋呉服店が初夏流行の女裝標本として
ショーウヰンドに飾りたるもの

下掲の圖は同洋服店が夏季流行の小兒服標本として
ショーウヰンドに飾りたるもの

宮内省御用達
恵比壽ビール

○明治十一年京都博覽會褒狀
○明治十四年第二回內國勸業博覽會　褒狀
○明治十七年巖手縣勸業博覽會　三等賞牌
○明治十八年東京上野繭絲織物陶漆器五品共進會五等賞銀杯
○明治二十三年第三回內國勸業博覽會　褒狀
○明治二十七年富山縣富山市設博覽會　銅牌
○明治二十八年第四回內國勸業博覽會有功三等賞牌
○明治二十九年全國五二會京都品評會　有功賞銀牌
○明治三十年創設二十五年紀念博覽會　進步銀牌
○明治三十一年第二回五二會全國品評會進步銀牌
○明治三十二年一府九縣聯合共進會　二等褒賞
○明治三十三年大日本織物協會第三回織物展覽會銀牌
○明治三十三年第七回關西府縣聯合共進會　銀杯
○明治三十五年十月大日本織物協會第四回織物展覽會銀牌
○第五回內國勸業博覽會二等賞牌

山邊里平御袴地

○本練平　は最上練糸を以て製織したるものなれは高尚優美にして最も久しき耐ふ

○半練平　は地合柔軟なるか故に通常袴地の如く折されの憂なくしかも寒暑常用に適す

○極暑平　は地合瀟洒にして暑中酷熱の際といへとも更に苦熱を感せす

○精好平　は價格低廉にして常用に適す

小田工場

白熱瓦斯燈は光力五十燭光以上を有し瓦斯代は時間九厘餘に過ぎず石油ランプよりも費用は遙に低廉なり

瓦斯竈は本社の發明品にして專賣特許を得二升の米は瓦斯代僅かに一錢三厘は時間十八分にして炊くを得べく安全と人手を省き瓦斯と水道は家庭は勿論料理店旅宿其他飲食店の必用缺くべからざるものとなれり

瓦斯七輪、燒物器、西洋料理器も使用輕便瓦斯代は木炭よりも遙に低廉なり

燈火及炊事器工事費は極めて低廉にして御申込次第工事費見積書御送付可申上候

▲▲▲瓦斯器陳列所　縱覽御隨意▲▲

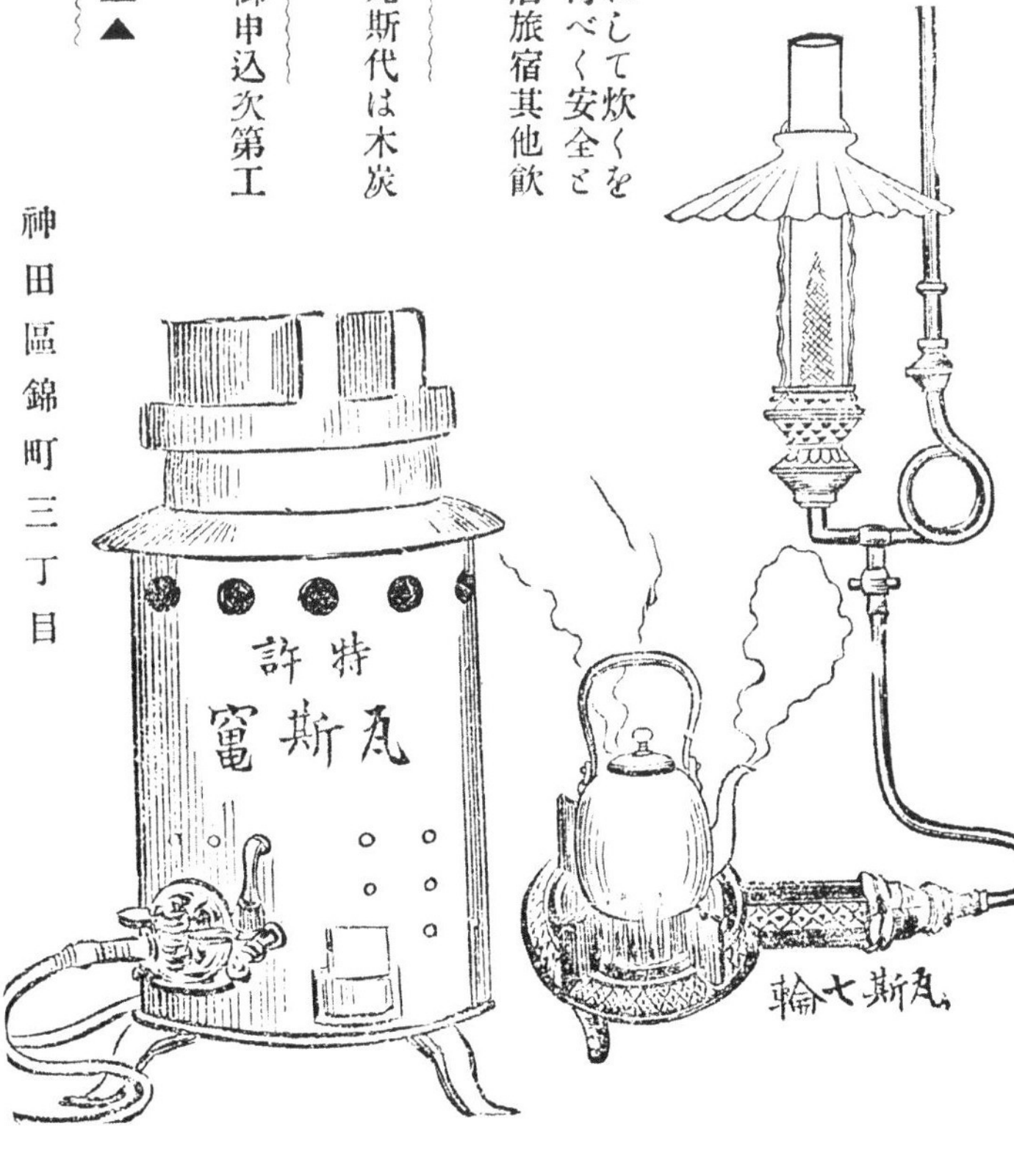

神田區錦町三丁目

東京瓦斯株式會社

電話本局　一三〇。五四八。五七〇。

本誌發刊の必要

征露《せいろ》の師《し》起《おこ》りて以來《いらい》、凡《およ》そ新《あら》たに現《あら》はるゝ雜誌《ざつし》にして、戰爭《せんさう》の意義《いぎ》を寓《ぐう》せざる名稱《めいしよう》なく、既《すで》に發行《はつかう》せられつゝありしものと雖《いへど》も、其多《そのおほ》くは所謂《いはゆる》武裝《ぶさう》して、國民敵愾《こくみんてきがい》の心《こゝろ》に投《とう》ぜんことを勉《つと》めざるはなし。然《しか》るに本誌《ほんし》が、獨《ひと》り平和的家《へいわてきか》庭《てい》の栞《しをり》として、猶《な》ほ敢《あへ》て讀書界《どくしよかい》の新位《しんゐ》置《ち》を要求《えうきう》せんとするものは、抑《そもそ》も故《ゆゑ》あり。

蓋《けだ》し今日《けんにち》の戰報雜誌《せんぱうざつし》は、偏《ひとへ》に目下《もくか》の現象《げんしやう》を描寫《べうしや》して、夫《か》の社會《しやくわい》の反影《はんえい》たる任務《にんむ》に應《おう》せんとする者《もの》なり。然《しか》れども本社《ほんしや》は更《さら》に一歩《ぽ》を進《すゝ》めて、審《つまびら》かに今後《こんご》の趨勢《すうせい》を照《て》らし、戰後《せんご》の情弊《じやうへい》を未《いま》だ兆《てう》せざるに救《すく》ひ、健全《けんぜん》なる思潮《してう》を將《まさ》に起《おこ》らんとするに奬《すゝ》めんとする者《もの》なり。現代《げんだい》を寫《うつ》すと將來《しやうらい》を奬《すゝ》むると、皆《みな》それ〴〵の必要《ひつえう》はあるべし、而《しか》も既《すで》に筆《ふで》を執《と》つて、苟《いやし》くも事《こと》に此《こゝ》に從《したが》ふ、吾輩《わがはい》は遂《つひ》に一時限《じかぎ》りのパノラマたるに安《やすん》ずる能《あた》はず、寧《むし》ろ趣味《しゆみ》あり、生命《せいめい》あり、他日《たじつ》の結果《けつくわ》を期《き》して種子《しゆし》を下《くだ》すの優《まさ》れるを取《と》らんとす。況《いは》んや家庭教育《かていけういく》を施《ほどこ》すの時機《じき》は、今日方《こんにちま》さに到來《たうらい》して、其効果《そのかうくわ》の擧《あ》げ易《やす》き、殆《ほと》んど千歳《ざい》一遇《ぐう》の觀《くわん》あるをや。見《み》よ。今回《こんくわい》の開戰《かいせん》は、元寇以來《げんくわういらい》の出來事《できごと》にして、其民心《そのみんしん》に影響《えいきやう》せることの大《だい》なる、決《けつ》して北條氏治下《ほうでうしちか》の民《たみ》が、嘗《かつ》て一たび經驗《けいけん》せる所《ところ》に讓《ゆづ》らざるものあり。擧國《きよこく》一致《ち》して同胞《どうはう》の實《じつ》始《はじ》めて堅《かた》く、五千萬人《にん》を打《だ》して一心《しん》となし、國《くに》を愛《あい》するの情日《じやうひ》に切《せつ》なり。而《しか》して此情《このじやう》の赴《おもむ》く所《ところ》、奸惡《かんあく》、邪慾《じやよく》、虚僞等《きよぎとう》の諸惡德《しよあくとく》は、悉《ことごと》く其形《そのかたち》を潛《ひそ》め影《かげ》を失《うしな》ひ、奉公義勇《ほうこうぎいう》の美念《びねん》之《こ》れに代《かは》りて、人《ひと》の精神界《せいしんかい》を領《りやう》するに至《いた》り、切《せつ》に言《い》へば、平生《へいせい》小紛争《せうふんさう》の弊竇中《へいとくちう》に煩悶《はんもん》して、知《し》らず〳〵諸種《しよしゆ》の色《いろ》を染《そ》め付《つ》けし人心《じんしん》は、一朝國敵《てうこくてき》の刺《し》撃《げき》を受《う》けて、飜然自《はんせんじ》覺《かく》し、今《いま》や楚々《そゝ》たる原色《げんしよく》に復《ふく》し得《え》たるなり。是《こ》れ豈教育《あにけういく》に志《こゝろざし》ある者《もの》の、大《おほい》に乗《じやう》ずべき好機會《かうきくわい》に非《あら》ずや。少《すく》なくも我國民《わがこくみん》は方《まさ》に良心警發《りやうしんけいはつ》の時代《じだい》に在《あ》るが故《ゆゑ》に、今日《こんにち》に於《お》ける訓誡《くんかい》一日《じつ》の効果《かうくわ》は、平日《へいじつ》に於《お》ける鞭《べん》撻《たつ》十日《じつ》に優《まさ》るものあるなり。是《こ》れ豈我家《あにわがか》庭《てい》のしるべの、新《あら》たに生《うま》るべき好誘引《かういういん》に非《あら》ずや。抑《そもそ》も勝《か》てる者《もの》は驕《おご》り易《やす》し。今日《こんにち》を以《もつ》て戰捷後《せんしようご》の我道德界《わがだうとくかい》を想《おも》ふに、頗《すこぶ》る寒心《かんしん》すべきものあり、一時《じ》蟄伏《ちつぷく》せる諸慾念《しよくねん》の勃發《ほつはつ》と共《とも》に、其增長《そのぞうちやう》の度《ど》とは、必《かな》らず開戰前《かいせんぜん》に倍蓰《ばいし》して、跳梁《たうりやう》の勢《いきほひ》當《あた》るべからず、漸《やうや》く譎詐《きつさ》淫靡《いんび》の風《ふう》を養成《やうせい》して、人生事業《じんせいじげふ》の立脚地《りつきやくち》たる家庭《かてい》の秩序《ちつじよ》を紊《みだ》り、和樂《わらく》を奪《うば》ひ、人心日《じんしんひ》に危《あやう》くして、道心遂《だうしんつひ》に泯《ほろ》ぶべし。故《ゆゑ》に苟《いやし》くも教育《けういく》に志《こゝろざし》ある者《もの》は、此際《このさい》豫《あらかじ》め戒飭《かいしよく》して、此狼藉《このらうぜき》を未然《みぜん》に防《ふせ》ぎ、戰捷國《せんしようこく》の人民《じんみん》をして、却《かへ》つて忌《いま》はしき零落《れいらく》の慘《さん》に泣《な》かざらしめんことを勉《つと》むるを要《えう》す。

要《えう》するに本誌《ほんし》は二の目的《もくてき》を有《いう》す、一は此良心警發《このりやうしんけいはつ》の機《き》を利用《りよう》して、戰捷國民《せんしようこくみん》の新家庭《しんかてい》を準《じゆん》備《び》し、一は戰捷後《せんしようご》の道德界《だうとくかい》を豫想《よさう》して、其弊害《そのへいがい》を未雨《びう》に彫繆《ちうべう》す、即《すなは》ち是《こ》れなり。その方法《はうはふ》施設《しせつ》の如《ごと》きは、之《こ》れを毎號《まいがう》の本誌《ほんし》に徵《ちよう》して可《か》なり。

裁縫指南

皐月《さつき》の雨《あめ》の一と閑《き》り歇《や》むだ、藍墨《あいずみ》で暈《ぼか》したやうに薄暗《うすぐら》ひ木陰《こかげ》を破《やぶ》つて、目覺《めさむ》るばかりに咲《さ》き亂《みだ》れた水晶《うの》花牆《はながき》を折《を》り廻《まは》して、潜《くゞ》り門《もん》の軒端《のきば》低《ひく》く、赤土《あかつち》の苦滑《こけなめ》らかに、艶々《つや〳〵》とした新樹《しんじゅ》の柿《かき》の葉《は》を、滴《したゝ》る雫《しづく》の雨《あめ》やさめ、濕《しめ》りがちな書齋《しよさい》の窻《まど》に、空《そら》うちながめてホト一と息《いき》、皇國《みくに》の敵《てき》、東洋《とうやう》の敵否文明《てきいなぶんめい》の敵《てき》と戰《たゝか》ふて、遼東《りやうとう》の野《や》に叱咤《しつた》の聲《こゑ》を嗄《か》らして部下《ぶか》の生命《せいめい》と成《せい》敗《はい》を雙肩《さうけん》に擔《にな》ふ勇《いさ》ましの夫健雄《をつとたけを》が消息《せうそこ》は、號外賣《がうわいぐう》りの鈴《りん》の音《おと》より胸《むね》まづ轟《とゞろ》きて、何《なに》は兎《と》もあれ死傷將校《しゝやうしやうこう》の名《な》に眼《め》を注《そゝ》ぎて鳩尾撫《みぞおちな》づることは今日《けふ》ばかりかは、健雄《たけを》が跡《あと》を囑《たの》むの一言《こと》を置《お》き土産《みやげ》にして征途《せいと》に上《のぼ》つた日《ひ》から計《かぞ》へて見《み》れば二月《つき》あまり、これも弟《おとうと》の招集《せうしふ》に田植《たうゑ》の手不足《てぶそく》から惜《お》しき暇《いとま》に涙《なみだ》を湛《たゝ》へて、葛飾《かつしか》の親元《おやもと》へ下《さが》つた婢女《げじよ》の代《かは》りには、不在守《るすまも》る身《み》に勿《もつ》體《たい》なしと豫《かね》て生家《さとかた》に生涯《せうがい》の我《わ》が儘勤《まゝづと》め、心利《こゝろき》きの兄《あに》の乳母《うば》お琴《こと》といふを賴《たの》みて對座《さしむかひ》の水入《みづい》らず、裸《むつき》のうちから手《て》しほにかけた子供扱《こどもあつか》ひが習慣《くせ》になつて、夫《をつと》もつ身《み》を孃樣《じやうさま》と呼《よ》んで稚《おさな》貌《がほ》の片靨《かたゑくぼ》、或《あ》る時《とき》は我《わ》が子《こ》でもあるかのやうに不禮《なめげ》に物言《ものい》ふて叱《しか》つた跡《あと》から手《て》を擂《す》つての詫言《わびこと》も時《とき》に取《と》つての笑《わら》ひのたね、

嚴肅《げんしゆく》のうちに圓滿《ゑんまん》な家庭《かてい》に育《そだ》てられて學《まな》びの道《みち》も暗《くら》からず、小野鵞堂師《おのがどうし》の女文字《をんなもじ》に消息通《せうそくかよ》

はしでは母《はゝ》を悦《よろこ》ばせ、矢田部《やたべ》順子《じゆんし》師の薫陶《くんとう》を實地《じつち》に應用《おうよう》して近《ちか》き邊《あた》りの學校《がくかう》へ通《かよ》ふ實家《じつか》の妹《いもと》どし子《と》はさら、二人《ふたり》三《み》たりの學友《とも》を集《あつ》めて裁《た》ち縫《ぬ》ひの稽古《けいこ》に半日《はんにち》を無邪氣《むじやき》にくらすが何《なに》よりの樂《たの》しみ、

折《おり》から潜《くゞ》り門《もん》の警鈴《すゞ》の音《おと》を跡《あと》に遺《のこ》して、靴音《くつおと》細《こま》かに入《い》り來《く》るは十二三の下《さ》げ髪《がみ》を紋入《もんい》りヲレンジ色《いろ》橙色キャンブリック地《ち》最精織したキャラコ米國仕《べいこくし》立《たて》へ白木屋《しろきや》洋服店《やうふくてん》が改良意匠《かいりやういしやう》を凝《こ》らして無論《むろん》大流行《おほはりうかう》のビショップカフにしたところは、優《ゆう》に元祿袖《げんろくそで》のおもむきが有《あ》つてやさしく、經木《けうぎ》眞田《さなだ》の白《しろ》とラベンダー色《いろ》薄藤色と組《く》むだ薄手《うすで》のハットにピンク色《いろ》のシホンで襞積《ひだ》をとつた飾《かざ》りをして、しほらしい野草《のぐさ》の造花《ざうくわ》ひと束《たば》ねの簪《かざし》を揷《さ》した可愛《かあゆ》らしさ、突《つ》きあたりの玄關《げんくわん》を餘所《よそ》にして勝手《かつて》の知《し》れた庭口《にはぐち》、柴《し》折戸《おりど》の懸《かけ》鐵《がね》を外《そと》かりはづして、常磐木《ときはぎ》や楓《かへで》の若葉《わかば》で蔽《お》ひ茂《しげ》つたなかを飛《と》び石《いし》づたいに、木雫《きしづく》を洋傘《かさ》にうけながら沓脱《くつぬ》ぎ石《いし》から椽《えん》へ腰《こし》をかけて、

『姉《ねへ》さん今日《こんち》は』

云《い》ひながら茶革網《ちやがはあ》みあげ靴《くつ》の紐《ひも》を解《と》いてあがる、姉《あね》の貞子《さだこ》は書齋《しよさい》の窻《まど》から斜《なゝめ》に笑顔《ゑがほ》を向《む》けて、愛《あい》の眼《め》を灑《そゝ》ぎ

『最《も》う學校《がくかう》が退《ひ》けたの?、』

『ハア未《ま》だ滿江《みつえ》さんは來《こ》なかつて』

『アーまだ入《い》らつしやらないのよ、』

『ソー?、』

乳母《うば》が運《はこ》ぶ苺《いちご》の一と皿《さら》を輕《かろ》く受《う》けて、衝《つ》いと起《た》つて椽側《えんがは》の片脇《かたわき》に置《お》いた本《ほん》の包《つゝ》みを持《も》つて來《き》て、ノートブックを取《と》り出《いだ》し、一二枚《まい》開《あ》けて見《み》て、

『今日《けふ》は何《なに》を敎《おし》えて下《くだ》すつて……、』

『ソウ?、一《ひと》つ身《み》の裁《た》ち方《かた》積《つも》り方《かた》を敎《おし》ねてあげませう、手帳《てちやう》へお書《か》きなさい、マア圖《ヅ》を

かくからお寫《うつ》し……、』

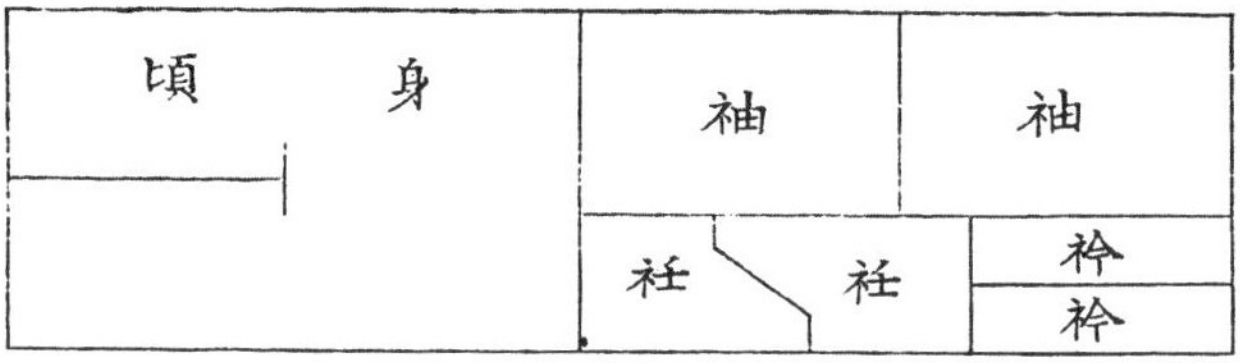

身丈《みたけ》　一尺九寸
袖丈《そでたけ》　一尺二寸五分
袖幅《そではゞ》　五寸五分
衽幅《おくびはゞ》　三寸五分
衽丈《おくびたけ》　一尺八寸
裙下《つましした》　一尺
鈎《かぎ》の長《なが》さ　八寸
衿肩明《えりかたあ》き　九分
衿丈《えりたけ》　三尺四寸

是《これ》は通常《つね》幅《はゞ》もの長《なが》さ八尺《しやく》八寸《すん》で一つ身《み》を拵《こしら》える裁《た》ち切《き》り寸法《すんぱふ》ですよ。

寸法《すんぱふ》の筆記《ひつき》が出來《でき》たらお話《はなし》しませう、今《いま》の圖《づ》のなかの布幅《ぬのはゞ》から袖幅《そではゞ》五寸《すん》五分長《よなが》さ五尺《しやく》を裁《た》ち切《き》ると片方《かたはう》へ三寸五分に五尺の切《き》れが出《で》ます、叉其《またそ》の切《き》れから衽《おくび》の二尺八寸を取《と》ると跡《あと》へ二尺二寸のものが出來《でき》ます、これを細《はそ》く眞《ま》二《ふた》つに裁《た》ちまして接《は》ぐと、四尺四寸の長《なが》さで一寸七分五厘の細長《はそなが》い切《き》れが出來《でき》ます、これで衿《えり》を三尺四寸に裁《た》ち切《き》ると殘《のこ》りが一尺になりますからこれを共衿《ともえり》にするのです解《わか》りましたか、

叉衿《またえり》のつけかたは接《は》ぎの有《あ》る方《はう》を下前《したまへ》に仕《し》ないと外面《そと》へ接《は》ぎが出《で》て見惡《みにく》くなるから氣《き》を注《つ》けないと笑《わら》はれますよ、』

『有《あ》り難《がた》う……、解《わか》りました、夫《そ》れから積《つも》り方《かた》は何樣《どう》すると宜《よ》くつて……、』

『其《そ》の積《つも》り方《かた》はね、身丈《みたけ》一尺九寸を二倍《ばい》すると三尺八寸になりませう、これに袖丈《そでたけ》一尺

二寸五分の四倍《ばい》五尺さを合《あは》せると丁度《てうど》八尺
八寸になります、是《これ》で用布《きれ》が解《わか》ります、サ
ア苺《いちご》を召《め》しあがれ、』
と、已前《いせん》の苺《いちご》を突《つ》きつけ　ると、無邪氣《むじやき》など
し子《こ》は筆記帳《ひつきちやう》を膝《ひざ》の上《うへ》へ置《お》いて、繰《く》り返《かへ》して
は讀《よ》みながら、一顆《ひとつ》づつ味《あじ》はつて居《ゐ》る、
『今日《けふ》はお父《とう》さまはお家《うち》にいらしつて？、』
『此《こ》の節《せつ》は兄《にい》さんはお役所《やくしよ》がお忙《いそが》しいのでお
退散《ひけ》が遲《おそ》いもんだから、お父《とう》さまは毎日《まいにち》お
隣《とな》りの叔父《おぢ》さんと碁《ご》ばかり圍《うつ》ていらつしや
るの、夫《それ》でも號外屋《がうぐわいや》が來《く》ると一《ひと》つ殘《のこ》らず買《か》
はせて、同《おんな》じものを幾枚《いくまい》も買《か》はせて皆《みんな》に調《わ》
笑《ら》はれる事《こと》があつてよ、』
『何故《なぜ》其樣《そんな》に號外《がうぐわい》をお買《か》ひになるの？、』
『此家《こゝ》の兄《にい》さまのことが氣《き》にかゝるつて…
…、』

『アラマー』
屢時《しばし》說話《はなし》も途切《とぎ》れた、
貞子《さだこ》は思ひ出《だ》したやうに
『サアお稽古《けいこ》にかゝりませう、
今度《こんど》は矢張《やつぱ》り通常幅《なみはゞ》もので、唯袖幅《たゞそではゞ》や衽幅《おくびはゞ》
衿幅《えりはゞ》なぞを濶《ひろ》くつもつて仕立《したて》るのにはそれ
ぞれ用布《きれ》の要《い》りかたが違《ちが》ひます、
何故《なぜ》なれば、前《ぜん》のは袖幅《そではゞ》や衽幅《おくびはゞ》が丁度《てうど》布幅《ぬのはゞ》
に適《あ》ふやうに割《わ》り合《あ》はせてありますから都《つ》
合《がふ》よく裁《た》てますが、袖《そで》でも衽《おくび》でも一《ひと》つ幅《はゞ》を
濶《ひろ》くすれば、裁《た》ち合《あは》せることか出來《でき》ますま
い、ですからそのときには用布《きれ》が澤山《たんと》要《い》り
ます、その裁《た》ち方《かた》は斯《か》うです、圖《づ》をお寫《うつ》し
なさい、』

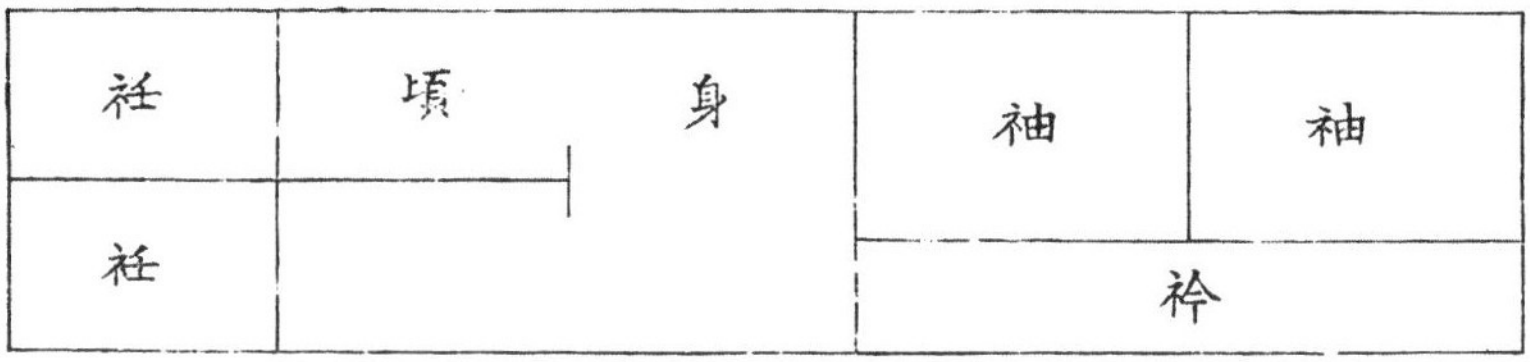

身丈《みたけ》　一尺九寸
袖丈《そでたけ》　一尺二寸五分
袖幅《そではゞ》　六寸五分
衽幅《おくびはゞ》　四寸五分
衽丈《おくびたけ》　一尺八寸
衿幅《えりはゞ》　二寸五分
衿肩明《えりかたあ》き　九分
衿丈《えりたけ》　三尺四寸

是《これ》は通常幅《つねはゞ》もので身丈《みたけ》や袖《そで》丈《たけ》などは前《まへ》の通《とほ》りですが、袖《そで》と衽《おくび》と衿《えり》の幅《はゞ》を廣《ひろ》くするために用布《きれ》の長《なが》く要《い》る裁《た》ち方積《かたつ》り方《かた》です、此《と》の用布《きれ》は一丈六寸要《い》るのです。

『サア是《これ》から此《と》の積《つも》り方《かた》を教《おし》えますから解《わか》らない所《ところ》が有《あ》つたらお質問《きゝ》なさいよ、』

とし子《こ》は輕《かる》く頷《うなづ》いて居《ゐ》る、

『身《み》丈《たけ》一尺九寸の三倍《ばい》五尺七寸の內《うち》から衽下《おくびさが》りの一寸を減《ひ》けば五尺六寸となりませう、其《そ》れへ袖丈《そでたけ》の一尺二寸五分の四倍《ばい》五尺を加《くは》へれば一丈六寸になります、これが用布《きれ》の丈《たけ》です、』

『身丈《みたけ》一尺九寸を何故《なぜ》三倍《ばい》するのです、』

『其《そ》れは子ー身丈《みたけ》一尺九寸が前《まへ》と後《うしろ》とで三尺八寸これが二倍《ばい》でせう、それへ衽丈《おくびたけ》を假《かり》に身丈《みたけ》と同《おな》じと見《み》てこれが一尺九寸で三倍《ばい》になりませう、其《そ》のうちから衽下《おくびさが》りを一寸減《ひ》くのですから、夫《そ》れ。身丈《みたけ》の三倍《ばい》から一寸減《ひ》く譯《わけ》になりませう、斯《か》う覺《おぼ》えてお置《お》きだと身丈《みたけ》を長《なが》くしても短《みじ》かくしても三倍《ばい》に積《つも》つてそれから衽下《おくびさが》りさへ減《ひ》けば可《い》いのです、』

門《もん》の戸《と》を肅《しつ》かに開《あ》け下駄《げた》の齒音《はおと》を細《こま》かに刻《きざ》んで、徹音《こやへ》に玄關《げんくわん》を訪《おとな》ふものは誰《た》ぞ。

千代田縮御召納戸地《ちよだちゞみおめしなんどち》、堅枠《たてわく》の中《なか》へ五《ぐ》の目《め》に矢《や》絣《がす》りを白《しろ》く織《お》り出《だ》した單物《ひとへもの》に、白地《しろち》モスリン友禪蕣《ゆうぜんあさがほ》の蔓《つる》を多少《たせう》ヌーボー式《しき》に染《そ》めた片側《かたかわ》に藤牡丹色山吹織《ふぢぼたんいろやまぶきおり》の晝夜帶《ちうやおび》、桃割《もゝわれ》の根掛《ねが》けに紅白《こうはく》の丈長《だけなが》、象牙元祿形團扇《ぞうげげんろくがたうちわ》の簪挿《かんざしさ》した十四には夙慧《ませ》た裝飾《つくり》の肥《ふと》り宍《じし》、

乳母《うば》のお琴《こと》が取《と》り次《つ》ぎにオヤ滿江《みつえ》さま入《い》らつしやいといふ聲《こゑ》を聞《き》いてとし子《こ》は納戸《なんど》へ隱《かく》れた、

滿江《みつえ》はお琴《こと》の尾《しり》について書齋《しよさい》の口《くち》から貞子《さだこ》に挨拶《あいさつ》しながら

『とし子《こ》さんは入《い》らつしやらなくつて?、』

『ハー』

と答《こた》へる片頰《かたほ》に笑《ゑみ》が密《ひそ》むで居《ゐ》る、

『アラ嘘《うそ》ばつかり、何處《どつか》においでゝすよ――ソラ此處《こゝ》にとし子《こ》さんの手帳《てちやう》が有《あ》つてよ、』

とし子《こ》は納戸《なんど》を死守《ししゆ》するの勇氣《ゆうき》が無《な》い、敵軍《てきぐん》の聲《こゑ》を聞《き》いたばかりに陷落《かんらく》して納戸《なんど》から轉《ころ》げ出《だ》した、

『ハ……』

とし子《こ》は笑《わら》ひ轉《こ》けた、

『夫《そ》れ御覽《ごらん》なさい、どふも奥樣《おくさん》の遠恍《とぼけ》ていらつしやるお顏《かほ》が可笑《おかし》いと思《おも》つてたら手帳《てちやう》を擢見《みつけ》て解《わか》つたのよ、』

『私《わたし》ア當初《はじめ》つからとし子《こ》が手帳《てちやう》も鉛筆《えんぴつ》も置《お》き去《ざ》りにして隱《かく》れたのが可笑《おかし》いけども、遠恍《とぼけ》て見《み》たのよ、』

『苛《ひど》いことよ奥樣《おくさん》まで同志《いつしよ》になつて私《わたし》を騙《だま》してサ、』

異口同音《いくどうおん》の洪笑聲《わらひごゑ》に納戸《なんど》に居《ゐ》る乳母《うば》までが釣《つ》り込《こ》まれた、

響動《どよみ》が止《や》むのを待《ま》つて貞子《さだこ》は徐《おもむろ》に滿江《みつゑ》に對《むか》つて、
『サア滿江《みつゑ》さん、とし子《こ》はもうお終《しま》ひなのですから、貴孃《あなた》お稽古《けいこ》をしませう、』
『有《あ》り難《がた》う夫《そ》れでは願《ねが》ひませう、』
『としちやんも一緒《いつしよ》にお聞《き》きなさい、』

（以下次號）

室內裝飾

松浦伯 直傳

近《ちか》き頃《ころ》より外國《とつくに》の學《まな》びの道弘《みちひろ》まりて以來《このかた》、何《なに》くれとなく彼《か》の國《くに》のことどもをのみ愛《めづ》るやうなりもてゆきて、家居《いへゐ》の造《つく》りざまもなかばは彼《か》の國《くに》ぶりに遷《うつ》りゆくやうなりにけり、然《さ》ればば家《いへ》のうちの裝飾《かざり》もおのづから彼《か》の國《くに》ぶりになりもてゆきて、今《いま》は早《はや》皇國《みくに》ぶりとも外國《とつくに》ぶりともわきがだきまで異樣《ことやう》になりにたり、
然《さ》れど家居《いへゐ》を彼《か》の國《くに》ぶりに造《つく》り營《いとな》みて、內《うち》のかざり何《なに》くれとなく彼《か》の國《くに》の習慣《ならはし》にまなぶこ

と左《さ》も有《あ》りぬべきことなれども、昔《むかし》からなる家居《いゝゐ》のうちを彼《か》の國《くに》ぶりに装飾《かざ》ることこそいと〳〵淺猿《あさま》しきわざなれ、況《まし》て漢《から》とも和《やまと》ともわいだめなく、只管《ひたすら》に調度《てうど》ども此所《こゝ》彼所《かしこ》に列《なら》べおきてしたりがほなるは無下《むげ》に賤《いや》しく、いかに清《きよ》く貴《たふと》き器物《うつはもの》なりとも、此《こ》のものなからましかはと思《おも》はる、

古《いにしへ》より斯《こ》の道《みち》には定《さだ》まりたる掟《おきて》ありて、其《そ》の道《みち》を言葉《ことば》にも文《ふみ》にも傳《つた》へ來《きた》り侍《はべ》りしを今《いま》はその書《ふみ》さへも絶《た》え〴〵になりて、斯《こ》の道《みち》のかれ〴〵になりゆくこそいと〳〵口惜《くちお》しけれ、茲《こゝ》に從《じゆ》二位《ゐ》松浦伯爵《まつうらはくしやく》の君《きみ》は鎭信公《ちんしんこう》の裔《にい》にましまして、斯《こ》の道《みち》に堪能《たんのう》に在《おは》ますとのきこえ世《よ》に高《たか》ければ著者《ちよしや》はいとも〳〵無禮《なめげ》なる事《こと》とは思《おも》ひつれども、今《いま》は早默止《はやもだし》がたくて彼《か》の君《きみ》の御館《みたち》に詣《まふ》て事《こと》のもとすへ聞《きこ》へあげければ、著《ちよ》者《しや》の忠實《まめ》なる心《こゝろ》をや酌《く》みとり給《たま》ひけん、頓《とつ》に聞《きこ》し召《め》しとゞけられ、君《きみ》がかね〴〵しらべ置《お》き給《たま》ひつる斯《こ》の道《みち》の掟《おきて》の書《ふみ》暫《しばし》のほどは貸《か》し與《あた》ふべしとの御《み》ゆるし蒙《かうむ》り且《かつ》はこの冊子《さうし》にうつし載《の》することまでもうべなひ給《たま》ひつることのいと〳〵嬉《うれ》しくかくは事《こと》の本末《もとすへ》を記《しる》して彼《か》の方《かた》ざまの厚《あつ》きみこゝろを讀者《どくしや》に知《し》らせまいらすことゝはなし侍《はべ》る、

御書《みふみ》のはしがき

家屋《かぞく》の構造《こうぞう》により本邦《ほんぽう》の古《こ》制書院造《せいしよゐんづくり》の家《いへ》は床棚付書院《とこだなつけしよゐん》一切《さい》の飾自《かざりおのづか》ら古法《こほう》のあるにより增減取捨《ぞうげんしゆしや》して宜《よき》に從《したが》はざるべからず依《よつ》て相阿彌《さうあみ》の飾《かざり》の書其他諸書《しよそのたしよしよ》に就《つき》て考量《こうりやう》し試《こゝろみ》に圖式《づしき》を物《もの》せり然《しか》れども棚書院《たなしよけん》の飾《かざり》は其品《そのしな》と物《もの》の取合《とりあはせ》により千變萬化《せんぺんばんくわ》一定《てい》しがたし大《だい》體此式《たいこのしき》により取捨《しゆしや》せば大綱《たいこう》を失《うしな》はさるべし若床棚《もしとこだな》なき間《ま》席《せき》には卓子《しよく》又《また》は机《つくへ》を置文房具《おきぶんぼうぐ》を陳列《ちんれつ》し花瓶《くわびん》などかざることもあるべけれ

ご必《かなら》ず簡潔高尚《かんけつこうしやう》を貴《たうとび》て複雜煩多《ふくざつはんた》なるを避《さ》くべきなり

壬寅夏　　心月菴主述

是《これ》にて知《し》らるべし、此《こ》の御《み》はしがきは後《のち》に出《だ》す棚飾《たなかざ》りの圖《づ》に添《そ》えべきなれど、足利時代《あしかゞじだい》の古《ふる》き文《ふみ》どもより彼《か》れこれ調査《てうさ》せられて漸《やうや》く全《まつた》き棚飾《たなかざ》りの圖《づ》を物《もの》せられたることのかしこければ、特《とく》に記《しる》して讀者《どくしや》に示《しめ》すことゝは爲《な》したり、又床飾《またとこかざ》り棚飾《たなかざ》り等正確《とうせいかく》の法式《はうしき》ども、普《あまね》く諸人《しよにん》に知《し》らしめむため茲《こゝ》に掲《かゝ》ぐることゝ爲《な》したるものなれば、都《すべ》て平話《へいわ》に解《げ》し易《やす》きを旨《むね》とすなれば本文《ほんぶん》に入《い》りては故《ことさ》らに俗談平話體《ぞくだんへいわてい》に記《しる》すことゝ爲《な》したり是《こ》は著者《ちよしや》の婆心《ばしん》なれば其《そ》の妄《もう》を尤《とが》むる勿《なか》らむことを冀《ねが》ふ。

○床《とこ》飾《かざり》

床《とこ》の間《ま》の掛物《かけもの》や飾《かざ》りなどは、仕方《しかた》によりて其《そ》の主人《しゆじん》の雅俗《がぞく》、心《こゝろ》の淺深《せんしん》も窺《うかゞ》ひ知《し》らるゝものでありますから無駄《むざ》とはせぬものであり丼《ます》、譬《たと》へば家《いへ》の寶物《たからもの》でも其《そ》の客《きやく》を撰《えら》んで出《だ》さなければなりません、漫《みだ》りに誇《ほこ》つて却《かつて》つ恥《はぢ》をかくこともあることですからよく〳〵工夫《くふう》せねばならぬことで有《あ》ります、それは自分《じぶん》の愛玩《あいぐわん》するのと客《きやく》に對《たい》して御馳走《ごちそう》に装飾《そうしよく》するのとは自《おのづ》然《と》區別《くべつ》の有《あ》る事《こと》ですから、其所《そこ》らは注意《ちうい》しなければなりません、歌道《かだう》の嗜《たしな》みのない人《ひと》に歌《うた》の掛物《かけもの》をかけたり、詩《し》の讀《よ》めない客《きやく》に詩《し》の掛《かけ》物《もの》をかけるなどのことは、少《すこ》しも客《きやく》に對《たい》する饗應《きやうおう》にはなりません。

尊《たつと》きお方《かた》の光景《おいで》あるときには爵位《しやくゐ》もなき人《ひと》の墨跡《ぼくせき》は掛《か》けぬ方《はう》がよろしく先《まづ》公卿《くげ》か高徳《かうとく》の人《ひと》の書畫《しよくわ》か書所《ゑどころ》か書博士《しよはかせ》の書《か》きたるものなどが宜《よろ》しいのです、俳人《はいじん》の句《く》や戯畫《ぎぐわ》の類《るひ》も圖柄《づがら》によつて斟酌《しんしやく》しなければなりません、尤《もつと》もこれは書院座敷《しよゐんざしき》向《む》きの床《とこ》の間《ま》のことを申《まを》したので

次々《つぎつぎ》の間《ま》や主人《しゆじん》の居間《ゐま》の床《とこ》などは折《をり》にふれて一興《きやう》の飾《かざ》りなどしましても宜《よろ》しひのです、

是《これ》より床飾《とこかざ》りの事《こと》を申《まを》しませう、

床《とこ》の間《ま》の三間以上《けんいじやう》も有《あ》るものには左《さ》の飾《かざ》りをするのが本式《ほんしき》で有《あ》ります

一　七幅《ふく》　對幅《ついふく》の中《ちう》は必《かならず》本尊繪《ほんぞんゑ》と申《まを》して佛畫《ぶつぐわ》を掛《かけ》るのを本式《ほんしき》として有《あ》ります

左
花瓶大
左
花瓶小
左
中尊　三具足　又中央卓 香爐 香合
右
花瓶小
右
花瓶大
右

右《みぎ》の通《とほ》り飾《かざ》りますのが正式《せいしき》で有《あ》ります、

又三具足《またみつぐそく》と申《まを》しますのは、香爐《かうろ》、燭臺《しよくだい》、花瓶《くわびん》の三つを申《まを》します、其《そ》の飾《かざ》りかたは、

花瓶　燭臺
香爐　香合
花瓶　燭臺

又略シテ

燭臺
香爐
花瓶

中央卓《ちうわうしよく》
上《うへ》に香爐《かうろ》此の香爐は生物の形を用ゐず
下《した》に香合《かうがふ》　又卓下花生《またしよくしたはないけ》
羽箒《はばうき》

而《さう》して花瓶《くわびん》は立花《りつくわ》か沙物《すなもの》と申《まを》して長角鉢《ながかくばつ》などに石止《いしど》め又《また》は轡《くつは》、蟹止《かにど》めなどに致《いた》しまして松《まつ》竹或《たけあるひ》は水草《みづくさ》などを生《いけ》るのであります、

（未完）

式法

婚禮の部

冠婚葬祭《くわんこんそうさい》は人生《じんせい》の大禮《たいれい》なり、殊《こと》に婚姻《こんゐん》は家庭《かてい》の基本《きはん》にして子孫《しそん》の淵源《ゑんげん》たり、須《すべから》く鄭重《ていてう》なるべし、

抑《そも》婚姻《こんゐん》の式法《しきはふ》に於《お》ける各國《かくこく》其《そ》の禮《れい》を異《こと》にすといへども古來《こらい》の習慣作法《しうくわんさはふ》を守《まも》ることにつきては其《そ》の揆《き》一《いつ》なり、故《ゆゑ》に婚儀《こんぎ》を擧《あ》げんとするものは古來《こらい》の習慣作法《しうくわんさはふ》に法《のつと》り、分限《ぶんげん》に應《おう》じてこれを行《おこ》はれんことこそ願《ねが》はしけれ、然《さ》れど世《よ》に古式作法《こしきさはふ》と稱《しやう》するものゝうちには、凡俗《ぼんぞく》の輩《ともがら》があられもなき事《こと》をことゞ〳〵しく古《いにしへ》より傳《つた》はれることにても有《あ》るかの如《ごと》く吹《ふい》聽《てう》して、世俗《せぞく》を迷《まよ》はすもの無《な》きにしもあらず、實《じつ》に等閑《なほざり》ならぬ曲事《くせごと》なり、是等《これら》の愚《おろか》なる事《こと》どもは設令《たとひ》襲用《もちい》きたれる家々《いへ〳〵》の習慣《ならはし》にてもよきに改《あらた》むべきことにて努々《ゆめ〳〵》すまじき僻事《ひがこと》なり、又昔《またむかし》より爲《な》し來《きた》れることにても、世《よ》も遷《うつ》り公《おほやけ》の法則《はふそく》も變《かは》りたる今《いま》の世《よ》に悖《もと》りて用《もち》ゆべきにもあらぬ事《こと》どもは爲《す》まじきことなり、結婚《けつこん》には必《なから》ず媒酌人《なかうど》を要《えう》することは古來《こらい》の習《なら》慣《はし》にて縉紳家《しんくけ》を除《のぞ》きては皆《みな》この媒酌人《なかうど》によりて緣《ゑん》を結《むす》ぶことゝは爲《な》せり、今《いま》の世《よ》になりては立法者《りつぱふしや》も爰《こゝ》に鑑《かんがみ》る所《ところ》ありてか民法《みんぱふ》に規定《きてい》して婚姻《こんゐん》の届《とゞ》けには必《かなら》ず二人《にん》の證人《しやうにん》を要《えう》することゝはせられたり、

然《さ》れば昔《むかし》よりの習慣《ならはし》たる媒酌人《なかうど》も、夫方《おつとかた》と婦《つま》の方《かた》とより各《おの〳〵》一人《にん》を選《えら》びて媒酌人《なかうど》となし、これを婚姻《こんゐん》の證人《しやうにん》として公《おほやけ》に届《とゞ》け出《いづ》るこそ雙方《さうはう》

の便宜《べんぎ》ともなるべく立法《りつぱふ》の精神《せいしん》にも適《かな》ふべくと思《おも》はる、

縁談《ゑんだん》稍《やゝ》調《とゝの》ひたるときは媒酌人《なかうど》の手《て》によりて雙方《そうはう》親族書《しんぞくしよ》を交換《とりかは》すこと昔《むかし》よりの習慣《ならはし》なり、开《そ》は一旦結婚《たんけつこん》するときは相互《たがい》に新《あらた》に尊族卑族《そんぞくひぞく》を得《う》る譯《わけ》なれば、其《そ》の尊族《めうへ》となり卑族《めした》となるべき人物《じんぶつ》の如何《いかん》は將來《のちく》に大《おほい》なる關係《くわんけい》あるものなり、故《ゆゑ》に豫《あらか》め相互《たがい》にこれを知《し》らしめ、而《しかし》て後《のち》納得《なつとく》の上決定《うへけつてい》することは當然《たうせん》のことなるべく、其《そ》の親族書《しんぞくしよ》の法式《はふしき》は

親族書を包みて折敷に載せたる形

親族書を綴りて三ッに折りたる形

親族書《しんぞくしよ》の內容《ないよう》は概略《あらかた》左《さ》の如《ごと》くに認《した》む

折目　折目

親族書

祖父　何　某

何某の何女

祖母　何　某

父　何　某

何某の何女

母　何　某

兄　何　某

姉　何　某

弟　何　某

妹　何　某

用紙大奉書横二ッ折書き方は一家の尊長より順次に認め伯父《おぢ》伯母《おばい》従兄弟《いと》姉《こ》妹等の血族《けつぞく》を洩《も》れなく記載《きさい》する事

用紙を圖の如く横折りにして更に三つ折にし一折のうちへ三名を並べ書くべし、折目に懸《かゝ》らぬやう認むるを法とす

親族多くして二枚の用紙に書き盡《つく》せぬときは三枚以上を水引にて綴《つゞ》り認むべし但水引の綴《とぢ》目《め》を表《おもて》とする事

水引は結びきりにして其のさきを涙がしらの如く巻くなり

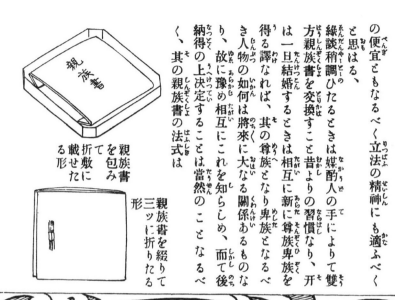

右《みぎ》の親族書《しんぞくしよ》を交換《とりかは》せたるのち何《いづ》れも差支《さしつかへ》なきときは其《そ》の旨《むね》を媒酌人《なかうど》に通達《つうたつ》し、兩媒酌人《りやうなかうど》が雙方《そうはう》の意志《ゐし》を交換《こうくわん》して始《はじ》めて縁談《ゑんだん》は纒《まと》まりたるなり、

因《ちなみ》に云《いふ》　古式《こしき》に依《よ》れば此《こ》の縁談纒《ゑんだんまと》まりたる後更《のちさら》に迎《むか》ふる方《かた》より縁女《ゑんちよ》の方《かた》へ呉服尺度《ごふくざし》を送《おく》るなり、縁女《ゑんちよ》は此《こ》の尺度《ものさし》を用《もち》ゐて衣服《いふく》の寸法書《すんばふしよ》を送《おく》るこれを第《だい》二の交換《とりかはせ》と云《い》ひしなり、而《しか》して迎《むか》ふる方《かた》は此《こ》の寸法書《すんばふしよ》によりて結納品《ゆひなうひん》の襠《かけと》小袖等《そでとう》を作《つく》るなり、是《こ》は事《こと》の序《ついで》に書記《かきしろ》し讀者《どくしや》の參考《さんこう》に供《きやう》するのみ。

（以下次號）

通俗法律

婦女《ふちよ》に最《もつと》も接近《せつきん》したものは何《なん》ぞと問《と》はゞ、裁《さい》縫料理《はうれうり》法《はふ》のごときものに先指《まつゆび》を折《を》らるべし、斯《か》く人《ひと》が初《はじ》めに算《かぞ》へあげらるればこそ、是等《これら》の業《わざ》には誰《たれ》しも怠《おこた》りなく勉《つと》め學《まな》ばるゝなれ、其《そ》は衣食住《いしよくぢう》の三《みつ》にかぞへあげられて日夕須臾《につせきしばらく》の間《ま》も離《はな》れがたき關繫《かんけい》のありて、然《しか》も此《こ》の二つを調理《てうり》することは婦女《ふちよ》の勤《つと》めたることと海《うみ》の東西《とうざい》を通《つう》じての習慣《ならはし》なればなり、

然《さ》れどこれよりもなほ離《はな》れがたきものは、各《かく》人《じん》の身《み》にとりて當然《たうせん》の保護《はご》たる法律《はふりつ》の一部《ぶ》な

るべし、
未《ま》だそれのみかは、身體財產《しんたいざいさん》を保護《はご》するうへに必要《ひつにう》の注意《ちうい》を缺《か》くときは、思《おも》ひもよらぬ災《さい》難《なん》に遇《あ》ふことあるべく、夫等《それら》の例少《ためしすくな》からざれば、家庭《かてい》に必要《ひつにう》なる法律《はふりつ》の解《と》き明《あか》しをなす序《ついで》に其《そ》の一《ひと》つふたつを取《と》りませて平易《へいゐ》に話《はな》してお聞《き》かせ申《まを》すべし、

婚姻

結婚《けつこん》は一生涯中《しやうがいちう》の大禮《たいれい》でありまして、昔《むかし》から配偶《はいぐう》の宜《よろし》きを得《え》ないのは百年《ねん》の不作《ふさく》だといふ諺《たとへ》が有《あ》ります、實《じつ》にこれを撰《えら》ぶことは輕々《かるぐ》しく出來《でき》ぬものといふことは云《い》ふまでもないことですが扨良縁《さてりやうえん》を得《え》てから第《だい》一等閑《なほざり》に出來《でき》ないものは法律上夫婦《はふりつじやうふうふ》の關係《くわんけい》を完然《くわんぜん》にせねばならぬことです、
親《おや》と親《おや》とが承諾《しやうだく》して媒酌人《なかうど》親戚《しんせき》立《た》ち合《あ》ひで正《せい》當《たう》に婚禮《こんれい》の式《しき》を擧《あ》げたとか否立派《いやりつぱ》に結納《ゆひなう》を取《と》り交《かは》せたから夫婦《ふうふ》に違《ちが》いないといふのは昔氣《むかしかた》質《ぎ》の言《い》ひ種《ぐさ》で謂《い》はゞ一家《いつか》の私事《わたくしごと》、法律《はふりつ》の眼《め》から見《み》ては夫婦《ふうふ》でも何《なん》でもない赤《あか》の他人《たにん》です、夫《それ》ですから此《と》の夫婦《ふうふ》の關係《くわんけい》を第三者《たにん》にまでも爭《あらそ》はれるやうに固《かた》めて置《お》くには

民法

第七百五十五條　婚姻《コンイン》ハ之《コレ》ヲ戶籍吏《コセキリ》ニ屆出《トヾケイ》ヅルニ因《ヨツ》テ其効力《ソノカウリヨク》ヲ生《シヤウ》ズ
前項《ゼンコウ》ノ屆出《トヾケイデ》ハ當事者雙方《タウジシヤソウハウ》及《オヨ》ビ成年《セイチン》ノ證人《シヤウニン》二人以上《ニンイジヤウ》ヨリ口頭《コウトウ》ニテ又《マタ》ハ署名《シヨメイ》シタル書《シヨ》面《メン》ヲ以《モツ》テ之《コレ》ヲ爲《ナ》スコトヲ要《エウ》ス

此《こ》の法條《はふでう》の通《とほ》り區役所《くやくしよ》又《また》は町村役塲《ちやうそんやくば》のうちに設《まう》けてある戶《と》籍吏《せきり》區ならば區長町村ならば町村長が兼るに屆《とゞ》けるのが肝要《かんにう》です、
法文《はふぶん》を御覽《ごらん》の通《とほ》り戶《と》籍吏《せきり》に屆《とゞ》けたのに因《よつ》て夫《ふう》婦《ふ》といふ効力《かうりよく》を生《しやう》ずるのでありますから、無《む》論屆出《ろんとゞけいで》なければ其《そ》の効力《かうりよく》を生《しやう》じませんから、

前《まへ》にも申《まをし》ました通《とほ》り他人《たにん》に相違《ちがひ》ありません、此《こ》の届《とゞ》けを等閑《なほざり》にした結果《けつくわ》は何樣《どう》であるかといへば、若《も》し此《こ》のまゝで子《こ》でも出來《でき》ました時《とき》には有惜《あたら》無垢《むきづ》の嫁君《よめぎみ》に私生子《かくしご》の届《とゞけ》をさせねばならぬ哀《あは》れなこととなります、夫《それ》ばかりでは有《あ》りません、法律《はふりつ》が親子《おやこ》の關係《くわんけい》を規定《さだ》めました條《くだり》に

○民法

第八百二十條　妻《ツマ》ガ姻婚中《コンインチウ》ニ懷胎《クワイタイ》シタル子《コ》ハ夫《オット》ノ子《コ》ト推定《スイテイ》ス

婚姻成立《コンインセイリツ》ノ日《ヒ》ヨリ二百日後《ニチゴ》又《マタ》ハ婚姻《コンイン》ノ解《カイ》消若《シヤウモシ》クハ取消《トリケシ》ノ日《ヒ》ヨリ三百日内《ニチナイ》ニ生《ウマ》レタル子《コ》ハ婚姻中《コンインチウ》ニ懷胎《クワイタイ》シタルモノト推定《スイテイ》ス

此《こ》の通《とほ》りに定《さだ》めてありますから、若《も》し婚姻《こんいん》の届《とゞ》けを二月《ふたつき》三月《つき》も等閑《なほざ》つて漸《やうや》く届《とゞ》けた頃《ころ》は、既《すで》に妊娠後《にんしんご》數日《すじつ》を經《へ》て居《をり》まして、其《そ》の子《こ》が生《うま》れた曉《あかつき》に萬一《まんいち》にも夫婦《ふうふ》の間《あひだ》に紛紜《ごた〳〵》があつて、結婚届《けつこんとゞ》けの日《ひ》から二百日《にち》たゝぬうちに生《うま》れた子《こ》であるから、夫《をつと》の子《こ》ではない、世俗《せぞく》に云《い》ふ將來《をみやげ》胎兒《げ》であると、法律《はふりつ》を楯《たて》にとつて正面《しやうめん》から苦情《くじやう》を付《つ》けられたら、譬《たと》へ結納《ゆひなう》が取《と》り交《かは》せて有《あ》らうが媒酌人《なかうど》が立《た》ち會《あ》はうが裁判所《さいばんしよ》では夫婦《ふうふ》の子《こ》とは見認《みと》めませんから、泣《な》く〳〵嫁女《よめぢよ》の私生兒《かくしご》として、有《あ》らぬ浮《う》き名《な》を戸籍《こせき》の表《おもて》に流《なが》さねばならぬことになります、斯《か》ういふことも有《あ》りますから其《そ》の届《とゞ》けは結婚《けつこん》と同時《どうじ》にするが當然《あたりまへ》のことで有《あ》ります、而《さう》して其《そ》の届《とゞ》けやうは書面《しよめん》ならば

婚　姻　届（二通夫の戸籍吏へ出す）

何市縣何區郡何町村幾番地戸主身分職業

夫　松　野　竹　雄

何年何月何日生

右實父　松　野　松　平

右實母　松　野　ウ　メ

何府縣何郡區何町村幾番地身分職業
戸主福田祿造長女
妻　福田ツル
何年何月何日生
右實父　福田祿造
右實母　福田カメ
右婚姻致候間戸主及ヒ各父母連署此段及御届候也
明治何年何月何日
届出人　夫　松野竹雄㊞
届出人　妻　福田ツル㊞
何府縣何郡區何町村幾番地身分職業
證人　金田銀吉㊞
何年何月何日生
何府縣何郡區何町村幾番地身分職業
證人　寶井滿也㊞
同意者　父　松野松平㊞
同意者　母　松野ウメ㊞
同意者　父戸主　福田祿造㊞
同意者　母　福田カメ㊞
何市縣何郡區戸籍吏何某殿

此《こ》の届《とゞ》けを戸籍吏《こせきり》が受付《うけつけ》れば其《そ》の時《とき》から天下《てんか》晴《は》れての結婚《けつこん》となるのです、若《も》し此《こ》の届《とゞ》けをするとき父《ちゝ》か母《はゝ》が此《こ》の世《よ》に亡《な》い人《ひと》ならば父亡《ちゝばう》又《また》は母亡《はゝばう》何某《なにがし》と前《まへ》に書《か》くだけで無論《むろん》連署《れんしよ》は省《はぶ》くのです、又届出人《またとゞけいでにん》が戸主《こしゆ》でない家族《かぞく》の子《こ》であつたならば別《べつ》に戸主《こしゆ》の同意《どうい》連署《れんしよ》か又《また》は同意《どうい》證書《しやうしよ》を添《そ》へて出《いだ》さねばなりません、

斯《か》うして正當《せいたう》に法律上《はふりつじやう》の夫婦《ふうふ》となりました上《うへ》は安全《あんぜん》なもので他《はた》から故障《こしやう》の出《で》やうもなく、夫婦《ふうふ》の間《なか》も些細《さゝい》な悶着《もんちやく》ぐらゐで別《わか》れるの何《なん》のと輕々《かるぐ》しい事《こと》は出來《でき》ません、何故《なぜ》なれば、夫《をつと》なり妻《つま》なり一方《いつぱう》が同意《どうい》しませんときは、裁判《さいばん》

の結果《うへ》でなければ別《わか》れることが出來《でき》ません、其《そ》の裁判所《さいばんしよ》が成程別《なるほどわか》れたいといふのが道理《もつとも》だと片方《かたはう》を勝《か》たせるには、法律《はふりつ》に定《さだ》めてある條件《かでう》がなくては、氣《き》に入《い》らぬの家風《かふう》に適《あ》はぬのと古風《こふう》な我《わ》が儘《まゝ》では許《ゆる》しませぬ、而《さう》して裁判所《さいばんしよ》が離婚《りこん》を許《ゆる》す條件《でうけん》とは斯《か》うです、

○○民法

第八百十三條　夫婦《フウフ》ノ一方《パウ》ハ左《サ》ノ場合《バアヒ》ニ限《カギ》リ離婚《リコン》ノ訴《ウツタヘ》ヲ提起《テイキ》スルコトヲ得《ウ》

一　配偶者《ハイグウシヤ》ガ重婚《ジウコン》ヲ爲《ナ》シタルトキ

二　妻《ツマ》ガ姦通《カンツウ》ヲ爲《ナ》シタルトキ

三　夫《オツト》ガ姦淫罪《カンインザイ》ニ因《ヨ》リテ刑《ケイ》ニ處《シヨ》セラレタルトキ

四　配偶者《ハイグウシヤ》ガ僞造《ギゾウ》、賄賂《ワイロ》、猥褻《ワイセツ》、竊盜《セツトウ》、强盜《ゴウトウ》、詐欺取財《サギシユザイ》、受寄財物費消《ジユキザイモツヒシヤウ》、贓物《ザウモツ》ニ關《クワン》スル罪若《ツミモシ》クハ刑法第《ケイホフダイ》百七十五條第《デウダイ》二百六十條《デウ》ニ掲《カヽ》ゲタル罪《ツミ》ニ因《ヨ》リテ輕罪以上《ケイザイイジヤウ》ノ刑《ケイ》ニ處《シヨ》セラレ又《マタ》ハ其他《ソノタ》ノ罪《ツミ》ニ因《ヨ》リテ重禁錮《ジウキンコ》三年《子ン》以上《イジヤウ》ノ刑《ケイ》ニ處《シヨ》セラレタルトキ

五　配偶者《ハイグウシヤ》ヨリ同居《ドウキヨ》ニ堪《タ》ヘサル虐待又《ギヤクタイマタ》ハ重大《ジウダイ》ナル侮辱《ブジヨク》ヲ受《ウ》ケタルトキ

六　配偶者《ハイグウシヤ》ヨリ惡意《アクイ》ヲ以《モツ》テ遺棄《イキ》セラレタルトキ

七　配偶者《ハイグウシヤ》ノ直系尊屬《チヨクケイソンゾク》ヨリ虐待又《ギヤクタイマタ》ハ重大《ジウダイ》ナル侮辱《ブヂヨク》ヲ受《ウ》ケタルトキ

八　配偶者《ハイグウシヤ》ガ自己《ジコ》ノ直系尊屬《チヨクケイソンゾク》ニ對《タイ》シテ虐待《ギヤクタイ》ヲ爲《ナ》シ又《マタ》ハ之《コレ》ニ重大《ジウダイ》ナル侮辱《ブジヨク》ヲ加《クワ》ヘタルトキ

九　配偶者《ハイグウシヤ》ノ生死《シヤウシ》ガ三年以上分明《子ンイジヤウブンメイ》ナラザルトキ

十　婿養子《ムコヤウシ》縁組《エングミ》ノ場合《バアヒ》ニ於《オイ》テ離縁《リエン》アリタルトキ又《マタ》ハ養子《ヤウシ》ガ家女《カヂヨ》ト婚姻《コンイン》ヲ爲《ナ》シタル場合《バアヒ》ニ於《オイ》テ離縁若《リエンモシ》クハ縁《エン》

組《グミ》ノ取消《トリケシ》アリタルトキ

此《こ》の一から十までのうちの一つでも事實《じゝつ》が有《あ》れば兎《と》も角《かく》も、其《そ》の外《ほか》の苦情《くじやう》では裁判所《さいばんしよ》では取《と》り上《あ》げまやん、

序《ついで》に申《まを》しますが、昔《むか》しは夫婦《ふうふ》離別《わかれ》のことを離縁《りえん》と云《い》ひましたが今法律上《いまはふりつじやう》ではこれを離婚《りこん》と云《い》ひまして、離縁と云《い》ふのは養子《やうし》に限《かぎ》る言葉《ことば》になりました、

夫《それ》から此《こ》の法律《はふりつ》の一から四までの事實《じゝつ》が有《あ》つたとしても夫婦《ふうふ》の一方《ばう》が其《そ》の行爲《したこと》に同意《どうい》しましたときは離婚《りこん》の訴《うつたへ》を起《おこ》すことが出來《でき》ず、又《また》一から七までの塲合《ばあひ》に置《お》きまして、夫婦《ふうふ》の一方《ばう》が他《た》の一方又《ばうまた》は其《そ》の直系尊屬《ちよくけいそんぞく》の行爲《したこと》を宥恕《ゆる》しましたときも離婚《りこん》の訴《うつたへ》を起《おこ》すことが出來《でき》ぬといふことが民法《みんばふ》の八百十四條に定《さだ》めてあります、

次《つぎ》に此《こ》の法律《はふりつ》の四に掲《かゝ》げて有《あ》ります處刑《しよけい》を受けたものは若《も》し其《そ》の配偶者《はいぐうしや》に對《たい》しまして、同《おな》じ事由《ことゞ》のあつたのを理由《いひだて》として離婚《りこん》の訴《うつた》へは出來《でき》ません假令《たとへ》ば夫《おつと》が竊盜罪《せつとうざい》で輕罪以上《けいざいいじやう》の刑《けい》に處《しよ》せられましたとき、婦《つま》も竊盜罪《せつとうざい》で同《おな》じく刑《けい》に處《しよ》せられた身分《みぶん》では、離婚《りこん》を訴《うつた》へることが出來《でき》ぬ譯《わけ》で、是《これ》は民法《みんばふ》の八百十五條に定《さだ》めてあります、

次《つぎ》に此《こ》の法律《はふりつ》の一から八までの事由《ことゞ》が有《あ》つたために離婚《りこん》の訴《うつたへ》を起《おこ》す權利《けんり》のある一法《ばふ》が、其《そ》の事實《じゝつ》を知《し》つたときから一年經《ねんた》つた後《のち》には此《こ》の訴訟《そしよう》は出來《でき》ません、又此《またこ》の事實《じゝつ》の初《はじ》まつたときから十年經《ねんた》つた後《のち》にも此《こ》の訴訟《そしよう》は出來《でき》ないといふことが民法《みんばふ》の八百十六條に定《さだ》めてあります、

家《いへ》の女《むすめ》と配偶《めあはせ》した養子《やうし》又《また》は婿養子《むこやうし》の離縁《りえん》又《また》は縁組取消《えんぐみとりけし》の請求《もとめ》がありましたときには、これといつしよに離婚《りこん》の請求《せいきう》をすることも出來《でき》る

といふことが民法《みんぱふ》の八百十八條に定《さだ》めてあります、けれども離《り》縁《えん》又《また》は縁組《えんぐみ》の取消《とりけし》のあつたことを知《し》つてから三箇月《かげつ》經《た》つた後《のち》又《また》は一旦《たん》離《り》婚請求《こんせいきう》の權利《けんり》を棄《す》てた上《うへ》は訴《うつた》へることが出來《でき》ませんと同條《どうでう》の二項《かう》に定《さだ》めてあります、斯《か》ういふ訴訟《そしやう》の結果《けつくわ》で離婚《りこん》に決《きま》りました場合《ばあひ》に夫婦《ふうふ》のなかに有《あ》る子供《こども》の監護《かんご》は何方《どちら》に屬《ぞく》するかといふに嫁女《よめぢよ》の離婚《りこん》に付《つい》ては夫《をつと》則《すなはち》父親《ちゝおや》に屬《ぞく》します又其《またそ》の父親《ちゝおや》が婿《むこ》か養子《やうし》で有《あ》つた場《ば》合《あひ》で、其《そ》の父《ちゝ》が其《そ》の家《いへ》を去《さ》りますときには其《そ》の子《こ》は母親《はゝおや》に屬《ぞく》するのです、これは雙方相談《さうはうさうだん》づくで離婚《りこん》した場合《ばあひ》でも、其《そ》の子供《こども》の監護方《かんごかた》を定《さだ》めて置《お》かなくて後《あと》で紛紜《ごたく》の生《しやう》じましたときには、裁判所《さいばんしよ》では此《こ》の通《とほ》り極《き》めるので、民《みん》法《ぱふ》の八百十二條と八百十九條に定《さだ》めて有《あり》ます

前《まへ》に演《の》べましたうちに、民法《みんぱふ》八百十三條《でう》の本文《ほんもん》を掲《かゝ》げて置《お》きましたが、此《こ》の本文《ほんもん》のうちに直系尊屬といふことが有《あ》ります、

これは

父母　一等親
祖父母　二等親
曾祖父母　三等親
高祖父母　四等親
高祖父母ノ父母　五等親
高祖父母ノ祖父母　六等親

此《こ》の六等尊屬親《とうそんぞくしん》のことをいふのです、

扨次《さてつぎ》には子《こ》の生《うま》れた時《とき》の手續《てつゞき》や、關係《くわんけい》をお話《はな》し致《いた》しませう、

親子《おやこ》は親族《しんぞく》幷《なら》びに家族《かぞく》といふ關係《くわんけい》の起《おこ》る礎《もと》でありますから、親子《おやこ》の關係《くわんけい》に就《つい》ての効力《かうりよく》の及《およ》ぶ範圍《はんゐ》は非常《ひじやう》に汎《ひろ》いものであります、

親子《おやこ》といふ關係《くわんけい》は別《べつ》に申《まを》すまでも有《あ》りませんが、其《そ》の親子《おやこ》にもいろ〱區別《くべつ》が有《あ》りまして、法律《はふりつ》の上《うへ》からこれを別《わ》けてあります、

實子《じつし》といへば自己《じこ》が生《う》んだ子《こ》といふ譯《わけ》ですが此《こ》の自己《じこ》の生《う》んだ子《こ》に三箇《こ》の區別《くべつ》が有《あ》るのです、

嫡出子

嫡出子《ちやくしゆつし》とは正式《せいしき》に法律上の婚姻《こんいん》をした夫婦《ふうふ》のなかに生《うま》れた子《こ》を申《まを》します

庶　子

庶子《しよし》とは婚姻《こんいん》をせぬ男女《だんぢよ》の關係《くわんけい》から生《うま》れた子《こ》をいふのです、約《つま》り私生兒《しせいじ》ですが、父《ちゝ》が我《わ》が子《こ》と認知《みと》めて自己《じこ》の戸籍《とせき》へ入《い》れて法律《はふりつ》上《じやう》の子《こ》に致《いた》しましたのが庶子《しよし》となります、

私生子

私生子《しせいじ》も庶子《しよし》と同《おな》じ關係《くわんけい》ですが、これは父《ちゝ》が認知《みとめ》て我《わ》が子《こ》としないか、父《ちゝ》の知《し》れぬ子《こ》が私生子《しせいじ》となつて母親《はゝおや》の子《こ》となるのです、けれども何時《いつ》でも父《ちゝ》が認知《みとめな》すれば庶子《しよし》となりますし、其《そ》の父《ちゝ》と母《はゝ》とが正式《せいしき》に婚姻《こんいん》をしますれば嫡出子《ちやくしゆつし》となれるものです、偖是《さてこれ》から子《こ》の生《うま》れたときの届《とゞ》け方《かた》をお話申《はなしまを》しませう、

子《こ》が生《うま》れてから遲《おそ》くも十日以内《かいない》に届《とゞ》けなければならぬのです、十日經《かた》つても届《とゞ》けずに置《お》くと二十圓以下《ゑんいか》の過料《くわれう》に處《しよ》せらるゝのです、夫《そ》れは

戸籍法

第六十八條　子《コ》ノ出生《シユツセイ》アリタルトキハ十日内ニ左《サ》ノ諸件《シヨケン》ヲ具《ゲ》シテ之《コレ》ヲ届出《トヾケイ》ツルコトヲ要《エウ》ス

下略《げりやく》

同

第二百十條　本法《ホンパフ》ノ規定《キテイ》ニ依《ヨ》リ期間《キケン》ヲ爲《ナ》スヘキ届出《トヾケイデ》又《マタ》ハ申請《シンセイ》ヲ怠《オコタ》リタル者《モノ》ハ二十圓《エン》以下《イカ》ノ過料《クワレウ》ニ處《シヨ》セラル

此《こ》の規定《きてい》の通《とほ》り戸籍法《とせきはふ》の六十八條《でう》に十日内と

定《さだ》めてある、此《こ》の期限《きげん》を怠《おこた》つて届《とゞ》けなかつた時《とき》には二百十條《でう》の規定《きてい》に依《よ》つて二十圓以内《えんいない》の過料《くわれう》に處《しよ》せられるのでありますが出生《しゆつせい》の届《とゞ》けを爲《し》ますには

嫡出子出生届（一通）

東京市日本橋區通何丁目何番地
戸主平民米商
父　稻田作造
母　ヨネ
出生子　長男　實
出生　明治三十七年七月一日
塲所　東京市日本橋區通何丁目何番地
右出生致候ニ付及御届候也
明治三十七年七月五日
届出人　父　稻田作造㊞
明治二年六月三日生
東京市日本橋區戸籍吏何某殿

（未完）

笑門

丈八述

偖《さて》、代《かは》り合《あ》ひまして代《かは》り榮《ばへ》も致《いた》しませんが、前段《せんだん》にはお眞面目《まじめ》な家庭《かてい》に必要《ひつえう》なお咄《はな》しが澤《たく》山出《さんで》まして、奥樣方《おくさまがた》や孃樣方《ちやうさまがた》が、定《さだ》めてお悅《よろこ》びになりましたことゝ存《ぞん》じます、底《そこ》で間《あひ》の楔《くさび》とか申《まを》しまして、花屋敷《はなやしき》の常磐屋《ときはや》や八百善《やほぜん》の御馳走《ごちそう》が續《つゞ》きましたときには、新漬《しんづ》けの香《かう》のものでさら〳〵と茶浸《ちやづ》け飯《めし》が食《く》ひたいナカと お贅澤《せいたく》を仰有《おつしや》るお方《かた》もムりますから、お眞面《まじ》目《め》なお咄《はな》しのつゞきました間《あひ》の狂言《きやうげん》といたし

ましてお臍《へそ》の宿替《やどが》えをおさせ申《まを》すつもりでお伽噺《とぎばな》しを一二席《せきご》機《き》嫌《げん》をうかゞひますから落《おと》架風《のはづれ》ませぬやうに御《ご》用心《ようじん》のうへ御《ご》悠樂《ゆうらく》と御覽《ごらん》を願《ねが》ひます、

お話《はな》しもさま〴〵ム《ござ》りますが有《あ》り觸《ふ》れましたものではお慰《なぐさ》みにもなりません、實《じつ》は皆樣方《みなさまがた》がお耳《みゝ》に胼胝《たこ》の出來《でき》るほど御《ご》承知《しやうち》のことでム《ござ》りますから、少《すこ》し風變《ふうがは》りに支那《しな》の笑林廣記《せうりんくわうき》や笑府《せうふ》の類《たぐゐ》を日本《にほん》のお話《はな》しに釋《なほ》しまして、時《とき》には天明風流《てんめいぶり》の一と口噺《くちばな》しなども取《と》り交《ま》ぜて御《ご》機嫌《きげん》を取《と》り結《むす》ぶやうに致《いた》します、

笑林廣記《せうりんくわうき》を見《み》ますと、なかには昔《むかし》し漢學《かんがく》の出《で》來《き》た落語家《はなしか》か何《なに》かゞ日本《にほん》の事《こと》に釋《なを》しまして、高座《かうざ》でお話《はな》しいたしましたのが、唯今《たゞいま》まで傳《つた》はりまして落語家《はなしか》の種《たね》になつて居《を》るものもム《ござ》りますやうですが、お耳陳《みゝふる》い所《ところ》は御免《ごめん》を蒙《かうむ》りまして古《ふる》いなりにお噺《はな》しいたします、又同《またおな》じ原《げん》本のうちには多《おほ》く文字《もじ》の音通《おんつう》がお噺《はな》しの落《お》ちになつて居《を》りますものが澤山《たくさん》ム《ござ》ります、此《こ》れは意譯《いやく》いたしました所《ところ》が肝腎《かんじん》の落《お》ちが薩張《さつぱ》り通《つう》じません、夫《それ》から日本《にほん》と全然《まるで》事情《じゞやう》が異《ちが》つて居《を》りますことは趣味《しゆみ》がム《ござ》りませんから、此《こ》の分《ぶん》は除《のぞ》くことにいたします、

長告條《ながとうでう》は御《ご》倦怠《たいくつ》こゝは支那流《ちやんりう》に間話休題《かんわきうだい》といたしまして、偖本文《さてほんもん》に取《と》り掛《かゝ》ります、尤多《もつともた》少《せう》お噺《はな》しに潤色《いろけ》をつけてム《ござ》りますから其《そ》の邊《へん》はお免《めん》を蒙《かうむ》ります、

○贊《つかひ》　禮《もの》

エー淺草《あさくさ》の三筋町邊《すぢまちへん》に槐陰先生《くわいいんせんせい》と申《まを》します漢《かん》學者《がくしや》が有《あ》りまして、三筋町《すぢまち》が組屋敷《くみやしき》時代《じだい》から居殘《ゐのこ》りになつて居《を》る潜《くゞ》り戶《と》の明《あ》け閉《た》てには、脫線《だつせん》した電車《でんしや》のやうに頗《すこぶ》る手數《てすう》のかゝる、先《せん》生《せい》の旋毛《つむじ》も宜《よろ》しくと歪《ゆが》んだ衡門《かぶきもん》の傍《そば》に散洞《うつろ》のなかは羽蟻《はあり》の捿《す》になつてゐるといふ槐《ゑんじゆ》の樹《き》が

ある、之《これ》が槐陰《くわいいん》といふ名《な》の生《うま》れ所《ところ》と思《おも》ひます、

此處《こゝ》に家塾《かじゆく》を開《ひら》きまして、毎日子曰《まいにちしのたまは》くの講書《けいこ》や永字《ゑいじ》八法《ばふ》の臨池《てならひ》で多少《たせう》お徒弟《でし》を訓《おし》えて其《そ》の日《ひ》を暮《くら》して居《を》られますが、學究《せんせい》なか〱の欲《よく》張《ば》りで灰吹《はいふ》きのからも滅多《めつた》には捨《す》てないといふ吝《し》客家《わんぼう》です、

ヱー或《あ》る日《ひ》お徒弟《でし》の朱熹章九郎《しゆきしやうくらう》さんといふのが訪《たづ》ねて參《まい》りまして、

先生誠《せんせいまこと》に御疎音《ごぶさた》に打過《うちす》ぎました

ヤー章九郎子《しやうくらうし》久濶《ひさしくと》來られんで有《あつ》たが變《かは》ることもないかな、

有《あ》り難《がと》ふム《ござ》ります、實《じつ》は此《こ》の程《ほど》お陰《かげ》をもちまして某《あ》る衙門《やくしよ》へ筆生《かきやく》に拜命《はいめい》しまして月俸《げつぽう》に有《あ》りつきましたので、今日《けふ》は半休《はんどん》ゆゑ退《ひ》散《け》がけに御披露《ごひろう》かた〲お禮《れい》にまいりました、

と懷《ふところ》から目録包《もくろくづつ》みを出《だ》しまして、隅々《すみ〴〵》の皺《しわ》を伸《の》ばして鄭重《ていちやう》に先生《せんせい》の前《ま》へ置《お》き、

是《これ》は誠《まこと》に失禮《しつれい》でム《ござ》りますが……

先生《せんせい》すぐに手《て》を出《だ》しかけたが、心《こゝろ》づいて其《そ》の手《て》を厄介《やくかい》にしながら、

失禮結構《しつれいけつこう》……イヤナニ御無用《ごむよう》に爲《な》さらんで

何《なに》か口《くち》の裡《うち》で哼々《ぐど〲》云《い》ひながら、其《そ》の包《つゝ》み紙《がみ》を見《み》ますと金《きん》五十錢《せん》、下《した》に章九郎《しやうくらう》百拜《はい》と書《か》いて有《あ》ります、

先生臆面《せんせいおくめん》もなく衝《つ》き戻《もど》しまして、

トキニ章九郎子《しやうくらうし》、不佞《おれ》に對《たい》して何《なに》も百拜《はい》するにも及《およ》ばん、百拜《はい》などと崇《あが》め奉《たてまつ》られては甚《はなはだ》恐《おそ》れいるな、トキニ何《なん》と物《もの》は相談《さうだん》だが、此《こ》の題書《うはがき》の百拜《はい》を五十拜《はい》と書《か》き改《なを》して底《そこ》で中心《なかみ》を一圓《ゑん》にしたら何樣《どう》だ——差引損《さしひきそん》益《とく》なしではないか、

流石《さすが》は章九郎君《しやうくらうくん》も此《こ》の先生《せんせい》の高弟《かうてい》だから脫《ぬか》りは有《あ》りません、

ヱー先生《せんせい》……、僕《ぼく》も御相談《ごさうだん》ですが、題書《うはがき》の百拝《はい》を百五十拝《はい》と改《あらた》めまして中心《なかみ》を零《ゼロ》に仕《し》ましては如何《どう》で厶り升《ござります》ゝ

○盗牛《うしどろぼう》

農夫《ひやくせう》の畑作《はたさく》が畦畔《あぜみち》をのそ〳〵咥《くわ》へ煙管《きせる》でやつて來《き》ますと向《むか》ふから息喘《いきせ》き駈《かけ》て來《き》た村内《むらうち》の鍬《くわ》藏《ぞう》がばつたり突《つ》き中《あた》つた、畑作吃驚頓狂聲《はたさくびつくりとんきやうごゑ》で

ヤー鍬藏《くわぞう》お主《ぬし》ャ何《なに》を慌《あわ》てゝ歩行《あるく》のだ、晝日《ひるひ》中《なかた》此の己《おれ》が見《み》えネーカ、此《こ》の胴盲《どうめくら》の屁《へ》誤《ご》垂《た》れめが……

アニハー其様《そんねー》に強腹發作《ごうはらたて》ねーもんだーよ、トキニ今隣《いまとな》りの鋤六《すき》めが駐在巡査《おまはり》に拘引《ひつぱら》れていつたダーガお嬶《かゝ》は何《なん》にも知《し》ンねーで野《の》らに居《を》るべーからちよつくら報知《しら》せに行《い》くべーと思《おも》つてオッ走《ぱし》る所《とこ》だーよ、

夫《それ》はハーオッ魂消《たまげ》た事《こと》だ、よし〳〵己《お》れ何《あに》爲《し》たか尋《たづ》ねて來《く》べー、

玆《とゝ》で分袖《わかれ》まして畑作《はたさく》は駐在所《ちうざいしよ》へ往《い》つて見《み》ますと大變《たいへん》だ、

鍬六《すき》が腰繩手錠《こしなわてぢやう》で豆鐵砲《まめでつぽう》を啗《くら》つた鳩《はと》のやうに眼《め》ばかりパチ〳〵して居《を》ります、开處《そと》へやつて來《き》ました畑作《はたさく》が、

和主《おめし》はマア何《あん》ちう事《こと》べー遣《や》つ付《つ》けてオッ縛《ちば》られたダー、

アーニ己《お》れハア只《たつた》いんまのさき庚申塚《かうしんづか》の道《だう》祖神《ろくじん》サーの榎《えのき》の下《した》で藁繩《わらなわ》ベー落《おつ》こちていたダーからハア要《い》らねへ物《もん》だと思《おも》つて拾《ひら》つたダー、所《ところ》へ爰《とゝ》の巡査《おまはり》ベー來《き》やがつてハー己《お》れベーオッ縛《ちば》つて同士《いつしよ》に歩士《あゆ》ベッて伴《つ》れて來《き》たダー、

ハテ面妖《めんよう》な……、繩《なわ》ベー拾《ひろ》つたくらゐでオッ縛《ちば》られるターアンチユー情《なさけ》ねへコンダ、

鋤六《すき》べそ〳〵泣《なき》ながら

所《ところ》が惡《わ》るかつたんだよ……、其《そ》の繩《なわ》の先《さき》ッ

ポーに些《ちつと》ンベーついてた物《もの》が有《あ》つたんダー夫《そ》れでハーオッ縛《ちば》られタンダー、

ハー何《あに》が付《つ》いてたダー、大《おほ》かた草鞋《わらじ》の片足《のたし》ぐらゐダンベー其様《そんねー》なこんでオッ縛《ちば》られてお溜《たま》り小法師《こぼし》がねへダー、

其《そ》れがヨ、縄《なわ》の先《さき》についてた物《もの》が村長《そんちやう》さん所《とこ》の班牛《ぶちうし》ダー、

○好古董《こうこどう》

明治《めいぢ》の初《はじ》めには名畫《めいぐわ》も古器物《こきぶつ》も二束《そく》三文《もん》となりまして、結構《けつこう》な蒔繪《まきゑ》の料紙《れうし》硯箱《すゞりばこ》などや、唐物《からもの》の御茶器《おちやき》などは捨《す》て賣《う》りにしても買《か》ひ人《て》がないやうで、お茶入《ちやい》れは焼《や》け裂《ぎ》れや蜀紅《しよくこう》の袋《ふくろ》も剝《は》ぎ取《と》られ、箱《はこ》も書《か》きつけも放下《さか》されて、壺《つぼ》ばかりが洋行《やうかう》するといふありさまでありましたが、近頃《ちかごろ》は美術《びじゆつ》といふことが皆様《みなさま》のお頭腦《つむり》に浸《し》みてまいりまして、猫《ねこ》も杓子《しやくし》もふた言《こと》めには寧樂《なら》の正倉《みくら》院を引《ひ》き合《あ》ひに出《だ》すやうになりまして國粋保存《こくすゐほぞん》などと申《まを》して却々《なかく》古物《こぶつ》の世《よ》に出《で》る時勢《じせい》となつたのは結構《けつこう》なことでム《ござ》ります、

扨斯《さてか》うなりますと好古癖《こうこへき》といふ癖《へき》が出《で》まして段々《だんく》此《こ》の道《みち》に凝《こ》つてまいりますと珍品《ちんぴん》を貯《たくは》へて人《ひと》さまに御自慢《ごじまん》が仰有《おつしや》りたくなります、イヤ己《おれ》の飛青磁《とびせいじ》の香爐《かうろ》は岩崎《いわざき》さんの鼎形《かなへがた》の瓶架《びんか》けよりは上等《じやうとう》だらうとか、お贅澤《ぜいたく》がこみあげてまいりますから、竟《つい》には明治《めいぢ》生《うま》れの探幽《たんゆう》さんの書《か》いたものなどを脊負《しよ》ひこむやうなことさで、道風《だうふう》の書《しよ》の和漢朗詠集《わかんらうえいしう》の類《たぐ》ひのお話《はな》しは腐《くさ》るほど有《あ》るのです、

茲《こゝ》に近年《きんねん》臺灣《たいわん》の地面《ちめん》に征清後《せいしんご》の景氣《けいき》を當《あ》てこんだおもわくが熟《うま》く當《あた》つて巨萬《きよまん》のお寳《たから》を摑《つか》んでからトン〳〵拍子《びやうし》に言《い》ふ目《め》が出《で》て一廉《いつかど》の紳《しん》士《し》と成《な》りあがりました濡手《ぬれて》粟藏《あはぞう》さんといふお方《かた》がム《ござ》りました、

扨斯《さてか》うなつて見《み》るとお立派《りつぱ》なかたとお交際《つきあひ》もなさりたくなるお宅《たく》も御普請《ごふしん》が出來《でき》るといふ按排《あんばい》で、鰻《うなぎ》のぼりになつて止《と》め途《ど》がなくなりました、サー此《こ》の床《とこ》の間《ま》には雪舟《せつしう》か山樂《さんらく》の三幅對《ぷくつい》でなくては釣《つ》り合《あ》はぬ、ヤレ冠《かむ》り棚《だな》には何《なに》がよからう、古洞《こどう》の花瓶《くわびん》でも無《な》からう、書《しよ》院《ゐん》の軸盆《ぢくぼん》は時代《じだい》の堆朱《ついしゆ》にして空海《だいし》筆の心經《しんぎやう》の巻物《まきもの》でも置《お》きたいトカといふ調子《てうし》になりましたからたまりません、自稱鑑識家《じしようかんしきか》といふ弱身《よわみ》につけこんで、化學應用《くわがくおうよう》の靑洞《せいどう》ものや、平井《ひらゐ》製《せい》の古畫《こぐわ》も脊負《しよ》ひこむ、到頭身代《とうたうしんだい》の半分《はんぶん》は此《こ》の萬《まん》八に引《ひ》つかゝりました、弱《よわ》り目《め》に祟《たゝ》り目《め》とやら申《まを》しまして、露國《ろこく》と外交談判《ぐわいこうだんぱん》の盛《さかん》な時《じ》分《ぶん》に軍《いくさ》はないといふ思惑《おもわく》で株《かぶ》は買《か》う米《こめ》は賣《う》るといふ商略《しやうりやく》が當《あ》て事《こと》と何《なん》とやらで、向《むか》ふから外《はつ》れて見《み》る影《かげ》もない姿《すがた》にまで零落《おちぶれ》ましたが妙《めう》なもので一旦《たん》浸《し》みこんだ癖《くせ》はぬけないものと見《み》えまして、到頭乞丐《とうたうこじき》となりましたがまだ脱《ぬ》けない、吉田《よしだ》の兼好《けんこう》が織《お》つたといふ莚《むしろ》のちぎれ〳〵になつたのを身《み》に纏《まと》ひまして、小野《をの》の小町《こまち》が卒塔婆《そとば》に腰《こし》を掛《か》けて居《ゐ》た頃《ころ》まで持《も》ちこんだ竹杖《たけつゑ》をつき、西行所持《さいぎやうしよぢ》と言《い》ひ傳《つた》えのある襤褸《ぼろ》〳〵の頭陀袋《づだぶくろ》を頸《くび》にかけて、只《たゞ》の乞丐《こじき》とは違《ちが》ふぞといふ顏付《かほつ》きで、人《ひと》の門《かど》に立《たつ》て一錢《せん》の御合力《ごかふりよく》と情《なさけ》を乞《こ》ふて居《を》りますと、或《あ》る家《いへ》で氣《き》の毒《どく》に思《おも》つて澤山《たくさん》のお錢《あし》を施《ほどこ》しました、すると粟藏先生一個《あはぞうせんせいひとつ》づゝ錢《せに》を見《み》て居《を》りましたが、其錢《そのせに》を皆返《みなかへ》しまして、

情願《どうぞ》一枚《まい》でも宜《よろ》しう厶《ござ》いますから咸豐通寶《かんぽうつうほう》か何《なに》かの古錢《こせん》でお貰《もら》ひ申《まを》したう厶《ござ》ります今《いま》の通用錢《つうようせん》は古色《こしよく》がなくて雅致《がち》が有《あ》りません、

(い)紋上布《もんじやうふ》 紺地《こんち》へ白《しろ》にて花菖蒲《はなしようぶ》を見事《みごと》に配置《はいち》よく織出《おりだ》したる上《うへ》へ。疋田《ひつた》にて斜《はす》に雨《あめ》をあしらひたる精巧《せいこう》の織方《おりかた》にて品位《ひんゐ》高《たか》き帷子地《かたびらぢ》價十二圓。

(ろ)吉野入《よしのい》りの壁透綾《かべすきや》、地《ち》色《いろ》は藍鐵《あいてつ》にて焦茶《こげちや》に吉野《よしの》を入《い》れたる白《しら》茶《ちや》の熨斗目《のしめ》絣《がすり》價九圓八十五錢

(は)紋上布《もんじやうふ》 栗鼠《くりねづ》色《いろ》にて蕨《わらび》のこぶしを荒《あら》き小紋《こもん》のやうに織《おり》出《だ》したる＊上《うへ》へ不規則《ふきそく》なる稲妻《いなづま》やうの模様《もやう》を顯《あら》はし自然《しぜん》に濃淡《のうだん》の見《み》ゆる所《ところ》詩趣《ししゆ》あり價十圓八十錢。

(に)紋上布《もんじやうふ》 ヲリーブ鼠地《ねづち》へ白《しろ》にて立涌《たてわく》つなぎの中《なか》へ影《かげ》に折敷《おしき》つなぎを顯《あら》はしたるおとなしき柄《がら》價九圓六十錢。

(ほ)吉野入《よしのい》り壁透綾《かべすきや》、葡萄鼠地《ぶどうねづち》へ變《かは》り矢羽根《やばね》の絣《かすり》に十字繋《じつな》ぎを吉野廣東《よしのくわんとん》ふうに織出《おりだ》したる巧妙《こうめう》のもの、價十圓八十錢。

(へ)浪花織《なにはおり》すきや、お納戸地《なんどち》へ立涌《たてわく》やうの竪縞《たてじま》のうちへ鶴《つる》の羽絣《はがすり》りを出《いだ》したるにて、最《もつと》も注意《ちうい》すべきは筬《おさ》の加減《かげん》にて緯糸《ぬきいと》を伸縮《しんしゆく》して立涌《たてわく》やうに織出《おりだ》したる機業《きげふ》者《しや》の手腕《しゆわん》賞《しやう》するに餘《あま》りあり、價八圓九十五錢。

(い)

(ろ)

(は)

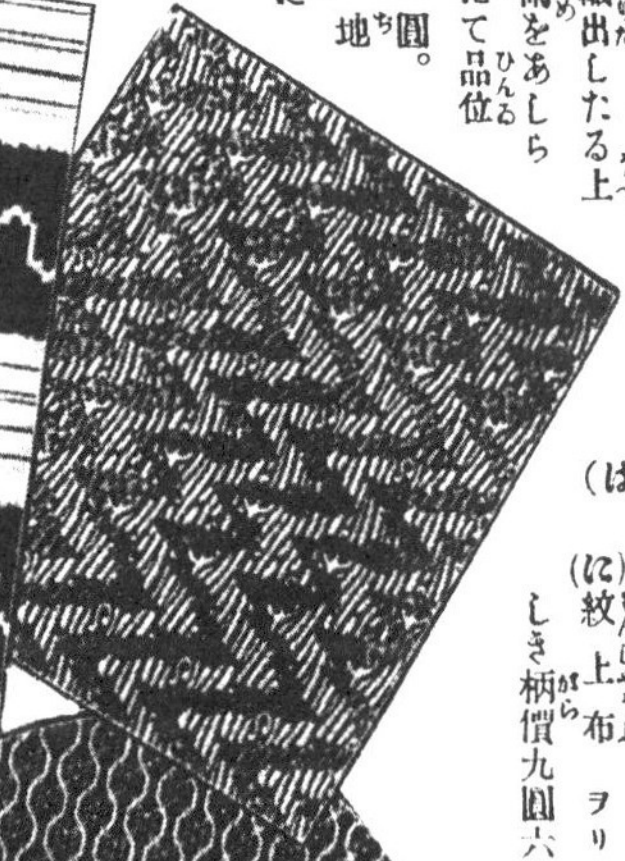

(に)

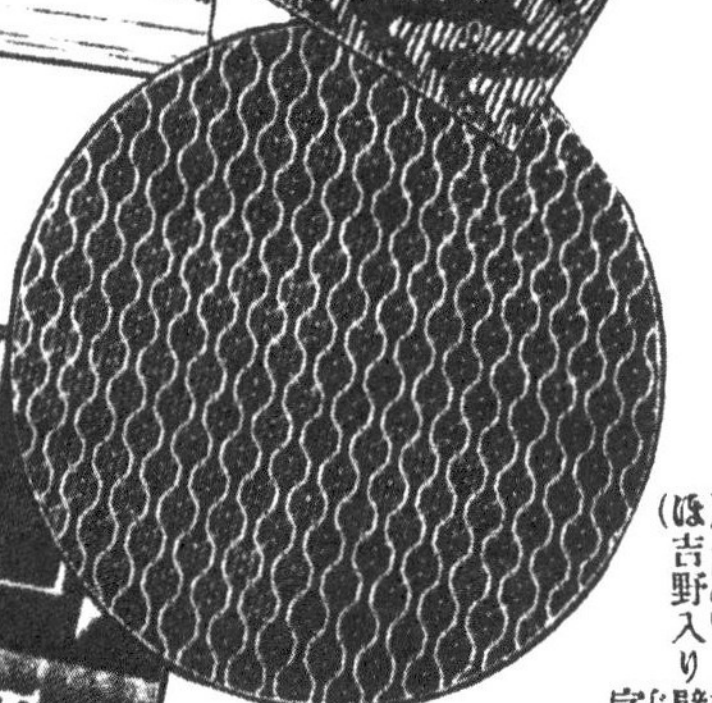

(ほ)

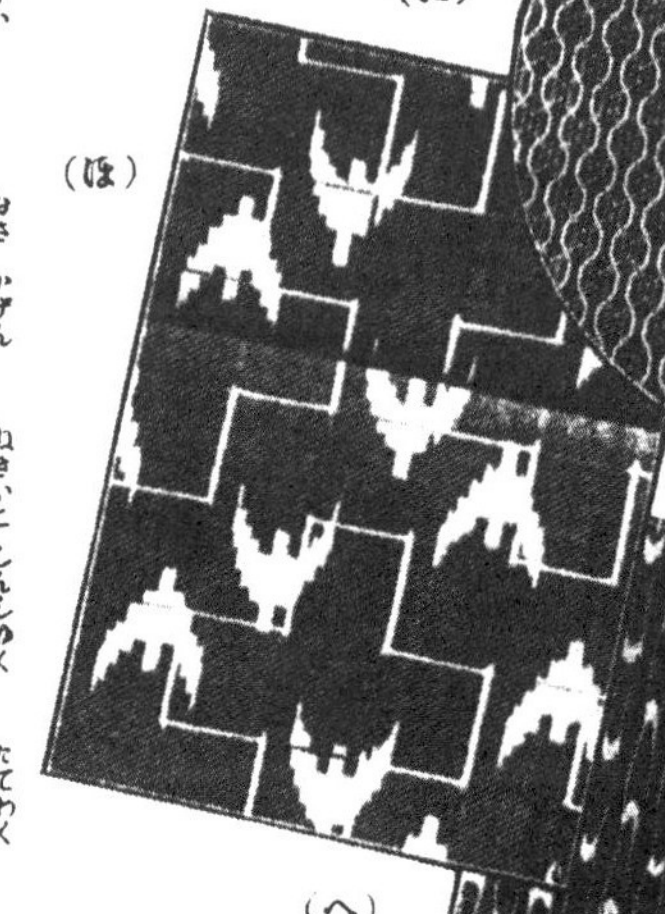

(へ)

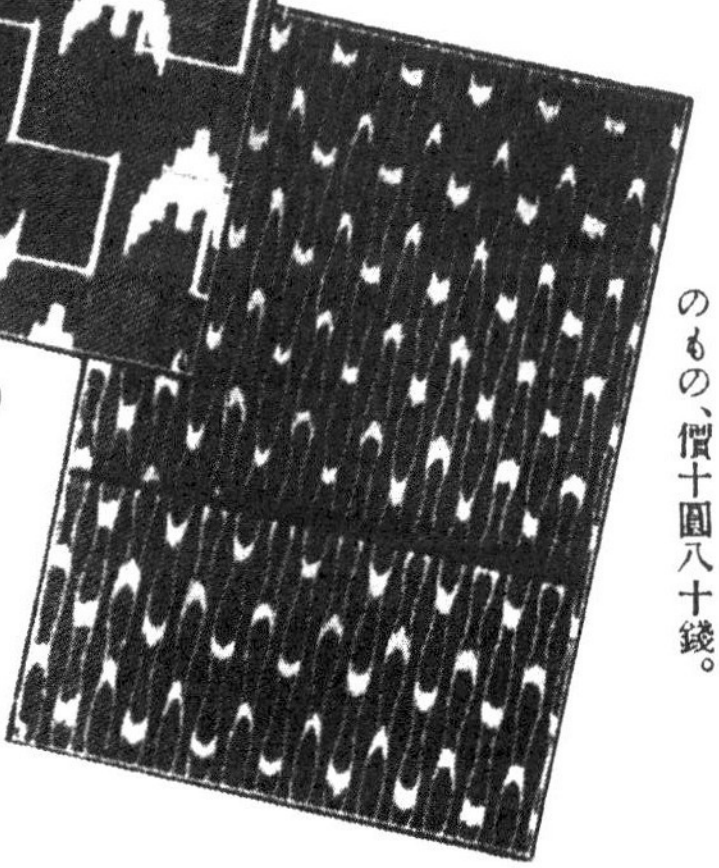

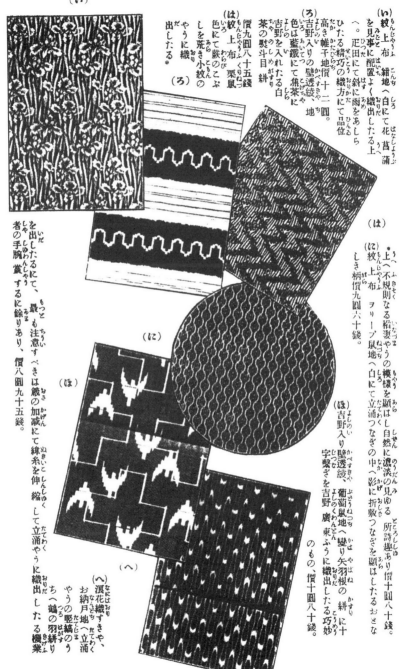

（イ）

（ロ）

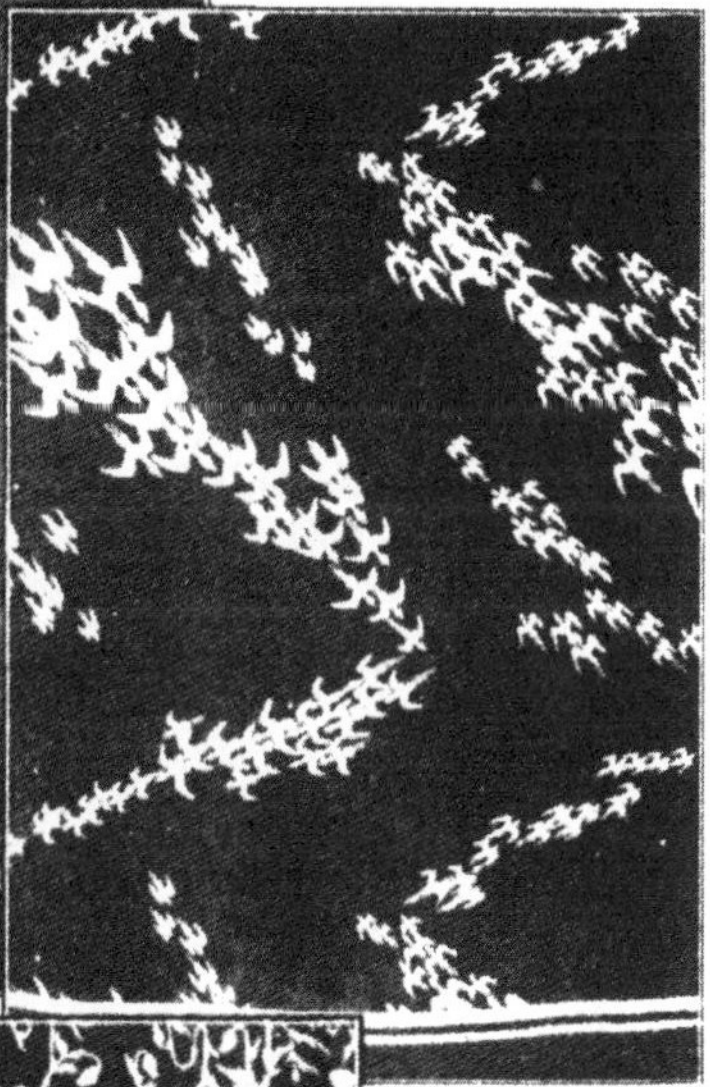

（ハ）

（ニ）

（イ）博多織《はかたおり》片側帯地《かたかはおびぢ》　地色薄赤小豆《ぢいろうすあつき》へ鐵《てつ》お納戸利休茶等《なんどりきうちやとう》にて日章旗《につしようき》の凧《たこ》と紙鳶《とびだこ》に擬《ぎ》したる破れ鷲《やぶわし》の凧《たこ》を散《ち》らしたる戰勝模樣《せんしやうもやう》、價六圓八十五錢。

（ロ）木綿縮片側帯《もめんちゞみかたかはおび》　焦茶地《こげちやぢ》に遠近《ゑんきん》の千鳥《ちどり》を散《ち》らしたる染《そめ》上《あが》り上等《じやうたう》にて德用向《とくようむき》、價七十七錢。

（ハニ）木綿縮片側帯《もめんちゞみかたかはおび》　ヲリーブ色地《いろぢ》へけしの花《はな》の白《しろ》ぬき價八十七錢。

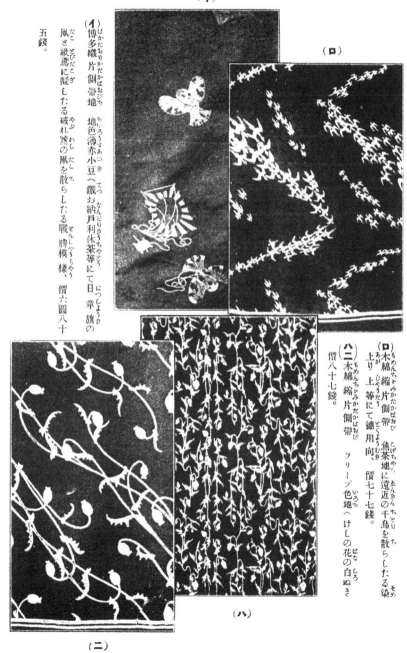

（イ）

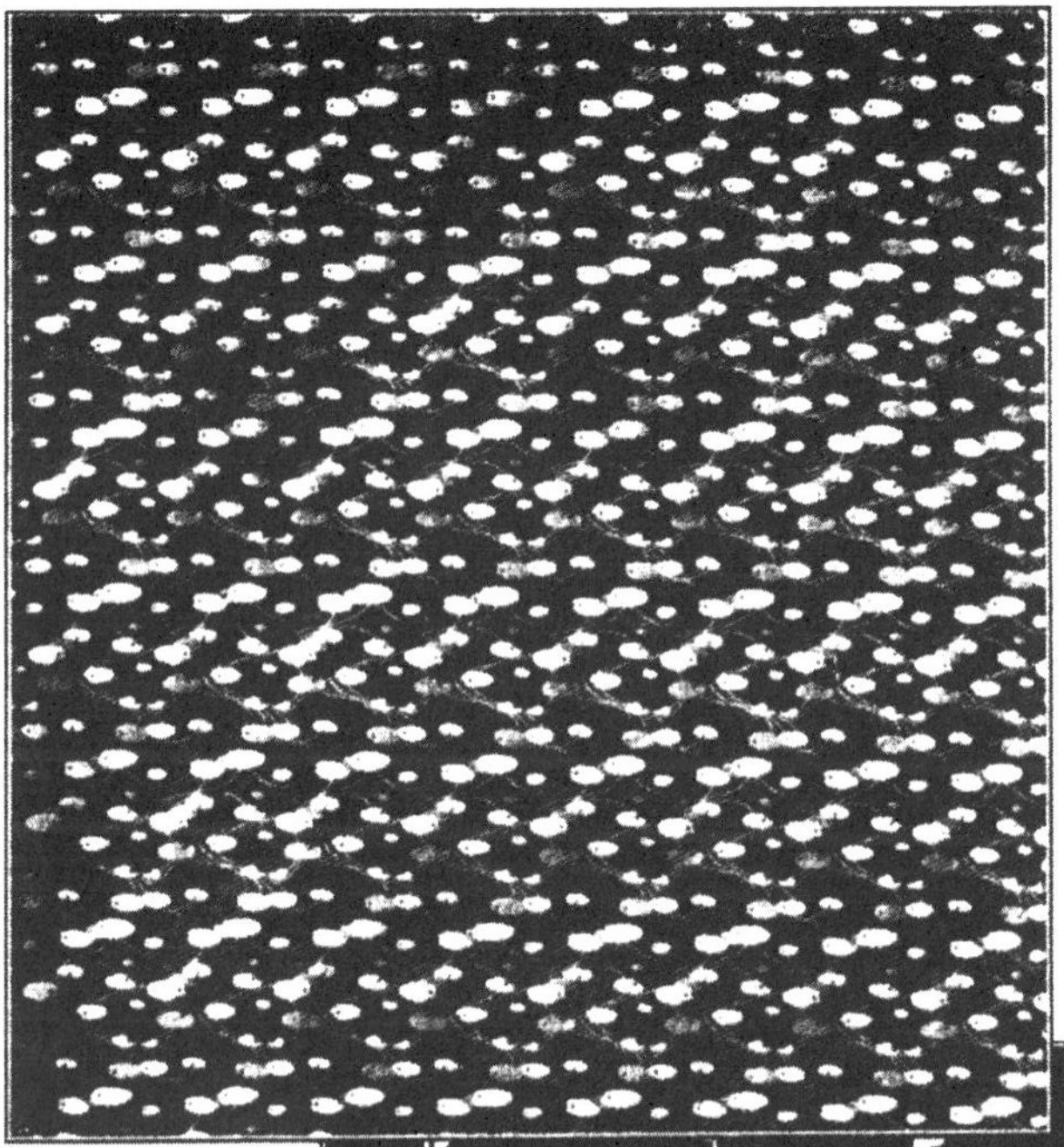

（イ）月影織《つきかげおり》 淡《うす》きオリーブ色の地、淡紫《うすむらさき》、白紫《しろむらさき》、白茶《しろちや》の色を配合《はいがふ》して水草《みづくさ》を織り出したる精緻高尚《せいちかうしやう》なる丸帯地《まるおびぢ》。津田青楓《つだせいふう》氏《し》の圖案《づあん》を咀嚼《そしやく》したる嶄新《ざんしん》の珍柄《ちんがら》。二十五六歳の貴夫人《きふじん》に好適《こうてき》。價十八圓五十錢。

（ロ）

（ロ）絽《ろ》 路考茶地白《ろかうちやぢしろ》ぬきの澤瀉《おもだか》。涼《よゞ》し氣《げ》に。はつきりと快活《くわいくわつ》なるところ二十二三の婦人《ふじん》納涼《なうりやう》の好侶伴《こうりよはん》。價十四圓。

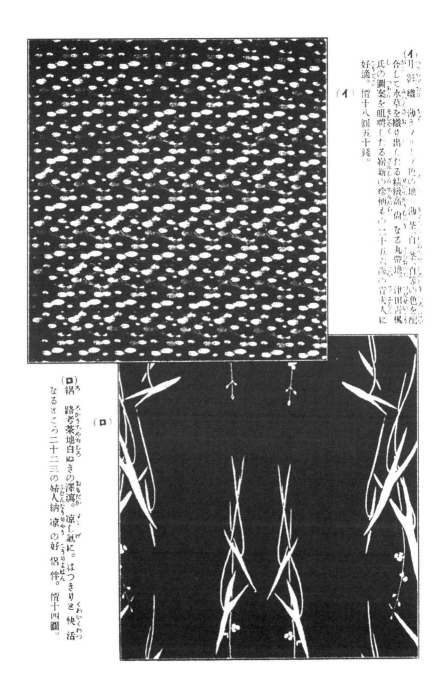

(一)曙御召《あけぼのおめしこ》、濃《やさ》き葡萄地《ぶどうぢ》に骰子《さい》がうしの中《なか》へ斜市松《はすいちまつ》を檜垣《ひがき》に織出《おりだ》したる優《いせう》しき意匠、價三圓二十五錢。

(二)伊勢崎銘仙《いせざきめいせん》の紺絣《こんがすり》。竪《たて》に雨絣《あめがすり》を配置《はいち》よく行《ゆ》き違《ちが》ふ燕《つばめ》を絣《かす》り出《だ》したる巧妙《こうめう》の織《お》り方《かた》。十歳前後《さいぜんご》の令孃《れいぢやうてき》に適す、價七圓五十錢。

(三)伊勢崎銘仙白絣《いせざきめいせんしろがすり》。白地《しろぢ》を斜《はす》に童子格子《どうじがうし》にして紺糸《こんいと》にて細《ほそ》き格《かう》子《し》を織出《おりだ》し。其格子《そのかうし》の中心《ちうしん》に赤糸《あかいと》の格子《かうし》を井桁《ゐげた》に出《いだ》したる。上品《じやうひん》にして粋《すゐ》なるもの價七圓四十錢。

(四)結城紬《ゆうきつむぎ》の紺白市松絣《こんしろいちまつかすり》。一幅《ひとはゞ》に四《よつ》個二寸《すん》五分《ぶ》の大絣《おほがすり》り此《この》好《この》み人《て》こそ知《し》る人《ひと》ぞ知《し》る言外《げんぐわい》の餘情《よじやう》は御《おん》さつし　價十五圓。

(五)伊勢崎銘仙《いせざきめいせん》の紺絣《こんがすりや》。破れ亀甲《きつかう》を長《なが》めに配置《はいち》したるおとなしむきの常用品《じやうようひん》價七圓三十錢。

(六)数寄屋《すきや》、赤小豆色《あづきいろ》地《ぢ》へS《エス》字《じ》に似《に》たる面白《おもしろ》き絣《かすり》は元祿享保《げんろくきやうほ》のむかし偲《しの》ばるゝ丹前模様《たんぜんもやう》、價十一圓。

（一）

（二）

（三）

（四）

木綿《もめん》ちゞみの中形《ちうがた》

（一）潮染《うしほぞめ》　雨《あめ》に散《ち》り銀杏《いてう》の模樣《もやう》は凄《すご》いほどの上《じやう》あがり、價一圓五十五錢。

（二）潮染《うしほぞめ》。大勝利模樣《だいしやうりもやう》。探海燈《たんかいとう》の光《ひか》りに海陸《かいりく》の戰況《せんきやう》を模《うつ》したるもの、價一圓二十錢。

（三）白地《しろぢ》に濃《こ》いお納戸《なんど》で赤小豆《あつき》のさやを竪縞《たてじま》にして葉《は》の中《なか》へ籠目《かごめ》を白《しろ》ぬきにしたる面白《おもしろ》き趣向《しゆかう》、價一圓四十五錢。

（四）濃《こ》き潮染《うしほぞめ》に植物《しよくぶつ》の葉《は》の線《せん》を何《なん》となく模樣《もやう》ぎりて露《つゆ》を散《ち》らしたるもの、價一圓六十錢。

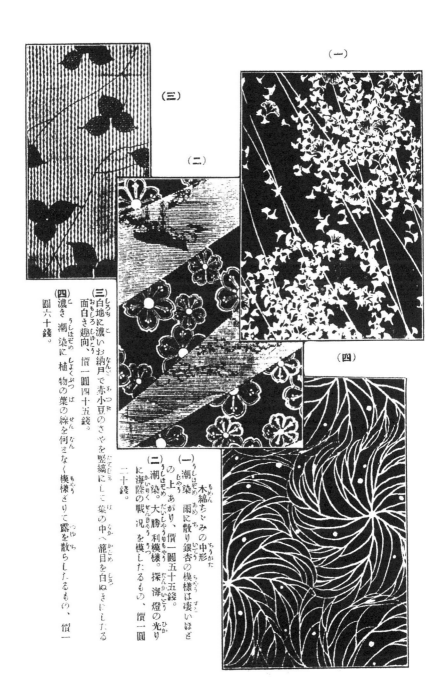

(イ)友禪絽《いうぜんろ》　銀鼠地《ぎんねつぢ》へ白《しろ》ぬきと萌葱色《もへぎいろ》の菊《きく》を組《く》み合《あは》せ。其《そ》の花《はな》に横線《よこすぢ》に薄茶色《うすちゃいろ》をもて光線《くわうせん》を描《ゑが》きたる所《ところ》嶄新《ざんしん》の趣向《しゆかう》價十二圓八十錢。

(ロ)友禪絹縮《ゆうぜんきぬちゞみ》　濃《こ》いめの利休茶《りきうちや》に白《しろ》ぬきの渦卷《うつまき》は。水《みづ》すましの漣《さゞなみ》に映《うつ》る立田《たつた》の盛《さか》りは。みたらしの池《いけ》の面《おも》に涼《すゞ》しき風《かぜ》のやとる心地《たち》ぞする可憐《かれん》の意匠《いしやう》。價十一圓。

(ハ)友禪縮緬《いうぜんちりめん》　紺地《こんぢ》白拔《しろぬき》大花《はな》菱《びし》に萩桔梗《はぎききやう》野菊《のぎく》なでしことしほらしき草花《くさばな》をあしら※

※ひ花《はな》の匂《にほ》ひなど要所《えうしよ》に色《いろ》どりをほのめかしたる畫樣《ゑやう》は。桃割《もゝわ》れに打《うつ》[illegible]圓三十錢。

(イ)

(ロ)

(ハ)

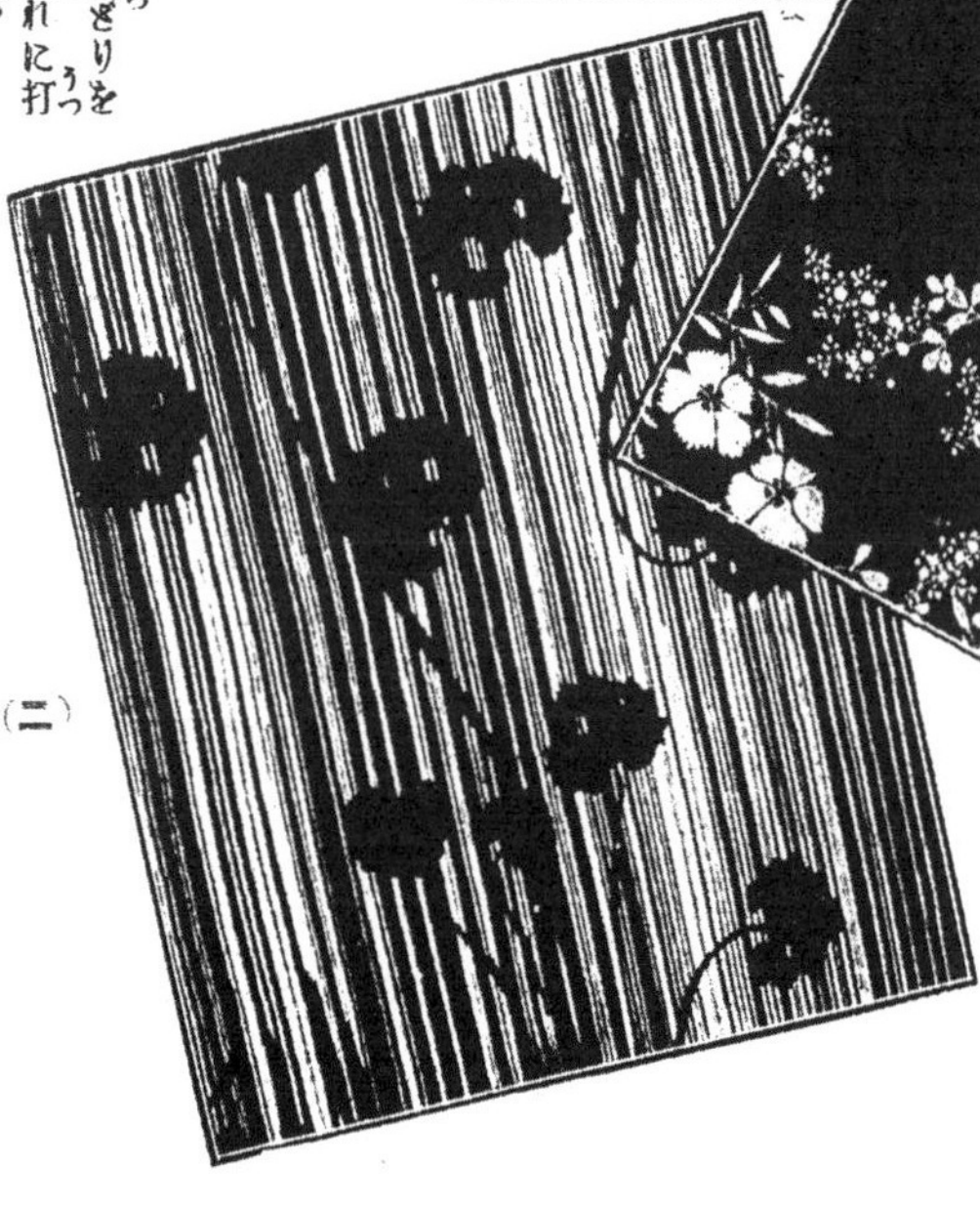

(ニ)

(ニ)友禪絹縮《ゆうぜんきぬちゞみ》　ヲリーブ色《いろ》に太細《ふとほそ》やたらの竪縞《たてじま》を雨《あめ》にして同《おな》じ濃《こ》き色《いろ》に蕗《ふき》の葉《は》を染出《そめだ》したる洒灑《しやれ》た單物《ひとへ》地《ち》は湘南《せうなん》又《また》は溫泉《おんせん》ゆきの鞄《かばん》に入《い》るべき柄《がら》。價十一圓五十錢。

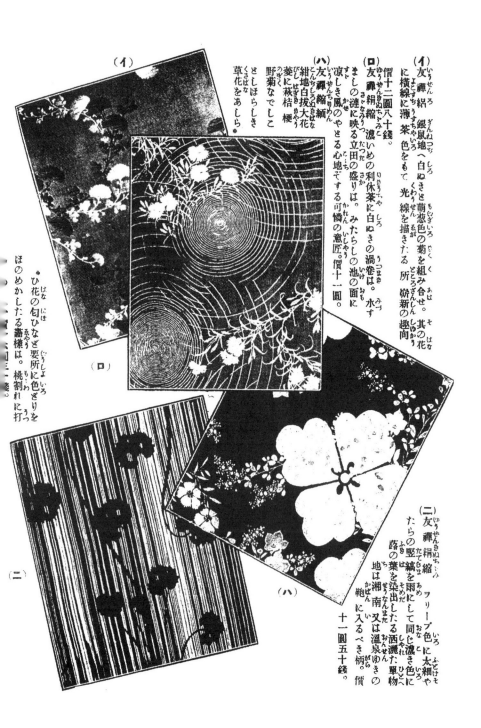

流行案内

二十世紀《せいき》の家庭《かてい》は、最下層《さいかそう》の家庭《かてい》と雖《いへ》ども從《じう》來《らい》の下層《かそう》に甘《あま》むじては居《を》らぬと同時《どうじ》に、最上《さいじやう》流縉紳《りうしんしん》の家庭《かてい》も亦深窓玉簾《またしんそうぎよくれん》のうちに起臥《きぐわ》してばかりは居《を》られぬ、即蓮歩《すなははれんぽ》は交際《こうさい》の舞臺《ぶたい》を踏《ふ》むで外人《ぐわいじん》と握手《あくしゆ》もせねばならぬ、否少《いなすくな》くも親《しん》戚友人隣里鄕黨《せきゆうじんりんりきやうたう》の繩張《なはば》りのうちに蟄伏《ちつぷく》して居《ゐ》ることは許《ゆる》されぬ、三字經女今川《さんじきやうをんないまがは》を服膺《ふくよう》さへすれば我《わ》が事足《ことた》れりといふ事《こと》は出來《でき》ぬのである、

故《ゆゑ》に此《こ》の新《あた》らしき家庭《かてい》を作《つく》るものは衣服《いふく》は勿《もち》論《ろん》他《た》の身體裝飾品《しんたいそうしよくひん》其《そ》の他室內《ほかしつない》の裝飾等《そうしよくとう》を擧《あ》げて他手《ひとで》に任《まか》せて置《お》くやうでは社交《しやこう》が出來《でき》ぬ、」苟《いやしく》も此《こ》の活動《くわつどう》した社會《しやくわい》に交《まじ》はるものは裝飾《そうしよく》の調和容姿《てうわようし》の整理《せいり》などは躬《みづから》せねばならぬ、而《そう》して都《すべ》ての裝飾《そうしよく》の調和《てうわ》を時世《じせい》に後《おく》れず恥《はつ》かしからぬやうにするには其《そ》の形《かたち》其《そ》の色等《いろとう》其《そ》の時《じ》の流行《りうかう》を知《し》らねばならぬ、否流行《いなりうかう》の魁《さきがけ》せねばならぬ、然《しか》も其《そ》の流行《りうかう》を知《しつ》て後《のち》に眞價《しんか》の上《うへ》から損得《そんとく》も打算《ださん》して見《み》ねばならぬ、であるから成《な》るべく多方面《たはうめん》に渉《わた》つて諸種《しよしゆ》の價格《かかく》を調《しら》べて置《お》く必要《ひつえう》がある、これを衣服《いふく》に就《つい》て云《い》へば、流《りう》行《かう》の色《いろ》流行《りうかう》の柄《がら》を調《しら》べて更《さら》に其《そ》の配合《はいがふ》を合點《がてん》した上《うへ》で、扨品《さてしな》其《そ》のものゝ耐久《たいきう》の度《ど》も考《かんが》へ、又價値《またかち》の上《うへ》の得失《とくしつ》も考《かんが》へねばならぬ、玆《こゝ》に於《おい》て第《だい》一に身體裝飾品等《しんたいそうしよくひんとう》に付《つい》ての流行及《りうかうおよ》び價格《かかく》を家庭《かてい》のしるべに紹介《しやうかい》せねばならぬ必《ひつ》

要を感じたので、則特に本欄を設けた所以である、

いざや時世粧《じせいそう》の紹介《しやうかい》は先衣服《まづいふく》から舞臺《ぶたい》に躋《のぼ》せむ、扨時《さてとき》の流行《りうかう》を觀察《くわんさつ》するの任《にん》は勿論著者《もちろんちよしや》の負擔《ふたん》する所《ところ》であるが、其《そ》の價格《かゝく》の平準《へいじゆん》を撰《えら》ぶには無論商業《むろんしやうげふ》に鋭敏《えいびん》なる信用《しんよう》ある老舗《しにせ》を選《えら》ぶ事《こと》が肝要《かんえう》であるから著者《ちよしや》は此《こ》の點《てん》に於《おい》ては、江戸《えど》開市《かいし》以來《このかた》寛文《くわんぶん》二年《ねん》から土《つち》一升金《しようかね》一升《しよう》と喩《たと》へのある日本橋《にほんばし》の通《とほり》一丁目《てうめ》に既往《きわう》凡《およそ》二百五十年間連綿《ねんかんれんめん》と繁昌《はんぜう》して居《を》る白木屋呉服店を採用《さいよう》したのである、且同店《かつどうてん》は洋服流行《やうふくりうかう》の初期《しよき》に於《おい》て、夙《はや》く其《そ》の機《き》を察《さつ》して店内《てんない》の一部《ぶ》を割《さ》いて洋服部《やうふくぶ》が設《まう》けてあるから此《こ》の點《てん》に於《おい》ても頗《すこぶ》る便利《べんり》で、營業《えいげふ》の範圍《はんゐ》の廣《ひろ》ひ所《ところ》、社會《しやくわい》に信用《しんよう》の深《ふか》い點《てん》に於《おい》て其《そ》の調査《てうさ》の公平《こうへい》であることは讀者《どくしや》も滿足《まんぞく》せらるゝ所《ところ》で有《あ》らう、底《そこ》で遠隔地方《ゑんかくちはう》の讀者《どくしや》には白木屋《しろきや》の名《な》は耳《みゝ》に響《ひゞ》いて居《を》るがまだ其の商店は見ぬといふお方も有らうから特に白木屋縦覽記として其《そ》の商店《しやうてん》の光景《ありさま》並《なら》びに營業《えいげふ》ぶりを御案内《ごあんない》する積《つも》りで有《あ》る、扨同店《さてどうてん》に就《つい》て調査《てうさ》した呉服洋服《ごふくやうふく》の流行《りうかう》もの及《およ》び其《そ》の價格《かかく》は寫眞版《しやしんばん》に顯《あら》はした所《ところ》を見《み》らるれば御合點《ごがてん》がまいるで有《あ》らうから、これによつて裝飾《さうしよく》されゝば時勢《じせい》に後《おく》るゝ懸念《けねん》もなく、又價値《またかち》の上《うへ》に就《つい》ても安心《あんしん》であらうと思《おも》ふ、

夏衣《なつい》に就《つい》ての流行《りうかう》は如何《どう》かといふに、御時節《おじせつ》柄《がら》といふ陰氣《いんき》な柄《がら》が一般《ぱん》に流行《りうかう》するため、色《いろ》なども燻《くす》みきつて居《を》る、先衒耀《まつはで》むきとしても藤葡萄《ふじぶだう》、柿葡萄《かきぶだう》、桔梗紫《きゝやうむらさき》の類《るゐ》いづれも古代《こだい》色《いろ》を好《この》む傾向《かたむ》きが有《あ》る、染《じ》み向《む》きは柿茶《かきちや》、御《お》召小納戸《めしこなんど》、鐵鼠《てつねずみ》、錆茶《さびちや》、ヲリーブ鼠《ねずみ》などで、ヲリーブ、焦茶《こげちや》の類《るゐ》は案外永《あんぐわいなが》く流行《りうかう》を續《つゞ》けて居《を》る、

○流行《りうかう》の少女服地《せうぢよふくぢ》

英國《ゑいこく》の織物原産地《をりものげんさんち》マンチェスタ市《し》より本年始《ほんねんはじ》めて白木屋《しろきや》へ輸入《ゆにふ》したる夏季用《かきよう》の女兒洋服及《によじやうふくおよ》び改良服地《かいりようふくぢ》は

縞《しま》キャンブリック

地質《ちしつ》は十分《ぶん》に精織《せいしよく》したるキャラコにて、ラベンダー（薄藤色《うすふぢいろ》）の魚子目《なゝこめ》、朱《と》鷺《き》色《いろ》、水淺葱色等《みづあさぎいろとう》の小《と》辨慶縞《べんけいじま》などにて鯨《くじら》二尺《しやく》幅《はゞ》一ヤルに付金《つきゝん》參拾五錢《せん》

縞瓦斯紅梅織《しまがすとうばいをり》

色《いろ》は紅梅《とうばい》、バイオレット（菫色《すみれいろ》）、ヘリオトロープ（極薄《ごくうす》き藤色《ふぢいろ》）などにて、大《だい》明縞《みようじま》、瀧縞《たきじま》、格子縞《かうしじま》の上《うへ》に白糸《しろいと》にて縦《たて》縞《じま》を浮《う》き織《を》りにしたるものにて鯨一尺《くじらしやく》九寸幅《すんはゞ》一ヤルに付金《つきゝん》四拾錢《せん》

此《この》二種《しゆ》は極《きは》めて堅牢《けんらう》なる染方《そめかた》ゆへ毎日洗濯《まいにちせんたく》するも褪色《たいしよく》の憂《うれ》ひなし、されば學校通《がくかうがよ》ひの平常着《ふだんぎ》には外觀經濟《ぐわいくわんけいざい》ともに恰好《かつこう》の品《しな》なり

グレナヂン

麻《あさ》と瓦斯糸《がすいと》との交織物《まぜをりもの》にて水淺葱《みづあさぎ》、薔《ば》薇色《らいろ》、藤色《ふぢいろ》、深紅《しんく》、黒《くろ》などの地色《ぢいろ》に白《しろ》又《また》は朱鷺色《ときいろ》の亂立縞《らんたつじま》や花紋《くわもん》などを浮《う》き出《だ》させ縞《しま》と縞《しま》との間《あひだ》は紗《しや》の如《ごと》く透《す》かし織《を》りたるものなれば素膚《すはだ》に又《また》は配合《はいごう》よき色《いろ》あひの下着《したぎ》の上《うへ》に用《もち》ゆれば下底《かてい》の見《み》え透《す》きて涼《すゞ》しさ此上《このうへ》なき佳品《かひん》なるべし鯨一尺八寸幅《くじらしやくすんはゞ》一ヤルに付金《つきゝん》七拾錢《せん》

アート、マスリン

極《きわ》めて纖細《せんさい》なるメリの羊毛《ようもう》にて織《を》りたるマスリン地《ぢ》へ金翅雀色《ひわいろ》、淺葱《あさぎ》、紅梅《とうばい》、藤色《ふぢいろ》、オリーブ、白茶色《しらちやいろ》などへ、愛《あい》らしき草花又《くさばなまた》は更紗模樣《さらさもやう》など捺《す》り染《そめ》せしものなれば、地質《ちしつ》は柔《やは》らかし柄《がら》は優美《いうび》なり先《まづ》五六歳《さい》より十二三歳《さい》までの遊歩《いうは》

着《ぎ》として他《た》に類《るゐ》なき品《しな》なり鯨《くじら》一尺《しやく》九寸《すん》
幅《はゞ》一ヤルに付金《つきゝん》八拾錢《せん》

扨《さて》この品々《しな〴〵》を用布《ようふ》として、種々《しゆ〴〵》のリボンやレース其外《そのほか》の附屬裝飾《ふぞくそうしよく》までして、最新佛國式《さいしんふつこくしき》の裁縫《さいほう》に仕上《しあ》げたる一着《ちやく》の直段《ねだん》は何程《なにほど》と聞《き》くに

金《きん》四圓《ゑん》五拾錢以上《せんいじやう》七圓《ゑん》五拾錢《せん》まで
金《きん》五圓以上《ゑんいじやう》八圓《ゑん》まで
金《きん》六圓以上《ゑんいじやう》九圓《ゑん》まで
金《きん》六圓《ゑん》五拾錢以上《せんいじやう》拾圓《ゑん》まで

○洋服着用者《やうふくちやくようしや》の栞《しをり》

歐米服裝界流行《おうべいふくそうかいりうかう》の淵源《ゑんげん》を婦人服《ふじんふく》は佛國《ふつこく》パリ男《だん》子服《しふく》は英國《ゑいこく》ロンドンと相場《そうば》が極《きま》つて居《ゐ》て、ロンドンのウエストエンドと云《い》ふ所《ところ》は特《とく》に最高《さいこう》等《とう》の裁縫師《さいほうし》の集《あつま》つて居《ゐ》る所《ところ》で各《おの〳〵》多年《たねん》の學理《がくり》と經驗《けいけん》とで錬《きた》へ上《あ》げた腦髄《あたま》から絶《た》えず種々《しゆ〴〵》の新《しん》形《がた》を創案《さうあん》して世《よ》に模範《もはん》を示《しめ》す謂《い》はゞ洋服界《やうふくかい》の參謀本部《さんぼうほんぶ》とも云《い》ふべき所《ところ》なのだ、されば萬事《ばんじ》贅澤《ぜいたく》を競《きそ》ひて金《かね》に糸目《いとめ》を付《つ》けぬ米國《べいこく》の金滿家《きんまんか》などは其處《そこ》から遙々《はる〴〵》有名《いうめい》な裁縫師《さいほうし》を呼《よ》び寄《よ》せて自分《じぶん》の體《からだ》の寸法《すんぱふ》を量《はか》らせ衣服《いふく》を注文《ちうもん》するが無論旅費其他《むろんりよひそのた》の費用一切《ひよういつさい》を代價《だいか》に込《こ》むるのだから、一着《ちやく》のフロックコートが參拾磅《ポンド》（我《わ》が參百圓《ゑん》）以上《いじやう》となるは珍《めづ》らしからぬ事《こと》だ、東《とう》洋《やう》のロンドンなる我《わ》が東京《とうきやう》のウエストエンドとも云《い》ふべき日本橋區通壹丁目《にほんばしくとほりいつてうめ》の白木屋洋服《しろきややうふく》店《てん》は始終英國《しじゆうゑいこく》から地質《ぢしつ》を取《と》り寄《よ》せ、又同國《またどうこく》のあらゆる裁縫雜誌《さいほうざつし》が發行《はつかう》ごとに着《ちやく》するから何《い》時《つ》も他《た》に率先《そつせん》して世《よ》の文明的服裝家《ぶんめいてきふくそうか》に便利《べんり》を與《あた》へて居《を》る、

本誌《ほんし》は毎號最新流行《まいがうさいしんりうかう》の服裝圖《ふくそうづ》を掲《かゝ》げて季節《きせつ》ごとに新調者《しんてうしや》の栞《しをり》とする計畫《けいくわく》であるから、これを標本《へうほん》として新調《しんてう》せられたならば、流行《りうかう》に後《おく》れる氣遣《きづか》ひない、

○夏《なつ》の三《み》ッ揃《そろ》ひ脊廣服《せびろふく》

（サンマーランジスート）

右《みぎ》に圖《づ》するは夏季《かき》より秋《あき》へかけて用《もち》ゆる新形《しんがた》の脊廣《せびろ》で上着《コート》の前裾《まへすそ》は些《いさゝ》かの丸《まる》みを帯《お》びたる殆《ほと》んど角形《かくがた》で、襟《えり》の返《かへ》りは思《おも》ひ切《きつ》て大《おほ》きく、上《うへ》より四ッ目《め》の釦《ボタン》の處《ところ》まで返《かへ》る所《ところ》が最新《さいしん》なる點《てん》で、しかも上襟《うはえり》の處《ところ》はキッシリと肩《かた》に喰付《くひつい》て歩行《あるい》ても前《まへ》がバクバクせぬ所《ところ》が此服《このふく》の命《いのち》である、上衣《うはぎ》の胸《むね》は肩幅《かたはゞ》を廣《ひろ》く見《み》せるようポケットを付《つ》けず、チョッキは胸明《むねあ》きせまく折襟《をりえり》の一行《ぎやう》ボタンで裾《すそ》は三角形《かくがた》に落《おと》してある、ヅボンは上部《じやうぶ》ゆるく裾先《すそさき》に至《いたつ》てダンダン細《ほそ》くなり行《ゆ》く形《かた》をよしとするのである、先《ま》づ若手紳士《わかてしんし》の郊外散策《かうぐわいさんさく》、海返《かいへん》の逍遥《しようよう》などには此上《このうへ》なき扮《い》裝《でたち》だ、

地質《ぢしつ》は極《ご》く輕目《かるめ》の網代目薄絨《あじろめうすらしや》かメルトンの類《るゐ》で素鼠《すねずみ》、濃鼠《こいねずみ》、錆鐵《さびてつ》等《とう》の地合《ぢあひ》に極細《ごくこま》かき辨慶《べんけい》、朧市松格子《おぼろいちまつがうし》、變《かは》り糸《いと》二重《ちう》細格子《ほそがうし》などの縞柄《しまがら》あるものが落付《おちつ》いて然《し》かも意氣《いき》な所《ところ》があるやうに思《おも》はれる、出來上《できあが》り一組《くみ》の代價《だいか》を聞《き》いたら拾六圓《ゑん》から貳拾參圓位《ゑんぐらゐ》までとのことであつた、

○流行形《りうかうがた》モーニング、コート

フロックコートと脊廣《せびろ》との中間《あひだ》を行《ゆ》くモーニング、コートは其名《そのな》の通《とほ》り朝《あさ》の禮服《れいふく》ではあるが其外《そのほか》にも着用《ちやくよう》の場合《ばあひ》が極《きわ》めて廣《ひろ》い、公會《とうくわい》、執務《しつむ》、訪問《はうもん》、家居《いへゐ》、散歩《さんぽ》、何《いづ》れの方面《はうめん》にも向《む》くものだから常《つね》に流行《りうかう》に注意《ちうい》する紳士《しんし》が自分《じぶん》の理想《りそう》を直《たゞち》に適用《てきよう》して着《き》て見《み》たいと云《い》ふ時《とき》に作《つく》らせる着物《きもの》である、

右《みぎ》に圖《づ》するは二十六七歳《さい》から四十歳前後《さいぜんご》の英國紳士《えいこくしんし》が日曜《にちよう》の訪問《はうもん》、公園《こうゑん》の散歩《さんぽ》、近郊《きんがう》の射的《しやてき》等《とう》に着用《ちやくよう》して大《おほい》に衆目《しうもく》を惹《ひ》きよせんと苦心《くしん》して案出《あんしゆつ》した最新《さいしん》の形《かた》で、上着《コート》は假《ぐわ》然《ぜん》舊套《きうたう》を脱《だつ》して一足飛《そくと》びの一ッ釦《ぼたん》のカッウヱー（前裾《まへすそ》の

急《きふ》に斜《はす》に落《おと》したる形《かた》）其下《そのした》からチヨツキの裾《すそ》の仄見《ほのみ》ゆるあたりが得《い》もいへぬ形《かた》である、袖先《カツフス》は本開《はんびら》きの三《み》ツ釦《ぼたん》、チヨツキは襟《えり》なしの一行釦《ぎやうぼたん》でそれに純白《じゆんぱく》の比翼《スリツプ》を襲《かさ》ねたのでこれは歐米《おうべい》では昨年來《さくねんらい》から黒《くろ》の上着《うはぎ》を着《き》る場合《ばあひ》にはチヨツキへ白《しろ》の比翼《スリツプ》を付《つ》ける事《こと》が頻《しき》りに流行《りうかう》して居《を》るが中々《なかなか》高尚《かうせう》で氣品《きひん》に富《と》んで見《み》へるやり方《かた》である、

上衣《うはぎ》は黒《くろ》か紺《こん》又《また》は黒地《くろぢ》の霜降《しもふ》りで底《そこ》にかすかに綾目《あやめ》の見《み》ゆる輕《かる》いアンゴラ、チエビヨツト、メルトンなどチヨツキは白地《しろぢ》に藍《あゐ》又《また》は赤《あか》の竪縞《たてじま》か花形《はながた》の彩文《さいもん》ある紋《もん》リンネルか淡《たん》褐色《かつしよく》の薄地紋織絨《うすぢもんをりらしや》に前《まへ》にも云《し》つた純白《じゆんぱく》の比翼《スリツプ》を襲《かさ》ねる、ヅボンは縒《よ》りがらみ竪縞《たてじま》の極《きわ》めて少量《せうりやう》の色糸《いろいと》を織《を》りこんだ、こつくりとした地色《ぢいろ》のカシユミヤか薄絨《うすらしや》がよいのだ、此《こ》の出來上《できあが》り一組《くみ》の直段《ねだん》を聞《き》いたら貳拾貳圓位《ゑんぐらゐ》から參拾五圓位《ゑんぐらゐ》までとのことで、これを別々《べつべつ》に調製《こしらへ》たらどうかといふと、先上衣《まづうはぎ》か拾貳圓《ゑん》から貳拾壹圓《ゑん》、チヨツキが貳圓《ゑん》九拾錢《せん》から四圓《ゑん》、ヅボンが七圓《ゑん》から拾圓《ゑん》までゝ出來《でき》るといふことである、

此《こ》は本誌《ほんし》三十一ページに記《しる》せる英國織物其外獨逸、佛國産《えいこくおりものそのほかどいつふつこくさん》の絹《きぬ》フランネル、紋《もん》メリンス又《また》は本邦産《ほんぱうさん》の友仙《いうせん》メリンスなどにて仕立《したて》たる御幼年令孃向《ごいうねんれいじやうむき》の夏洋服《なつやうふく》にて三四歳《さい》より十二三歳《さい》位迄夫々《ぐらゐまでそれぞれ》御好《おこの》みの形色々有之《かたいろいろこれあり》、代價《だいか》は參圓《ゑん》五拾錢《せん》より七圓《ゑん》五拾錢迄《せんまで》、

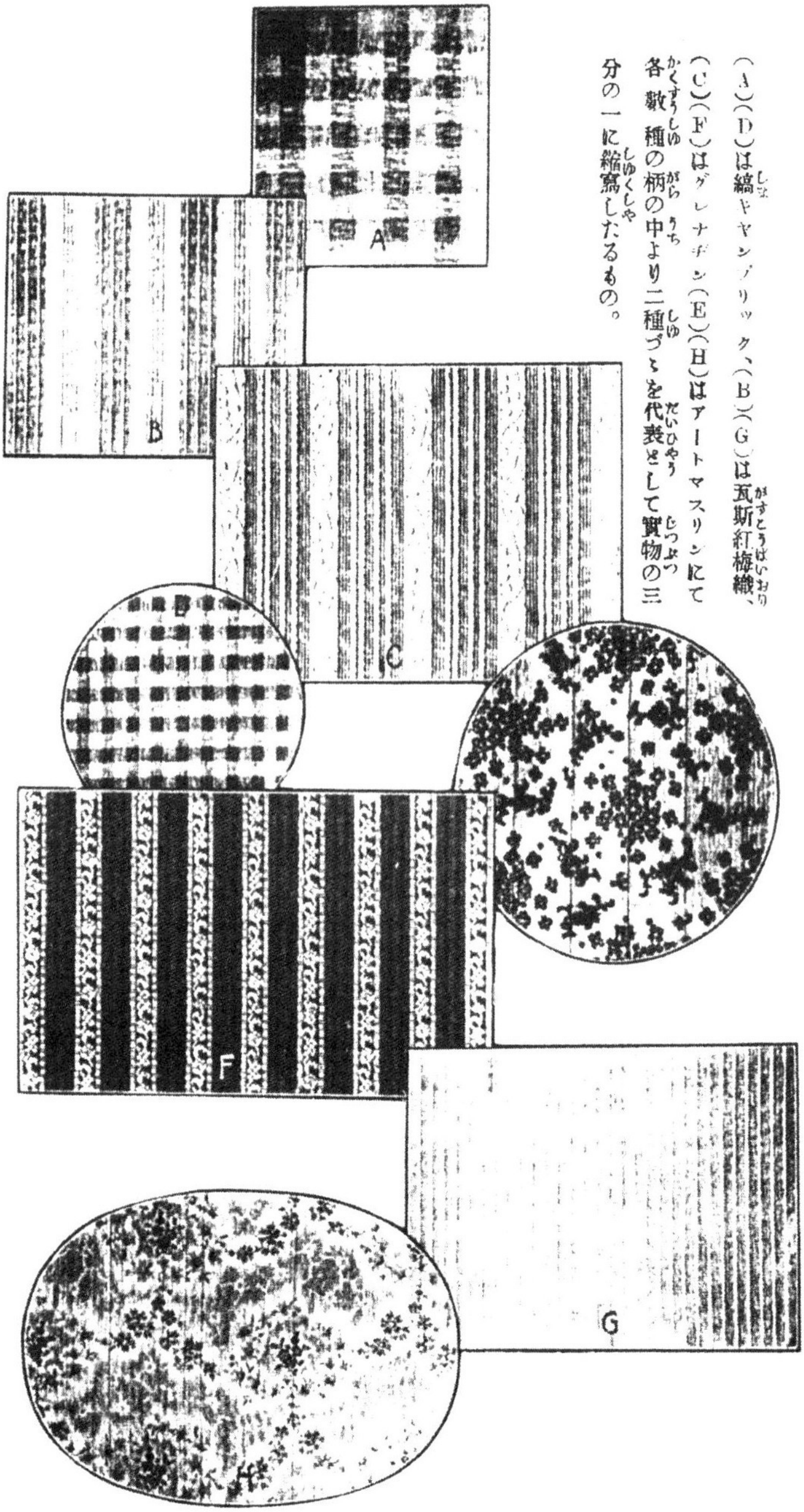

（A）（D）は縞《しま》キヤンブリツク、（B）（G）は瓦斯紅梅織《がすこうばいおり》、（C）（F）はグレナヂン（E）（H）はアートマスリンにて各數種《かくすうしゆ》の柄《がら》の中《うち》より二種《しゆ》づゝを代表《だいひやう》として實物《じつぶつ》の三分の一に縮寫《しゆくしや》したるもの。

（實物の三分の一）

○夏《なつ》の洋服《やうふく》地《ち》二種《しゆ》

右《みぎ》の圖《づ》の中《うち》ACEFの四は英國《えいこく》ブラッドフオード産《さん》の縞《しま》シリアン（精良《せいりやう》なる魚子目《なゝこめ》アルパカ）で黒《くろ》又《また》は濃鼠《こいねずみ》の霜《しも》降地《ふりち》へ白《しろ》、淺葱鼠《あさぎねずみ》等《とう》の三筋《すぢ》、大明縞《たいめうじま》などを現《あら》はしてある、此《この》品《しな》の特色《とくしよく》は頗《すこぶ》る美《うつく》しき光澤《くわうたく》を十分《ぶん》持《もつ》て居《を》る事《こと》とサラサラとして甚輕《はなはだけいてう》重なるとの點《てん》で眞夏《まなつ》の事務着《じむぎ》として脊廣《せびろ》又《また》はモーニング形《がた》に仕立《した》て、白《しろ》の無地綾《むぢあや》セルか朱子目《しゆすめ》リン子ルのヅボンの上《うへ》に着《き》るとすれば輕快《けいくわい》此上《このうへ》ない、そこで仕立上《したてあが》りの脊廣《せびろ》一枚代價《まいだいか》は金《きん》六圓《ゑん》八拾錢《せん》とは實《じつ》に廉《れん》だ、

次《つぎ》にBDGは矢張英國産良質《やはりえいこくさんりやうしつ》の羊毛《ようもう》で織《を》つた白地《しろぢ》に黒《くろ》、藍鼠《あゐねずみ》、オリーブなどの立縞《たてじま》のあるテニス薄絨《うすらしや》で、脊廣《せびろ》とヅボンを對《つい》の柄《がら》で單《たん》に作《つく》つて圖《づ》の中央《ちうわう》にある繪形《ゑがた》の樣《やう》にチヨツキなしに輕《かる》いメリノフランネルのシヤツの上《うへ》へ着流《きなが》して革帶《かわおび》の胴締《どうじめ》に白《しろ》ヅツク、ゴム底《ぞこ》の半靴《はんぐつ》と云《い》ふ好《この》みにすればテンニス遊《あそ》び、夕暮《ゆうぐれ》の散歩其他暑中《さんぽそのたしよちう》の旅行《りよかう》などには五分《ぶ》と隙《す》かぬ扮裝《いでたち》である、而《しか》して脊廣《せびろ》、ヅボン（裏《うら》なし）一揃《ひとそろへ》の出來上《できあが》り代價金《だいかきん》拾貳圓《ゑん》五拾錢《せん》で洒々落々《しやく〱らく〱》の紳士《しんし》を形《かた》ち作《つく》る、

○ブライト織《をり》と機業家《きげふか》の進歩《しんぽ》

機業家《きげふか》の進歩《しんぽ》は實《じつ》に長足《ちやうそく》の發達《はつたつ》である、がなかにも最新《さいしん》の織物《おりもの》として賞《しやう》すべきものは、此《こ》のブライト織《をり》である、光輝《くわうき》ある精良絹糸《せいりやうきぬいと》の輝《てり》を利用《りよう》して織出《おりだ》した柄《がら》は、變《かわ》り霜《しも》降《ふ》り、吹雪等《ふゞきとう》を不規則《ふきそく》な小紋《こもん》のやうに顯《あら》はしたもので、而《しか》も地合《ぢあひ》がさらく〱と撚《よ》りの爲《た》めにねばり氣《け》の無《な》いところが夏《なつ》氣《き》の塵《ち》りよけとして婦女《ふぢよ》の吾妻《あづま》コートに適當《てきたう》で、外《ほか》に匹敵《ひつてき》するものはなからうと思《おも》はれる、それでコートに仕立《した》て價格《かゝく》は貳拾圓内外《ゑんないぐわい》で出來《でき》るとのこと、又《また》これを洋服《やうふく》のチヨツキに仕立《した》てれば、柄《がら》は面白《おもしろ》し、地合《ちあひ》は珍《めづ》らし、人目《ひとめ》を惹《ひ》く瀟洒《しようしや》な品《しな》である、夫《それ》で仕立《したて》あがりが六七圓《ゑん》とは面白《おもしろ》い、

○流行《りうかう》の蝙蝠傘《かうもりがさ》

京橋南傳馬町 仙女香調

洋傘《やうがさ》も年々《ねん〱》に流行《りうかう》の趣《おもむき》を異《こと》にするが概《がい》して言《い》へば今年《ことし》は淺形《あさがた》となり、紋織《もんを》りものは三段《だん》の大摸樣《おほもやう》、色《いろ》は若手《わかて》のハイカラ連《れん》は松葉色《まつばいろ》、白《しろ》、變《かわ》り色《いろ》を好《この》むが其他《そのた》は黒《くろ》が喜《よろこ》ばる、代《だい》價《か》は昨年《さくねん》に比《くら》ぶれば二割安《わりやす》は時局《じきよく》の利目《きゝめ》なるべし、

男子用《だんしよう》　上等品《じやうとうひん》

鐵骨《てつほね》で長《なが》さ二十五六吋《インチ》、骨數《はねかず》七八本《はん》、里昂製薄地《リオンせいうすぢ》、色《いろ》は茶《ちや》、靑《あほ》、黒《くろ》の三種《さんしゆ》需用《じゆよう》多《おほ》く、自然木《じねんぼく》曲《まが》り柄《え》へ銀《ぎん》かな物《もの》を付《つけ》るか、棕櫚竹《しゆろちく》の直柄《すぐえ》も好《この》まるゝが新形《しんがた》として馬足形《ばそくがた》銀輪《ぎんわ》賣行《うれゆき》よし、

細卷《ほそま》き旅行用《りよかうよう》は鐵柄《てつえ》七本骨《ほんほね》にて薄地《うすぢ》の絹《きぬ》を張《は》り、細《ほそ》く卷《ま》きたるうへ革製《かわせい》の袋《ふくろ》に納《い》れステッキ代用《だいよう》となるもの販路《はんろ》多《おほ》し代價《だいか》は壹本《ぽん》七八圓《ゑん》より最上品《さいじやうひん》貳拾五圓位《ゑんぐらゐ》、

婦人用《ふじんよう》　上等品《じやうとうひん》

鐵骨《てつほね》長《なが》さ二十二吋《インチ》、骨數《はねすう》八本《はん》、紋織《もんおり》黒地絹《くろぢきぬ》繻子《じゆす》、琥珀《こはく》織《をり》等《とう》にて織紋《をりもん》の大《おほ》きなる形流行《かたりうかう》、又繻子《またじゆす》へレースを織《を》りこみたるもの等《とう》、握《にぎ》りは象牙彫《ざうげほり》、虎目石《とらめいし》、黒檀《こくたん》等透《とうすか》し彫《ほり》銀《ぎん》かなもの付《つき》、或《あるひ》は蝶貝《てふがひ》銀細工《ぎんざいく》など需用《じゆよう》多《おほ》し代價《だいか》は拾圓《ゑん》位《ぐらゐ》より參拾圓位《ゑんぐらゐ》まで、

小供用《こどもよう》　上等品《じやうとうひん》

絹紋繻子地《きぬもんじゆすぢ》にて立派《りつぱ》な色《いろ》に美麗《びれい》なる握《にぎ》りをつけたる花々《はなぐ》しきものにて價《あたへ》は五六圓《ゑん》、

右《みぎ》の外中等並製《ほかちうとうなみせい》ども種々《しゆぐ》ありて價《あたへ》は男子用最廉價《だんしようさいれんか》壹圓位《ゑんぐらゐ》まで、女子用同斷《ぢよしようどうだん》、小兒用《せうによう》三四十錢《せん》のものあり、價格《かゝく》にこそ上中下《じやうちうげ》あれども流行《りうかう》はいづれも同《おな》じ意向《いかう》なれば深《ふか》さ色合《いろあひ》握《にぎ》りの好《この》み等《とう》さして變《かつ》ることなし養蠶《やうさん》の豐凶《ほうきよう》によりて價格《かゝく》に昇降《しようこう》ありとすれば二割安《わりやす》ならば買《かひ》所《どころ》ならん、

○米國《べいこく》の我《よ》が國《くに》に同情《どうじやう》を寄《よ》せての流行《りうかう》もの

東郷勝利襟《とうごうしやうりえり》　我《わ》が軍連戰連捷《ぐんれんせんれんしよう》の報《はう》が歐米《おうべい》各國《かくこく》に傳播《でんぱ》すると同時《どうじ》に各國擧《かくこくこぞ》つて我《わ》が國《くに》に同情《どうじやう》を寄《よ》するなかにも、米國《べいこく》は殊《こと》に厚《あつ》く、近頃《ちかごろ》都《すべ》ての商品《せうひん》に東郷《とうごう》の字《じ》を冠《かぶ》らすること大流行《おほりうかう》となり機敏《きびん》なる同國商人《どうこくせうにん》は

東郷勝利襟《とうごうしやうりえり》

といふカラーを賣《う》り出《だ》せし所《ところ》、時好《じかう》に適《てき》して非常《ひじやう》に賣《う》れゆくよし、

但《たゞし》東郷勝利襟《とうごうしやうりえり》は極《きわ》めて丈低《たけひく》きダフルカラー（折襟《をりえり》）なるよしに聞《き》けば、かねて流行《りうかう》に驅《か》られて餘儀《よぎ》なく咽喉《のんど》の窮屈《きうくつ》を怺《こら》へて、高襟《ハイカラ》をつけたる同國若紳士連《どうこくわかしんしれん》も、扁桃《へんとう》線焮衝《せんきんしやう》でも發作《はつさ》せぬうちと、機逸《きいつ》すべからず的《てき》に流行《りうかう》するならん、嗚呼《あゝ》我《わ》が軍戰捷《ぐんせんしよう》の德孤《とくこ》ならず隣《となり》ありと謂《い》ふ可《べ》し、

○袋物《ふくろもの》、櫛《くし》簪類《かんざしるゐ》　両國若松町　丸嘉調

懐中物《くわいちうもの》は都《すべ》て洋服《やうふく》持《も》ちと兩用《りやうよう》を兼《か》ぬるを好《この》む所《ところ》から極《ご》く薄手《うすで》の二ッ折《を》りに限《かぎ》る、只紙幣《たゞしへい》と名刺《めいし》と楊枝《やうじ》入れでもはいれば重疊《ちようでう》といふ好《この》みかた、莨入《たばこい》れも上流《じやうりう》では筒挿《つゝさ》しは皆《かい》無《む》、今《いま》は利休形《りきうがた》と稱《しやう》する袂《たもと》もちの叺莨入《かますたばこいれ》で、高《たか》さ二寸《すん》三分《ぶ》横《よこ》四寸《すん》四五分《ぶ》といふ形《かた》で金物《かなもの》は一文字《もんじ》と相場《さうば》が極《きま》つて居《ゐ》る、裂《き》れば書《か》き更紗《さらさ》、古代裂《こだいぎれ》、布團革《ふとんがは》の三種《しゆ》が流行《りうかう》であるが、書《か》き更紗《さらさ》は品《しな》が無《な》くなるばかりだから却々《なか〱》得難《えがた》い、女持《をんなもち》も大《たい》抵《てい》好《この》みは同《おな》じだが寸法《すんぱふ》が都《すべ》て一分程《ぶほど》づつ小形《こがた》になる、簪《かんざし》の耳掻《みゝか》きは短《みじか》いのが流行《りうかう》で金屬彫刻《きんぞくてうこく》の平打《ひらうち》でも多少《たせう》寶石《はうせき》を鏤《ちりば》めなくてはならぬ傾向《かたむき》が有《あ》る、足《あし》は松葉形《まつばがた》で肩《かた》のすらりとした形《かた》よし、

下圖《かづ》に顯《あら》はしたのは變《へん》形《けい》の眞珠《しんじゆ》を獨樂《こま》に見立《たみ》て、源水曲獨樂《げんすゐきよくごま》の趣向《しゆとう》で耳掻《みゝか》きを煙管《きせる》の雁首《がんくび》にした所《どころ》は頗《すこぶ》る江戸《えど》ッ子式《こしき》である、價《あたへ》は貳拾五圓《ゑん》（但《たゞし》金脚《きんあし》）

上圖《じやうづ》に顯《あら》はした金地平丸形《きんちひらまろがた》の簪《かんざし》は透《す》かしの

浮《う》き彫《ほり》水仙《すゐせん》の花丸《はなまる》、花《はな》は白《しろ》七寶《ぽう》で葩《はなびら》に眞珠《しんじゆ》を嵌入《かんにふ》し、葉《は》は萌葱《もえぎ》七寶《ぽう》、頗《すこぶ》る高尚《かうせう》の出來《でき》にて日本婦人《にほんふじん》の生粋《きつすい》を表《あら》明《は》したもの、價《あたへ》四拾五圓《ゑん》、

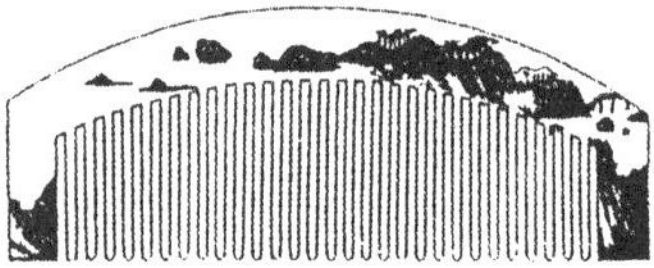

櫛笄《くしかうがひ》とも本黒鼈甲《ほんくろべつかう》、銀《ぎん》地《ち》へ黒《くろ》の山水《さんすゐ》を研出《とぎだ》し蒔繪《まきゑ》にしたもので、樹木遠山《じゆもくゑんざん》等《とう》濃淡遠近《のうたんゑんきん》の工合《ぐあひ》、畫伯《ぐわはく》も舌《した》を捲《ま》く精巧《せいこう》、瀟洒《しようしや》にして涼《すゞ》し氣《げ》に夏季《なつき》の好裝《かうそう》飾《しよく》（價貳拾五圓《ゑん》）

○ハンカチーフ　日本橋葺屋町　中西儀兵衛調

手拭《てぬぐひ》は入浴用《にふよくよう》か勞働者《ろうどうしや》の鉢巻《はちま》きと相場《さうば》が極《きま》つて、中流以《ちうりうい》

上《じやう》の袂《たもと》へはハンカチーフの外《ほか》入るべからず、と制札《せいさつ》を建《た》てられた譯《わけ》でもなからうが、自然淘汰《しぜんとうた》で仕方《しかた》がない、

夏季《かき》の需用品《じゆようひん》は

舶來品《はくらいひん》では

ケンブリツキヘンム　一ダース（以下倣之）　五拾貳錢五厘
同大判上ヘンム　壹圓
麻ヘンム箱入　壹圓貳拾五錢
同上等　壹圓五拾錢
本麻上函入　壹圓八拾五錢
紺地水玉角卷　壹圓拾五錢
同上二尺もの　壹圓貳拾八錢

和製《わせい》で汗拭《あせぬぐ》ひに適《てき》するものは吾妻縮地《あづまちゞみぢ》で

尺一戰勝紀念形入　四拾貳錢五厘
尺三　同　五拾七錢五厘
尺五　同　七拾六錢
尺七　同　八拾六錢
尺八　同　壹圓貳拾參錢
但箱入《たゞしはこいれ》なれば各《おの〳〵》貳錢高《せんたか》

白キヤラコ

尺二　四拾八錢
尺三　五拾五錢五厘
尺四　六拾六錢
尺五　七拾六錢五厘
尺八　壹圓貳拾錢
尺二　戰勝紀念形入　五拾貳錢
尺三　同　六拾錢
尺五　同　八拾錢五厘
日露清韓地圖　六拾錢
同上　六拾五錢
但箱入《たゞしはこいれ》なれば各《おの〳〵》貳錢高《せんだか》

自用《じよう》は勿論中元贈答暑中見舞《もちろんちうげんぞうたふしよちうみまひ》に大流行品《おほりうかうひん》

○束髮用簪類《そくはつようかんざしるゐ》　日本橋通四丁目　ワンプライスショプ調

束髮用花簪《そくはつようはなかんざし》は近來長足《きんらいちやくそく》の進歩《しんぽ》で、最早舶來品《もはやはくらいひん》を仰《あを》ぐの必要《ひつやう》は全然《ぜん〳〵》ない、寧《むし》ろ日本人《にほんじん》の嗜好《しかう》に適《てき》するやう彼是《かれこれ》調和《てうわ》するだけ日本人《にほんじん》の眼《め》には優《まさ》るとも劣《をと》らぬやうに映《うつ》ずる、元來日本式《ぐわんらいにほんしき》の花簪《はなかんざし》は不自然《ふしぜん》な單調《たんてう》なものであつたが、近來《きんらい》は内外草木《ないぐわいさうもく》の花《はな》を拉《らつ》し來《きた》つて櫻《さくら》や菊《きく》ばかりに跳梁《てうりよう》跋扈《ばつこ》させてはおかぬ、園藝《ゑんげい》の流行《りうかう》につれて益《ます〳〵》未發《みはつ》の領分《れうぶん》を開拓《かいたく》するの餘地《よち》が多《おほ》い、扨此種《さてこのしゆ》の流行品《りうかうひん》は如何《いかん》といふに前《まへ》に言《い》ふ通《とほ》りの傾向《けいかう》であるから隨《したが》つて自然《しぜん》の美色《びしよく》を撰《えら》ぶうへに近來《きんらい》オリーブ、ピーコック等《など》の色《いろ》が流行《りうかう》する所《ところ》から

都《すべ》ての花簪《はなかんざし》が混合色《こんこゝいろ》の暗色《あんしよく》を帶《お》びたものが流行《りうかう》する

大勝利簪《だいしやうりかんざし》

は目下《もくか》の流行品《りうかうひん》で純銀製《じゆんぎんせい》で櫻《さくら》の匂《にほ》ひを鍍金《めつき》にしたる涼《すゞ》しそうな活潑《くわつぱつ》なもの價金壹圓《あたへきんゑん》六拾五錢《せん》、

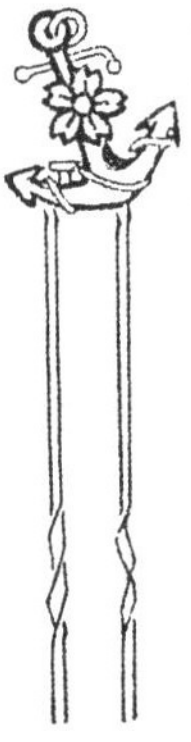

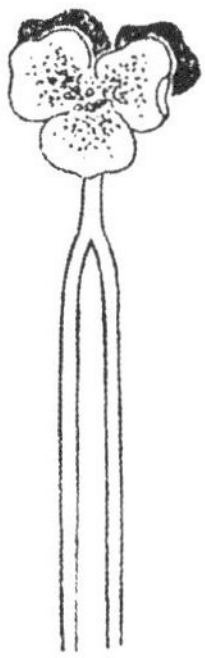

遊蝶花《いうてふくわ》、俗《ぞく》に三色《いろ》すみれを純《じゆん》銀地《ぎんち》へ寫生色《しやせいゝろ》の七寶《ぱう》で彩《いろど》りたる優美《いうび》のもの、花《はな》は屈曲《くつきよく》か自由《じゆう》になるやう蝶《てふ》つがいになつて居《ゐ》るから、和洋兩用《わやうりやうよう》は勿《もち》論髷形《ろんまげがた》によりてお好《この》み次第《しだい》、價金《あたへきん》壹圓《ゑん》六拾錢《せん》、

束髪櫛《そくはつぐし》

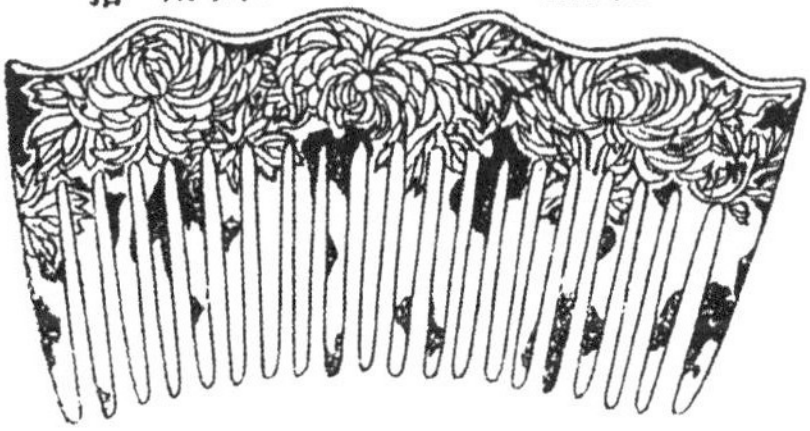

本鼈甲《ほんべつかう》のばら斑地《ふち》へ菊花《きくくわ》を蒔繪《まきゑ》と細微《さいび》な透《す》かし彫《ほり》にして眞珠《しんじゆ》を嵌入《はめ》たるもの十六七より二十七八までは用《もち》ゐらるゝ徳用品《とくようひん》で、價壹圓《あたへゑん》七八拾錢以上《せんいじやうゑん》參圓參拾錢《せん》まで、

○大勝利形木履《だいしやうりがたぼくり》　　淺草茅町　香取屋調

是《これ》は鼻緒《はなを》が博多織《はかたをり》で、黒鳩《くろはと》の飛行《ひかう》して居《を》る處《ところ》へ彈丸《だんぐわん》が命中《めいちう》した模樣《もやう》と日章旗《につしやうき》が織出《をりだ》して有《あ》る所《どころ》から命《めい》名《めい》したものらしく、極薄手《ごくうすて》の桐臺《きりだい》に疊表《たゝみおもて》の目塞《めせき》の縁《へり》を細《ほそ》くとつて表《おもて》につけ、踵《かゝと》の所《ところ》を彈機《ばね》にして足《あし》のかへりの能《よ》いやうに前《まへ》の方《はう》を中折《なかを》れにした不斷履《ふだんば》き、素足《すあし》の散歩用《さんぽようてきたう》に適當の品價《しなあたへ》壹圓《ゑん》參拾錢《せん》、

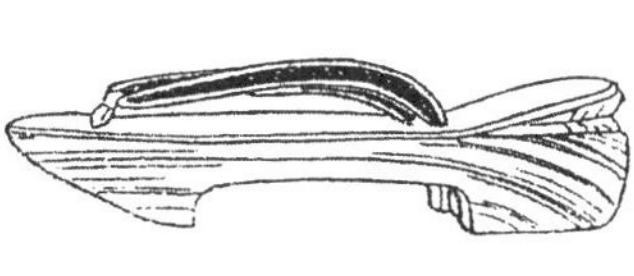

近來全體《きんらいぜんたい》に鼻緒《はなを》は細《ほそ》く臺《だい》の低《ひく》きもの流行《りうかう》にて一般氣向《ばんいきむき》きになれり、兩《りやう》ぐりの齒《は》の厚《あつ》みも薄《うす》く齒《は》と齒《は》の距離《きより》が放《はな》れて居《ゐ》る稍日《やゝにつ》光下駄《くわうげた》に似《に》たるもの流行《りうかう》す、故《ゆゑ》に香《か》取屋《とりや》が美佐保形《みさほがた》と命《めい》して創造《さうぞう》せる圖《づ》の如《ごと》きのは僅《わづ》かに大小《だいせう》と鼻緒《はなを》の好《この》みにより男女《だんぢよ》の區別《くべつ》を知《し》るものゝ如《ごと》し、是等《これら》に付《つい》ても以前《いぜん》の好《この》みと全然《まるで》趣《おもむき》を異《こと》にするを知《し》らる、

美佐保形

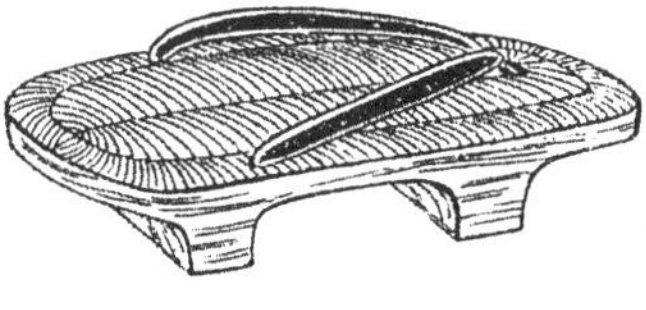

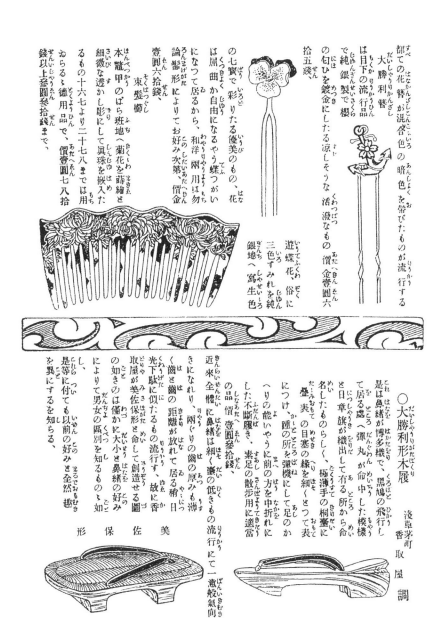

價《あたへ》壹圓《ゑん》五拾錢《せん》

○皇國《みくに》の花傘《はながさ》　雨天用

皇國《みくに》の花傘《はながさ》とは、傘《かさ》の上部《うへ》へ碇《アンクル》と櫻《さくら》の花《はな》を白《しろ》ぬきにして當時《とうじ》花形《はながた》の陸海軍《りくかいぐん》を利《き》かせた趣向《しゆこう》で黑《くろ》でも澁《しぶ》でもお好《この》み次第《しだい》、戰勝國民《せんしやうこくみん》のさゝねばならぬもの、但《たゞし》花傘《はながさ》といふ名《な》は些《ち》と子供《こども》めくやうだが、名《な》は可隣《かれん》でも其《そ》のものは活潑《くわつぱつ》な所《ところ》に日本魂《やまとだましい》がこめてある、

價《あたへ》壹圓《ゑん》參拾錢以上《せんいじやう》

茶道

勇猛精進菴

茶道《さだう》、一に茶《ちや》の湯《ゆ》又茶《またちや》の會《ゑ》とも云《い》ひまして、我《わ》か國《くに》で茶式作法《ちやしきさはふ》を正《たゞ》して一の禮式《れいしき》のやうになりまして專《もつぱ》ら世《よ》に行《おこな》はれ初《はじ》めましたのは、足利將軍《あしかゞしやうぐん》が僧珠光《そうしゆくわう》に仰《あふ》せて茶式《ちやしき》を定《さだ》められたのが初《はじ》めであります。

此《こ》の式作法《しきさはふ》といふことの濫觴《はじまり》は前《まへ》にいふ通《とほ》りでありますが、大茶碗《おほちやわん》に茶筅《ちやせん》を用《もち》ひて茶《ちや》を揮《ふ》つて飲《の》むことは遠《とほ》き昔《むかし》から支那《しな》日本《にほん》ともに行《おこな》はれて居《ゐ》たものに相違《さうゐ》ありませむ、

嘗《かつ》て菴主《あんしゆ》が故《こ》後藤伯爵《ごとうはくしやく》の高輪邸《たかなわてい》で伯《はく》の愛玩《あいぐわん》せられた明畫《みんぐわ》の大幅《たいふく》ものゝ風俗畫《ふうぞくぐわ》を見《み》ました、此《こ》の人物《じんぶつ》の中《うち》に臺天目《だいてんもく》を用《もち》ゐて茶筅《ちやせん》で茶《ちや》を揮《ふ》つて居《ゐ》る所《ところ》が描《か》いて有《あ》りました、此《こ》れが支那《しな》に古《ふる》くから此《た》の風俗《ふうぞく》の有《あ》つた證據《しやうこ》で、日本《にほん》では揮《ふ》り茶《ちや》といふことが古來《こらい》から各地方《かくちはう》に行《おこな》はれて居《ゐ》たやうです。

是《これ》も嘗《かつ》て菴主《あんしゆ》が或《あ》る年信州《としんしう》の柏原《かしはら》といふ越後《ゑちご》に接《せつ》した驛《ゑき》に冬籠《ふゆごも》りをしたことが有《あ》りまして其《そ》の頃同地《ころどうち》の舊家《きうか》で中村氏《なかむらし》といふが數代前《すうだいせん》から秘藏《ひぞう》して居《を》られた揮《ふ》り茶々碗《ちやくわん》といふが有《あ》つて同氏《どうし》から其《そ》の來歴《らいれき》を聞《き》いたことが有《あ》ります。

其《そ》の來歴《らいれき》は要《えう》するに古來《こらい》から茗《ちや》の葉《は》を煎《せん》じてこれを彼《か》の大茶碗《おほちやわん》に汲《く》むで、茶筅《ちやせん》を豫《かね》て鹽筒《しほげ》のなかへ入《い》れて置《お》いて、其《そ》の筅《せん》の先《さき》に鹽《しほ》の貼《つ》いたまゝ茶《ちや》を揮《ふ》つて飲《の》む習慣《ならはし》が有《あ》つたとの事《こと》で、菴主《あんしゆ》は其《そ》の茶碗《ちやわん》を貰《もら》ひ受《う》けて今《いま》でも秘藏《ひぞう》して居《ゐ》ますが、誠《まこと》に雅致《がち》に富《と》むだ古色掬《こしよくきく》すべく、確《たしか》に古瀬戸《こせと》と鑑定《かんてい》されます……、同地《どうち》では今《いま》から五十年《ねん》ほど前《まへ》までは此《こ》の揮《ふ》り茶《ちや》ばかりで、急須《きうす》で茶《ちや》を點《てん》ずるなどといふことは眞《まこと》に近年初《ちかごろはじ》まつたことだとの話《はな》して有《ふ》りました又菴主《またあんしゆ》の朋友《とも》加納鐵哉氏《かのうてつさいし》彫刻家も或《あ》る時中國《ときちうごく》の某地《ばうち》で古式《こしき》に依《よ》つて揮《ふ》り茶《ちや》の馳走《ちそう》を受《う》けた話《はな》しをされたことが有《あ》りました、

是《これ》で日本全國《にほんぜんこく》に此《こ》の風俗習慣《ふうぞくしうくわん》が抹茶流行時代《まつちやりうかうじだい》已前《いぜん》から有《あ》つたといふことは疑《うたが》ひの無《な》いことを證據立《しやうこだて》てられます、

扨茶《さてさ》道《だう》のことを本欄《ほんらん》に掲《かゝ》げます前《まへ》に豫《あらかじ》めお話《はな》し仕《し》て置《お》きたい菴主《あんしゆ》の卑見《ひけん》が有《あ》るのです、抑茶《そもさ》道《だう》といふことが其《そ》の創《はじ》めは知《しり》ませむが、中頃《なかごろ》からは非常《ひじやう》に窮屈《きうくつ》なものになつて、何《なん》でも彼《か》でも鑄型《いがた》へ嵌《は》めなければならないことゝ

なりましたやうで、新規《しんき》なことは何《なん》でも用《もち》ゐぬといふ偏屈《へんくつ》な傾向《かたむき》が見《み》ねます、最《も》う一つは茶《ちや》の湯《ゆ》といふことが世外《せいぐわい》に超然《てうぜん》として浮《う》き世《よ》の塵《ちり》に染《そ》まぬといふを本領《ほんりやう》として居《を》ります、彼《か》の

知量茶味與禪味
吸盡松風不意塵

此《こ》の詩句《しく》が建《た》て前《まへ》として有《あ》るので、或《あ》る方面《はうめん》に付《つ》いては敎外別傳不立文字《きやうげべつでんふりうもんじ》底《てい》の面白《おもしろ》い妙味《みやうみ》が有《あ》るのですが、此《こ》の妙味《めうみ》を咀嚼《そしやく》せずに似而《え》非《せ》禪味《ぜんみ》を鵜呑《うのみ》にするやうなことが有《あ》つては、開國進取《かいこくしんしゆ》を國是《こくぜ》として居《ゐ》る我《わ》か國《くに》の、然《しか》も前途有爲《ぜんとゆうゐ》の青年子女《せいねんしじよ》が此《こ》の病《やまひ》に感染《かんせん》するやうのことが有《あつ》ては容易《ようい》ならぬことゝ思《おも》ひます、でありますから菴主《あんしゆ》は漁夫《ぎよふ》の辭《ことば》ではありませむが此《こ》の茶道《さだう》を物《もの》に凝滯《ぎやうたい》せぬ浮《う》き世《よ》に融通《ゆうづう》の利《き》くものとして社交《しやこう》の機關《きくわん》、饗應《きやうおう》の練習《れんしう》、起《た》ち居《ゐ》の稽古《けいこ》、室内裝飾《しつないそうしよく》の手段《しゆだん》として用《もち》ゆることに致《いた》したいと思《おも》ひます、

前《まへ》にも申《まを》しました何《なん》でも鑄型《いがた》に嵌《は》めるといふ窮屈《きうくつ》なことに爲《し》たのは決《けつ》して茶道其《さだうそ》のものゝ罪《つみ》ではない、中世已來《ちうせいいらい》斯道《しだう》を受《う》け繼《つ》いだ人々《ひとぐ》が師《し》の敎《をし》ねを守《まも》る事《こと》にのみ汲々《きうく》として世《よ》の推移《すいし》に少《すこ》しも頓着《せんじやく》せず只管《ひたすら》型《かた》に嵌《は》めることばかり勉《つと》めて來《き》た結果《けつくわ》であります、要《よう》するに先師《せんし》の所作《しよさ》ばかり型《かた》にして活《いき》た働《はたら》きを享《う》け襲《つ》ぐことが出來《でき》なかつたのが原因《げんいん》でありませうと思《おも》ひます、

却說《さて》こゝに茶道《さだう》のことを演《の》べます前《まへ》に斯道中興《しだうちうこう》の祖《そ》ともいふべき利休居士《りきうこじ》の來歷《らいれき》を述《の》ぶるのも強《あなが》ち徒勞《とらう》ではなからうと思《おも》ひますから序《ついで》にこゝに記《しる》すことゝ仕《し》ます、

千氏名《うじな》は宗易《そうえき》と叫《よ》び利休《りきう》と號《ごう》し別《べつ》に抛全齋《はうせんさい》、不審菴《ふしんあん》等《とう》の號《ごう》を用《もち》ゐました、此《こ》の人《ひと》は泉州堺《せんしうさかひ》

の町魚問屋《まちうをとひや》の家《いへ》に生《うま》れたので俗稱《ぞくしやう》を魚屋《なや》納屋に作る與《よ》四郎《らう》と云《い》つたのです、

其《そ》の頃堺《ころさかひ》に大黒菴紹鷗《だいこくあんじやうおう》閑一といふ茶伯《さはく》がありまして翁《おう》は此《こ》の人《ひと》から業《げふ》を授《さづ》けられたのです、

而《さう》して翁《おう》が京都《きやうと》へ上《のぼ》つたのは、初《はじ》め子息《しそく》少菴《せうあん》宗淳《そうじゆん》が京師《けいし》に僑居《きやうきよ》して僅《はつ》か二疊半敷《でうはんじ》きの茶亭《さてい》を構《かま》え、より〳〵同好《どうこう》の士《し》を集《あつ》めまして斯道《しだう》の景況《ありさま》を觀察《くわんさつ》した所《ところ》が流石《さすが》に京洛《けいらく》のことでありますから好事者《こうずしや》が多《おほ》い、そこで父《ちゝ》を喚《よ》ばうと思《おも》ふ念《ねん》も生《しやう》じ、又數寄者《またすきしや》も荐《しき》りに促《うなが》した所《ところ》から終《つひ》に起《た》つて紫野大徳寺《むらさきのだいとくじ》の門前《もんぜん》へ居《きよ》を占《し》めて、「是《これ》を不審菴《ふしんあん》と號《がう》しましたので有《あ》ります」

當時《たうじ》の龍寶山大徳寺《りうはうざんだいとくじ》の和上《わじやう》を春屋禪師《しゆんをくぜんし》といふて、此《こ》の人《ひと》は圓鑑國師《ゑんかんこくし》と諡《おくりな》された高徳《かうとく》の長老《ちやうらう》でありました、

利休翁《りきうおう》が此處《こゝ》に居《きよ》を占《し》めました時《とき》に春屋和上《しゆんをくわじやう》は頌《しやう》を作《つく》つて贈《おく》つた、其《そ》の句《く》は、

扁菴不審接來賓
大座當軒稱主人
日日此翁樂多少
茶烟輕颺建溪春

其《そ》の頃右府信長公《ころうふのぶながこう》の侍臣《じしん》に今井宗久《いまゐそうきう》、津田宗及《つだそうきう》といふ二人《ふたり》の茶道《さだう》がありまして、皆翁《みなおう》と刎頸《ふんけい》の交《まじ》はりのあつたので、此《こ》の二人《ふたり》から推薦《すいせん》したものですから氣早《きばや》の大將急《たいしやうきう》に翁《おう》を天守《てんしゆ》に召《め》して御前《ごぜん》で點茶《てんちや》を御覽《ごらん》になりました所《とひろ》が、其《そ》の動作《どうさ》實《じつ》に神妙《しんめう》で有《あ》りましたので時《とき》を移《うつ》さず宗久等《そうきうら》と同《おな》じく采地《さいち》三千石《ごく》を給《たま》はつて茶道《さだう》を以《もつ》て仕官《しくわん》することゝなりました、

其《そ》の後《ご》天正《てんしやう》十四年《ねん》五月《ぐわつ》信長公《のぶながこう》は本能寺《ほんのうじ》の旅館《りよくわん》に於《おい》て逆臣光秀《ぎやくしんみつひで》のために薨《こう》ぜられました、それから翁《おう》は秀吉公《ひでよしこう》に更《さら》に舊祿《きうろく》を以《もつ》て召抱《めしかゝ》えられ同《おな》じく茶道《さだう》を勤《つと》めたのです、彼《か》の有名《ゆうめい》な北《きた》野《の》大茶《おほちや》の湯《ゆ》には大和權大納言秀長《やまとごんだいなごんひでなが》、内大臣秀《ないだいじんひで》

次《つぐ》、加賀《かゞ》大納言《だいなごん》利家《としいへ》、稲葉《いなば》右京亮《うきやうのすけ》貞通《さだみち》等《ら》と共《とも》に第《だい》二番《ばん》の茶亭《さてい》を擔當《たんたう》しました、殊《こと》に賓客《ひんかく》は各《かく》茶亭《さてい》の番號籤《ばんごうくじ》を引《ひ》ひて其《そ》の席《せき》を定《さだ》めましたのですが、其《そ》の抽籤《くじびき》のときには皆《みな》利休《りきう》の茶屋《ちやや》に當《あた》りたいことを神佛《しんぶつ》に祈《いの》つたといふことが或《あ》る書《しよ》に見《み》えました、是《これ》を見《み》ましても當時《たうじ》人《じん》望《ばう》の重《おも》かつた事《こと》は推《お》し量《はか》られます、又《また》君寵《くんちやう》の厚《あつ》かつたことも現《げん》に小田原《をだはら》の北條氏政《ほうでううじまさ》討伐《とうばつ》の時《とき》など常《つね》に君邊《くんぺん》を離《さ》らず、茶筅《ちやせん》の指《さ》し物《もの》して騎馬《きば》で陣中《ぢんちう》に伺候《しこう》して居《を》つたことは諸書《しよしよ》に散《さん》見《けん》する所《ところ》であります、

斯《か》く寵《ちやう》を蒙《かうむ》つたにも拘《かゝは》らず一朝《いつてう》公《こう》の怒《いか》りに觸《ふ》れて終《つひ》に死《し》を給《たま》はり自裁《じさい》するに致《いた》つたのは歎《なげ》かはしいことであります、蓋《けだし》其《そ》の罪状《ざいじやう》は私交《しこう》の親疎《しんそ》によつて器物《きぶつ》の鑑定《かんてい》を私《わたくし》し、又《また》大徳寺《だいとくじ》に金毛閣《きんもうかく》と稱《しやう》する山門《さんもん》を建立《こんりふ》して其《そ》の樓上《ろうじやう》に自己《じこ》の壽像《じゆぞう》を据《す》ゑ、諸士《しよし》をして其《そ》の足《あし》を戴《いたゞ》かしめたのは僭上無禮《せんじやうぶらい》である等《とう》のことが其《そ》の最《もつと》も重《おも》しとする所《ところ》であつたやうです、而《しか》して翁《おう》は此《こ》の擬獄《ぎごく》の爲《た》めに在所堺《ざいしよさかひ》へ蟄居《ちつきよ》した所《ところ》が裁決《さいけつ》の上《うへ》召喚《せうくわん》に依《よつ》て上京《じやうきやう》しましたのは實《じつ》に天正《てんしやう》十九年《ねん》二月《ぐわつ》二十五日《にち》のことであります、即日《そくじつ》上杉景勝《うへすぎかげかつ》に命《めい》じて手勢《てせい》を以《もつ》て翁《おう》の邸宅《ていたく》を圍《かこ》ませられました、これも翁《おう》が常《つね》に強藩《きやうはん》に親《した》しみが多《おほ》かつた爲《た》めで公《こう》も萬《まん》一を慮《おもんばか》つたほどでありますが、此《こ》の一事《じ》についても翁《おう》が平日《へいじつ》の情況《ありさま》は察《さつ》せられませう、然《しか》も強將《きやうしやう》景勝《かげかつ》の手勢《てせい》を以《もつ》て警戒《けいくわい》された所《ところ》を見《み》ましても其《そ》の邸《てい》宅《たく》の構造《こうざう》巍然《ぎぜん》たること知《し》るべきで有《あ》ります、竟《つゐ》に同月《どうげつ》二十八日《にち》蒔田《まいた》淡路守《あはぢのかみ》を檢使《けんし》に遣《つか》はされまして自裁《じさい》を給《たま》はつたので、當時《たうじ》翁《おう》は孫《まご》の宗旦《そうたん》へ四句《く》の偈《げ》と一首《しゆ》の歌《うた》を遺《のこ》しました

人生七十
力圍希咄

吾這寶劍
祖佛共殺
提《ひさつ》げる我《わ》か得具足《じぐそく》の一つ太刀《たち》
いまこの時《とき》ぞ天《てん》になげうつ
抛全齋　利　休

旦藏司《たんぞうす》に

翁《おう》は潔《いさぎよ》く最後《さいご》を遂《と》げられました、妻女宗恩《さいぢよそうおん》は綾《あや》の白小《しろこ》袖《そで》に亡骸《なきがら》を覆《おほ》ひまして、首級《しゆきう》は蒔《まい》田《た》淡州《たんしう》が持《も》ち歸《かへ》りましたが、公《こう》は實檢《じつけん》に及《およ》ばれず、直《たゞち》に一條反橋《でうもどりばし》に木像《もくぞう》と共《とも》に梟《か》けられたのが翁《おう》の終焉《しうえん》であります、

翁《おう》の息少菴《そくせうあん》も父《ちゝ》の累《るい》によつて蟄《ちつ》して居《を》りましたが、裁斷《さいだん》の結果《けつくわ》が蒲生飛彈守《もうひだのかみ》氏鄕《うじさと》に預《あづ》けられまして奥州會津《おうしうあいづ》へ移住《いぢう》いたしましたが徳川《とくがは》二代將軍《だいしやうぐん》に召《め》し歸《かへ》されて更《さら》に紫野《むらさきの》字古御所《あざふるごしよ》といふ所采地《ところさいち》五百石《とく》を賜《たま》はりまして夫《それ》より千家《け》連綿《れんめん》として箕裘《きゝう》を襲《つ》いで居《を》られます、

少《すこ》しお話《はな》しが繰《く》り戻《もど》りますやうですが、或《あ》る書《しよ》によつて當時《たうじ》翁《おう》の邸宅《ていたく》が那樣《どのやう》な結構《けつこう》であつたかといふことを調《しら》べますと、翁《おう》の歿後《はつご》邸宅《ていたく》は一旦長岡休夢《たんながおかきうむ》といふものが住居《ぢうきよ》しましたが後歿官宅《のちあがりやしき》となりまして取《と》り毀《こぼ》ちのうへ拂《はら》ひ下《さ》げになりました、是《これ》をそれ〴〵引《ひ》き取《と》りましたのが斯《か》うです・・・、

表門《おもてもん》は大德寺《たいとくじ》塔頭《たつちう》の龍光院《りうくわうゐん》の門《もん》となりまして廣間《ひろま》は同《おなじく》高桐院《かうせうゐん》へ臺所門《だいどころもん》は日蓮宗妙蓮寺《にちれんしうめうれんじ》の門《もん》になり御成《おなり》の間《ま》色付《いろつけ》の書院《しよゐん》は少菴《せうあん》が再度上《さいどじやう》京《きやう》のとき座敷《やしき》へ引《ひ》いて住居《ちよきよ》しました、粗斯《ほゞか》ういう有樣《ありさま》でありますから却々《なかなか》其の構造《こうざう》も思《おも》ひやられます、

料理法

動物《どうぶつ》に於《お》ける食《しよく》餌《じ》は植物《しよくぶつ》に於《お》ける肥料《ひれう》の如《ごと》く、日常《にちじやうか》缺くことの出來《でき》ぬものといふことは、事新《ことあたら》しく申《まを》すまでも有《あ》りません、諸彦御詳知《みなさまごしやうち》のことで有《あ》りますが往々《わうくこ》此の食餌《しよくじ》の價値《かち》に就《つい》ては各《かく》自嗜好《じしこう》の味《あじわ》ひにのみ拘泥《こうでい》して、滋養衛生《じやうえいせい》といふことには餘《あま》り重《おも》きを置《を》かれぬ傾向《かたむき》が有《あ》ります、併《しか》しこれは衛生的智識《えいせいてきちしき》の發達《はつたつ》せぬ時代《じだい》からの習慣《ならはし》でありますから仕方《しかた》がないとして今《こん》後《ご》は日常《にちじやう》の食餌《しよくじ》には最《もつと》も衛生《えいせい》といふことを第《だい》一位《ゐ》に置《を》いて、而《さう》して各人《かくじん》の嗜好《しこう》に適《かな》ふ味《あじは》ひと、更《さら》に經濟《けいざい》の點《てん》にも注意《ちうゐ》しなければなりません、殊《こと》に都會《とくわい》の地《ち》は滋養材料《じやうざいれう》の豐富《はうふ》なるにも拘《かゝは》らず、旨味《しみ》と體裁《ていさい》にのみ拘泥《こうでい》して往々《わうくじ》滋養《やう》の點《てん》に毫《すこし》も價値《かち》のないものを悦《よろこ》ぶの弊《へい》がありまして、東京《とうきやう》の如《ごと》きは殊《こと》に甚《はなはだ》しいやうに思《おも》はれます、夫《それ》のみならず都會《とくわい》の地《ち》に住《す》むものは便利《べんり》のよきに任《まか》せて、僅々《きんく》一二の來客《らいきやく》に饗應《けうおう》するにも割烹店《れうりや》に命《めい》ずるの風《ふう》がありますが、是《これ》は御《ご》馳走の趣意《しゆゐ》にも背《そむ》き且《かつ》は不經濟《ふけいざい》の極《きよく》でありますから、出來得《できう》る限《かぎ》りは我《わ》が庖厨《だいどこ》で用《よう》の足《た》りるやうにせねばならぬことゝ思《おも》ひます、

前《まへ》にも申《まを》します通《とほ》り、割烹店《れうりや》の食餌《しよくじ》などは旨《うま》味《み》にこそ熟練《じゆくれん》して居《を》りませうが、滋養《じやう》の點《てん》などには全然《まるで》注意《ちうい》を缺《か》いて居《を》る事《こと》は申《まを》すまでもないので有《あ》ります、又衛生《またえいせい》といふことには全《まる》

然無頓着《でむとんぢやく》で白鑞《しろみ》の剝落《むけ》た鍋《なべ》などを使《つか》ふまいとも限《かぎ》りませんから是等《これら》も注意《ちうい》を要《えう》します、夫《それ》から調理法《ちやうりはふ》の外《ほか》に滋養衛生《じやうゑいせい》といふことに御注《ごちう》意《い》のあるやうに食餌《しよじ》材料《ざいれう》に就《つい》ての滋養《じやう》の價値《かち》をお知《し》らせ申《まを》すのが最《もつと》も必要《ひつえう》のことゝ存《ぞん》じますからこれも、毎號簡短《まいごうかんたん》に說《と》き明《あか》しますからこれに因《よ》つて材料《ざいれう》を選《えら》び、調理法《ちやうりはふ》に從《したが》つて日《にち》常《じやう》の食膳《しよくせん》を調《とゝの》へられたならば、衛生《ゑいせい》と快樂《くわいらく》と二つながら完全《くわんぜん》いたしますから、家庭《かてい》のしるべとして好指針《かうししん》と思《おも》ひます、夫《それ》から日本人《にほんじん》の體質《たいしつ》にはどういう滋養性分《じやうせいぶん》を含《ふく》んだ食餌《しよくじ》を用《もち》ゐれば適當《てきたう》であるかといふことは第《だい》一に必要《ひつえう》な問題《もんだい》でありまして、人間《にんげん》が活《い》きて居《ゐ》る間時々《あいだじゞ》刻々《こく〳〵》に消費《しやうひ》しつゝある養分《やうぶん》を補《おぎな》ふは勿論《もちろん》、猶《なほ》これに餘裕《よゆう》のあるべき食餌《しよくじ》を供給《きやうきう》せねばならぬことは、恰《あだか》も園藝家《ゑんげいか》が燐《りん》酸《さん》、窒素《ちつそ》、加里《かりー》等《とう》の肥料《こやし》を其《そ》の植物《しよくぶつ》の性分《せいぶん》に應《おう》じて供給《きやうきう》すると同《どう》一の理《り》でありますから、日本人《にほんじん》に就《つい》ては如何《いか》なる營養分《ゑいやうぶん》が必要《ひつえう》であるかと、これを調《しら》べますと、

蛋白質《たんぱくしつ》	二十五匁强
脂肪《しぼう》	五匁
含水炭素《がんすゐたんそ》	百十九匁

此《こ》の割合《わりあい》が適當《てきたう》な平均量《へいきんりやう》です、是《これ》に就《つい》ては日常《にちじやう》の食餌材料《しよくじざいれう》に使用《しよう》する物《もの》の各《おのおの》其《そ》の中《うち》には、如何《いか》なる割合《わりあい》に此《こ》の三種《しゆ》の養分《やうぶん》を含《ふく》まれて居《ゐ》るかといふことを是非《ぜひ》知《し》らねばならぬことゝなりますから穀類魚類荳類等《こくるいぎよるいまめるいとう》都《すべ》ての日用食品《にちようしよくひん》に就《つい》ての養分割合《やうぶんわりあい》を次號《じごう》から少《すこ》しづつ連載《れんさい》することに仕《し》ますから、これに因《より》て食物《しよくぶつ》の調理《てうり》を爲《な》さるのが肝要《かんえう》です、夫《それ》から最《も》一つお話《はな》して置《お》きたいのは、庖厨《だいどこ》に是非《ぜひ》備《そな》えて置《お》きたい器具《どうぐ》であります、此《こ》の器《どう》具《ぐ》を一時《じか》買ひ集《あつ》めるときは一寸金高《ちよつとかねだか》がのぼる

やうですが、此《こ》の器具《どうぐ》のうちには二年《ねん》三年乃《ねんない》至《し》一生涯《いつせうがい》使《つか》つても何《なん》ともない孫子《まごこ》の代《だい》までも讓《ゆづ》れる品物《しなもの》が有《あ》りますから、これを一日《にち》に計《はか》れば極零碎《ごくすこし》のものです、而《さう》して此《こ》の器具《どうぐ》に不《ふ》自由《じゆう》なため折角《せつかく》の調味《ちやうみ》も不加減《ふかげん》になつたり、廢《すた》りものゝ出來《でき》ることもありますから、其《そ》の不愉快《ふゆくわい》と不《ふ》經濟《けいざい》とを代價《だいか》に積《つも》つたならば、夐《はる》かに器具《どうぐ》を準備《じゆんび》した方《はう》が徳用《とくよう》であります、元來本邦《ぐわんらいほんぱう》では古來《こらい》の習慣《しゆうくわん》として庖厨《だいどこ》では必《かならず》薪《まき》か炭《すみ》を使《つか》ふのですが、此《こ》の薪炭《すみまき》に據《よ》る竈焜《かまどこん》爐《ろ》等《とう》が火《ひ》の武《よはいつよい》 文を加減《かげん》するに甚《はなはだ》不完全《ふくわんぜん》で有《あ》りますから、出來得《できう》べくんば一切《さい》瓦斯の裝置にするが可《よ》いのです、瓦斯《がす》を用《もち》ゐることは獨《ひと》り火力《くわりよく》の加減《かげん》に便利《べんり》のみでなく、經濟上《けいざいじやう》にも徳用《とくよう》で有《あ》りますが、これは瓦斯《がす》の設備《まふけ》の無《な》い町村《ちやうそん》に望《のぞ》むことの出來《でき》ないものですから瓦《が》斯《す》の無《な》い所《ところ》は仕方《しかた》がないとして、次《つぎ》には石油爐を使《つか》ふのが可《よ》いやうです、此《こ》の石油爐《せきゆろ》も瓦《が》斯《す》と同《おな》じく燐寸《まつち》一本《ぽん》あれば直《すぐ》に高熱《かうねつ》の火力《くわりよく》を得《え》られるのですから時間《じかん》を空費《くうひ》することもなく、螺旋《ねじ》ひとつの作用《さよう》で火力《くわりよく》が武《つよ》くも文《よは》くもなりますので非常《ひじやう》に便利《べんり》なのと熱《ねつ》が物《もの》を温《あたゝ》めるに平均《へいきん》の働《はたら》きをしますから、半燒《はんや》けのものなどは出來《でき》ません、

石油爐《せきゆろ》には種々《しゆぐ》の形《かた》がありますが火口《ひぐち》が廣《ひろ》く平均《へいきん》に廻《まは》る裝置《しかけ》のものでさへあれば何《ど》れでも用《もち》ゐられます、夫《それ》から庖厨《だいどこ》で使《つか》ふのに適宜《てきぎ》な體裁《ていさい》の位置《ところ》に運《はこ》ぶにも便利《べんり》で座敷《ざしき》で使《つか》つても惡《わる》くないやうに佳《よ》く出來《でき》て居《ゐ》るのが有《あ》ります、次《つぎ》は三州焜爐と稱《しやう》する土製《どせい》の角形《かくがた》一尺程《しやくほど》の焜《こん》爐《ろ》か有《あ》ります、これは通風《かせの》口《くち》が引《ひ》き戸《ど》になつて居《おり》ますから火力《くわりよく》の加減《かげん》をするのに便利《べんり》で有《あ》ります、其《そ》の外素人《はかしろうと》の庖厨《だいどこ》で一般《ぱん》に使《つか》つて居《ゐ》るものは申《まを》すまでもありませんが、同《おな》じ鍋《なべ》で

も白鐵《しろみ》をひかぬ銅《あか》のものは忘《わす》れても用《もち》ゆべきものでは有《あ》りません、黃銅《しんちう》、靑銅《からかね》、洋銀《ようはく》など皆銅《みなあか》の合金《がうきん》でありますから、大氣中《たいきちう》の酸素《さんそ》に浸《おか》され或《あるひ》は食品中《しよくひんちう》の酸分鹽分《さんぶんゑんぶん》に侵《おか》されて、酸《さん》化銅《くわどう》、鹽酸化銅《ゑんさんくわどう》となり恐《おそ》るべき有害《ゆうがい》のものとなります、琺瑯《せと》ひき鍋《なべ》にも往々《わう〳〵》粗製《そせい》のものがありまして、砒素《ひそ》、鉛《なまり》の如《ごと》き有害物《ゆうがいぶつ》の溶《と》けて食物《しよくぶつ》に交《まじ》るため、これを喰《しよく》して中毒《ちうどく》した例《ためし》が澤山《たくさん》有《あ》りました、今《いま》では明治《めいぢ》三十三年內務省《ねんないむしやう》の飲食物用器具取締規《いんしよくぶつようきぐとりしまりき》則《そく》に依《よつ》て是等《これら》の粗製物《そせいぶつ》は行政警察《げうせいけいさつ》の側《がは》からドシ〳〵檢査《けんさ》して、惡製《あくせい》のものは販賣《はんばい》を差止《さしと》められますから多少安心《たしやうあんしん》が出《で》來ますが、自身衞生保護《じしんゑいせいはご》の上《うへ》から使用《しよう》する側《がは》で愼重《しんちやう》に試驗《しけん》して害《がい》の無《な》ひものを使《つか》ふが宜《よろ》しいから簡短《かんたん》に其《そ》の試驗法《しけんはう》を敎《おし》えませう、琺瑯《せと》ひきの器《うつわ》を試驗《しけん》するには、百分中《ぶんちう》四分《ぶん》の酢酸《さくさん》を含《ふく》む水《みづ》を琺瑯器《はうろうき》のなかへ入《い》れて火《ひ》にかけて蒸發《じやうはつ》する水分《すゐぶん》を補《おぎな》ひながら三十分時間《ぶんじかん》煑《に》沸《たて》て其《そ》の液《ゑき》を硝子《がらす》の筒《つゝ》に移《うつ》しまして、これに硫加水素水《いうくわすゐそすゐ》を加《くは》へて試驗《しけん》するのです、其《そ》のとき黑《くろ》ひ沈澱《おり》を生《しやう》じますれば鉛《なまり》の含《ふく》む證據《しやうこ》で若《も》し黃色《きいろ》い沈澱《おり》が生《しやう》じましたら砒素《ひそ》を含《ふく》んで居《を》る徵候《しるし》で、斯《か》ういふ器《うつは》は食物《しよくもつ》を盛《も》るには不適《ふてき》當《たう》であります、

此《こ》の試驗藥《しけんやく》を作《つく》るのには、日本藥局法《にほんやくきよくはう》の酢《さく》酸《さん》は百分中《ぶんちう》三十六分《ぶん》を含《ふく》むのを通例《つうれい》としてありますから、恰度蒸溜水《てうどじやうりうすゐ》九に對《たい》して酢酸《さくさん》一を合《あは》せますと適度《てきど》の酢酸水《さくさんすゐ》が出來《でき》ます、

敷笊は素人《しろうと》の庖厨《だいどこ》では備《そな》えてある家《うち》は稀《まれ》ですが調理《てうり》を手際《てぎわ》にするには必要《ひつよう》のもので價《あたへ》も僅《はつか》三四錢位《せんくらい》のものですから是非《ぜひ》備《そな》えて置《お》きたいです、是《これ》は煑物《にもの》により此《こ》の笊《ざる》の中《なか》へ物《もの》を盛《も》つて笊共《ざるとも》に煑《に》るので、常《つね》の笊《ざる》の髭《ひげ》を長《なが》く編《あ》んで緣《へり》を留《と》めずにあるのです、

此《こ》の外料理用器具《ほかれうりようどうぐ》も澤山《たくさん》ありますが、大概《たいがい》は何《いづ》れの家《うち》にもあるもので、代用《だいよう》されるだけは代用《だいよう》する方《はう》が可《よ》い、彌無《いよくな》くては出來《でき》ぬ料理《れうり》は調理法《てうりはふ》を書《か》くときに附記《ふき》することゝ仕《し》ます、

調味《てうみ》の材料《ざいれう》

食物《たよくもつ》を調理《てうり》するには其《そ》の味《あじ》を調《とゝの》へる材料《ざいれう》を知《し》らなくてはなりません、調味材料《てうみざいれう》とは醬油《せうゆ》、味淋《みりん》、酢《す》、味噌《みそ》、食鹽《しよくゑん》、砂糖《さとう》、酒《さけ》、鰹節《かつをぶし》、昆《こん》布《ぶ》の類《るい》を云《い》ひます、

醬油《しやうゆ》

醬油《しやうゆ》は各地《かくち》で造《つく》りますが、關西《くわんさい》と關東《くわんとう》とは食《くひ》味《あじ》の嗜好《とのみ》が違《ちが》ひますので醬油《しやうゆ》の味《あじ》も違《ちが》ひます關西地方《くわんさいちはう》では重《おも》に尾張《をはり》の溜《たま》り醬油《しやうゆ》を一位《ゐ》に置《お》きまして紀伊《きい》の湯城產《ゆじろさん》を其《そ》の次《つぎ》として有《あ》ります、關西《くわんさい》では概《がい》して溜《たま》り醬油《しやうゆ》を使《つか》ひますから煮物《にもの》や汁物《しるもの》の色《いろ》が淡《うす》くあがります、關東《くわんとう》では下總《しもふさ》の銚子《てうし》 同《おなじく》野《の》田《だ》製《せい》を一位《ゐ》に置《お》きまして其《そ》の味《あじ》に各《おの〳〵》特色《とくしよく》が有《あ》ります、概言《がいげん》すれば銚子《てうし》のは味《あじは》ひ淡《うす》くして利《き》き目《め》あり野田《のだ》のは味《あざは》ひ濃厚《のうこう》にして稍《やゝ》甘味《あまみ》を帶《お》ぶるといふ方《はう》です、

味淋《みりん》

味淋《みりん》は白味淋《しろみりん》と赤味淋《あかみりん》と有《あ》りまして重《おも》に白味《しろみ》淋《りん》は飲料《のみれう》に用《もち》ゐ赤味淋《あかみりん》は料理用《れうりやう》に使《つか》ひます、これも各地方《かくちはう》で釀造《じやうぞう》しますが下總《しもふさ》の流山產《ながれやまさん》を第一位《だいゐ》としてあります、京坂地方《けいはんちはう》のものは較《やゝ》澹泊《あつさり》な所《ところ》がありますが流山《ながれやま》のは濃厚《のうこう》で主成分《しゆせいぶん》も多量《たりやう》に含《ふく》んで居《お》りますから、此《こ》の點《てん》に於《おい》ても優等《ゆうとう》とせねばなりません、

酢《す》

酢《す》は尾張《おはり》の半田港《はんだみなと》に釀造家《じやうぞうか》が有《あ》りまして、殆《ほとん》ど全國《ぜんこく》に丸勘《まるかん》の商標《しやうへう》到《いた》らぬ所《ところ》のないほど行《ゆ》き彌《わた》つて他《た》に匹敵《ひつてき》するものがないのです

味噌《みそ》

味噌《みそ》は副食品中《ふくしよくひんちう》一日《にち》も缺《か》くことの出來《でき》ぬほど

のもので白味噌《しろみそ》と江戸味噌《えどみそ》と田舎味噌《いなかみそ》との三種《しゆ》が有《あ》つて、白味噌《しろみそ》は關西《くわんさい》を上乘《じやうぐ》としてあります、江戸味噌《えどみそ》は早釀《はやづく》りといふ方《はう》で田舎味噌《いなかみそ》は多少《たしやう》釀造《つくり》に日數《ひかず》を費《つひや》すので隨《したが》つて鹽味《えんみ》がこなれて居《い》る、殊《こと》に三河《みかは》の岡崎《おかざき》で釀《つく》る八丁味噌《はつちやうみそ》は上乘《じやうぐ》の品《しな》です、東京釀《とうきやうづく》りで獨特《どくとく》なものは紅《べに》赤《あか》といふ味噌《みそ》で、これは色《いろ》の濃《こ》い割合《わりあい》に鹽氣《しほけ》が薄《うす》く、味淋《みりん》砂糖《さとう》の如《ごと》き他《た》の調味《てうみ》材料《ざいれう》の味《あじ》を妨《さまた》げぬために專《もつぱ》ら舊式《きうしき》の鷄肉《けいにく》や野猪《しし》の肉《にく》を煮《に》るときの「タレ」に使《つか》ふ料《れう》として有《あ》ります、

食鹽《しよくえん》

食鹽《しよくえん》は食品《しよくひん》に一種《しゆ》の好味《こうみ》を附《ふ》する材料《ざいれう》として缺《か》くことの出來《でき》ぬ貴重品《きちやうひん》なるのみでなく、健《けん》胃《ゐ》の効《かう》あるもので、食物《しよくもつ》として此《こ》の鹽分《えんぶん》を缺《か》くときは、食慾《しよくよく》を減《げん》じ隨《したが》つて身體《しんたい》の衰弱《すゐじやく》を來《き》たすものです、

食鹽《しよくえん》は吾《わ》が沿海《えんかい》の各地《かくち》で製《せい》しますが、其《そ》の最《もつとも》賞揚《しやうよう》されて居《ゐ》るものは播磨《はりま》の赤穗《あかほ》製《せい》です、其《そ》の外《ほか》齋田《さいた》などで行徳《ぎやうとく》製《せい》はその次《つぎ》です、舶來品《はくらいひん》では獨逸《どいつ》の岩鹽《がんえん》が賞用《しやうよう》されて居《お》ります、

砂糖《さとう》

砂糖《さとう》は印度《いんど》爪哇《じやわ》其他《そのた》西印度《さいいんど》の島々《しま〴〵》吾《わ》が臺灣《たいわん》等《とう》に產出《さんしゆつ》するものにて、文明人《ぶんめいじん》の嗜《し》好食品《かうしよくひん》であります、既《すで》に或《あ》る統計家《とうけいか》は人《ひと》と砂糖《さとう》の消費高《せうひだか》に依《よ》つて文野《ぶんや》の度《ど》を量《はか》るを得《う》べしと說《と》かれたほどで有《あ》ります、其《そ》の統計《とうけい》によれば現《げん》に吾《わ》が國《こく》人《じん》は一人《にん》に付《つき》き二貫《かん》百九十三匁露國人《もんめろこくじん》は一貫《かん》八百十九匁《もんめ》が一年《ねん》の消費高《つかひだか》ですから、彼我《ひが》文《ぶん》明《めい》の度《ど》も推《お》し量《はか》られます、

種類《しゆるい》は白砂糖《しろざとう》、黑砂糖《くろざとう》、赤砂糖《あかざとう》、氷砂糖《こほりざとう》、ザラメ糖《とう》の五品《しな》有《あ》りまして各用途《かくようと》が異《ちが》ひますが素人《しろと》の調理用《てうりよう》としては白《しろ》、赤《あか》、ザラメの三種《しゆ》を使《つか》ひます、

（以下次號）

素人醫者

大變《たいへん》――誰《た》れか來《き》ておくれ――、源《げん》ちゃんが二階《かい》から墮《お》ちて眩暈《めをまは》してよ……、金切《かなき》り聲《ごゑ》に驚《おどろ》かされて家《いへ》の内《うち》は上《うへ》を下《した》へ、蹠《しあのうら》へ水《みづ》を吹《ふ》つかけろ、頂門《あたまのてつぺん》へ灸《きう》すへろと慌《あわ》てふためいた上句《あげく》に漸《やつ》と氣《き》が注《つ》いた、ヤレ嬉《うれ》しや源《げん》ちゃんが正氣《しやうき》になつたかと記者《きしや》も漸《やうや》く胸《むね》を撫《な》で下《おろ》したら大違《おほちが》ひ、

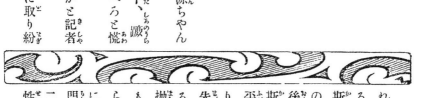

源《げん》ちゃんは本《もと》の杢阿《もくあ》彌《み》で、此《こ》の騷《さわ》ぎに取《と》り紛《まぎ》れて居《ゐ》た多衆《おほぜい》のなかで、漸《やつ》と醫者《いしや》を呼《よ》びにやることに氣が注いたといふことであつた、斯《か》う倉惶《まご〳〵》して居《ゐ》るうちに時間《じかん》は經《た》つ、ヱヘンの咳《せき》ばらひで漸《やうや》く國手御來臨《こくしゆごらいりん》の時《とき》にはチト手《て》後《おく》れとは扨《さて》も〳〵歎《なげ》かはしいではないか、斯《か》ういう場合《ばあひ》に處《しよ》する方法《しかた》は如何《どう》かといふに平常《ふだん》から心掛《こゝろが》けて急場《きうば》の施術《しかた》を心得《こゝろえ》て置《お》くより外《ほか》に仕樣《しやう》はない、

先急患《まづきうびやう》の發《おこつ》作たときには、第《だい》一に醫者《いしや》を迎《むか》へるはいふまでもないが、其《そ》の醫者《いしや》の來《く》るまで拋棄《はうつ》て置《おく》のは、甚《はなはだ》惡《わ》るい併《しか》し其《そ》の病《やまい》の原因《げんいん》も知《し》らずに無闇《むやみ》に騷《さわ》いで、靜《しづか》養にさせねばならぬ患者《べうにん》の耳元《みゝもと》で喚《わめ》いたりするやうでは患者《べうにん》に毒《どく》を飮《の》ませるやうなものだ、玆《こゝ》で著者《ちよしや》は專《せん》門《もん》の國手《おいしや》と相談《さうだん》して急患手當《きうくわんてあ》ての方法《しかた》を一つ二つ毎號本誌《まいごうほんし》へ載《の》せることゝ爲《し》た、夫《それ》から慢《まん》性《せい》の病氣《びやうき》に罹《かゝ》つての養生法《やうじやうはふ》もおひ〳〵掲《かゝ》げる

積《つも》りである、

○吐《と》血《けつ》

此《こ》の病氣《びやうき》は突然《とつぜん》に起《おこ》るもので、何《なに》しろ血《ち》といふ厭《いや》なものを俄然《いきなり》吐《は》き出《だ》すのでありますから當人《たうにん》は勿論傍《もちろんはた》でも吃驚《びつくり》するのは無理《むり》の無《な》いことです、

此《こ》の病《やまい》には喀血《かくけつ》と吐《と》血《けつ》と二種《ふたいろ》の區別《くべつ》が有《あ》るのですが、これは醫師《いし》でも一寸診斷《ちよつとみわけ》のつけかねるものでありますから、無論素人《むろんしろうと》には解《わか》りませんから、喀血《かくけつ》でも吐《と》血《けつ》でも構《かま》はずに手當《てあて》をするのが肝腎《かんたん》です、

此《こ》の病《やまい》が發《おこ》つた塲合《ばあひ》には當人《たうにん》は勿論傍《もちろんはた》の人《ひと》も決《けつ》して驚《おどろ》き噪《さわ》いではいけません、成《な》るたけ氣《き》を落《お》ち付《つ》けて病人《びやうにん》の身體《からだ》を安靜《しつか》にしておくことをつとめねばなりません、而《そう》して金盥《かなたらい》か耳盥《みゝだらい》を出《だ》して其《そ》の中《なか》へ血《ち》を吐《は》かせるのです、是《これ》は血《ち》が衣服《いふく》や疊《たゝみ》へしたゝか流《なが》れたりしますと氣丈《きじやう》な人《ひと》でも驚愕《おどろき》を增《ま》すものですから注意《ちうい》しなくては不可《いけ》ません、

夫《それ》から淸水《せいすゐ》で嗽《うがひ》をつかはせまして、其處《そこ》で寢《ね》所《どこ》を調《しつら》へまして靜《しつ》かに平臥《ねか》せて、氷囊《こほりぶくろ》へ氷塊《こほり》か冷水《ひやみづ》を入《い》れて頭部《あたま》を冷《ひや》すのです、

次《つぎ》に左《ひだり》の胸乳《むねちゝ》の上《うへ》には氷囊《こほりぶくろ》をあてゝ冷《ひや》しまして、障子《しやうじ》なども開《あ》け拂《はら》ひ空氣《くうき》の流通《りうつう》を能《よ》くして近傍《あたり》は成《な》るたけ靜《しつ》かにしておくのです、

又何處《またどこ》の庖厨《だいどろ》にもある食鹽《しほ》を一《ひ》と攫茶漬茶碗《つかみちやづけちやわん》に入《い》れて淸水《せいすゐ》で掻《か》きまぜて、鹽《しほ》の溶解《とけ》たのを見《み》て靜《しつか》に呑《の》ませるのです、

此《こ》の鹽《しほ》の刺戟《しげき》のために血《ち》の出《で》る所《ところ》の血管《ちのくだ》が收《ちゞ》縮《む》ものですから、夫《それ》が血止《ちど》めになるのです、

此《こ》の大病人《たいびやうにん》に庖厨《だいどと》で平常《ふだん》使《つか》ふ食鹽《しほ》を服《の》ませて急塲《きうば》を救《すく》ふといふことは、御《ご》信用《しんよう》がないか知《し》りませんが、鹽水《しほみづ》を吐《と》血喀血《けつかくけつ》の病人《びやうにん》に呑《の》ませて血止《ちど》めとすることは害《がい》のないのみでなく、

實《じつ》に其《そ》の効驗《きゝめ》確實《たしか》なもので有《あ》ります、

次《つぎ》に醫師《いし》を迎《むか》ふるときの心得方《こゝろえかた》を申《まをし》ませう急病患者《きうびやうくわんじや》の家《いへ》では一刻《いつこく》も疾《はや》く來《き》て貰《もら》ひたい爲《た》めに病人《びやうにん》の容體《ようたい》も知《し》らずに駈込《かけこ》んで來《く》るのが多《おほ》いが是《これ》には醫者《いしや》も困《こま》るのです、其《そ》の時《とき》は、何町何番地《なにちやうなにばんち》の何屋《なにや》の向《むか》ふとか、松《まつ》の木《き》の傍《そば》の門《もん》の家《いへ》とか成《な》るたけ目標《めじるし》の記《おぼ》へ易《やす》いことを云《い》つて、何某《なにがし》が血《ち》を吐《は》き始《はじ》めましたから速《すぐ》にお出診《いで》を願《ねが》ひますと、病人《びやうにん》の容體《ようす》を出來《でき》るだけ詳《くわし》くいふのが宜《よろ》しい、然《さう》すると醫者《いしや》も心得《こゝろえ》て吐血《とけつ》や喀血《かくけつ》に必用《ひつやう》の藥《くすり》や器械《きかい》を取《と》り敢《あへ》ず用意《ようい》して往《ゆ》きますから速《すぐ》に間《ま》に合《あ》ひます、

病人《びやうにん》の病《やまい》に驚《おどろ》きやすいのと、看護人《かんごにん》の慌《あわ》て行《ゆ》き屆《とゞ》かないのや、使者《つかい》の鈍間《どんま》なために、手後《ておく》れになることは澤山例《たくさんれい》のあることですから注意《ちうい》が肝要《かんえう》で有《あ》ります。

○記者の見たる白木屋呉服店

記者は流行案内欄に於て 白木屋呉服店を 紹介することを讀者にお約束したから、玆に見聞のまゝを記して御報道しませう

白木屋呉服店は江戸開市に遠からぬ 寛文二年に 市の目貫といふ日本橋の通一丁目へ開店して、爰に二百五十年の基礎を固めたのであるから 東京市中二とは下がらぬ 呉服店の老舗である、

同店の特色はといへば 往々商人氣質に有りうちの 階級観を持たずに平等主義も些と大業だが 買ひ物の多寡や 身分の高下によつて待遇に段階をつけぬ ことを本領として居る 所が最も我々の意を得た所で、諸君も同情を表されるで有らうと思ふ、

近頃大阪の心齋橋筋へ 出張店を開いて 專ら例の平氏主義で手軽に販賣するので 是も亦非常に顧客が多いとの事だ、白木屋本店の構造組織及び 營業發達の有様は 如何で有るかといふに東洋に於ける 商店の模範として世界に 代表すべき位置に在ることは左の事實が證明して居る

米國寫眞技師の撮影せる白木屋

米國紐育市發刊の コリヤース週刊評論社世界派遣 寫眞技師ロバート、エル、ダン氏は同國にも得易からぬ技術家であるが、征露の事を聞くと其儘逸早く現大統領ルーズヴエルト氏の紹介を得て我が國へ渡來して、我が第一軍に隨從して我が

軍韓國上陸の光景、仁川港敵艦轟沈其他數種の軍事寫眞を撮影して彼の雜誌に登載したのであるが、其の當時從軍寫眞師は同氏一人であつたので、その寫眞が最も速く讀者の眼に映じたから非常の喝采を得て爲めに該社に光榮を增さしたといふことである、今度は社の都合に依つて歸米の途次東京に滯在中、米國第一流雜貨商機關雜誌ドライ、グーズ、エコノミスト社が秋季臨時增刊の紙上に各國の模範的商店の構造圖を掲載するために、日本國を代表するに足る一商店を撮影することを依囑されたので、東京全市を視察の上、白木屋呉服店が月桂冠を得たのである、

其の撮影した箇所は

店內商品陳列の現景の一部

販賣場の一部

事務室の一部

休憩室

小兒遊戲室

此の局部を十一箇所に分つて撮影したのであるが、折しも五月二十五日の事であまぎる空に室內の光線が甚鈍いにも拘らず閃光機《フラツシユライト》を用ゐて刹那に寫したとのこと、白木屋呉服店が此の世界的寫眞家の暗箱《カメラ》にいかに映したかは、次號に掲げて高覽を仰ぐことゝして、

斯く東洋の模範商店として　擇された白木屋呉服店の構造及び營業の現況、諸般の設備等を紹介するのは、決して徒勞ではなからうと思ふから彼の寫眞を掲けて說明の勞を取らうと思ふ、

（以下次號）

夏蜜柑

青濤

（一）

丘《をか》の上《うへ》の兵營《へいゑい》に今《いま》しがた燈《ひ》が入《はい》つて、さやかな眉《まゆ》の夕月低《ゆふつきひく》く、喇叭《らつぱ》の聲《こゑ》いとゞ森《しん》として、今日《けふ》もまた日《ひ》が暮《く》れた。

構内《かうない》なる芝生《しばふ》の中程《なかほど》に、椎《しゐ》の木《き》が一株《いつもと》、晝《ひる》は練習《れんしふ》の汗《あせ》を引入《ひきい》れる綠《みどり》の蔭《かげ》の濃《こまや》かなるが下《もと》に、嗒然《つくねん》と唯《た》だ一人《ひとり》、月《つき》に對《たい》して何《な》にか頻《しき》りに屈托顏《くつたくがほ》の兵士《へいし》がある。

先刻《せんこく》から三人《にん》五人《にん》、正門《せいもん》を入《はい》ると身《み》を緊《し》めて、醉《ゑ》へるは氣《き》を呑《の》み、笑《わら》へるは唇《くちびる》を嚙《か》み、姿勢正《しせいたゞ》しく、己《おの》が部屋《へや》へと右往左往《うわうさわう》するのであつたが、是《こ》れもその中《うち》の曹長《さうちやう》と上等兵《じやうとうへい》の二《ふた》人《り》連《づ》れは、適々《たまく》この椎《しゐ》の木《き》の下《した》を過《す》ぎた。

先《さ》きの兵士《へいし》は氣《き》も付《つ》かぬらしく、相變《あひかは》らずの思案投首《しあんなげくび》。

『オイ須藤《すどう》、貴《き》樣《さま》何《な》にを考《かんが》へ込《こ》んで居《ゐ》る？』と上等兵《じやうとうへい》は後《うし》ろから唐突《だしぬけ》に渠《かれ》が肩《かた》を敲《たゝ》くと、手《て》にした卷莨《まきたばこ》の灰《はい》か頽《くづ》れて、ほろ〳〵と頸筋《くびすぢ》から胸《むね》のあたりに散《ち》りかゝる。驚《おどろ》いて振向《ふりむ》く

と、それは同《おな》じ部屋《へや》の戰友《せんいう》なので、須藤《すどう》は默《だま》つて苦笑《にがわら》ひした。其顏《そのかほ》を凝《じつ》と視《み》て居《ゐ》た曹長《さうちやう》は忽《たちま》ち強《し》ゐて嚴格《げんかく》な態度《たいど》を取《と》つて、

『貴樣何《きさまな》にか心得違《こゝろえちが》ひでもしやせんか。コラ、明日《あす》はいよ〳〵出發《しゆつぱつ》といふ今日《けふ》になつて、平生《へいせい》の貴樣《きさま》でもない、その體裁《ざま》は一體《たいど》何うしたのだ。解《わか》つた、貴樣脱營《きさまだつえい》の工夫《くふう》でもしちよるんだらう。コラ、畏《おそ》れ多《おほ》くも吾《わ》れ〳〵は、大元帥陛下《だいげんすいへいか》の御統率《ごとうする》あらせらるゝ……』と酒《さけ》の舌《した》が縺《もつ》れかゝるかと思《おも》ふと、氣早《きはや》の腕《うで》が飛《と》びさうにして居《ゐ》る。

『マア〳〵。』と上等兵《じやうとうへい》は徐《しづ》かに宥《なだ》めて、『ナ、須藤《すどう》、曹長殿《さうちやうどの》の怒《いか》るのも無理《むり》はないぞ。遠國《おんごく》の者《もの》なら知《し》らんが、苟《いやしく》も東京《とうきやう》の者《もの》で、加《しか》も貴樣《きさま》は、家《うち》を持《も》つとるんぢやないか、イヤ新《しん》婚《こん》の女房《にようばう》があるんぢやないか、で貴樣何《きさまな》んといつた？女房《にようばう》といふ者《もの》は、彼樣《あゝ》も親切《しんせつ》なもんか、妻帶《さいたい》といふことは、斯《か》うも面白《おもしろ》く樂《たの》しいもんかと、吾《わ》れ〳〵に對《たい》して、大分《だいぶ》饗應《おごり》の借《かり》を作《つく》つてるぢやないか。然《しか》るにだ、外《ほか》の親類《しんるゐ》や知合《しりあ》ひは兎《と》も角《かく》、何故《なぜ》貴樣《きさま》、その最愛《さいあい》の女《によう》房《ばう》に暇乞《いとまご》ひをしなかつたのだ？見《み》い、今日《けふ》は朝《あさ》から皆出拂《みんなではら》つて居《ゐ》た位《くらゐ》だのに、貴樣一人《きさまひとり》居《ゐ》殘《のこ》つた了簡《りやうけん》が解《わか》らんぞ、曹長殿《さうちやうどの》の推察《すゐさつ》も決《けつ》して無理《むり》とはいへないのだ。』

『ハヽヽヽ。』と須藤《すどう》は嘲《あざ》けるやうに笑《わら》ひながら、遙彼方《はるかかなた》の眞黑《まつくろ》な森影《もりかげ》を見込《みこ》んだ。月《つき》は其處《そこ》に沈《しづ》みかゝつて、猶《な》ほしばし淋《さび》しい光《ひかり》を兵士《へいし》の顏《かほ》に漂《たゞよ》はして居《ゐ》る。

『な、何《な》にを笑《わら》ふか。』と曹長《さうちやう》は又《ま》たも詰寄《つめよ》つた。

『サアその理由《わけ》を聞《き》かうぢやないか。』と上等兵《じやうとうへい》も懊惱《もどか》しさう。

『諸君《しよくん》に心配《しんぱい》をかけて、眞個《ほんとう》に濟《す》まない。』と須藤《すどう》はやう／＼口《くち》を開《ひら》いた。

『是《こ》れといふのも、畢竟《ひつきやう》私《わし》の氣《き》が弱《よわ》いからなんでさ。が、しかし脱營《だつえい》とは酷《ひど》い、餘《あんま》りだ、其樣《そんな》卑怯《ひきやう》な奴《やつ》と見《み》られたのが殘念《ざんねん》でなりませんや。これでもね君《きみ》、國《くに》と身體《からだ》と秤《はかり》にかけて、何方《どつち》が下《さが》らうか位《くらゐ》の事《こと》は、當人《たうにん》判然《ちやん》と嚥《の》み込《こ》んで居《ゐ》る心算《つもり》なんですからね、マア安心《あんしん》して委《まか》して置《お》いて下《くだ》せえ。』と悲憤《ひふん》の餘《あま》り、秘《しま》ひおきの東京語《とうきやうことば》が封《ふう》を切《き》つた。手《て》の甲《かふ》でグイと口惜《くやし》涙《なみだ》を拭《ふ》いて、

『暇乞《いとまご》ひをすりやア、それで平氣《へいき》に別《わか》れることが出來《でき》るつてんなら、成程《なるほど》私《わし》が今日《けふ》家《うち》へ歸《かへ》らねえのが惡《わる》かつたも知《し》れねえ、けれども、見《み》れば見《み》る程《ほど》別《わか》れるのが嫌《いや》になりまさ、嫌《いや》な別《わか》れでも國《くに》の爲《た》めだ、何《ど》うしても爲《し》にやアならねえ、と斯《か》う相場《さうば》が極《きま》つて見《み》りやア、生中《なまなか》の暇乞《いとまご》ひは、こりやア考《かんが》へもんですぜ。何故《なぜ》といつて御覽《ごらん》ぢやい、顏《かほ》を見《み》るとソラ、未練《みれん》てい奴《やつ》が、折角《せつかく》の覺悟《かくご》を茶《ちや》にして了《しま》やアがるからなア。』と氣焔《きえん》萬丈《ばんじやう》、クルリと捲《まく》り上《あ》げたい裾《すそ》の、今日《けふ》は生憎《あひにく》兵服《へいふく》を着《つ》けて居《ゐ》る。氣《き》を變《か》へて笑《わら》ふ調子《てうし》も華《はな》やかに、

『ハ、ハ、、、しかし今日《けふ》は愁《つら》うござんしたぜ、臍《へそ》の緒《を》切《き》つて、斯樣《こんな》思《おも》ひは始《はじ》めてゞした。が、もう安心《あんしん》して下《くだ》せえ、日《ひ》が暮《く》れて、外出《ぐわいしゆつ》の時間《じかん》が切《き》れますと、それと一緒《しよ》に諦《あきら》めが付いて、この胸《むね》が晴々《せい／＼》したといふもんです。それでも能《よ》く今日《けふ》の難場《なんば》を切《き》り抜《ぬ》けたと思《おも》ふと、吾《わ》れながら頼《たの》もしくつて、これが勇氣百倍《ゆうきひやくばい》といふんでせう。サア火《ひ》でも來《こ》い、水《みづ》でも來《こ》い。もう怖《びく》ともするんぢやアねえ、豆腐屋《とうふや》はして居《ゐ》たが、ヘン、是《こ》れでも神田上水《かんだじやうすい》で

…。』

『ハッハ、又《ま》たお株《かぶ》が始《はじ》まつたぞ。ヤ、僕等《ぼくら》が惡《わる》かつた、謹《つゝし》んで謝《あやま》るよ。』と曹長《さうちやう》も、上等兵《じやうとうへい》も。

（二）

勇《いさ》ましい首途《かどで》の汽車《きしや》は、今《いま》五分《ふん》で停車塲《すていしよん》を出《で》やうとして居《ゐ》る。

プラットホームには、老若男女《らうにやくなんによ》の人波《ひとなみ》が寄《よ》せつ返《か》へしつ。それ〴〵思《おも》ふ人《ひと》の顏《かほ》をば、旣《すで》に車窓《しやそう》に見出《みいだ》し得《え》たものは靜《しづ》かに澱《よど》み、猶《な》は見當《みあた》らぬ者《もの》は急《きふ》に流《なが》れて、押分《おしわ》ける、潜《くゞ》り拔《ぬ》ける。更《さら》に地續《ぢつゞ》きの廣塲《ひろば》には、紫《むらさき》地、日《ひ》の丸《まる》、墨黑々《すみくろ〴〵》の文字《もじ》をこき交《ま》ぜた幾旒《いくなが》れの旗章《はたじるし》が、軌道《れいる》に沿《そ》うて林《はやし》と並《なら》ぶ、吹《ふ》き散《ち》る煤煙《ばいゑん》の風《かぜ》に翩飜《へんぽん》と飄《ひるが》る。旗《はた》の下《した》には羽織袴《はおりはかま》、乃至《ないし》フロックコートに威儀《ゐぎ》を正《たゞ》して、市民《しみん》の有志者《いうししや》、團體《だんたい》の面々《めん〳〵》が靜肅《せいしゆく》に控《ひか》へる。

路《みち》をいへば海山萬里《かいざんばんり》、鐵火《てつくわ》の雨《あめ》を浴《あ》びに行《ゆ》く。時《じき》をいへば未來永劫《みらいえいがふ》、或《あるひ》は二度《ど》と還《かへ》らぬかも知《し》れぬ、その勇《いさ》ましくして悲《かな》しく、悲《かな》しくして勇《いさ》ましい死別生別《しべつせいべつ》の期《き》は、早《は》や五分《ふん》の後《のち》に迫《せま》つて居《ゐ》るので、送《おく》るもの、送《おく》らるゝもの、互《たがひ》に忘《わす》れじと顏《かほ》を見合《みあ》はすもあらう、手《て》を執《と》り交《かは》すもあらう。誰《た》れかは之《こ》れを私情《しじやう》といふ、情《じやう》の私《わたくし》に泣《な》き得《え》ぬものは、亦《ま》た義《ぎ》の公《おほやけ》に憤《いきどほ》り得《え》ぬものである。

窓《まど》といふ窓《まど》は、車上《しやじやう》の人《ひと》の顏《かほ》を以《もつ》て滿《みた》され、顏《かほ》といふ顏《かほ》は、車外《しやぐわい》の人《ひと》と相對《あひたい》して、此短時間《このたんじかん》の內《うち》に盡《つ》きぬ名殘《なごり》を惜《をし》み盡《つく》さうとするのであつたが、唯《た》だ汽鑵車《きくわんしや》から七番目《ばんめ》の車《くるま》に、先《せん》刻《こく》から物《もの》一つ言《い》はうでもなく、默然《もくねん》として窓《まど》に靠《もた》れながら、頻《しき》りと眼《め》を働《うご》かして、群集《ぐんしふ》の顔《かほ》を見廻《みま》はして居《ゐ》る兵士《へいし》が一人《ひとり》。

それは須藤《すどう》一等卒《とうそつ》である。渠《かけ》が窄袴《すぼん》の衣嚢《かくし》に突入《つきい》れた右《みぎ》の手《て》には、人《ひと》こそ知《し》らぬ、確《しか》と一封《ぷう》の手紙《てがみ》を握《にぎ》り緊《し》めて居《ゐ》るのであつた。渠《かれ》は昨日《きのふ》の休暇《きうか》をすら仇《あだ》に過《すご》して、新婚《しんこん》の妻《つま》を見《み》ることを避《さ》けたが、今日《けふ》この時刻《じこく》に、この停車塲《すていしよん》から出發《しゆつぱつ》するといふこと丈《だ》けは、流石《さすが》に端書《はがき》を以《もつ》て報《しら》せてやつたので、其最愛《そのさいあい》の影《かげ》が、必《かな》らず此群集《このぐんしふ》の中《うち》に在《あ》るべきことを信《しん》じて疑《うたが》はぬ。更々未練《さら〳〵みれん》の絢《より》が戻《もど》つたのではない、渠《かれ》は俄《にわ》かに思《おも》ひ立《た》つて、妻《つま》に渡《わた》すべきものを攜《たづさ》へて來《き》たのである。

見廻《みま》はすこと更《さら》に一分《ぷん》、尚《な》ほ其人《そのひと》が目《め》に留《とま》らぬ。二分《ふん》三分《ぷん》、未《ま》だ見《み》えぬ。

『何《ど》うしやがつたんだらう、もう二分《ふん》しきやねえのに。』と思《おも》はず聲《こゑ》を發《はつ》した途端《とたん》に、窓下《まどした》に沿《そ》うて、一直線《ちよくせん》に驛夫《えきふ》が走《はし》つた。

『もう出《で》ます、危《あぶな》うございます、少《すこ》し離れて居《ゐ》て下《くだ》さい、窓《まど》に手《て》をかけちや可《い》けません。』

『さう〳〵駄目《だめ》だ。』と須藤《すどう》は絶望《ぜつばう》の呻《うめ》きを擧《あ》げながら、念《ねん》の爲《た》めの今一《いまひと》わたり、血眼《ちまなこ》になつて睨《ね》め廻《ま》はすと、これ僻目《ひがめ》が、こゝを距《さ》ること六七間《けん》先《さ》きの行手《ゆくて》に、何《いつ》れ華族《くわぞく》の見送《みおく》りと思《おも》はれる一行《かう》の、殿樣《とのさま》に姫君《ひめぎみ》、少《すこ》し下《さが》つてお附《つき》の女中《ぢよちう》、殿樣《とのさま》に並《なら》んだ家扶《かふ》らしい老人《らうじん》、その老人《らうじん》の怒肩《いかりがた》に半面隱《はんめんかく》れて、銀杏《いてふ》の髮《かみ》の亂《みだ》れかゝつた女《をんな》の顔《かほ》、求《もと》める人《ひと》を求《もと》め得ぬ先《さ》きに、群集《ぐんしふ》の重圍《ちやうゐ》に落《お》ちたらしく、氣《き》も狂《くる》ほしげに、身《み》を藻搔《もが》いて、頻《しき》りと滊車《きしや》の方《はう》を見詰《みつ》めて居《ゐ》る。

『オ、お玉《たま》だ。』と叫《さけ》びざまに、須藤《すどう》は窄袴《ずぼん》から手《て》を引《ひ》いて、一寸手紙《ちよつとてがみ》の表書《おもて》を視《み》た。

『お玉《たま》どの、須藤平吉《すどうへいきち》。』

渠《かれ》が目《め》には露《つゆ》が見《み》えたが、もう猶豫《ゆうよ》の場合《ばあひ》でない。再《ふたゝ》びお玉《たま》の方《はう》に顔《かほ》を向《む》けると、圍《かど》みは愈〻密《いよ／＼みつ》に愈〻堅《いよ／＼かた》い。

渠《かれ》は何《な》んと思《おも》つたか、片手《かたて》に抱《だ》いて居《ゐ》た小風呂敷包《こぶろしきつゝみ》を解《と》くなり、一顆《くわ》の夏蜜柑《なつみかん》を取出《とりだ》して、矢庭《やには》に皮《かわ》を嚙《か》み裂《さ》き、肉《にく》の一兩片《りやうへん》を抉《ゑぐ》り拔《ぬ》いて、其隙《そのすき》に手紙《てがみ》の餡《あん》を詰《つ》め、然《しか》る後《のち》その脫出《だつしゆつ》を防《ふせ》ぐべく、皮《かわ》をば元《もと》の姿《すがた》に合《あは》せると、ア、遂《つひ》に發車《はつしや》の號笛《あひつ》は、群集《ぐんしふ》の動搖《どよ》めきの中《なか》を細《ほそ》く透《とほ》つて、同時《どうじ》に旗《はた》が搖《ゆら》ぐ、萬歲《ばんざい》の聲《こゑ》が揚《あが》る。天地《てんち》もおどろ〳〵しい其間《そのあひだ》を、汽車《きしや》は逸《はや》りに逸《はや》る將士《しやうし》の心《こゝろ》を孕《はら》んで、曠《は》れの征途《せいと》に徐々《ちよく／＼》として行進《かうしん》を起《おこ》した。

須藤《すどう》の倚《よ》つた窓《まど》は、忽《たちま》ちにして彼《か》の華族《くわぞく》の一行《かう》の前《まへ》に來《き》た。見交《みか》はす顔《かほ》。

『アレ平《へい》さん。』とばかり銀杏髷《いてふまげ》は延上《のびあが》る。それを目蒐《めが》けて投出《なげだ》された夏蜜柑《なつみかん》は、生憎《あいにく》や狙《ねら》ひが反《そ》れて、家扶《かふ》の袴《はかま》を滑《すべ》り、コロリと足《あし》の甲《かふ》を舐《な》めて地《ち》に落《お》ちた。

殿樣姬君《とのさまひめぎみ》と共《とも》に、行《ゆ》く人《ひと》の窓《まど》を追《お》うて、更《さら》に餘念《よねん》もなかつた家扶《かふ》は、不意《ふい》の打擊《だげき》に仰天《げうてん》して、足先《あしもと》を瞰下《みおろ》したが、多年《たねん》の練磨《れんま》は、斯《か》る際《きは》までも露作法《つゆさはふ》を頹《くづ》さず、勿論物《もちろんもの》の實證《じつしやう》を見《み》屆《とゞ》けぬ先《さ》きに、徒《いたづ》らに騷《さわ》ぎ立《た》てゝ、主人《しゆじん》を驚《おどろ》かし奉《たてまつ》るが如《ごと》き慌《あわ》て者《もの》ではないのだ。故《ことさ》らに何氣《なにげ》なき體《てい》を裝《よそほ》ひ、徐《おもむ》ろに腰《こし》を屈《かゞ》めて、竊《そつ》と地上《ちじやう》の物《もの》に眸《ひとみ》を配《くば》ると、怪《あや》しや皮《かわ》の裂目《さけめ》に當《あた》つて、白《しろ》いものが微見《ほのみ》える、ハテ面妖《めんにう》なと小首《こくび》を傾《かたむ》けたが、弓矢八幡《ゆみやはちまん》、老《おい》の食慾《くひいち》の爲《た》めではなく、竊《そつ》と取上《とりあ》げて袂《たもと》の中《うち》へ。

（三）

曉《あけ》の明星《みやうじやう》の光《ひかり》が淸《き》ねると、恰《あたか》もそれが地《ち》に落《お》ちて、姿《すがた》を人間《にんげん》に借《か》りたかとばかり、彼《か》は誰時《たれ》の薄闇《うすやみ》を、美《うつく》しい女《をんな》の顏《かほ》が白《しろ》く拔《ぬ》いて、

『とう、豆腐《とうふ》い。』と艶《つや》のある若々《わかく》しい聲《こゑ》、急《いそ》ぎ足《あし》に裏町通《うらまちどほ》りを呼《よ》んで通《とほ》るのが、宛然《さながら》の東雲《しのめつ》告ぐる合圖《あひづ》となつて、行《ゆ》く先《さ》き〳〵の雨戶《あまど》が開《あ》く。

『ヲイ豆腐《とうふ》やさん。』と寢衣姿《ねまきすがた》が、そこでも此處《こゝ》でも手招《てまね》ぎをする。

『まだ若《わか》い身空《みそら》で、よく左《さ》う每朝精《まいあさせい》が出《で》ることねえ、今時《いまどき》には珍《めづ》らしい貞女《ていぢよ》だつて、昨日《きのよ》お前《まへ》さん處《とこ》の大家《おほや》さんが、それは〳〵大變《たいへん》に褒《ほ》めちぎつて居《ゐ》てよ。イヽエ噓《うそ》なんぞ言《い》ふもんかね。お嫁《よめ》に來《き》て未《ま》だ間《ま》もないのに、御亭主《ごていしゆ》が戰爭《せんさう》に行《い》つたんだつて、だから實家親《さとおや》が心配《しんぱい》して、理《り》が非《ひ》でも歸《かへ》つて來《こ》いといふのを、お前《まへ》さん首《かぶり》を掉《ふ》つて、一人《ひとり》で留守《るす》をやり通《とほ》す覺悟《かくご》だつてぢやないか、實《じつ》に感心《かんしん》な珍《めづ》らしい心掛《こゝろが》けだわね　。未《ま》だ首枷《くびかせ》が出來《でき》たといふんぢやなしさ、加《しか》もお前《まへ》さんの歲《とし》で、その容姿《きりやう》で、それで御亭主思《ごていしゆおも》ひの、側目《わきめ》も觸《ふ》らずに、よくマア外見《みえ》も何《な》にも棄《す》てゝ了《しま》つて、御亭主《ごていしゆ》の荷《に》を擔《かつ》ぐ氣《き》におなりだつたこと、眞個《ほんたう》に私《わたし》その話《はなし》を聞《きい》て、貰《もら》ひ泣《な》きに泣《な》いちやつたのよ。お前《まへ》さんが左《さ》うしておやりだと、御亭主《ごていしゆ》だつて、どんなにか嬉《うれ》しいだらう、自然《しぜん》鐵砲《てつぱう》に力《ちから》が入《はい》らうといふもんだから〳〵、屹度《きつと》今《いま》に大《おほ》き

な手柄話《てがらばなし》を歸遺《みやげ》にして、金鵄勳章《きんしくんしやう》かなんかで、立派《りつぱ》な人《ひと》になつて歸《かへ》つて來《く》るに違《ちが》ひないわ。』

と八杯《はい》を刻《きざ》む間《ま》を、誰《た》れも彼《か》れも褒《ほ》めぬはなかつた。

『ハイ〳〵。』と温順《おとな》しく、嬉《うれ》し涙《なみだ》を筒袖《つゝそで》に留《と》めて、そこ〳〵に又《ま》た歩《あゆ》み出《だ》した後《うし》ろから

『ヲイ、お玉《たま》どん。』と喘《あへ》ぎ〳〵、氣《き》の輕《かる》さうな老人《ろうじん》が、足丈《あしだ》けは重《おも》さうに追付《おりつ》いた。

『何程《いくら》早《はや》いといつて、眞逆《まさか》に未《ま》だ出《で》やしまいと思《おも》つての、店《みせ》へ行《い》つて見《み》ると、もう居《ゐ》なかろうぢやないか。それから直《す》ぐに追《お》つかけたが、ヤ、苦《くる》しいの何《な》んのさ、酷《ひど》い目《め》に逢《あ》はされたよ。』

お玉《たま》は荷《に》を卸《おろ》して、會釋《ゑしやく》して、

『マアお氣《き》の毒《どく》でしたことねえ、何《な》にか御用《ごよう》なんですの?』と、二重瞼《ふたへまぶち》の曇《くもり》のない、愛《あい》くるしい眼《め》で見上《みあ》げると、老人《ろうじん》は莞然《にとく》笑《わら》つて、

『マア、何《な》んでも好《よ》いから私《わし》と一緒《いつしよ》に來《き》て呉《く》れ。是非《ぜひ》お前《まへ》に逢《あ》ひたいといつての、男《をとこ》の珍《ちん》客《きやく》が私《わし》の家《うち》で待《ま》つて居《ゐ》なさる。』

『男《をとこ》の珍客《ちんきやく》ですつて?』と思《おも》ひ寄《よ》らぬ體《てい》で眉《まゆ》を顰《ひそ》めた。

『ハツハツハ、先《ま》づ男振《をとこぶ》りからいはうなら、意氣《いき》で、高尙《かうと》で、苦味走《にがみばし》つて、左樣《さやう》さ、お前《まへ》と並《なら》べたら、嘸《さぞ》一對《いつつい》の……。』

『嫌《いや》な旦那樣《だんなさま》ですこと、ホヽホヽヽ。』

『笑談《じやうだん》ぢやないのだよ。それが是非《ぜひ》ともお前《まへ》に逢《あ》つて、内々《ないく》直接《ちか》に話《はな》したいことがあると

いふわ。お玉《たま》さん、お安《やす》くないぞ、ハッハッハ。』と又《ま》た笑《わら》ふ。

『揶揄《からか》つてるんでせう、旦那様《だんなさま》、左《さ》うなんでせう。』とお玉《たま》は今一度《いまいちど》念《ねん》を入《い》れたが、何處《どこ》やら不安《ふあん》の様子《やうす》であつた。

『嘘《うそ》か、眞實《まこと》か、來《き》て見《み》さへすれば解《わか》る事《こと》だわ、サア一緒《しよ》に來《き》て呉《く》れ、決《けつ》して手間《てま》は取《と》らせないから。』と、委細構《いさいかま》はず先《さ》きに立《た》たれたので、覺束《おぼつか》なくも其後《そのあと》に續《つゞ》くと、横町《よこちやう》を一つ曲《まが》つて、突當《つきあた》りの門《もん》に柳《やなぎ》のある、二階造《かいづく》りはその家《うち》である。入口《いりぐち》の格子戸《かうしど》を開《あ》けて入《はい》ると、克明《こくめい》に穿《は》き減《へ》らした男《をとこ》の古駒下駄《ふるこまげた》が、左《さ》も大切《たいせつ》さうに行儀《ぎやうぎ》よく、靴脱《くつぬ》きの上《うへ》に脱《ぬ》いであるので、それをば避《さ》けて薬鞋脚半《わらじきやはん》の精悍《かひぐ》しい扮装《いでたち》の、裾《すそ》を下《おろ》して上框《あがりがまち》に腰《こし》をかけた。

『こゝで待《ま》つて居《ゐ》るのだよ。』と、大家《おほや》は座敷《ざしき》に上《あが》つたが、直《す》ぐに引返《ひきかへ》して、所謂珍客《いはゆるちんきやく》を伴《ともな》うて出《で》た。一寸《ちよつと》お玉《たま》を指《さ》し示《しめ》して、

『これがその、私《わし》が自慢《じまん》に致《いた》しまする店子《たなこ》の豆腐屋《とうふや》で。』

『イヤ、それは〳〵、初《はつ》にお目《め》にかゝります、ハイ。』と、膝《ひざ》に手《て》を突《つ》いて怒肩《いかりがた》をいとゞ怒《いか》らせ、鷹揚《おうやう》に會釋《ゑしやく》するのを視《み》ると、白髪頭《しらがあたな》の、皺《しわ》の黧《くろ》い、身形《みなり》は至格質樸《しごくしつぼく》であるが、羽織袴《はおりはかま》の體《たい》を四角《かく》に構《かま》えて、神官《かんぬし》ではないか、とお玉《たま》は思《おも》つた。大家《おほや》の吹聴《ふいちやう》とは、餘《あま》り格外《かくぐわい》の相《さう》違《ゐ》なので、呆氣《あつけ》に取《と》られて、珍客《ちんきやく》の前《まへ》に頭《あたま》は下《さ》げながら、顔《かほ》をば横《よこ》に老人《らうじん》の方《はう》を覗《のぞ》き込《こ》むと、

『此《この》お方《かた》がその、お前《まへ》を待《ま》つてござらしつたのだよ。』と老人《らうじん》はニヤ〳〵笑《わら》つて居《ゐ》る。

『又《また》擔《かつ》いだんですね、憎《にく》らしい。』とお玉《たま》も馴《なれ》々しく笑《わら》つたが、俄《にわ》かにホツと溜息《ためいき》して、

『でも好《よ》かつたこと、眞個《ほんたう》に私《わたし》喫驚《びつくり》したんですよ、若《も》しか彼《あ》の人《ひと》が、途中《とちう》から逃《に》げてゞも來《き》たんぢやないかと。』

『ハテね、ぢやお前《まへ》は、平公《へいこう》の居《ゐ》ない方《はう》が可《い》いといふのかな。』と、珍客《ちんきやく》の手前《てまへ》ながら、老人《らうじん》の氣質《きしつ》、殊《こと》には日頃《ひごろ》大《だい》の贔負《ひいき》の女《をんな》ではあり、隙《すき》さへあれば切《き》り込《こ》んで、宛《あだか》も可愛《かわあ》い孫《まご》を玩《あそ》ぶやうに、ツイ調謔《てうかい》をするのであつた。

『アラ左《さ》うぢやないんですけど、若《も》しか其樣《そんな》事《こと》でもあると、世間《せけん》の手前《てまへ》、私《わたし》何《ど》うしたら可《よ》からうと思《おも》つたんですの。』と眞面目《まじめ》である。

『成程《なるほど》、心掛《こゝろが》けの好《よ》さゝうな女《をんな》ぢやわい。』と珍客《ちんきやく》は妙《めう》に首《くび》を拈《ひね》つた。

『エ、、それは最《も》う、貴客樣《あなたさま》の前《まへ》ですが、町《まち》でも評判《ひやうばん》の貞女《ていぢよ》でがして。』と老人《らうじん》は得意《とくい》の鼻《はな》を蠢《うごめ》かすのである。お玉《たま》は面羞《おもはゆ》く、眞赤《まつか》になつて俯向《うつむ》いて居《ゐ》ると、

『さて。』と珍客《ちんきやく》が改《あらた》めて切《き》り出《だ》したので、顏《かほ》を擧《あ》げて眼《め》を瞬《は》つた。

『拙者《せつしや》は松本子爵家《まつもとしゝやくけ》の家扶《かふ》で、針重《はりがさね》と申《まを》すもんぢやが、先達《せんだつて》思《おも》ひも寄《よ》らぬ處《ところ》でな、不思議《ふしぎ》と拙者《せつしや》の手《て》に入《い》つた誠《まこと》に不思議《ふしぎ》な物《もの》があるのぢや。で、その品物《しなもの》は、お手前《てまへ》に用《よう》のあつて、拙者《せつしや》には頓《とん》と要《い》らぬもんぢやから、是非《ぜひ》手渡《てわた》しせんことには、第一《だいゝち》此方《こつち》の寢覺《ねざ》めが好《よ》うない。そこでいろ〳〵と詮議《せんぎ》の末《すゑ》に、昨日《きのふ》の事《こと》、やつと此家《このや》を捜《さが》し當《あ》てたぢや、聞《き》けば店子《たなこ》のもんぢやといふ、幸《さいは》ひぢや、直《す》ぐにとも思《おも》ふたが、生憎《あひにく》稼《かせ》ぎに出《で》て居《を》らんといふ。餘儀《よぎ》

なく今日《けふ》改《あらた》めてハイ、起《お》き拔《ぬ》けに出直《でなほ》した譯《わけ》ぢやが。』と何《く》を切《き》つた。

『お前《まへ》何《な》にか心當《こゝろあた》りでもあるかえ。實《じつ》は私《わし》も餘《あま》り不審《ふしん》だから、隨分念入《ずゐぶんねんい》りにお聞《き》き申《まを》して見《み》たが、中々《なか〱》仰有《おつしや》つて下《くだ》さらないのだ。それから種々《いろ〱》考《かんが》へて見《み》るとの、何《な》んせい評判《ひやうばん》の貞《てい》女《ぢよ》のお前《まへ》だ、成程《なるほど》これは天道《てんたう》さまが、何《な》にか御褒美《ごはうび》でも授《さづ》けて下《くだ》さるといふのだらうとな……。』

『何《な》んでせうねえ。』とお玉《たま》も不思議《ふしぎ》に堪《た》へぬのである。

『イヤ、これは解《わか》るまい、實《じつ》はその解《わか》らん方《はう》がお手前《てまへ》の幸福《しあはせ》かも知《し》れないのぢや、拙者身《せつしやみ》に取《と》つても、それをお手前《てまへ》に解《わか》らせるのが、如何《いか》にも氣《き》の毒千萬《どくせんばん》ぢや。が、之《こ》れを拙者《せつしや》が所持《しよぢ》して居《ゐ》ると、それ、爆裂彈《ばくれつだん》な、あれをその抱《だ》き居《ゐ》るやうな氣合《きあ》ひが致《いた》ゝて、何分《なにぶん》にも快《こゝろよ》うない、第《だい》一姫樣《ひいさま》のお目《め》に留《とま》ることがないとも限《かぎ》らぬ、自然《しぜん》の事《こと》もあるとな、折《をり》からのお身《み》の上《うへ》にも取《と》られて、何《ど》の位御神經《くらゐごしんけい》をお痛《いた》め遊《あそ》ばさうも知《し》れんのぢや。となると、拙者《せつしや》も主家《しゆか》に對《たい》して申譯《まをしわけ》がない、で思《おも》ひ切《き》つて持參《ぢさん》した、サア受取《うけと》つて下《くだ》され。』と袂《たもと》から取出《とりだ》して、事々《こと〲》しくお玉《たま》の前《まへ》に差置《さしお》いた、夏蜜柑《なつみかん》。

（次號完結）

注文書

男子女子用衣裳又は羽織等	袖
年齢	ゆき
用途	口明
品柄	袖幅
好みの色	袖付
好みの柄	前幅
紋章幷大さ及び數	後幅
好みの模様	衽《ヲクミ》幅
惣模様	衽下り
腰模様	衿《エリ》幅
裾《スソ》模様	裙《ツマ》下
江戸裙《ツマ》模様	袘《フキ》の厚《アツ》さ
奴裙《ヤツコツマ》模様	人形
袘《フキ》模様	紐《ヒモ》付
仕立寸法	前下り
丈	紐下

備考

右注文候也

住所

明治　年　月　日

姓名

白木屋呉服店中

明治卅　年　月　日

御注文用箋

御宿所貴名	服名	地質見本番號	見積金額

摘要

白木屋洋服店

御注意

體格特徴欄へは、胸はり、肩はり、肩下り、出腹、ネコ背等御記入のこと
採寸欄へは、裸體又は「シヤツ」の上又は出來上り寸法と御記入のこと
用尺欄へは、御使用の度器(曲尺)(鯨尺)等の別を御記入のこと

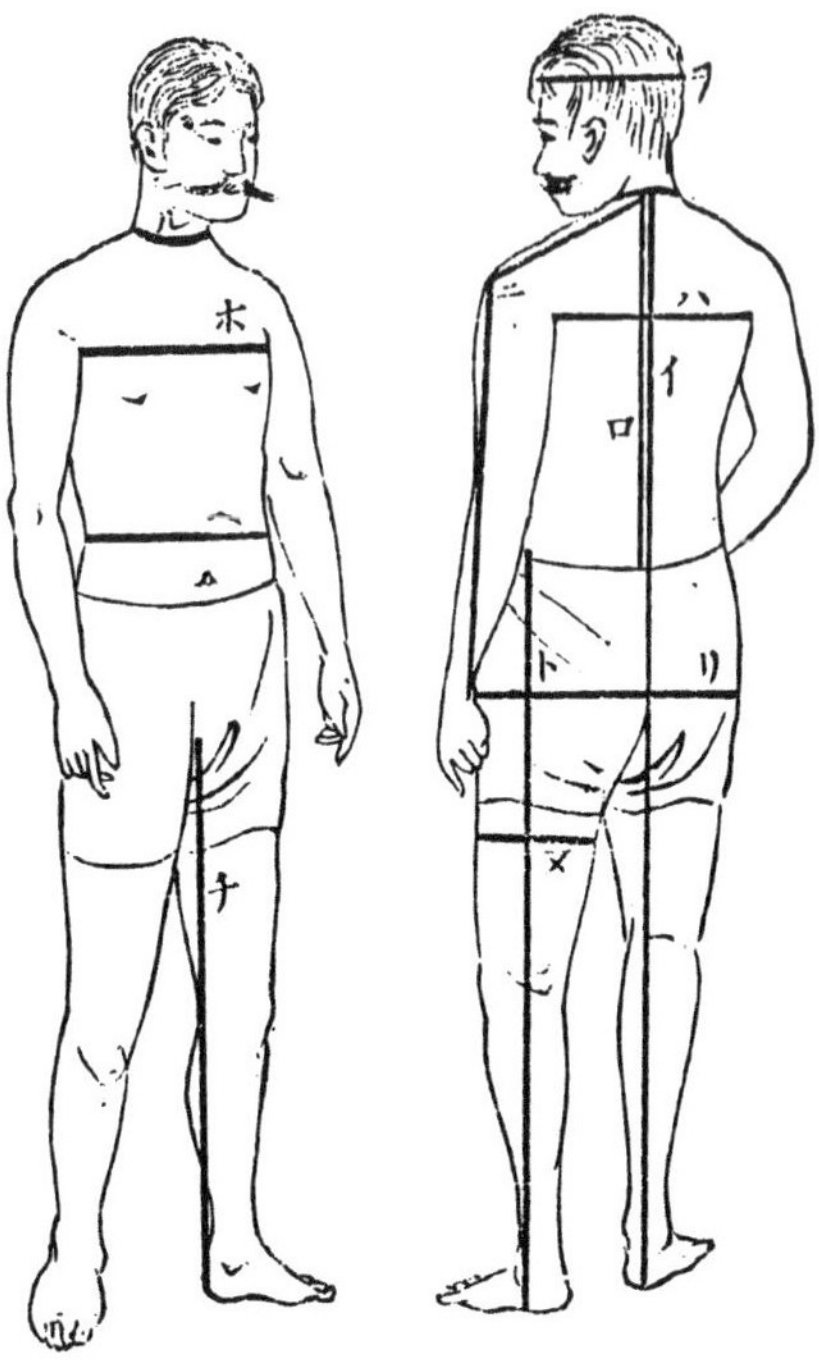

御寸法

イ	總丈	首の付際より足の踵迄	尺　寸　分
ロ	脊丈	首の付際より腹の廻り迄	尺　寸　分
ハ	脊巾	兩手を下げ左腕の付より右腕の付際迄	尺　寸　分
ニ	行	首の付際より肩へ掛け手首骨節迄	尺　寸　分
ホ	上胴	乳の上を廻す	尺　寸　分
ヘ	腹廻り	臍の上を廻す	尺　寸　分
ト	丈	(ヅボン)腰の髖骨より足の踵迄	尺　寸　分
チ	又下	睪丸の脇付際より足の踵迄	尺　寸　分
リ	臀	臀肉の最も高き處を廻す	尺　寸　分
ヌ	股	股の最も太き處を廻す	尺　寸　分
ル	襟廻り		尺　寸　分
ヲ	頭廻り	(但帽子御注文の際御記入のこと)	尺　寸　分

用尺	採寸	體格特徴

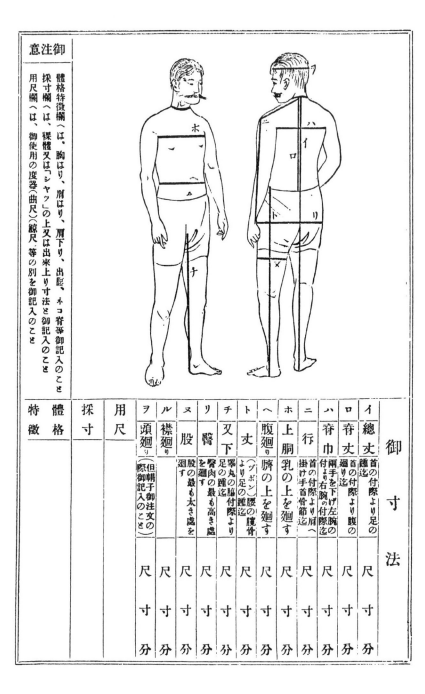

呉服物代價表

夏物男子向縞着尺類

品名	自	至
一風通御召	十圓	十七圓
一薄御召	十圓	十三圓
一壁市樂	十圓	十四圓
一堅糸織	九圓	十三圓
一扶桑御召	十二圓	十四圓
一富國セル織	九圓	十二圓
一糸織縞	七圓	十二圓
一好貴織	十圓	十三圓
一結城紬縞	九圓	十二圓
一結城紬絣	十一圓	廿三圓
一節糸織	五圓	八圓
一伊勢崎銘仙	四圓	七圓
一銘仙紺絣	五圓	八圓
一縞絽	九圓	十二圓
一玉川糸織	九圓	十二圓
一本上布	十五圓	四十圓
一越後上布	八圓	二十圓
一紋上布	八圓	十一圓
一市樂上布	五圓	七圓
一縞越後	六圓	八圓
一越後白絣	六圓	十二圓
一越後紺絣	六圓	十二圓
一越後錆縞	四圓	六圓
一能登紺絣	二圓半	三圓半
一奈良紺絣	一圓半	二圓半
一奈良白絣	一圓半	二圓半
一奈良縞	一圓半	二圓
一近江生平	一圓半	二圓
一天產織	三圓	三圓半
一透屋中絣二丈物	三圓半	五圓
一越後中絣二丈物	三圓半	五圓

夏物男子向單羽織地

品名	自	至
一平御召	十圓	十三圓
一壁糸織	八圓	十二圓
一扶桑御召	十圓	十二圓
一竪市樂	八圓	十圓
一諸糸織	八圓	十三圓
一山科御召	十圓	十二圓
一富貴織	十圓	十二圓
一縞博多絽	八圓	十圓
一市樂綾織	十二圓	十三圓
一縞絽	七圓	九圓
一燃上布	五圓	七圓
一紋上布	八圓	十圓
一絹上布	五圓	八圓
一市樂上布	四圓	七圓
一竪上布	四圓半	六圓
一京透屋	六圓	九圓
一越後透屋	二圓半	六圓
一伊勢崎銘仙	四圓	五圓半
一節糸織	四圓	六圓
一秩父縞	三圓	四圓

男子向帶地類

品名	自	至
一筑前博多	五圓	八圓
一紋博多	六圓	十圓
一繻珍織	七圓	十三圓
一厚板織	七圓	十圓
一明珍織	七圓	八圓半
一綴錦織	十五圓	二十圓
一綴錦單帶	十圓	十八圓
一博多袋織	七圓	十圓
一博多單帶	三圓	五圓
一博多單（兩面）	五圓	七圓
一絽博多	五圓	七圓
一節博多	二圓	三圓

一小倉織	自六十錢	至一圓半
一白大巾縮緬兵兒帯	自六圓	至十五圓
一白中巾縮緬兵兒帯	自三圓	至八圓
一白絽中巾大兵兒帯	自六圓	至十圓
一繻緞兵兒帯	自一圓廿錢	至二圓

〔袴地類〕

一八千代平	自十三圓	至十八圓
一仙臺平	自十圓	至二十圓
一博多平	自十三圓	至十八圓
一博多絽平	自十三圓	至十六圓
一極暑平	自八圓	至十圓
一武藏平	自五圓	至八圓
一後泉平	自七圓	至八圓
一節撰平	自四圓	至七圓
一嘉平治平	自二圓半	至三圓半
一小倉織	自八十錢	至二圓
一カシミヤ女袴	自四圓	至六圓
一琥珀袴	自十一圓	至十三圓

〔夏物婦人向縞着尺類〕

一風通薄御召	自十圓	至十五圓
一風通壁織	自十圓	至十三圓
一御召縮緬	自九圓	至十三圓
一縞絽御召	自九圓	至十三圓
一寶玉御召	自十五圓	至二十圓
一絨御召	自十一圓	至十二圓
一玉川御召	自十圓	至十二圓
一筵浪縮緬	自八圓	至十圓
一縞絽	自八圓	至十二圓
一呉綾御召	自十圓	至十二圓
一薄壁糸織	自六圓半	至十圓
一養老御召	自十圓	至十三圓
一夏形友禪縮緬	自十二圓	至十六圓
一友禪絽縮緬	自十三圓	至十六圓
一友禪紋絹縮	自十圓	至十三圓
一縞染縮緬	自十圓	至十三圓
一小紋縮緬兩面	自十圓	至十四圓
一縞染絽	自九圓	至十二圓
一小紋絽	自八圓半	至十二圓
一白絞絽浴衣地	自十三圓	至十七圓
一友禪絽	自十一圓	至十五圓
一友禪青梅織	自五圓	至六圓半
一縞明石縮	自七圓	至十圓
一縞絽明石	自八圓	至十一圓
一紋上布	自八圓	至十圓
一絹上布	自六圓	至八圓
一壁上布	自五圓	至七圓半
一縮緬透屋	自七圓	至九圓
一壁透屋	自五圓	至八圓
一レース透屋	自七圓	至九圓
一市樂透屋	自五圓	至七圓
一縞透屋	自五圓	至七圓
一縞綾透屋	自六圓	至七圓半
一紅梅織	自三圓	至三圓半
一結城紬中絣	自十圓	至十五圓
一絹越後紺絣	自十圓	至十五圓
一扶桑織	自七圓	至九圓
一縮糸織	自六圓半	至八圓
一節糸紺絣	自五圓	至六圓
一銘仙納戸絣	自四圓半	至七圓
一風通新御召	自五圓半	至六圓半
一九重御召	自二圓半	至五圓
一精好御召	自三圓	至四圓
一新御召	自二圓	至三圓

〔夏物女帯地類〕

一繻珍丸帯	自十五圓	至五十圓
一綴織丸帯	自百圓	至二百圓

一原板丸帯	自十五圓	至三十圓
一スカシ織丸帯	自廿圓	至廿五圓
一博多丸帯	自十五圓	至廿圓
一縞博多絽丸帯	自十八圓	至廿圓
一繻珍絽丸帯	自十五圓	至三十圓
一友禅鹽瀬丸帯	自十五圓	至卅圓
一錦絽織	自廿圓	至卅五圓
一綴織單帯	自廿八圓	至四十圓
一博多單帯	自十圓	至十五圓
一清涼單帯	自十五圓	至廿圓
一明珍單帯	自十圓	至十二圓
一友禅絽帯	自十二圓	至十五圓
一繻珍丸寸	自五圓	至十圓

一厚板丸寸	自六圓	至十圓
一博多丸寸	自五圓	至七圓
一博多總紋丸寸	自六圓	至八圓
一繻珍絽丸寸	自六圓	至九圓
一友禅絽丸寸	自四圓	至六圓
一友禅鹽瀬丸寸	自七圓	至十圓
一縞絽丸寸	自五圓	至七圓
一黒繻子丸寸	自三圓	至六圓
一唐繻子丸寸	自五圓	至七圓
一唐繻子丸寸	自四圓半	至五圓半
一色繻子丸寸	自三圓	至七圓
一綿繻珍丸寸	自二圓	至三圓
一綿繻子丸寸	自一圓三十錢	至二圓

夏物白着尺類

一白濱縮緬	自十圓	至二十圓
一白絽縮緬	自十一圓	至十八圓
一白絽	自八圓	至十五圓
一白紋絽	自八圓	至十圓

一白壁絽	自十圓	至十四圓
一白紋絽縮緬	自十二圓	至十八圓
一白絹縮み	自九圓	至十四圓
一白本斜子	自七圓	至十五圓

夏物白羽織地類

一白秋田織	自七圓	至十圓
一白市樂織	自十圓	至十七圓
一白羽二重	自七圓	至十五圓
一白壁羽二重	自十圓	至十四圓
一白紋羽二重	自九圓	至十二圓
一白奉書紬	自四圓半	至六圓
一白明石縮	自八圓	至十圓
一白山繭明石	自九圓	至十圓
一白明石絽	自八圓	至十圓

一白縮緬透屋	自八圓	至九圓半
一白壁透屋	自五圓	至六圓半
一白平透屋	自五圓	至七圓
一白山繭透屋	自五圓	至七圓
一白越後縮	自六圓	至十圓
一白熨斗越後	自十圓	至十二圓
一白青梅織	自二圓半	至四圓半
一奈良晒	自二圓半	至五圓
一近江晒	自一圓半	至二圓

夏物石持類

一白絽	自七圓	至十五圓
一白絽縮緬	自十圓	至十七圓
一白壁絽	自九圓	至十三圓
一白斜子絽	自十圓	至十五圓
一白紗	自三圓半	至六圓
一白壁紗	自四圓	至五圓半

一白明石	自五圓	至七圓
一白絹上布	自五圓半	至六圓半
一白壁透屋	自五圓	至六圓
一白平透屋	自四圓半	至五圓半
一白明石絽	自五圓半	至七圓
一白瓦斯絽	自一圓半	至二圓半

一黒絽羽織	自八圓	至十三圓
一黒紋絽羽織	自八圓	至十二圓

一黒七子絽羽織　自十圓　至十五圓
一黒紗羽織　自五圓　至五圓半
一色絽着尺　自八圓　至十一圓
一小紋絽着尺　自八圓　至十二圓
一小紋絽縮緬着尺　自十一圓　至十五圓
一小紋縮緬兩面着尺　自十圓　至十五圓
一小紋々羽二重着尺　自十圓　至十五圓
一淺黄麻着尺　自一圓半　至二圓半

〔裾模様浴衣類〕

一絽詰袖裾模様　自十二圓　至十五圓
一絽振袖模様　自十三圓　至十八圓
一絽裾模様　自九圓　至十二圓
一縮緬裾模様　自十四圓　至十七圓
一縮緬一ツ身模様　自七圓　至九圓
一紋絽一ツ身模様　自七圓　至九圓
一八ツ橋織一ツ身模様　自六圓　至八圓
一縮緬一ツ身模様　自七圓　至九圓

〔夜具地及座蒲團地〕

一御納戸大形絽　自十圓　至十五圓
一御納戸大形縮緬　自十三圓　至十五圓
一御納戸大形絽　自三圓半　至四圓半
一御納戸大形麻　自二圓半　至三圓
一大形麻座蒲團　自三圓半　至四圓半
一縞銘越後座蒲團　自八圓　至十圓
一近江平座蒲團　自三圓　至五圓
一白緞純座蒲團　自七圓　至八圓

〔半襟帯揚裾除類〕

一絽縮緬半襟　自五十錢　至一圓
一絽半襟　自五十錢　至一圓
一縫入絽縮緬半襟　自五十錢　至一圓半
一絽縮緬兒半襟　自卅五錢　至五十錢
一縮緬裏襟　自五十錢　至一圓
一絽縮緬裏襟　自七十錢　至一圓
一絽裏襟　自六十錢　至一圓
一練裏襟　自三十錢　至四十錢
一友禅縮緬帯揚　自一圓半　至三圓
一友禅紋羽二重帯揚　自一圓　至三圓
一絞り絽帯揚　自一圓　至二圓半
一絞り朝日織帯揚　自一圓　至一圓半
一絽縮緬裾除　自四圓　至五圓
一縮緬友禅裾除　自三圓半　至五圓
一絞り縮緬シゴキ地　自四圓　至六圓
一紅絞りシゴキ地　自一圓半　至三圓

〔夏物木綿類〕

一瓦斯風通白地　自一圓半　至二圓半
一同紺地　自一圓半　至二圓半
一翁織白地格子　自一圓半　至二圓半
一新節糸織　二圓三四十錢
一瓦斯吉野織　自一圓廿錢　至二圓
一瓦斯縮緬壁更紗帯皮　自五十錢　至一圓
一本場結城　自一圓半　至三圓
一博多結城　自一圓半　至三圓
一愛知結城　自一圓　至三圓
一結城木綿　自八十錢　至一圓半
一久留米紺絣　自一圓　至三圓半
一鳴門ガスリ　自一圓八十錢　至三圓半
一薩摩紺絣　自三圓　至六圓
一先島紺絣　自五圓　至八圓
一薩摩白絣　自二圓　至三圓
一大和白絣　自八十錢　至一圓卅錢
一伊豫紺絣　自一圓卅錢　至二圓
一大和紺絣　自一圓半　至二圓
一橋立白絣　自二圓　至二圓半
一薩摩絣　自二圓　至三圓

品名	自	至
一大和鼠綺	一圓	二圓
一白うずら綺	一圓	一圓半
一佐々綺	二圓	三圓
一久留米縞	一圓半	二圓
一常盤縞	一圓廿錢	一圓八十錢
一糸入木綿縮	一圓半	三圓
一本銚子縮	一圓廿錢	二圓
一都縮	二圓	二圓半
一紺縞戰勝變色縮	一圓	二圓
一小紋瓦斯縮	二圓	二圓半
一白縞瓦斯縮	一圓	一圓半
一灘川縮	一圓半	二圓
一玉川縮	六十錢	一圓
一千代田縮	一圓八十錢	二圓卅錢
一阿波縮	六十錢	一圓卅錢
一白四ツ紅梅	三圓半	四圓半
一五揃明石縮	二圓	三圓
一大和上布	一圓	一圓半
一瓦斯上布	一圓	一圓半
一八重山上布	一圓	一圓半
一吾妻セル	一圓半	二圓半
一中形木綿縮	一圓廿錢	二圓
一友禪木綿縮	一圓	二圓
一中形眞岡	八十錢	一圓廿錢
一中形絽縮	一圓半	二圓
一中形紅梅織	一圓半	二圓
一鼠木綿縮石持	八十錢	一圓
一博多絞り	一圓半	二圓半
一有松絞り	八十錢	一圓半
一有松白絞	七十錢	一圓
一三浦絞	一圓	二圓
一養老絞	一圓	一圓半
一鳴海絞	八十錢	一圓半
一白坂絞	五十錢	七十錢
一同盟セル	四圓	四圓半
一白瓦斯大和縮	二圓	二圓半
一櫻上布	一圓	一圓半
一縮絽	一圓	二圓
一細双子織	一圓	二圓
一細双子白縞	一圓	一圓半
一瓦斯白縞	一圓	一圓半
一伊勢晒縮縞	七十錢	九十錢
一晒縞	四十五錢	六十錢
一松坂縞	七十錢	一圓
一唐草眞岡	七十錢	一圓
一更紗眞岡	七十錢	一圓
一白銚子縮	一圓	一圓廿錢
一白瓦斯縮	一圓	二圓
一白綿絽縮	一圓	二圓
一白木綿縮	六十錢	一圓
一白阿波縮	一圓	一圓半
一白畦織	五十錢	六十五錢
一白綿絽	七十錢	一圓
一木摺眞岡合羽地	九十錢	一圓廿錢
一色眞岡合羽地	七十錢	一圓

（御進物用飾附綿幷ニ呉服細工）

品名	自	至
一眞綿五把乘臺附	四圓廿五錢	五圓五十錢
一同七把乘臺附	五圓九十錢	七圓五十錢
一眞綿細工祝飾	四圓	十圓
一呉服細工祝飾	十圓	五十圓

御衣裳仕立上り見積表

● 襠（裏紅羽二重）

品名	枚	上等ノ部	中等ノ部	下等ノ部
地白綸子振袖惣模様	一	四十五圓	三十五圓	三十圓
仝留袖	一	四十二圓	三十二圓	二十七圓
地赤綸子振袖惣模様	一	五十圓	四十圓	三十二圓
仝留袖	一	四十六圓	三十五圓	三十圓
地黒綸子振袖惣模様	一	五十圓	四十圓	三十二圓
仝留袖	一	四十八圓	三十五圓	三十圓

一	繻珍織振袖御襠	百三十圓	八十圓	五十圓
一	仝留袖	百二十圓	七十圓	四十五圓
一	鼠縮緬振袖惣模様	五十五圓	四十圓	三十三圓
一	仝留袖	五十圓	三十八圓	三十二圓
一	鼠縮緬振袖中模様	五十圓	三十八圓	三十二圓
一	仝留袖	四十八圓	三十五圓	二十八圓
一	鼠縮緬振袖高裾模様	四十八圓	三十五圓	二十八圓
一	仝留袖	四十五圓	三十三圓	二十七圓

●間着

一	紅縮緬振袖無垢	二十五圓	二十二圓	二十圓
一	仝留袖	二十二圓	二十圓	十七圓
一	紅紋縮緬振袖無垢	二十七圓	二十二圓	十八圓
一	仝留袖	二十五圓	二十圓	十七圓
一	紅紋羽二重振袖無垢	二十六圓	二十二圓	十八圓
一	仝留袖	二十四圓	二十一圓	十七圓
一	白綸子振袖無垢	二十五圓	二十圓	十五圓
一	仝留袖	二十二圓	十七圓	十四圓
一	白綸子比翼附振袖無垢	四十圓	二十八圓	二十三圓
一	仝留袖	三十五圓	二十五圓	二十二圓
一	白紋羽二重振袖無垢	二十三圓	十九圓	十七圓
一	仝留袖	二十二圓	十八圓	十六圓
一	白羽二重振袖無垢	二十七圓	二十二圓	十一圓
一	仝留袖	二十五圓	二十圓	十圓
一	白羽二重振袖比翼附無垢	三十五圓	二十五圓	十八圓
一	仝留袖	三十二圓	二十二圓	十五圓

●小袖

一	色縮緬留袖八掛附裾模様	三十三圓	二十六圓	二十二圓
一	仝胴抜下着胴抜〆絹	二十五圓	二十二圓	十八圓
三	小紹縮緬八掛附三枚重一組	六十五圓	五十五圓	四十七圓
二	仝八掛附三枚重一組	五十圓	四十三圓	三十八圓
一	紋御召小袖縮緬裾付	三十圓	二十七圓	二十二圓
一	仝小袖(絹裾付)	二十五圓	二十三圓	二十圓
一	御召縮緬小袖(仝)	二十圓	十八圓	十六圓
一	糸織小袖	二十圓	十五圓	十二圓
一	大島紬小袖	三十圓	二十五圓	二十圓

●男羽織

一	黒鹽瀬羽織	四十圓	三十五圓	三十圓
一	黒羽二重羽織	二十五圓	二十圓	十七圓
一	黒斜子羽織	二十五圓	十八圓	十三圓
一	黒奉書羽織	十一圓	十圓	九圓
一	諸糸織羽織	三十圓	二十三圓	十六圓
一	市樂織羽織	二十六圓	二十圓	十六圓
一	糸織羽織	二十圓	十五圓	十二圓
一	風通織書生羽織	二十九圓	二十圓	十四圓
一	大島紬書生羽織	三十圓	二十三圓	十八圓

●袴

一具	八千代平袷	三十圓	二十五圓	二十二圓
一	仝單	二十三圓	二十圓	十六圓
一	仙臺平袷	二十五圓	二十二圓	十六圓
一	仝單	二十圓	十五圓	十圓
一	博多平袷	二十八圓	二十三圓	二十圓
一	仝單	二十圓	十六圓	十三圓
一	後泉平單	十圓	八圓	七圓
一	嘉平治平單	四圓五十錢	四圓	三圓五十錢

●帯

一筋	博多織	十圓	七圓	四圓
一	繻珍織並に厚板	十五圓	十圓	七圓

●夜具蒲團

夜着一枚・搔卷一・蒲團二	緞子夜着搔卷蒲團一組	百九十圓	百廿五圓	百圓
夜着一・搔卷一・蒲團二	縮緬夜着搔卷蒲團一組	百圓	九十圓	八十圓
夜着一・搔卷一・蒲團二	郡內八丈銘仙夜着搔卷蒲團一組	七十圓	六十圓	五十圓

一木綿縞全一組	一組	二十圓	十七圓	十三圓
一座蒲團	一	十圓	五圓	自五十錢至一圓
一飾枕一組	一	十八圓	十三圓	八圓

● 雜種

一綴帛紗	一枚	二十五圓	十八圓	十五圓
一鹽瀬壁帛紗	一	二十圓	十二圓	五圓

● 羽織

一黒縮緬羽織	一	三十圓	二十四圓	十七圓
一鼠縮緬羽織	一	二十八圓	二十二圓	十五圓
一小紋縮緬羽織	一	二十三圓	十八圓	十五圓
一紋御召羽織	一	二十八圓	二十三圓	二十圓
一琉球紬羽織	一	三十圓	十五圓	十圓

● 帶地

一繻珍丸帶	一筋	百圓	四十圓	十五圓
一厚板丸帶	一	六十圓	二十五圓	十五圓
一綴織丸帶	一	百五十圓	百圓	六十圓
一博多織丸帶	一	二十五圓	二十圓	十五圓
一黒繻子丸帶	一	十八圓	十二圓	七圓
一腹合帶	一	二十圓	十五圓	七圓
一腰帶	一	四圓	三圓	二圓五十錢

● 襦袢

一紅縮緬振袖長襦袢	一枚	二十二圓	十八圓	十四圓
一全留袖	一	二十圓	十七圓	十二圓
一紅紋縮緬振袖長襦袢	一	二十三圓	十九圓	十四圓
一全留袖	一	二十一圓	十七圓	十三圓
一羽二重紅紋振袖長襦袢	一	二十二圓	十九圓	十四圓
一全留袖	一	二十圓	十七圓	十三圓
一白羽二重振袖長襦袢	一	十八圓	十二圓	十圓
一白羽二重留袖	一	十六圓	十圓	七圓
一白紋羽二重振袖長襦袢	一	十七圓	十三圓	十一圓
一全留袖	一	十五圓	十二圓	十圓
一白紋縮緬振袖長襦袢	一	二十三圓	十九圓	十四圓
一全留袖	一	二十一圓	十七圓	十二圓
一綸羽友禪留袖長襦袢	一	三十五圓	二十八圓	二十圓
一友禪縮緬全	一	二十二圓	十九圓	十六圓
一紅中形半襦袢袖縮緬	一	十圓	七圓	五圓

● 男物

品名		上等ノ部	中等ノ部	並等ノ部
一黒羽二重紋附小袖無垢	一枚	二十八圓	二十三圓	十八圓
一白羽二重下着無垢	一	二十三圓	十八圓	十三圓
一黒羽二重紋付小袖裾變り	一	二十五圓	二十圓	十五圓
一鼠羽二重下着無垢	一	二十三圓	十八圓	十三圓
一黒斜子紋附小袖	一	二十圓	十六圓	十四圓
一黒奉書紋附小袖	一	十三圓	十一圓	十圓
一風通糸織小袖(下着)	一	二十八圓	二十三圓	十八圓
一本八丈小袖(下着)	一	十四圓	十二圓	十圓
一市樂織小袖	一	二十五圓	二十圓	十四圓
一糸織小袖	一	二十五圓	十八圓	十三圓
一大島紬小袖	一	三十圓	二十五圓	二十圓
一縮緬蹴出し	一	五圓	四圓	三圓
一眞田帶留	一	二圓	一圓	五十錢
一羽織紐	一	二圓	一圓	二十五錢

● 油單

品名		長持用	簞笥用	釣臺用
一萌黄唐草御紋附	一枚	三圓三十錢	二圓五十錢	二圓廿錢
一全大紋附	一	二圓七十五錢	二圓十錢	一圓九十錢
一萌黄唐草無紋	一	一圓六十錢	一圓三十錢	一圓十錢
一挾箱油單	一	十三圓	八圓	三圓

● 小裁物

一縮緬一ツ身(裾模樣)	一	十八圓	十五圓	十二圓
一友禪縮緬一ツ身	一	十五圓	十二圓	十圓

一黒紋羽二重斜子（熨斗目）一　十五圓　十二圓　十圓
一淺黄白茶羽二重（下着）一　十圓　八圓　六圓
一御召、糸織、一ッ身　一　十三圓　十圓　八圓
一一ッ身襦袢（袖縮緬）一　五圓　四圓　三圓
一袍衣　一　二圓　一圓五十錢　一圓

●中裁物

一鼠縮緬裾模様（八掛附）一　二十八圓　二十五圓　二十圓
一友禪縮緬小袖（四ッ身）一　二十五圓　二十二圓　十八圓
一糸織、八丈小袖（仝上）一　十五圓　十三圓　十圓
一黒斜子紋附小袖男物（仝上）一　十五圓　十三圓　十一圓
一更紗斜子下着（仝上）一　十三圓　十二圓　十圓
一斜子羽織（仝上）一　十三圓　十一圓　九圓

●帯

一糸錦、繻珍中帯（女子）一筋　三十圓　十五圓　五圓
一博多、紋博多兒帯（男子）一　七圓五十錢　四圓　二圓五十錢
一縮緬紋羽二重しごき（女子）一　六圓　五圓　四圓

●染代（各一反）

一紺下本檳榔子染
　八掛付着尺　四圓五十錢
　着尺袷羽織地　一等三圓五十錢　一等三圓　二等二圓五十錢
　單羽織地　一等三圓　一等二圓五十錢　二等二圓二十錢

一アリザリン應用本黒　八千代染
　着尺及袷羽織地　三圓五十錢
　單羽織地　三圓
　八掛付着尺地　四圓五十錢

一薄色
　着尺及袷羽織地　八十五錢
　單羽織地　七十五錢
　八掛付着尺地　一圓二十錢

右ハ大略ヲ記載シタルモノニシテ御模様物其他ハ御注文ノ際詳細申上ベシ

蚊帳直段表

稀　宮村

四六	五〇	金三圓五十五錢
五六	五〇	金三圓九十錢
六七	五五	金五圓十五錢
六八	五五	金五圓五十錢
六九	五五	金六圓
七八	五五	金六圓〇五錢
七九	五五	金六圓五十錢
七十	五五	金六圓九十五錢
八九	五五	金七圓十五錢
八十	五五	金七圓六十錢
十十	五五	金九圓六十五錢

極　宮村

四六	五〇	金三圓三十錢
五六	五〇	金三圓六十錢
六七	五五	金四圓七十九錢
六八	五五	金五圓十錢
六九	五五	金五圓五十錢
七八	五五	金五圓五十五錢
七九	五五	金五圓九十五錢
七十	五五	金六圓四十錢
八九	五五	金六圓五十五錢
八十	五五	金七圓
十十	五五	金八圓九十錢

稀　曙

四六	六〇	
五六	六〇	金十一圓九十錢
六七	六〇	金十五圓五十錢
六八	六〇	金十六圓八十錢
六九	六〇	金十七圓九十錢
七八	六〇	金十八圓十錢
七九	六〇	金十九圓十錢
七十	六〇	金二十圓三十錢
八九	六〇	金二十二圓十錢
八十	六〇	金二十三圓廿九錢
十十	六〇	金二十六圓

稀　沖風

四六	五五	金四圓七十五錢
五六	五五	金五圓二十五錢
六七	六〇	金六圓九十五錢
六八	六〇	金七圓五十錢
六九	六〇	金八圓〇五錢
七八	六〇	金八圓十錢
七九	六〇	金八圓七十五錢
七十	六〇	金九圓三十五錢
八九	六〇	金九圓五十五錢
八十	六〇	金十圓二十錢
十十	六〇	金十一圓五十錢

極　沖風

四六	五五	金四圓六十錢
五六	五五	金五圓十錢
六七	六〇	金六圓七十錢
六八	六〇	金七圓二十五錢
六九	六〇	金七圓八十錢
七八	六〇	金七圓八十五錢
七九	六〇	金八圓四十五錢
七十	六〇	金九圓
八九	六〇	金九圓二十五錢
八十	六〇	金九圓八十五錢
十十	六〇	金十一圓十五錢

極　曙

四六	六〇	
五六	六〇	金十一圓七十錢
六七	六〇	金十五圓三十錢
六八	六〇	金十六圓五十錢
六九	六〇	金十七圓六十錢
七八	六〇	金十七圓七十五錢
七九	六〇	金十八圓八十錢
七十	六〇	金十九圓九十五錢
八九	六〇	金二十一圓八十錢
八十	六〇	金二十二圓九十錢
十十	六〇	金二十五圓六十錢

稀　卯之花

四六	六〇	金
五六	六〇	金七圓三十錢
六七	六〇	金九圓
六八	六〇	金九圓七十五錢
六九	六〇	金十圓六十錢

七八	六〇	金十圓六十五錢
七九	六〇	金十一圓四十錢
七十	六〇	金十二圓二十五錢
八九	六〇	金十二圓四十五錢
八十	六〇	金十三圓三十五錢
十十	六〇	金十五圓十五錢
極卯之花		
四六	六〇	
五六	六〇	金六圓九十五錢

六七	六〇	金八圓六十錢
六八	六〇	金九圓二十五錢
六九	六〇	金十圓
七八	六〇	金十圓十錢
七九	六〇	金十圓八十五錢
七十	六〇	金十一圓六十五錢
八九	六〇	金十一圓八十五錢
八十	六〇	金十二圓七十錢
十十	六〇	金十四圓四十錢

一番母衣　蚊帳緑モス　緑竹付　金一圓四十五錢
　　紅金巾　緑竹付　金一圓十錢
　　竹代　金十六錢

一緣り紅麻三ツ割角組練緣にて長濱上欄宮村及沖風四六、五六ヵ五尺五寸、他ハ六尺

一此外紗、蓑老、暗印等の特別上等品幷に寸法緣り組等ハ品質は御好により調製可仕候

洋服目録

品名	地質	製式		價格
勅任官御大禮服	表、最上等黒無地絨 裏、白綾絹	銀臺金消モールにて御制規の通、繍、帽子、劍、劍釣、正緒共		金二百七十圓
奏任官御大禮服	表、仝上 裏、仝上	仝		金百八十圓
爵位御大禮服	表、仝上 裏、仝上	仝上外ニ肩章付		金二百圓
陸軍御正服	表、上等濃紺無地絨 裏、黒毛朱子	御制規ノ通	將官	金八十圓
			佐官	金五十五圓
			尉官	金四十圓
仝略服	表、仝上 裏、仝上	仝	將官	金三十圓
			佐官	金二十七圓
			尉官	金二十三圓
仝外套	表、仝上 裏、仝上（但將官ハ紅絨）	仝	將官	金三十五圓
			佐官	從金二十三圓
			尉官	至金二十五圓
海軍御正服	表、濃紺無地絨 裏、黒佛蘭西絹及綾絹	仝	將官	金八十五圓
			佐官	金七十五圓
			尉官	金六十五圓
仝軍服	表、仝上 裏、黒毛朱子	仝	將官	金六十圓
			佐官	金五十圓
			尉官	金四十五圓

品名	地質	摘要	價格
海軍通常軍服	表、濃紺無地絨 裏、黒毛朱子	仝 將官 佐官 尉官	從金二十三圓 至金二十八圓
仝外套	表、仝上 裏、仝上	仝 將官 佐官 尉官	從金二十三圓 至金三十圓
燕尾服	表、上等黒無地絨 裏、黒佛蘭西絹	三ツ揃琥珀見返付	從金四十圓 至金六十圓
トキシード	表、黒朱子絨及無地絨 裏、黒佛蘭西絹	仝	從金四十圓 至金四十五圓
フロツクコート	表、黒無地絨或は朱子目綾絨 裏、綾絹	仝	從金三十五圓 至金五十五圓
モーニングコート	表、黒、紺、斜綾絨或はメルトン、ヅボン立縞絨 裏、黒毛朱子及綾アルパカ	上衣、チヨキ、黒及紺ヅボン立縞	從金二十五圓 至金三十五圓
片前背廣	表、相嶽、濃鼠霜降メルトン或は綾絨 裏、仝色毛朱子或ハアルパカ	三ツ揃	從金二十圓 至金三十圓
兩前背廣	表、黒、紺、綾メルトン或は玉ヘル及霜降太綾絨 裏、縞サーヂ	三ツ揃	從金二十三圓 至金三十三圓
ヲバーコート	表、鼠、茶、霜降絨、仝斜子綾絨、 裏、共色綾絹	カクシ釦絹天鵞絨衿付	從金二十五圓 至金三十圓
仝中等	表、仝上 裏、共色毛朱子及綾アルパカ	カクシ釦共ゑり	從金十五圓 至金二十圓
リングコート	表、ラクダ玉絨、厚地綾メルトン 裏、佛蘭西絹	ゑり及見返シ袖先獺毛皮付裏綿入菱形サシ縫	從金八十圓 至金百圓
仝中等	表、玉絨、厚地スコツチ 裏、縞サーヂ	頭巾付兩前	從金三十圓 至金四十五圓
インバチス	表、朱子目霜降綾絨 裏、共色毛朱子、或は甲斐絹	和洋兼用脇釦掛	從金十五圓 至金二十五圓
銃獵服	表、枯葉色スコツチ 裏、共色毛朱子	半ツボン脚胖付三ツ揃	從金十八圓 至金二十五圓
小裁海軍形	表、紺天鵞絨及紺絨 裏、毛朱子	五才位より八才迄錨縫箔付	從金六圓 至金九圓
和服用外套	表、黒、紺綾絨及霜降 裏、緞子及綾絹	英形（一名ダルマ形）（帶ヒダなし）頭巾付	從金三十圓 至金四十五圓

品名	地質	附屬	價格
仝中等	表、仝上 裏、甲斐絹及毛朱子	仝上	從金十七圓 至金三十圓
仝角袖外套	表、仝上 裏、甲斐絹	頭巾付	從金十八圓 至金二十五圓
吾妻コート	表、紺、黒紋織綾絨 裏、緞子及繻珍	被布ゑり及道行ゑり共色糸飾紐付	從金二十圓 至金三十圓
仝	表、仝上 裏、甲斐絹及綸子	仝上	從金十三圓 至金二十圓
仝	表、風通紋織、綾絲織 裏、綾綸子、紋羽二重	仝上	從金二十三圓 至金三十圓
判、檢、辯護士法服	表、黒絹セル、及琥珀 裏、黒甲斐絹スベリ	正帽付制規の縫箔	從金十四圓 至金二十五圓
學校用御袴	表、海老色カシミヤ	單仕立太白糸腰紐	從金四圓 至金五圓五十錢

夏服

品名	地質	附屬	價格
フロックコート	表、黒絹絨薄綾絨メルトン、ヅボン縞絨 裏、佛蘭西絹、綾絹	上衣チヨツキ黒(但シ脊拔キ)ヅボン立縞	從金三十五圓 至金四十二圓
仝中等	表、黒薄綾絨仝絹セルメルトン、ヅボン縞セル 裏、アルパカ	仝	從金二十五圓 至金三十圓
モーニングコート	表、黒紺絹絨仝薄綾絨メルトン 裏、佛蘭西絹、綾絹	仝	從金三十三圓 至金三十八圓
仝中等	表、黒絹薄綾絨仝絹セル、メルトン 裏、アルパカ	仝	從金二十五圓 至金三十圓
脊廣	表、茶鼠霜降薄綾絨縞綾絨、色綾メルトン 裏、共色アルパカ	三ツ揃	從金二十二圓 至金二十五圓
仝中等	表、茶鼠霜降セル、仝縞セル 裏、共色アルパカ	仝	從金十七圓 至金二十圓
ヲーバコート	表、茶鼠霜降メルトン仝薄綾絨セル 裏、絹アルパカ	カクシ釦脊拔キ	從金十四圓 至金二十圓
仝單	表、茶鼠アルパカ白獸純	カクシ釦	從金十圓 至金十三圓

雨具外套	ゴム絨頭巾付		從金十九圓 至金二十六圓
白チヨツキ	表、紋リンネル	貝釦取ハズシ付	從金二圓八十錢 至金四圓
單背廣上衣	表、黒紺鼠絹絨仝アルパカ仝獣純	上衣一枚	從金七圓五十錢 至金十五圓
インバネス	表、鼠茶霜降綾絨縞セル仝アルパカ 薄メルトン スベリ絹かいき	和洋服兼用	從金十圓 至金二十二圓
半チヨツキ	表、黒琥珀、朱子 裏、かいき		金三圓
和服外套	表、茶鼠霜降及ビ縞薄絨、セルアルパカ 裏、スベリかいき	無頭巾折エリ立エリ	從金十二圓 至金二十圓
全角袖外套	仝上	無頭巾カクシ釦	從金十一圓 至金十七圓
東コート	表、淡色絹絨仝セル及縞アルパカ 裏、スベリかいき		從金十圓 至金二十圓
單羽織	表、縞セル霜降セル 裏、スベリかいき		從金七圓五十錢 至金十一圓
和服單衣	表、縞絹セル絽セル共		從金七圓 至金十圓
仝	表、縞英フラネル		從金四圓 至金六圓
判、檢、辯護士法服	表、黒紋絽仝紋紗絹セル、アルパカ	正帽付制規の縫箔	從金十四圓 至金二十五圓
學校用御袴	表、海老茶紫其他淡色各種	單仕立太白糸腰紐	從金四圓 至金五圓五十錢
女兒服	表、グレナヂン、キヤンブリツク、アートマスリン等	二才から五才迄 六才から十才迄	從金二圓五十錢 至金四圓五十錢 從金四圓 至金八圓

大禮服、陸海軍軍服、燕尾服、タクシードは冬物と同じ

小間物目錄

●襟飾

結び下げ	自五十錢	至一圓五十錢
ダビー（フォーアインハント）	自六十錢	至一圓三十錢
蝶形《ボー》	自三十五錢	至一圓
縫模樣入	自一圓三十錢	至一圓八十錢
巾ダビー（フローイングフォーアインハンド）	自一圓三十錢	至二圓八十錢

●ズボン釣

並物	自八十五錢	至一圓二十錢
ゴム引	自一圓	至三圓五十錢
絹製	自一圓八十錢	至三圓

●釦類

カフス釦《リンク》	自六十錢	至二圓八十錢
仝金製	自八圓	至二十圓
胸釦	自五十錢	至一圓八十錢
カラ釦	自十錢	至四十錢

●メリヤス類

鼠毛メリヤスシャツ	自一圓八十錢	至三圓
仝ズボン下	自一圓八十錢	至三圓
白麻シャツ	自一圓七十錢	至二圓八十錢
仝ズボン下	自一圓八十錢	至三圓
綿麻シャツ	自一圓	至一圓五十錢
同ズボン下	自一圓八十錢	至三圓
網目シャツ	自一圓十五錢	至二圓二十錢
縞メリヤスシャツ	自一圓二十錢	至一圓八十錢
婦人物シャツ	自一圓	至二圓五十錢
サルマタ各種	自五十錢	至一圓五十錢

●靴下類

- メリヤス長物　自八十錢　至一圓五十錢
- 並物　自三十錢　至七十錢
- 麻製　自五十錢　至一圓
- 絹製　自一圓九十錢　至二圓五十錢
- 小兒物　自六十錢　至八十錢

●手袋類

- 女物絹製　自九十五錢　至二圓五十錢
- 同並物　自三十五錢　至八十錢
- 男物メリヤス製　自四十八錢　至一圓五十錢
- 全皮製　自一圓五十錢　至二圓五十錢

●ハンカチーフ類

- 絹製一枚に付　自四十錢　至一圓八十錢
- 麻製一ダース　自四圓二十錢　至八圓
- 並物一ダース　自六十五錢　至八十五錢
- 模樣入一ダース　自一圓五十錢　至二圓

●タヲール類

- 模樣入一枚に付　自一圓五十錢　至二圓
- 石目全　自四十錢　至七十錢
- 並物全　自四十八錢　至一圓三十錢

●レース類

- 細物一ヤード　自七錢　至十五錢
- 巾廣一ヤード　自二十錢　至三十五錢

●ホワイシャツ

- 並物一枚に付　自一圓八十錢　至二圓五十錢
- 麻製一枚に付　自六圓五十錢　至十一圓
- 縞物カラ二本付　自二圓九十錢　至三圓八十錢

●リボン類

- 一吋半巾模樣物一ヤード　自二十五錢　至五十錢
- 全水波一ヤード　自三十錢　至四十錢
- 一吋巾模樣一ヤード　自二十錢　至三十五錢
- 全水波一ヤード　自二十錢　至二十五錢
- 細目各種一ヤード　自八錢　至二十錢
- リボン製簪一個に付　自七錢　至五十錢

●櫛、簪類

- 舶來造花簪　自六十五錢　至八十五錢
- ゴム製櫛其他　自八錢　至五十錢

●布團類

- 羽根入大布團　自十八圓　至三十五圓
- 枕布團　自五圓五十錢　至六圓五十錢
- 全絨織製　自二十五圓　至三十圓
- 車後掛　自七圓八十錢　至九圓八十錢

●毛布類

- 白毛布二枚續き　自五圓　至十三圓五十錢

●膝掛類

- 縞格子セル製　自六圓至八圓

●夏ショール

- 綿物　自一圓四十錢　至一圓八十錢
- 絹製　自二圓八十錢　至三圓五十錢

●出來合物類

- インバネス　自八圓五十錢　至十二圓
- 東コート　自九圓　至十圓
- 女兒服　自三圓五十錢　至七圓五十錢
- 木綿縮シヤツ上下一組に付　自二圓二十錢　至四圓五十錢
- カシミヤ袴 寸法は紐下二尺八寸より二尺五寸迄　自二圓五十錢　至四圓五十錢
- 國旗モスリン製 巾は一布 布半二布　自四十八錢　至二圓六十錢

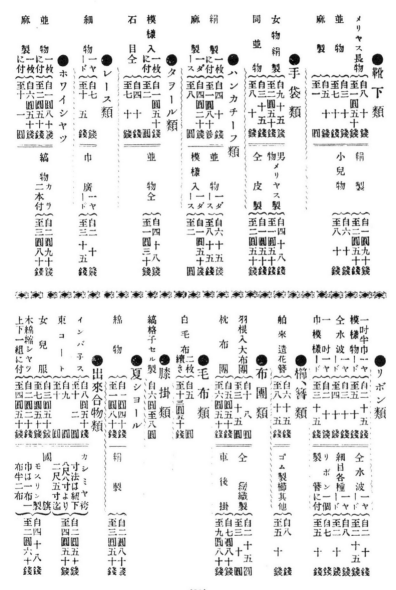

御《ご》注《ちう》文《もん》の栞《しほ》り

○白木屋《しろきや》呉服店《ごふくてん》は　寛文《くわんぶん》二年《ねん》江戸《えど》日本橋通《にほんばしどほり》一丁目《ちやうめ》に開店以來《かいてんいらい》連綿《れんめん》たる老舗《らうほ》にして呉服太物《ごふくふともの》一切《さい》を營業《えいげふ》とし傍《かたは》ら洋服部《やうふくぶ》を設《まう》け歐米各《おうべいかく》國《こく》にまで手廣《てびろ》く御得意樣《おとくいさま》の御愛顧《ごあいこ》を蒙《かうむ》り居《を》り候《そろ》

○白木屋《しろきや》呉服店《ごふくてん》は　呉服太物各産地《ごふくふとものかくさんち》に仕入店《しいれだな》又《また》は出張所《しゆつちやうじよ》を設《まう》け精良《せいれう》の品新意匠《しなしんゐしやう》の柄等《がらとう》澤山《たくさん》仕入《しいれ》有之《これあり》又《また》價格《かかく》の低廉《ていれん》なるは他《た》に比類《ひるい》なき事《こと》と常《つね》に御賞賛《ごしやうさん》を蒙《かうむ》る所《ところ》に御座《ござ》候故《そろゆゑ》に益《ますく》勉强《べんきやう》販賣《はんばい》仕《つかまつり》居《をり》候《そろ》且《かつ》洋服部《やうふくぶ》は海外各《かいぐわいかく》織物産地《おりものさんち》へ注文《ちうもん》し新柄《しんがら》織立《おりたて》させ輸入《ゆにふ》致《いたし》候《そろ》間《あひだ》斬新《ざんしん》なる物品《ぶつぴん》不斷《たへず》仕《し》入《いれ》有之《これあり》是等《これら》は本店《ほんてん》の特色《とくしよく》に御座《ござ》候《そろ》

○白木屋《しろきや》呉服店《ごふくてん》は　數《すう》百年間《ねんかん》正札附《しやうふだつき》にて營業《えいげふ》致居候《いたしをりそろ》間《あひだ》遠隔地《ゑんかくち》方《はう》より御書面《ごしよめん》にて御注文《ごちうもん》被下候《くだされそろ》とも値段《ねだん》に高下《かうげ》は無之候《これなくそろ》

○白木屋《しろきや》呉服店《ごふくてん》は　店内《てんない》に意匠部《いしやうぶ》を設《まう》け圖案《づあん》家畫工等《かぐわこうとう》執務《しつむ》致居候《いたしをりそろ》に付《つき》御摸樣物等《おんもやうものなど》は御好《おこのみ》に從《したが》ひ斬新《ざんしん》の圖案調進《づあんてうしん》の御需《おんもと》めに應《おう》じ可申《まをすべく》候《そろ》

○白木屋《しろきや》呉服店《ごふくてん》は　御紋付用《ごもんつきよう》御着尺物《おんきじやくもの》御羽織《おんはおり》地《ぢ》御裾摸樣物等《おんすそもやうものとう》急場《きうば》の御用《ごよう》に差支無之樣《さしつかへこれなきやう》石《こく》持《もち》にて染上置候《そめあげおきそろ》に付《つき》何時《なんどき》にても御紋章書入《ごもんしやうかきい》れ迅速御間《じんそくおんま》に合《あは》せ調進可仕候《てうしんつかまつるべくそろ》

○白木屋《しろきや》呉服店《ごふくてん》へ　染物仕《そめものし》立物等《たてものとう》御注文《ごちうもん》の節《せつ》は御注文書《ごちうもんしよ》に見積代金《みつもりだいきん》の凡半金《およそはんきん》を添《そ》へ御申《おんまをし》越可被下候《こしくださるべくそろ》

○白木屋《しろきや》呉服店《ごふくてん》は　前金御送《ぜんきんおんおく》り被下候《くだされそろ》御注文《ごちうもん》品《ひん》の外《ほか》は御注文品《ごちうもんひん》を代金引換《だいきんひきかへ》小包郵便《こづつみゆうびん》にて御《ご》送附可仕候《そうふつかまつるべくそろ》
但《たゞ》し郵便規則外《ゆうびんきそくぐわい》の重量品《ぢうりやうひん》は通常運送便《つうじやううんそうびん》にて御屆《おんとゞ》け可申候《まをすべくそろ》

本誌定價表

一册	金十二錢	郵税一錢
六册	金六十五錢	郵税六錢
十二册	金一圓二十五錢	郵税十二錢

本誌廣告料

一頁	金二十圓
半頁	金十二圓
四半頁	金七圓

○郵券を以て購讀料の代用を希望せらるゝ向は其料金に一割を加へて申受べし

○本誌廣告扱所　京橋區南佐柄木町二番地日本廣告株式會社

明治三十七年六月四日印刷
明治三十七年七月七日發行

編輯者　東京市下谷區西黑門町四番地　山口笑昨

印刷者　東京市日本橋區兜町二番地　木村龜作

印刷所　東京市日本橋區兜町二番地　東京印刷株式會社

發行所　東京市神田區裏神保町　合資會社富山房

代表者　同所合資會社富山房社長　坂本嘉治馬

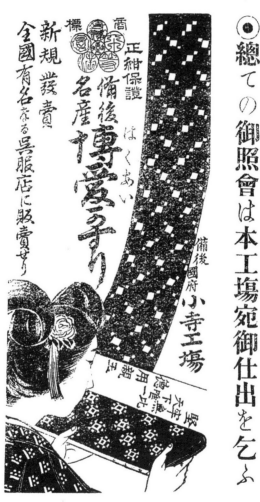

春陽堂新刊廣告

菊池幽芳著

乳姉妹

乳姉妹

家庭小說

大好評

大好評

後編新刊

乳姉妹は近來稀に見るの傑作にして最も清新なる家庭小說なり、その前編一たび世に出るや文壇は殆んど空前の好評を以て之を迎へたり、乞ふ後編を繙きて、この佳作が局面一轉して變化縱橫し而して繪の如く詩の如き無限の興趣溢るゝが如くなるを見よ、一たび手にしたるものは卷を措く事能はざらん

前編口繪　活人畫
後編口繪　鏑木清方畫

前編、後編　全二冊
實價各六拾錢
郵稅　各八錢

●都新聞《みやこしんぶん》は「都式《みやこしき》」活字《かつじ》にて印刷《いんさつ》する無休刊《むきうかん》繪入《ゑいり》通俗《つうぞく》の新聞紙《しんぶんし》にて毎號《まいがう》面白《おもしろ》き、小說《せうせつ》、探偵實話《たんていじつわ》、新講談《しんかうだん》あり特《とく》に時局《じきよく》に對《たい》しては戰地《せんち》及各要地《およびかくえうち》に戰事通信記者《せんじつうしんきしや》を派遣《はけん》し畫報記者《ぐわはうきしや》をも特派《とくは》したれば驚天動地《きやうてんどうち》の壯觀《さうかん》は方《まさ》に紙上《しじやう》に活躍《かつやく》す又《また》は當代繪畫《たうだいくわいが》諸大家《しよたいか》の筆《ふで》に成《な》れる「都《みやこ》の華《はな》」と稱《しよう》する極彩色刷《ごくさいしきずり》の大畫帖《だいぐわちやう》を逐次發行《ちくじはつかう》す

定價
一ヶ月分　金三十五錢　三ヶ月分　金一圓
六ヶ月分　金一圓九十五錢　市外は郵税共一ヶ月　金十三錢

廣告料
定價（五號活字二十一字詰　一行一回　金四十錢
（前金にて割引なし

發行所
東京市麹町區内幸町一丁目五番地
都新聞社
編輯用（電話新橋三千百八番）
庶務用（電話特新橋百七十五番）

◉◉帝國腦病院長

獨逸ドクトル

齋藤先生方劑

腦病神經衰弱及
腦充血卒中豫防

腦病にて常に頭重く頭痛、めまい、逆上、耳鳴、はきけを催し記臆力缺乏諸事倦易く神經衰弱顔色蒼白遺精早漏の者等**腦丸を用れば腦神經を健全ならしめ**のぼせ引下げ通利快よく精神活潑にして記臆力を増進するが故に常に腦神經を過勞し坐業に従事して運動不足なるものは缺く可からざる良藥なり

（定價　四日分三十錢　七日分五十錢　十五日分一圓三十二日分二圓　送料四錢）

發賣所　東京神田花房町二　**山崎帝國堂**

◉獨逸新藥そばかすにきびとり保證

（**藥價**　試用分十五錢小瓶入三十錢　中瓶入五十錢大瓶入金一圓　送料小瓶六錢大瓶十錢）

主治効能

雀斑《そばかす》○面胞《にきび》○頑癬《たむし》○水蟲《みづむし》○なまづ○糸《いと》がせ○はたけ○夏日斑《なつはし》○あせも○顔皮剝《かほのかはむけ》○ひゞ○霜燒《しもやけ》○其他《そのた》顔《かほ》の吹出物《ふきでもの》を治《ち》す

本舖　東京神田花房町二　**山崎帝國堂**

●信用ある各地藥店にて取次販賣仕候也

●陸海軍大劇戰の「パノラマ」

毎日新聞 定價一箇月三十五錢地方三箇月前金郵税共割引壹圓二十錢◉市内に限り 此際割引一箇月二十四錢

某外國 新聞從軍記者曰く予從軍記者たる十餘回未だ這般の如き 慘烈なる大戰鬪を見ず と而て此世界を震駭せる 劇戰の活況を手に取る如く 讀者に報道するは 毎日新聞の特色なり 從軍記者の靈腕が 砲火を筆端に飛ばし 鮮血を紙上に現はして座ながらに滿洲原頭眼眸を縱にするの興味あらしむるは宛然名工の手に成る 大劇戰の「パノラマ」を見るが如し

●最新 日清韓三國地圖

石版彩色刷 （竪二尺七寸二分横三尺七寸五分の大幅）

實價金三十錢
郵税金二錢

●戰鬪地圖

銅版彩色刷表紙ウート紙ポッケット入

實價金五錢
郵税金二錢

以上の兩圖は共に本社の特版にして現下坊間にありふれたる出版圖とは撰を異にし壯快なる軍事通信に對照して戰地の實況を指點するには缺く可からざる 無比の寶典なり

東京市京橋區尾張町新地

發行所 毎日新聞社

◎預金利子割合（十月一日ヨリ改正）

定期預金　六ヶ月以上年利五分五厘
當座預金　百圓ニ付日歩八厘
別口當座預金　同　壹錢壹厘
貯蓄預金　年利五分〇四毛

東京府本金庫京橋支金庫
東京市税金取扱所
日本勸業銀行代理店

東京市京橋區尾張町新地一番地
株式會社　京橋銀行
（電話新橋四三、三三五〇）

同京橋區岡崎町一丁目十六番地
同　八丁堀支店

定期預金　六ヶ月以上　年五分
當座預金　日歩七厘以下
特別當座預金　日歩壹錢

株式會社　第百銀行
同　通旅籠町支店

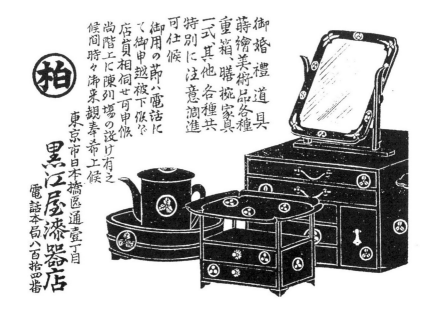

年中無休

戰時の報知新聞

日露戰爭は世界の大戰爭也これが報導の任に當る戰時の新聞紙多しと雖も吾が報知新聞に肩を比ぶるものなしとは多數讀者の頌辭なりされど我社また一の誇りとなす

東洋唯一 **色印刷**

吾社創始 **寫眞版**

內外の電報▲戰地の通信▲外國新聞の報導▲記事は簡潔▲戰時の新聞として讀者に忠實なるもの吾社の極力務むる所とす偖又紙上の特色には（講談）蒙古軍記▲日露戰爭▲（記事）壯然談（實戰者の實話）▲軍人の逸話▲家庭向の雜報趣味津々たるもの日々揭載せざるなし特に食道樂にて其名聲滿天下に響き亘れる**弦齋居士**奮然吾社の編輯に從事せられぬ戰時の新聞にして光彩を放つは居士の創案預つて力あり他に又記者の增加は平時の倍數を來たし日々戰鬪的の動作をなせり隨て紙數の如きは莫大の增加にして輪轉機械の紙を吐出する狀況例せば大瀑布の斷沫の如く壯觀無比讀者をして觀覽に供す

紙數に秘密なし

當社の誇りまた一つを加へぬ乞ふ見よ戰時の報知新聞を!!!

東京京橋區三十間堀三丁目

報知社

電話新橋 特十一番 同千六百十番 同二千三十六番 同二百六十三番

簞笥長持御婚禮用
道具一式堅牢廉價

第五回内國勸業博覽會
賜二等賞銀牌

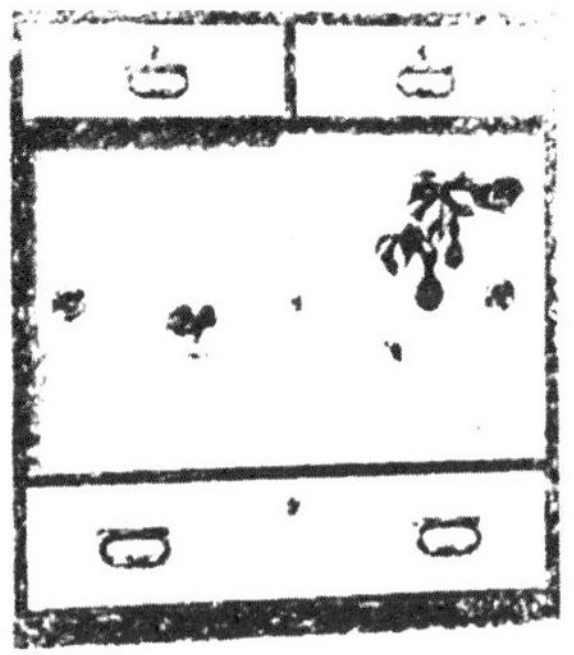

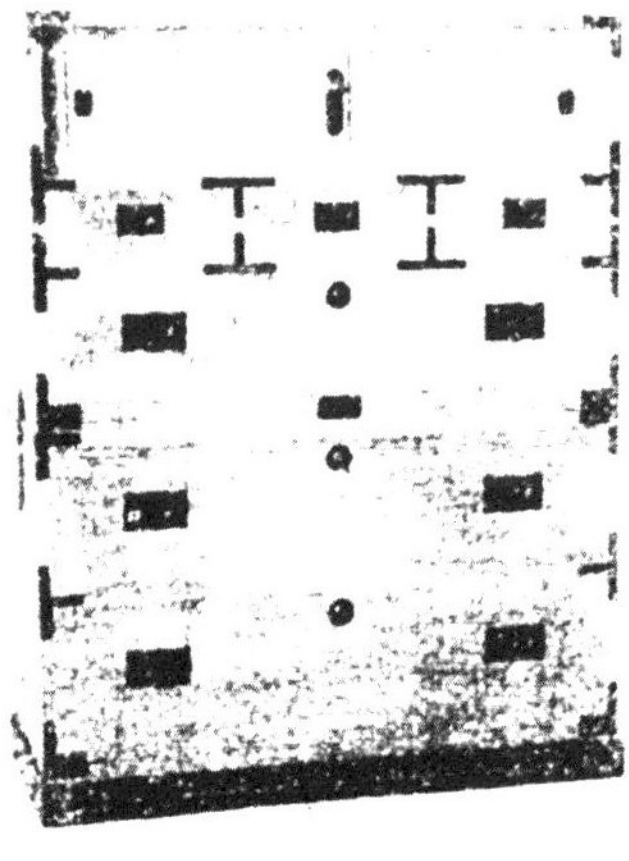

簞笥長持御注文の御思召ある御方樣には完美なる「たんす」目錄御申越次第進呈仕候
但し郵券二錢封入の事

關西地方九州地方等は代理店特約販賣有之候間何卒多少に拘はらず御用命奉願候
遠隔の地方より御注文に付き御問合有之候節は明細御返事見積り書共早速拜呈仕べく候

東京市京橋區水谷町一番地
越中屋號

東京本店
清
鷲塚簞笥店
（電話新橋五百七十一番）

高等化粧水
ヲイテルミン
價一本金二十五錢
三個入金七十五錢
は高等の化粧料なれば皆婦人令嬢方の必要品にして第一顔手足等あれ性の人常に之を用ゆれば皮膚を美麗滑澤ならしむるのみならず（にきび、そばかす）顔の小じは等の生ずることなく白粉下として使用すれば本邦在來の鉛製白粉と雖も中毒を起すことなし
◉處方調劑
◉藥品器械
◉衛生材料
◉ねりおしろい
◉衛生齒磨・香油・石鹼
◉其外種々
東京新橋出雲町
福原資生堂
電話新橋三二四番

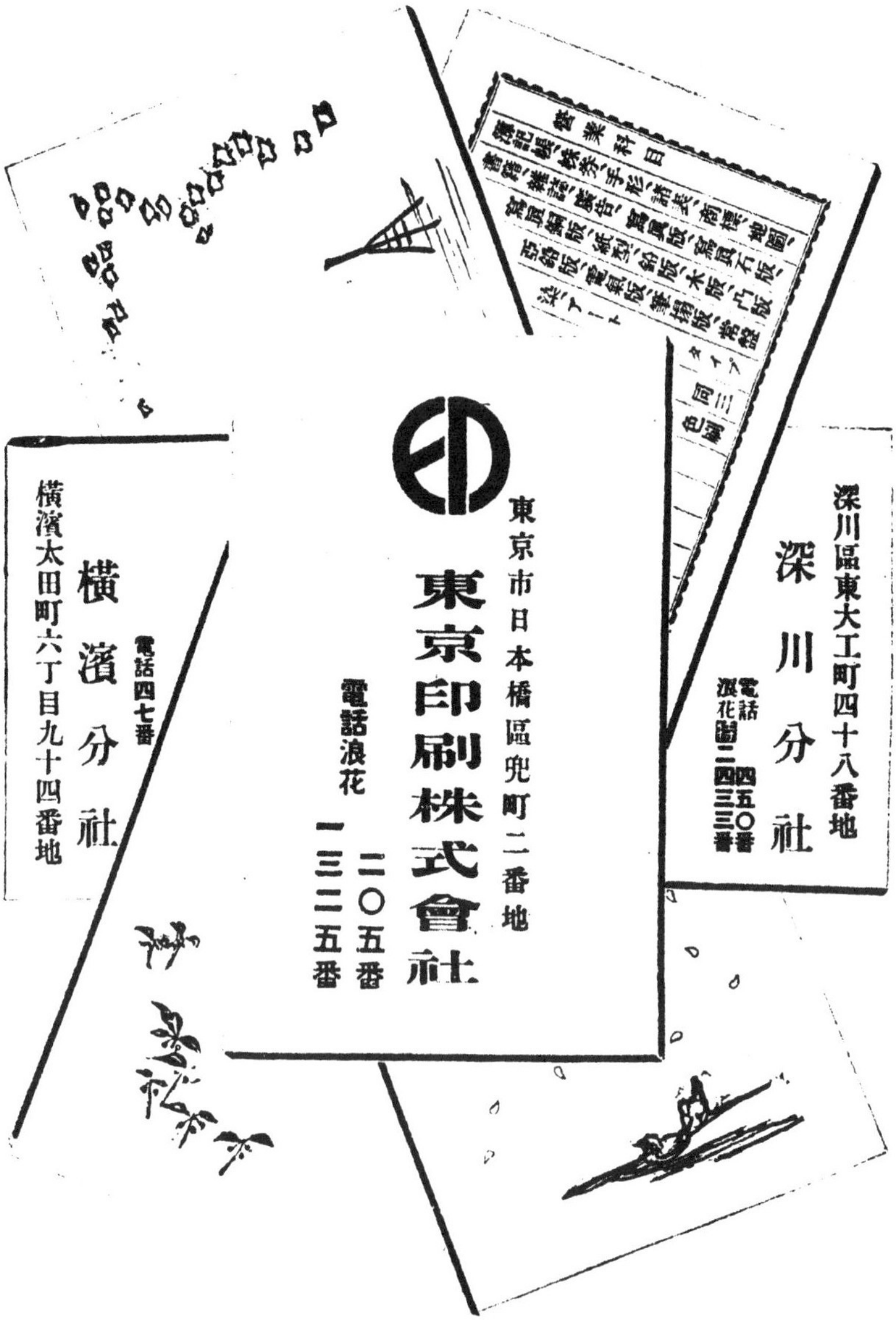

東京印刷株式會社
東京市日本橋區兜町二番地
電話浪花 二〇五番 一三二五番
營業科目
簿記帳、株券、手形、端書、商標、地圖、
書籍、雜誌、廣告、寫眞版、寫眞石版、
寫眞銅版、紙型、鉛版、木版、凸版
亞鉛版、電氣版、筆揚版、
タイプ
同三色刷
橫濱分社
橫濱太田町六丁目九十四番地
電話四七番
深川分社
深川區東大工町四十八番地
電話浪花 四五〇番 二四三三番

各博覧會并に共進會に於て多數の賞牌褒狀を拜受し紳士諸彦の御高評を博する所にして地質堅牢に且寒暑兩用に適すること八千代平の特色とする所なり

武州八王子

松本工場

第五回博覧會貳等賞牌受領

シカゴみやげ

象印歯磨

東京

安藤井筒堂

胃病の最新藥

十年の胃病わづか一週間にて全治す

最近輸入
胃弱の良劑

永年の胃病
必ず根治に

東京日本橋區小網町一丁目

山崎太陽堂藥局

胃弱 溜飲、胸痞、呑酸嘈囃、惡心、胃痛、腹痛、嘔氣、慢性及び急性胃加答兒、腸加答兒、汽車滊船の醉、便秘等に奇効あり

●價十錢廿錢一週分卅錢二週分五十錢一ヶ月分一圓

英佛毛織物直輸入

洋服大勉強 廉價裁縫

弊店は歐米の裁縫術研究の爲め數年留學せる技師を聘し最新式流行を逐ひ廉價を以て各位の御需に應じ可申候間御用向仰付られ度奉希候

東京日本橋區てりふり町通

山林洋服店

電話花浪五百九十二番

大日本女學會編纂

婦人寶典

和洋兩種とも製本頗る美麗なり紳士淑女の應接間備付に尤適せり

○市内は電話にて御注文次第直樣御屆申候（諸種の贈物に最妙）

▲和紙摺帙入全五冊　紙數菊版千三百頁　實價金參圓參拾錢

▲洋紙摺總クロース綴合本壹冊　紙數同上　實價金貳圓貳拾錢

▲小包郵送料（内地）　和裝貳拾錢　洋裝貳拾錢

▲黒塗本箱代原價五拾錢

送料書籍共金參拾錢

此書は小松宮頼子殿下の總べさせられ女學の通信教授を以て世に名高き大日本女學會に於て多年蒐集されし所の女學に關する和漢洋の諸材料中より最も婦人に適切なる部分を拔萃したるものと新たに名家の起稿されたるものとを一書にまとめ以て婦人の座右の良師友たらしめんが爲に編輯されしものにて殊に其學藝諸科目は孰れも專門大家の擔任に係り實に世に類なき婦人寶典なり内容は下の目次にて知らるべし高等小學校高等女學校等の生徒諸子は勿論苟も文字ある婦人は本書一部を備ひ給はば何事にても婦人の學藝にて分らぬ事更にあらざるべし

本文目次

○女子修身　女子高等師範學校教授　佐方鎭子
○禮法　同上
○家庭教育　三輪田高等女學校長　三輪田眞佐子
○家事衞生　東京帝國大學名譽教授醫學博士　三宅秀
○衣服　同上
○飲食物　同上
○住居　同上
○動靜　同上
○小兒衞生　同上
○婦人衞生　同上
○看護　東京帝國大學教授醫學博士　吳秀三
○家事管理　女子高等師範學校教諭　後閑菊野子
○家事經濟　同上
○割烹　故田邊和氣子
○裁縫　東京裁縫女學校長　渡邊辰五郎
○挿花　故田邊和氣子
○點茶　同上
○作文　今泉定介
○作歌　御歌所寄人　坂正臣
○習字（附手本）　御歌所參候　大口鯛二
○圖畫（附手本）　女子美術學校教授　武村千佐子

鼇頭目次

○音樂　明治音樂會幹事　東儀季治
○刺繡　共立女子職業學校刺繡主任教師　木村仲子
○造花　同校造花主任教師　金子支江子
○編物　同校編物主任教師　豐原繁尾子
○組絲　同上
○兒童心理　日本女子大學教授　高島平三郎
○をりむすび○食品分析表○歌書式○歌御會始勅題撰歌集○婦人名歌集○交際の栞○泰西女禮一班○家庭遊戲○各地特殊の料理○法制大意○女訓○和書解題○漢書解題

挿畫

○上古、天平、藤原、鎌倉、足利、德川、今代、各婦人服裝の彩色畫（村田丹陵筆）○光明皇后、紫式部、承香殿女御、小大君、平政子、山内一豐婦人、各筆蹟寫眞○明治貴婦人筆蹟寫眞○明治閨秀筆蹟寫眞

（以上口繪）此他卷中の挿畫數百個

發行所　東京京橋區柳町　電本三千番　郁文舍　大阪市東區南本町（電東三三八四）積文社

明治三十七年四月七日第三種郵便物認可
明治三十七年七月七日發行毎月一回一日發行

『家庭の志る遍』

第二号（一九〇四〈明治三七〉年八月）

第貳號
第三種郵便物認可
毎月一回一日發行

目次

小説夏蜜柑……青濤
室内裝飾（承前）……松浦伯直傳
式法 婚禮之部（承前）……漱石
通俗法律（承前）
笑門……丈八述
流行案内
茶道（承前）……勇猛精進菴
料理法（承前）

本誌定價表

一冊	金十二錢	郵税一錢
六冊	金六十五錢	郵税六錢
十二冊	金一圓二十五錢	郵税十二錢

本誌廣告料

一頁	金二十圓
半頁	金十二圓
四半頁	金七圓

○郵券を以て購讀料の代用を希望せらるゝ向は其料金に一割を加へて申受べし

明治三十七年八月四日印刷
明治三十七年八月七日發行

編輯者　東京市下谷區西黒門町四番地　山口笑昨
印刷者　東京市日本橋區兜町二番地　木村龜作
印刷所　東京市日本橋區兜町二番地　東京印刷株式會社
發行者　東京市神田區裏神保町　合資會社　富山房
代表者　同所合資會社富山房社長　坂本嘉治馬

上圖は慶長十五年幷に元祿以前の古圖を縮寫し．下圖は今樣婦女の圖．部て髮飾りを比較したるものにて本文流行案内に記載の一節を參照せらるべし。

嶄新なる海水浴着

説明は四三ページにあり

白木屋呉服店内部寫眞版の解說

上掲は白木屋呉服店内部中央に初夏の装飾を施したるもの．下掲は同上二階賣場の一部．本寫眞原版は都て米國紐育市發刊マリヤース週刊評論社特派寫眞技師ロバート．エル．ダン氏が日本を代表すべき一商店として撮影せしものゝ一部。

○米國の女装と英國の女装

圖中(A)は市街着及び買物出の服、(B)は自轉車並びに野外散歩着にて以上米國風。

(C)は訪問服、(D)は夜會服、(E)は接客の着裝、(F)は遊山又は短艇の中にて着すべき輕裝にて以上英國風、いづれも最近の形式。

A

B

C

D

E

F

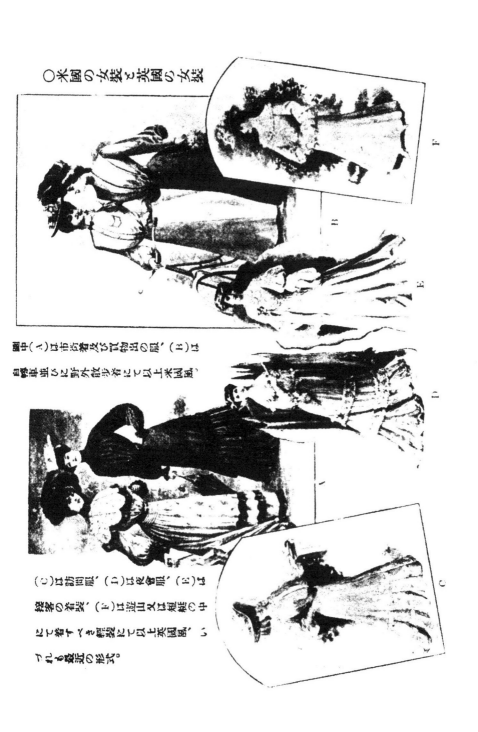

サッポロ★ビール

暑中御進物用
壹打入
半打入
箱詰　切手
美麗にして体裁好く調製仕候間御最寄販賣店に御用仰付被下度奉願候

宮内省御用達
札幌麦酒株式會社

白熱瓦斯燈は光力五十燭光以上を有し瓦斯代は**一時間****九厘餘**に過ぎず石油ランプよりも費用は遙に低廉なり

瓦斯竈は本社の發明品にして專賣特許を得二升の米は瓦斯代僅かに**一錢三厘**時間は**十八分**にして炊くを得べく安全と人手を省き瓦斯と水道は家庭は勿論料理店旅宿其他飲食店の必用缺くべからざるものとなれり

瓦斯七輪、燒物器、西洋料理器も使用輕便瓦斯代は木炭よりも遙に低廉なり

燈火及炊事器工事費は極めて低廉にして御申込次第工事費見積書御送付可申上候

▲▲▲瓦斯器陳列所　縱覽御隨意▲▲

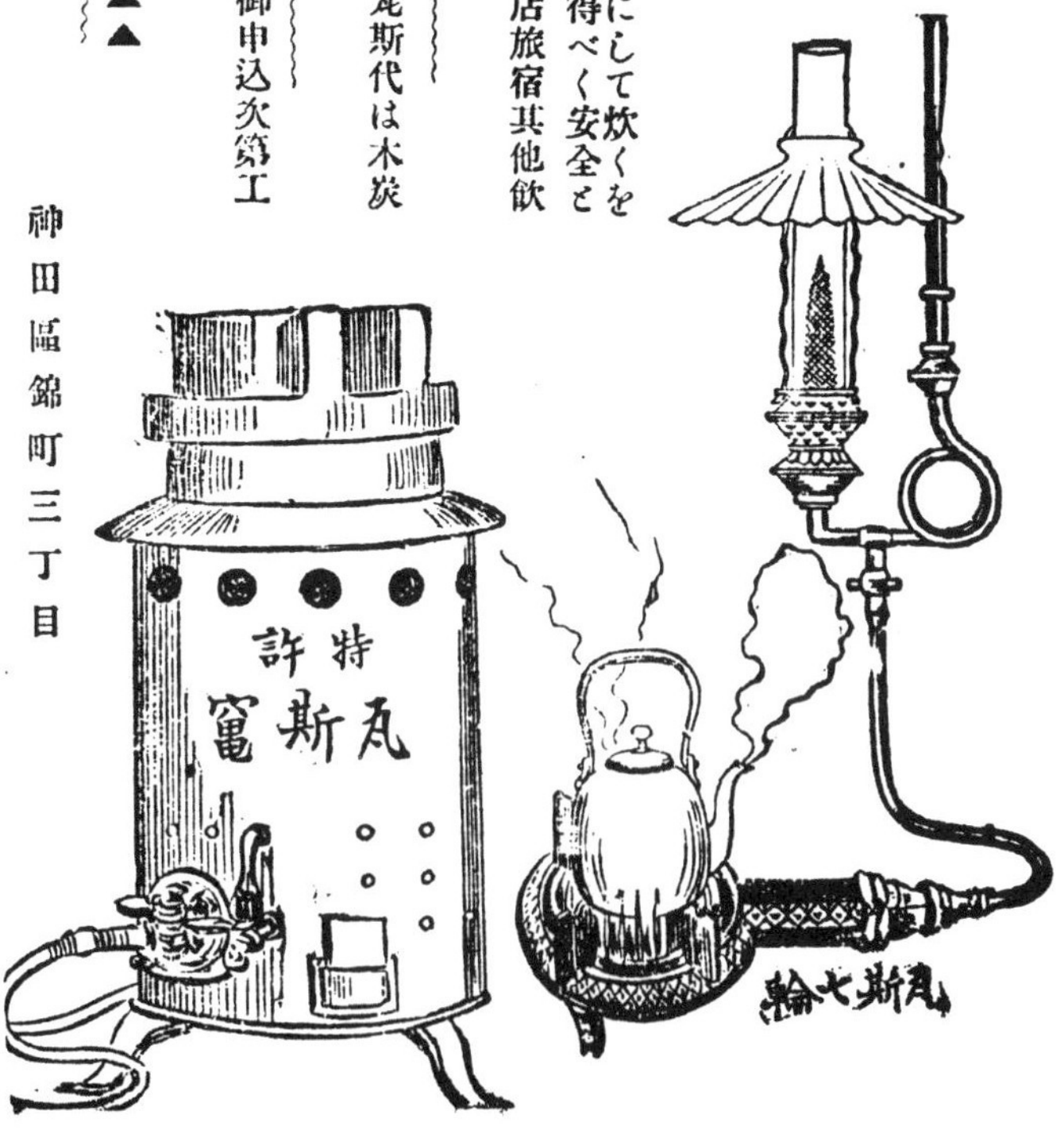

神田區錦町三丁目

東京瓦斯株式會社

電話本局　一三〇。五四八。五七〇。

號外!!!

二十世紀《せいき》の男女《だんじよ》たらんと欲《はつ》せば必《なから》ずしも見《み》落《おと》す勿《なか》れ一高等化粧水《かうとうけしやうすい》でヲイテルミンとて貴婦人令嬢方《きふじんれいぢやうがた》の御常用《ごじやうよう》品《ひん》三個箱入《こはこいり》で七十と五錢《せん》一福原《ふくばら》の衛生歯磨石鹸《えいせいはみがきしやぼん》と御試《おため》ね被下《くださ》ますれば恐《おそ》らく知《し》らぬ人《ひと》は御座《ござ》いませぬ廿五錢に十五錢《せん》特《とく》に新製旅行携帶用《しんせいりよかうけいたいよう》としてゴム器入《きいり》のも有升《あります》是《こ》れは三十錢《せん》です一改良水油《かいりやうみつあぶら》オイトリキシン花《はな》かつら三個箱入《こはこいり》一圓廿錢毛髪《せんもうはつ》を艶美《えんび》ならしめ疾患《しつくわん》を豫防《よばう》します一ひげ油《あぶら》プロ子ミン住《すみ》の江三個入《こいり》九十錢隨意《せんずいい》の形狀《けいじやう》を保《たも》ち洗去《あらひさ》る事容易《ことようい》なり一改良《かいりやう》びん付《つけ》コラキン玉椿《たまつばき》三個入《こいり》六十錢《せん》一改良《かいりやう》すき油柳糸香《あぶらりうしかう》三個箱入《こはこいり》一圓五十錢等《とう》一ふけとり香水《かうすゐ》ラウリン花《はな》たちばな三個箱入《こはこいり》一圓《ゑん》八十錢《せん》一あかとり香油《かうゆ》ア子モシン春風油《はるかぜゆ》三個箱入《こはこいり》一圓《ゑん》二十錢《せん》一新製洗浴化粧液《しんせいせんよくけしやうゑき》エリーイン花《はな》の露《つゆ》一瓶《びん》八十錢《せん》本品《このしな》は高尚《かうしやう》なる芳香薬及《はうかうやくおよ》び洗浴《せんよく》に際《さい》し此液《このえき》を用《もち》ゆれば如何《いか》なる水《みづ》と雖《いへど》も肌色《はだいろ》を損《そん》することなく色《いろ》を白《しろ》くし天性《てんせい》よりも麗《うる》わしき色《いろ》つやを生《せう》ず一うがい水《みづ》エヲチンしのゝめ三個箱入九十錢本品《せんほんぴん》は口腔《くち》を清潔《せいけつ》にし臭氣《しうき》を防止《ばうし》し咽喉《いんこう》加答兒《かたる》を豫防《よばう》す

處方調劑藥品器械衛生材料化粧品問屋

本舖 東京新橋出雲町角（電話新橋三二一四）**福原資生堂**

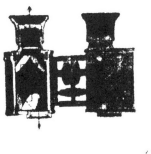

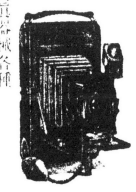

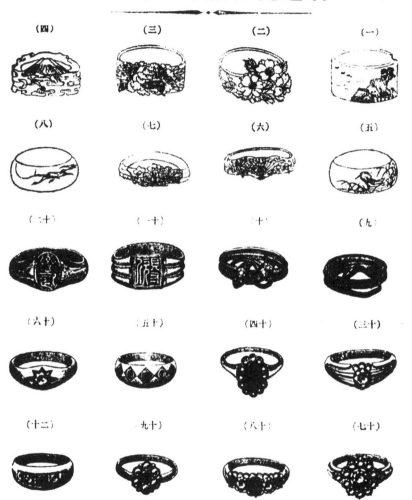

家庭の志るべ　第二號

夏蜜柑（承前）

青濤

（四）

『俊《とし》や、何《な》にが可笑《をか》しいの？』と描《か》いたやうな眉《まゆ》を顰《ひそ》めて、やゝ不機嫌《ふきげん》の、流眼《ながしめ》に小間使《こまづかひ》を視《み》やつたのは、松本子爵《まつもとししやく》家《け》の令嬢《れいぢやう》百合子《ゆりこ》である。前《まへ》を大《おほ》きく取《と》つた束髪《そくはつ》の品《ひん》の好《よ》い、温《おつ》然《とり》とした内氣《うちき》らしい顔容《かほだち》の、何處《どこ》にか物思《ものおも》はしげな色《いろ》を含《ふく》んで、動《や》もすれば溜息《ためいき》がちの、俯目《ふしめ》になつて佇《たゝず》まるゝ。

『何《な》にが可笑《をか》しいと申《まを》して、お姫《ひい》さま、斯様《こんな》可笑《をか》しいことがあるものぢやございません。餘《あま》り可笑《をか》しくつて、ア、切《せつ》なうございます。』と俊《とし》は胸《むね》を叩《たゝ》き〳〵、身《み》を藻掻《もが》いて頽《こ》けもしさうに笑《わら》つたので、折角《せつかく》百合子《ゆりこ》に懐《なつ》き寄《よ》つた鵝鳥《がてう》は、驚《おどろ》いて身《み》を翻《か》へし、渚《なぎさ》に咲《さ》き初《そ》めた一簇《ひとむら》の蓮《はす》を分《わ》けて、蓮《はす》に續《つゞ》く蕳河骨《ふとゐかうほね》の緑《みどり》を戰《そよ》がせて、雪《ゆき》の姿《すがた》を漣《さゞなみ》の輪《わ》に紛《まご》はせながら、悠揚《ゆうやう》として泳《およ》ぎ去《さ》つた。主従《しゆじう》は今《いま》内庭《うちには》の池《いけ》の滸《ほとり》に立《た》つのである。

『笑《わら》つてばかり居《ゐ》て、少《ちつ》とも理由《わけ》が解《わか》らないぢやないか。』と叱《し》かるやうに言《い》はれて、俊《とし》は僅《わづ》かに笑《わら》ひ歇《や》んだが、猶《な》ほ浮《うは》ずつた調子《てうし》の息苦《いきぐる》しげに、

『マア何《な》んでございますか、一寸行《ちよつとい》つて御覽遊《ごらんあそ》ばせ。唯今俊《たゞいまとし》が此《こゝ》へ參《まゐ》る途《みち》で、彼《あ》の四阿《あづまや》の處《とこ》で偶然見付《ひよいとみつ》けたのでございますが、それは眞個《ほんとう》に面白《おもしろ》い、お姬《ひい》さまも屹度笑《きつとわら》はずには居《ゐ》らつしやれませんよ。氣《き》の御保養《おほやう》にもなることでございます、サア早《はや》く參《まゐ》つて見《み》ませう。』

『何《な》にをさ。』と懊惱《もどか》しさう。

『御覽《ごらん》になれば解《わか》ることでございます、早《はや》くでないと、濟《す》んで了《しま》ふかも知《し》れません、でございますから、お氣《き》をお引立《ひきた》て遊《あそ》ばして、……お鬱《ふさ》ぎ遊《あそ》ばしてばかり居《ゐ》らつしやいますので、お奧《おく》の御心配《ごしんぱい》は一通《とほ》りではございません、それはもう御察《おさつ》し申《まを》し上《あ》げては居《を》りますけれど、花園樣《はなぞのさま》の若樣《わかさま》は……。』

百合子《ゆりこ》は何故《なにゆゑ》か俄《には》かに顏《かほ》を染《そ》めたが、

『御自分《ごじぶん》のお氣儘《きまゝ》で、旅《たび》へお出《で》ましになつたといふではなし、全《まつた》く御國《おくに》の爲《た》めに……。』と俊《とし》が言《い》ひ足《た》すのを遮《さへぎ》つて、

『解《わか》つて居《ゐ》るわ。』と恐《おそ》れるやうに愼《つゝし》んで居《ゐ》た。

『でございませう。ですからもう〳〵御心配《ごしんぱい》など遊《あそ》ばさずに……御婚禮《ごこんれい》の御延引《ごゑんいん》になりましたのは、私共《わたくしども》まで殘念《さんねん》で堪《たま》らないのでございますけれど、何《な》んのお姬《ひい》さま、案《あん》じるより產《う》むが易《やす》いと申《まを》します、追付《おつゝ》け金鵄勳章《きんしくんしやう》の御立派《ごりつぱ》なお姿《すがた》とお並《なら》び遊《あそ》ばして、凱旋《がいせん》のお祝《いは》

ひやらお盃《さかづき》やら、ホヽホヽヽ。』

『厭《いや》よ、俊《とし》は。』と百合子《ゆりこ》はいつたが、遣瀬《やるせ》なき面羞《おもはゆ》さの袖《そで》を擧《あ》げて、俊《とし》が口《くち》のあたりを拂《はら》ふと、羅《うすもの》の色《いろ》が風《かぜ》に靡《なび》いて、得《え》ならぬ白薔薇《しろしようび》の香《にほひ》がパッと散《ち》つた。その手《て》を俊《とし》は輕《かろ》く把《と》つて、

『サア、早《はや》く。』と先《さ》きに立《た》つ。

苔滑《こけなめら》かな細徑《ほそみち》を、蟬《せみ》の鳴《な》く槐《ゑんじゆ》の下《した》から分《わ》けて登《のぼ》ると、脚《あし》をば池《いけ》に冷々《ひやく》と浸《ひた》した築山の懐《つきやまふところ》に、小松《こまつ》、楓《かへで》、躑躅《つゝじ》の類《るゐ》を左右《さゆう》にして、四阿《あづまや》が建《た》つて居《ゐ》る。眼《め》の下《した》には水《みづ》の色《いろ》、水《みづ》を隔《へだ》てて百合子《ゆりこ》の書齋《しよさい》も見渡《みわた》さるゝ。右寄《みぎよ》りの池《いけ》の汀《はとり》に鳳尾竹《ほうびちく》が一叢《ならび》、その下陰《したかげ》を柴戸《しをりど》は葉隱《はがく》れて居《ゐ》るが、柴戸續《しをりどつゞ》きの建仁寺垣《けんにんじがき》を越《こ》して、更《さら》に手廣《てびろ》な芝生《しばふ》が見《み》える芝生《しばふ》を控《ひか》えた應接室《おうせつま》も見《み》える、開《あ》け放《ばな》した障子《しやうじ》の内《うち》に、今《いま》しも二個《ふたり》の人《ひと》の對座《たいざ》して居《ゐ》るのも見《み》える。

『あれでございます、マア少《すこ》し見《み》て居《ゐ》て御覽遊《ごらんあそ》ばせ。彼方《あちら》から見《み》えると可《い》けませんから、こゝへお隱《かく》れ遊《あそ》ばして。』

主從《しゆじゆう》は紫陽花《あぢさい》の花陰《はなかげ》に身《み》を潛《ひそ》めたのである。針重《はりかさね》の後姿《うしろすがた》の例《いつ》もながら鹿爪《しかつめ》らしさ。それに向《む》き合《あ》つた老人《らうじん》の、目鼻《めはな》は明斷《はつきり》と分《わか》らぬけれど、頻《しき》りに口《くち》の動《うご》くのが見《み》える。何《な》にを話《はな》して居《ゐ》るのであらう。やをら針重《はりかさね》の手《て》が動《うご》いた、と視《み》ると、その膝《ひざ》の前《まへ》の疊《たゝみ》の上《うへ》に、煙草《たばこ》盆《ぼん》を避《よ》けて、圓《まる》く黄色《きいろ》な物《もの》が擠《せ》り出《だ》した。

『彼《あ》れでございますよ。』と俊《とし》はもう笑《わら》つて居《ゐ》る。

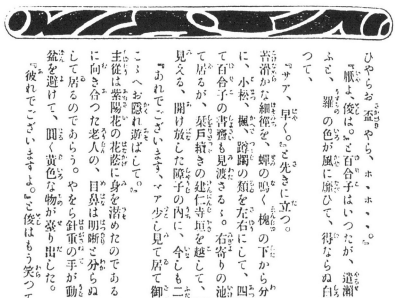

『何《な》に、あれは?』と百合子《ゆりこ》は眸《ひとみ》を凝《こら》した。

『私《わたくし》にも何《ど》うも解《わか》り兼《か》ねますの先刻《せんこく》から頻《しき》りに出《で》たり引込《ひっこ》んだり……。』といふ中《うち》に、果《はた》せる哉《かな》、物《もの》は對手《あひて》の老人《らうじん》の手《て》によりて突《つ》き返《か》へされた。復《ま》た針重《はりがさね》が差《さ》し戻《もど》す、また老人《らうじん》が突《つ》き返《か》へす。

『ね、面白《おもしろ》うございませう。ソラ取《と》りました、又《ま》た遣《や》りましたよ、ね、又《ま》た取《と》りましたらう。ホヽハハヽ、先刻《さつき》から彼《あ》の圓《まろ》いのが、お百度《ひやくど》の踏《ふ》み續《つゞ》けでございます。針《はり》重《がさね》さんも根《こん》が好《よ》ければ、お客《きやく》の方《かた》も中々《なか〱》手《て》強《づよ》うございます。』

堪《こら》えに堪《こら》えた俊《とし》の笑《わら》ひが、一度《ど》にドッと喉《のど》を破《やぶ》ると、それが花《はな》から

出《で》て、池《いけ》に反撥《はねかへ》り、垣《かき》を飛《と》び越《こ》え、芝生《しばふ》に落《お》ちて一面《めん》に蹣《ひろ》がつた。途端《とたん》に針重《はりがさね》の顔《かほ》は此方《こちら》を向《む》いたが、雫かと紛《まが》ふうす紫《むらさき》の花《はな》の間《あひだ》に、何時《いつ》しか現《あら》はれて居《ゐ》た百合子《ゆりこ》の顔《かほ》の、花《はな》の精《せい》か、さなくば天《てん》の御使《みつかひ》かとばかり、いと艶《ゑん》にいと氣高《けだか》くも仰《あふ》がれたので、流石《さすが》に構《かま》へた體《たい》を崩《くづ》して、圓《まろ》い物《もの》をば慌《あわ》てゝ袖《そで》の下《した》に掻《か》き込《こ》んだ。

同時《どうじ》に客《きやく》は座《ざ》を起《た》つた、針重《はりがさね》も續《つゞい》て起《た》つた。逃《に》げやうとする、引止《ひきと》めやうとする。圓《まろ》い物《もの》は猶《な》ほ兩人《ふたり》を離《はな》れず。宛然《さながら》丸八一座《ざ》の毬《まり》を見《み》るやう、手《て》から手《て》へ、渡《わた》し渡《わた》されたトゞの詰《つま》りが、轉々《ころ/\》と座《ざ》に落《お》ちて、客《きやく》は玄關《げんくわん》の方《はう》へと迯《に》げ出《だ》す、やるまいぞ/\の格《かく》で、針重《はりがさね》は追《お》つて行《ゆ》く。勿論《もちろん》遺《お》ちた物《もの》を拾《ひろ》ふ暇《ひま》はないのであつた。

『何《な》んだか、早《はや》く見《み》てお出《い》でよ。』と百合子《ゆりこ》も悦《えつ》に入《い》つて居《ゐ》る。俊《とし》は早速山《さつそくやま》を下《お》りて、栞戸《しをりど》から應接室《おうせつま》に上《あが》るなり、手早《てばや》く拾《ひろ》ひ取《と》つて引返《ひきか》へした其跡《そのあと》へ、遲《おそ》かりし針重《はりがさね》、茫然《ぼんやり》と來《き》て、キヨロ/\と見廻《みま》はしはしながら、

『斯《こ》うだによつて、彼奴《あいつ》の懐《ふところ》からコロリ、疊《たゝみ》にドサリ、それが無《な》い、ハテな。遺《お》ちたが定《ぢやう》なら無《な》い筈《はず》がない、無《な》い處《ところ》を見《み》ると扨《さ》て遺《お》ちはせんのかな。』

其處《そこ》へ俊《とし》が復《ま》たやつて來《き》て、

『何《なに》にを爲《な》すつて居《ゐ》らつしやるの？ お姫樣《ひいさま》のお召《め》しでございますよ。』と改《あらた》まつた上使《じやうし》の役目《やくめ》。

（五）

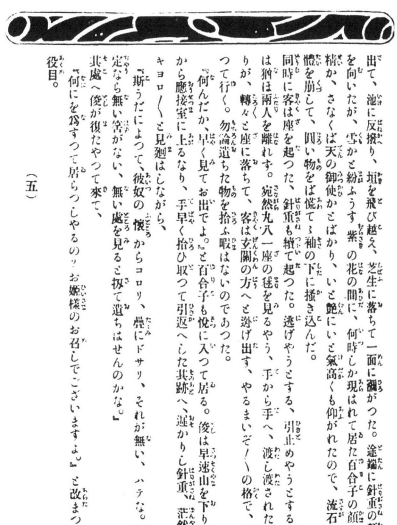

四阿《あづまや》へお姫様《ひいさま》のお召《めし》、針重《はりがさね》まづ八分《ぶ》の鬼胎《おそれ》を抱《だ》いて控《ひか》ゆるさ、果《はた》して彼《か》の品物《しなもの》に就《つい》ての御《ご》詮議《せんぎ》であつた。

『お目觸《めさわ》りに相成《あひな》りまして、誠《まこと》にハヤ恐《おそ》れ入《い》りましてござりまするが、實《じつ》はそのお姫《ひい》さま方《がた》の御存知《ごぞんち》おかせられぬ、又《ま》た御存知《ごぞんち》になつてからが、頓《とん》とお役《やく》に立《た》ちませぬ……。』

『でも、何《な》んだか話《はな》して下《くだ》さい。』さ百合子《ゆりこ》は中々《なかなか》許《ゆる》さぬのである。

『全《まつた》くお話《はな》し申《まを》し上《あ》げまする程《ほど》の事柄《ことがら》ではござりませぬので。』

『何《な》んだつて可《い》いぢやありませんか、折角《せつかく》のお尋《たつ》ねですから。』さ俊《とし》も傍《そは》から鎹《かすがへ》を打つた。

『誠《まこと》にもうくだらない、面白《おもしろ》うも何《な》んさもないこさでござりまして。』と針重《はりがさね》はいよ〳〵尻《しり》込《ごみ》する。

『イ、エ、くだらない處《どころ》か、眞個《ほんとう》に、ホ、ホ、、、思《おも》ひ出《だ》しても面白《おもしろ》さうなこさでございますわ。お姫様《ひいさま》のお氣晴《きばら》しに、これは是非《ぜひ》お話《はな》しを爲《し》て戴《いただ》きませう。』と俊《とし》までが非常《ひじやう》な乘《の》り氣《き》になつて居《ゐ》るので、針重《はりがさね》の當惑《たうわく》、額《ひたい》に汗《あせ》の玉雫《たましづく》。

『それが甚《はなは》だ面白《おもしろ》うないこさでござりまするて。第《だい》一お話《はな》し申《まを》し上《あ》げて宜《よろ》しい程《ほど》なら、彼《あ》の樣《やう》な騷《さわ》ぎは致《いた》しませぬので、ハイ。』

『何《ど》うして?』さ百合子《ゆりこ》はいよ〳〵逃《にが》さぬ。

『お客様《きやくさま》は一體何者《たいなにもの》なんです?』さ俊《とし》。

『餘《よ》の事《ひと》で、存知《ぞんな》の事《ここ》でござりますれば、それはもう何事《なにごと》でも申《まを》し上《あ》げまする。何《ど》うか此《この》事《こと》のみは、お目觸《めざわ》りに相成《あひな》りませぬ以前《いぜん》の事《こと》に思召《おぼしめ》して、この儘《まゝ》お見逃《みのが》しをハイ、只管《ひたすら》お願《ねが》ひ申《まを》し上《あ》げまするので、……もう客《きやく》は歸《かへ》りましてござりまする、お目觸《めざわ》りの一物《もつ》も、確《たし》かに持《も》つて行《ゆ》きましてござりまするから、唯今《たゞいま》と相成《あひな》りましては、その客《きやく》の來《こ》ない、不浄《ふじやう》な物《もの》の舞《ま》ひ込《こ》みませぬ以前《いぜん》と、少《すこ》しも變《かは》りはないのでござりまするで。』

『ぢや、もうその品物《しなもの》はないのだね？』と念《ねん》を押《お》すやうに百合子《ゆりこ》は尋《たづ》ねた。

『ハイ、憚《はゞか》りながら不浄《ふじやう》な品物《しなもの》を、浮《うか》と受取《うけと》りまするやうな手前《てまへ》でもござりませぬ。』

『ホ、ホ、、。』と俊《とし》はさう／＼噴出《ふきだ》した、百合子《ゆりこ》は制《せい》するやうに其顔《そのかほ》を視《み》た。實《じつ》は傷持《きずも》つ足《あし》の針重《はりがさね》は默然《だんまり》で眼《め》を瞬《ぱちつ》かせる。百合子《ゆりこ》は屹《きつ》として、

『お前《まへ》、私《わたくし》に嘘《うそ》をいふやうなことはしやすまいね？』

『恐《おそ》れながら物心覺《ものこゝろおぼ》へて以來《このかた》、お邸《やしき》に御奉公《ごほうこう》いたしまする手前《てまへ》めでござりまする。』といはざるを得《え》ぬ羽目《はめ》に針重《はりがさね》は落《お》ちたが、

『ぢや、これは何《な》に？』と目《め》の前《まへ》へ夏蜜柑《なつみかん》を突《つ》き付《つ》けられて、

『ヤッこれは！』と尻餅《しりもち》を搗かぬばかり、所謂爆裂彈《いはゆるばくれつだん》を投《な》げられた思《おも》ひの、針重先生《はりがさねせんせい》度《ど》を失《うし》なつて呂律《ろれつ》も廻《まは》らぬ。

『そ、それは、ご、ごちら、から。』

『ハ、ハ、、。』と俊《とし》は此《こゝ》を先途《せんど》と、吭佛《のどぼとけ》を晒《さら》け出《だ》した。百合子《ゆりこ》は故意《わざ》と腹立《はらだ》たしげに、

『お前《まへ》、物心覺《ものこゝろおぼ》えて以來《このかた》、お邸《やしき》に御奉公《ごほうこう》をする針重《はりがさね》ね。』

『ハ、ハイ。』

『私《わたくし》に嘘《うそ》をいふやうなお前《まへ》ではないのね。』

『ハ、ハイ。』

『品物《しなもの》は確《たし》かに客《きやく》が持《も》つて歸《かへ》りましたね。』

『ハ、ハイ。』

『何《ど》うしたといふの？』

『て、手前《てまへ》は左樣《さやう》心得《こゝろえ》ましてござりまするのに、何時《いつ》の間《ま》に、そ、それが、お姫樣《ひいさま》のお手《て》許《もと》に。』

『飛《と》んで來《き》たんですわ。』と俊《とし》は更《さら》に腹《はら》の皮《かは》を捻《よ》るのであつた。

『ア、お、お俊《とし》さまの惡戲《いたづら》ぢやな！』と若々《わか〳〵》しげに、崩《くづ》れた體《たい》の構《かま》へを立《た》て直《なほ》して、

『さてハヤ。』と言葉《ことば》を

『主《しゆ》を欺《あざむ》く罪《つみ》、昔《むかし》ならお手討《てうち》、輕《かろ》うて切腹《せつぷく》ともあらう處《ところ》でござりまする。御爲《おんた》めをと一筋《すぢ》に存《ぞん》じ込《こ》みましたる事《こと》が、却《かへ》つて針重《はりがさね》一代《だい》の不忠《ふちう》……』とポロリ〳〵、老《おい》の涙《なみだ》を大地《だいち》に灑《そゝ》いだ。

『もう詮《せん》のない事《こと》、手前《てまへ》の心遣《こゝろづか》ひをお聞《き》きに入《い》れまする。』

針重《はりがさね》は遂《つひ》に蜜柑拾取《みかんひろひと》りの事《こと》、豆腐賣《とうふうり》の女《をんな》の事《こと》どもを申《まを》し上《あ》げるのであつた。その間《ま》に百合《ゆり》子《こ》は、蜜柑《みかん》の中《なか》の手紙《てがみ》を讀《よ》んだ。

『御覧《ごらん》の通《とほ》りの離縁状《りえんじやう》でござりまするで、丁度《ちやうど》御婚禮《ごこんれいご》御延引《えんいん》の折柄《をりから》なり、此上《このうへ》御神經《ごしんけい》のお障《さわ》りにも相成《あひな》らうかと存《ぞん》じて、内々《ないない》先方《せんぱう》へ屆《とゞ》けまするど、今日《こんにち》その女《をんな》の世話《せわ》を致《いた》しまする大家《おほや》なる者《もの》が參《まゐ》つて、その離縁状《りえんじやう》を見《み》まして以來《いらい》、女《をんな》は豆腐賣《とうふうり》にも出居《でを》らんで、毎日泣《まいにちな》いてばかり居《を》ると申《まを》しまする。で、その大家《おほや》の計《はか》らひをもちまして、蜜柑《みかん》は兎《と》に角拾主《かくひろいぬし》の手《て》前《まへ》に預《あつ》け、女《をんな》には未《ま》だ離縁状《りえんじやう》を見《み》ぬ前《まへ》と心得《こゝろえ》させる心算《つもり》ぢやと申《まを》しまする。一應道理《おうもつとも》には聞《きこ》えまするが、高《たか》が取るにも足《た》らぬ町人風情《ちやうにんふぜい》、言《い》はゞ小《せう》の虫《むし》でござりまする。浮《うか》と取《と》りおいて、自然《しぜん》お目《め》に留ることゝも相成《あひな》りまするど、此方《こちら》はエヽ、恐《おそ》れながら大《だい》の虫《むし》で……。』

『可哀想《かあいさう》なことを……。』と百合子《ゆりこ》は呟《つぶや》いたが、針重《はりがさね》の耳《みゝ》には入《はい》らぬのであつた。

『で、小《せう》の虫《むし》を殺《ころ》して、その大《だい》の虫《むし》を……。』

『もう、澤山《たくさん》よ。』と蒼蠅《うるさ》げに、百合子《ゆりこ》は突《つ》と床几《しやうぎ》を離《はな》れた。

『アラ、お姫樣《ひいさま》を虫《むし》だなぞと、失禮《しつれい》ぢやありませんか。』と俊《とし》は詰《なじ》るやうに針重《はりがさね》を制《せい》した。

百合子《ゆりこ》の機嫌《きげん》を氣遣《つか》つたのである。

『アッ、御機嫌《ごきげん》に障《さわ》りましたかな、眞《しん》のこれは喩《たと》へに申上《まをしあ》げましたのでござりまするが。』

と針重《はりがさね》は恐懼《きようく》措《お》く所《ところ》を知《し》らぬ體《てい》、周章《あわ》てゝ百合子《ゆりこ》の後《あと》に追《お》ひ縋《すが》ると、

『その事《こと》ぢやありません。』とキッパリ、豆腐賣《とうふうり》の女《をんな》に寄《よ》せた同情《どうじやう》の涙《なみだ》は、やがて零《こぼ》れて紫《あぢ》陽花《さい》の露《つゆ》となるのであつた。

（六八）

怨《うら》みに痩《や》せた姿《すがた》に、早起《はやお》きの張《は》りも拔《ぬ》けて了《しま》い、優《やさ》しい聲《こゑ》の「豆腐《とうふ》い」を、巷《ちまた》に聞《き》かぬこと茲《こゝ》に五日《いつか》。

『サア〳〵、今朝《けさ》は起《お》きた〳〵。』と例《れい》の元氣《げんき》の好《よ》い大家《おほや》の聲《こゑ》で、既《すで》に朝日《あさひ》の赫《くわつ》と射《さ》して居《ゐ》る雨戶《あまど》の家《いへ》を呼《よ》び覺《さま》した。やゝ暫《しばら》くして戶口《とぐち》に現《あら》はれたお玉《たま》の、哀《あは》れに沈《しづ》んで居《ゐ》るのを視《み》るより、故意《わざ》と引立《ひきた》てるやうな輕《かる》い調子《てうし》で、

『お玉《たま》どん、今朝《けさ》はお前《まへ》に是非《ぜひ》喜《よろこ》んで貰《もら》いたい事《こと》があるぜ。實《じつ》は昨日《きのふ》お前《まへ》には內所《ないしよ》での、私《わし》が松本樣《まつもとさま》のお邸《やしき》へ行《い》つたと思《おも》ひなさい、そして彼《あ》の緣喜《ゑんぎ》の惡《わる》い、見《み》るも厭《いや》な物《もの》を預《あづ》けて來《き》たのよ。斯《か》うして置《お》けば、假《よ》しんば平公《へいこう》は書《か》いたにしても、お前《まへ》は受取《うけと》らないも同然《どうぜん》の譯《わけ》になる。マアその心算《つもり》で、氣《き》を直《なほ》して、是迄通《これまでどほ》りの貞女《ていぢよ》になつて、荷《に》を擔《かつ》ぐが可《い》いだらうぜ、の、左《さ》うするが可《い》いや。』

『でも平《へい》さんが餘《あんま》りですもの。私《わたし》は是《こ》れでも三年《ねん》が五年《ねん》、假令《たとひ》この儘逢《まゝあ》へないことになつたからつて、心變《こゝろがは》りのするやうな、左樣《さんな》女《もの》ぢやない心算《つもり》で居《ゐ》るのに、平《へい》さんは矢張《やつぱ》り左《さ》うは思《おも》つて呉《く》れないんですもの、私殘念《わたしざんねん》で、口惜《くやし》くつて。』

『道理《もつとも》だ、お前《まへ》の心《こゝろ》は私《わし》が好《よ》く知《し》つて居《ゐ》る。で實《じつ》は私《わし》も平公《へいこう》の仕打《しう》ちに腹《はら》の立《た》たぬでもないがの、又《ま》た平公《へいこう》の身《み》になつて考《かんが》へて見《み》ると、何《な》んにしろお前《まへ》の年《とし》は若《わか》し、昨今《さくこん》の夫婦《ふうふ》ぢやある、第《だい》一此年《このとし》になつた私等《わしら》でさへ、憎《にく》いと思《おも》ふ程好《ほどよ》かつた情交《なか》だ。の、それ、情交《なか》の好《よ》かつた丈《だ》けに、人《ひと》一倍《ばい》可憫《ふびん》が殘《のこ》らうといふもんだ。で萬《まん》が一にも此儘《このまゝ》、寡婦《ごけ》を通《とほ》させる

ことにもなると、好《よ》しか、こりや喩《たと》ひだせ、氣《き》に掛《か》けちや可《い》けない、左《さ》うでもなると、全《まつと》くお前《まへ》が可哀想《かあいさう》だといふ了簡《りやうけん》に違《ちが》ひない、と私《わし》は思《おも》ふ。うんにや、平公《へいこう》の平日《ふだん》の氣質《きしつ》から割出《わりだ》して見《み》ても、こりや左《さ》うなくちやならない處《ところ》だ。マア〳〵其内《そのうち》には何《な》んとか話《はな》しの解《わか》る時《とき》もあらうからの、決《けつ》してくよ〳〵思《おも》はないが可《い》い、何《な》んでも斯《か》う氣《き》を引立《ひきた》てゝ、幸《さいは》ひ今日《けふ》は私《わし》と一緒《しよ》に、好《い》いところへ行《い》つて見《み》る氣《き》はないか。』

『又《ま》た厭《いや》なものを見《み》せに連《つ》れて行《ゆ》くんでせう。』とお玉《たま》は少《すこ》し紛《まぎ》れかゝつた。

『ところが全《まつた》く反對《あべこべ》だ、今日《けふ》こそ私《わし》が受負《うけを》ふのだから、安心《あんしん》して行《い》つて見《み》るさ。左《さ》うだ、矢張《やつぱ》り例《じつ》もの通《とほ》り、荷《に》を擔《かつ》いで……品《しな》がなけりや、サア私《わし》が資本《もと》を出《だ》す、少《すこ》しで可《い》いから仕入《しい》れて來《き》て貰《もら》はうかの。』と足元《あしもと》から鳥《とり》の立《た》つやう。

『荷《に》を擔《かつ》いでかい』とお玉《たま》は微笑《ほゝゑ》む。

『姐樣被《あねさまかぶ》りの可愛《かあい》らしい、殊勝《しゆしよう》な處《ところ》を一つ、是非《ぜひ》見《み》せてやりたいのだ。一體《たい》女《をんな》といふ者《もの》は、お引摺《ひきず》りの遊《あそ》ばせ言葉《ことば》かなんかで、三度《ど》の箸《はし》の外《ほか》には堅《かた》い物《もの》を知《し》らない筈《はず》のものだなんぞと、熱《ねつ》を吹《ふ》いてる奴等《やつら》が癪《しやく》でならないのだ。』と大家《おほや》は前置《まへお》きなしに昂然《かうぜん》となる。

『ぢや誰《た》れにか見《み》られに行《い》くんですか。』

『馬鹿《ばか》な、見《み》られるのぢやない、見《み》せに行《い》つてやるのだ。其樣《そんな》奴等《やつら》に限《かぎ》つて、得《え》て自分《じぶん》さへ好《よ》けりや、他人《ひと》は何《ど》うならうと管《かま》ふことはない、御主人《ごしゆじん》さまの御心配《ごしんぱい》さへ増《ま》させなけりや、他人《ひと》なんざ痩《や》せて死《し》なうと、自分《じぶん》の忠義《ちうぎ》の邪魔《じやま》にやならないと言《い》ひたがる奴《やつ》だわ。眞《ほん》個《どう》に血《ち》の冷《つめ》たい、同情《おもひやり》の少《ちつ》ともない、我利《がり》々々《く》亡者《まうじや》つたらありやしない。サア今日《けふ》こそ俺《おい》等《ら》が處《ところ》の眞個《ほんとう》の女《をんな》を見《み》せて、その亡者《まうじや》を家來《けらい》に持《も》つた御主人《ごしゆじん》さまで候の、、じやつ面《つら》を引剝《ひんむ》いてやるのだ。』と哮《かつ》て見《み》たこともない腕扱《うでこく》りをして無性《むしやう》に力《りき》んだ。

『何《な》んの事《こと》ですッ。』とお玉《たま》は一向《かう》解《げ》せぬ體《てい》である。

『イヤしかし、左《さ》うはいふものゝ、實《じつ》は私《わし》にも今日《けふ》の迎《むか》へが解《げ》せないで。預《あつか》り物《もの》を突《つ》き戻《もど》すといふ丈《て》けにしちや、少《ち》と御念《ごねん》が入《い》り過《す》ぎるやうでもあるが。……女同道《をんなどうだう》で來《き》て呉《く》れるやうにと御主人《ごしゆじん》の吩附《いひつけ》……ハテな、針重先生《はりがさねせんせ》、擔《か》ぐんぢやあるまいな。』と老人《ろうじん》は又《ま》た嗒然とした。

『ア、松本《まつもと》さまのお邸《やしき》なんですね。』とお玉《たま》は見付《みつけ》ものをしたやうに、

『未《ま》だ身體《からだ》が倦《だる》いのだけれど、旦那《だんな》さんが行《い》けといふなら、私《わたし》行《ゆ》きますわ、そして彼《あ》の物《もの》を預《あづ》かつて呉《く》れるやうに、私《わたし》からも願《ねが》つて見《み》ませう。』

『旦那《だんな》さんが行《い》けといふなら……有《あ》り難《がた》い、よく言《い》つて呉《く》れた。左《さ》う温順《おとな》しく、斯様《こんな》私《よし》でも、力《ちから》にして呉《く》れるかと思《おも》ふとの、頓《とん》と自分《じぶん》の娘《むすめ》のやうな。』と老人《らうじん》は更《さら》にホロリとなる。

暫《しばら》くして兩人《ふたり》は松本子爵家《まつもとししやくけ》の門前《もんぜん》に着《つ》いた。

『こゝだ。』と老人《らうじん》は注意《ちうい》してお玉《たま》を待《ま》たせ、己《おの》れ先《ま》づ玄關《げんくわん》に訪《おと》づれると、誂《あつら》ひの針重《はりがさね》、昨《きの》日《ふ》とは打《う》つて變《かは》つた待遇《もてなし》である。

『しかし、お一人《ひとり》かな。』と尋《たづ》ねらるゝ迄《まで》もなく、老人《らうじん》は振《ふ》り返《かへ》つて、大《おほい》に氣込《きこ》んで、

『お玉《たま》さん。』と聲《こゑ》一杯《ぱい》に呼《よ》ぶのであつた。

此時《このとき》驚《おどろ》いたのは針重《はりがさね》のみではない、大家《おほや》の老人《らうじん》も少《ち》と見當《けんたう》が外《はづ》れて、事《こと》の意外《いぐわい》に我《が》を折《を》つた。

豆腐賣《とうふうり》の女《をんな》の御入《おんい》りに、子爵家《ししやくけ》のお姫樣《ひいさま》の出迎《でむかへ》！姉樣被《あねさまかぶ》りの筒袖《つゝそで》と、見《み》るから眩《まぶ》しい程《ほど》の品《ひん》の氣高《けだか》い姿《すがた》とは、互《たがひ》に相見《あひまみ》ゆべく玄關先《げんくわんさき》の松《まつ》を隔《へだ》てゝ歩《あゆ》み寄《よ》つた。

* * * * * * * *

斯日《このひ》よりしてお玉《たま》の豆腐《とうふ》は、毎日《まいにち》子爵家《ししやくけ》の臺所《だいどころ》の御用《ごよう》に召《め》された。

お玉《たま》の夫《をつと》須藤《すどう》一等卒《とうそつ》は、恰《あたか》も百合子《ゆりこ》が未來《みらい》の良人《をつと》たるべき花園中尉《はなぞのちうゐ》の隊《たい》に屬《ぞく》して居《ゐ》ることが知《し》れたので、百合子《ゆりこ》は中尉《ちうゐ》に手紙《てがみ》を送《おく》つて、須藤《すどう》が妻《さい》の事《こと》を詳《くわ》しく報《しら》せやり、幾千代《いくちよ》かけて互《たがひ》の良縁《りやうえん》を祝禱《ことほ》ぐ爲《た》めに、夏蜜柑《なつみかん》の離縁狀《りえんじやう》取消方《とりけしかた》を一等卒《とうそつ》に諭《さと》すべく賴《たの》んでやると、須藤《すどう》が嬉《うれ》し淚《なみだ》の中《うち》に、快《こゝろよ》く納得《なつとく》したと、やがての返事《へんじ》。

大家《おほや》の大得意《だいとくい》は、ほと〳〵衝天《しようてん》の勢《いきほひ》となつた。評判《ひやうばん》の「豆腐《とうふ》い」は、今《いま》も健《すこ》やかに且《か》つ艶《つや》やかに、浮氣鎭《うはきしづ》めの神《かみ》の聲《こゑ》として、曉《あかつき》の戸毎《とごと》々々に迎《むか》へられつゝあるとの事《こと》。

（了）

室内装飾

松浦伯 直傳

（承前）

○前號《ぜんごう》には三間以上《げんいじやう》も有《あ》る大床《おゝどこ》に就《つ》いての正式《せいしき》の飾《かざ》りを説明《せつめい》しましたが本號《ほんごう》よりは夫《そ》れ以下《いか》の床《どこ》に就《つ》いての飾《かざ》りかたを説明《せつめい》します。前《まへ》に述《の》べました七幅對掛物《ふくついかけもの》の外《ほか》には五幅對《ふくつい》。三幅對《ふくつい》。四幅對《ふくつい》。雙幅《さうふく》。一幅物等《ふくものとう》でありますがみなそれ〴〵掛物《かけもの》の畫面《ぐわめん》や其他《そのた》によりて飾《かざ》りかたに規則《きそく》のあるものですから。よく〳〵解明しによつて正式《せいしき》に飾《かざ》られるやう致《いた》したいものであります。

一　五幅對

左　花瓶

左　花瓶　又花瓶

中尊　三具足　又中央卓

右　花瓶

右　花瓶　又花瓶

是《これ》には立花《りつくわ》一對《つい》を正式《せいしき》とします。沙物《すなもの》でも常《つね》の花《はな》でも如前《さきのごとく》一對《つい》を正式《せいしき》と致《いた》します。中尊《ちうそん》、沙物《すなもの》の解並《かいなら》びに三具足《みつぐそく》、中央卓《ちうわうしよく》の飾《かざ》り方《かた》は前號《ぜんごう》に詳説《しやうせつ》しましたから此處《こ》には述《の》べません。

一　三幅對

左　花瓶

中　香爐　中央卓　机にても

右　花瓶　香合置合

右《みぎ》に示《しめ》す如《ごと》く三幅《ぷく》の掛物《かけもの》の前《まへ》には眞中《まんなか》に中央《ちうわう》卓《しよく》を置《お》きまして其《その》の上《うへ》に香爐《かうろ》を置《お》いて下《した》に香《かう》合《がふ》を置《お》き合《あ》ひ。卓《しよく》の左右《さゆう》に花瓶《くわびん》を飾《かざ》るのが正《せい》式《しき》であります。

或《あるひ》は中尊《ちうそん》の畫面《ぐわめん》に依《よ》りましては香爐《かうろ》なしに只《たゞ》花瓶《くわびん》一對《つい》を飾《かざ》ることも有《あ》ります。

又略《またりやく》しまして花瓶《くわびん》なしに中央卓《ちうわうしよく》へ香爐《かうろ》と香合《かうごう》ばかり置《お》きますか又《また》それも置《お》かずに置物《おきもの》ばかり置《お》いても宜《よろ》しいので有《あ》ります。

一　四幅對

左　花瓶小
左
香爐　又は花瓶大
右
右　花瓶小

一　雙幅　俗に一幅對といふ

此《こ》の雙幅《さうふく》が山水《さんすゐ》で有《あ》りましたならば花瓶《くわびん》は一つでも二つでも飾《かざ》つて可《よ》い。

置物《おきもの》をおくならばこれも何《なに》の形《かたち》でも宜《よろ》しい。

中央卓《ちうわうしよく》に香爐《かうろ》生物の形にても可卓下《しよくした》に一輪生《りんいけ》にても可《よ》し

神佛仙客祖師《しんぶつせんかくそし》などの像《ぞう》を描《か》いた幅《ふく》ならば香爐《かうろ》を手向《たむ》けるが可《よろ》しく。尤《もつと》も幅《ふく》の長短《ちやうたん》によりまして長《なが》い幅《ふく》には香爐《かうろ》を盆《ぼん》に乘《の》せ短《みじ》かい幅《ふく》には卓《しよく》に乘《の》せるが宜《よろ》しいのです。

墨蹟《ぼくせき》の幅《ふく》で有《あ》りましたら其《そ》の語《ご》により又筆者《ひつしや》によりまして香爐《かうろ》か花瓶《くわびん》のうち何《いづ》れでも飾《かざ》つて宜《よろ》しい。

鳥獸《てうじう》の繪《ゑ》には花瓶《くわびん》か置物《おきもの》か。

花卉《くわき》の掛物《かけもの》には置物《おきもの》が宜《よろ》しい。尤《もつと》も置物《おきもの》は人《じん》物《ぶつ》でも鳥獸《てうじう》でも構《かま》ひません。

式法　婚禮の部

〇前《まへ》には縁談《ゑんだん》の纏《まと》まりたるまでの手續《てつゞ》き並《なら》びにそれ〴〵の法式《はうしき》を縷述《るじゆつ》せり。是《こ》よりは結婚《けつこん》に係《かゝ》る必要《ひつよう》の條件《じやうけん》として最《もつと》も重《おも》きを置《お》かれたる結納《ゆひなう》の手續《てつゞ》き及《およ》び作法《さはう》を演《の》ぶべし。

古來《こらい》我《わ》が國《くに》の慣習《くわんしふ》としては、此《こ》の結納交換《ゆひなうとりかはせ》が結婚契約《けつこんけいやく》の成立《せいりつ》を表示《へうじ》する方法《はうはふ》たるのみならず、此《こ》のとき既《すで》に結婚《けつこん》の都《すべ》ての條件《でうけん》が具備《ぐび》したるものとなし、未《いま》だ新配偶者《しんはいぐうしや》が同棲《どうせい》せざる以前《いぜん》といへども當事者《とうにん》は勿論第三者《もちろんだいさんしや》までが當事者《たうじしや》を以《もつ》て人《ひと》の夫《をつと》たり妻《つま》たるものと公認《こうにん》したるものにて、往々《わう〳〵》結納交換後輿入《ゆひなうとりかはせごこしい》れの前《まへ》におゐて若《も》し其《そ》の夫《をつと》が萬《まん》一のことありたるとき、緑《みどり》の黒髪《くろかみ》を斷《た》ちて竟《つひ》に未亡人《びばうじん》を以《もつ》て生涯《しやうがい》をおくる等《とう》の悲劇《ひげき》を演《えん》ずること一二にして足《た》らず歴史上貞婦烈女《れきしじやうていふれつぢよ》として婦女《ふぢよ》の龜鑑《かゞみ》として賞揚《しやうやう》せられつゝあるなり。

然《しか》るに民法制定已來《みんぽうせいていこのかた》法律《はふりつ》の上《うへ》に於《おい》ては此《こ》の習慣《しふくわん》は打破《だは》せられたりといへども、素《もと》より所謂《いはゆる》夫婦《ふうふ》の固《かた》めなれば輕々《かる〴〵》しく爲《な》すべからざることゝ當然《たうぜん》のことゝいふべきなり。

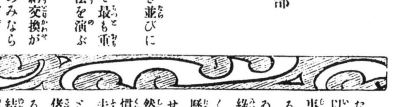

偖《さて》結納《ゆひなう》は雙方合意《さうはうがふい》の吉辰《きつしん》を選《えら》び夫《をつと》の方《かた》より贈《おく》るなり、これを往昔《むかし》は賴《たの》みの祝儀《しうぎ》といひ、又《また》結入《ゆひい》れ結幣等《けつぺいとう》書《か》けり。

結納《ゆひなう》の贈《おく》り物《もの》は小袖《こそで》、帶《おび》二筋《すぢ》、並《なら》びに鯛《たい》一略《りやく》

して鰹節《かつをぶし》）鯣《するめ》、昆布《こんぶ》を三種《しゆ》の肴《さかな》といひ、樽《たる》、末廣《すへひろ》、白髪《しらが》等《とう》を添《そ》え、七品《ひん》、九品《ひん》、十二品等《ひんとう》分限《ぶんげん》により差別《さべつ》ありてこれを目録《もくろく》に記《しる》し、釣《つり》臺《だい》二荷《か》に載《の》せて贈《おく》るを例《れい》とす。

因《ちなみ》に云《いは》、都《すべ》て婚姻《こんいん》の式《しき》に用《もち》ゆる熨斗《のし》鮑《あわび》の包《つゝ》み紙《がみ》並びに目録《もくろく》及《およ》び包《つゝ》み紙《がみ》、水引《みづひき》等《とう》みな一の數《すう》を忌《い》み紙《かみ》は二枚水引《みづひき》は二本《ほん》を用《もち》ゆるなり。最正式《さいせいしき》に於《おい》ては十二本《ほん》、九本《ほん》、七本《ほん》、付《つ》け等《とう》の水引《みづひき》を一本《ぽん》にて用《もち》ゆるなれど邦俗《ほうぞく》一本水引《ぽんみづひき》を忌《い》むの習慣《しうくわん》あれば特《とく》に記《しる》せるなり）。小袖《こそで》の地紋《もん》は幸菱《さいわいびし》、寶結《たからむす》び等《とう》を用《もち》ゐ、帯《おび》は必《かなら》ず二筋《ふたすぢ》とすべきなり

結納品贈與《ゆひなうひんぞうよ》の使者《ししや》も亦正使《またせいし》一人副使《にんふくし》一人都《にんすべ》て二人を遣《つか》はし、これを受《う》くる方《かた》にては、いかに鄭重《ていちやう》に扱《あつか》ふも出迎《でむか》ひ人《にん》を出《いだ》さゞるを禮《れい》とすること蓋《けだ》し出《いづ》るの字《じ》を忌《い》みてなるべし、故《ゆゑ》に使《し》者《しや》の案内《あない》を乞《こ》ふを待《ま》ちて二人《にん》にて迎《むか》へて其《そ》の口達《こうたつ》を受《う》くるなり。

第《だい》一に目録書第《もくろくがきだい》二に小袖帯樽肴《こそでおびたるさかな》、等目録《とうもくろく》の順《じゆん》に披露《ひろう》し二人《にん》は之《これ》を受《う》けて主人《しゆじん》に通《つう》ず。

主人《しゆじん》は使者《ししや》を書院《しよゐん》に請《せう》じ一應挨拶《おうあいさつ》あり、此《こ》の時配膳《ときはいぜん》の者《もの》は次《つぎ》の間《ま》より書院《しよゐん》に入《い》り、豫《かね》て床《とこ》に飾《かざ》りある手熨斗《てのし》の積《つ》みたる三寶《ぼう》を取《と》りて主人《しゆじん》の右手前《みぎてまへ》の方《かた》へ据え、又同《またおな》じく床《とこ》に飾《かざ》りある土器三寶《かはらけさんぼう》を取《とつ》て主人《しゆじん》の正前《しやうぜん》に据《す》え次《つぎ》に同《おな》じく銚子《てうし》一對《つい》を持《も》ちて末座《まつざ》に控《ひか》える。

主人《しゆじん》は三寶《ぼう》の上《うへ》にある箸《はし》を取《と》りて熨斗《のし》一つを挾《はさ》みて正使並《せいしなら》びに副使《ふくし》へ遣《つか》はす、正使先懐紙《せいしまづふところがみ》を取《と》り出《いだ》し膝行《しつかう》してこれを受《う》け膝行《しつかう》して席《せき》に復《ふく》す副使《ふくし》もこれに同《おな》じ、（若袴《はかま》のまゝ膝行《しつかう》して退《さが》ることは大《おほい》に練習《れんしう》を要《よう》することなるが此《こ》の場合《ばあひ》に或《あるひ》は略《りやく》して立《た》ちて小腰《こごし》を屈《かゞ》めたるまゝ退《さが》りて席《せき》に復《ふく》すも差支《さしつかへ》なきなり）此《こ》の間《あいだ》に配《はい》膳者《ぜんしや》は男蝶《をてう》の銚子《てうし》より女蝶《めてう》の銚子《てうし》へ禮酒《れいしゆ》を移《うつ》

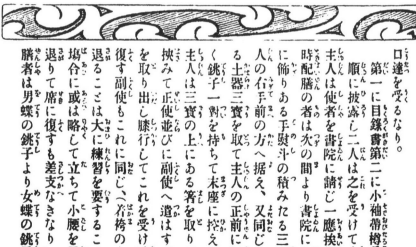

し其《そ》の交和《こうわ》したる女蝶《めてう》の銚子《てうし》を持《も》ちて主人《しゆじん》の前斜《まへなゝめ》に控《ひか》え、主人土器《しゆじんかはらけ》を取《と》りて一献《こん》飲《の》み本使《ほんし》に献《さ》す、本使《ほんし》一禮《れい》して一献《こん》受《う》け常《つね》の如《ごと》く主人《しゆじん》へ納《おさ》む、主人《しゆじん》再《ふたゝ》び副使《ふくし》と献酬《けんしう》すること前《まへ》の如《ごと》くにて主人土器《しゆじんかはらけ》を納《おさ》め、配膳者《はいぜんしや》は銚子《てうし》、土器《かはらけ》、熨斗《のし》も次《つぎ》の間《ま》へ引《ひ》き、用意《ようゐ》の引物《ひきもの》を持《も》ち來《きた》り正使《せいし》、副使《ふくし》の前《まへ》へ置《お》きて退《しりぞ》く、此《こ》のとき主人《しゆじん》「麁末《そまつ》ながら本日御使者《ほんじつおししや》の印迄《しるしまで》に」と挨拶《あいさつ》ありて一禮《れい》し、使者《ししや》は辭《じ》して此式終《このしきおは》るなり。

夫《それ》より他《た》の席《せき》に於《おい》て酒肴《しゆこう》を饗應《きやうおう》すること通《つう》常《じやう》の例《れい》たるが如《ごと》し

○

是《これ》より結納目録《ゆひなうもくろく》の式《しき》を辨《べん》ずべし、用紙《ようし》は大高檀紙《おほたかだんし》、中高檀紙《ちうたかだんし》乃至《または》大奉書《おうほうしよ》にて竪七《たてなゝ》折半《をりはん》に折《を》るなり、其《そ》の折方書《をりかたか》き方《かた》は圖《づ》に示《しめ》す如《ごと》し

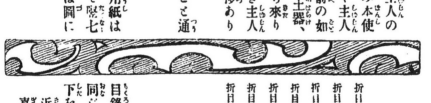

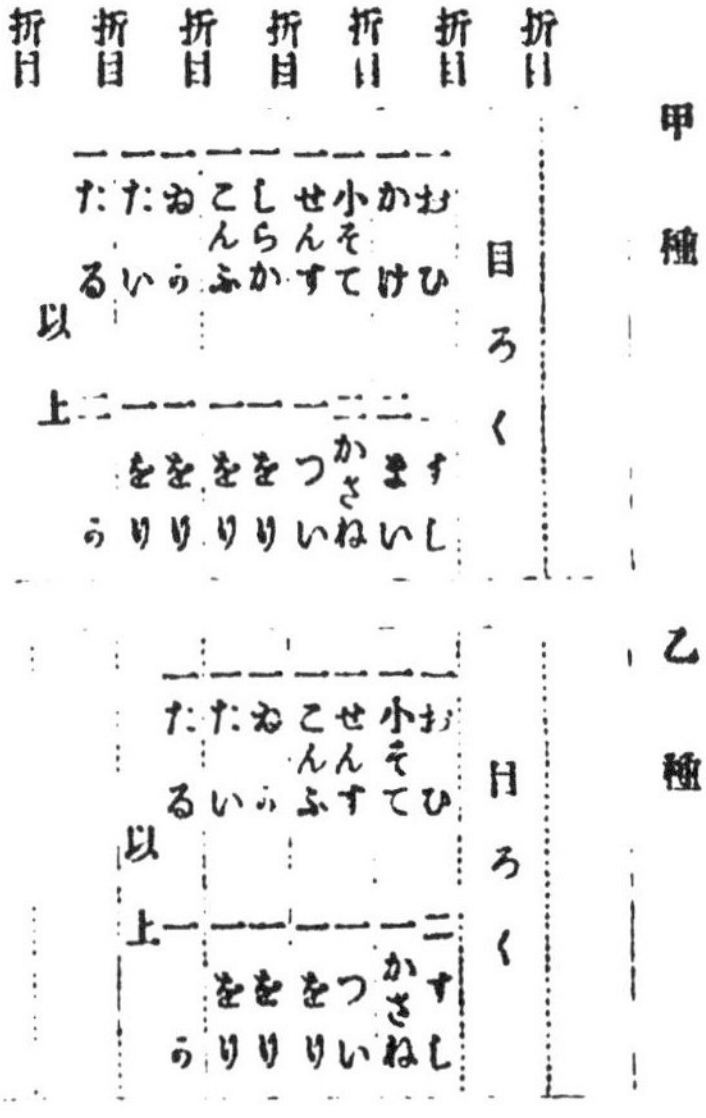

甲乙兩種《かうおつりやうしゆ》とも舊華族家《きうかぞくけ》にて用《もち》ゐられたる式《しき》なり

尤《もつとも》その家々《うちうち》により家例《かれい》ありて特種《とくしゆ》の式《しき》を用《もち》ゐらるるは別《べつ》として玆《こゝ》には通例《つうれい》のものを示《しめ》すなり

但用紙《たゞしようし》は二葉重《にはかさ》ぬることいづれも同《おな》じ

目録書《もくろくしよ》は圖《づ》に示《しめ》す如《ごと》くにして、上包《うはづゝ》み紙《かみ》は、同《おな》じ紙《かみ》を用《もち》ゐ二枚重《まいかさ》ねにして竪《たて》四つ折《をり》にし上《うへ》下《した》を折《を》り包《つゝ》み、表《おもて》に目録《もくろく》と書《か》くなり

近年《きんねん》此《こ》の目録《もくろく》に、子生婦《こうぶ》、勝男武士《かつをぶし》、家内《やな》喜多留《きだる》等《とう》あられもなき文字《もじ》を當《あ》て嵌《は》め用《もち》ゆ

ること例《れい》となりて人《ひと》も怪《あや》しまぬほどになりたるが、是《こ》は文字《もじ》も知《し》らぬ俗家《ぞくか》の戯《たはむ》れを好事《こうず》のものゝ傳《つた》へ〳〵て斯《か》く一般《ぱん》の習慣《ならはし》となりたるにて、最《もつと》も識者《しきしや》の取《と》らざる所《ところ》なり。

玆《こゝ》に示《しめ》す圖《づ》は結納品《ゆひなうひん》に附屬《ふぞく》する熨斗《のし》包《つゝ》み(眞行草《しんかうさう》)の折《を》り方《かた》及《およ》び結納料金《ゆひなうりようきん》の包《つゝ》み方《かた》(眞行草《しんかうさう》)を示《しめ》すものにして圖中《づちう》「……」を以《もつ》て畫《くわく》したるは折《を》り目《め》の沈《しん》む方《はう》「——」を以《もつ》て畫《くわく》したるは折《を》り目《め》の浮《う》く方《はう》と知《し》るべし。

總て折物は先づ新聞紙にても一枚を拵へ其品に通り幾枚にてもへらにて付れば揃いたる物易く出來得るなり

(イ)

眞の料金包の形
但し大高檀紙用二枚重ね

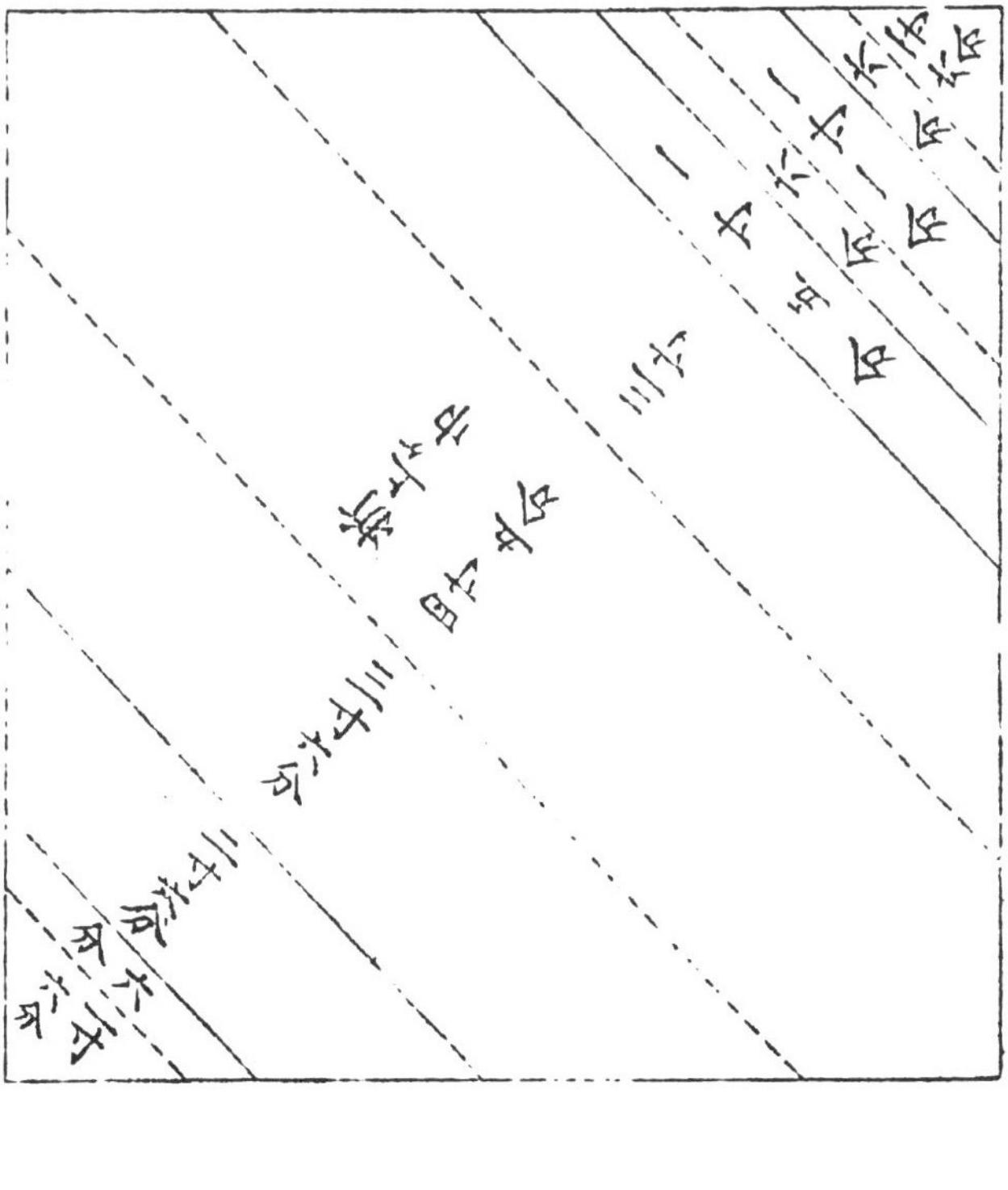

右用紙兩面外表に合せ寸法曲尺一尺五寸角に裁ち改め中の折上げ巾より始め左右へ筋付置けるべし

眞の熨斗包の形
大高檀紙一枚を二つ折寸法長さ尺二寸巾八寸に改む

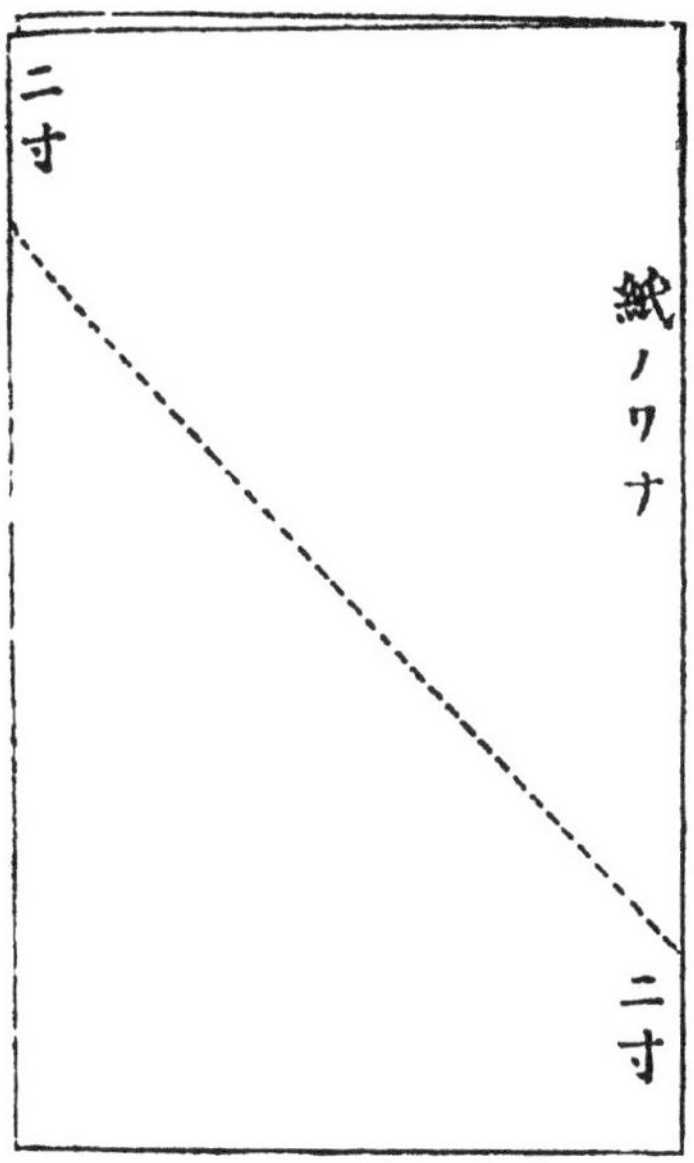

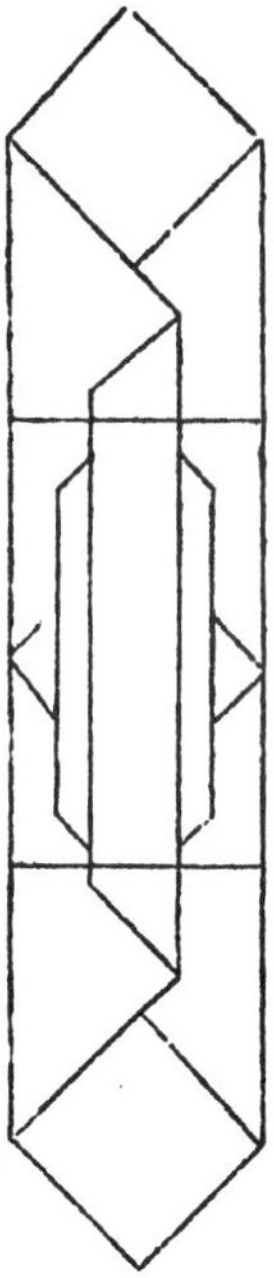

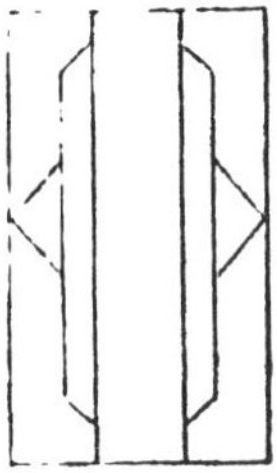

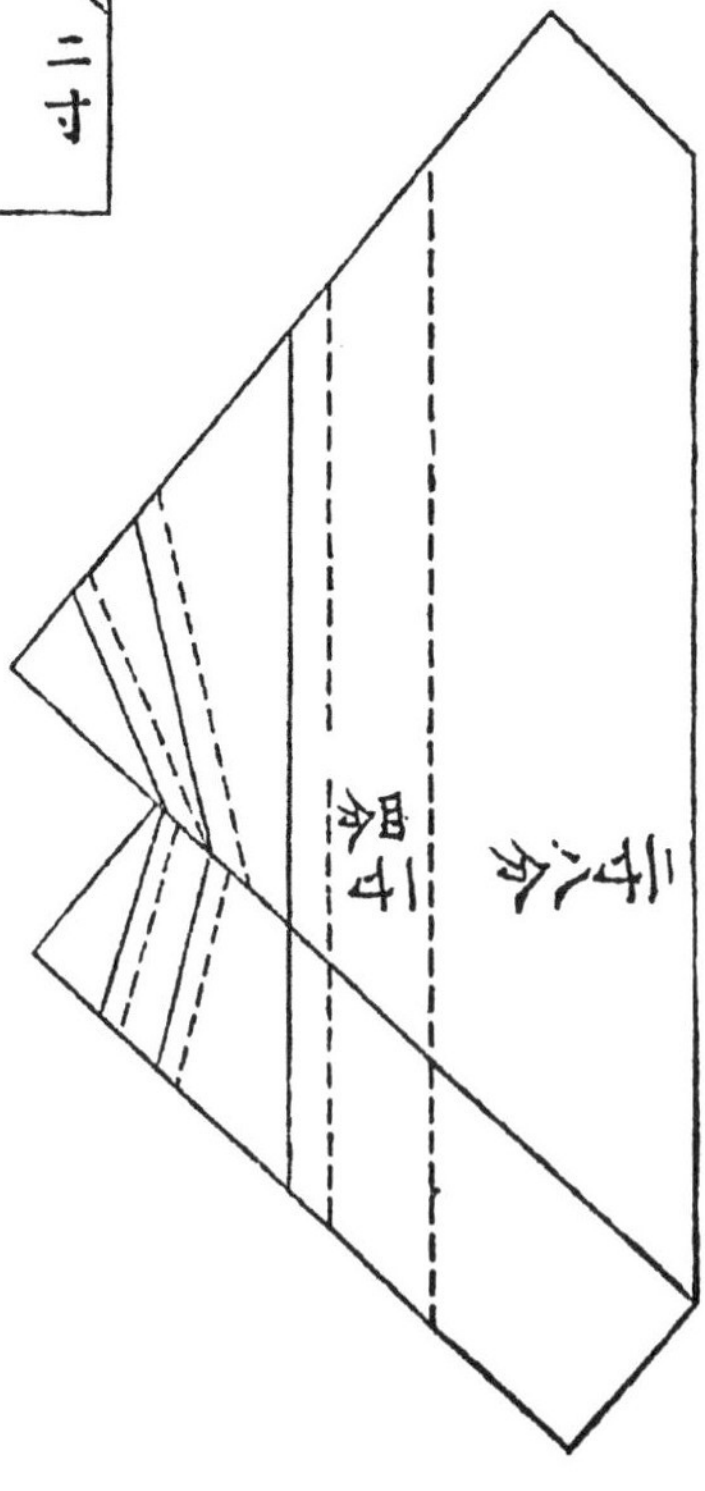

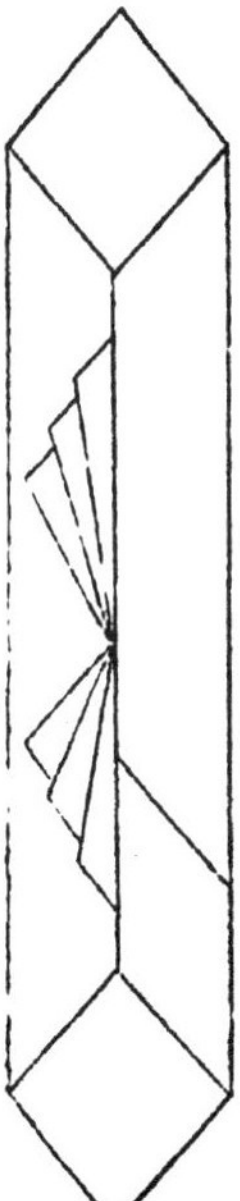

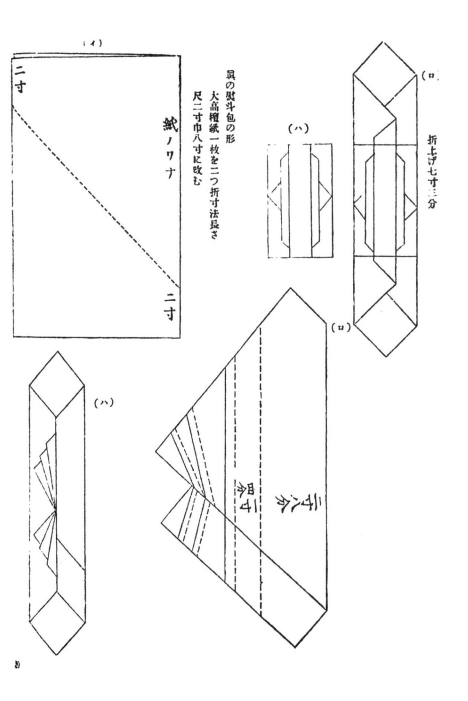

行の料金包の形

用紙大奉書外表に二枚重ね中より左右へ付わけるべし

（イ）

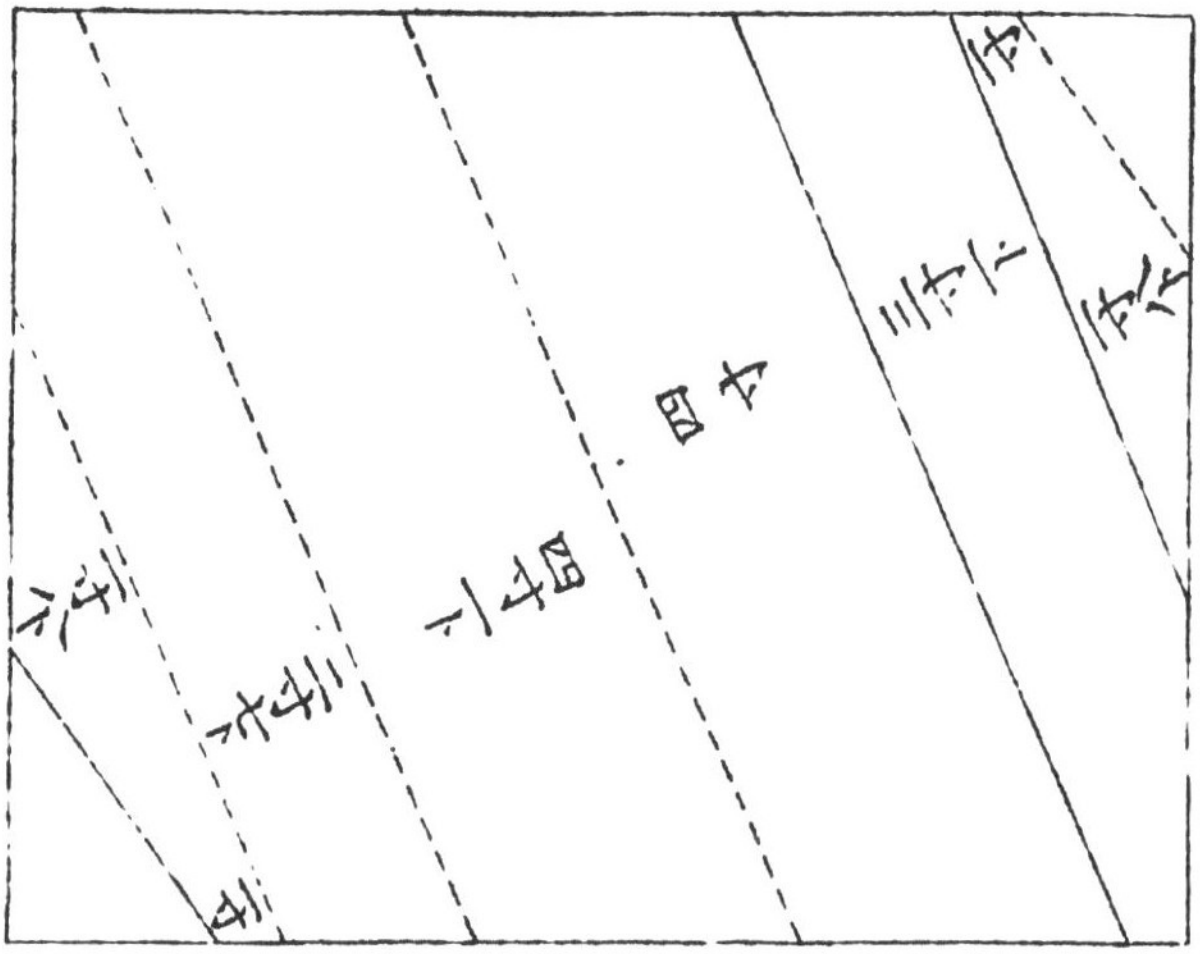

（ロ）

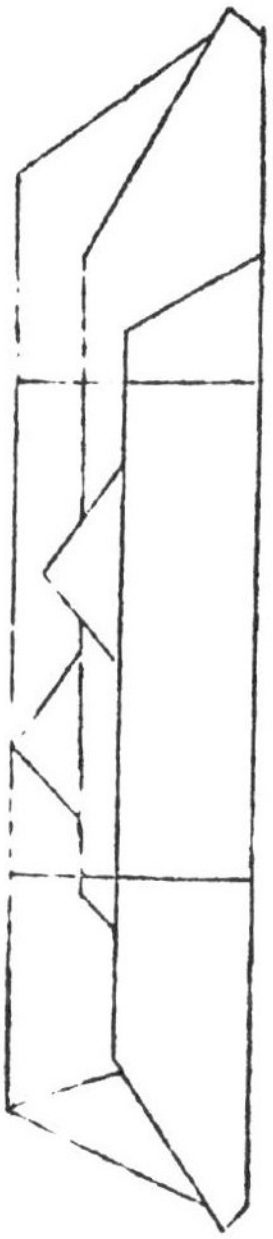

折上げ六寸八分

（ハ）

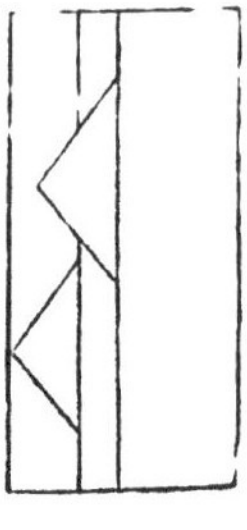

行の熨斗包の形大奉書二つ折

寸法長尺〇巾八寸に改め中より左右へ筋付わける

（い）

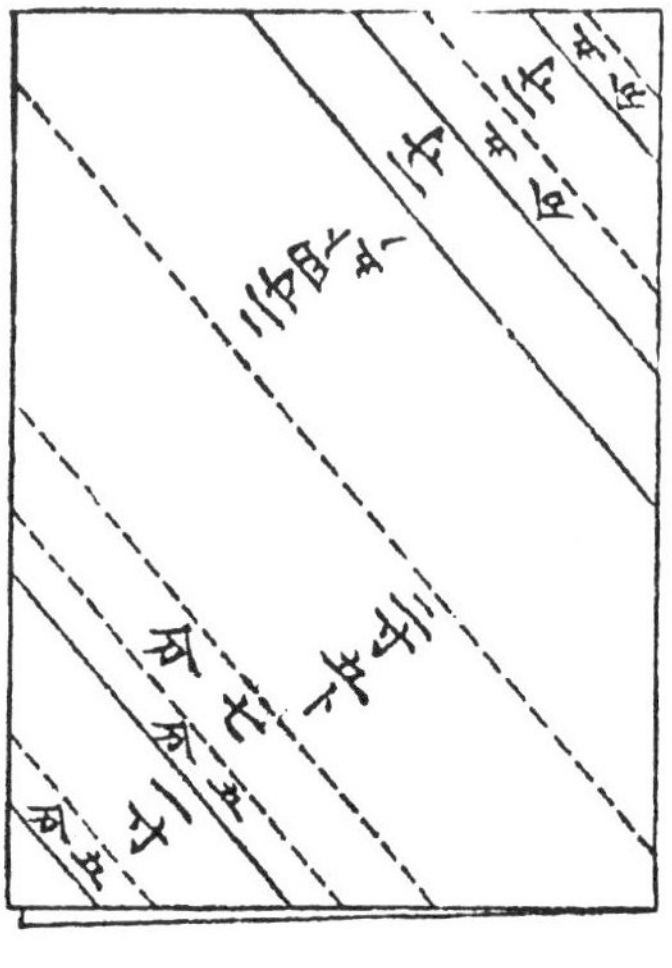

（ろ）

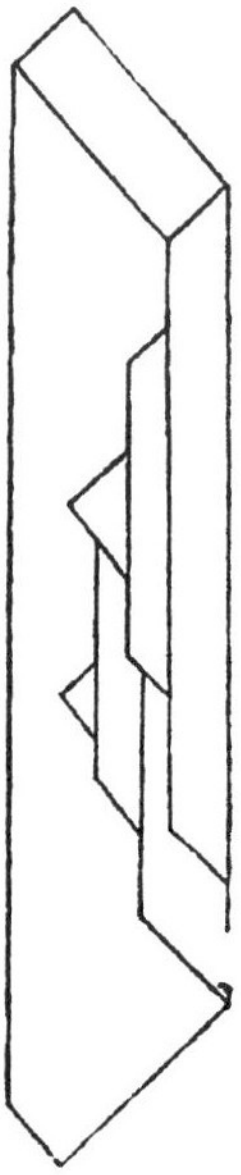

紙のわな

草の料金包の形

大奉書寸法尺三寸角外表て二枚重ね

（イ）

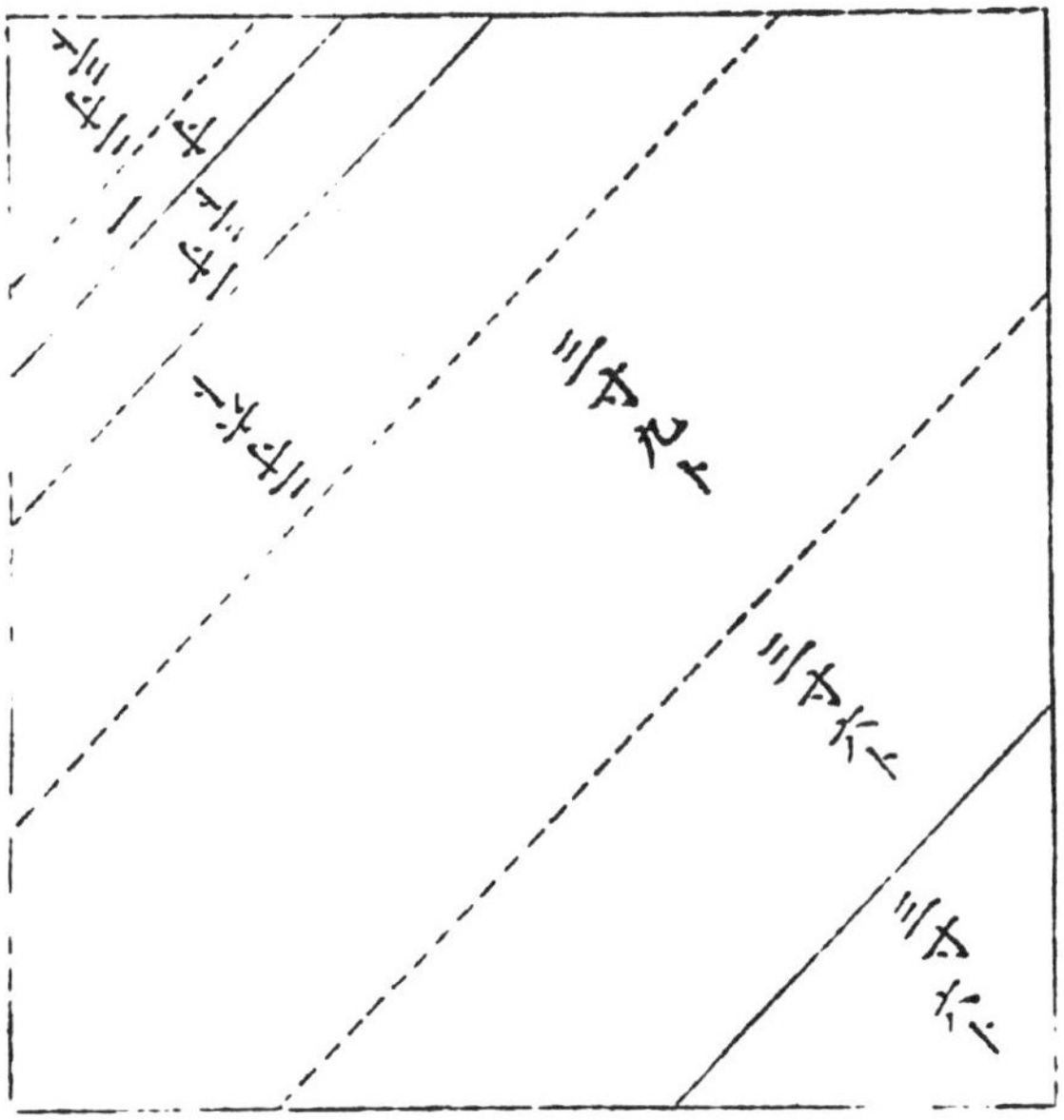

但し草の形は中奉書即ち尺二寸角にても出来得れども 紙質薄く
なれは婚禮用に大奉書以下は餘り用いざれども部合たるべし

（ロ）

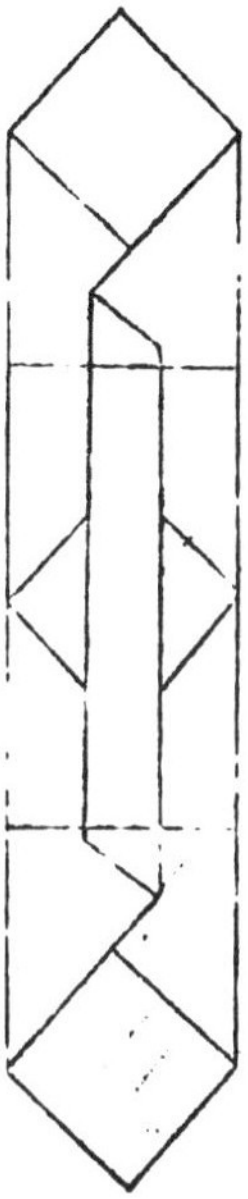

折上げ六寸五分

（ハ）

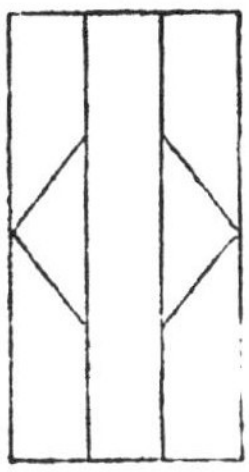

草の熨斗包の形
大奉書二つ折長尺二寸巾八寸

（い）

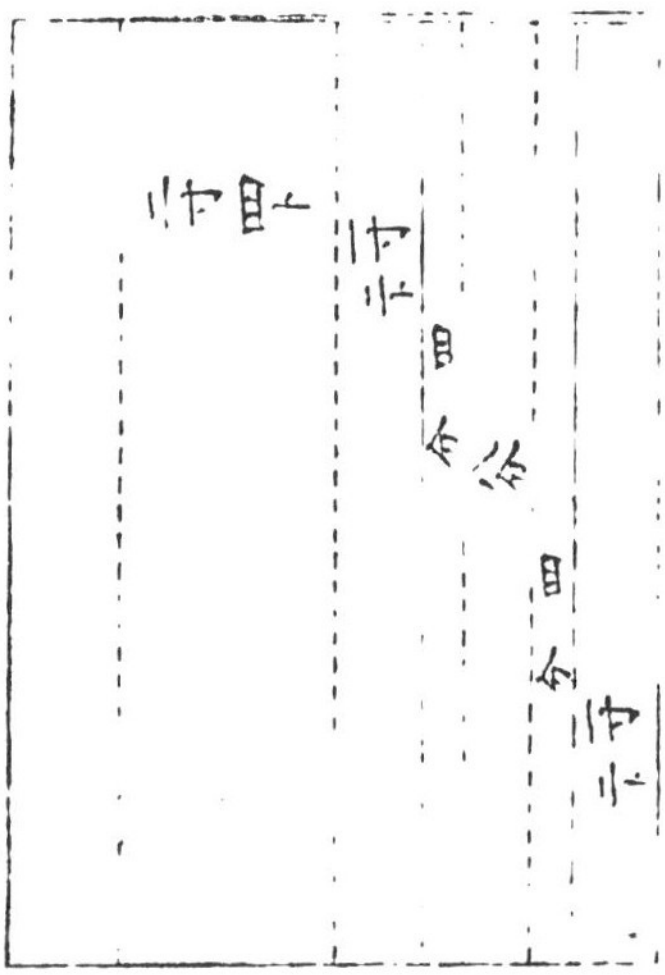

（ろ）

右何れも水引を掛白木臺に乘せたる圖解は次號にゆづる

○通俗法律（承前）

前號《ぜんこう》には結婚《けつこん》のこと並《なら》びに其《そ》の屆《とゞ》け方《かた》、裁判《さいばん》上《じやう》の離《り》婚《こん》のこと、嫡出子《ちやくしゆつし》の屆《とゞ》け方《かた》などを委《くわ》しくお話《はな》しました。

今度《こんど》は庶子《しよし》についての種々《いろ〳〵》な事柄《ことがら》を解《と》き明《あか》しませう。

庶子《しよし》とは公然《おほやけ》の配偶者《はいぐうしや》の中《なか》に出生《うま》れた子《こ》でない所謂《いはゆる》隱《かく》し子《こ》のことでありまして、要《よう》するに私生子《しせいし》の父《ちゝ》が自分《じぶん》の子《こ》に相違《ちがひ》ないと認《みと》めて自《じ》分《ぶん》の戸《こ》籍《せき》へ子《こ》として入籍《にふせき》しました子《こ》のことをいふのであります。

庶子《しよし》の認知《にんち》には二種《ふたいろ》の方法《しかた》が有《あ》りまして、其《その》の子《こ》が胎内《たいない》に居るうちに豫《あらか》じめ届《とゞ》けておきますのと、生《うま》れてから届《とゞ》けるのとがあります。勿論《もちろん》何方《どちら》にしても親子《おやこ》の關係《くわんけい》には異《かわ》りはないのですが、徳義《とくぎ》の上《うへ》から言《い》ひますれば、確《たしか》に自分《じぶん》の子《こ》に異《ちが》ひないならば潔《いさぎよ》く胎内《たいない》の子《こ》を認知《にんち》して其《そ》の子《こ》の母《はゝ》にも安心《あんしん》させ、其《そ》の子《こ》の將來《ゆくすゑ》にも誤《あやま》りのないやうに心懸《こゝろがけ》ねばならぬのが父《ちゝ》たるもの丶徳義《とくぎ》として當然《たうぜん》の義務《ぎむ》で有《あ》らうと思《おも》ひます。

扨《さて》本文《ほんもん》に入《い》りまして私生子《しせいし》庶子《しよし》についての法《はふ》律《りつ》は斯《か》う定規《さだめ》てあります。

民法

第八百二十七條　私生子《シセイシ》ハ其父《ソノチヽ》又《マタ》ハ母《ハヽ》ニ於《オイ》テ之《コレ》ヲ認知《ニンチ》スルコトヲ得《ウ》

父《チヽ》ガ認知《ニンチ》シタル私生子《シセイシ》ハ之《コレ》ヲ庶子《シヨシ》トス

法律《はふりつ》の上《うへ》から申《まう》しますと正當《せいたう》に生《うま》れた子《こ》でありませんから當然其《たうぜんその》の父又《ちゝまた》は母《はゝ》があるべき筈《はず》はないのです、其《そ》れですから現在《げんざい》生《う》んだ母《はゝ》でも格段《かくだん》に認知《にんち》しなければ子《こ》とはなりません、況《まし》て父《ちゝ》は猶更《なほさら》のことです。前《まへ》にも申《まう》しました私生子《しせいし》を胎内《たいない》に在《あ》るうちに父《ちゝ》が認知《にんち》します手續《てつゞき》は胎兒認知届《たいじにんちとゞけ》を出《だ》せばよいのです。

胎兒認知届（一本）　認知者本籍地戸籍吏宛

東京市淺草區何町幾番地

戸主族籍職業

何野たれ

胎兒

右何野たれノ承諾ヲ得テ其胎內ニ在ル子ヲ認知致候依テ連署此段及御届候也

明治何年何月何日

東京市京橋區何町幾番地

戸主族籍職業

届出人　認知者　鶴　田　龜　吉㊞

明治何年何月何日生

承諾者　何　野　た　れ㊞

東京市京橋區戸籍吏何某殿

此《こ》の届出《とゞけいで》に因《よつ》て既に何野《なにの》たれの胎内《たいない》に在《あ》る子《こ》が鶴田《つるた》龜吉《かめきち》の庶子《しよし》となるので、其《そ》の子《こ》が分娩《ぶんべん》した暁《あかつき》には其《そ》の届《とゞけ》を鶴田龜吉からするのです。其《そ》の文例《ぶんれい》は

庶子出生届（一本）同上

東京市京橋區何町何番地

戸主族籍職業

父　鶴　田　龜　吉

東京市淺草區何町何番地

戸主族籍職業

母　何　野　た　れ

出生前に認知庶子　男誰藏 女かめ

出生　明治三十七年八月一日午前八時

場所　東京市淺草區何町何番地

右出生致候間此段及御届候也

明治三十七年八月八日

届出人　父　鶴　田　龜　吉㊞

明治何年何月何日生

東京市京橋區戸籍吏何某殿

而《さう》して若《も》し其《そ》の胎兒《たいじ》が不幸死體《したい》で分娩《ぶんべん》した場《ば》合《あい》には、鶴田龜吉《つるたかめきち》は胎兒認知《たいじにんち》の取消《とりけし》をする必《ひつ》要《えう》が有《あ》ります、此《こ》の場合《ばあい》に於《お》いては左《さ》の届《とゞけ》を爲《せ》ねばなりません。

胎兒認知登記取消申請（一本）同上

東京市淺草區何町何番地

戸主族籍職業

何　野　た　れ

胎　兒

右胎兒認知ノ旨明治何年何月幾日及御届置

候處本月幾日胎兒死體ニテ分娩致候ニ付認知ノ登記御取消相成度此段申請致候也

東京市京橋區何町何番地

戸主族籍職業

申請人　出生届出義務者　鶴田織吉㊞

明治何年何月何日生

東京市京橋區戸籍吏何某殿

扨前《さてまへ》に列記《れつき》した庶子《しよし》認知《にんち》の事柄《ことがら》は、認知《にんち》する父《ちゝ》が戸主《こしゆ》で有《あ》りますので自分《じぶん》の意思《こゝろ》ひとつで輙《たやす》く認知《にんち》することが出來《でき》ますが、若《も》し此《こ》の父《ちゝ》が一家《いつか》の戸主《こしゆ》でなくて誰《たれ》かの家族《かぞく》で有《あ》つたならば如何《どう》かといふに、家族《かぞく》は戸主《こしゆ》の家《いへ》に在《あ》るもので戸主《こしゆ》の籍《せき》に入《い》らねばならぬものですから、其《その》の子《こ》も同《おな》じく戸主《こしゆ》の籍《せき》に入《い》らねばなりません、而《さう》して嫡出子《ちやくしゆつし》ならば公然法律上結婚《こうぜんはふりつじやうけつこん》して配偶《はいぐう》となつた夫婦《ふうふ》のなかに擧《あげ》た子《こ》で有《あ》りますから其《そ》の子《こ》は當然父母《たうぜんふぼ》と共《とも》に戸主《こしゆ》の家《いへ》に居《を》り且《かつ》戸主《こしゆ》の籍《せき》に入《い》る理由《りいう》を持《ちつ》て居《を》りますが、戸主《こしゆ》は其《そ》の家族《かぞく》の庶子《しよし》までを戸籍《こせき》に入《い》れ且同居《かつどうきよ》せしむる義務《ぎむ》は持《も》ちません、近《ちか》く譬《たと》へて見《み》ますれば、何《いづ》れの人《ひと》と雖《いへど》も他《た》の婦女《ふじよ》と私通《しつう》する場合《ばあい》に戸主《こしゆ》と協議《けふぎ》の上戸主《うへこしゆ》の同意《どうい》を得《え》てから私通《しつう》するやうなことは有《あ》り得《う》べきことでは有《あ》りません、要《えう》するに戸主《こしゆ》の同意《どうい》を得《え》て配偶《はいぐう》した妻《つま》の子《こ》でない謂《い》はゞ隱《かく》し子《ご》でありますから戸主《こしゆ》はその入籍《にふせき》を拒《こば》むことが出來《でき》ます、此《こ》の場合《ばあい》に其《そ》の子《こ》の父《ちゝ》は如何《いか》に處《しよ》するかといふに、其《そ》の子《こ》は我《わ》が擧《あ》けた子《こ》に違《ちが》ひないが自分《じぶん》は家族《かぞく》で有《あ》つて戸主《こしゆ》が入籍《にふせき》に同意《どうい》せぬ限《かぎ》りは入籍《にふせき》させることは出來《でき》ない、併《しか》し入籍《にふせき》は爲《せ》せられなくも父《ちゝ》で有《あ》るといふことは認《みと》めたい、此《こ》の場合《ばあい》には其《そ》の子《こ》を母《はゝ》の家《いへ》に入籍《にふせき》して而《さう》して庶子《しよし》として父《ちゝ》から出生届《しゆつしやうとゞけ》をすることが出來《でき》ます。

（以下次號）

笑門

丈八述

〇

一寸時《ちよつと》お邪魔《じやま》に出《で》かけましてお短《みじか》いお話《はな》しを致《いた》しまして御機嫌《ごきげん》を伺《うかゞ》ひます、お話《はな》しはとかく馬鹿《ばか》や各嗇や粗忽のが出《で》ませんとお笑《わら》ひの種《たね》がムりませぬ、扨前席同様《さてぜんせきどうやう》こゝにも支那《しな》の落話《おとしばなし》を一二席《せき》お聴《き》きに納《い》れます。

〇活千年《ながいき》

或《あ》る素封家《おかねもち》の貴人《だんな》が平常《ふだん》から過度《たいへん》な御幣擔《ごへいかつ》ぎ（支那俗一種の迷信家を稱して御幣擔ぎと云ふ）で厶《ござ》りまして、何事《なにごと》によらず延喜の悪ひことを甚大氣に懸《か》けます。此家《こゝ》に阿呆の一門客《いそうらう》が居《を》りまして、或《あ》る時貴人《だんな》の御機嫌《ごきげん》をとらうと思《おも》ひまして出放題《でたらめ》なことを云《い》ひ出《だ》しました。

『エー貴人《だんな》　昨夜《ゆうべ》豪《えら》いお目出度《めでた》い夢《ゆめ》を見《み》ました』

貴人《だんな》莞爾顔で

『ソー甚麼《どんな》夢《ゆめ》を見《み》たね』

『ヘー素敵滅法界《すてきめつぽふかい》な夢《ゆめ》で、貴人《だんな》今日《こんにち》は特《とく》別御膳上等勲一等功一級金鵄勲章の御馳走《ごちさう》になりたいもので、今日《こんにち》は四《し》碗目にも威張《いば》つて手《て》が出《だ》せるといふものでへ、、、』

『効能書《こうのうがき》は後《あと》にしてマア甚麼夢《どんなゆめ》だよ』

『へーそれではお話《はな》し為《し》ますが　ソノ貴人《だんな》が千年活《せんねんいき》てお出《いで》になつた夢《ゆめ》です、何《なん》と豪勢《がうせい》な夢《ゆめ》でせうゝ』

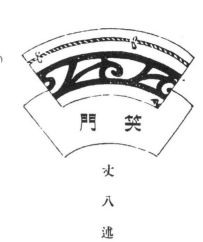

『イヤ其《そ》れは不可《いけない》、生《せい》を夢《ゆめみ》て死《し》を得《う》といふことがある、不祥《いんぎがわるい》ではないか』

『マ、、、間違《まちが》いです〱、アノ公《だんな》が千《せん》年《ねん》死《し》んでた夢《ゆめ》を見《み》たのです』

○頭眼《みつめ》

碁敵《ごがたき》は憎《にく》さも憎《にく》し懐《なつか》しとは能《よ》く穿《うが》つた狂句《きやうく》でム《ござ》りまして、二三番《ばん》も續《つゞ》け彈丸《だま》に敗《やら》れますと、野郎明日《やらうあした》來《き》ても不《る》在《す》だと云《い》へ。決《けつ》して欵待《あげ》ることはならぬぞ、門《かど》から逐《み》ひかへせナカと仰有《おつしや》いまして、其《そ》のお對手《あいて》が二三日《にち》も見《み》えませんと。

甚麽《どう》だい、吉兵衛《きちべゑ》さんは些《ちつ》とも見《み》ないが感《か》冐《ぜ》でもひいたかなどと御心配《ごしんぱい》でお迎《むか》ひが出《で》るといふやうなわけで。

『唯今《たゞいま》はお使《つかひ》を難有《ありがた》う、久濶《ひさしく》對奕《たゝかひ》ませんナ』

『貧道《おたも》此《この》ごろはだいぶ上達《じやうたつ》したから今日《けふ》から互《たが》ひ先《せん》でどうだ』

『和尚《おしやう》さん御串談《ごじやうだん》ばかり……、迚《とて》も碁《ご》になりません、それとも濟《はま》でもあげますかナ』

『豪《えら》い氣焔《きえん》だナ、優婆塞《うばそく》の分際《ぶんざい》で比丘《びく》にむかつてハ、、、兎《と》にかく摑《つか》まう』

和尚《おしやう》ひと掴《つか》み碁石《ごいし》を握《にぎ》つて盤《ばん》の上《うへ》へ出《だ》しました、茲《こゝ》で奇偶《かず》を定《き》めて到頭《とう〱》和尚《おしやう》が烏《くろ》と極《きま》りました、パチーリ〳〵圍《かこ》むで居《お》りますうちに和《お》尚《しやう》さん角《すみ》の所《どこ》へ接《つ》ぎ落《おと》しをして其《そ》の石《いし》が死《し》にそうになつて來《ゆ》たから堪《たま》りません。

『吉兵衛《きちべゑ》さん一寸《ちよつと》待《ま》つてくれ……』

『不可《いけ》ません、此《こ》の期《ご》に及《およ》むで……』

『ムー困《こま》つたな。待《ま》てよ、ムー……』

和尚目《おしやうめ》を白黒《しろくろ》して考《かんが》へたが何分妙手《なにぶんいゝて》が出《で》ない頭脳《あたま》が懊悩《むしやくしや》して來《き》ましたから頭《あたま》を掻《かい》たり何《なん》かしてポント額《ひたへ》の所《どこ》を敲《たゝ》きながら。

『此所《こゝ》に最《も》一《ひと》つ目《め》が有《あ》れば可《い》いのだが……』

〇年倒縮《あとへこしとり》

或《あ》る商家《しやうか》の家長《だんな》さまで隨分《ずいぶん》お嫖遊《あそび》好《すき》のお方《かた》と見《み》えまして、とき〲登樓《おうかれ》なさいます。お座敷《ざしき》が退《ひ》けまして例《いつも》の通《とほ》りお敵妓《あいかた》と對座《さしむかひ》になりまして。

『トキに年《とし》をきくのも野暮《やぼ》な話《はな》しだが一體《いつたい》阿卿《おまへ》は幾許《いくつ》だへ』

『十八ですが老成《ふけ》てると云《い》はれますから厭《いや》でならないツ』

其後《そのご》二三年經《ねんたち》ちまして又此《またこ》の嫖客《おきやく》が初會《しよくわい》で登《あが》りまして例《れい》の通《とほ》り退《ひ》けて對座《さしむかひ》になりましてから年齢《とし》をきいたら今度《こんど》は

『十七です』

と答《こた》へた、又《また》三年程經《ねんほどた》つて例《れい》の通《とほ》り年齢《とし》をきくと怱倉《そゝつ》かしい娼妓《おいらん》でお客《きやく》の容貌《かほ》を遺忘《わすれ》て居《ゐ》ますと見《み》へて今度《こんど》は

『十六です』

と答《こた》へました、するとお客《きやく》が俄然《きうに》鬱《ふさ》ぎだしました、敵娼《あいかた》も不審《へん》に思《おも》ひましたから何故《なぜ》そんなに鬱《ふさ》ぐんですと聞《き》いたらお客《きやく》が。

『卿《おまへ》の年齢《とし》も乃公《おれ》のうちの本錢《もとで》と同《おな》じやうに漸縮少《だんくすくな》くなるので思出《おもひだし》ても悲《かな》しくなる』

流行案内

世《よ》の流行《りうかう》といふものは不思議《ふしぎ》に回轉《くわいてん》して來《く》るもので、一旦《たん》世《よ》の中《なか》に謳《うた》はれたものは、何《い》つの世《よ》にか繰《く》り返《かへ》さるゝものである。今專《いまもつぱ》ら流行《りうかう》しつゝあるオリーブ色《いろ》ピーコック色《いろ》も一種《しゆ》の萠黄色《もえぎいろ》で、此《こ》の萠黄色《もえぎいろ》の流行《はやつ》たのは萬延年間《まんえんねんかん》のことで、其《そ》のときは白茶《しらちや》と竝《なら》んで流行《りうかう》した、其《そ》の白茶《しらちや》は永《なが》く流行《りうかう》してのちに銀鼠《ぎんねつ》となり金鼠《きんねつ》となつて漸《やうや》く茶色《ちやいろ》が鼠色《ねつみいろ》に領分《りやうぶん》を取《ど》られたのであつた。

所《どころ》が二三年《ねん》の遲速《ちそく》は有《あ》つがた近頃《ちかごろ》白茶《しらちや》は金茶《きんちや》となり萠黄《もえぎ》はオリーブ色《いろ》と化《くわ》して繰《く》り返《かへ》されたのもよく／＼因縁《いんねん》の深《ふか》い色《いろ》と見《み》ゆる、其處《そこ》へ葡萄鼠《ぶだうねつ》其他《そのた》幾分《いくぶん》か鼠《ねつ》を含《ふく》むだ色《いろ》が流行《りうかう》を爭《あらそ》つて居《ゐ》るも妙《めう》なもので、此《こ》の流行色《りうかういろ》の變遷《へんせん》を丹念《たんねん》に記《しる》して置《お》いて、時々《ときどき》の人氣《にんき》と調和《てうわ》して考《かんが》へたら必然《きつと》來《きた》るべき流行《りうかう》を前知《ぜんち》することが出來《でき》るで有《あ》らうと思《おも》ふ。

茲《こゝ》にまた異樣《いやう》に感《かん》ぜられるのは婦女《ふぢよ》の髮形《かみかたち》で足利時代《あしかゞじだい》迄《まで》一般《ぱん》の下《さ》げ髮《がみ》で有《あ》つたのが唐輪《からわ》、兵庫《ひやうご》、勝山《かつやま》、丸髷《まるわげ》、片外《かたはつ》し、島田《しまだ》、お盥《たらひ》、割《わり》唐子《からこ》、天神《てんじん》、松葉《まつば》、銀杏返《いてうがへ》し、銀杏髷《いてうわげ》、樂屋《がくや》銀杏《いてう》、三《み》ツ輪《わ》等《とう》、其外《そのほか》種々《しゆ／＼》の形《かたち》を經《へ》て來《き》て今《いま》や日本開闢以來《にほんかいびやくいらい》の文明《ぶんめい》と稱《しよう》する明治《めいぢ》の今日《こんにち》となつて少女《せうぢよ》に下《さ》げ髮《がみ》あり其外《そのほか》目下流行束髮《もくかりうかうそくはつ》の結《ゆ》ひぶりが髮《かみ》の結《ゆ》ひはじめの唐輪《からわ》に酷似《こくじ》して居《ゐ》るのも妙《めう》ではあるまいか、試《こゝろ》にこれを比較《ひかく》

對照《たいしやう》して見《み》ると開卷第《かいくわんだい》一の圖《づ》に示《しめ》すとふりである。

(甲)圖《づ》の唐輪髷《からわわげ》は慶長年間《けいちやうねんかん》の畫圖《ぐわと》から縮寫《しゆくしや》したもので、前髮《まへがみ》や鬢《びん》を耳《みゝ》の上部《じやうぶ》から大《おほ》きくとつた矩合《ぐあひ》から、惣體《そうたい》の髮《かみ》をひと束《つか》ねにしてぐる〳〵と卷《ま》いた形《かた》ちが、多少《たせう》唐輪《からわ》といふ輪《わ》の形狀《けいじやう》こそ違《ちが》へその趣《おもむ》きは同一《どういつ》である、即《すなは》ち(乙)圖《づ》は目下《もくか》大流行《おほりうかう》の束髮《そくはつ》であるが比《くら》べて見《み》た所《ところ》で大同小異《だいどうせうゐ》といふの外《ほか》はない。

夫《それ》から(イ)圖《づ》は有名《いうめい》な菱川吉兵衞《ひしかはきちべゑ》の描《か》いた風《ふう》俗畫《ぞくぐわ》の中《うち》にある玉結《たまむす》びと稱《しよう》する髮形《かみかたち》の人物《じんぶつ》を描寫《べうしや》したもので、此《こ》の圖《づ》の女子《おなご》が惣體《そうたい》の髮《かみ》をひと束《たば》ねにした根本《ねもと》を「リボン」やうのもので結《むす》んで更《さら》に折《を》り返《かへ》してある所《ところ》は(ロ)圖《づ》の流行《りうかう》少女束髮《せうぢよそくはつ》マガレートと稱《しよう》する結《ゆ》ひかたと少《すこ》しも差《ちがひ》がない。

此《こ》の髮《かみ》の結《ゆ》ひぶりに就《つい》て妙《めう》なのは、前者《ぜんしや》の唐《から》輪《わ》や前髮《まへがみ》を切《き》り下《さ》げてひと束《たば》ねに根本《ねもと》を結《むす》んで下《さ》げた時《とき》は、葡萄牙《ポルチユガル》や暹羅《サイアム》などと交通《かうつう》の盛《さか》んな時代《じだい》で有《あ》つて、此束髮《このそくはつ》も海外交通《かいぐわいこうつう》の隆《さか》んな今日《こんにち》で有《あ》るとは是《これ》も何《なに》かの因緣《いんねん》で有《あ》らう。實《じつ》に三百有餘年《いうよねん》も遠離《とほざか》つた時代《じだい》の流行《りうかう》を繰《く》り返《かへ》さるゝのも不思議《ふしぎ》ではないか、是《これ》は流行觀察《りうかうくわんさつ》の眼《め》から見《み》た所《ところ》で、一方《いつぱう》の容姿品評眼《ようしひんぴやうがん》から見《み》ると今《いま》の流行束髮《りうかうそくはつ》が和服《わふく》の色《いろ》や文様《もやう》や縞柄《しまがら》や着《き》て帶《おび》を締《し》めた形《かたち》やと調和《てうわ》して居《ゐ》るか那樣《どう》だかは頗《すこぶ》る疑問《ぎもん》で、或《あるひ》は記者《きしや》の眼《まなこ》が多少《たせう》舊式《きうしき》で有《あ》るか知《し》らないが、折角《せつかく》(食道樂《くひだうらく》の)音羽《おとは》孃《ぢやう》を(日出島《ひのでじま》の)雲岳女史《うんがくぢよし》にしてのけたやうな心地《こゝち》がして風采《ふうさい》の上《うへ》からも容姿《ようし》の上《うへ》からも七分の損《そん》が有《あ》るやうに思《おも》はれる。

今《いま》の衣裝《いしやう》は色《いろ》といひ文様《もやう》といひ縞柄《しまがら》といひ悉《こと〴〵》く燻《くす》みきつて居《ゐ》る、是《これ》は德川氏時代《とくがはしじだい》寬政度《くわんせいど》の改革《かいかく》や天保度《てんぱうど》の所謂《いはゆる》御趣意《ごしゆゐ》なるもので強制的《きやうせいてき》勤儉制度《きんけんせいど》の壓力《あつりよく》が頭腦《づのう》に染《し》みこんだその遺傳《いでん》性《せい》で、出來《でき》るたけ人目《ひとめ》にたゝないやうにする、極端《きよくたん》に言《い》へば人《ひと》に見《み》えないやうにするといふことが習慣性《しうくわんせい》となつたのである、其《そ》の證據《しやうこ》には今《いま》でも世《よ》の中《なか》が多少悲觀的《たせうひくわんてき》になると著《いちじる》しく燻《くす》んで來《く》る、衣裳《いしやう》の色《いろ》や文樣《もやう》や縞柄《しまがら》が燻《くす》むと同時《どうじ》に袖《そで》も小《ちひ》さくなる、袘《ふき》も細《ほそ》くなる、木《ぼく》履《り》が低《ひく》くなる鼻緒《はなを》も細《ほそ》くなる、斯《か》う都《すべ》ての流《りう》行《かう》が同一步調《どういつほてう》で滅入《めい》つて來《く》る、約《つま》る所《ところ》世《よ》の不《ふ》祥《しやう》に打《う》ち勝《か》つの勇氣《ゆうき》がないのである、何故《なぜ》なれば、色《いろ》や文樣《もやう》や縞柄《しまがら》を華美《はで》にしたからといつて、袖《そで》を小《ちひ》さく袘《ふき》を細《ほそ》くしたからといつても價《あたへ》のうへに毫末《ごうまつ》の差《ちがひ》もない、寧《むしろ》染《じみ》にするだけ人知《ひとし》れぬ椽《えん》の下《した》で力持《ちからもち》をして居《ゐ》ることが多《おほ》い、夫《それ》にも拘《かゝは》らず染《じみ》にしたがるのは幕政壓《ばくせいあつ》迫《はく》の壓力《あつりよく》で萎縮《ゐしゆく》するのである、要《えう》するに鎖港《さこう》時代《じだい》に在《あ》つては我《わ》が國《くに》だけの經濟《けいざい》であつたから何事《なにごと》も消極《せうきよく》に執《と》るのを國是《こくせ》として居《ゐ》たのであるが、今《いま》の世《よ》の中《なか》は其樣《さう》でない、働《はたら》くだけ働《はたら》いて歲入《さいにふ》を多《おほ》くして經濟《けいざい》の許《ゆる》すかぎりは快活《くわいくわつ》に世《よ》をおくる可《べ》きで有《あ》らうと思《おも》ふ。

底《そこ》で比較的《ひかくてき》夏《なつ》時の衣裳《いしやう》は色《いろ》も柄《がら》も快活《くわいくわつ》である、殊《こと》に浴衣《ゆかた》に於《おい》て然《しか》りとするのである、蓋《けだ》し冬季《とうき》に比《ひ》して屋內《おくない》の障子《しやうじ》も明《あ》け放《はな》ち、常住《じやうぢう》座臥《ざぐわ》の都《すべ》てが陽氣《やうき》であるから自然《しぜん》と其《そ》の陽氣《やうき》の表顯《へうげん》が街耀浴衣《はでゆかた》に現《あら》はれるのである、此《こ》の機會《きくわい》を利用《りよう》して、戰捷《せんしやう》の結果人氣《けつくわにんき》の引《ひ》き立《た》つ塲合《ばあひ》に色《いろ》、文樣《もやう》、縞柄《しまがら》ともに一大革新《だいかくしん》をして、東洋美術國民《とうやうびじゆつこくみん》の美《び》を世界《せかい》に發揚《はつやう》させたいものである。近頃《ちかごろ》の讀賣新聞《よみうりしんぶん》に掲《かゝ》げられた左の一節《せつ》は實《じつ》に記者《きしや》の知音《ちいん》である。

白地《しろぢ》に赤《あか》のかすりを置《お》いた着物《きもの》は、昔大《むかしおほ》に流行《りうかう》したものぢやさうで、今《いま》でも宮中《きうちう》の御用品《ごようひん》として織《お》ることがあるといふことぢ

(い)

(ろ)

(は)

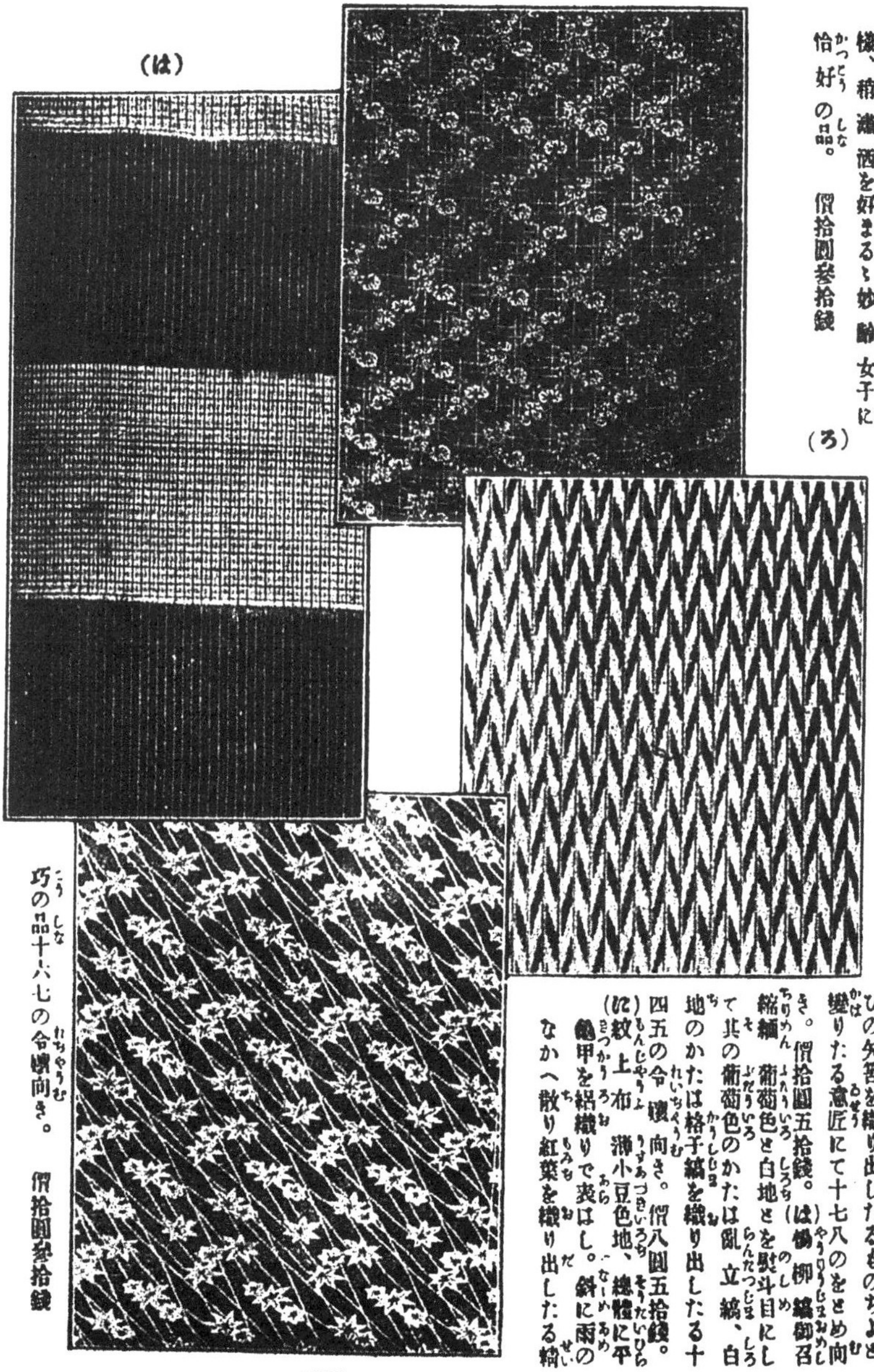

(に)

(い)紋上布《もんじやうふ》 利休鼠《りきうねづみ》へ破《や》れ竹垣《たけがき》に蔦文《つたも》様、稍《やや》瀟洒《しやうしや》を好《この》まるゝ妙齢女子《みやうれいぢよし》に恰好《かつかう》の品《しな》。 價拾圓參拾錢

(ろ)明石縮《あかしちゞみ》 白地《しろち》に時代紫《じだいむらさき》にて子持縞《こもちじま》を間《ま》あきにしたるなかへ左右《さゆうい》入れちがひの矢筈《やはづ》を織《お》り出《だ》したるものちよと變《かは》りたる意匠《いせう》にて十七八のをとめ向《む》き。價拾圓五拾錢。

(は)楊柳縮御召《やうりうちゞみめし》縮緬《ちりめん》 葡萄色《ぶだういろ》と白地《しろち》とを熨斗目《のしめ》にして其《そ》の葡萄色《ぶだういろ》のかたは亂立縞《らんたつじま》、白《しろ》地《ち》のかたは格子縞《かうしじま》を織《お》り出したる十四五の令孃向《れいぢやうむ》き。價八圓五拾錢。

(に)紋上布《もんじやうふ》 薄小豆色地《うすあづきいろぢ》、總體《そうたい》に平《ひら》龜甲《きつかう》を絽織《ろお》りで表《あら》はし。斜《なゝめ》に雨《あめ》のなかへ散《ち》り紅葉《もみぢ》を織《お》り出《だ》したる精《せい》巧《こう》の品《しな》十六七の令孃向《れいぢやうむ》き。 價拾圓參拾錢

(に)　(い)　(ろ)　(ほ)　(へ)　(は)

(い)絽友禪《ろゆうぜん》　白地《しろぢ》へ紺《こん》と鼠《ねづみ》とにて濃淡《のうたん》に芽出《めだ》しの柳《やなぎ》と燕《つばめ》を染《そ》めたる瀟洒《しやうしや》の柄《がら》、十八九が着頃《きごろ》のもの。價拾貳圓五拾錢

(ろ)金糸入絽友禪《きんしいりろゆうぜん》　濃淡《のうたん》のオリーブ色《いろ》の蔦《つた》を白地《しろぢ》へ陰陽《かげひなた》は配置《はいち》よく染出《そめだ》したる中《なか》へ思《おも》ひ切《き》つて黒《くろ》の葉《は》を交《まじ》へ又僅《またわづ》かに赤《あか》をあしらひしは萬緑叢中《ばんりよくそうちう》の一點紅《いつてんこう》、これを單衣《ひとへ》として着《き》る人《ひと》も蓋《けだ》し十五六の紅一點《こういつてん》。價拾六圓五拾錢

(は)絽縮緬《ろちりめん》　赤《あか》みを帶《お》びたる藤色地《ふぢいろぢ》へ一面《めん》に亂《みだ》れ花桐《はなぎり》を利休茶《りきうちや》の芝翫茶《しくわんちや》へ赤《あか》をあしらひたる配合《はいがう》にて葉《は》を顯《あら》はしたるなかに疋田《ひつた》を白《しろ》ぬきに、花《はな》は紺《こん》にて面白《おもしろ》く配《くば》りたる温故知新《おんこちしん》の意匠《いしやう》、十二三の少女《をとめ》に單衣《ひとへ》として着《き》せまほし。價拾四圓五拾錢

(に)中幅友禪縮緬《ちうはゞゆうぜんちりめん》　白地《しろぢ》へ鼠《ねづみ》の大明縞《だいめうじま》に變《かは》りたる茶色《ちやいろ》に立田撫子《たつたなでしこ》の花《はな》を、莖葉《くきは》はオリーブ色《いろ》にて優《やさ》しく染出《そめだ》したる二十七八位《ぐらゐ》の婦人長襦袢《ふじんながじゆばん》用《よう》に佳《よ》かるべし。價貳拾七圓五拾錢

(ほ)絽縮緬友禪《ろちりめんゆうぜん》　白地《しろぢ》へ鼠《ねづみ》、利休茶等《りきうちやとう》にて濃淡《のうたん》に重《かさ》なり合《あ》ひたる如《ごと》き澤瀉《おもだか》の所々《しよ〳〵》に赤《あか》をあしらい、或《あるひ》は黒《くろ》にて葉《は》の輪廓《りんくわく》をとりたるなど面白《おもしろ》く遠《ゑん》近《きん》を描《ゑが》きたる趣向《しゆこう》、十六七の單衣《ひとへ》に可《な》なり。價拾四圓也

(へ)中幅金糸入友禪縮緬《ちうはゞきんしいりゆうぜんちりめん》　横《よこ》に金糸《きんし》を五分《ぶ》おき位《ぐらゐ》に細《ほそ》く織《お》りこみたる地《ち》へ撫子《なでしこ》の花《はな》を黒《くろ》と赤又《あかまた》は樺色《かばいろ》と綠《みどり》の竪縞《たてじま》にて染《そめ》だしたる思《おも》ひ切《き》つたる柄《がら》にて葉莖《はくき》は寫生《しやせい》の其《そ》の儘《まゝ》二十一二位《ぐらゐ》の長襦袢《ながじゆばん》に適《てき》すべく。價貳拾八圓也

○眞岡縮《まをかちゞみ》、瓦斯織《がすおり》、大和《やまと》白《しろ》がすり、阿波縮《あはちゞみ》、瀧川《たきかは》

縮類《ちゞみるゐ》　價九拾五錢以上《せんいじやう》壹圓《ゑん》七拾錢《せん》まで

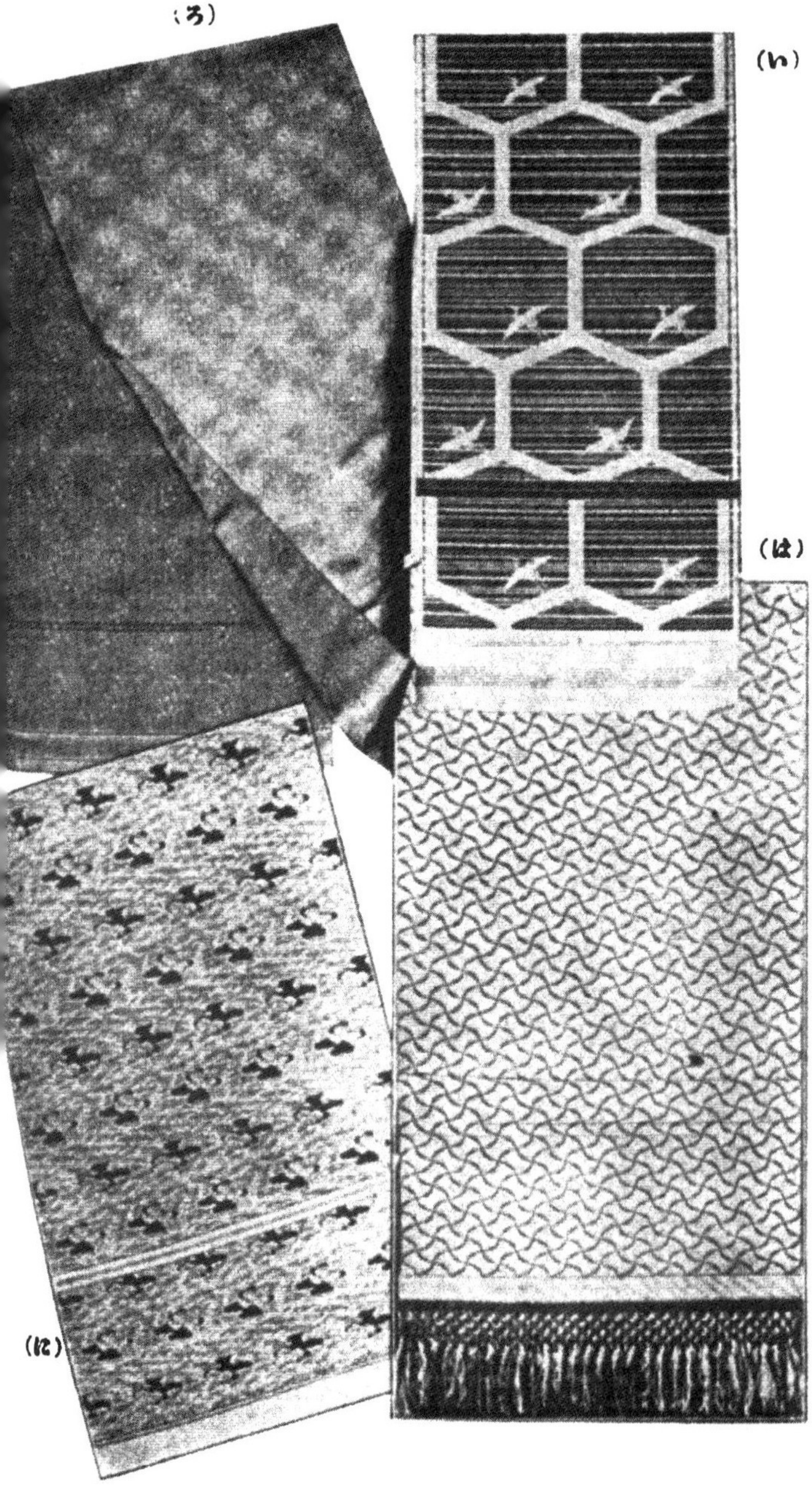

(い)博多織片側帶《はかたおりかたかわおび》　白地《しろぢ》に大龜甲《おほきつかう》を色糸《いろいと》にて横縞《よこじま》に織《お》りたる括潑《くわつぱつ》の柄《がら》にて龜甲《きつかう》のなかに飛鶴《ひかく》を色糸《いろいと》に顯《あら》はしたる精巧品《せいこうひん》は十六七の令孃《れいぢやう》に類《るい》なき配合《はいがふ》なるべし。價七圓貳拾錢。(ろ)美雙織單帶《びそうおりひとへおび》　單兩面《ひとへりやうめん》の織方《おりかた》にて一面《めん》は御納戸地《おなんどぢ》に利休鼠《りきうねずみ》の竹《たけ》に白《しろ》き粉《こ》雪《ゆき》を散《ち》らし、一面《めん》は極薄葡萄地《ごくうすぶだうぢ》、稍濃《やゝこ》き共色《ともいろ》と白茶《しらちや》にて唐松《からまつ》を織《お》り出《だ》したる名詮自稱《みやうせんじしやう》の美雙織《びそうおり》は廿位《はたちくらゐ》の令孃《れいぢやう》向《む》き。價拾五圓也。

(は)司織單帶《つかさおりひとへおび》　僅《わづ》かに茶《ちや》がかりたる薄鼠色地《うすねずいろぢ》に分銅《ふんどう》つなぎは極眞面目《ごくまじめ》なる三十位《ぐらい》の婦人《ふじん》に適當《てきたう》。價拾四圓五拾錢。(に)清涼織單帶《せいりやうおりひとへおび》　白地《しろぢ》に革色《かはいろ》にて波文《はもん》を織出《おりだ》したるなかへ洲濱《すはま》がたの島臺《しまだい》めきたる文様《もやう》を散《ち》らしたる二十五六の婦人《ふじん》に恰當《かつたう》の品《しな》。價拾五圓八拾錢。

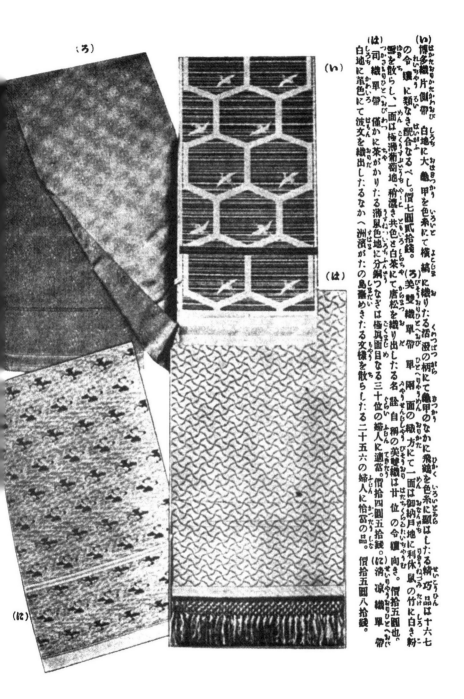

○金糸入縮緬長襦袢《きんしいりちりめんながじゆばん》 白地《しろぢ》へ五分隔《よぶへだ》て位《くらゐ》に金糸《きんし》もて細《ほそ》く霞《かすみ》のやうに織《お》り出《だ》したるに、彼《か》の蘇東坡《そとうば》にあらぬも朱竹《しゆちく》を描《ゑが》きこれに鼠《ねづみ》の竹《たけ》を影《かげ》に映《うつ》した逹筆《たつぴつ》の好畫幅《こうぐわふく》、二十前後《はたちせんご》の標致婦人《ひやうちふじん》に適切《てきせつ》。

價拾九圓五拾錢

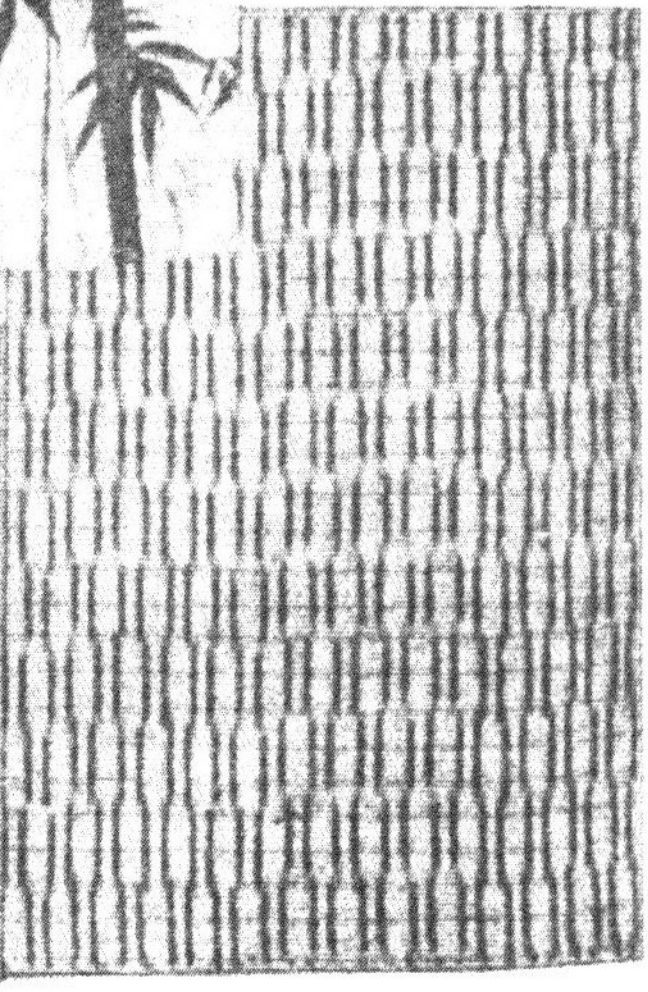

○明石縮《あかしちゞみ》 白地《しろぢ》に思《おも》ひきつて紅《くれなゐ》のかすりは圖《づ》に表《あら》はしたる通《とほ》りにて凡《およそ》實物《じつぶつ》の十分一、十四五の銀杏返《いてふがへ》しに好適《こうてき》。價拾貳圓也。

○鹽瀬丸帶《しほぜまるおび》 赤地《あかぢ》に寫生《しやせい》の蝶《てふ》のいろ〳〵、羽文《はもん》を彩糸《いろいと》にて縫《ぬひ》にしたる精《せい》巧《こう》の絶品《ぜつぴん》、十六七の令孃《れいぢやう》に此上《こよ》なきもの。價參拾參圓五拾錢。

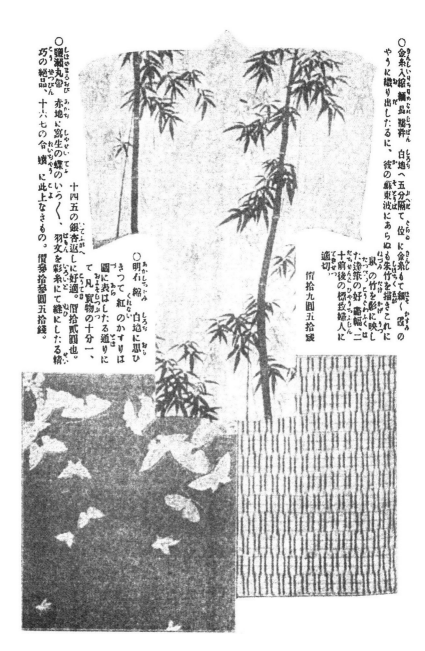

(イ)透綾《すきや》　栗鼠地《くりねつみぢ》へ細かき蔦《つた》を地文《ちもん》に織《お》り出《だ》しその上《うへ》白《しろ》にて遠州好《ゑんしうごの》みの簾吊《すだれつ》りを繋《つな》ぎたるやうの面白《おもしろ》き形《かた》ちを巧みに顕《あら》はしたる高尚《かうしやう》の柄《がら》蓋《けだ》し十七八の令嬢《れいぢやう》に打《う》て付《つ》けのもの價《あたひ》拾圓《ゑん》三拾錢《せん》

(ロ)透綾《すきや》　褐色地《かついろぢ》へ纎細《せんさい》なる雨《あめ》がすりのなかへ所々《ところ〴〵》にポタ〳〵と野咲《のざき》の蕣《あさがほ》とも見《み》るべき絣《かすり》を散《ち》らしたる十六七の令嬢《れいぢやう》向《む》き。價《あたひ》九圓《ゑん》九拾五錢《せん》

(ロ)

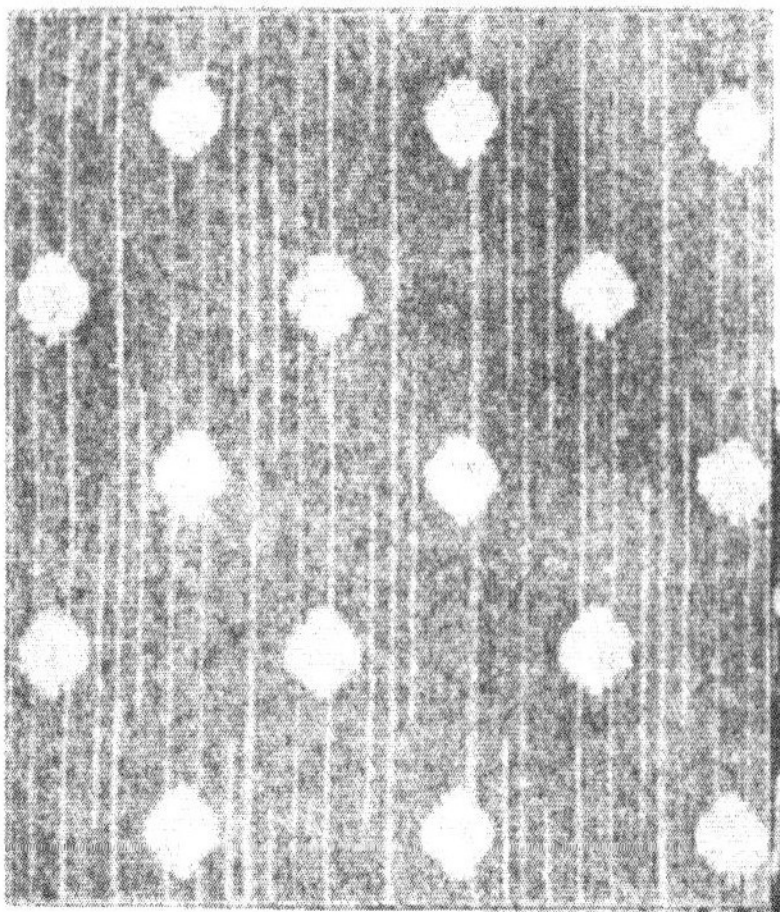

(イ)

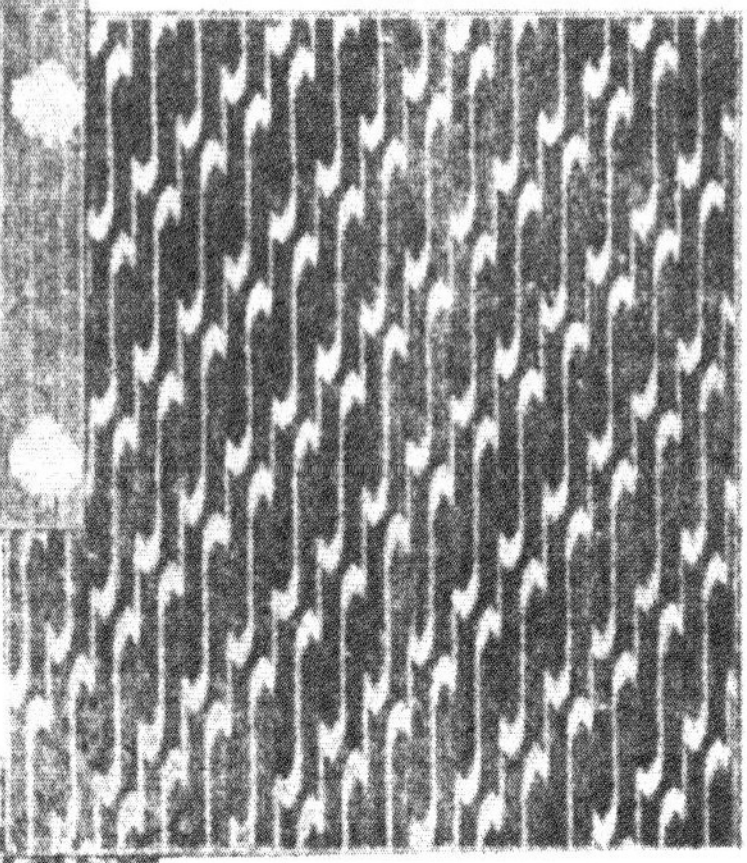

(ハ)

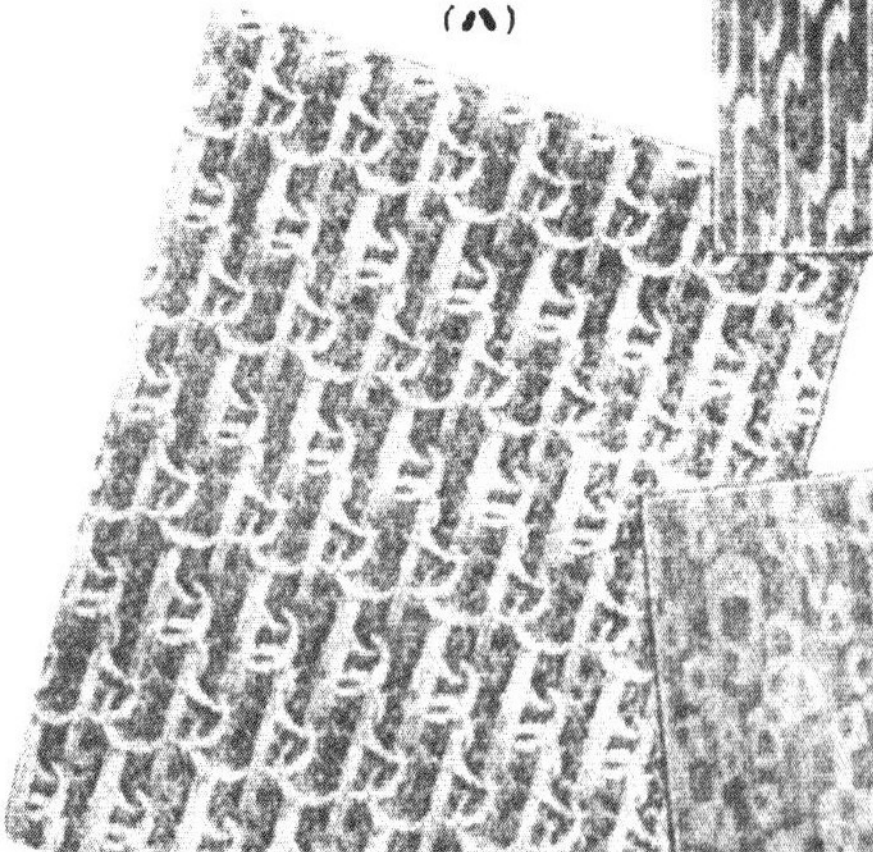

(ニ)

(ハ)紋上布《もんじやうふ》　赤小豆色地《あづきいろぢ》へ竹《たけ》に雪輪《ゆきわ》を新月《みかづき》形《かた》にあしらひ其《そ》の間《あひだ》へ竹《たけ》の葉《は》を織出《おりだ》したる温和《おとな》しき十七八の令孃《れいぢやう》向《む》き。價《あたひ》拾圓《ゑん》也

(ニ)紋上布《もんじやうふ》　藤《ふぢ》色地《いろぢ》、竪長《たてなが》き亀甲《きつかう》繋《つな》ぎの地紋《ぢもん》を陰陽《かげひなた》に顕《あら》はしたる十七八の令孃《れいぢやう》向き。價《あたひ》拾貳圓《ゑん》五拾錢《せん》

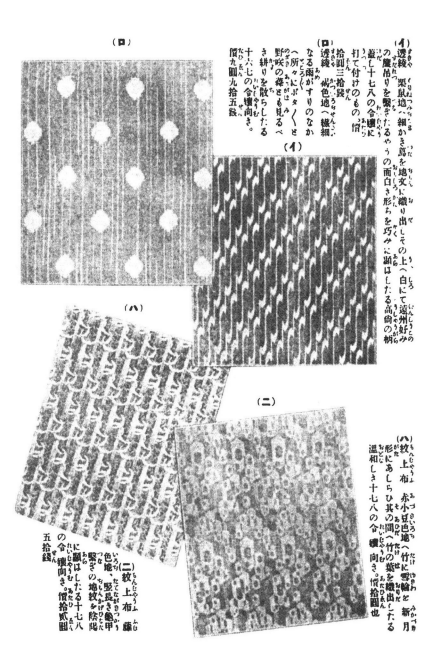

や、民間《みんかん》でも、小娘《こむすめ》の着物《きもの》には甚《はなは》だ良《よ》からうと思《おも》ふから、追々《おひ〱》流行《りうかう》させたい、（小劔）

此《こ》の説《せつ》のとほり昔《むかし》は斯《か》ういふ華美《はで》なものが流行《は や》つたので、現《げん》に利休《りきう》は宗瓜《そうくわ》が少年《せうねん》の時《とき》に紅《くれない》筋《すじ》の帷子《かたびら》を着《き》せて緋《ひ》服紗《ふくさ》を持《も》たせて點茶《てんちや》させたといふことが或《あ》る書《しよ》に見《み》えた、其外《そのほか》昔《むかし》の快《くわい》活《くわつ》な文様《もやう》や色《いろ》のことは諸書《しよしよ》にいくらも有《あ》る。

試《こゝろみ》に目下《もくか》流行《りうかう》して居《ゐ》る品《しな》と柄《がら》と色合《いろあひ》とはどうで有《あ》るか、是《これ》が其《そ》の商賣《しやうばい》向《む》きで華主《とくい》の好《この》む、賣《う》れゆきの多《おほ》いものを調《しら》べるのが正確《せいかく》であるから白木屋《しろきや》呉服店《ごふくてん》に就《つい》て調査《てうさ》して見《み》ると斯《か》うである。

女物《をんなもの》紋付《もんつき》の地質《ぢしつ》は、絽《ろ》、紋絽《もんろ》、霞絽《かすみろ》が多數《たすう》の嗜好《しこう》に適《かな》ふので、少《すこ》し數奇《すき》を好《この》む向《む》きには、京明石縮《きやうあかしちゞみ》へ山繭《やままゆ》で縞《しま》を織《お》りこむだもの、これは染《そ》めると山繭糸《やままゆいと》だけが淡《うす》く染《そま》るため縞《しま》が顯《あら》はれる、此《こ》の縞《しま》を應用《おうよう》して文様《もやう》を工風《くふう》するなどは好事《かうず》なゆきかたで、譬《たと》へば山繭糸《やままゆいと》で細《ほそ》い瀧縞《たきじま》乃至《ないし》大明縞《だいみやうじま》があるとすれば、これを雨《あめ》に見立《みた》てゝ濡《ぬ》れ萩《はぎ》に潦《にはたずみ》、或《あるひ》は蘆草《ろぐさ》に群《む》れ鷺《さぎ》などを裾文様《すそもやう》にする類《るゐ》である。

文様《もやう》は概《がい》して江戸褄《ゑどづま》を好《この》まるゝやうで、或《あるひ》は竪褄文様《たてつまもやう》など淡泊《あつさり》した好《この》みが多《おほ》い、夫《それ》で文様《もやう》の高《たか》さは若手《わかて》の婦人《ふじん》でも八九寸位《くらゐ》が關《せき》の山《やま》としてある。

地色《ぢいろ》は利休鼠《りきうねつみ》、裏葉鼠《うらはねつみ》、生壁色《なまかべいろ》などで、年若《としわか》の婦人《ふじん》には花葡萄《はなぶだう》、藍葡萄《あいぶだう》、薄梅鼠《うすむめねつみ》などが好《この》まるゝ。

襲《かさ》ねは表《おもて》の地質《ぢしつ》と同品《どうひん》を用《もち》ゆるが、普通《ふつう》は白《しろ》綀《ねり》を用《もち》ゐられる向《むき》が多《おほ》い。

縞《しま》ものでは京明石《きやうあかし》が最《もつと》も好《この》み人《て》の多數《たすう》を占《し》めて居《ゐ》て、これに次《つ》ぐものでは絹上布《きぬじやうふ》、壁透綾《かべすきや》が跳梁《かうりやう》の勢《いきほひ》で通常《つうじやう》の透綾《すきや》は美人《びじん》薄命《はくめい》を喞《かこ》つの趣《おもむき》が有《あ》る、而《さう》して此《こ》の種《しゆ》の品《しな》に就《つい》ての縞《しま》柄《がら》では、從來《じうらい》の高麗格子《かうらいがうし》、辨慶縞《べんけいじま》などの横縞《よこじま》ものは賣《う》れゆきに變《かは》りはないが、何方《どちら》かといふと此頃《このごろ》では竪縞《たてじま》の方《はう》が重《おも》に歡迎《くわんげい》される、先《ま》づ亂竪縞《らんたてじま》、西川縞《にしかはじま》、巾通《きんとう》し、間隙大明《まあきたいみやう》、片羽《かたは》ご筋等《すぢとう》はいつも月夜《つきよ》に米《こめ》の飯《めし》で流行《はやり》すたりのない所《ところ》である。

高尚向《かうしやうむ》きとしては紋上布《もんじやうふ》が月桂冠《げつけいくわん》を獲《え》て居《ゐ》る然《しか》も此《こ》の職工《しよくかう》の進歩《しんぽ》は驚《おどろ》くべき程《ほど》で文様《もやう》は所謂《いはゆる》温故知新《おんこちしん》、上代様《じやうだいやう》のうちへ歐洲美術《おうしうびじゆつ》を咀嚼《そしやく》して得《え》も言《い》はれぬ精緻《せいち》である。

單帶《ひとへおび》の流行《りうかう》は昨年來《さくねんらい》めき／＼と領分《りやうぶん》を擴《ひろ》めたと見《み》えて本年《ほんねん》の如《ごと》きは需用供給《じゆようきやうきふ》の平準《へいじゆん》を失《うしな》ふほどで有《あ》るそうだ、地質《ぢしつ》は博多織《はかたおり》、明珍織、清涼織《せいりやうおり》、採羅織等《さいらおりとう》で、地色《ぢいろ》は重《おも》に栗梅《くりうめ》やうのものが流行《はや》る、柄《がら》は大市松《おほいちまつ》の中《なか》に荒波《あらなみ》、蔦唐草《つたからくさ》などを白《しろ》に織《お》り出《だ》したものが發輝《はつき》りとして若婦人《わかふじん》の嗜好《しかう》に適《てき》するやうである、地色《ぢいろ》は例《れい》のヲリーブ色《いろ》、柳茶《やなぎちや》、媚茶《こびちや》の類《るゐ》で散《ち》らし松葉《まつば》、裏梅《うらうめ》、龜甲《きつかう》くづしなどは出《で》す人らずの柄《がら》。

丸帶《まるおび》は鹽瀬《しほぜ》、絽等《ろとう》へ優美《ゆうび》な文様《もやう》を白《しろ》ぬきに染《そ》めたのが持《も》て囃《はや》さるゝ、なかには其《そ》の白《しろ》ぬき文様《もやう》へ縫《ぬ》ひとりをあしらつたのも有《あ》る、其の縫《ぬ》ひとりを練《ね》り繰《ぐ》り糸《いと》で螺鈿《らでん》を嵌入《かんにふ》したやうな色合《いろあ》ひに縫《ぬ》つたのは何《いづ》れ古器物《こきぶつ》から拉《とら》へて來《き》たもので有《あ》らうが何《なに》となく涼《すゞ》し氣《げ》な色合《いろあ》ひであるから嗜好《しかう》に適《てき》するやうである、其《そ》の外《ほか》鹽瀬《しほせ》へ古代背《こだいか》き更紗《さらさ》又《また》は古代裂《こだいぎ》れを帖《てう》へ貼《は》りこんだやうに不規則《ふきそく》な形《かたち》にして友禪《いうぜん》で實物《じつぶつ》のやうに顯《あら》はしたのなどは凝《こつ》た好《この》みの向《む》きへ喝采《かつさい》されるやうである、最上品《さいじやうひん》としては綴錦《つゞれにしき》で、栗皮茶《くりかはちや》、柳茶《やなぎちや》などの無地《むぢ》へ織《お》り出《だ》しだけ好《この》みの文様《もやう》を顯《あら》はすなどは、當時《たうじ》の粹《すゐ》といふべく、温和《おとなし》向《む》きには相變《あひかは》らず絽《ろ》繻珍《しゆちん》、月影織《つきかげおり》、採羅織《さいらおり》などが勝《か》ちを占《し》める。

一二年前《ねんまへ》からポツ〳〵流行《りうかう》の萌《きざし》の有《あ》つた婦人《ふじん》夏羽織《なつばおり》は先頃《さきごろ》白木屋《しろきや》呉《ご》服店《ふくてん》が店頭《みせさき》へ飾《かざ》つた婦《ふ》人初夏《しよか》服着用《ふくちやくよう》の人形《にんぎやう》に最初《さいしよ》羽織《はおり》を着《き》せて出《だ》したのが導火線《くちび》となつて袷時代《あはせじだい》から頻《しき》りに需用《じゆよう》を増《ま》したそうだ、是《これ》は冬服《ふゆふく》の上《うへ》には羽織《はおり》は勿《もち》論《ろん》ショール、東《あづま》コートなどを被《き》た身體《からだ》が急《きふ》に單衣《ひとへ》となつて外部《ぐわいぶ》が何《なん》となく淋《さび》しく感《かん》ぜられる所《ところ》から今《いま》では絹《シルク》レースの肩掛《かたかけ》を用《もち》ゆる程《ほど》であるから羽織《はおり》へ團扇《うちは》のあがるのは時世《じせい》に伴《つ》れての必要《ひつえう》である。

（男子用流行品《だんしようりうかうひん》は次號《じがう》に掲載《けいさい》す）

（流行《りうかう》の夏帽子《なつばうし》　新橋北詰 碩岡商店 大徳 調

夏帽子《なつばうし》、本年《ほんねん》は一般《いつぱん》に山《やま》が高《たか》く鍔《つば》も多少《たせう》廣《ひろ》いはうが流行《りうかう》で、パナマ帽《ばう》は稍角《やゝかど》のあるのが行《おこな》はれる、それを中《なか》折《を》れにして冠《かぶ》るのが紳士風《しんしふう》である、山《やま》の高《たか》さは曲尺《かねじやくまん》二寸七分《ぶ》から二寸五分《ぶ》が止《とま》りで鍔《つば》の廣《ひろ》さは二寸《すん》七分位《ぶぐらゐ》

價　八圓五十錢以上十五圓まで

卷《まき》パナマ帽は壯年紳士《わかごしんし》に歡迎《くわんげい》せらる　價　前　同　斷

伊太利《イタリー》々々カン帽《ばう》は一二三年來《ねんらい》驗《た》い氣味《きみ》であつたが今年《ことし》は蛇腹編《じやばらあ》みと稱《しよう》するものやその外《ほか》の變《かは》り編《あ》みを輸入《ゆにふ》したので賣《う》れゆき囘復《くわいふく》のかたちである、山《やま》の高《たか》さは二寸四分《ぶ》から二寸七分《ぶ》まで、鍔《つば》は二寸《すん》、リボンは黒《くろ》、茶《ちや》、ピーコックが流行《りうかう》

價　二圓四五十錢より三圓二十五錢まで

麥稈帽《むぎわらばう》、麥打といふ編《あ》みかたで大菱《おほびし》と小菱《こびし》とあるが本年《ことし》は概《がい》して小菱《こびし》の方《かた》が流行《りうかう》で、備中產《びつちうさん》の細目《ほそめ》を上乘《じやうじやう》としてある、リボンは黒《くろ》、茶《ちや》、ピーコック、オリーブ、何《い》れも流行界《りうかうかい》に推《お》しも推《お》されもせぬもの

價　九十錢より一圓五六十錢まで

薄手絨製《うすでらしやせい》ソフトハツト、は山《やま》の高《たか》い鍔《つば》の小《ちい》さいのが流行《りうかう》で、地色《ぢいろ》は薄茶《うすちや》か鼠《ねづみ》に限《かぎ》る、而《しか》してリボンは無論《むろん》共色《ともいろ》である、英國《えいこく》クリスチー製品《せいひん》の輕《かる》い軟《やわら》かいので

價　二圓八十錢より三圓五六十錢位

ハンチングキヤツプ、は後頭部《こうとうぶ》が去年《きよねん》より深《ふか》く冠《かぶ》るのが行《おこな》はれ、地質《ぢしつ》は薄絨《うすらしや》に限《かぎ》りセル地《ぢ》は廢《すた》りとなれり、地色《ぢいろ》は鼠《ねづみ》、薄《うす》茶《ちや》のうちにて縞柄《しまがら》は最《もつと》も澁《くす》みたる方《かた》賣《う》れゆきよく、總辷り革《そうすべかは》

つきに限《かぎ》る

旅行用防水布製《りよかうようばうすゐふせい》サック　價　九十錢より一圓四五十錢

入同上《いれどうじやう》、是《これ》は素《もと》より裏《うら》なしに一和《わ》らかく、疊《たゝ》むと小形《こがた》の袋《ふくろ》に納《い》れられポケツト、鞄《かばん》などに入《い》れて嵩張《かさば》らぬ所《ところ》が愛《あい》せらる、但《たゞ》天井《てんじやう》は一文字《いちもんじ》の丸形《まるがた》　價　一圓三十五錢より一圓五十錢まで

○時計及附屬品類《とけいおよびふぞくひんるゐ》

日本橋區通一丁目　岡野時計店調

時計《とけい》、附屬品《ふぞくひん》共流行《ともりうかう》の潮勢《ちやうせい》は小形《こがた》と云《い》ふ方《はう》へ赴《おもむ》きつゝある、男女持《なんによもち》とも前年《ぜんねん》より二三形《かた》ずゝ小《ちい》さくなれり、先《ま》づ紳士持《しんしもち》は上等《じやうとう》の所《ところ》で米國製か瑞西製の極薄手の金側で斜子、梨地ズツト澁い所《ところ》で無地側《むぢがは》などが持《も》て囃《はや》されてをる、十五形《かた》から十八九形位迄《かたぐらゐまで》の兩蓋中蓋附《りやうぶたなかぶたつき》で　價　三十五圓より三百圓位まで

婦人持《ふじんもち》は十形《かた》から十四五形位《かたぐらゐ》の彫刻付《てうこくつき》か又《また》は七寶《ぼう》や寶石入のものが流行《りうかう》の寵兒《こうじ》で内部《ないぶ》の器械《きかい》は男持《をとこもち》のそれと格別大差《かくべつたいさ》なし　價　二十五圓より百五十圓位まで

米國製《べいこくせい》ダイヤモンド入背婦人持

茲《こゝ》に時計界《とけいかい》の新現象《しんげんしやう》とも云《い》ふべきは征露開戰《せいろかいせん》の當時金銀《とうじきんぎん》提供事件《ていきやうじけん》の盛《さかん》であつたため、男女《なんによ》に限《かぎ》らず一般《ぱん》に人目《ひとめ》に立《た》たぬ物《もの》を携帶《けいたい》する樣努《やうつと》めた結果《けつくわ》赤銅《しやくどう》、四分一、黑七寶《くろしつぱう》側等《がはとう》の需要《じゆよう》を呼《よ》び起《おこ》し其儘當時《そのまゝたうじ》の流行品《りうかうひん》の一となつた事《こと》でこれ等は側《かは》の質《しつ》によつて價《あたひ》に色々《いろく》の階段《かいだん》もあるが先《ま》づ　價　八九圓位より五六十圓位まで

鎖《くさり》などにも男物《をとこもの》は重《おも》もに金《きん》、プラチナ又《また》はプラチナと金交《きんまじ》りで形《かたち》は龜甲《きつかふ》、玉入《たまいり》、長角《ながかく》、蓉平等が好《この》まれて居《を》る重目《めかた》は五六匁《もんめ》より十匁附位《もんめつきぐらゐ》で　價　四十五圓位より一百圓位まで

女持《をんなもち》の鎖《くさり》は極細《ごくほそ》の一本立、緒〆寶石入、〆輪、八重子持《やへこもち》、蓉平などで一匁七八分より三四匁位の量目附《りやうめつき》のもの　價　二十圓位より五六十圓まで

提物《さげもの》も時計《とけい》や鎖《くさり》につれて勢《いきほ》ひ小形《こがた》ならざるを得《え》ない、そこで男子《をとこ》は金製《きんせい》の認印入《みとめいんいり》か、然《さ》らずば鉛筆《えんぴつ》、磁石《じしやく》などを用《もち》ゐらるへく　價　七八圓より三十五圓位まで

婦人《ふじん》へは同《おな》じく金製《きんせい》の寫眞入《しやしんいり》又《また》は飾房《かざりふさ》などを御薦《おすゝ》めする

價　五圓より　十五圓位まで

指輪《ゆびわ》、純金《じゆんきん》か十八金製《きんせい》で男子向《だんしむき》なれば印面付《いんめんつき》二匁より五匁付位《つきぐらゐ》の所《どころ》目下《もくか》受けがよく

價　十圓位より　二十五圓位まで

女持《をんなもち》は二匁《もんめ》より四匁位迄《もんめぐらゐまで》の平打《ひらうち》か彫刻《てうこく》付《つき》、石入《いしいり》なればダイヤ又《また》はルビー入《いり》のもの最《もつと》も愛用《あいよう》されてをる

價　十圓より　五百圓位まで

以上《いじやう》はすべて贅澤的《ぜいたくてき》のものゝみなるが實用向《じつようむき》の普通品《ふつうひん》は如何《いか》にと云《い》ふに目下《もくか》の流行品《りうかうひん》は銀製《ぎんせい》十五より十八九形位《かたぐらゐ》の兩蓋中蓋附《りやうぶたなかぶたつき》の薄手《うすで》で器械《きかい》は米國《べいこく》或《あるひ》は瑞西國製《すゐつるこくせい》

價　八圓より　二十五圓まで

婦人持《ふじんもち》は十形《かた》より十四五形位《かたぐらゐ》で器械《きかい》は男持《をとこもち》のものと大差《たいさ》なく

價　六圓より　十五圓まで

之《これ》に適合《てきがふ》する鎖《くさり》は銀《ぎん》、赤銅《しやくどう》、ニツケル等價《とうあたへ》は五十錢《せん》より六七圓位《ゑんぐらゐ》まで色々《いろ／＼》ある

○護謨製防汗帶《ゴムせいあせよけ》

日本橋區槇町四丁目　丸屋善兵衛　調

ゴム製防汗帶《せいあせよけ》は極《きは》めて薄《うす》い布《ぬの》をゴム引《ひ》きにして柔軟《しなやか》に造《つく》つた楕圓形《だゑんけい》のもので、形狀《かたち》は有《あ》りふれた絲瓜《へちま》の汗除《あせよ》けと同《おな》じで有《あ》るが、薄《うす》く柔《やは》らかなだけ其《そ》の上へ帶《おび》を締《し》めても、下《した》にそんなものが有《あ》るかないか解《わか》らぬのが妙《めう》な所《どころ》で、肌着《はだぎ》の間《あひだ》へ着《つ》ければ何程大暑《どんなたいしよ》のときでも衣物《きもの》や帶《おび》へ汗《あせ》の沁《し》み出《だ》す憂《うれ》ひがない、鳥渡近郊《ちよつときんかう》の徒歩旅行《かちりよかう》や遠距離自轉車乘《ゑんきよりじてんしやの》りなどには冬期《ふゆき》でも必要《ひつえう》なもので、幾回洗濯《いくたびせんたく》しても變《かは》ることがない、夫《それ》に最初《さいしよ》は幾分《いくぶん》かゴムの匂《にほ》ひがするも一度石鹼《どシヤボン》で洗《あら》へばすつかり匂《にほ》ひが消《き》えてしまう、其《そ》の洗《あら》ひかたは清水《まみづ》と石鹼《シヤボン》を刷毛《ブラツシユ》で擦《す》れば能《よ》く汚《よご》れがおちるからそれを陰干《かげぼし》にすれば永《なが》く保《たも》つのである。

價
大形　六十錢
中形　五十錢
小形　四十錢

◎盛暑《せいしよ》には如何《いか》なる服裝《ふくさう》をなす可《べ》きや？

眞夏《まなつ》の時《とき》はフロックコートを着《き》る樣《やう》な儀式《ぎしき》がかつた時《とき》の外《ほか》はどこまでも白《しろ》づくめにするに限《かぎ》る、白色《はくしよく》は熱《ねつ》を吸收《きうしう》せぬもの故《ゆゑ》自身《じしん》に涼《よ》しいばかりでなく他《はた》から見《み》ても如何《いか》にも清快《せいくわい》なものだ、多《おほ》くの塲合《ばあひ》には大抵《たいてい》チョッキを用《もち》ゐず上下《じやうげ》の着流《きなが》しで事足《ことた》る、服制《ふくせい》の規律《きりつ》には非常《ひじやう》に八ヶ間《や ま》しい英國《えいこく》の樣《やう》な國民《こくみん》でも本國《ほんごく》より暑熱《しよねつ》の遙《はる》かに昂《たか》い我國《わがくに》に來《き》て居《ゐ》るものは土用《どよう》中《ちう》はシャツの上《うへ》に直接《すぐ》に背廣《せびろ》を着《つ》けて居《を》る。シャツとても前《まへ》の硬《こは》いホワイトシャーツより白《しろ》チャミなどの折襟貝釦《をりえりかいぼたん》付きの柔《やはら》かな自宅《じたく》で毎日洗濯《まいにちせんたく》の出來《でき》る方《はう》がよろしい若《も》し大《おほい》に衛生《ゑいせい》を重《おも》んずる人は宜《よろ》しく白《しろ》メリノの薄《うす》フランネル製《せい》にすべしだが經濟的《けいざいてき》にすれば上質《じやうしつ》の生地《きぢ》モスでも十分事足《ぶんことたり》る、毛織物《けおりもの》は汗《あせ》をよく吸收《きうしう》すると同時《どうじ》に冷熱《れいねつ》の激變《げきへん》に遇《あ》ても程《ほど》よく體温《たいおん》を保護《ほご》するものであるから一年中《ねんぢうけ》毛織物《おりもの》を膚《はだ》に着《つ》けて居《ゐ》れば必《かな》らず感冒《かぜ》をひく等《とう》の事《こと》はない、前《まへ》に言《い》つた通《とほ》りチョッキを着《き》ると隨分暑《ずいぶんあつ》苦《くる》しいものだが旅行其他《りよかうそのた》の塲合《ばあい》で時計《とけい》や其他《そのた》色々《いろいろ》の懷中物《くわいちうもの》を携帶《けいたい》するの必要《ひつやう》ある時《とき》はリンネル製《せい》の半《はん》チョッキか又《また》は黑琥珀《くろこはく》廣幅《ひだつきはゞひろ》付巾廣《》のベルトを締《し》めるべしで二つ以上《いじやう》のポケットある故《ゆゑ》ヅボン止《ど》めの代用《だいよう》をすると共《とも》に小物等《こものとう》の携帶《けいたい》には便利《べんり》此上《こあうへ》もない、此《こ》れは餘《あま》り貴人《きにん》の前《まへ》へは着用《ちやくよう》する事《こと》を憚《はゞか》るが其代《そのかは》り中々《なかなか》意氣《いき》で氣《き》の利《き》た外見《ぐわいけん》を有《いう》して居《を》るさて白地《しろぢ》の服《ふく》で每年流行《まいねんりうかう》の絕《た》えぬ二三種《しゆ》を擧《あ》げるならば

一英國製純白繻子目半綿《えいこくせいじゆんぱくしゆすめはんめん》リンネル脊廣上下《せびろじやうげ》
一組《ひとくみ》の出來上《できあが》り直段《ねだん》

金九圓五十錢也

一 英國產純白魚子目《えいこくさんじゆんぱくなゝこめ》又《また》は繻子《しゆす》目《か》純《じゆん》リンネル
脊廣《せびろ》上下《じやうげ》一組《ひとくみ》出來《でき》上《あが》り代價《だいか》

金十一圓より十二圓也

一 同《おなじく》 最上質《さいじやうしつ》繻子目《しゆすめ》純《じゆん》リンチル同上

金十五圓八十錢

一 同國及獨逸產良質《どうこくおよびどいつさんりやうしつ》 純白綾《じゆんぱくあや》チル同上

金十二圓五十錢

一 英國製上等白地斜綾《えいこくせいじやうとうしろぢはすあや》、一本綾薄絨《さしあやうすらしや》

金十七圓八十錢

そこで稍《やゝ》涼《すゞ》しい時《とき》とか曇《くもつ》た日《ひ》には上《うへ》だけ黒《くろ》の平地《ひらぢ》か魚子目《なゝこめ》アルパカの單脊廣《ひとへせびろ》と代《か》へて被《き》るも可《よ》からう其《その》一枚《まい》の出來《でき》上《あが》り代價《だいか》は金《きん》七圓《えん》から七圓《えん》八十錢《せん》袖裏《そでうら》を付《つ》ければ一圓《えん》ばかり騰《あが》る若《も》し贅澤《ぜいたく》に行《ゆ》けば鼠《ねづみ》、藍鼠《あゐねづみ》、黒地《くろぢ》等《とう》の絹絨《きぬらしや》で作《つく》らせる代價《だいか》が前裏《まへうら》仕立《したて》の絹袖裏付《きぬそでうらつき》で一枚金《まいきん》十七圓《えん》である。

リンチルなどの眞夏着《まなつぎ》は多《おほ》くは詰襟《スタンドカラー》に仕立《したて》るものだが毛織《けおり》のものは折襟《をりえり》も又可《よ》いものだ襟飾《ネクタイ》にも色々《いろく》あるが先《ま》づ極細《ごくほそ》くて目量《めかた》が輕《かる》く自分《じぶん》で蝶形に結《むす》ぶものが目下《もくか》勢力《せいりよく》がある、ネクタイを常《つね》に種々《しゆく》の趣味《しゆみ》ある形《かたち》に結《むす》ぶ事《こと》は服裝家《ふくさうか》の修得《しうとく》すべき研究科目中《けんきうかもくちう》の一であらう」右《みぎ》に述《の》べた目的《もくてき》に使用《しよう》する新形《しんがた》のネクタイは瓦斯《ぐわす》又《また》は絹製《きぬせい》で白地《しろぢ》に淡泊《あつさり》した色《いろ》で立縞《たてじま》や星《ほし》點などが織《お》り出《だ》してあつて汗《あせ》によごれても度《たび》度洗濯《たびせんたく》の利《き》くものである、價《あたひ》は二十三錢より七十五錢位迄《くらゐまで》。

ヅボンを締《し》めるにはヅボン釣《つり》では汗《あせ》の浸出《しんしゆつ》に堪《た》えられぬから黒《くろ》か茶革《ちやがは》又《また》はゴム入《い》りカシミヤの目下《もくか》流行《りうかう》のカーキ色《いろ》などの前金物《バツクル》付《つ》きの胴締《どうじめ》にするが可《よ》い代價《だいか》は一圓《えん》から最上等舶來《さいじやうとうはくらい》三圓《えん》五十錢位迄《くらゐまで》。

それでなければ前《まへ》にも云《い》つた半《はん》チヨツキであるが代價《だいか》は

一 紋《もん》リンチル製《せい》 金一圓三十五錢

一 白地鹽瀨《しろぢしほせ》又は紋鹽瀨製《もんしほせせい》 金一圓九十錢及び

金二圓也

一 黑琥珀幸織製《くろこはくさいはひおりせい》 金二圓七十錢

靴下《くつした》は黑《くろ》の半靴下《ソツクス》で代價《だいか》は三十錢《せん》から一圓位《えんくらゐ》迄絹製《まできぬせい》で一圓《えん》九十錢乃至《せんないし》二圓《えん》十錢《せん》

靴下留《くつしたど》めは單純《たんじゆん》な輪形《わがた》バチン形《かた》のものは時々《ときぐ》外《はづ》れて落《お》ちる事《こと》がある又金物《またかなもの》とゴムの間《あいだ》の綴《とぢ》目《め》の綻《ほころ》びる事《こと》がある杯《など》と憂《うれ》ふる人《ひと》は宜《よろ》しく亞《あ》米利加製《めりかせい》の叉字形《じがた》の新式《しんしき》ガーターにするべく此品《このしな》ならば金具《かなぐ》とゴムとの間《あいだ》に綴《と》ぢ目《め》もなく脚部《きやくぶ》の肥瘠《ひせき》に應《おう》じて伸縮自在《しんしゆくじざい》に又獨《またひと》りで外《はづ》れる等《など》の憂《うれひ》もない代價《だいか》は六十五錢《せん》と六十八錢《せん》の二種《しゆ》ある

其他帽子《そのほかぼうし》は燈心製《とうしんせい》のサンハット、靴《くつ》は白《しろ》ヅック製《せい》の半靴《はんぐつ》と色々《いろ〳〵》の注文《ちゆうもん》もあるが餘《あま》り管々敷《くだ〳〵しく》なるの惧《おそれ》があるから今回《こんかい》は玆《こゝ》に止《と》めて置《お》く。

洋服着用者《やうふくちやくようしや》の栞《しをり》(二)

◎夏《なつ》のフロックコート

燕尾服《えんびふく》やタクシードは着用《ちやくよう》するに自《おのづ》から一定《いつてい》の季節《きせつ》があつて夏季《かき》には全然不用《ぜんぜんふよう》のものとなるが、獨《ひと》りフロックコートばかりは時《とき》の如何《いかん》を問《と》はず四季《しき》を通《つう》じて好適《かうてき》の禮服《れいふく》、事務服《じむふく》である、さて本年夏季流行《ほんねんかきりうかう》の此服《このふく》の形式《けいしき》は大略左《たいりやくさ》の通《とほ》りで英《えい》佛米其他各國《ふつべいそのたかくこく》一般《ぱん》に流行《りうかう》を趁《お》ふ紳士《しんし》が採用《さいよう》して居《お》る所《ところ》である。

圖《づ》にある通《とほ》り上衣《コート》は前年《ぜんねん》から比《くら》べると腰《こし》の所《ところ》が稍縮《やゝしま》つて居《を》つて、背脇《せわき》の邊《へん》から漸々《だん〳〵》に狹《せ》まつて腰《こし》の上《うへ》で一旦《たん》グッと抉《ゑ》ぐれ、再《ふたゝ》び徐々《じよ〳〵》に膨《ふく》らんで膝《ひざ》の下《した》まで長《なが》く寛《ゆる》やかに垂下《すゐか》する曲線《きよくせん》の應用術《おうようじゆつ》も言《い》へぬ趣《おもむ》きがある、襟際《えりぎは》から肩先《かたさき》までの所《ところ》が又《また》これに對《たい》して上反《うはぞ》り目《め》に抉《ゑ》ぐれ腰《こし》の曲線《きよくせん》と兩々相《りやう〳〵あひ》俟《ま》つて妙《めう》味《み》を添《そ》へる。

襟《えり》の見返《みかへ》しに琥珀《こはく》やドメット絹《ぎぬ》を付《つ》ける事《こと》は從前《じうぜん》の通《とほ》りで我國《わがくに》ではまだ時《とき》によると見返《みかへ》しに絹《きぬ》を付《つ》けぬ事《こと》を故《ことさ》ら好《この》む

人《かた》もあるが是《こ》れは那處《どこ》までも鈕《ぼたん》を付《つ》けるに限《かぎ》る、玆《こゝ》に一つ記《き》臆《おく》すべき事《こと》は此《こ》の二三年《ねん》の間《あひだ》はフロックコートの前鈕《まへぼたんか》を掛けずに明《あ》け放《はな》しにして着《き》る事《こと》が一つの流行《りうかう》となつたものだが今年《ことし》は又以前《またいぜん》に復《かへ》つて三ッつの鈕《ぼたん》をキチント掛《か》けて着《き》るの風潮《ふうてう》となつた、斯《か》うしなくては例《たい》の腰《こし》邊の曲線《きよくせん》が優美鮮《いうびせん》明《めい》に發揮《はつき》せぬ故《ゆゑ》であらう又《また》チヨッキには必《かなら》ず白《しろ》の比翼《ひよく》を付《つ》けねば人中《ひとなか》で幅《はゞ》の利《き》かぬ事《こと》となつて來《き》た。

フロックコートにシルクハットと鞣《なめ》し革《がは》の手袋《てぶくろ》と塗り革《パテントレザー》の半長靴《ブーツ》と曲《まが》り柄《え》のステッキとは夏冬《なつふゆ》を問《と》はず其《その》一つを缺《か》くと忽《たちま》ち紳士的《しんしてき》の態度《たいど》を亂《みだ》すといふやうなわけで此《こ》の服《ふく》の優《いう》美高尚《びかうしやう》といふ特點《とくてん》を失《うしな》ふ場合《ばあひ》に立至《たちいた》るのである。

次《つぎ》に本年流行《ほんねんりうかう》の寸法《すんぱふ》は五フート八インチの身丈《みたけ》の人《ひと》を標《へう》準《じゆん》とする場合《ばあひ》には上衣《うはぎ》の總丈《そうた》け四十二インチ又《また》ツボンは細《ほそ》めの方《かた》にて膝《ひざ》の廻《まは》り十七八インチ裾先《すそさき》の口明《くちあ》きを十五六インチに仕立上《したてあ》げるのが約束《やくそく》となつて居《ゐ》る。

此《こ》れより目下流行《もくかりうかう》の地質《ちしつ》を聞《き》くに上衣《うはぎ》とチヨッキは無論黒《むろんくろ》で極《き》めて輕目《かるめ》のビキユナ、メルトン、絹《きぬ》セル等贅澤《とうぜいたく》に行けば絹糸竪《きぬいとたて》のカシユミヤで作《つく》るがチヨツキは嚴格《げんかく》な場合《ばあひ》に着《き》る時《とき》は上衣《うはぎ》と對《つい》の黒《くろ》だが左《さ》もない時《とき》は白地《しろぢ》に彩文《さいもん》ある紋《もん》リンネルなどを用《もち》ゆれば目先《めさき》も變《かは》り涼《すゞ》しげにも見《み》える、本年《ほんねん》は白地又《しろぢまた》は淡鼠地《うすねつみぢ》に藍《あい》や鼠《ねつみ》の竪縞《たてじま》のあるリンネルで作《つく》つたチヨッキが頗《すこぶ》る勢力《せいりよく》ある一體竪縞《たいたてじま》といふものは年《とし》の老壯《らうさう》に拘《かゝ》はらず着用《ちやくよう》して大《おほい》に敏活颯爽《びんくわつさつそう》たる風姿《ふうし》を添《そ》ゆるものだ。

ツボンは錆納戸《さびなんど》、消炭色《けしずみいろ》、濃鼠《こひねつみ》、黒《くろ》の霜降地《しもふりぢ》などに赤《あか》、綠《みどり》などの差《さ》し糸《いと》ある複雜《ふくざつ》な縒《よ》りがらみ上布縞《じやうふじま》、巾通し、絣《かす》り竪縞《たてじま》等《とう》が面白《おもしろ》い此一着の出來上《できあが》り代價《だいか》は

一 絹《きぬ》セルの上衣《うはぎ》チヨツキに竪縞薄絨《たてじまうすらしや》のツボンの三つ揃《ぞろひ》で
金《きん》二十八圓前後《ゑんぜんご》

一 黒薄《くろうす》メルトンの上衣《うはぎ》チヨツキに同上《どうじやう》のツボん付《つき》三ツ揃《ぞろひ》
金《きん》三十三圓前後《ゑんぜんご》

一 黒絹羅紗《くろきぬらしや》の上衣《うはぎ》チヨツキに同上《どうじやう》ツボン付《つき》三ツ揃金《ぞろひきん》四十圓《ゑん》五十錢也《せんなり》

以上《いじやう》はすべて上衣《うはぎ》に黒琥珀《くろこはく》の見返《みかへ》し付《つ》きの直段《ねだん》である又《また》ツボンばかりを新調《しんてう》するとすれば地質《ちしつ》の等格《とうかく》により金《きん》七圓《ゑん》七十錢《せん》から九圓《ゑん》三十錢位《せんぐらゐ》までを投《とう》ずれば前《まへ》に折《を》り目《め》のある裁《さ》けたてのものが穿《うが》ち得《え》られる。

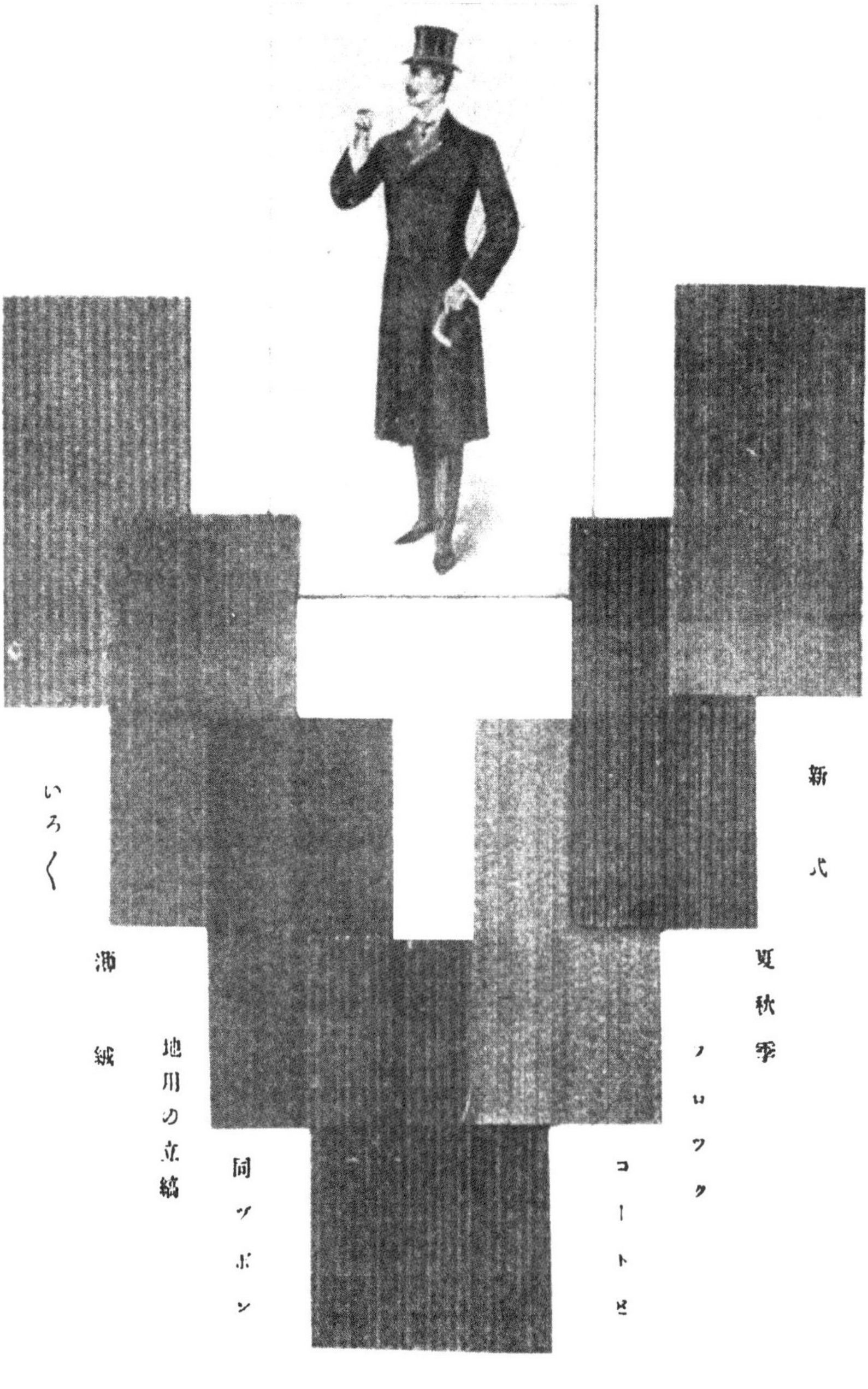
新式
夏秋季
フロツクコートに
同ヅボン
地用の立縞
御絨
いろ〳〵

敗北《はいほく》の二字は露軍《ろぐん》に好《よ》い熟字《じゆくじ》　六石

女中部屋《ちよつうべや》花《はな》で灯燈行列《てうちんぎやうれつ》し　同

知盛《とももり》に遭《あ》つてマカリノ又悔《はなだく》り　同

線香《せんかう》よ幮《かや》よと龍宮《りうぐ》大騒《おほさわ》ぎ　同

白旗《しらはた》と鳩《はと》は放《はな》れぬ取《と》り合《あは》せ　同

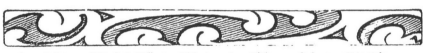

○嶄新《ざんしん》なる海水浴着《かいすゐよくぎ》

追々海水浴《おひおひかいすゐよく》の眞盛《まつさかり》となつて來《き》ましたが、今迄《いままで》我國《わがくに》にはまだ婦人《ふじん》に適《てき》した眞正《しんせい》の海水浴衣裳《かいすゐよくいしやう》と云《い》ふものもなく、只僅《たゞわづ》かに小學生徒《しやうがくせいと》が運動會《うんどうくわい》にでも出《で》かけるやうな横縞《よこじま》メリヤスの半《はん》シヤツと猿股《さるまた》とを穿《うが》つて頭《あたま》には南洋土人《なんやうどじん》の冠《かぶ》る様《やう》な麥藁帽子《むぎわらばうし》を戴《いたゞ》いたものだが、一體《いつたい》斯《かく》の如《ごと》き殆《ほと》んど裸體的《らたいてき》の扮裝《ふんさう》は白晝公衆《はくちうこうしう》の中《なか》で些《ちと》恥《はつ》かしくはなからうか、文明國《ぶんめいこく》では男子《だんし》でさへ此《こん》様《な》風《ふう》はせぬのである、然《さ》れば優美高尚《ゆうびかうしやう》で運動《うんどう》の自由《じゆう》を妨《さまた》げぬ輕便《けいべん》な貴婦人《きふじん》に適《てき》した海水浴《かいすゐよく》着《ぎ》の意匠《いしやう》はこの問題《もんだい》が起《おこ》る所《ところ》であるが、丁度《ちやうど》米國《べいこく》の婦人雑誌《ふじんざつし》に本年流行《ほんねんりうかう》の新形海水浴着《しんがたかいすゐよくぎ》が載《の》せてある寔《まこと》に理想的《りさうてき》の製式《せいしき》で完全此上《くわんぜんこのうへ》もない。

世界文明國《せかいぶんめいこく》の列《れつ》に入《い》つた我國《わがくに》の貴婦人達《きふじんたち》費用《ひよう》を投《とう》じて心身《しんしん》の愉快《ゆくわい》を買《か》はるゝ折角《せつかく》の海水浴《かいすゐよく》

に、心《こゝろ》ある人々《ひと／＼》の嘲笑《てうせう》を買《か》ふ樣《やう》なあられもない姿《すがた》を廢《や》めて、服裝丈《ふくそうだけ》は是非《ぜひ》整《とゝの》へて風光明媚《ふうくわうめいび》なる海邊《かいへん》の景色《けしき》と相俟《あいま》つて衆目環視《しうもくくわんし》の中《うち》に文明《ぶんめい》の魁《さきがけ》をした賞賛《しやうさん》を荷《にな》はるゝ樣《やう》努めるのも強《あなが》ち徒勞《とらう》ではないと思《おも》ふ。（口繪參照）

原文《げんぶん》には甲圖《かうづ》は純白《じゆんぱく》のセルジに深紅《しんく》の平打絹《ひらうちぎぬ》眞田《さなだ》の縁取《へりと》りをして同《おな》じく深紅《しんく》の平帶《ひらおび》を腰《こし》邊に締《し》めたので、又乙圖《またおつづ》は御納戶《おなんど》又《また》は紺地《こんぢ》のアルパカかセルに純白《じゆんぱく》な平打毛縁《ひらうちけべり》を取《と》り付《つ》け純白《じゆんぱく》な平絹《ひらぎぬ》の總付《ブリンジ》のしごきを用《もち》ゆるとあり升《ます》がモット經濟的《けいざいてき》にすれば地質《ぢしつ》をキヤラコか綿《めん》モス又《また》はメリンスで作《つく》り附屬品《ふぞくひん》も夫々《それ／＼》普通品《ふつうひん》を取《と》り付《つけ》れば意外《いぐわい》に安價《あんか》で體裁《ていさい》のよい事此上《ことこのうへ》もない物《もの》が新調《でき》る此《これ》は日本橋《にほんばし》の白木屋洋服店《しろきやようふくてん》で最新《さいしん》の婦人雜誌《ふじんざつし》から研究《けんきう》して簡便《かんべん》な方法《しかた》を設《まう》けてあるので、此點《このてん》に就《つい》ての質問《しつもん》があれば充分要領《じうぶんようりやう》を得《う》る答辯《たうべん》ができるとの事《こと》である。

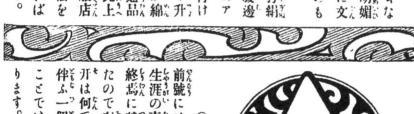

茶道

勇猛精進菴（承前）

○前號《ぜんがう》には茶道中興《さだうちうこう》の祖《そ》ともいふべき利休居士《りきうこじ》の生涯《しやうがい》の事歴《じれき》を略述《りやくじゆつ》しました。菴主《あんしゆ》は此《こ》の翁《おう》の終焉《しうえん》に就《つ》いて大《おほい》に鑑《かんがみ》ねばならぬ事《こと》を看出《みいだ》したので有《あ》ります。

其《そ》は何《なん》であるかといふに、茶道《さだう》といふものに伴《ともな》ふ一個《ひとつ》の弊《へい》が有《あ》る。これが近來《きんらい》はじまつたことではない昔《むかし》から有《あつ》たことゝ見《み》ゆるのであります。

其《そ》の弊《へい》といふのは何《なん》であるかと申《まを》しますと、物數奇《ものずき》といふ所《ところ》から岐路《わだみち》へ入《はい》り込《こ》むで書畫古《しよぐわこ》器《き》物愛玩《ぶつあいぐわん》の程度《ていど》が多少《たせう》好事《こうず》の範圍《はんゐ》を脱《だつ》して賤《いや》しい分子《ぶんし》を含《ふく》むことになり易《やす》い、此《こ》れを菴主《あんしゆ》は茶道《さどう》に伴《ともな》ふ弊《へい》と斷言《だんげん》して憚《はゞか》らぬのであります、物數奇《ものずき》といふ點《てん》から見《み》ると其裏《そのうち》には美術《びじゆつ》心《しん》も含《ふく》まれて居《を》りまして、德川氏盛世時代《とくがはしせいくじだい》の諸美術工藝品《しよびじゆつこうげいひん》の多《おほ》くの圖案《づあん》は概《がい》して所謂茶人《いはゆるちやじん》の腦漿《なうしやう》から絞《しぼ》り出《だ》したものが多《おほ》いやうに思《おも》はれます、利休形《りきうがた》の櫛《くし》、石州形如心張《せきしうがたによしんはい》の煙管《きせる》其他所謂茶人《たいはゆるちやじん》の名《な》を冠《かむ》らせたものが澤山《たくさん》あります、中《なか》には茶人以外《ちやじんいぐわい》の人《ひと》の好《この》みに成《な》つたものも有《あ》るに違《ちが》ひないやうですが是《これ》にも利休《りきう》の名《な》などを冠《かむ》らせた類《たぐ》いが多《おほ》い、これが當時《たうじ》圖案《づあん》家《か》として茶人《ちやじん》が重《おも》きを置《お》かれた證據《しやうこ》なので、是等《これら》の點《てん》に就《つい》ては茶人《ちやじん》の好事《こうず》が至極《しごく》佳《よ》い方面《はうめん》に働《はたら》いて居《ゐ》るので、其他古美術品保存《そのたこびじゆつひんほぞん》のうへに就《つい》ても此《こ》の好事《こうず》が與《あづか》つて力《ちから》ある點《てん》が多《おほ》いのであります。是《これ》は好事《こうず》の佳《よ》い點《てん》を擧《あげ》たので、社會《しやくわい》のことゝ一利《り》あれば一害《がい》あることは數《すう》の免《まぬ》かれないものと見《み》えまして、此《こ》の裡面《りめん》には甚《はなはだ》賤《いや》しい分子《ぶんし》を含《ふく》む弊《へい》が伴《ともな》ふのであります。賤《いや》しい分子《ぶんし》とは何《なん》である？、往々《わう／＼》好事者《こうずしや》が多《おほ》くの古董《こどう》を取《と》り扱《あつか》ふ上《うへ》から自然《しぜん》と價《あたへ》の高下《かうげ》を論《ろん》ずることになつて、竟《つひ》には紳士《しんし》にして骨董《どうぐ》家《や》の牙保に類《るゐ》する行爲《かうゐ》をするやうな歎《なげ》かはしいことが耳朶《だ》に觸《ふ》れるのであります。

是《これ》が今《いま》はじまつたことではありません、現《げん》に茶《ちや》の湯《ゆ》古事談《こじだん》といふ元文四年《げんぶんよねん》尾張《をはり》の近松彦之《ちかまつひこの》進《しん》といふ人《ひと》が編纂筆記《へんさんひつき》した本《ほん》のなかに

『或《あ》る時聚樂《ときじゆらく》にて歷々衆寄合《れき／＼しゆうよりあ》はれて道具《だうぐ》の目《め》利咄《きゝばな》しあるに新古《しんこ》によりて價《あたへ》の高下《かうげ》の沙汰《さた》のみなり、利休《りきう》まいり掛《か》りてこれを聞《き》き、扨々《さく／＼》各樣《おの／＼さま》には似合《にあ》はぬ御事《おんこと》に候《さふらふ》、總《すべ》て道《だう》

具《ぐ》の目利《めきゝ》は茶《ちや》の湯《ゆ》に用《もち》ゐて面白《おもしろ》いかわるいか扨又爐《さてまたろ》によいか風爐《ふろ》によいかを見分《みわ》け、置合《おきあい》には何々《なに〳〵》に取合《とりあ》ひ何々《なに〳〵》には取合《とりあ》はぬといふを考《かんが》ふるが目利《めきゝ》にて候《さふらふ》、新古《しんこ》直段《ねだん》の沙汰《た》は道具屋《だうぐや》の所作《しよさ》にて取賢目利《めきゝ》と申《まを》して賤《いや》しく聞《きこ》に候御《さふらふおん》たしなみあれと申《まを》せしかば各《おの〳〵》赤面《せきめん》有《あ》しと。」

既《すで》に秀吉公時代《ひでよしこうじだい》の大名歴々《だいみやうれき〳〵》にして此《こ》の病に感《かん》染《せん》した徴候《ちやうこう》は明《あきら》かに顕《あらは》れたもので有《あ》りまして此《こ》の戒《いましめ》をした利休《りきう》が大閤殿下《たいかふでんか》の忿《いか》りに觸《ふ》れて終《つひ》に死《し》を給《たま》ふに至《いた》つた其《そ》の罪案《ざいあん》のうちに、親《しん》疎《そ》によりて價《あたへ》を左右《さいう》したといふことも含《ふく》まれて有《あ》るやうです。蓋《けだし》この罪案《ざいあん》は讒者《ざんしや》の虛説《きよせつ》に罹《かゝ》つた爲《ため》であるといふ、庵主《あんしゆ》も是《これ》には同意《どうい》を表《へう》するのでありますが、既《すで》に此《こ》の弊《へい》が絶體《ぜつたい》に好事者《かうずしや》の間《あひだ》にないものでありましたならいかに讒者《ざんしや》の利口《りこう》でも乘《じやう》ずることが出來《でき》なかつたでありませう、又殿下《またでんか》もこれを信《しん》ぜられる筈《はづ》がないのであります。

此《こ》の外《ほか》に更《さら》に一《ひと》つの弊《へい》が有《あ》ります。是《これ》は珍器《ちんき》を集《あつ》めて豪《がう》を衒《てら》ふの弊《へい》で有《あ》りまして、此《こ》の弊《へい》のためには茶道《さだう》の領分《りやうぶん》を狹隘《けうあい》にする傾向《かたむき》が有《あ》るやうに思《おも》はれます。

何故《なぜ》なれば、同門中又《どうもんちうまた》は茶友《ちやいう》の或《あ》る人《ひと》が茶會《ちやくわい》の催《もよう》しに珍器《ちんき》を誇《ほこ》り珍膳《ちんぜん》を饗《けう》して豪《がう》を衒《てら》ふと假定《かてい》し、此《こ》の席《せき》に連《つら》なる人々《ひと〴〵》が、超然《てうぜん》として自己《じこ》の分《ぶん》を守《まも》り、自己《じこ》の主義《しゆぎ》を貫徹《くわんてつ》する人《ひと》でありますれば何《なん》の仔細《しさい》も有《あ》りませんが、开處《そこ》が凡夫《ぼんぷ》の悲《かな》しさについ釣《つ》りこまれる、況《まし》てこの釣《つ》りこまれるのが婦人《ふじん》に多《おほ》い、然《しか》も往々《わう〳〵》婦人《じん》には其《そ》のお交際《つきあひ》に困《こま》るといふ點《てん》から終《つひ》に根《こん》底《てい》の茶道《さだう》を廢《はい》するなどゝいふ狹隘極《けうあいきわま》つた考《かんがへ》を起《おこ》すものも出來《でき》る、（尤《もつとも》是等《これら》は極端《きよくたん》の譬《たとへ》でありますが）婦人《ふじん》に有《あ》りがちな弱點《じやくてん》であります。

であるから前號《ぜんがう》にも演《の》べましたとほり、此《こ》の茶道《さだう》を單純《たんじゆん》に行儀《ぎやうぎ》の練習《れんしふ》、室内裝飾《しつないさうしよく》の手段《しゆだん》、交際《かうさい》の方法《はうはふ》として活用《くわつよう》させれば非常《ひじやう》に効果《かうくわ》を收《をさ》めらるゝものと思《おも》ひます。

要《えう》するに莊主《あんしゆ》の主張《しゆちやう》は、茶道《さだう》に伴《ともな》ふ弊《へい》（莊主《あんしゆ》の所謂《いはゆる》）似而非《えせ》佛道臭味《ぶつだうしうみ》の厭世的行動《えんせいてきかうどう》に流《なが》れぬやう、好事數奇《かうずすき》の點《てん》から邪路《じやろ》に踏《ふ》みこむ彼《か》の古物展覽會的《こぶつてんらんくわいてき》並《なら》びに骨董家的《こつとうかてき》に流《なが》れないやうに爲《し》たいのであります。

（以下次號）

田舍《ゐなか》の侘《わび》（質素《しつそ》の意《い》）より利休《りきう》へ金子《きんす》一兩《りやう》贈《おく》りけるに、何《なに》にても茶《ちや》の湯道具求《ゆだうぐもと》め給《たま》はれといひ越《こ》しし時《とき》、利休《りきう》その一兩《りやう》にて布《ぬの》を買《か》ふて遣《つかは》し、侘《わび》は何《なに》なくとも茶巾《きん》だに綺麗《きれい》なれば茶《ちや》は飲《の》めると言《い》ひやりしと。

（茶の湯故事談）

料理法

（承前）

前號《ぜんがう》には料理法《りやうりはふ》の家庭《かてい》に必要《ひつえう》なこと及《およ》び、これに伴《ともな》ふ滋養衞生《じやうゑいせい》の點《てん》から延《ひ》て日本人《にほんじん》の日々に取《と》るべき營養分《えいやうぶん》たる蛋白質《たんぱくしつ》、脂肪《しばう》含水炭素《がんすいたんそ》の割合《わりあい》、料理用器具《りやうりようき》の選《えら》びかた、調《てう》味材料等《みざいりやうとう》を詳《くわし》くお話《はなし》しました。

猶又前號《なほまたぜんがう》に於《おい》て、次回《じくわい》より日常《にちじやう》の飲食物《いんしよくぶつ》に於《お》ける營養分《えいやうぶん》の含蓄量《がんちくりやう》を御知《おし》らせ申《まを》す御約束《おやくそく》を爲《し》ましたが、其《そ》の成分表《せいぶんへう》を委《くわ》しく顯《あらは》しますと限《かぎ》り有《あ》る紙數《しすう》のうちに書《か》き盡《つく》すだけの領分《れうぶん》を占《しめ》ることが出來《でき》ません、夫《それ》のみならず數字《すうじ》ばかり並列《へいれつ》した記事《きじ》は餘《あま》りに乾燥無味《かんさうむみ》でありますから、其《そ》の記事《きじ》が甚麽《いか》に字々金玉《じゞきんぎよく》であつても讀者《どくしや》の倦厭《けんえん》を招《まね》く嫌《きら》ひが有《あ》りますから、これは本號《ほんがう》から一部分《ぶぶん》づゝ掲載《けいさい》することゝ致《いた》します。併《しか》し日常飮食物《にちじやういんしよくぶつ》の成分《せいぶん》を知《し》つて而《さう》して必要《ひつえう》の營養分《えいやうぶん》に割《わ》り合《あ》はせて飮食物《いんしよくぶつ》を調理《てうり》することは人生《じんせい》の一大基《だいき》本《ほん》でありまして決《けつ》して忽《ゆるがせ》に出來《でき》ないことで有《あ》りますから、讀者《どくしや》は是非《ぜひ》とも日々《ひゞ》に取《と》るべき營養分《えいやうぶん》の割合《わりあひ》（前號《ぜんがう》參看《さんくわん》）と成分表《せいぶんへう》は庖廚《だいどこ》に掲《かゝ》げておいて成《な》る可《べ》く三度《ど》の食膳《しよくぜん》に上《のぼ》せる飮食物《いんしよくぶつ》を此《こ》の割合《わりあひ》によりて調製《てうせい》せらるゝやう致《いた》したいので、約《つゞ》り讀《どく》者《しや》の健康《けんかう》を祈《いの》るのであります。扨本文《さてほんぶん》に入《い》りまして、刻下《こつか》盛暑《せいしよ》の候《こう》でありますから多少《たせう》諸君《みなさま》が腸胃《ちやうゐ》の健康《けんかう》に障《さは》りの有《あ》りがちなときで有《あ》りますから、少《すこ》しく料理法《れうりはふ》の領《りやう》分《ぶん》を逸《いつ》するやうでは有《あ》りますが茲《こゝ》に日常食品《にちじやうしよくひん》中《ちう》消化《せうくわ》し難《にく》い、胃腸《ゐちやう》が多少過度《たせうくわど》の働《はたら》きをせねばならぬ所謂《いはゆる》不消化物《ふせうくわぶつ》を御紹介《ごしやうかい》しませう。

○

胡瓜《きうり》もみ、同漬《どうつ》け物《もの》
酢章魚《すだこ》、同櫻煑《どうさくらに》
納豆《なつとう》
筍《たけのこ》
煎《い》り豆類《まめるゐ》
豆腐《とうふ》の油揚《あぶらあ》げ、雁擬《がんもど》き
蒟蒻《こんにやく》
葱《ねぎ》、玉葱《たまねぎ》にても
牛蒡《ごばう》
蓮根《れんこん》
甜瓜《まくわうり》
銀杏《ぎんなん》

昆布《こんぶ》
海苔《のり》
黑菜《あらめ》
裙帶菜《わかめ》
羊栖菜《ひじき》
松蕈《まつたけ》
椎蕈《しいたけ》
姫路蕈《ひめぢたけ》
松露《しようろ》（稚松《わかまつ》の林に發生する球狀の蕈）
烏賊《いか》
乾鰯《すゞめ》
鹽鯖《しほさば》
鹽鰮《しほいわし》
目刺《めざし》
鹽鮭《しほさけ》
鹽鱒《しほます》
鹽鱈《しほだら》
乾鰈《ひがら》
乾鯡《にしん》
貝類《かいるゐ》
蒲鉾《かまぼこ》
半片《はんぺん》
漬物《つけもの》
熟《じゆく》せざる果物《くだもの》

此の種《しゆ》のものは夏時《なつ》の食料《しよくれう》としては成《な》る丈《た》け避《さ》けらるゝやう致《いた》したい、滋養《じやう》の價値《かち》は有《あ》るにもせよ暑中《しよちう》は多少《たしやう》腸胃《ちやうゐ》が不健全《ふけんぜん》でありますから消化《せうくわ》し難《がた》いものはこれを收容《しうよう》する利益《りえき》よりも却《かへつ》て腸胃《ちやうゐ》を傷《そこな》ふ害《がい》の方《はう》が多《おほ》いのでありますす。

前號《ぜんがう》からお約束《やくそく》しました飮食物《いんしよくぶつ》の成分表《せいぶんへう》をこれより揭《かゝ》げますが、前《まへ》にも申《まを》しましたとほり一時《じ》に揭載《けいさい》しましては讀者《どくしや》の倦厭《けんゑん》を招《まね》く虞《おそれ》がありますから玆《こゝ》には穀物《こくもつ》だけを御覽《ごらん》に入《い》れ升《ます》

食物成分表

●穀類

品名	蛋白質	脂肪	含水炭素	灰分
武藏白米	八、一四	〇、二〇	七一、[illegible]	〇、三六
同糯米	四、六〇	一、一八	七七、八一	一、〇四
大麥	九、九七	一、六[illegible]	七三、〇〇	一、四[illegible]
裸麥	九、四〇	〇、九七	七四、二二	二、〇二
燕麥	一三、〇〇	六、〇〇	五四、〇〇	三、〇[illegible]
小麥	一一、七〇	〇、九七	七一、〇三	〇、九七
粟	二、五七	五、五五	六五、三四	二、五五
黍	一〇、八九	二、九九	六〇、九九	四、五五
稗	八、九七	〇、九八	七三、九八	〇、八三
鳩麥	一三、六五	五、一八	六四、九四	〇、二三
蜀黍	八、九六	三、七九	七〇、二五	一、九五
玉蜀黍	九、〇〇	五、〇〇	六四、五〇	二、〇〇
蕎麥	一三、一三	二、七三	六八、六六	一、四三

（以下次號）

雜感雜錄

本欄には大方諸彦の投稿を歡迎す

●時《とき》に觸《ふ》れ事《こと》によりて新《あたら》しい詞《ことば》が出《で》るもので征清役《せいしんえき》のさきに彼《か》の團匪《だんぴ》から對《たい》して支那《しな》の官軍《くわんぐん》で團匪《だんぴ》と行動《かうどう》を共《とも》にしたものを號《なづ》けて官匪《くわんぴ》といふ詞《ことば》が出來《でき》た。

●官匪《くわんぴ》とは隨分不可思議《ずゐぶんふかしぎ》な詞《ことば》であるが是《これ》が立派《りつぱ》な公文《こうぶん》にまで用《もち》ゐられて當時官報《たうじくわんぱう》のなかにも澤山《たくさん》此《この》活字《くわつじ》を埋《うづ》められたのを見《み》たのである。

●其《そ》の頃《ころ》救世軍《きうせいぐん》が率先者《そつせんしや》で娼妓《しやうぎ》の自由廢業騷《じいうはいげふさわ》

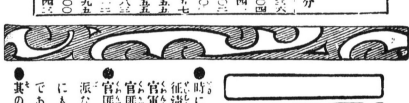

ぎが初《はじ》まつた時《とき》に遊廓《ゆうくわく》の壯丁《そうてい》等《ら》が非常《ひじやう》に反《はん》抗《かう》を試《こゝろ》みて遂《つい》に蠻行《ばんかう》の極自由廢業幇助者《きよくじゆうはいげふはうじよしや》を殴打《おうだ》して血《ち》を見《み》るに至《いた》つた。

●著者《ちよしや》は其《そ》の頃或《ころあ》る雜誌《ざつし》へ廓匪《くわくひ》といふ新詞《しんし》を作《つく》つて掲《かゝ》げた、是《これ》は遊廓内《ゆうくわくない》の拳匪《けんぴ》といふ洒《しや》落《れ》であつたが當時忽《たうじたちま》ち諸新聞紙《しよしんぶんし》に廓匪《くわくひ》の活《くわつ》字《じ》が植《う》ゑられたことが有《あ》つた。

●今度《こんど》の露西亞《ろしあ》征伐《せいばつ》に就《つい》て出版界《しゆつぱんかい》が一齊《いつせい》に武《ぶ》装《さう》して戰爭關係《せんさうくわんけい》の出版《しゆつぱん》ものは雨後《うご》の筍《たけのこ》も啻《たゞ》ならないほど世《よ》の中《なか》に顯《あら》はれたが其《そ》の表題《ひやうだい》は何《いづ》れも日露《にちろ》云々《うんく》といふのである。

●此《こ》の日露《にちろ》の二字《じ》が何《なん》となく第三《よその》國《くに》から云《い》ふ詞《ことば》のやうで、當事者《あいて》たる我《わ》が國民《こくみん》から云《い》ふには、征露《せいろ》とか討露《とうろ》とか云《い》ひたいやうに思《おも》はれるが是《これ》も征清役以《せいしんえきい》來《らい》の慣用詞《くわんようし》である。

茲《こゝ》に白醉小《はくするこ》僧《ぞう》なる讀者《どくしや》が山紫水明《さんしすゐめい》の美《び》と服装《ふくさう》美《び》とを拉《らつ》し來《きた》つて見立評《みたてひやう》を贈《おく》られた、記者《きしや》は幸《さいはひ》に本欄《ほんらん》を設《まう》けて大方《たいはう》の投稿《とうかう》を歡迎《くわんげい》しやうといふ場合《ばあひ》であるから直《すぐ》に掲載《けいさい》すると同時《どうじ》に白醉小《はくすゐこ》僧君《ぞうくん》に其《そ》の厚意《かうゐ》を謝《しや》すのである。

◎名所見立《めいしよみたて》流行《りうかう》の夏衣《なつい》

白醉小僧

暑《あつ》さを白沙青松《はくしやせいしやう》の間《あひだ》に避《さ》け給《たま》ふ今日《けふ》この頃《ごろ》、蟬《せみ》の羽衣幾《はごろもいく》ひらかを取《と》り出《い》だして、此所彼所《こゝかしこ》の名所《めいしよ》に見立《みた》て侍《はべ》りぬ、團扇《うちは》隻手《かたて》に誦《よ》みたまはりて當《あた》らぬ所《ところ》をお笑《わら》ひ下《くだ》さるべし。

△松島《まつしま》

○透綾《すきや》の襲《かさ》ね模様《もやう》

透綾《すきや》又《また》は絽明石《ろあかし》等《とう》の地質《ちしつ》の羅《うす》き品《しな》に、下着《したぎ》へ松《まつ》のいろ〳〵、上着《うはぎ》に波《なみ》や小舟《こぶね》を淡《うす》く染《そ》めて重《かさ》ねなば、芭蕉翁《ばせうおう》が紀行《きかう》にも書《か》き盡《つく》されぬ千松島《ちまつしま》の變化《へんくわ》あるやうに、見《み》え隱《かく》れのうちに高尚《かうしやう》なる趣《おもむ》きありて暑中少女《しよちうをとめ》の禮服《れいふく》に最《もつと》も可《よ》かるべきか。

△箱根《はこね》

○絽《ろ》縮緬《ちりめん》の長襦袢《ながじゆばん》

玉櫛笥《たまくしげ》箱根《はこね》の山《やま》の嶺《みね》ふかく、湖《みづうみ》こえて澄《す》める月影《つきかげ》、といふ風情《ふぜい》を白地《しろぢ》へ染《そ》めあげたらば、幽邃閑雅《ゆうすゐかんが》の詩《し》趣《しゆ》あるべし。

△天《あま》の橋立《はしだて》

○絽《ろ》の丸帯《まるおび》

縹色《はないろ》や淡御納戸《うすおなんど》地《ぢ》へ洲《す》と磯馴松《そなれまつ》とを宗達光琳《そうたつくわうりん》の畫風《ぐわふう》に白《しろ》ぬき染《ぞ》めにせばなか〳〵に涼《すゞ》やかに見《み》えて夏時《なつ》の丸帯《まるおび》によろしかるべし

△安藝《あき》の宮島《みやじま》

○黒紗《くろしや》の無双《むそう》羽織《ばおり》

黒《くろ》の五所《いつゝ》紋羽《もんは》織《おり》の無双《むそう》仕立《じた》てには、絽《ろ》や絽《ろ》縮緬《ちりめん》のあるなれど、紗《しや》ほど涼《すゞ》しきはなかるべし、脊《せ》裏《うら》に水《みづ》に華表《とりゐ》又《また》は谷間《たにま》の楓《かへで》などを清洒《あつさり》と染《そ》めぬきたらんには、坐《ゐなが》らにして七島《しま》を巡《めぐ》るの心地《こゝち》ぞする。

△日光《につくわう》

○絽絹縮男物長襦袢《ろきぬちゞみをとこものながじゆばん》

白地《しろぢ》に水色《みづいろ》の瀑布《たき》を脊《せ》より裾《すそ》にかけてこれに縹色《はないろ》の楓《かへで》をあしらひたらば、殿様向《とのさまむ》きの長襦袢《ながじゆばん》として裏見《うらみ》なき好《この》みなるべし。

△嵐山《あらしやま》

○紋織透綾《もんおりすきや》

常盤《ときは》の松《まつ》、大和《やまと》武士《たけを》の櫻《さくら》はさら、さま〴〵の樹々《きゞ》交《ま》りてこそ、見倦《みあ》かぬは嵐山《あらしやま》の景色《けしき》なれ、紋織上布《もんおりじやうふ》のそれにも似《に》て、種々《しゆ〴〵》の模様《もやう》を巧《たく》みに織出《おりだ》したるは、流石《さすが》に優美《ゆうび》の本《ほん》元西陣《もとにしぢん》の織物《おりもの》なりさて上臈《じやうらう》の愛《め》でらるゝも宜《むべ》なりかし。

△舞子《まひこ》の濱《はま》

○絽友禪《ろいうぜん》

氣《き》の須磨ぬお顔《かほ》もしたまはずして何《なに》ごともさら〳〵と明石たまふ無邪氣《むじやき》な少女《をとめ》の單着《ひとへぎ》

には此《こ》の品《しな》を措《お》いて外《はか》にはないことよ。

△鎌倉《かまくら》

○綴錦《つゞれにしき》の男帯《をとこおび》

綴《つゞれ》の絲《いと》の和《やわ》らかきを取《と》りて硬《かた》き金《かね》に代《か》ふれば錣《しころ》となる、鎌倉武士《かまくらぶし》の粋《すゐ》を拔《ぬ》ける北條時宗《ほうでうときむね》の武斷《ぶだん》も、永《なが》き太平《たいへい》に弓《ゆみ》は袋《ふくろ》刀《かたな》は鞘《さや》におさまりしも、征露《せいろ》の軍《ぐん》は元寇《げんこう》のむかし偲《しの》ばるゝが如《ごと》、一旦《いつたん》廢《すた》りし綴錦《つゞれにしき》も近來《きんらい》は男帯《をとこおび》の上乘《じやうじやう》に數《かぞ》へあげらるゝも宜《むべ》ならんか。

△宇治川《うぢかは》

○絹縮浴衣《きぬちゞみゆかた》

淡藍《うすあゐ》もてしなやかに蘆《あし》を現《あら》はし、これに螢《はたる》の飛《と》び交《か》ふさまの優《ゆう》にやさしきもの、深雪《みゆき》ならねど妙齡《めうれい》の比賣《ひめ》がたに佳《か》なるべし。

△三保《みほ》の松原《まつばら》

○レースの肩掛《かたかけ》

ふはりと肩《かた》に羽衣《はごろも》の輕《かる》きショールは頂《いたゞ》きの雪《ゆき》にレースの鹿《か》の子《こ》まだら、涼《すゞ》しき景物《けいぶつ》を夏季進物《なつきしんもつ》の好材料《かうざいれう》。

△大磯《おほいそ》

○絽《ろ》の片側帯《かたかはおび》

夏《なつ》の片側帯《かたかはおび》といへば絽《ろ》に限《かぎ》るやうになりしが、地色《ぢいろ》は水色《みづいろ》又《また》は淡縹色《うすはないろ》にして、大磯《おほいそ》ならぬ荒磯《あらいそ》の模樣《もやう》こそ流行《りうかう》の粋《すゐ》なれ。

△奈智《なち》の瀑布《たき》

○白《しろ》リン子ル脊廣《せびろ》

瀧《たき》なす汗《あせ》のいづる季節《きせつ》にても、この洋服《やうふく》を被《き》なば人《ひと》も我《われ》も涼《すゞ》し氣《げ》に、大洋《たいやう》に面《めん》して鏧《さう》鏧《さう》の聲《こへ》を放《はな》つの趣《おもむ》きあり

●記者《きしや》の見《み》たる白木屋呉服店《しろきやごふくてん》

東洋一等國《とうやういつとうこく》の首府《しゆふ》、東京《とうけい》の眞中《まんなか》といへば江戸《えど》時代《じだい》から相場《さうば》の極《きま》つた日本橋《にほんばし》の傍《かたはら》に巍然《ぎせん》たる三層《さう》の大建物《おほだてもの》は、言《い》はでも知《し》るき白木屋呉服《しろきやごふく》

店《てん》である。此《こ》の殿《でん》はむべも富《と》みけり咲《さ》き草《くさ》のみつばよつばにとの作《つく》りしての祝《いわ》ひ歌《うた》は、數《よう》百年《ひやくねん》の昔此家《むかしこのや》のために謳《うた》へるには非《あら》ざるなきかを疑《うたが》はしむる。

日本橋《にほんばし》の大路《おほぢ》を狹《せば》しと十五間餘《けんよ》の間口《まぐち》を五區《く》にしきつて二箇所《かしよ》の入口《いりくち》を設《まう》け、他《た》の三箇所《かしよ》の北角《きたかど》と中央《まんなか》を呉服部《ごふくぶ》、南角《みなみかど》を洋服部《やうふくぶ》のショーウヰンド(見《み》せだな)として錦襴刺繡《きんらんしう》は更《さら》、毛織木綿《けおりもめん》に至《いた》るまで、國產《こくさん》は勿論海外《もちろんかいぐわい》の織物《おりもの》までも數《かつ》を盡《つく》して、然《しか》も其《そ》の時々《ときどき》の風潮《ふうてう》に從《したが》つて意匠《いせう》を凝《こ》らして飾《かざ》りたてた壯嚴《さうごん》に眼眩《めくるめ》いて、此《こ》の店頭《みせさき》を通《とほ》る人《ひと》で步《あし》の運《はこ》びを停《とど》めないものは恐《おそ》らく無《な》い。

先店内《まつてんない》に入《い》ると見《み》あぐるばかりの飾《かざ》り棚《だな》は四方《はう》を厚硝子《あつがらす》で圍《かこ》つたなかに友禪縮緬《いうぜんちりめん》の瀑布《たき》は上部《じやうぶ》から垂下《すいか》して、綾羅《りやうら》は其《そ》の間《あいだ》に山雲《やまくも》を吐《は》き、雲山《くもやま》を吐《は》くの詩趣《ししゆ》が有《あ》る、下部《かぶ》の織物《おりもの》は嵐山《らんざん》の花《はな》の中《なか》へ日光《につくわう》の廟《べう》を移《うつ》して、鹽原《しほばら》の紅《もみ》葉《ぢ》を植《う》えこみ、松島《まつしま》を泉水《せんすゐ》にして富士《ふじ》を遠《とほ》く詠《なが》めたらば那處《どう》で有《あ》らうといふ空想《くうさう》の景色《けしき》を目前《もくぜん》に看《み》るやうであつた、此《こ》の種《しゆ》の飾《かざ》り臺《だい》が數箇所《すうかしよ》にある其《そ》の中間《ちうかん》は時々《ときどき》の織物染物《おりものそめもの》を併《へい》列《れつ》した飾《かざ》り臺《だい》が配置《はいち》してあつて縱覽者《じうらんしや》の任意《にんい》に供《きやう》してある、北《きた》の方《はう》は一體《たい》に小物《こもの》の飾《かざ》り棚《だな》でこれが二重《にじゆう》に設《まう》けてある、其《そ》の內容《ないよう》を窺《うかゞ》ふと宿直袋《とのゐぶくろ》、四季袋《しきぶくろ》、信玄袋《しんげんぶくろ》の類《るゐ》から懷中物莨《くわいちうものたばこ》入《い》れ、帶《おび》ごめ羽織紐《はおりひも》、兵兒帶《へこおび》、蹴出《けだ》し簪類《かんざしるゐ》に至《いた》るまで凡頭《およそあたま》の巓《てつぺん》から足《あし》の爪先《つまさき》まで有《あ》らゆる身體裝飾品《しんたいさうしよくひん》が陳列《ちんれつ》して有《あ》る、夫《それ》から北《きた》の方《はう》へ步行《あゆみ》を運《はこ》んでゆくと木綿部《もめんぶ》の賣《う》り場《ば》で概《がい》して言《い》へば一反《たん》十圓以上《ゑんいじやう》の薩摩《さつま》がすりから、以下《いか》の浴衣地《ゆかたぢ》までが列《なら》べられて其間《そのかん》四通八達《つうたつ》に通路《つうろ》が劃《くわく》されてある、其《そ》の要所《えうしよ》々々には賣《う》り場臺《ばだい》が有《あ》つて店員《てんいん》は來客《らいきやく》の接應《おうせつ》に暇《いとま》がないやうで有《あ》つた、實《じつ》はこれだけの間《あいだ》を仔細《しさい》に縦覧《じうらん》して廻《まは》ると殆《ほとん》ど脚《あし》は捧《ぼう》のやうになるから多少《たしやう》休憩《きうけい》したくなる。

开處《そこ》で二階《かい》の休憩室《きうけいしつ》が戀《こひ》しくなつて高臺《たかだい》の帳場《ば》の前《まへ》へ來《き》かゝる刹那《せつな》に一聲嘯《せいしゆ》うと風《かぜ》を切《き》つて走《はし》つたものが有《あ》る、何《なに》かと思《おも》つて仰《あふ》いで見《み》たら傳送器《でんそうき》が賣場《うりば》から線《せん》を傳《つた》はつて現金《げんきん》と傳《でん》票《ぺう》とを運《はこ》ぶのであつた、此《こ》の傳送器《でんそうき》が嘯々《しゆく／＼》往《わう》復《ふく》するのを見聞《けんもん》して坐《そゞろ》に征露《せいろ》の軍人《ぐんじん》が彈丸雨《だんぐわんう》飛《ひ》の間《あいだ》を驅逐《くちく》するのを追想《ついさう》した、此《こ》の時更《ときさら》に耳元《みゝもと》でチリ／＼の聲《こへ》が喧《やかま》しい、殆《ほとん》ど包圍攻擊《はうゐこうげき》を受《う》けたありさまで顧眄《みかへつ》たら電話室《でんわしつ》で女店員《ぢよてんゐん》が華客《とくゐさき》とお話《はな》し中《ちう》で四個《こ》の電話《でんわ》が殘《のこ》らず閉塞《へいそく》とは同店《どうてん》の忙《いそが》しさが知《し》られるのである。

此《こ》の間《あいだ》に記者《きしや》が大《おほい》に感服《かんぷく》したのは此《こ》の大建築《だいけんちく》に然《しか》も稠密熱鬧《ちうみつねつたう》のうちに能《よ》く空氣《くうき》を疏通《そつう》ならしめたのと上層《じやうそう》に更《さら》に陳列場《ちんれつぢやう》を頂《いたゞ》きながら光《くわう》線《せん》を曲折利用《きよくせつりよう》した點《てん》である、加旃炎熱《しかのみならずえんねつ》の大氣《たいき》を驅逐《くちく》するため各賣場《かくうりば》の頭上《づじやう》に大形《おほがた》の電氣旋《でんきせん》風器《ぷうき》が設備《せつび》してあつて三伏《ぷく》の熱《ねつ》も此《こ》の電機力《でんきりよく》によつて清涼《せいりやう》の氣《き》を吹《ふ》き送《おく》らるゝなどは至《いた》れり盡《つく》せりの響應《きやうおう》である。

扨《さて》記者《きしや》は恰《あたか》も蛟龍《かうりう》の蟠《わだかま》る如《ごと》き廻《まは》り階梯《はしご》を登《のぼ》つて二階《かい》から其《そ》の中央《ちうわう》を八間半《けんはん》に三間《げん》を切《き》りぬいた所《ところ》寫眞甲圖から階下《かいか》を瞰下《みおろ》したら豆人寸馬《とうじんすんば》の趣《おもむ》きが有《あ》る、階上《かいじやう》の東《ひがし》から北《きた》、北《きた》から西《にし》と廻《まは》つて其《そ》の間《あいだ》の飾臺《かざりだい》を巡覽《じゆんらん》しつゝ賣場《うりば》寫眞乙圖の前《まへ》を通て和式休憩室《わしききうけいしつ》の滿員《まんゐん》を避《さ》けて更《さら》に步《ほ》を轉《てん》じて西側《にしがは》の大飾《おほかざ》り棚《だな》の繻珍《しゆちん》、綴織竹屋町《つゞれおりたけやまち》の丸《まる》帶地《おびぢ》、扨《さて》は繪羽友禪《ゑばゆうぜん》の染浴衣《そめゆかた》などの陳列《ちんれつ》を巡《じゆん》見《けん》して西洋式《せいやうしき》の休憩室《きうけいしつ》へ入《はい》つた、此處《こゝ》も稍滿《やゝまん》員《ゐん》の姿《すがた》であつた、中央《ちうわう》の卓子《テーブル》の正面《しやうめん》に座《ざ》を占《し》めて居《ゐ》たのは赧《あか》ら顏《がほ》のでつぷりと肉《にく》づきの佳《よ》い初中笑《しよつちうゑみ》を湛《たゝ》えて居《ゐ》る年頃《としごろ》五十恰好《かつかう》の人《ひと》であつた、本琉球綟《はんりうきうかわ》り飛白《がすり》の帷子《かたびら》に白養老縮緬《しろやうらうちりめん》大《おほ》幅《はゞ》の兵兒帶《へこおび》を前《まへ》で結《むす》んだ餘《あま》りをグイト挾《はさ》んだ間《あひだ》から極細《ごくぼそ》の小豆《あづき》鎖《ぐさ》りが卷《ま》いてある、絽《ろ》の鼠《ねづみ》地《ち》へ白《しろ》の毛《け》萬筋兩面染《まんすぢりやうめんぞめ》の單羽織《ひとへばおり》へ丸打媚茶色《まるうちこびちやいろ》の紐《ひも》を懷《ふところ》豐《ゆた》かに結《むす》んだ容姿《ようす》は、曲尺《さしがね》の裏表《うらおもて》から八《や》ツ棟作《むねづく》りの勾配《こうばい》でも自由《じいう》に割《わ》り出《だ》すといふ實地家《じつちか》の請負師《うけおひし》と鑑定《かんてい》される椅子《いす》一脚《きやく》を隔《へだ》てゝ紋上布《もんじやうふ》の小豆《あづき》葡萄色地《ぶだういろち》へ立波《たつなみ》の立湧《たてわく》を顯《あら》はしたなかに矢絣《やがすり》の織《お》り出《だ》した帷子《かたびら》に、筑《ちく》前博多《ぜんはかた》オリーブ地《ち》へ雨《あめ》に燕《つばめ》を兩面織《りやうめんお》り分《わ》けにした單帶《ひとへおび》をしめた二十五六の婦人《ふじん》と、隣《とな》りの椅子《いす》に是《これ》も紋上布小豆《もんじやうふあづき》色地《いろぢ》竹《たけ》に雪輪《ゆきわ》のなかへ陰《かげ》の笹《さゝ》を織《お》り出《だ》した帷子《かたびら》に厚板織《あついたおり》利休鼠《りきうねづみ》地へ松唐草《まつからくさを》織り出《だ》しの帶《おび》で眼《め》の涼やかな愛嬌溢《あいきやうこぼ》るるばかりの令孃《れいじやう》は確《たし》かに隣席《りんせき》の標致《ひやうち》婦人《ふじん》の妹《いもと》君《ぎみ》、其《そ》の反對《はんたい》の側《がは》に四十左右《くらゐ》の壽御召《ことぶきおめし》利休茶《りきうちや》紅梅織白大明《こうばいおりしろだいみやう》の單物《ひとへもの》に風通小紋形《ふうつうこもんがた》の單帶《ひとへおび》を締《し》めた氣裂《きさく》らしいのは此《こ》の二人《ふたり》のお供《とも》と見《み》える都《すべ》てちよく／＼出《で》の買《かひ》もの出立《でた》ち傍《かたは》らに店員《てんゐん》が侍《はんべ》つて頻《しきり》に斡旋《あつせん》しつゝある、其外《そのほか》一團《だん》／＼の客《きやく》のなかへ記者《きしや》も僅《わづ》かに椅子《いす》を占《し》めて焦《こ》がれて居《ゐ》たシガーに有《あ》り付《つ》いたのである。給仕《きうじ》の店員《てんゐん》が慇懃《いんぎん》に持《もつ》て來《く》る茶《ちや》を飮《のみ》ながら座中《ざちう》の人々《ひと／″＼》が彼《か》れ一句《く》此《こ》れ一句《く》の問答《もんだふ》を聽流《きゝなが》して室《しつ》内《ない》の裝飾《さうしよく》をながめて居《ゐ》ると上布《じやうふ》の老人《らうじん》が聲《こゑ》をかけた。

『先生《せんせい》、此處《こゝ》の家《うち》は佳《よ》く出來《でき》てますナー』と所《ところ》が記者《きしや》は博聞多識《はくぶんたしき》でないから遺憾《ゐかん》ながら建《けん》築《ちく》のことなどは一向《とう》に知《し》らない、日光歸《につくわうがへ》りの土產話《みやげばなし》のやうに結構《けつこう》といふ言葉《ことば》の外《ほか》グーの音《ね》も出《で》ない、併《しか》し冒頭《ぼうとう》に先生《せんせい》といふ尊號《そんがう》を頂戴《だい》した所《ところ》から多少乘《たしやうの》り氣《き》になつて話《はな》し敵手《あいて》となつた、上布老人更《じやうふらうじんさら》に語《ご》を繼《つ》いで、『先生《せんせい》、今《いま》貴君《あなた》の登《あが》つて來《き》た階梯段《はしごだん》は如何《どう》です、彼《あ》の手《て》摺《す》りがお前《まへ》さん欅《けやき》の抉《く》りぬきでさア、素人衆《しう》にやア解《わか》りやすめーが彼《あ》れが木心《きごころ》が佳《よ》くつて加減《おゝけ》に乾燥《かれ》ぬいて居《ゐ》て、然《しか》も眞去《しんさ》りの大材《たいざい》から抉《く》りぬくのですから嫁《にら》い仕事《しごと》でさー、是《これ》はマア廣《ひろ》い世《よ》の中《なか》にやー無《な》いとも限《かぎ》りやせんが墨曲尺《すみかね》一つで紆行《うねく》れた手摺《こす》りの束《つか》を割《わ》り出《だ》す手際《てぎは》と來《き》たら先生《せんせい》の前《さ》ですが、大概《ていげい》な技量《で》じやー出來《でき》やせんぜ、私《わつ》しやー豪勢敬服《こうせいおそろき》やつた』

記者《きしや》はこの問《と》はず語《かた》りで初《はじ》めて謂《いわ》れ因縁《いんねん》に氣《ふ》が注《つ》いたのであるが先生《せんせい》の尊號《そんごう》に對《たい》して

『僕《ぼく》も御《ご》同感《ふうかん》で　流石《さすが》は御《ご》業體《げうてい》と見《み》えますな』とお茶《ちや》を濁《にご》したのは蓋《けだ》し記者《きしや》も自《みつか》ら上布《じやうふ》老人《らうじん》を請負師《うけおひし》と鑑定《かんてい》した識見《しきけん》を誇《はこ》つたのであつた。

（未完）

◎◎◎文《ぶん》苑《ゑん》

本誌《ほんし》九月《ぐわつ》一日發行《じつはつかう》の分《ぶん》より文苑欄《ぶんゑんらん》を設《まう》け、俳《はい》句《く》、川柳《せんりう》の投吟《とうぎん》を募《ほ》集《しう》す。

俳句《はいく》は新派《しんぱ》舊派《きうは》を問《と》はず。

評者《へうしや》は隨時《ずいじ》これを定《さだ》む、但豫《たゞしあらかじ》め評者《へうしや》を披露《ひらう》するときは所謂點取《いはゆるてんと》りの弊《へい》を生《しやう》じ、評者《へうしや》の好《この》める弱點《じやくてん》を突《つ》かんため、我《われ》にもあらぬ點取《てんと》り句《く》を投《とう》ずるの沒風流《はつふうりう》ありては紙面《しめん》を俗了《ぞくれう》するの恐《おそ》れあればなり。

俳句《はいく》は必《かなら》ず新舊《しんきう》の別《べつ》を明記《めいき》せらるべし、新舊《しんきう》によりて評者《へうしや》に差《たが》ひあれば若《も》し其《そ》の選《せん》を誤《あやま》るときは、投吟者《とうぎんしや》にとりて此上《こよ》なき不利《ふり》なれば努《つと》めて明記《めいき》せらるべし。

投吟《とうぎん》は端書《はがき》郵便《ゆうびん》に限《かぎ》る、宛名《あてな》は東京市下谷區《とうきやうししたやく》西黑門町《にしくろもんてう》四番地《ばんち》山口笑昨方《やまぐちせうさくかた》へ宛《あて》、御《ご》住所尊名《ぢうしよそんめい》とも明瞭《めいれう》に御記載《ごきさい》のこと。

但《たゞし》一葉《いう》のはがきへ數句《すくど》御連載《れんさい》あるも妨《さまた》げなし

毎月《まいげつ》十二日《にち》までに到着《とうちやく》したる分《ぶん》を取《と》りまとめ淨《じやう》書《しよ》して判者《はんじや》に遞付《ていふ》すべき豫定《よてい》なれば、締《し》め切《き》り後《ご》の分《ぶん》は沒書《ぼつしよ》となるべし。

俳句《はいく》、川柳《せんりう》とも天地《てんち》人《じん》の三才《さい》を選《わら》び左《さ》の景品《けいひん》を贈呈《ぞうてい》す。

天《てん》　本誌《ほんし》　五月分《いつつきぶん》

地《ち》　同《おなじく》　三月分《みつきぶん》

人《にん》　同《おなじく》　一月分《ひとつきぶん》

同吟或《どうぎんあるひ》は類吟《るいぎん》ありたるときは、郵便消《ゆうびんけ》し印《いん》の日付《ひづけ》によりて前後《せんご》を定《さだ》む。

課《くわ》題《だい》

俳《はい》句《く》　夏《なつ》混《こん》題《だい》

川《せん》柳《りう》　避《ひ》暑《しよ》

LADY : " Here's a penny, my good man."

Tramp : " Thanks, lady."

Lady : "Don't thank me ; it gives me pleasure to help the poor."

Tramp : " Give me a 'bob' or two and enjoy yourself thoroughly, mum."

貴婦人　可憐《かあい》そうにサア一錢あげるよ

乞食　御新造様《ごしんぞさま》お難有《ありがと》う御座ります

貴婦人　ナニ禮《れい》には及ばんよ、施《ほど》こしをするのが何より自身《わたし》の氣晴《きばら》しさ

乞食　ドヲカ腹一杯《はらいつぱいう》御氣晴《おきばら》しをなさいませんか

奥樣《おくさま》モウ二三十錢《がん》やつて下すつて

ELLA : " Is Bella a girl of high ideals ?"

Stella : " I guess so. She's engaged to a six-footer."

ゑり子　鈴子《すゞ》さんは高《たか》い理想《りそう》を持《も》つた方でせうか

すて子　無論然《むろんさ》うでせうよ、今度《こんど》緣談《をはなし》のきまつた先《さき》の男子《かた》も六尺からの御身材《ぜい》ですもの

裁縫指南

（前號のつゞき）

折《をり》から雲《くも》斷れの時明《ときあか》りに薄日《うすび》を吐《は》きかけた丸窓《まるまど》の光線《くわうせん》は、興奮劑《こうふんざい》の注射《ちうしや》でもしたかのやうに書齋《しよさい》を照《てら》した。

滿江《みつゑ》は貞子《さだこ》に促《うな》がされ躙《にじ》り寄《よ》つて姿勢《しせい》を正《たゞ》しくした。

貞子《さだこ》は徐《おもむ》ろに口《くち》を開《ひら》いて、

『友禪中幅縮緬《ゆうぜんちうはゞちりめん》で一《ひと》つ身《み》を拵《こしら》へる裁方《たちかた》をお話《はなし》します、夫《それ》で用布《ようふ》と裁《た》ち切《き》り寸法《すんぽふ》を申《まを》しますからこれを筆記《ひつき》して置《お》いて、貴孃《あなた》の考《かんが》えで圖《づ》を作《つく》つて御覽《ごらん》なさい。』

滿江《みつゑ》は輕《かる》く頷《うなづ》いて筆記帳《ひつきちやう》の準備《したく》をした、貞子《さだこ》の口授《こうじゆ》に從《したが》つて書《か》き記《しる》した寸法《すんぽふ》は斯《か》うで有《あ》る

用布《ようふ》の長《なが》さ　八尺《しやく》八寸《すん》　幅《はゞ》　一尺《しやく》二寸《すん》

裁《た》ち切《き》り寸法《すんぽふ》

身丈《みたけ》　二尺《しやく》三寸《すん》五分《ぶ》

袖丈《そでたけ》　一尺《しやく》四寸《すん》

滿江《みつゑ》が此所《こゝ》まで書《か》くと貞子《さだこ》は停《とゞ》めて

『是《これ》からさきは前《まへ》に敎《おし》えてありますから記臆《をぼへ》て居《ゐ》らつしやるだらう、夫《そ》れで布幅《ぬのはゞ》は充分《じうぶん》ですし思《おも》ふやうに湛《たつ》ぶり裁《た》てるのですから能《よ》く用布《きれ》を冗《むだ》にしないやうに考《かんが》えて圖《づ》を作《つく》つて御覽《ごらん》なさい、夫《そ》れに友禪《ゆうぜん》は片側《かたかわ》ものですからこれにも注意《ちうゐ》が要《い》るのです』

『夫《それ》から序《ついで》にお話《はな》しますが、前《まへ》に敎《おし》えた身丈《みたけ》一尺《しやく》九寸《すん》袖丈《そでたけ》一尺《しやく》二寸《すん》五分《ぶ》といふ一《ひと》つ身《み》は無《む》論《ろん》平常着《ふだんぎ》なので、學校《がくかう》では平常着《ふだんぎ》に用《もち》ゆるものは出來《でき》る丈《だ》け用布《ようふ》を費《つひ》やさずに巧妙《じやうず》に積《つも》

るのを可《よし》としてあるのですが、未《ま》だ新《あた》らしい教育《けういく》を享《う》けない舊式《きうしき》の仕事《しごと》の師匠《ししやう》や仕立屋《したてや》で稽古《けいこ》した人《ひと》は眼馴《めな》れないから、丈《たけ》や袖丈《そでたけ》が短《みじ》かいとか何《なん》とか言《い》ひませうがそれに構《かま》つては不可《いけ》ません、第一《だいいち》一《ひと》つ身《み》を着《き》る時代《じだい》の兒《こ》は量目《めかた》も日々《ひゞ》に増《ま》すほどに發育《はついく》を急《いそ》いで居《ゐ》ますのに、身丈《みたけ》の二倍以上《ばいいじやう》もある衣物《きもの》を着《き》せて手足《てあし》の運動《うんどう》を不自由《ふじゆう》にして置《お》くのは何程《なにほど》發育《はついく》の妨《さまた》げをするか知《し》れません、兎《と》に角學校《かくがくかう》の教《おし》えかたは今言《いまい》ふとほりなのです、併《しか》し他所《よそ》ゆき着《ぎ》には多少外見《たせうぐわいけん》も要《い》りますから大《おほ》きく仕立《した》てるのが可《よ》いのです、サア滿江《みつゑ》さん積《つも》つて御覽《ごらん》なさい。』

滿江《みつゑ》は覺束《おほつか》な氣《げ》に躊躇《かんがへ》たが多少躍起《たせうやくき》になつて、

『成効《でき》なくつても笑《わら》つては不可《いけ》ませんよとし子《こ》さん』と却《かへつ》て傍觀者《ほうくわんしや》のとし子《こ》に念《ねん》を押《お》した、とし子《こ》は莞爾《にこり》としたばかり無言《むごん》で姉《あね》の顏《かほ》を凝視《まも》つて居《ゐ》る、滿江《みつゑ》は石盤《せきばん》に此所彼所《こゝかしこ》訂正《ていせい》した結果《けつくわ》を貞子《さだこ》に見《み》せた圖《づ》は斯《か》うであつた。

第一圖 上

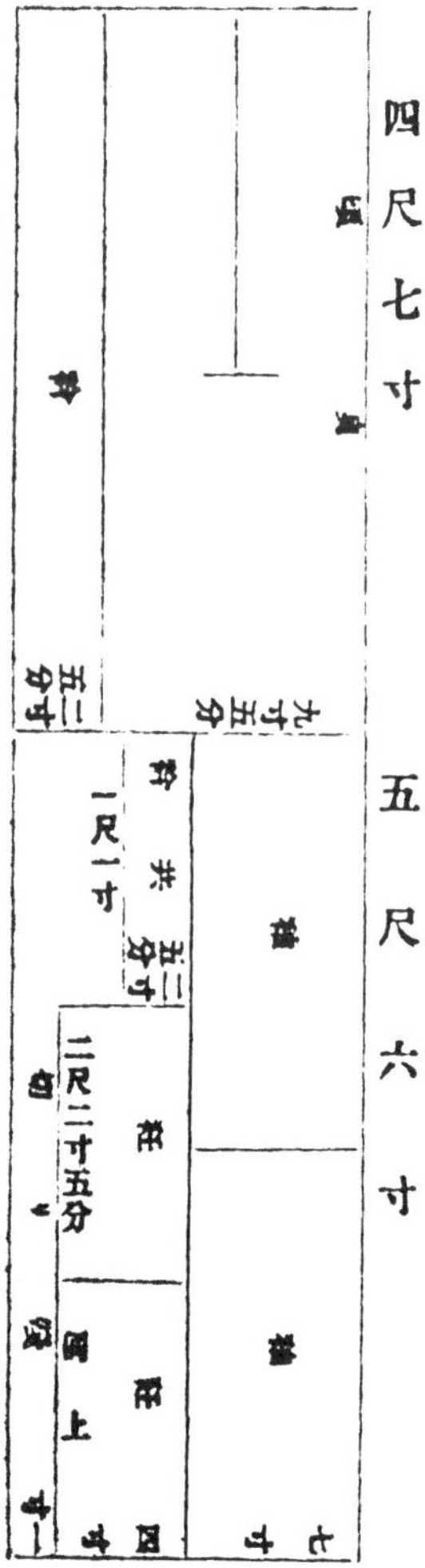

貞子《さだこ》は瞥見《べつけん》して其《そ》の石盤《せきばん》を更《さら》に滿江《みつえ》の方《はう》へ示《しめ》して

『マア初《はじ》めてにしては感心《かんしん》に可《よ》く出來《でき》ましたが是《これ》では不可《いけ》ません、斯《か》うすると殘《のこ》りの切《き》れが出來《でき》て何《なん》にも成《な》りませんし、身頃《みごろ》が一尺《しやく》に計算《つも》つて有《あ》りますが、貴孃《あなた》平常《なみ》幅《はゞ》もので御覽《ごらん》なさい其樣《そんな》に有《あ》りはしませんから、これは平常《なみ》の九寸にして、丌《そ》して貴孃《あなた》の積《つも》つた殘《のこ》りの切《き》れを三寸幅《すんはゞ》にすると共切《いつしよ》れで立派《りつぱ》に付《つ》け紐《ひも》が取《と》れます、私《わたし》が別《べつ》に圖《づ》を作《つく》つて見《み》せませう』

と石盤《せきばん》の空地《くうち》へサラ／＼と石筆《せきひつ》が走《はし》ると裁《た》ちかた圖《づ》の石摺《いしず》りが出來《でき》た。

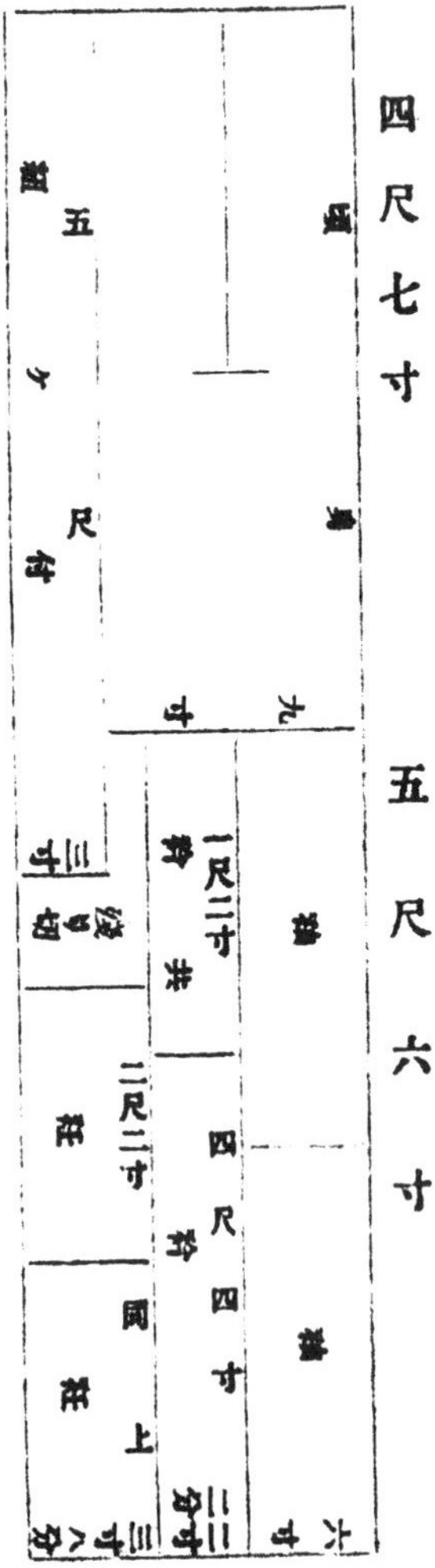

第二圖上

『斯《か》うすると可《よ》う厶《ござ》います、併《しか》し貴孃《あなた》の積《つも》つたのも用布《きれ》の柄《がら》に依《よ》つて付《つ》け紐《ひも》にならないものゝときは佳《よ》いのです、けれども最《も》う些《ちつと》身《み》、衽、袖《そで》なんかの幅《はゞ》を廣《ひろ》くして、殘《のこ》り切《ぎ》れを衿裏《えりうら》にするやうに裁《た》てば其《そ》の子《こ》が育《そだ》つても湛《たつ》ぷりしてゐるから間《ま》に合《あ》ひます』

此《こ》の言葉《ことば》の斷《き》れないうちに突然《だしぬけ》にさし子《こ》は眼《め》を圓《まろ》〳〵して
『アラ姉《ねへ》さん其《そ》の子《こ》ツて誰《だ》れ?!』

と疑問《ぎもん》を起《おこ》した、滿江《みつゑ》は此《こ》の疑問《ぎもん》に希見《けげん》な顏《かほ》をしてさし子《こ》と貞子《さだこ》の顏《かほ》を等分《とうぶん》に視《み》くらべて居《ゐ》る、貞子《さだこ》は反問《はんもん》の態度《たいど》をとつて。

『さしちやんお前《まへ》突然《だしぬけ》に何《なに》を言《い》つてるの?』

『だつて姉《ねへ》さん其《そ》の子《こ》が大《おほ》きくなるつて那處《どこ》の子《こ》なの?』

『解《わか》らないね!、今滿江《いまみつゑ》さんに一《ひと》つ身《み》の裁《た》ち方《かた》を敎《おし》えてあげてるでせう、だから假《も》し其《そ》の一《ひと》つ身《み》を着《き》る子《こ》が育《そだ》つてもと譬《たと》へて云《い》つたのでさアね、お前《まへ》さんも隨分《ずいぶん》だワ』

滿江《みつゑ》は徒《たゞ》にやり〳〵と嗤《わら》つて居《ゐ》る、此《こ》の突貫《とつくわん》に裁縫《さいはう》の隊伍《たいご》の頽《くづ》れかゝつたのを貞子將軍《さだこしやうぐん》の一令《れい》で。

『サア滿江《みつゑ》さん今《いま》の積《つも》り方《かた》を貴孃《あなた》やつて御覧《ごらん》じやい』

と軍容《ぐんよう》を回復《くわいふく》させた。滿江《みつゑ》は氣《き》を注《つ》けゝの號令《がうれい》がかゝつたやうに、急《きふ》に石盤《せきばん》を取《と》りあげて戛々《かつ〳〵》と石筆《せきひつ》を働《はたら》かせて、

『袖丈《そでたけ》の四倍《ばい》に身丈《みたけ》の二倍《ばい》を加《くは》へると用布《ようふ》が出《で》ます』

と答《こた》へた
『夫《それ》で可《い》いの……、それから今度《こんど》は本裁《ほんだ》ちを敎《おし》えますが、アノ一つ身《み》をお習《なら》ひの時分《じぶん》に棒《ぼう》裁《だ》ちの方法《しかた》を敎《おし》えてあげましたが記臆《おぼへ》て居《ゐ》らつしやるか、多少《たせう》本裁《ほんだ》ちの時《とき》の補足《たし》になり

ますから温習《さらつ》てお置《お》きなさい。』
『難有《ありがた》う……、とし子《こ》さん貴孃《あなた》遊《あそ》むで居《ゐ》らしつて？』と満江《みつゑ》はとし子《こ》に問《と》ふた。
『私其處《わたしそこ》まで同道《いつしよ》に行《ゆ》くのよ、』と徐々《そろ〳〵》立《た》ち仕度《したく》をする。貞《さだ》子は
『お前縫《まへぬ》ひかたを敎《おし》えてあげるのたが今度《こんど》にお爲《し》か。』と問《と》ふた。
『又降《またふ》ると不可《いけない》から満江《みつゑ》さんと一緒《いつしよ》に……』
門《もん》の警鈴《べル》がチリ〳〵と鳴《な》る、疾走《あしばや》にひた〳〵と刻《きざ》む足音《あしおと》が停《とま》ると同時《どうじ》に
『齋藤《さいとう》さん郵便《ゆうびん》ッ。』
輕装《みがる》のとし子《こ》が駈出《かけだ》して受取《うけと》る信書《しんしよ》の封皮を見《み》て。
『アラ阿兄《にい》さん所《とこ》から……』と一號活字大《ごうくわつじだい》に軍事郵便《ぐんじゆうびん》と朱判《しゆはん》で消《け》し印《いん》のある信書《てがみ》を握《にぎ》つて
飛《とん》んで來《き》た貞子《さだこ》は更《さら》なり納戸《なんど》に居《ゐ》た乳母《うば》のお琴《こと》までが坐睡《ゐねむり》の夢《ゆめ》を破《やぶ》つて突貫《とつくわん》して來《き》た。
更《さら》に門外《もんぐわい》に鯨波《げいは》をあげて往《ゆ》き來《こ》ふ疾呼《しつこ》に活氣《くわつき》を帶《お》びて
『ソラ出《で》た號外《ごうぐわい》』
『サー大勝利號外《だいしやうりごうぐわい》』
『ア、ラ號外《ごうぐわい》々々々々』

白木屋呉服店販賣呉服物代價表

夏物男子向縞着尺類

品名	自	至
一風通御召	十圓	十七圓
一薄御召	十圓	十三圓
一堅市楽	十圓	十四圓
一堅糸織	九圓	十三圓
一扶桑御召	十二圓	十四圓
一冨國セル織	九圓	十二圓
一糸織縞	七圓	十二圓
一好貴織	十圓	十三圓
一結城紬縞	九圓	十二圓
一結城紬絣	十一圓	廿三圓
一節糸織	五圓	八圓
一伊勢崎銘仙	四圓	七圓
一銘仙紺絣	五圓	八圓
一縞絽	九圓	十二圓
一玉川糸織	九圓	十二圓
一本上布	十五圓	四十圓
一越後上布	八圓	二十圓
一紋上布	八圓	十一圓
一市楽上布	五圓	七圓
一縞越後	六圓	八圓
一越後白絣	六圓	十二圓
一越後紺絣	六圓	十二圓
一越後絣縞	四圓	六圓
一能登紺絣	二圓半	三圓半
一奈良紺絣	一圓半	二圓半
一奈良白絣	一圓半	二圓半
一奈良縞	一圓半	二圓
一近江生平	一圓半	二圓
一天蚕織	三圓	三圓半
一透屋中絣二丈物	三圓半	五圓
一越後中絣二丈物	三圓半	五圓

夏物男子向單羽織地

品名	自	至
一平御召	十圓	十三圓
一堅糸織	八圓	十二圓
一扶桑御召	十圓	十二圓
一堅市楽	八圓	十圓
一諸糸織	八圓	十二圓
一山科御召	十圓	十二圓
一冨貴織	十圓	十二圓
一縞博多絽	八圓	十圓
一市楽綾織	十二圓	十三圓
一縞絽	七圓	九圓

品名	自	至
一縮上布	五圓	七圓
一紋上布	八圓	十圓
一絹上布	五圓	八圓
一市楽上布	四圓	七圓
一堅上布	四圓半	六圓
一京透屋	六圓	九圓
一越後透屋	二圓半	六圓
一伊勢崎銘仙	四圓	五圓半
一節糸織	四圓	六圓
一秩父縞	三圓	四圓

男子向帯地類

品名	自	至
一筑前博多	五圓	八圓
一紋博多	六圓	十圓
一縮珍織	七圓	十三圓
一厚板織	七圓	十圓
一明珍織	七圓	八圓半
一綴錦織	十五圓	二十圓

品名	自	至
一綴錦單帯	十圓	十八圓
一博多袋織	七圓	十圓
一博多單帯	三圓	五圓
一博多單(兩面)	五圓	七圓
一絽博多	五圓	七圓
一節博多	二圓	三圓

一小倉織　自六十錢　至一圓半
一白大巾縮緬兵兒帶　自六圓　至十五圓
一白中巾縮緬兵兒帶　自三圓　至八圓
一白絽中巾大兵兒帶　自六圓　至十圓
一繻殺兵兒帶　自一圓廿錢　至二圓

袴地類

一八千代平　自十三圓　至十八圓
一仙臺平　自十圓　至二十圓
一博多平　自十三圓　至十八圓
一博多絽平　自十三圓　至十六圓
一極暑平　自八圓　至十圓
一武藏平　自五圓　至八圓
一後泉平　自七圓　至八圓
一節攝平　自四圓　至七圓
一嘉平治平　自二圓半　至三圓半
一小倉織　自八十錢　至二圓
一カシミヤ女袴　自四圓　至六圓
一琥珀袴　自十一圓　至十三圓

夏物婦人向縞着尺類

一風通薄御召　自十圓　至十五圓
一風通壁織　自十圓　至十三圓
一御召縮緬　自九圓　至十三圓
一縞絽御召　自九圓　至十三圓
一寶玉御召　自十五圓　至二十圓
一紋御召　自十一圓　至十二圓
一玉川御召　自十圓　至十二圓
一徑浪縮緬　自八圓　至十圓
一縞絽　自八圓　至十二圓
一矣綾御召　自十圓　至十二圓
一薄壁糸織　自六圓半　至十圓
一養老御召　自十圓　至十三圓

夏物女帶地類

一夏形友禪縮緬　自十二圓　至十六圓
一友禪絽縮緬　自十二圓　至十六圓
一友禪紗絹縮　自十圓　至十三圓
一縞染縮緬　自十圓　至十三圓
一小紗縮緬兩面　自十圓　至十四圓
一縞染絽　自九圓　至十二圓
一小紋絽　自八圓半　至十二圓
一白紋絽浴衣地　自十三圓　至十七圓
一友禪絽　自十一圓　至十五圓
一友禪齊梅紗　自五圓　至六圓半
一縞明石縮　自七圓　至十圓
一縞絽明石　自八圓　至十一圓
一紋上布　自八圓　至十圓
一絹上布　自六圓　至八圓
一壁上布　自五圓　至七圓半
一縮緬透屋　自七圓　至九圓
一繻珍丸帶　自十五圓　至五十圓
一壁透屋　自五圓　至八圓
一レース透屋　自七圓　至九圓
一市樂透屋　自五圓　至七圓
一縞透屋　自五圓　至七圓
一縞綾透屋　自六圓　至七圓半
一紅梅織　自三圓　至三圓半
一結城紬中縞　自十圓　至十五圓
一絹越後紺縞　自十圓　至十五圓
一扶桑織　自七圓　至九圓
一縮糸織　自六圓半　至八圓
一節糸紺縞　自五圓　至六圓
一銘仙納戸縞　自四圓半　至七圓
一風通新御召　自五圓半　至六圓半
一九重御召　自二圓半　至五圓
一精好御召　自三圓　至四圓
一新御召　自二圓　至三圓
一綴織丸帶　自百圓　至二百圓

一 厚板丸帯 自十五圓 至三十圓
一 スカシ織丸帯 自廿圓 至廿五圓
一 博多丸帯 自十五圓 至廿圓
一 縞博多絽丸帯 自十八圓 至廿圓
一 繻珍絽丸帯 自十五圓 至三十圓
一 友禪鹽瀬丸帯 自十五圓 至卅圓
一 錦絽織 自廿圓 至卅五圓
一 緞織單帯 自廿八圓 至四十圓
一 博多單帯 自十圓 至十五圓
一 清涼單帯 自十五圓 至廿圓
一 明珍單帯 自十圓 至十二圓
一 友禪絽帯 自十二圓 至十五圓
一 繻珍丸寸 自五圓 至十圓

一 厚板九寸 自六圓 至十圓
一 博多九寸 自五圓 至七圓
一 博多總紋九寸 自六圓 至八圓
一 繻珍絽九寸 自六圓 至九圓
一 友禪絽九寸 自四圓 至六圓
一 友禪鹽瀬九寸 自七圓 至十圓
一 縞絽九寸 自五圓 至七圓
一 黒繻子九寸 自三圓 至六圓
一 唐繻子九寸 自五圓 至七圓
一 唐繻子九寸 自四圓半 至五圓半
一 色繻子九寸 自三圓 至七圓
一 綿繻珍九寸 自二圓 至三圓
一 綿繻子九寸 自一圓三十錢 至二圓

夏物白着尺類

一 白濱縮緬 自十圓 至二十圓
一 白絽縮緬 自十一圓 至十八圓
一 白絽 自八圓 至十五圓
一 白紋絽 自八圓 至十圓

一 白堅絽 自十圓 至十四圓
一 白紋絽縮緬 自十二圓 至十八圓
一 白絹縮み 自九圓 至十四圓
一 白本斜子 自七圓 至十五圓

一 白秋田織 自七圓 至十圓
一 白市楽織 自十圓 至十七圓
一 白羽二重 自七圓 至十五圓
一 白堅羽二重 自十圓 至十四圓
一 白紋羽二重 自九圓 至十二圓
一 白奉書紬 自四圓半 至六圓
一 白明石縮 自八圓 至十圓
一 白山繭明石 自九圓 至十圓
一 白明石絽 自八圓 至十圓

一 白縮緬透屋 自八圓 至九圓半
一 白堅透屋 自五圓 至六圓半
一 白平透屋 自五圓 至七圓
一 白山繭透屋 自五圓 至七圓
一 白越後縮 自六圓 至十圓
一 白熨斗越後 自十圓 至十二圓
一 白青梅織 自二圓半 至四圓
一 奈良晒 自二圓半 至五圓
一 近江晒 自一圓半 至二圓

夏物白羽織地類

一 白絽 自七圓 至十五圓
一 白絽縮緬 自十圓 至十七圓
一 白堅絽 自九圓 至十三圓
一 白斜子絽 自十圓 至十五圓
一 白紗 自三圓半 至六圓
一 白堅紗 自四圓 至五圓半

一 白明石 自五圓 至七圓
一 白絹上布 自五圓半 至六圓半
一 白堅透屋 自五圓 至六圓
一 白平透屋 自四圓半 至五圓半
一 白明石絽 自五圓半 至七圓
一 白瓦斯絽 自一圓半 至二圓半

夏物石持類

一 黒絽羽織 自八圓 至十三圓
一 黒紋絽羽織 自八圓 至十二圓

〔裾模様浴衣類〕

一黒七子絽羽織　自十圓　至十五圓
一黒紗羽織　自五圓　至五圓半
一色絽着尺　自八圓　至十一圓
一小紋絽着尺　自八圓　至十二圓
一小紋絽縮緬着尺　自十一圓　至十五圓
一小紋縮緬両面着尺　自十圓　至十五圓
一小紋々羽二重着尺　自十圓　至十五圓
一浅黄麻着尺　自一圓半　至二圓半

一絽詰袖裾模様　自十二圓　至十五圓
一絽振袖模様　自十三圓　至十八圓
一絽裾模様　自九圓　至十二圓
一縮緬裾模様　自十四圓　至十七圓
一縮緬一ツ身模様　自七圓　至九圓
一紋絽一ツ身模様　自七圓　至九圓
一八ツ橋綸一ツ身模様　自六圓　至八圓
一縮緬一ツ身模様　自七圓　至九圓

〔夜具地及座蒲團地〕

一御納戸大形絽　自十圓　至十五圓
一御納戸大形縮緬　自十三圓　至十五圓
一御納戸大形絽　自三圓半　至四圓半
一御納戸大形麻　自二圓半　至三圓
一大形麻座蒲團　自三圓半　至四圓半
一縞錦越後座蒲團　自八圓　至十圓
一近江平座蒲團　自三圓　至五圓
一白獄純座蒲團　自七圓　至八圓

〔半襟帯揚裾除類〕

一絽縮緬半襟　自五十錢　至一圓
一絽半襟　自五十錢　至一圓
一繡入絽縮緬半襟　自五十錢　至一圓半
一絽縮緬兒半襟　自卅五錢　至五十錢
一縮緬裏襟　自五十錢　至一圓
一絽縮緬裏襟　自七十錢　至一圓
一絽裏襟　自六十錢　至一圓
一練裏襟　自三十錢　至四十錢
一友禪縮緬帯揚　自一圓半　至三圓
一友禪紋羽二重帯揚　自一圓　至三圓
一紋り絽帯揚　自一圓　至二圓半
一紋り朝日織帯揚　自一圓　至一圓半
一絽縮緬裾除　自四圓　至五圓
一縮緬友禪裾除　自三圓半　至五圓
一紋り縮緬シゴキ地　自四圓　至六圓
一傘紋りシゴキ地　自一圓半　至三圓

〔夏物木綿類〕

一瓦斯風通白地　自一圓半　至二圓半
一同紺地　自一圓半　至二圓半
一翁織白地格子　自一圓半　至二圓半
一新節糸織　二圓三四十錢
一瓦斯吉野織　自一圓[illegible]　至二圓
一瓦斯縮緬壁更紗帯皮　自五十錢　至一圓
一本場結城　自二圓七十錢　至三圓
一博多結城　自一圓半　至三圓
一愛知結城　自一圓　至三圓
一結城木綿　自八十錢　至一圓半
一久留米紺絣　自一圓　至三圓半
一鳴門ガスリ　自一圓八十錢　至三圓半
一薩摩紺絣　自三圓　至六圓
一先島紺絣　自五圓　至八圓
一薩摩白絣　自二圓　至三圓
一大和白絣　自八十錢　至一圓卅錢
一伊豫紺絣　自一圓卅錢　至二圓
一大和紺絣　自一圓半　至二圓
一橋立白絣　自二圓　至二圓半
一薩摩絣　自二圓　至三圓

品名	自	至
一大和鼠縮	自一圓	至二圓
一白うずら縮	自一圓	至一圓半
一佐々縮	自二圓	至三圓
一久留米絣	自一圓半	至二圓
一常盤絣	自一圓廿錢	至一圓八十五錢
一糸入木綿縮	自一圓半	至三圓
一本銚子縮	自一圓卅錢	至二圓
一都縮	自二圓	至二圓半
一戦勝縮 紺絣變色	自一圓	至二圓
一小紋瓦斯縮	自二圓	至二圓半
一白絣瓦斯縮	自一圓	至一圓半
一湖川縮	自一圓半	至二圓
一玉川縮	自六十錢	至一圓
一千代田縮	自一圓八十五錢	至二圓廿錢
一阿波縮	自六十錢	至一圓卅錢
一白四ッ紅梅	自三圓半	至四圓半
一瓦斯明石縮	自二圓	至三圓
一大和上布	自一圓	至一圓半
一瓦斯上布	自一圓	至一圓半

品名	自	至
一八重山上布	自一圓	至一圓半
一吾妻セル	自一圓半	至二圓半
一中形木綿縮	自一圓廿錢	至二圓
一友禪木綿縮	自一圓	至二圓
一中形眞岡	自八十錢	至一圓卅錢
一中形絽縮	自一圓半	至二圓
一中形紅梅織	自一圓半	至二圓
一鼠木綿縮石持	自八十錢	至一圓
一博多絞り	自一圓半	至二圓半
一有松絞り	自八十錢	至一圓半
一有松白絞	自七十錢	至一圓
一三浦絞	自一圓	至二圓
一養老絞	自一圓	至一圓半
一鳴海絞	自八十錢	至一圓半
一白坂絞	自五十錢	至七十錢
一同盟セル	自四圓	至四圓半
一白瓦斯大和縮	自二圓	至二圓半
一柳上布	自一圓	至一圓半
一絣絽	自一圓	至二圓

品名	自	至
一細双子織	自一圓	至二圓
一細双子白絣	自一圓	至一圓半
一瓦斯白絣	自一圓	至一圓半
一伊勢晒縮絣	自七十錢	至九十錢
一晒絣	自四十五錢	至六十錢
一松坂絣	自七十錢	至一圓
一唐草眞岡	自七十錢	至一圓
一更紗眞岡	自七十錢	至一圓
一白銚子縮	自一圓	至一圓廿錢

品名	自	至
一白瓦斯縮	自一圓	至二圓
一白綿絽縮	自一圓	至二圓
一白木綿縮	自六十錢	至一圓
一白阿波縮	自一圓	至一圓半
一白畦織	自五十錢	至六十五錢
一白綿絽	自七十錢	至一圓
一木摺眞岡合羽地	自九十錢	至二圓十錢
一色眞岡合羽地	自七十錢	至一圓

〔御進物用飾附綿并ニ呉服細工〕

品名	自	至
一眞綿五把乗臺附	自四圓廿五錢	至五圓五十錢
一同七把乗臺附	自五圓九十錢	至七圓五十錢
一眞綿細工祝飾	自四圓	至十圓
一呉服細工祝飾	自十圓	至五十圓

御衣裳仕立上り見積表

● 襠（裏紅羽二重）

品名	枚	上等ノ部	中等ノ部	下等ノ部
一地白綸子振袖惣模様	一	四十五圓	三十五圓	三十圓
一仝留袖	一	四十二圓	三十二圓	二十七圓
一地赤綸子振袖惣模様	一	五十圓	四十圓	三十二圓
一仝留袖	一	四十八圓	三十五圓	三十圓
一地黒綸子振袖惣模様	一	五十圓	四十圓	三十二圓
一仝留袖	一	四十八圓	三十五圓	三十圓

縫珍織振袖御召	一	百三十圓	八十圓	五十圓
全 留袖	一	百二十圓	七十圓	四十五圓
鼠縮緬振袖惣模様	一	五十五圓	四十圓	三十三圓
全 留袖	一	五十圓	三十八圓	三十二圓
鼠縮緬振袖中模様	一	五十圓	三十八圓	三十二圓
全 留袖	一	四十八圓	三十五圓	二十八圓
鼠縮緬振袖裾模様	一	四十八圓	三十五圓	二十八圓
全 留袖	一	四十五圓	三十三圓	二十七圓

●間着

紅縮緬振袖無垢	一	二十五圓	二十二圓	二十圓
全 留袖	一	二十二圓	二十圓	十七圓
紅紋縮緬振袖無垢	一	二十七圓	二十二圓	十八圓
全 留袖	一	二十五圓	二十圓	十七圓
紅紋羽二重振袖無垢	一	二十六圓	二十二圓	十八圓
全 留袖	一	二十四圓	二十一圓	十七圓
白綸子振袖無垢	一	二十五圓	二十圓	十五圓
全 留袖	一	二十二圓	十七圓	十四圓
白綸子比翼附振袖無垢	一	四十圓	二十八圓	二十三圓
全 留袖	一	三十五圓	二十五圓	二十一圓
白紋羽二重振袖無垢	一	二十三圓	十九圓	十七圓
全 留袖	一	二十二圓	十八圓	十六圓
白羽二重振袖無垢	一	二十七圓	二十二圓	十一圓
全 留袖	一	二十五圓	二十圓	十圓
白羽二重振袖比翼附無垢	一	三十五圓	二十五圓	十八圓
全 留袖	一	三十二圓	二十二圓	十五圓

●小袖

色縮緬留袖八掛附裾模様	一	三十三圓	二十六圓	二十二圓
全 胴抜下着胴板〆絹	一	二十五圓	二十二圓	十八圓
小紋縮緬八掛附三枚重一組	三	六十五圓	五十五圓	四十七圓
全 八掛附二枚重一組	二	五十圓	四十三圓	三十八圓
紋御召小袖縮緬裾付	一	三十圓	二十七圓	二十二圓
全 小袖(絹裾付)	一	二十五圓	二十三圓	二十圓
御召縮緬小袖(全)	一	二十圓	十八圓	十六圓
糸織小袖	一	二十圓	十五圓	十二圓
大島紬小袖	一	三十圓	二十五圓	二十圓

●男羽織

黒鹽瀬羽織	一	四十圓	三十五圓	三十圓
黒羽二重羽織	一	二十五圓	二十圓	十七圓
黒斜子羽織	一	二十五圓	十八圓	十三圓
黒奉書羽織	一	十一圓	十圓	九圓
紬糸織羽織	一	三十圓	二十三圓	十六圓
市樂織羽織	一	二十六圓	二十圓	十六圓
糸織羽織	一	二十圓	十五圓	十二圓
風通織書生羽織	一	二十五圓	二十圓	十四圓
大島紬書生羽織	一	三十圓	二十三圓	十八圓

●袴

八千代平 袷	一具	三十圓	二十五圓	二十二圓
全 單	一	二十三圓	二十圓	十六圓
仙臺平 袷	一	二十五圓	二十二圓	十六圓
全 單	一	二十圓	十五圓	十圓
博多平 袷	一	二十八圓	二十三圓	二十圓
全 單	一	二十圓	十六圓	十三圓
後泉平 單	一	十圓	八圓	七圓
嘉平治平 單	一	[illegible]圓五十錢	四圓	三圓五十錢

●帯

博多織	一筋	十圓	七圓	四圓
繻珍織帯地及厚板	一	十五圓	十圓	七圓

●夜具蒲團

緞子 夜着 搔巻 蒲團 一組	一枚 一 二	百五十圓	百廿五圓	百圓
縮緬 夜着 搔巻 蒲團 一組	一 一 二	百圓	九十圓	八十圓
郡内 八丈 銘仙 夜着 搔巻 蒲團 一組	一 一 二	七十圓	六十圓	五十圓

木綿蒲全一組	一組	二十圓	十七圓	十三圓
座蒲團	一	十圓	五圓	自五十錢至一圓
飾枕一組	一	十八圓	十三圓	八圓

●雑種

緋絽紗	一枚	二十五圓	十八圓	十五圓
鹽瀬竪絽紗	一	二十圓	十二圓	五圓

●羽織

黒縮緬羽織	一	三十圓	二十四圓	十七圓
鼠縮緬羽織	一	二十八圓	二十二圓	十五圓
小紋縮緬羽織	一	二十三圓	十八圓	十五圓
紋御召羽織	一	二十八圓	二十三圓	二十圓
琉球紬羽織	一	三十圓	十五圓	十圓

●帯地

繻珍丸帯	一筋	百圓	四十圓	十五圓
厚板丸帯	一	六十圓	二十五圓	十五圓
綴織丸帯	一	百五十圓	百圓	六十圓
博多織丸帯	一	二十五圓	二十圓	十五圓
黒繻子丸帯	一	十八圓	十二圓	七圓
腹合帯	一	二十圓	十五圓	七圓
腰帯	一	四圓	三圓	一圓五十錢

●襦袢

紅縮緬振袖長襦袢	一枚	二十二圓	十八圓	十四圓
仝留袖	一	二十圓	十七圓	十二圓
紅紋縮緬振袖長襦袢	一	二十三圓	十九圓	十四圓
仝留袖	一	二十一圓	十七圓	十三圓
羽二重紅紋振袖長襦袢	一	二十二圓	十九圓	十四圓
仝留袖	一	二十圓	十七圓	十三圓
白羽二重振袖長襦袢	一	十八圓	十二圓	十圓

白羽二重留袖長襦袢	一	十六圓	十圓	七圓
白紋羽二重振袖長襦袢	一	十七圓	十三圓	十一圓
仝留袖	一	十五圓	十二圓	十圓
白紋縮緬振袖長襦袢	一	二十三圓	十九圓	十四圓
仝留袖	一	二十一圓	十七圓	十二圓
袷羽友禪留袖長襦袢	一	三十五圓	二十八圓	二十圓
友禪縮緬仝	一	二十二圓	十九圓	十六圓
紅中形半襦袢袖縮緬	一	十圓	七圓	五圓

●男物

品名		上等ノ部	中等ノ部	並等ノ部
黒羽二重紋附小袖無垢	一枚	二十八圓	二十三圓	十八圓
白羽二重下着無垢	一	二十三圓	十八圓	十三圓
黒羽二重紋付小袖襟變り	一	二十五圓	二十圓	十五圓
鼠羽二重下着無垢	一	二十三圓	十八圓	十三圓
黒斜子紋付小袖	一	二十圓	十六圓	十四圓
黒[illegible]御紋附小袖	一	十三圓	十一圓	十圓
風通糸織小袖(下着)	一	二十八圓	二十三圓	十八圓
本八丈小袖(下着)	一	十四圓	十二圓	十圓
市樂小袖	一	二十五圓	二十圓	十四圓
糸織小袖	一	二十五圓	十八圓	十三圓
大島紬小袖	一	三十圓	二十五圓	二十圓
縮緬袱紗出し	一	五圓	四圓	三圓
貝田帯留	一	二圓	一圓	五十錢
羽織紐	一	二圓	一圓	二十五錢

●油箪

品名		長持用	箪笥用	釣臺用
萌黄惣唐草御定紋附	一枚	三圓三十錢	三圓九十錢	二圓廿錢
仝大紋附	一	二圓七十五錢	二圓十錢	一圓九十錢
萌黄惣唐草無紋	一	一圓六十錢	一圓三十錢	一圓十錢
挟箱油箪	一	十三圓	八圓	三圓

●小裁物

縮緬一ツ身(裾模様)	一	十八圓	十五圓	十二圓
友禪縮緬一ツ身	一	十五圓	十二圓	十圓

一黒紋羽二重斜子（熨斗目） 一 十五圓 十二圓 十圓
一淺黄、内茶羽二重（下着） 一 十圓 八圓 六圓
一御召、糸織、一ッ身 一 十二圓 十圓 八圓
一一ッ身襦袢（袖縮緬） 一 五圓 四圓 三圓
一袍衣 一 二圓 一圓五十錢 一圓

●中裁物

一鼠縮緬裾模様（八掛附） 一 二十八圓 二十五圓 二十圓
一友禪縮緬小袖（四ッ身） 一 二十五圓 二十二圓 十八圓
一糸織、八丈小袖（全上） 一 十五圓 十三圓 十圓
一黒斜子紋附小袖男物（全上） 一 十五圓 十三圓 十一圓
一更沙斜子下着（全上） 一 十三圓 十二圓 十圓
一斜子羽織（全上） 一 十三圓 十一圓 九圓

●帶

一糸錦、繻珍中帶（女子） 一筋 三十圓 十五圓 五圓
一博多、紋博多兒帶（男子） 一 七圓五十錢 四圓 一圓五十錢
一縮緬紋羽二重しごき（女子） 一 六圓 五圓 四圓

●染代（各一反）

一紺下本八掛付着尺 四圓五十錢
一檳榔子染 着尺袷羽織地 特等三圓五十錢 一等三圓 二等二圓五十錢
　　　　　單羽織地 特等三圓 一等二圓五十錢 二等二圓二十錢
一アリザリン應用本黒八千代染 着尺及袷羽織地 三圓五十錢
　　　　　單羽織地 三圓
　　　　　八掛付着尺 四圓五十錢
一薄色 着尺及袷羽織地 八十五錢
　　　　　單羽織地 七十五錢
　　　　　八掛付着尺 一圓二十錢

右ハ大略ヲ記載シタルモノニシテ御模様物其他ハ御注文ノ際詳細申上ベシ

蚊帳直段表

極 宮村

四六	五〇	金三圓三十錢
五六	五〇	金三圓六十錢
六七	五五	金四圓七十五錢
六八	五五	金五圓十錢
六九	五五	金五圓五十錢
七八	五五	金五圓五十五錢
七九	五五	金五圓九十五錢
七十	五五	金六圓四十錢
八九	五五	金六圓五十五錢
八十	五五	金七圓
十十	五五	金八圓九十錢

稀 宮村

四六	五〇	金三圓五十五錢
五六	五〇	金三圓九十錢
六七	五五	金五圓十五錢
六八	五五	金五圓五十錢
六九	五五	金六圓
七八	五五	金六圓〇五錢
七九	五五	金六圓五十錢
七十	五五	金六圓九十五錢
八九	五五	金七圓十五錢
八十	五五	金七圓六十錢
十十	五五	金九圓六十五錢

極 冲風

四六	五五	金四圓六十錢
五六	五五	金五圓十錢
六七	六〇	金六圓七十錢
六八	六〇	金七圓二十五錢
六九	六〇	金七圓八十錢
七八	六〇	金七圓八十五錢
七九	六〇	金八圓四十五錢
七十	六〇	金九圓
八九	六〇	金九圓二十五錢
八十	六〇	金九圓八十五錢
十十	六〇	金十一圓十五錢

稀 冲風

四六	五五	金四圓七十五錢
五六	五五	金五圓二十五錢
六七	六〇	金六圓九十五錢
六八	六〇	金七圓五十錢
六九	六〇	金八圓〇五錢
七八	六〇	金八圓十錢
七九	六〇	金八圓七十五錢
七十	六〇	金九圓三十五錢
八九	六〇	金九圓五十五錢
八十	六〇	金十圓二十錢
十十	六〇	金十一圓五十錢

極 卯之花

四六	六〇	金
五六	六〇	金六圓九十五錢
六七	六〇	金八圓六十錢
六八	六〇	金九圓二十五錢
六九	六〇	金十圓
七八	六〇	金十圓十錢
七九	六〇	金十一圓八十五錢
七十	六〇	金十二圓六十五錢
八九	六〇	金十二圓八十五錢
八十	六〇	金十三圓七十錢
十十	六〇	金十四圓四十錢

稀 卯之花

四六	六〇	金
五六	六〇	金七圓[illegible]十錢
六七	六〇	金九圓
六八	六〇	金九圓七十五錢
六九	六〇	金十圓六十錢
七八	六〇	金十圓六十五錢
七九	六〇	金十一圓四十錢
七十	六〇	金十二圓二十五錢
八九	六〇	金十二圓四十五錢
八十	六〇	金十三圓三十五錢
十十	六〇	金十五圓十五錢

極 曙

四六	六〇	
五六	六〇	金十[illegible]圓七十錢
六七	六〇	金十五圓三十錢
六八	六〇	金十六圓五十錢
六九	六〇	金十七圓六十錢

七八	六〇	金十七圓七十五錢
七九	六〇	金十八圓八十錢
七十	六〇	金十九圓九十五錢
八九	六〇	金二十一圓八十錢
八十	六〇	金二十二圓九十錢
十十	六〇	金二十五圓六十錢

稀曙

四六	六〇	金十一圓九十錢
五六	六〇	

六七	六〇	金十五圓五十錢
六八	六〇	金十六圓八十錢
六九	六〇	金十七圓九十錢
七八	六〇	金十八圓十錢
七九	六〇	金十九圓十錢
七十	六〇	金二十圓三十錢
八九	六〇	金二十二圓十錢
八十	六〇	金二十三圓廿五錢
十十	六〇	金二十六圓

一番母衣　蚊帳耕モス　綠竹付　金一圓四十五錢
　　紅金巾　綠竹付　金一圓十錢
　　　竹代　金十六錢

一綠り紅麻三ツ割角紐練綠にて長顋上綱宮村及冲風四六、五六か五尺五寸、他ハ六尺

一此外紗、萎苍、隱印等の特別上等品幷に寸法綠り紐等の品質は御好により調製可仕候

白木屋洋服店洋服目錄

品名	地質	製式		價格
勅任官御大禮服	表、最上等黑無地絨 裏、白綾絹	銀繍金モールにて御制規の通、袖、帽子、劍、劍鈎、正緒共		金二百七十圓
奏任官御大禮服	表、仝上 裏、仝上	仝		金百八十圓
爵位御大禮服	表、仝上 裏、仝上	仝上外に肩章付		金二百圓
陸軍御正服	表、上等濃紺無地絨 裏、黑毛朱子	御制規の通	將官	金八十圓
			佐官	金五十五圓
			尉官	金四十圓
仝略服	表、仝上 裏、仝上	仝	將官	金三十圓
			佐官	金二十七圓
			尉官	金二十三圓
仝外套	表、仝上 裏、仝上(但將官は紅絨)	仝	將官	金三十五圓
			佐官	從金二十二圓
			尉官	至金二十五圓
海軍御正服	表、濃紺無地絨 裏、黑佛蘭西絹及綾絹	仝	將官	金八十五圓
			佐官	金七十五圓
			尉官	金六十五圓
仝軍服	表、仝上 裏、黑毛朱子	仝	將官	金六十圓
			佐官	金五十圓
			尉官	金四十五圓

海軍通常軍服	表、濃紺無地絨 裏、黒毛朱子	仝　將官 佐官 尉官	從金二十三圓 至金二十八圓
仝外套	表、仝上 裏、仝上	仝　將官 佐官 尉官	從金二十三圓 至金三十圓
燕尾服	表、上等黒無地絨 裏、黒佛蘭西絹	三ツ揃琥珀見返付	從金四十圓 至金六十圓
トキシード	表、黒朱子絨及無地絨 裏、黒佛蘭西絹	仝	從金四十圓 至金四十五圓
フロックコート	表、黒無地絨或は朱子目綾絨 裏、綾絹	仝	從金三十五圓 至金五十五圓
モーニングコート	表、黒、紺、斜綾絨或はメルトン、ヅボン立縞絨 裏、黒毛朱子及綾アルパカ	上衣、チヨキ、黒及紺ヅボン立縞	從金二十五圓 至金三十五圓
片前背廣	表、相模、濃鼠紺降メルトン或は綾絨 裏、仝色毛朱子或ハアルパカ	三ツ揃	從金二十圓 至金三十圓
兩前背廣	表、黒、紺、綾メルトン或は玉ヘル及霜降太綾絨 裏、縞サーヂ	三ツ揃	從金二十三圓 至金三十三圓
ツパーコート	表、鼠、茶、霜降絨、仝斜子綾絨、 裏、共色綾絹	カクシ釦絹天鵞絨衿付	從金二十五圓 至金三十圓
仝中等	表、仝上 裏、共色毛朱子及綾アルパカ	カクシ釦共ゑり	從金十五圓 至金二十圓
ロングコート	表、ラクダ玉絨、厚地綾メルトン 裏、佛蘭西絹	ゑり及見返シ袖先獺毛皮付裏綿入姿形サレ縫	從金八十圓 至金百圓
仝中等	表、玉絨、厚地スコッチ 裏、縞サーヂ	頭巾付兩前	從金三十圓 至金四十五圓
インパネス	表、朱子目霜降綾絨 裏、共色毛朱子、或は甲斐絹	和洋兼用脇釦掛	從金十五圓 至金二十五圓
詰襟服	表、枯葉色スコッチ 裏、共色毛朱子	半ヅボン脚絆付三ツ揃	從金十八圓 至金二十五圓
小裁海軍形	表、紺天鵞絨及紺絨 裏、毛朱子	五才位より八才迄錨縫宿付	從金六圓 至金九圓
和服用外套	表、黒、紺綾絨及霜降 裏、緞子及綾絹	英形（一名ダルマ形）（帯ヒダなし）頭巾付	從金三十圓 至金四十五圓

仝中等	表、仝上 裏、甲斐絹及毛朱子	仝上	従金十七圓 至金三十圓
仝角袖外套	表、仝上 裏、甲斐絹	頭巾付	従金十八圓 至金二十五圓
吾妻コート	表、紺、黒紋織綾絨 裏、紋子及縞珍	被布ゑり及道行ゑり共色糸飾紐付	従金二十圓 至金三十圓
仝	表、仝上 裏、甲斐絹及綸子	仝上	従金十三圓 至金二十圓
仝	表、風通紋織、綾絲織 裏、綾綸子、紋羽二重	仝上	従金二十三圓 至金三十圓
判、検、辯護士法服	表、黒絹セル、及琥珀 裏、黒甲斐絹スぺり	正帽付制規の縫箔	従金十四圓 至金二十五圓
學校用御袴	表、海老色カシミヤ	單仕立太白糸腰紐	従金四圓 至金五圓五十錢

夏服

フロックコート	表、黒絹紗薄綾絨メルトン、ヅボン縞絨 裏、佛蘭西絹、綾絹	上衣チョッキ共(但シ背抜キ)ヅボン立縞	従金三十五圓 至金四十二圓
仝中等	表、黒薄綾絨仝絹セルメルトン、ヅボン縞セル 裏、アルパカ	仝	従金二十五圓 至金三十圓
モーニングコート	表、黒紺絹絨仝薄綾絨メルトン 裏、佛蘭西絹、綾絹	仝	従金三十三圓 至金三十八圓
仝中等	表、黒絹薄綾絨仝絹セル、メルトン 裏、アルパカ	仝	従金二十五圓 至金三十圓
脊廣	表、茶鼠霜降薄綾絨縞綾絨、色綾メルトン 裏、共色アルパカ	三ツ揃	従金二十二圓 至金二十五圓
仝中等	表、茶鼠霜降セル、仝縞セル 裏、共色アルパカ	仝	従金十七圓 至金二十圓
ツーパコート	表、茶鼠霜降メルトン仝薄綾絨セル 裏、絹アルパカ	カクシ釦背抜キ	従金十四圓 至金二十圓
仝單	表、茶鼠アルパカ白獣純	カクシ釦	従金十圓 至金十三圓

附具外套	ゴム絨頭巾付		從金十九圓	至金二十六圓
白チョッキ	表、紋リンネル	貝釦取ハズシ付	從金二圓八十錢	至金四圓
單背廣上衣	表、黑紺鼠絹絨全アルパカ白獸紬	上衣一枚	從金七圓五十錢	至金十五圓
インバネス	表、鼠茶霜降綾絨縞セル全アルパカ薄メルトン スペリ絹かいき	和洋服兼用	從金十圓	至金二十二圓
半チョッキ	表、黑琥珀、朱子 裏、かいき		金三圓	
和服外套	表、茶鼠霜降及ビ縞薄絨、セルアルパカ 裏、スペリかいき	無頭巾折エリ立エリ	從金十二圓	至金二十圓
全角袖外套	全上	無頭巾カクシ釦	從金十一圓	至金十七圓
東コート	表、淡色絹絨全セル及縞アルパカ 裏、スペリかいき		從金十圓	至金二十圓
單羽織	表、縞セル霜降セル 裏、スベリかいき		從金七圓五十錢	至金十一圓
和服單衣	表、縞絹セル絽セル共		從金七圓	至金十圓
全	表、縞英フラ子ル		從金四圓	至金六圓
判、檢、辯護士法服	表、黑紋絽全紋紗絹セル、アルパカ	正帽付制規の縫箔	從金十四圓	至金二十五圓
學校用御袴	表、海老茶紫其他淡色各種	單仕立太白糸腰紐	從金四圓	至金五圓五十錢
女兒服	表、グレナヂン、キヤンブリツク、アートマスリン等	二才ゟ五才迄	從金二圓五十錢	至金四圓五十錢
		六才ゟ十才迄	從金四圓	至金八圓

大禮服、陸海軍軍服、燕尾服、タクシードは冬物と同じ

白木屋洋服店販賣

小間物目錄

●襟飾

- 結び下げ　自五十錢　至一圓五十錢
- ダビー（フォーアインハント）　自六十錢　至一圓三十錢
- ボー蝶形　自三十五錢　至一圓
- 縫模様入　自一圓三十錢　至一圓八十錢
- 巾ダビー（フローイングフォーアインハンド）　自一圓三十錢　至二圓八十錢

●ズボン釣

- 並物　自八十五錢　至一圓二十錢
- ゴム引　自一圓　至三圓五十錢
- 絹製　自一圓八十錢　至三圓

●釦類

- カフス釦リンク　自六十錢　至二圓八十錢
- 仝金製　自八圓　至二十圓
- 胸釦　自五十錢　至一圓八十錢
- カラ釦　自十錢　至四十錢

●メリヤス類

- 鼠毛メリヤスシャツ　自一圓八十錢　至三圓
- 仝ズボン下　自一圓八十錢　至三圓
- 白麻シャツ　自一圓七十錢　至二圓八十錢
- 仝ズボン下　自一圓八十錢　至三圓
- 綿麻シャツ　自一圓　至一圓五十錢
- 仝ズボン下　自一圓八十錢　至三圓
- 網目シャツ　自一圓十五錢　至二圓二十錢
- 縞メリヤスシャツ　自一圓二十錢　至一圓八十錢
- 婦人物シャツ　自一圓　至二圓五十錢
- サルマタ各種　自五十錢　至一圓五十錢

●靴下類

- メリヤス長物　自八十錢　至一圓五十錢
- 並物　自三十錢　至七十錢
- 麻製　自五十錢　至一圓
- 絹製　自一圓九十錢　至二圓五十錢
- 小兒物　自六十錢　至八十錢

●手袋類

- 女物絹製　自九十五錢　至二圓五十錢
- 仝並物　自三十五錢　至八十錢
- 男物メリヤス製　自四十八錢　至一圓五十錢
- 仝皮製　自一圓五十錢　至二圓五十錢

●ハンカチーフ類

- 絹製一枚に付　自四十錢　至一圓八十錢
- 麻製一ダース　自四圓二十錢　至八圓
- 並物一ダース　自六十五錢　至八十五錢
- 模様入一ダース　自一圓五十錢　至二圓

●タヲール類

- 模様入一枚に付　自一圓五十錢　至二圓
- 石目仝　自四十錢　至七十錢
- 並物仝　自四十八錢　至一圓三十錢

●レース類

- 細物一ヤード　自七錢　至十五錢
- 巾廣一ヤード　自二十錢　至三十五錢

●ホワイシャツ

- 並物一枚に付　自一圓八十錢　至二圓五十錢
- 製麻一枚に付　自六圓五十錢　至十一圓
- 縞物カラ二本付　自二圓九十錢　至三圓八十錢

●リボン類

一吋巾模様物一ヤード　自二十五錢　至五十錢
仝水波一ヤード　自三十錢　至四十錢
一吋巾模様一ヤード　自二十錢　至二十五錢
仝水波一ヤード　自二十錢　至二十五錢
細目各種一ヤード　自八十錢　至二十錢
リボン一個製簪に付　自七十錢　至五十錢

●櫛、簪類

舶來造花簪　自六十五錢　至八十五錢
ゴム製櫛其他　自八十錢　至五十錢

●布團類

羽根入大布團　自十八圓　至三十五圓
仝紡績製　自二十五圓　至三十圓
枕布團　自五圓五十錢　至六圓九十錢
車後掛　自七圓八十錢　至九圓八十錢

●毛布類

白毛布二枚續き　自五圓　至十三圓五十錢

●膝掛類

縞格子セル製　自六圓至八圓

●夏ショール

綿物　自一圓四十錢　至一圓八十錢
絹製　自二圓八十錢　至三圓五十錢

●出來合物類

インバネス　自八圓五十錢　至十二圓
カシミヤ袴 寸法は紐下二尺八寸より二尺五寸迄　自二圓九十錢　至四圓五十錢
東コート　自九圓　至十圓
國旗 モスリン製 巾は一布一布中二布　自四十八錢　至二圓六十錢
女兒服　自三圓五十錢　至七圓五十錢
木綿縮シャツ上下一組に付　自二圓二十錢　至四圓五十錢

白木屋呉服店御注文の栞

△白木屋呉服店《しろきやごふくてん》は　寛文《くわんぶん》二年《ねん》江戸《えど》日本橋通《にほんばしどほり》一丁目《ちやうめ》に開店以來《かいてんいらい》連綿《れんめん》たる老舗《ろうほ》にして呉服太物《ごふくふともの》一切《さい》を營業《えいげう》とし傍《かたは》ら洋服部《やうふくぶ》を設《まう》け歐米各國《おうべいかくこく》にまで手廣《てびろ》く御得意樣《おとくいさま》の御愛顧《ごあいこ》を蒙《かうむ》り居《を》り候《そろ》

△白木屋呉服店《しろきやごふくてん》は　呉服太物各產地《ごふくふとものかくさんち》に仕入店《しいれみせ》又《また》は出張所《しゆつちやうじよ》を設《まう》け精良《せいりやう》の品新意匠《しなしんゐしやう》の柄《がら》等澤山《とうたくさん》仕入《しいれ》有之《これあり》又《また》價格《かかく》の低廉《ていれん》なるは他《た》に比類《ひるゐ》なき事《こと》と常《つね》に御賞讃《ごしやうさん》を蒙《かうむ》る所《ところ》に御座候故《ござそろゆゑ》に益《ますく》勉強販賣仕居候《べんきやうはんばいつかまつりをりそろ》且《かつ》洋服部《やうふくぶ》は海外各織物產地《かいぐわいかくおりものさんち》へ注文《ちうもん》し新柄織立《しんがらおりたて》させ輸入《ゆにふ》致候間《いたしそろあひだ》嶄新《ざんしん》なる物品《ぶつぴん》不斷《たへず》仕入有之《しいれこれあり》是等《これら》は本店《ほんてん》の特色《とくしよく》に御座候《ござそろ》

△白木屋呉服店《しろきやごふくてん》は　數百年間《すうひやくねんかん》正札附《しやうふだつき》にて營業致居候間《えいげういたしをりそろあひだ》遠隔地方《ゑんかくちはう》より御書面《ごしよめん》にて御注文被下候《ごちうもんくだされそろ》とも値段《ねだん》に高下《かうげ》は無之候《これなくそろ》

△白木屋呉服店《しろきやごふくてん》は　店内《てんない》に意匠部《いしやうぶ》を設《まう》け圖案家《づあんか》畫工等《ぐわこうとう》執務致居候《しつむいたしをりそろ》に付《つき》御模樣物等《おんもやうものなど》は御好《おこのみ》に從《しか》ひ嶄新《ざんしん》の圖案調進《づあんてうしん》の御需《おんもと》めに應《おう》じ可申候《まをすべくそろ》

△白木屋呉服店《しろきやごふくてん》は　御紋付用《ごもんつきよう》御着尺物《おんきじやくもの》御羽織地《おんはおりち》御裾模樣物《おんすそもやうもの》等急場《とうきふば》の御用《ごよう》に差支無之樣《さしつかへこれなきやう》石持《こくもち》にて染上置候《そめあげおきそろ》に付《つき》何時《なんどき》にても御紋章書入《ごもんしやうかきい》れ迅速御間《じんそくおんま》に合《あは》せ調進可仕候《てうしんつかまつるべくそろ》

△白木屋呉服店《しろきやごふくてん》へ　染物仕立物等《そめものしたてものとう》御注文《ごちうもん》の節《せつ》は御注文書《ごちうもんしよ》に見積代金《みつもりだいきん》の凡半金《およそはんきん》を添《そ》へ御申越《おんまをしこし》可被下候《くださるべくそろ》

△白木屋呉服店《しろきやごふくてん》は　前金御送《ぜんきんおんおく》り被下候《くだされそろ》御注文品《ごちうもんひん》の外《ほか》は御注文品《ごちうもんひん》を代金引換《だいきんひきかへ》小包郵便《こづゝみゆうびん》にて御《ご》

送附《そうふ》可仕候《つかまつるべくそうろう》

但《たゞ》し郵便《ゆうびん》規則《きそく》外《ぐわい》の重量品《ぢうれうひん》は通常《つうじやう》運送便《うんそうびん》にて御屆《おんとゞ》け可申候《まをすべくそうろう》

![白木屋呉服店は] 當分《たうぶん》の内《うち》絹物《きぬもの》の運賃《うんちん》は負擔《ふたん》仕候《つかまつりそろ》

![白木屋呉服店へ] 爲換《かはせ》にて御送金《ごそうきん》の節《せつ》は日本橋區萬町第《にほんばしくよろづちやうだい》百銀行《ぎんかう》又《また》は 東京中央郵便局《とうきやうちうわうゆうびんきよく》へ

御振込《おんふりこ》み可被下候《くださるべくそうろう》

![白木屋呉服店へ] 電信爲換《でんしんかはせ》にて御送金《ごそうきん》の節《せつ》は同時《どうじ》に電信《でんしん》にて御通知被下候樣奉願上候《ごつうちくだされそろやうねがひあげたてまつりそろ》

![白木屋呉服店へ] 御通信《ごつうしん》の節《せつ》は御宿所《ごしゆくしよ》御姓名等可成明瞭《せいめいとうなるべくめいれう》に御認《おんしたゝ》め被下度 奉願上候《くだされたくねがひあげたてまつりそろ》

東京日本橋區通一丁目

白木屋 呉服 洋服 店

電話本局 八十一 八十二 / 八十三 特四七五

大阪東區心齋橋筋二丁目

白木屋出張店

電話 東 五四五

注文書

男子女子用衣裳又は羽織等	
年齢	
用途	
品柄	
好みの色	
好みの柄	
紋章幷大さ及び數	
好みの模樣	
惣模樣	
腰模樣	
裾《スソ》模樣	
江戸裙《ツマ》模樣	
奴裙《ヤツコツマ》模樣	
袘《フキ》模樣	
仕立寸法	
丈	

袖	
ゆき	
口明	
袖幅	
袖付	
前幅	
後幅	
衽幅	
衽下り	
衿《エリ》幅	
裙《ツマ》下	
袘《フキ》の厚《アツ》さ	
人形	
紐《ヒモ》付	
前下り	
紐下	

備考

右注文候也

住所

明治　年　月　日

姓名

白木屋呉服店地方係中

明治卅　　年　　月　　日

御注文用箋

御宿所貴名	服名	地質見本番號	見積金額

摘要

白木屋洋服店

御注意

體格特徴欄へは、胸はり、肩はり、肩下り、出腹、ネコ脊等御記入のこと
採寸欄へは、裸體又は「シヤツ」の上又は出來上り寸法と御記入のこと
用尺欄へは、御使用の度器(曲尺)(鯨尺)等の別を御記入のこと

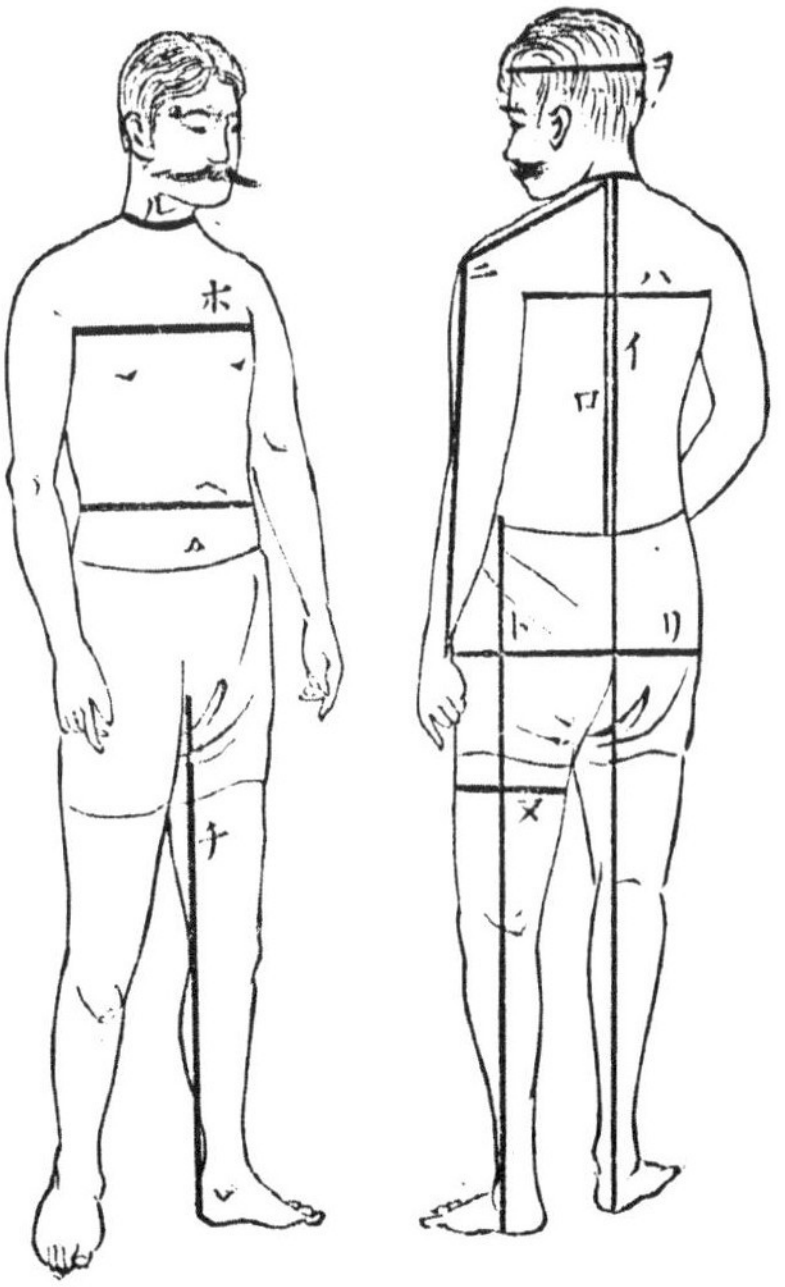

御寸法

イ	總丈	首の付際より足の踵迄	尺　寸　分
ロ	脊丈	首の付際より腹の廻り迄	尺　寸　分
ハ	脊巾	兩手を下げ左腕の付より右腕の付際迄	尺　寸　分
ニ	行	首の付際より肩へ掛け手首骨節迄	尺　寸　分
ホ	上胴	乳の上を廻す	尺　寸　分
ヘ	腹廻り	臍の上を廻す	尺　寸　分
ト	丈	(ヅボン)腰の臗骨より足の踵迄	尺　寸　分
チ	又下	睾丸の脇付際より足の踵迄	尺　寸　分
リ	臀	臀肉の最も高き處を廻す	尺　寸　分
ヌ	股	股の最も太き處を廻す	尺　寸　分
ル	襟廻り		尺　寸　分
ヲ	頭廻り	(但帽子御注文の際御記入のこと)	尺　寸　分

用尺	採寸	體格特徴

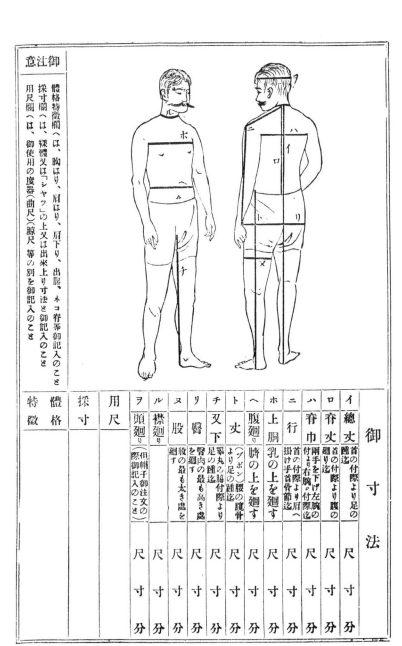

販賣は全國到所の化粧品店に有り●にせ物御注意を願ふ

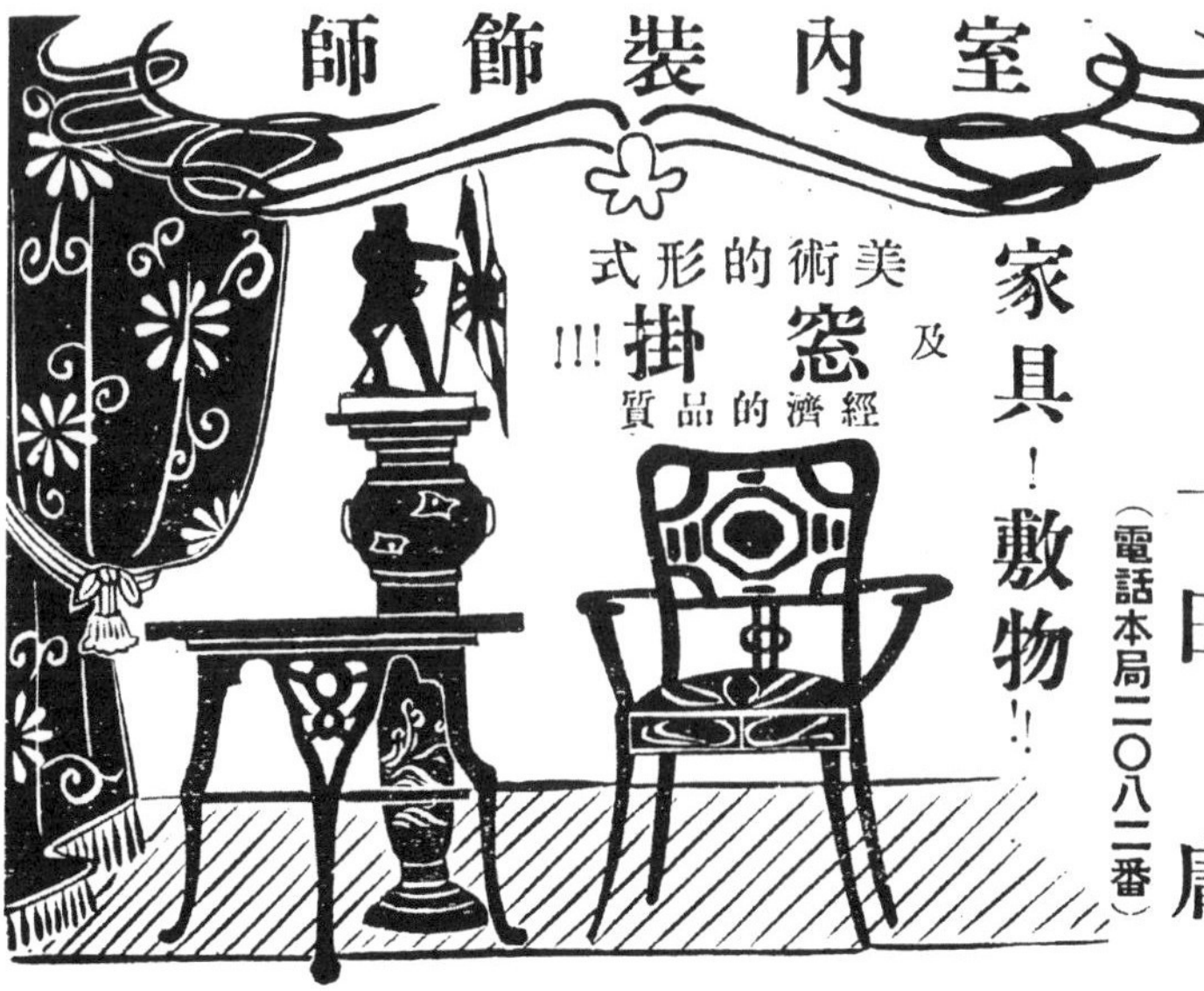

上田庸

東京市日本橋區新右衛門町拾四番地

（電話本局二〇八二番）

新案履物御披露

海陸軍大勝利下駄

花緒 露國砲擊模樣
討露模樣
クロパト砲擊模樣

代價壹圓四拾錢

海陸軍模樣男女雨天傘

御國の花傘

代價壹圓參拾錢以上

貴婦人向

千代田草履

地方の御注文は代金引換小包にて御送り可申上候

登錄商標 香

東京淺草區茅町二丁目

香取屋本店

電話下谷壹壹九貳番

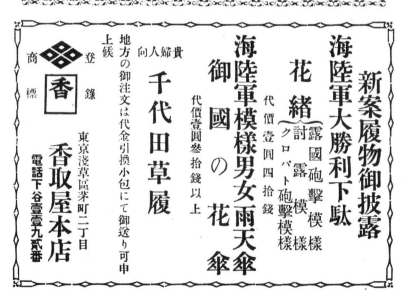

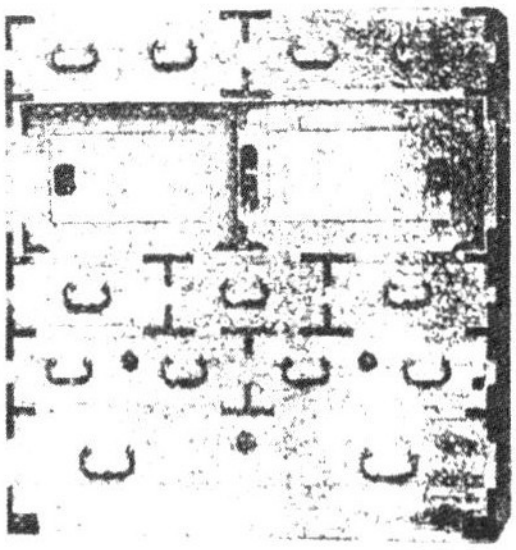

第五回內國勸業博覽會
二等賞銀牌
受領

◎調製品概目◎

一御婚禮用簞笥　一同長持
一同用簞笥　一鏡臺、針箱
一洋服簞笥　一羽織簞笥
一御婚禮用御荷物附屬品一式調製

御注文の御思召ある御方には御申越次第完全美麗なる「たんす目錄」呈上仕候（但し郵券二錢封入の事）

精製確實

本店には御客様の御便利を計り簞笥陳列場設置有之候間御隨意御縱覽多少に拘らず御用向被仰付度偏に奉希上候

敬白

不誤時期

越中屋本店
東京市京橋區水谷町壹番地角
鷲塚簞笥店
（電話新橋五百七十一番）

大阪代理店
大阪市東區南本町井池角
中原簞笥店

第五回博覽會貳等賞牌受領

シカゴみやげ

象印齒磨

東京

安藤井筒堂

虛弱の父と乳の無き母見落勿れ

コンデンスドミルクの小兒を養育《やういく》するに實効あるは普《あまね》く人の知《し》る處唯世人は日本製の良《よき》品《しな》あるを知《しら》ざる爲め高價なる古《ふる》き舶來《はくらい》品を用るを遺憾《いかん》とする處《ところ》なり茲《こゝ》に弊店《わたくし》が發賣《うりだし》するすもうミルクは牛乳《ぎうにう》七合を煎《せんじ》つめ是《これ》に白砂糖《しろざたう》少し

を加へ煉製したる者にして牛乳の滋養《じやう》分《ぶん》と砂《さ》糖《たう》の割合又は極暑《ごくしよ》も腐敗《ふはい》せざる等は誠《まこと》に適度《てきど》を得たる風味《ふうみ》良好《りやうかう》なる日本第一等品也請《こ》ふ用《もちひ》て其《そ》の虚《うそ》ならざるを知り玉《たま》ふべし

◉賣捌は全國確實なる賣藥店に有り

東京牛込區上宮比町

尾澤煉乳部

電話番町(二九三)(五九九)番

白木屋洋服店

明治三十七年七月四日第三種郵便物認可
明治三十七年八月一日發行毎月一回一日發行

『家庭の志る遍』

第三号（一九〇四〈明治三七〉年九月）

家庭乃志るべ

第參號

明治三十七年七月四日第三種郵便物認可
明治三十七年九月一日發行毎月一回一日發行

目次

○祝捷の意義
○裁縫指南
○通俗法律
○笑門
○流行案內……………丈八述
○男子用夏衣○帶留○指輪○兼用指輪類○櫛笄○戰勝紀念の簪數種○束髮用三枚櫛○室內用磁製唾壺○軍國の運動服○洋服着用者の栞
○雜錄
○寄書……………玄齋
○文苑
○川柳○俳句　同上次號の課題
○室內裝飾……………松浦伯直傳
○小說（敵味方）……………むら
○挿畫
○同盟國の眼に映じたる御出征中の博恭王殿下○同上黑木將軍○同上敵將黑鳩禽○同上我が勇武の狀○日本の商店を代表すべき商店の內部（其他數種）

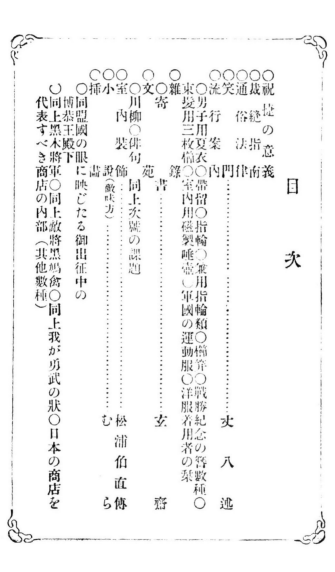

我が同盟國が同情の眼に映じたる

博恭王殿下

此の繪畫を掲載したる英國雜誌の説明に曰く
(殿下は下甲板の一隅に有らゆる水兵と共に同棲し玉ひて木の箱に盛りたる米飯を彼等と比しく喰し玉ふ)

我が同盟國の發刊に係るイラストレーテッド　ロンドンニユースに掲載せる
我が第一軍司令官黒木大將

我が黒木大將の敵手として同誌に掲載せられたる

クーローパトキン

英國倫敦ニユース紙上に記載せる我が戰捷畫にして其の輪廓は北齋漫畫中より拉し來つたる愛日的意匠

紐育發刊マリヤース週刊評論社特派寫眞技師ロバート.エル.ダン氏が
日本を代表すべき商店として撮影したる白木屋呉服店の一部

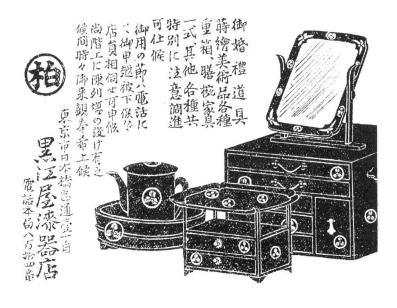

京橋區南傳馬町三丁目

中與洋物舖

同區銀座一丁目

同支店

電話本局二七三八番

流行帽子洋服附屬品

新荷輸着

精實廉價

販賣多少共

御購求ヲ乞フ

第五回內國勸業博覽會賞牌受領

賣捌全國小間物店にあり

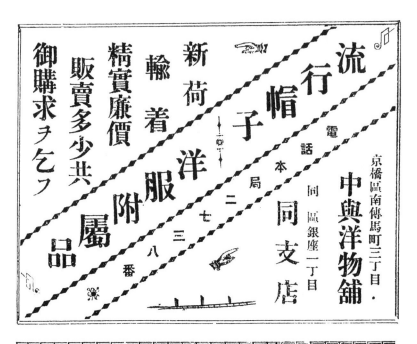

家庭のしるべ　第三號

祝捷の意義

近頃《ちかごろ》の通《とほ》り語《ことば》となつた祝捷《しゆくせう》とは、言《い》ふまでもなく、戰捷《せんせう》を祝賀《しゆくが》するといふ意味《いみ》に違《ちが》ひない。けれども所謂祝賀《いはゆるしゆくが》とは、彼《か》の婚姻《こんいん》、誕辰《たんしん》、若《もし》くは佳節《かせつ》や祭日《さいじつ》を祝賀《しゆくが》する、その祝賀《しゆくが》と同《おな》じ祝賀《しゆくが》であらうか。

戰捷《せんせう》は誠《まこと》に喜《よろこ》ばしい、大《おほい》に祝《しゆく》すべきものである。しかし之《こ》れを喜《よろこ》び、之《こ》れを祝《しゆく》するに當《あた》つて、吾《わ》れ〳〵の胸《むね》に、一種《しゆ》何等《なんら》かの感想《かんさう》を生《しやう》ずることはないか、言《い》ひ換《か》へれば、婚姻《こんいん》、誕辰《たんしん》、佳節《かせつ》、祭日《さいじつ》のそれの如《ごと》く、極《きは》めて長閑《のどか》に、極《きは》めて安《やす》らけく、所謂思《いはゆるおも》ひ邪《じや》なくして其喜《そのよろこ》びを喜《よろこ》び、その樂《たのし》みを樂《たのし》むことが出來《でき》やうか、否《いな》、吾輩《わがはい》は常《つね》に、戰捷《せんせう》の喜《よろこ》びを喜《よろこ》ぶを聞《き》く、未《いま》だ戰捷《せんせう》の樂《たのし》みを樂《たのし》む者《もの》あるを見《み》ぬのである。何故《なにゆゑ》に樂《たのし》まぬか、樂《たのし》まぬのではない、樂《たのし》めぬのである。何故《なにゆゑ》に樂《たのし》めぬのか何故《なにゆゑ》に婚姻《こんいん》、誕辰《たんしん》、佳節《かせつ》、祭日《さいじつ》を樂《たのし》むが如《ごと》くに、戰捷《せんせう》を樂《たのし》むことが出來《でき》ぬのであるか。

兵《へい》は兇器《きようき》と今更《いまさら》に繰返《くりか》へす迄《まで》もなく、又《ま》た戰《たゝかひ》は已《や》むを得ざるの道《みち》と、事新《ことあた》らしく説《と》くにも及《およ》ばぬ。實際國《じつさいくに》の存立《そんりつ》を危《あや》うするの恐《おそ》るべく忌《い》むべきは、戰《たゝかひ》の恐《おそ》るべく忌《い》むべきよりも更《さら》に大《おほ》きいのであるから、是《こゝ》に於《おい》てか餘儀《よぎ》なくその兇器《きようき》を用《もち》ひる。譬《たと》へば外科《げくわ》の患者《くわんじや》が、進《すゝ》んで手術《しゆじゆつ》を受《う》くると同《おな》じで、暫《しば》らくの苦痛《くつう》を以《もつ》て、永久《ゑいきう》の苦痛《くつう》を救《すく》はうとするのである。かるが故《ゆゑ》に、病《やまひ》の怠《おこた》るは喜《よろこ》ばしいけれども、樂《たのし》むべき性質《せいしつ》のものではない、戰捷《せんせう》は祝賀《しゆくが》すべきである、けれども歡樂《くわんらく》すべき性質《せいしつ》のものではない。何《な》んとなれば病《やまひ》の怠《おこ》るを喜《よろこ》ぶのは、僅《わづ》かに舊《もと》の健康《けんかう》に復《ふく》しつゝあるを喜《よろこ》ぶの意味《いみ》であると同《おな》じく、戰捷《せんせう》を祝《しゆく》するのも、單《たん》に一國《こく》の殄滅《てんめつ》を免《まぬ》かれ、若《も》しくは舊《もと》の平和《へいわ》に復《ふく》しつゝあるを祝《しゆく》するの意味《いみ》に外《ほか》ならぬのみか、病《びやう》氣快方《きくわいはう》の裏面《りめん》には、醫藥《いやく》の料及《れうおよ》び時日空過《じじつくうくわ》の損害《そんがい》を伏《ふ》せ、戰捷《せんせう》の裏面《りめん》には、國努生命《こくどせいめい》の減《げん》損《そん》といふ怖《おそ》ろしい犧牲《ぎせい》が潛《ひそ》んで居《ゐ》て、いよ〳〵全快若《ぜんくわいもし》くは凱旋《ぐわいせん》となつた曉《あかつき》といへども、この犧牲《ぎせい》は遂《つひ》に再《ふたゝ》び恢復《くわいふく》することが出來《でき》ぬのである。されば戰捷《せんせう》の祝賀《しゆくが》は消極的《せうきよくてき》のものであつて、決《けつ》して婚姻《こんいん》、誕辰《たんしん》、佳節《かせつ》、祭日《さいじつ》のそれの如《ごと》き積極的《せききよくてき》のものではない、喜《よろこ》ぶべくして、樂《たのし》むことは出來《でき》ぬ、又決《またけつ》して樂《たのし》むべきものではない。

試《こゝろ》みにこの戰捷《せんせう》に供《きやう》した犧牲《ぎせい》の慘憺《さんたん》たる光景《くわうけい》を描《ゑが》いて見《み》やうか。親《おや》に別《わか》れ、妻《つま》に別《わか》れ、子《こ》に別《わか》れ、情愛《じやうあい》の春《はる》に別《わか》れ、團欒《だんらん》の筵《むしろ》に別《わか》れ、常職《じやうしよく》を棄《す》て、學問《がくもん》を棄《す》て、殆《ほと》んど吾《わ》れをすら棄《す》てゝ、剩《あま》す所《ところ》は五尺《しやく》の肉塊《にくくわい》、嗚呼《あゝ》彼等《かれら》は之《こ》れを以《もつ》て肉《にく》の塀《へい》を築《きづ》き、寒熱《かんねつ》と戰《たゝか》ひ、饑渇《きかつ》と戰《たゝか》ひ、幾多《いくた》の辛酸《しんさん》と戰《たゝか》ひ、懷鄕《くわいきやう》のやる瀨《せ》なき情《じやう》と戰《たゝか》ひ、遂《つひ》に敵《てき》と戰《たゝか》つて、沙塲《さぢやう》の鬼《おに》となるのである。想ふて此《こゝ》に至《いた》れば、溽暑《じよくしよ》の肌《はだ》に猶《な》ほ寒粟《かんぞく》を禁《きん》じ得《ゑ》ぬではないか、悲《かな》しむべく、悼《いた》むべく、酸鼻《さんび》すべき所以《ゆゑん》を見《み》て、嘗《かつ》て祝《しゆく》すべく、賀《が》すべき所以《ゆゑん》を見《み》ぬではないか。而《し》かも是《こ》れ國《くに》の存立《そんりつ》の爲《た》め、平和《へいわ》の爲《た》めの已《や》むを得《ゑ》ざる犠牲《ぎせい》であるから、國民《こくみん》は姑《しば》らく此《この》犠牲《ぎせい》に手向《たむ》くべき悲痛《ひつう》の涙《なみだ》を呑《の》んで、この犠牲《ぎせい》の吾《わ》れ〳〵に與《あた》へて呉《く》れた國家《こくか》の健在《けんざい》、若《もし》くは平和《へいわ》克復《こくふく》の希望《きばう》を祝賀《しゆくが》するのである。

然《しか》るに、近頃《ちかごろ》の祝捷者《しゆくせうしや》の狀態《じやうたい》を見《み》ると、或《あるひ》は之《と》れに反《はん》する傾《かたむ》きがありはしないか、祝捷《しゆくせう》を以《もつ》て山王《さんわう》のお祭《まつり》の如《ごと》くに心得《こゝろゑ》、動《やゝ》もすれば消極的《せうきよくてき》の意味《いみ》を忘《わす》れて、積極的《せききよくてき》に流《なが》れるかの疑《うたが》ひがありはしまいか。敎育家《けういくか》、わけて家庭敎育《かていけういく》に注意《ちうい》する者《もの》の一考《かう》を煩《わづらは》したいと思《おも》ふ。

裁縫指南

（承前）

○

人《ひと》の一生《いつしやう》は重荷《おもに》を脊負《せお》ふて遠《とほ》き路《みち》をゆくが如《ごと》しの遺訓《ゐくん》を三河武士《みかはぶし》の先祖《せんぞ》以來《このかた》、造次顚沛《ざうじてんぱい》にも忘《わす》る可《べ》からずと、當時《たうじ》の祐筆中根半藏《ゆうひつなかねはんざう》が唐紙《とうし》半切《はんせつ》の書《か》きおろしを遠州純子《ゑんしうどんす》に表幀《へうてい》したそれが、冠婚《くわんこん》の慶事《けいじ》にも葬祭《さうさい》の兇事《きやうじ》にも床《とこ》の間《ま》の正面《しやうめん》に顯《あら》はるゝのが當家《たうけ》の例《れい》である。

辛夷《こぶし》の床柱《とこばしら》にかけて有《あ》る二重切《ちうぎ》りの竹花入《たけはない》れに苅萱地楡《かるかやわれもかう》にすがれの晝顔《ひるがほ》を添《そ》えて投《な》げ入《い》れにして有《あ》るのは武辨《ぶべん》の主《あるじ》も流石《さすが》に徳川武士《とくがはぶし》の流《なが》れと偲《しの》ばるゝふしが有《あ》る。

蒟醤《キンマ》手《で》中央卓《ちうわうたよく》の上《うへ》に何《なに》やら載《の》せて有《あ》るものが、平常《ひごろ》の馬上盃式銀火屋《ばじやうはいしきぎんほや》の香爐《かうろ》でない、小形《こがた》紫縮緬《むらさきちりめん》の帛紗《ふくさ》に包《つゝ》むだ品《しな》であつた。

前栽《にはさき》の樹々《きゞ》の杪《こずへ》を瞰下《みおろ》すやうに蜿蜒《ゑんく》として蟠《わたがま》るやうな外濠《そとぼり》の松《まつ》を漉《と》して、軒端《のきば》の吊《つ》り燈《とう》籠《ろう》が緩《ゆる》やかに回轉《くわいてん》するほどの微風《びふう》に生平漆紋《きびらうるしもん》の帷子《かたびら》を吹《ふ》かせて、肥後鐵具《ひごかなぐ》三所《みところ》もの赤萎卷《かくびしま》きの柄《つか》を握《にぎ》つて、水《みづ》も溜《たま》らぬ祐定《すけさだ》の業物《わざもの》に拭《ぬぐ》ひをかけて居《ゐ》るのは當家《たうけ》の主人《しゆじん》明石祐正《あかしすけまさ》といふ老武辨《ふるつはもの》である。

明石縮緯縞《あかしちゞみよこじま》の皺《しぼ》のたつた未《な》剋下《なつさが》りの平《ふ》常帷子《だんかたびら》に幅《はゞ》の狹《せま》い唐繻子《とうじゆす》の帯《おび》を締《し》めて萩戸《はぎど》の立《た》ち隱《かく》

れのうしろから、庭井戸《にはゐど》に冷《ひや》した麥湯《むぎゆ》と切《き》り子手《こで》の砂糖壺《さとうつぼ》やコップを盆《ぼん》にのせて持《も》つて來《き》たのは奥方《おくがた》の操子《みさと》が世話扮裝《せわでたち》。

『麥湯《むぎゆ》が可《よ》く冷《ひ》ねましたが召上《めしあが》りませんか』と操子《みさと》が問《と》ふた。眼鏡《めがね》のうへからジロリと見《み》て

『ム、丁度《てうど》佳《よ》い、一杯《ぱい》お呉《く》れ……ソレはソーと貞《さだ》はまだ來《こ》ないか』

『貴郎《あなた》夕涼《ゆうすゞ》から來《こ》いと言《い》つて遣《や》りましたのですからまだ參《まゐ》りません筈《はず》です、今《いま》一時《じ》をうつたばかりですもの……』

『何《なん》だか暮何《ばか》に日《ひ》が永《なが》いやうだ、俊《とし》は何《なに》を爲《し》て居《ゐ》る？』

『次雄《つぎを》と讀書《ほん》を温習《さらつ》て居《を》ります』

『一向聞《さつぱりきこ》えぬではないか』

『ヲホヽヽヽ貴郎《あなた》お耳《みゝ》が何《なん》ですのに、叉那のさふり蟬《せみ》が喧《やか》ましいのでお解《わか》りにならないのでせう、居室《ゐま》へまいりますと喧噪《そうぐ》しいので小《こ》言《ごと》ばかり申《まを》して居《ゐ》るのです……』

『讀書《ほん》と喧嘩《けんくわ》と半々《はんく》にやつてるのだらうハヽヽヽ』と無《む》頓着《とんちやく》な洪笑《わらひ》を洩《も》らした

祐正《すけまさ》は拭《ぬぐ》ひ了《おは》つた大刀《だいとう》を鞘《さや》に納《おさ》めて信國《のぶくに》の匕首《あひくち》と共《とも》に輕《かろ》く床《とこ》の間《ま》へ置《お》いて、麥湯《むぎゆ》の冷《ひ》えたのを賞翫《しやうくわん》しながら庭先《にはさき》を見《み》て居《ゐ》ると、半袖《はんそで》の運動服《うんどうふく》で跣足《はだし》の次雄《つぎを》が、中堀《ちうぼ》りの庭井戸《にはゐど》からバケットへ汲《く》むだ水《みづ》を木雫《きしづく》の垂《たる》るほど撒《ま》きちらすので飛《と》び石《いし》と令甓絨《しきがはら》の間《あひだ》は赤土《あかつち》が辷《すべ》るほどになつた、これが次雄《つぎを》の日課《につくわ》のうちである

婢女《げぢよ》のお槇《まき》が案内《あんない》にたつた後《うしろ》から優《しと》やかに入《はい》つて來《き》たのは誰《た》れ？、

『齋藤樣《さいとうさま》の奥樣《おくさま》が……』と小腰《こごし》を屈《かゞ》めて敷居《しきゐ》の外《そと》から槇《まき》が言《い》ひ斷《き》らないうちに

『ヲヤお貞大層速《さだたいさうはや》かつたね！』と操子《みさこ》が聲《こゑ》をかけた、貞子《さだこ》は立《た》ち隠《がく》れの傍《そば》に居《すは》つて手《て》を突《つ》いた後《うしろ》からツカ〳〵と入《はい》つて來《き》た俊子《としこ》が帛紗《ふくさ》包《つゝ》みのものを操子《みさこ》の前《ま》へ据《す》ゑて、

『これは姉《ねえ》さんが……』と披露《ひろう》をした。

『ヲ、貞《さだ》最《も》つと椽側《ゑんがは》の方《はう》へ座《すは》んな、多少《たせう》前裁《には》から風《かせ》が來《く》る、今日《けふ》はお前《まへ》が上客《じやうきやく》だ謙讓《ゑんりよ》しては不可《いか》んハ……』

父《ちゝ》の勸《すゝ》めに椽端《ゑんばな》の下手《しもて》に座《すは》ると母《はゝ》は更《さら》に湯麥《むぎゆ》の冷《ひへ》たのを取《と》り寄《よ》せて汲《く》むで與《や》る、貞子《さだこ》は頷《うなづ》くやうに默禮《もくれい》して一口《ひとくち》飮《の》むで。

『大層《たいそう》よく冷却《ひへ》ましたこと……』と冷《つめ》たい麥湯《むぎゆ》を温《あたゝ》かい心《こゝろ》の人《ひと》から受《う》くることの嬉《うれ》しさはまた格別《かくべつ》であらう。

『お前《まへ》マア其《そ》の衣物《きもの》を脫《ぬ》いで浴衣《ゆかた》におなり、洗《あら》つたばかりの爽《さつぱ》りしたのをあげるから……槇《まや》や、私《わたし》の白《しろ》い鳴海《なるみ》の浴衣《ゆかた》を持《もつ》ておいで……』

引《ひ》き熨斗《のし》に折《お》り目《め》のピンとした、有松《ありまつ》の纐纈《しぼり》が白地《しろぢ》へ飛《と》び〳〵に顯《あら》はれて居《ゐ》る浴衣《ゆかた》を槇《まき》が持《もつ》て來《き》た。操子《みさこ》はそれを受取《うけと》つて貞子《さだこ》に進《すゝ》めるのである。貞子《さだこ》は輕《かる》く會釋《ゑしやく》して浴衣《ゆかた》を持《も》つて次《つぎ》の間《ま》へ退《ひ》き下《さが》つた。俊子《としこ》は那邊《どこ》までも腰膝《こしぎんちやく》と追尾《ついび》して行《ゆ》くと。

『俊《とし》や、そう屬《つ》ひてお歩《ある》行きでない、熱《あ》つくるしいよ姉《ねへ》さんが』と操子《みさこ》に窘《たしな》められた。俊子《としこ》は顧《ふりかへ》つて莞爾《にとり》と笑《わら》つて不言實行的《ふげんじつかうてき》に依然《やつぱり》貞子《さだこ》に尾《つ》いて往《い》つた。

○

操子《みさこ》が常住《るな》の壁櫥《おしいれ》を隔《へだ》てた後《うし》ろに六疊《でう》の曹司《へや》が有《あ》る、此處《こゝ》が次雄《つぎを》と俊子《としこ》の書齋《しよさい》と遊戲室《ゆうぎしつ》とを兼《か》ねた所《ところ》で、此所《こゝ》は治外法權《ちぐわいはふけん》大抵《たいてい》のことは拘束《こうそく》されない而《さう》して。此《こ》の曹司《へや》へ來《く》ると次雄《つぎを》と俊子《としこ》が主人公《しゆじんこう》となつて自由《じいう》の行動《かうどう》をするので有《あ》る。

貞子《さだこ》は二人《ふたり》の同胞《けうだい》に粘《つ》き纏《まと》はれて、竟《つゐ》に此《こ》の曹司《へや》の捕虜《とりこ》となつた。

次雄《つぎを》と俊子《としこ》が代謝《かはる〴〵》貞子《さだこ》の前《まへ》へ陳列《ちんれつ》したものは、教育展覽會《けういくてんらんくわい》のそれのやうに、習字《しうじ》作文其他《さくぶんそのほか》それ〴〵の修學成蹟《しうがくせいせき》を暗《あん》に誇《ほこ》つて、姉《あね》の賞賛《しやうさん》を獲《え》やうといふのである。貞子《さだこ》はこれに應接《おうせつ》する間《あひだ》につい元《もと》の明石《あかし》令孃《れいぢやう》の貞子《さだこ》になつてうち寛《くつろ》いだのであつた。俊子《としこ》が唐突《だしぬけ》に、

『姉《ねへ》さん前日《こないだ》の一《ひと》つ身《み》の縫《ぬ》ひ方《かた》を教《をし》えて頂戴《てうだい》な』と要求《えうきう》した。次雄《つぎを》はこれを引《ひ》つとつて、

『お止《よし》よ姉《ねへ》さんが暑《あつ》いやアね、それにお父《とう》さんも前刻《さつき》姉《ねへ》さんが今日《けふ》は一番《ばん》のお客様《きやくさま》だとお云《い》ひではないか……』と窘《たしな》めた。

『可《い》いよ、俊《とし》さんが其《そ》う熱心《ねつしん》なら姉《ねへ》さんは暑《あつ》いことなどは厭《いと》ひません……併《しか》し彼《あ》の裁方《たちかた》は解《わか》つて?』と貞子《さだこ》の問《と》ひに得意《とくゐ》となつた俊子《としこ》は新聞《しんぶん》の廢紙《はいし》を接《つ》いで用布《ようふ》に象《かたど》つて、實地《じつち》に裁方《たちかた》を温習《おんしう》した裁《き》れ〴〵の紙《かみ》を示《しめ》した。

『姉《ねへ》さん僕《ぼく》ア弱《よわ》つ了《ちま》つた、俊《とし》ちやんが僕《ぼく》に幾枚《いくまい》も紙《かみ》を接《つ》がせるんだものー……』と訴《うつた》ふるやうに次雄《つぎを》が話《はな》した。貞子《さだこ》は笑《わら》ひながら、

『其樣《そう》かへ』と云《い》つたばかりで俊子《としこ》に對《むか》つて、

『では教《おし》えてあげるから筆記《ひつき》なさい』と云《い》はれて俊子《としこ》は例《れい》の筆記帳《ひつきちやう》と鉛筆《えんぴつ》を持《もつ》て來《く》ると、次雄《つぎを》は不興《つまらな》そうに起《たつ》て時事新報者《じゝしんぱうしや》の少年《せうねん》を閲《み》はじめた。俊子《としこ》が姉《あね》の口授《こうじゆ》に從《したが》つて筆記《ひつき》した縫《ぬ》ひ方順序《かたじゆんじよ》は斯《か》うである。（本誌《ほんし》第《だい》一號裁縫指南《がうさいほうしなん》第《だい》一裁方圖《たちかたづ》參照《さんせう》）

一袖丈　一尺二寸
一袖幅　五寸
一袖付　三寸五分
一身丈　一尺八寸三分
一後幅　一ぱい
一前幅　一ぱい
一身八ツ口　二寸
一衽下り　二寸五分
一裙下　四寸五分
一衽幅　二寸八分
一相裙　二寸六分
一衿幅　七分

標《しる》し付《つ》け方《かた》

一袖《そで》　用布《ようふ》の表面《おもて》を内部《うち》に入《い》れるやうに丈《たけ》を二つに折《を》り、更《さら》に其《そ》の通《とほ》り折《を》りたるものとの二枚《まい》を重《かさ》ね、都《すべ》て布《ぬの》の切《き》り目《め》を向《むか》ふにし、耳《みゝ》を手前《てまへ》にして、袖下《そでした》を右《みぎ》の手《て》の方《かた》にして、裁《た》ち板《いた》の上《うへ》に置《お》き、山標《やまじるし》并《なら》びに袖丈《そでたけ》、袖付《そでつ》け、袖幅《そではゞ》の標《しるし》をつくるなり。

二身頃《みごろ》　用布《ようふ》の表面《おもて》を内部《うち》に縦《たて》に二つに折《を》り、又衿肩《またえりかた》より丈《たけ》を二つに折《を》り、裾《すそ》を右《みぎ》に脊《せ》を手前《こまへ》に後《うし》ろ身《み》を上《うへ》にして下《した》に置《お》き、山標《やまじるし》、丈《たけ》、袖付《そでつけ》、身八《みや》ツ口《くち》、衽下《おくびさが》り等《とう》の標《しるし》を付《つ》くるなり。

三衽《おくび》　用布《ようふ》の表面《おもて》を内部《うら》に入《い》れるやうにして二枚襲《まいかさ》ね（用布《ようふ》の表《おもて》と表《おもて》と合《あ》ふ）、裾《すそ》を右手《みぎて》に裙下《つました》を手前《てまへ》にして板《いた》の上《うへ》に置《お》き、丈《たけ》を度《はか》り、衽幅《おくびはゞ》、裙下《つました》、相裙《あひづま》の標《しるし》を付《つ》け、劔先《けんさき》の標《しるし》より相裙《あひづま》の標《しるし》まで定木《ちやうぎ》を當《あ》てゝ標《しるし》を付《つ》け、又劔先《またけんさき》より裙下《つました》の標《しるし》まで斜《なゝめ》に定木《ちやうぎ》を當《あ》てゝ細《こま》かく標《しるし》を付《つ》け其《そ》の寸尺《すんしやく》を度《はか》り置《お》くなり。

四衿《えり》　用布《ようふ》の表面《おもて》を内部《うち》にして丈《たけ》を二つに折《を》り、山《やま》の標《しるし》を付《つ》け、次《つぎ》に丈《たけ》の標《しるし》を付《つ》く（衿丈《えりたけ》の度《はか》り方《かた》は衿肩《えりかた》と、衽下《おくびさが》りと、前《まへ》に度《はか》り置《お》きたる剱先《けんさき》より相褄《あひづま》までの寸法《すんぱふ》を合《あは》せて其《そ》の丈《たけ》を知《し》るなり）。

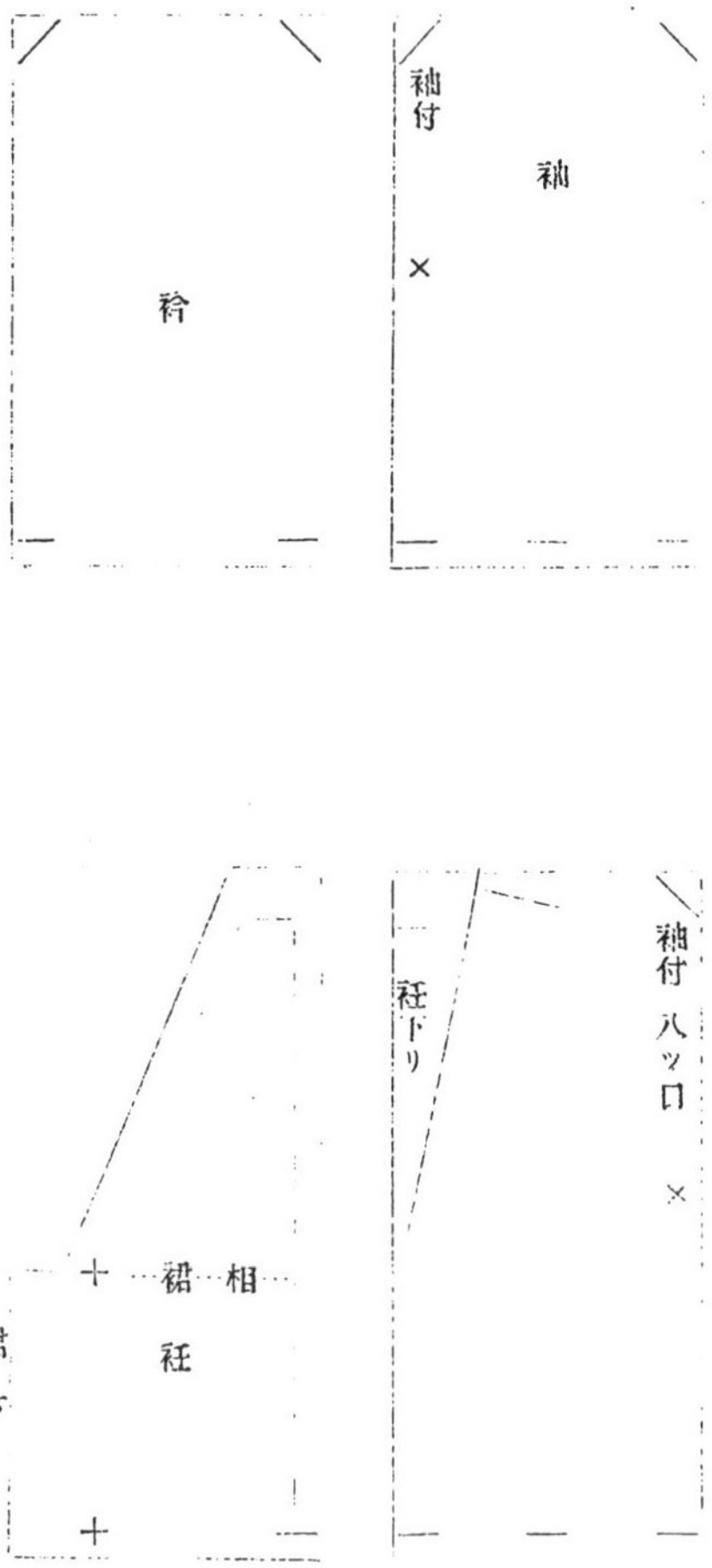

縫《ぬ》ひ方順序《かたじゆんじよ》

一袖《そで》　先《まづ》袖口《そでぐち》切れを外《そと》にし、袖《そで》を内《うち》にし、少《すこ》し袖《そで》をゆるめてこれを縫《ぬ》ひ、又袖下《またそでした》を袖口切《そでぐちぎ》れの幅《はゞ》だけ除《のぞ》きたるあとを袋縫《ふくろぬ》ひになし、袖口切《そでぐちぎ》れを五厘《りん》ばかり表《おもて》へふかせて躾糸《しつけいと》をかけ、針目《はりめ》を四分《ぶ》ほどにして袖口切《そでぐちぎ》れを表《おもて》に絎《く》けつけ、袖幅《そではゞ》の標《しるし》をつけたゝみ置《お》くなり。

但袖下《たゞしそでした》の折《を》り付《つ》け方《かた》は左《さ》右反對《ゆうはんたい》にするなり。

二身頃《みごろ》　を取《と》り衿肩明《ゑりかたあ》きを縢《かゞ》り、脇縫《わきぬ》ひをなし、折《を》り目《め》を前《まへ》の方《はう》に返《かへ》し、五分《ぶ》ほどの針目《はりめ》にして耳絎《みゝぐ》けになし、次《つぎ》に前幅《まへはゞ》と抱《だ》きの幅《はゞ》、又抱《まただ》きと裾口《すそぐち》の眞中《まんなか》に標《しるし》を付《つ》け折《を》りを付《つ》け置《お》くなり。

三衽《おくび》　竪褄《たてづま》を三ッ折《をり》にして絎《く》け、次《つぎ》に衽《おくび》と身頃《みごろ》を合《あは》せて表《おもて》より淺《あさ》く縫《ぬ》ひ、又引《またひ》き返《かへ》して標《しるし》を合《あは》せ、待針《まちばり》を刺《さ》しこれを縫《ぬ》ひ、折《を》り目《め》は衽《おくび》のかたへ返《かへ》し、又裾口《またすそぐち》を三ッ折《を》りにして五分《ぶ》ほどの針目《はりめ》に絎《く》けつくるなり。

四衿《ゑり》　縫《ぬ》ひ代《しろ》を一分《ぶ》五厘《りん》（普通《ふつう》は二分《ぶ》なり然《しか》れどもこれは衿幅裁《ゑりはゞた》ち切《き》りが少《すこ》し狹《せま》ければ斯《か》く爲《な》すなり）として、衿山《ゑりやま》と脊筋縫《せすぢぬ》ひ目《め》とを合《あは》せ、脊《せ》の縫《ぬ》ひ代《しろ》一分《ぶ》五厘《りん》の所《ところ》へ待《ま》ち針《ばり》を刺《さ》し、衿肩廻《ゑりかたまは》しの所《ところ》は一分《ぶ》衿《ゑり》をゆるめて劔先《けんさき》まで縫《ぬ》ひ、跡《あと》は下《した》に置《お》きて衽《おくび》の標《しるし》に合《あは》せて待《ま》ち針《ばり》を刺《さ》し、裙下《つました》の標《しるし》まで縫《ぬ》ふ。折《を》り目《め》は衿《ゑり》のかたに返《かへ》し、衿幅《ゑりはゞ》の標《しるし》をつけ、衿先《ゑりさき》を一分《ぶ》うちを縫《ぬ》ひ、折《を》り目《め》は裏《うら》のかたへ返《かへ》し、三ッ衿《ゑり》へ裂《き》れを入《い》れ、三分《ぶ》の針目《はりめ》に衿先《ゑりさき》より順次《じゆんじ》に絎《く》け、而《しか》して後共衿《のちともゑり》をかけるなり。

五袖付《そでつけ》　袖《そで》と身頃《みごろ》との山標《やましるし》を合《あは》せ待《ま》ち針《ばり》をなし、袖《そで》のかたを見《み》て袖付《そでつけ》の標《しるし》の所《ところ》まで縫《ぬ》ひ、折《を》り目《め》は袖《そで》のかたへ返《かへ》し八ッ口《くち》を絎《く》けるなり。

六付紐付《つけひもつ》け方《かた》　付《つ》け紐《ひも》を裏《うら》より縫《ぬ》ひ引《ひ》き返《か》して表《おもて》を出《だ》し、美《うつく》しく縫《ぬ》ひ躾《しつけ》を爲《な》す、付《つ》け所《どころ》は大凡《おほよそ》身八《みや》ツ口《くち》より五分《ぶ》乃至《ないし》一寸《すん》ほど上《あが》りたる所《ところ》へ付《つ》け飾《かざ》り糸《いと》をかけ仕上《しあ》げを爲《な》し、正《たゞ》しくたゝみ置《お》くなり。

但付紐《たゞしつけひも》の付《つ》けやう男女《なんによ》の別《べつ》あり、男《をとこ》は縫《ぬ》ひ目《め》を下《した》に向《む》け、女《をんな》は縫《ぬ》ひ目《め》を上《うへ》に向《む》く。

此《こ》の筆記《ひつき》のうちにお風呂《ふろ》に浴《ゆ》しませとお槇《まき》が再度《さいど》迎《むか》ひにたつたので、貞子《さだと》は俊子《としこ》と一緒《いつしよ》に入浴《にふよく》することゝなつたので、取《と》り散《ち》らしたものゝ本《ほん》などは皆《みな》それぞれに片付《かたづ》けられた。

（以下次號）

正　誤

前號用布の長さ八尺八寸は一丈三寸の誤寫

茶道

勇猛精進菴（承前）

○茶《さ》道《だう》の來歷《らいれき》、茶《さ》道《だう》を家庭《かてい》に利用《りよう》する方法《はうはふ》、茶《さ》道《だう》に伴《ともな》ふ從來《じうらい》の弊等《へいとう》に於《お》ける菴主《あんしゆ》の所見《しよけん》は、大概前號《たいがいぜんがう》に述《の》べ盡《つく》した考《かんが》えで有《あ》りますが、爰《こゝ》に今一《いまひと》つ序《ついで》ながらお話《はなし》して置《お》きたいことが有《あ》ります。

今更《いまあらた》めて申《まを》すまでも有《あ》りませんが、目下《もくか》の處《ところ》では茶《さ》道《だう》に種々《いろく》な流派《りうは》が分立《ぶんりつ》しまして殆《ほとん》ど元《げん》龜時代《きじだい》の英雄割據《えいゆうくわつきよ》ともいふべき有樣《ありさま》で、各旗《おのくは》旌色《たいろ》を明《あきら》かにして其《そ》の陣地《ぢんち》を守《まも》つて居《を》るのであります。

鳥渡《ちよつと》數《かぞ》へ擧《あ》げたばかりでも千家《せんけ》に表《おもて》と裏《うら》がありまして、其外武者小路《そのほかむしやのこうぢ》、石州《せきしう》、遠州《ゑんしう》、有樂《うらく》、鎭信《ちんしう》、宗徧《そうへん》、宗和《そうわ》、雲州《うんしう》、松尾《まつを》、不白《ふはく》といふ江戸千家、日何曰何《いはくなにいはくなに》と數流《すりう》に岐《わか》れて居《ゐ》るやうで有《あ》りますが、菴主《あんしゆ》は元來茶道無流儀《ぐわんらいさだうむりうぎ》といふ抱負《はうふ》を持《ぢ》して居《ゐ》るのであります。

茶《さ》道《だう》は豫《かね》て述《の》べましたとふり、東山殿《ひがしやまどの》が珠光《しゆくわう》に因《よつ》て定《さだ》められた正式《せいしき》の法《はふ》を、紹鷗《じやうおう》が多少平《たしやうへい》民的《みんてき》に和《やは》らげた、それを利休《りきう》が世話《せわ》に摧《くだ》いたこれが太閤以來一般《たいこういらいいつぱん》に行《おこな》はれて居《ゐ》る茶道其《さだうそ》の物《もの》であるのです。

其《そ》の茶《さ》道《だう》を一定《いつてい》した利休《りきう》の末《すへ》が裏流《うらりう》、武者小《むしやこう》路派《ぢは》と岐《わか》れはじめて諸種《しよしゆ》の流派《りうは》が出來《でき》たのでありますが、元來各派《ぐわんらいかくは》ともに根底《こんてい》から一流《りう》の方式《はうしき》を樹立《じゆりつ》した譯《わけ》では決《けつ》して無《な》い、要《えう》するに

『法《はふ》あるは茶《ちや》の湯《ゆ》にあらず法無《はふな》きも、茶《ちや》の湯《ゆ》にならぬ法《はふ》を悟《さと》れよ』の歌《うた》の如《ごと》く元來茶道《ぐわんらいさだう》は敎《けう》外別傳不立文字底《げべつでんふりうもんじてい》の禪味《ぜんみ》が根底《こんてい》で有《あ》るのでありますから、何流《なにりう》の何派《なには》のと分類《ぶんるゐ》すべき筈《はづ》のものでは無《な》いので有《あ》ります、此《こ》の流派《りうは》の分《わか》れたと申《まを》しますのは、約《つま》り一定《いつてい》の點茶順序《てんちやじゆんじよ》、一《い》定《てい》の點茶手前《てんちやてまへ》の外《ほか》の所作《しよさ》を、其《そ》の人々《ひとびと》が一己《いつこ》の工風《くふう》を凝《こら》して斯《か》くしたら可《よ》からうと思《おも》つた所《ところ》を實行《じつかう》しましたものが其《そ》の人《ひと》の流儀《りうぎ》となりましたとか、極端《きよくたん》に言《い》へば各人《かくじん》の癖《へき》が流儀《りうぎ》となつたのも有《あ》るかも知《し》れません、謂《い》はゞ茶道《さだう》としては「どうでもよい」所《ところ》が流儀《りうぎ》の岐《わか》れた根《こん》元《げん》で有《あ》らうと思《おも》はれます。

能《よ》く心《こゝろ》を注《つ》けて御覽《ごらん》になると解《わか》りますが、假《たと》令《へ》ば同流《どうりう》のうちでも其《そ》の門人《もんじん》名自《かくじ》に各自《かくじ》の點《てん》茶《ちや》ぶりが有《あ》る、人心《じんしん》同《おな》じからざる其《そ》の面《めん》の如《ごと》しと一般《はつぱん》であります、而《し》て見《み》ると謂《い》はゞ一流《いちりう》同門《どうもん》のうちでも其《そ》の各人《かくじん》に流派《りうは》が岐《わか》れて居《ゐ》るやうなもので、此《こ》の十人十《にんと》種《いろ》の活動《くわつどう》が有《あ》りましてこそ活《いき》た茶道《さだう》であると思《おも》はれるのであります。』

それを各流各派《かくりうかくは》をたてゝ、各唯我獨尊《おのくゆいがどくそん》で他流《たりう》他派《たは》を貶稱《けな》しあふなどは斯道《しだう》にあるまじき俗《ぞく》中《ちう》の俗《ぞく》と思《おも》はれるのであります。

儕最初《さてさいしよ》から餘談《よだん》にばかり渉《わた》りまして甚讀者《はなはだどくしや》に御倦厭《ごたいくつ》をかけましたが、概略庵主《あらましあんしゆ》の思《おも》ふだけのことは申《まを》し盡《つく》しましたやうですから次號《じがう》からは主方《あるじかた》と客方《きやくかた》とを分《わ》けまして茶道《さだう》の手續《てつゞ》きを委《くは》しくお咄《はな》しいたしますから緩々《ゆるく》と御覽《ごらん》を願《ねが》ひます。』

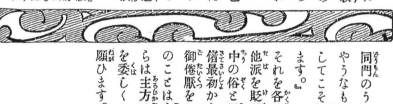

通俗法律（承前）

○前號《ぜんがう》に庶子出生《しよししゆつせい》に就《つい》ての屆出方《とゞけいでかた》をお話《はなし》しましたが、前《まへ》にも申《まを》しましたとふり、庶子《しよし》は所謂《いはゆる》隠《かく》し子《ご》でありますから、若《も》し其《そ》の父《ちゝ》が一戸主《いつこしゆ》でなく家族《かぞく》で有《あ》つたときに、戸主《こしゆ》が我《わ》が戸籍《とせき》内《ない》へ入《い》れることを拒《こば》みました場合《ばあひ》には、何《なん》とも施《ほどこ》し方《かた》がない、其《そ》の時《とき》は據《よんどころ》なく其《そ》の子《こ》を母《はゝ》の戸籍《こせき》へ入《い》れて、而《そ》して父《ちゝ》であるといふことゝ丈《だけ》を認《みと》めて置《お》くことが出來《でき》るのであります、

其《そ》の屆《とゞ》け方《かた》は

庶子出生屆（一本）出生地ノ戸籍吏宛

東京市京橋區何町幾番地
戸主族稱職業
鶴田福松弟
父　鶴田龜吉
東京市淺草區何町幾番地
戸主族稱職業
何野たれ

出生前ニ認知　庶子　男女 誰藏かめ
出生　明治三十七年九月一日午前八時
塲所　東京市淺草區何町幾番地
右庶子ハ父ノ家ニ入ルコトヲ得サルニ因リ
母ノ家ニ入籍ス
右出生致候間此段及御屆候也
明治三十七年九月三日
屆出人　父　鶴田龜吉㊞ 明治何年何月何日生

引續《ひきつゞ》いて一般私生子《いつぱんしせいじ》の事《こと》をお話《はなし》しませう。私生子《しせいじ》も庶子《しよし》も都《すべ》て婚姻外《こんゐんぐわい》の一切《いつさい》の子《こ》を申《まを》しますので、其《そ》の子《こ》を父《ちゝ》が我《わ》が子《こ》と認知《にんち》すれば庶子《しよし》となりまして、認知《にんち》しなければ只《たゞ》の私生《しせい》子《じ》といふだけの差《ちが》ひが有《あ》るまでのことであります、而《そ》して外國《ぐわいこく》では其《そ》の人倫《じんりん》の道《みち》を亂《みだ》した子《こ》并《なら》びに姦通《かんつう》の子等《こら》は一般《いつぱん》の私生子《しせいじ》と更《さら》に待遇《たいぐう》を異《こと》にしまする例《れい》も澤山《たくさん》有《あ》るやうですが、元來父母《ぐわんらいふぼ》の不倫《ふりん》の罪《つみ》が、何《なん》にも知《し》らない子《こ》に報《むく》つて、其《そ》の子《こ》が更《さら》に特種《とくしゆ》の待遇《たいぐう》を受《う》くるといふことは實《じつ》に憫《あはれ》むべきことで、殊《こと》に我《わ》が國《くに》では從來《じうらい》の習慣《しうくわん》に於《おい》ても區別《くべつ》をつけた例《ためし》がないので有《あ》りますから、我《わ》が民法《みんぱふ》におきましては全《まつた》く特種《とくしゆ》の區別《くべつ》を附《つ》けず、併《しか》しながらこれを正當《せいたう》の婚姻《こんゐん》に因《よ》つて、夫婦《ふうふ》のなかに擧《あ》げました子《こ》と同《どう》一に爲《し》ましては、法律《はふりつ》が婚姻《こんゐん》に重《おも》きを置《お》きました精神《せいしん》に悖《もと》りますので、嫡出子《てきしゆつし》と格段《かくだん》の區別《くべつ》を爲《し》た譯《わけ》で有《あ》ります。又其《またそ》の子《こ》が多《おほ》くの塲合《ばあひ》に於《おい》て私生子《しせいじ》となることが多《おほ》い、何《なん》となれば、母《はゝ》は自己《じこ》の胎內《たいない》から其《そ》の子《こ》を分娩《ぶんべん》するのでありますから事實《じじつ》に於《おい》て充分《じうぶん》に我《わ》が子《こ》といふことを證據《しやうこ》だてられますが、父《ちゝ》は果《はた》して我《わ》が子《こ》であるか、自身《じしん》に於《おい》ても實《じつ》は解《わか》りません、併《しか》し母《はゝ》は確《たしか》に何人《なんびと》の胤《たね》であるといふことを知《し》つて居《ゐ》ることが有《あ》りましても然《しか》もこれを證據《しやうこ》だてますことは頗《すこぶ》る難《かた》いのであります、であるから此《こ》の多《おほ》くの塲合《ばあひ》に父《ちゝ》が庶子《しよし》として認《みと》めますことは極《きは》めて少數《しやうすう》であります。實《じつ》に歎《なげ》かはしいことで、これに就《つ》きましても野合《やがう》は愼《つゝし》まねばならぬことで、謂《い》はゞ女子《ぢよし》は妊娠《にんしん》といふ一《ひと》つの體刑《たいけい》を加《くは》へられたやうなもので、延《ひい》て前途《せんと》の方向《はうかう》に困難《こんなん》なるは勿論生兒《もちろんせいじ》にまで汚辱《おじよく》を加《くは》へるやうなものであります。』

（以下次號）

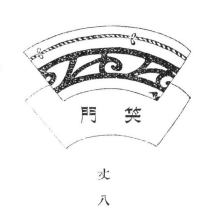

笑門

丈八述

○本誌《ほんし》第《だい》一號《がう》から引《ひ》き續《つゞ》きまして、發刊《はつかん》の都度《つど》支那《しな》の笑林廣記《せうりんかうき》を意釋《ゐやく》致《いた》しまして一二席《せき》づつ御機嫌《ごきげん》を伺《うかゞ》ふことゝ致《いた》しましたが、或《あ》る讀者《おきやく》様《さま》から、意釋《ゐやく》した噺《はな》しの後《あと》へ本文《ほんもん》を掲《かゝ》げたほうが趣味《しゆみ》が深《ふか》からうといふ御注意《ごちうゐ》が厶《ござ》りました。實《じつ》は丈八《わたくし》も最初《さいしよ》其様《そう》考《かんが》えましたが、角《しかく》な文字《もじ》を列《なら》べました所《ところ》が、お兒《こ》様方《さまがた》のお慰《なぐさ》みになりますか那様《どう》だかと躊躇《かんがへ》て居《ゐ》りました所《とこ》ろで、唯今《たゞいま》の御注意《ごちうい》が愛讀者方《みなさんがた》から厶《ござ》りましたので其《そ》の御厚意《ごこうい》を無《む》に致《いた》しませんで、本號《これ》から原文《げんぶん》を掲《かゝ》げることに致《いた》しました。

○識氣《しよくき》嘲秀才之放屁文章

世《よ》の中《なか》に盲目《めくら》ほど感《かん》のよいものはありません、昔時塙檢校《むかしはなわけんぎやう》が書物《しよもつ》の講義《こうぎ》をしてお出《いで》の時《とき》に不圖風《ふとかぜ》のために燈火《あかり》が消《き》えました、所《ところ》が先《せん》生《せい》は一向御存《いつこうごぞん》じがないから其講義《そのこうぎ》をお續《つゞ》けになつて居《お》りますと、お弟子《でし》は大狼狽《おほまごつき》で、『先生《せんせい》霎時《ちよつと》お待《ま》ち下《くだ》さい、唯今燈火《たゞいまあかり》が消《き》えまして書《は》籍《ん》が見《み》えません』と云《い》つたら『扨々《さて〱》具眼者《めあき》といふものは不自由《ふじいう》なものだ』と先生《せんせい》が言《い》はれましたといふことは、名高《なだか》いお話《はな》しで厶《ござ》ります。

爰《こゝ》に非常《ひじやう》に感《かん》の可《よ》い瞎子《めくら》がありまして、何《なん》でも匂《にほ》ひを嗅《か》ぐとすぐに的中《あて》る、書物《しよもつ》などは其《そ》の香《にほひ》を嗅《か》ぎますと内容《なか》には何《なに》が書《か》いて有《あ》るといふことを整然《ちやん》とあてます。試《ためし》に或《あ》る本《ほん》を一冊《さつ》嗅《か》がせましたら、鳥渡鼻《ちよつとはな》へあてたばかりで直《す》ぐ『これは紅粉《おしろい》の香《にほ》ひがする、梅暦《むめごよみ》が辰巳《たつみ》の四季《しき》でせう』果《はた》して丹次郎《たんじなう》の艶聞《ゑんぶん》を叙《じよ》した稗史でありました。今度《こんど》は戞然《がらり》と異《かは》つて眞片《しんかた》假字《かな》の甲越軍記《かうゑつぐんき》を嗅《か》がせた、所《ところ》がこれも直《すぐ》に的中《あて》ました、不思議《ふしぎ》だから聴《きい》て見《み》たら、此《こ》の本《ほん》は大分《だいぶん》刀鎗《きれもの》の香《にほひ》がすると答《こた》へました。开處《そこ》で記者《きしや》は前年《せんねん》

某地《ぼうち》へ遊歴中《ゆうれきちう》の紀行文《きかうぶん》を書《か》いた稿本《かうほん》が有《あ》りましたからこれを嗅《か》がせて見《み》たら、争《あら》そはれないもので『是《これ》は儞《おまへ》の作文《さくぶん》だらうと申《まを》しますから、必定異香《てつきりいきやう》馥郁《ふくいく》とでも答《こた》へるだらうと鼻《はな》を蠢《うごめ》かして聞《きい》て見《み》たら、瞎子奴《めくらめ》斯《か》う言《い》ひました、『儞《おまへ》の文章《ぶんしやう》が嗅《か》ぎ分《わ》けられないやつが有《あ》るものか天下《てんか》に此《こ》の位《くらゐ》屁臭《へくさ》いものはない』

原文

一瞎子雙目不レ明、善能聞レ香識レ氣、有二秀才一拿二一西廂本一與レ他聞、曰西廂記、何以知レ之、答曰有二些脂粉氣一、又拿二三國志一與レ他聞

曰三國志、又問二何以知一之、答曰有二些刀兵氣一、秀才以爲二奇異一、却將二自做的文字一與レ他聞、瞎子曰此是偷的佳作、問爾怎知、答曰有二些屁氣一

○夢周公《むしうこう》

漢學《かんがく》の先生《せんせい》が平常《ふだん》から學生《がくせい》の品行《ひんかう》や何《なに》かゞ非《ひ》常《じやう》に嚴肅《やかま》しい、所《ところ》が此《と》の日《ひ》の永《なが》い炎暑《えんしよ》の時分《じぶん》に朝稽古《あさげいと》を濟《す》まして午餐後《ひるご》、風通《かせとほ》しの佳《よ》い二階《かい》の牕《まど》ぎはに書見《しよけん》をして居《ゐ》ましたが、ついうと〳〵と磕眠《うたゝね》をして居《ゐ》ますと、何《なに》か質問《しつもん》でもすることが有《あ》つたと見《み》えて昇《あが》つて來《き》ますと此《こ》の光景《ありさま》ですから、學生《がくせい》叫《よ》び覺《さま》した。

『先生《せんせい》これは怪《け》しからん、平素我輩共《ひごろわがはいども》に午睡《ひるね》を嚴禁《げんきん》されたでは有《あ》りませんか、夫子《ふうし》も宰《さい》予《よ》の午睡《ひるね》に匙《さじ》を投《な》げられたでは有《あ》りませんか』と疊《たゝ》みかけて詰《なぢ》りました。すると先生《せんせい》何喰《なにくは》ぬ貌《かほ》で、

『實《じつ》は周公《しうこう》を夢《ゆめ》みて居《ゐ》たのだ、

翌日例《あくるひれい》の學生《がくせい》がコクリ〳〵坐眠《ゐねむり》をして居《ゐ》ますと、先生鞭《せんせいむち》を持《もつ》て來《き》て敲《たゝ》き醒《おこ》した、

『コラ〳〵何故午睡《なぜひるね》をする怪《け》しからん』

『ヘイ〳〵實《じつ》は僕《ぼく》も周公《しうこう》を夢《ゆめ》みましたので、ヘイ

『フウン……夫《それ》では周公《しうこう》は何《なん》とか仰《あふせ》が有《あ》つたか』

『ヘイ有《あ》りました……、エー昨日《きのふ》先生《せんせい》にはお目《め》にかゝらなかつたと申《まを》されました。』

原文

一師晝寢、而不レ容二學生磕睡一、學生詰レ之、師謬言曰、我乃夢二周公一也、明晝其徒亦效レ之、師以二戒方一擊醒曰、汝何得レ如レ此、徒曰、亦往見二周公一耳、師曰、周公何語、答曰、周公說、昨日並不三曾會二見尊師一、

○避暑《ひしよ》

支那《しな》の裁判所《さいばんしよ》で訟廷《しらす》へ裁判官《さいばんくわん》が集《あつま》りまして商《そう》議《だん》が始《はじ》まつた、『トキ ニ今年《ことし》は非常《ひじやう》な暑氣《あつさ》で、

旅順《りよじゆん》の海水浴《かいすゐよく》も軍《いくさ》が有《あ》つて駄目《だめ》だし、外城《じやうぐわい》の寒山寺《かんざんじ》は寒《さむ》そうな名《な》だが……夫《それ》とも洞庭《どうてい》が佳《よ》からうか、赤壁《せきへき》はどうだらう』と頻《しきり》に紛議《ふんぎ》區々《まち〳〵》であります、所《ところ》へ小使《こづかい》の老人《ろうじん》吻《くち》を容《だ》して『相公《あなた》避暑《ひしよ》は詔廷《しらす》に限《かぎ》ります、何故《なぜ》なれば外《ほか》の處《どこ》は那處《どこ》でも日《ひ》が照《て》りますが此座《こゝ》ばかりは日《ひ》が照《て》りません』

原文

官値二暑月一、欲レ覓二避涼之地一、同僚紛議、或曰二某山幽雅一或曰二某寺清間一、一老人進曰、山寺雖レ好、總不レ如二此座公廳最是涼快一、官曰、何以見得、答曰、別處多有二日頭一、獨此座有レ天無日、

（衙天老爹斷レ獄矇レ混胡塗故曰有レ天無ロ日

流行案内

前號《せんがう》に男子用夏《だんしようなつ》もの流行品《りうかうひん》は本號《ほんがう》までお預《あづ》かりして置《お》きましたから玆《こゝ》に其《そ》の梗概《あらまし》を御通報《おしらせ》しませう。

元來男子用衣服《ぐわんらいをとこものいふく》の縞柄《しまがら》は、夏冬《なつふゆ》の差別《さべつ》も少《すくな》く在《あ》り來《きた》りのものばかりで別《べつ》に變《かは》つた縞《しま》の發明《はつめい》もなければ、需用者《じゆようしや》にも格段《かくだん》な好《この》みもないと見《み》えまして、相變《あひかは》らずの亂竪《らんだつ》、大明《だいめやう》、萬筋《まんすじ》、千筋《せんすじ》、巾通《きんとほ》し、薩摩筋《さつますじ》、子持縞《こもちじま》、微塵《みぢん》の類《るゐ》に極印《ごくいん》が打《う》つて有《あ》るやうで有《あ》ります。

夫故縞柄《それゆゑしまがら》には取《と》り立《た》てゝお話《はな》しする程《ほど》の事《こと》もありません。又色《またいろ》も紺《こん》とか鼠《ねづみ》とかこれも在《あ》り來《きた》りで婦《ふ》人向《じんむ》きほご變《かは》つた混合色《こんがうしよく》も少《すく》ないのであります。先品物《まづしなもの》に付《つ》いて今《こ》年《とし》の賣《う》れゆきの多《おほ》い所《ところ》は何々《なに〱》であるかとの問《とひ》に對《たい》しては、

●男子用夏衣

日本橋通一丁目
白木屋吳服店調

○紬上布《つむぎじやうふ》

是《これ》は單衣《ひとへもの》と帷子《かたびら》を兼用《けんよう》した行《ゆ》きかたですから需用《じゆよう》が廣《ひろ》い、然《しか》も謂《い》はれぬ肌《はだ》ざはりで長《なが》く着座《ちやくざ》しても皺《しわ》のために容姿《ようし》を傷《そこな》ふ憂《うれ》ひがありません、それと男子《だんし》に最《もつと》も忌《い》むべき嬌冶《にやけ》るといふ嫌《きら》いがなくて男《をとこ》らしい品《しな》であります。

價　絣《かすり》　十三圓より二十五圓
　　縞《しま》　十圓より十三圓

○錦城御召縞《きんじやうおめしじま》

是《これ》は極薄手《ごくうすで》で肌《はだ》ざわりの可《よ》ひ優《しと》やかにさら〳〵したもので、初期《しよき》の袷《あはせ》にも用《もち》ゐられます。

價　十一圓より十三圓

○玉川糸織《たまがはいとおり》

是《これ》も薄手《うすで》の壁千代呂風《かべちよろふう》の織《お》りかたゆゑ、肌《はだ》つきよく着心地《きごこち》隨《したが》つて爽快《さわやか》であります。

價　九圓より十三圓まで

○縞絽《しまろ》

帷子地《かたびらち》として高尚《かうしやう》な點《てん》は事新《ことあた》らしく申《まを》すまでもありません、上流社會《じやうりうしやくわい》の好評品《かうひやうひん》。

價　九圓五十錢より十二圓まで

○常磐御召《ときわおめし》

地《ち》が畦織《うねお》りにして有《あ》ります丈《た》け肌觸《はだざわ》りが得《に》も言《は》はれぬ心地《こゝち》がします、それに光澤《くわうたく》はありますし最《もつと》も上品《しやうひん》のうへに瀟《しやう》洒《しや》な所《ところ》のあるので單物地《ひとへものち》によろし。

價　七圓より八圓五十錢まで

○伊勢崎銘仙《いせざきめいせん》

單物《ひとへもの》として需用《じゆようおほ》多く、片端横縞《かたはよこじま》の白《しろ》ッぽき色合《いろあひ》の縞物《しまもの》大流行《おほりうかう》なり。

價　五圓五十錢より七圓五十錢まで

男羽織地《をとこはおりち》として黑絽《くろろ》紋付《もんつき》は流行《はや》り廢《すた》りのないところでありますから別《べつ》として其外本年《そのほかほんねん》の流《りう》

行《かう》ものは。

○白練紗織《しろねりしやおり》

紋付《もんつき》か無地《むち》に染《そ》めて可《よ》く色《いろ》は鐵色《てついろ》、焦《こ》げ茶《ちや》の類《るゐ》流行《りうかう》、帷子《かたびら》のうへに着《き》る薄羽織《うすばおり》として最《もつと》も上乘《じやうじやう》の品《しな》。

價　十一圓より
　　十四圓まで

○絹上布縞《きぬじやうふじま》

○明石縮縞《あかしちゞみじま》

何《いつ》れも薩摩筋《さつますじ》、大明《だいみやう》、巾通《きんとほ》し、萬筋《まんすじ》の類《るゐ》にて輕《かろ》くて暑氣《しよき》に堪《た》ゆるうへに儀式《ぎしき》ばらぬ折《おり》には洒落《しやれ》た所《ところ》でありませう。

價　七圓より
　　九圓まで

袴地《はかまぢ》は仙臺《せんだい》、五泉《ごせん》の類《るゐ》は言《い》はでもがな、本年《ほんねん》の流行《りうかう》としましては。

○博多絽平《はかたろひら》

縞柄《しまがら》はお好《この》み次第《しだい》、地《ち》が絽織《ろおり》になつて居《ゐ》るだけ見《み》る目《め》の涼《すゞ》しいだけも着《つ》け心地《ごこち》よかるべし。

價　十一圓より
　　十四圓五十錢

○極暑平《ごくしよひら》

讀《よ》んで字《じ》の如《ごと》く粘《ねば》り氣《け》なく、さらりと衣服《いふく》に纏《まと》ひつかず、然《しか》も風采《ふうさい》を揚《あ》ぐること夏氣《なつき》の袴《はかま》としてこの右《みぎ》に出《いづ》るものは有《あ》りますまい。

價　九圓より
　　十圓まで

男帯地《をとこおびぢ》としては近來追々《きんらいおひおひ》通常《つうじやう》の絎《く》け帯《おび》は多少《たせう》衣服《いふく》に注意《ちうゐ》する向《む》きは殆《ほと》んど需用《じゆよう》が乏《とぼ》しいくらゐであります、先《ま》づ現今《げんこん》の流行品《りうかうひん》を擧《あ》ぐれば。

○綴錦《つゞれにしき》

地色《ちいろ》はヲリーブ、鐵色《てついろ》、焦《こ》げ茶《ちや》の類《るゐ》へ、カケの端《はし》に文様《もやう》を織《お》り出《だ》したのが流行《りうかう》を極《きは》めて居《お》ります。

價　九圓より
　　十五圓まで

○紋博多袋帯《もんはかたふくろおび》

片側無地《かたかわむち》にして片側紋織《かたかわもんお》り或《あるひ》は獻上獨鈷《けんじやうどくこ》はいつまでも流行《りうかう》の舞臺《ぶたい》を濶歩《くわつぽ》して居《ゐ》るのであります。

價　九圓より
　　十五圓まで

○博多絽帯《はかたろおび》

晝夜帯《ちうやおび》にて一面無地《めんむち》、一面紋織《めんもんお》り又《また》は獻上《けんじやう》、獨鈷等《どくことう》にて是《これ》も相變《あいかわ》らずの流行《りうかう》もの。

價　四圓五十錢より
　　六圓五十錢まで

○明珍織《めいちんおり》

紋織《もんおり》にて柄《がら》にはいろ〳〵の地文《ちもん》ありて見《み》た目《め》よりは價《あたひ》の張《は》らぬ所《ところ》に猶妙味《なほめうみ》があるやうであります。

價　三圓半より五圓まで

△

昨今《さくこん》は何《なん》でも彼《か》でも武装《ぶさう》する世《よ》の中《なか》で、通常《つうじやう》の人《ひと》までが満洲色《まんしういろ》の軍隊《ぐんたい》めかした立《た》ち襟《えり》の洋《やう》服《ふく》を着《き》て肩《かた》を聳《そびや》かして大道《だいだう》を濶歩《くわつぽ》する、繪雙《ゑざう》紙《し》も軍《いくさ》、玩具屋《おもちやゝ》も軍《いくさ》、軍《いくさ》ならでは夜《よ》の明《あ》けぬ國《くに》となつたから、婦女子《ふぢよし》の裝飾品《さうしよくひん》までが武裝《ぶさう》するのは軍國民《ぐんこくみん》として當然《たうぜん》のことであらう。

茲《こゝ》に
池《いけ》の端《はた》の玉寶堂《ぎよくほうどう》で發賣《はつばい》する征露紀念《せいろきねん》の徽章《きしやう》は、一般需用《ばんじゆよう》に適《てき》して頗《すこぶ》る高評《かうへう》を博《はく》して居《ゐ》る、更《さら》に此頃陸海軍《このごろりくかいぐん》に因《ちな》んで嶄新《ざんしん》の意匠《いしやう》に成《な》る手《て》釦《はたん》、ピン等《とう》を賣《う》り出《だ》した所《ところ》が、遠《とほ》く海外《かいぐわい》にまで多數《たすう》の輸出《ゆしゆつ》があるとのことである。

今同店《いまどうてん》に就《つい》て聞《き》き得《ゑ》た所《ところ》を記《し》るせば、

○帶留《おびどめ》

戰争《せんそう》にさへ因《ちな》めば可《よ》いものとして隨分雜風景《ずゐぶんざつぷうけい》なものが多《おほ》いが、自體裝飾《じたいさうしよく》は一の美術《びじゆつ》を意味《いみ》して居《ゐ》るものであるから優美温雅《いうびおんが》を主《しゆ》とせねばならぬ。近頃同店《ちかごろどうてん》が斯道《しだう》の大家《たいか》に圖案《づあん》せしめた聯隊旗《れんたいき》に櫻《さくら》、菊《きく》、又《また》は旭日《あさひ》に櫻花等《さくらばなとう》の金物《かなもの》には鮮麗《せんれい》な七寶《しつぽう》が用《もち》ゐて有《あ》るから意匠《いしやう》といひ製作《せいさく》といひ他《た》の出來合品《できあひひん》とは全然趣《ぜん〳〵おもむき》がちがふ。其外平和的《そのほかへいわてき》のものでは、

金製《きんせい》プラチナ交《まじ》りの寶石入松葉《ほうせきいりまつば》に梅《うめ》。松葉《まつば》に松《まつ》の實《み》の彫刻《てうこく》付《つき》。同舶來花形《おなじくはくらいはながた》へ眞珠《しんじゆ》ルビーを挿入《さうにふ》したるもの。金《きん》製色繪付《せいいろゑつき》ルビー入光琳式《いりくわうりんしき》の水《みづ》。紐《ひも》は絽《ろ》へ金泥書《きんでいが》きをあしらひたる縫取《ぬひと》り。殊珍等《しゆちんとう》に限《かぎ》る。此《こ》の金物《かなもの》に此《こ》の紐《ひも》で妙味掬《めうみきく》すべき帶留《おびどめ》が。

價　十五圓以上四十五圓

○指環《ゆびわ》

在《あ》り來《きた》りの純金平打彫刻付《じゆんきんひらうちてうこくつき》のやうな無趣味《むしゆみ》なものは寧《むし》ろ裝飾《さうしよく》した爲《ため》に風采《ふうさい》を損《そん》ずるほどのものであるから、美術《びじゆつ》思想《しさう》の發達《はつたつ》した今日《こんにち》では寶石《はうせき》を鏤《ちり》ばめた極《きは》めて腕《うで》の細《ほそ》いものでなくては嗜好《しこう》に適《せき》せぬ。形《かたち》は角切《すみき》り、斜形《なゝめがた》、木口透《こぐちすか》

し等《とう》で、ダイヤモンド、眞珠《しんじゆ》、ルビー、サフヤ、オツパール入《いり》など雅致《がち》あるもの。

價　十二圓以上

○兼用指環類《けんようゆびわるゐ》

是《これ》は玉寶堂獨得《ぎよくはうどうどくとく》の精緻《せいち》を凝《こ》らした細工《さいく》もので一面《めん》は寶石《はうせき》、一面《めん》は認印《みとめいん》とを彈機仕掛《バチしか》けで何《いづ》れにも流用《りうよう》の出來《でき》る一擧兩得《きよりやうとく》の品《しな》で實《じつ》に實用裝飾《じつようさうしよく》兼用《けんよう》ので他《た》に比類《ひるゐ》のない逸品《いつぴん》である。

價　十八圓以上

これと少《すこ》し形《かた》と趣《おもむき》が違《ちが》ふが、簪《かんざし》、襟止《えりどめ》、帶留《おびどめ》、指環《ゆびわ》、此《と》の四種《しゆ》を兼用《けんよう》するものがある(下圖《しもづ》を見《み》よ)眞珠《しんじゆ》、ダイヤモンド、ルビー、サフヤ、オツパール等《とう》の寶石《はうせき》をちりばめて、歐米最新《おうべいさいしん》の美術意匠《びじゆついしやう》を參酌《さんしやく》して本邦《ほんぱう》の粹《すゐ》を蒐《あつ》めた造作方《こしらへかた》であるから惡《わる》からう筈《はづ》がない。

此《こ》の寶石《はうせき》を應用《おうよう》して四種《しゆ》の物《もの》を作《つく》つて、これを四種《しゆ》に幷用《へいよう》すれば何《いつ》用も眼《め》さきが變《かは》つて高尚優美《かうせういうび》を飾《かざ》るうちに實地《じつち》の經濟《けいざい》も伴《ともな》ふのである。

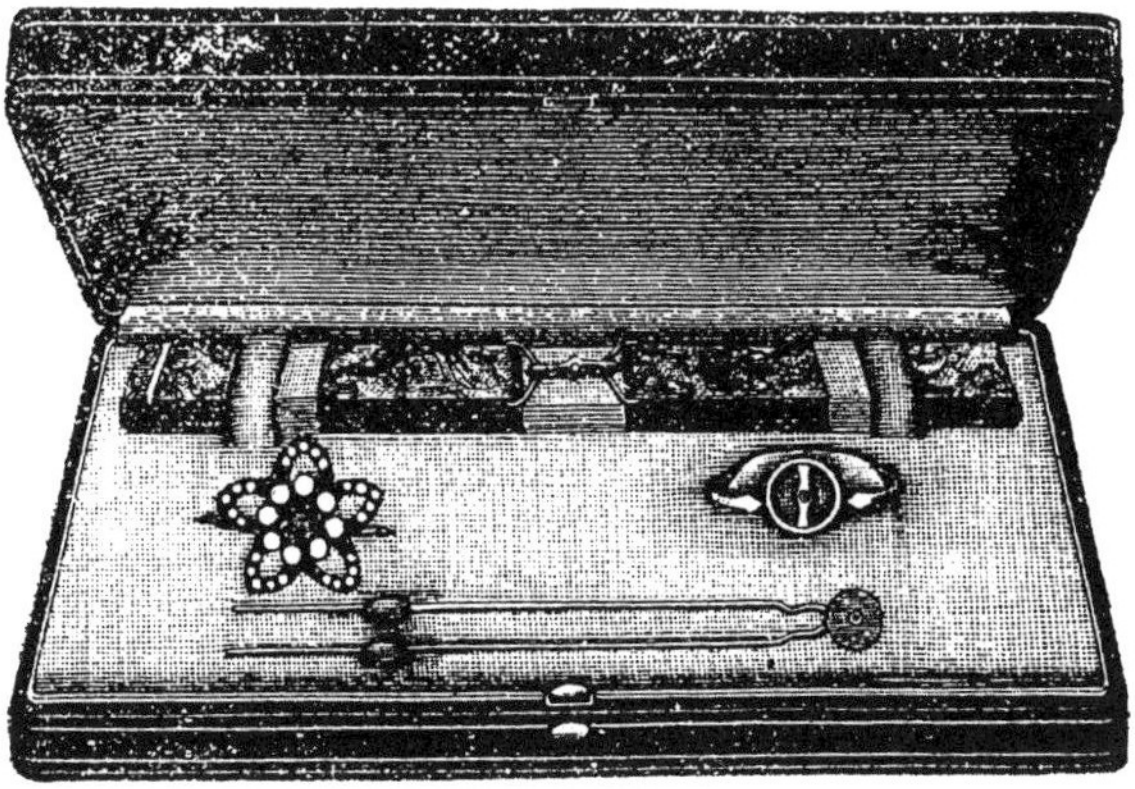

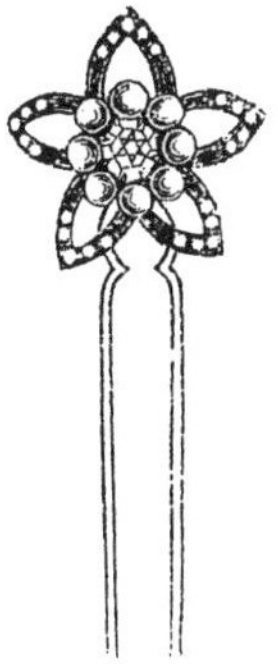

價　二十二三圓以上

○櫛《くし》、笄《かうがい》

堆朱《すいきう》や象牙彫《ぞうげぼり》などは前世紀《ぜんせいき》の遺物《いぶつ》のやうになつて、今《いま》では一顧《こ》の價《あたひ》もない。現今《げんこん》の流行《りうかう》を擧《あ》ぐれば操形《みさをがた》といつて、前《まへ》に流行《りうかう》した半京形《はんきやうがた》の變體《へんたい》したもので優雅《いうが》な形《かた》である。圖樣《づやう》は、露芝《つゆしば》の萎《しぼ》んで居《ゐ》る上《うへ》へ勝虫《かつむし》を勢《いきほひ》よく飛行《ひかう》させた蒔繪《まきゑ》は征露戰捷《せいろせんせう》をやさしく利《き》かせた凄《すご》い意匠《いしやう》。又富士《またふじ》の圖《づ》に日本《にほん》の勇大《いうだい》を示《しめ》し、葉櫻《はざくら》に碇《いかり》に海軍《かいぐん》を意味《いみ》して居《ゐ》るなどは最《もつと》も嗜好《しとう》に適《てき》する所《ところ》。桐《きり》、白檀等《びやくだんとう》瀟洒《しやうしや》な木地《きち》を用《もち》ゐて清涼《せいりやう》の氣《き》掬《きく》すべし。

價　七八圓より三十五圓
次物　一圓八十錢以上

○戰捷紀念《せんせうきねん》の簪《かんざし》數種《すうしゆ》

京橋區 南傳馬町　大西白牡丹老舗　調

戰捷紀念《せんせうきねん》といふ名《な》のもとにとう〳〵弱女《たをやめ》の髮飾《かみかざ》りまでが武裝《ぶさう》したのである、併《しか》し幸《さいは》に平田篤胤《ひらたあつたね》翁《おう》が、敷島《しきしま》のやまと心《ごころ》を人問《ひと〳〵》はゞ朝日《あさひ》に匂《にほ》ふ山《やま》ざくら花《ばな》の歌《うた》をのこして置《お》いて吳《く》れたので、先此《まづこ》の櫻《さくら》を捉《とら》へて來《き》て大和《やまと》魂《だましい》をきかせることが出來《でき》るから、自《おのづ》から優美《いうび》に見《み》えるのも鬼神《きじん》を泣《な》かしむる和歌《わか》の德《とく》とやいふべきである。

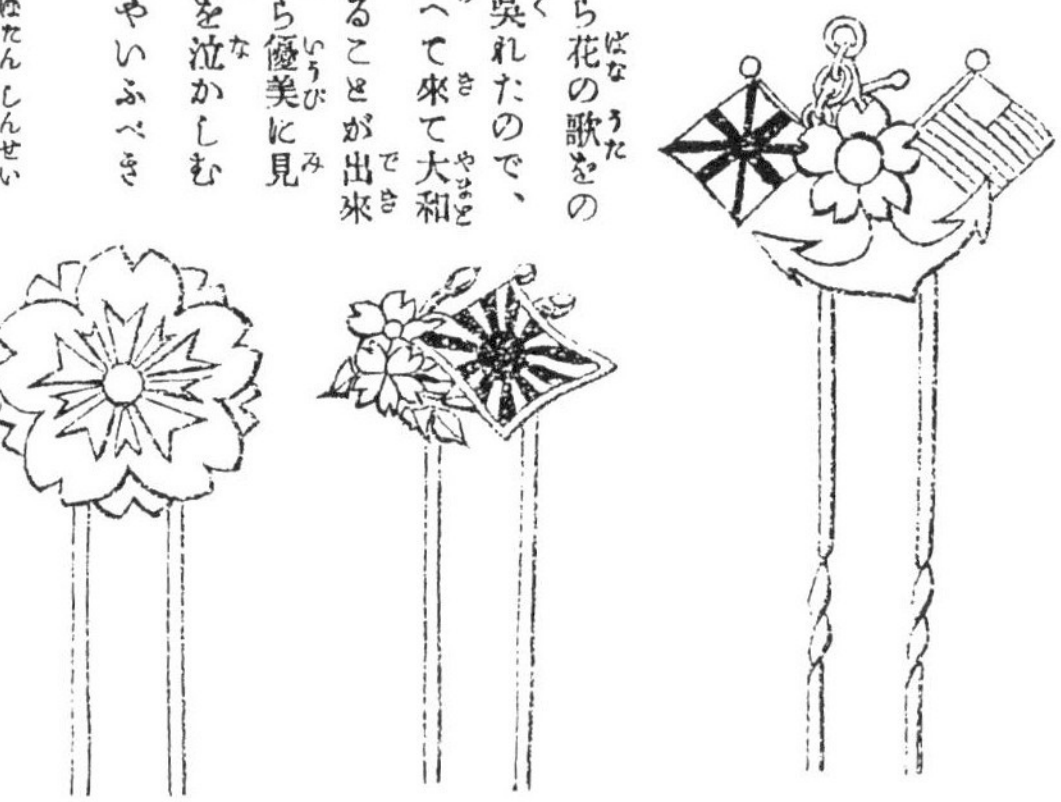

茲《こゝ》に大西白牡丹《おほにしはくぼたん》の新製《しんせい》にかゝる束髮用《そくはつよう》ピンのいろ〳〵はいづれも純銀《じゆんぎん》へ要所《にうしよ》に鍍金《ときん》を彩《いろど》りまたは七寳《はう》もて花《はな》やかに造《つく》られたるにて其《そ》の種類《しゆるゐ》のあらましをあぐれば海軍《かいぐん》に因《ちな》める碇《いかり》に櫻花《さくらばな》、陸軍《りくぐん》に因《ちな》める聯隊旗《れんたいき》に櫻花《さくらばな》、日英同盟《にちえいどうめい》に因《ちな》める外國旗章《ぐわいこくきしやう》に碇《いかり》と櫻《さくら》、大和魂《やまとだましひ》の表顯《へうげん》たる一輪櫻《りんざくら》などにて圖《づ》に示《しめ》す通《とほ》り精巧《せいこう》を極《きは》めたる美術品《びじゆつひん》である。

○束髮用三枚櫛《そくはつようまいぐし》

此《こ》の櫛《くし》は目下大流行《もくかだいりうかう》の束髮《そくはつ》に用《もち》ゆるもので、上《うへ》の二枚《まい》は兩鬢《りやうびん》に下《した》の一枚《まい》は髱《たぼ》へ都《すべ》て外《そと》へ向《む》けて圖《づ》のやうにさすもの

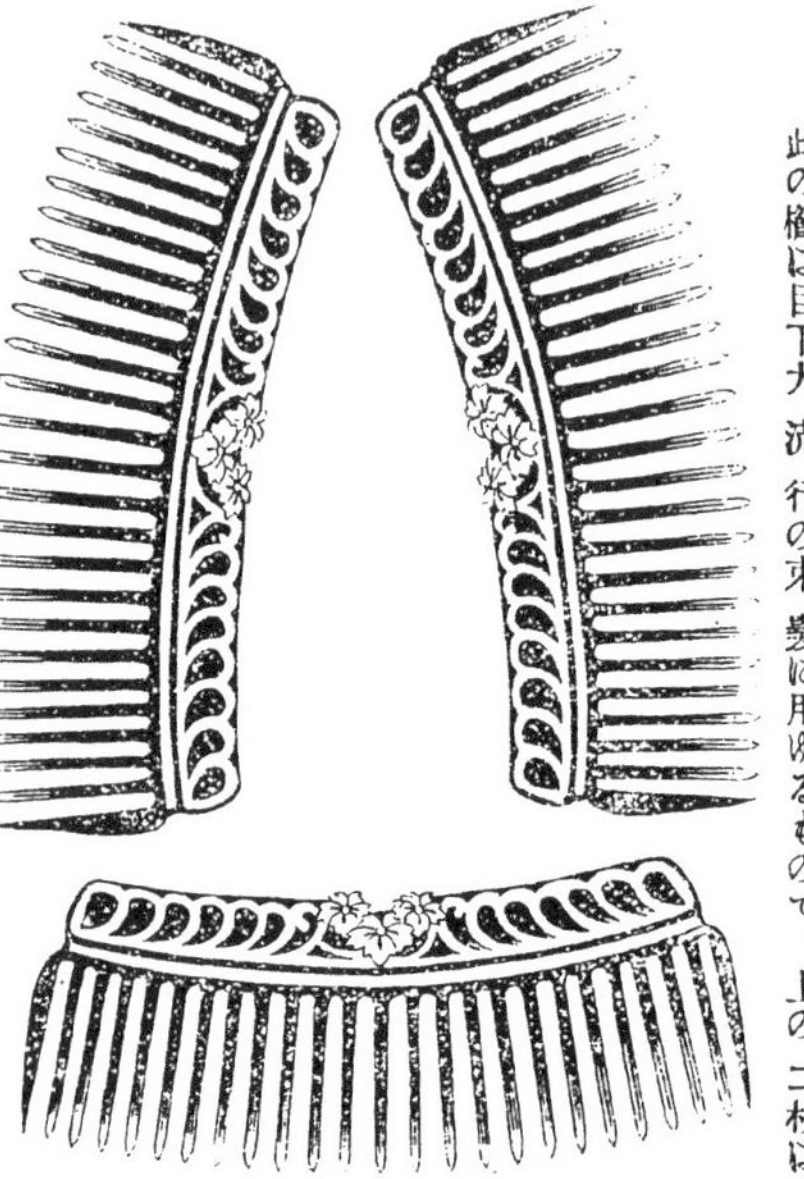

なり。

本黒鼈甲製《ほんくろべつかうせい》で櫛《くし》のむね、并《なら》びに歯《は》にほんのりと丸《まる》みを付《つ》け頭《あたま》になじみよきやうに製《せい》したるにて、装飾《さうしよく》としては櫛《くし》のむねに菊桐《きくぎり》又《また》はヌーボー式《しき》の面白《おもしろ》き圖《づ》を透《すか》し彫《ほ》りにしたるうへに金地蒔絵《きんぢまきゑ》を施《ほどこ》したれば、優美《いうび》いはんかたなし。

價《あたひ》は三枚揃《まいぞろひ》にて一組《くみ》六圓以上《ゑんいじやう》八圓《ゑん》まで

○室内用磁製唾器《しつないようじせいたんはき》

新橋際　三銀陶器舗調

衛生《ゑいせい》に就《つい》ての取締《とりしま》りが嚴重《げんぢう》になつて多人數集合《たにんずしふがふ》すべき場所《ばしよ》へはそれ相當《さうたう》の唾壷《たんつぼ》を備付《そなへつけ》ねばならぬことゝなつた位《くらゐ》であるから、各自相應《かくじさうおう》の衛生的《ゑいせいてき》設備《せつび》を怠《おこた》らぬ機先《きさき》を呑《の》みこんで、茲《こゝ》に三銀主人《さんぎんしゆじん》が創意《さうい》になる座敷用香入唾壷は白磁製《しろじせい》の圖《づ》の如《ごと》きもので蓋《ふた》の内部《ないぶ》に薔薇《ばら》花をこんもりと中《なか》を空洞《うろ》に焼《や》きつけ、其《そ》の空洞《あな》のなかへスポンジに殺菌《さつきん》を兼《か》ねた香《かう》料《れう》を浸《ひた》して入《い》れ置《お》くと蓋《ふた》を明ける度《たび》ごとに芳香馥郁《ばうかうふくいく》として

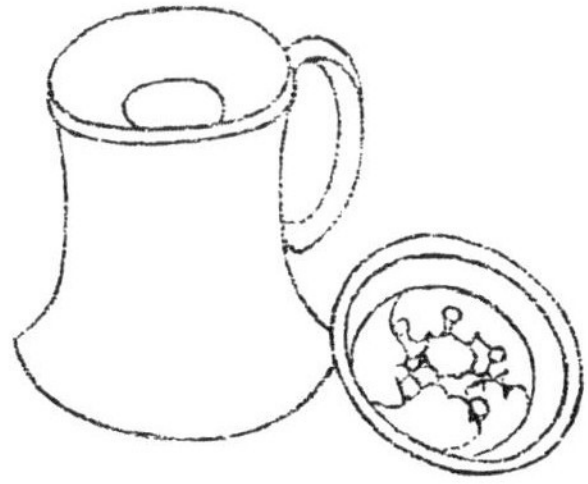

爽絶快絶《さうぜつくわいぜつ》の氣《き》がする、而《しか》して排泄《はいせつ》したものは中仕切《なかじきり》の爲《た》めに目《め》に觸《ふ》れぬといふ頗《すこぶ》る潔癖家《けつぺきか》の大喜悦《だいきえつ》である、

白磁並製　金二十八錢より
美麗上製　金一圓五十錢まで

○軍國《ぐんこく》の運動服《うんどうふく》

征露《せいろ》の師《し》一《ひと》たび起《おこつ》て義勇尚兵《ぎゆうせうへい》の風國《ふうくに》を擧《あ》げて熾《さか》んとなり都鄙《とひ》をしなべて軍事的《ぐんじてき》の物《もの》を歡迎《くわんげい》し老幼齊《らうえうひと》しく武裝風《ぶさうふう》の品《しな》を愛賞《あいしやう》する今日獨《こんにちひと》り服裝《ふくさう》のみが之《これ》に伴《ともな》はずして可《か》ならんやで彼《か》の祝捷運動會《しゆくせううんどうくわい》とか提灯行列《ていちんぎやうれつ》とかには夫々《それぐ》趣向《しゆかう》を凝《こら》して軍事《ぐんじ》に因《ちな》んだ服裝《ふくさう》をされて居《お》るが、何《いつ》れも一定《てい》の理窟《りくつ》に基《もとづ》いて立案《りつあん》したと云《い》ふでもないからして中《なか》には隨分如何《ずゐぶんいかゞ》はしき扮裝《ふんさう》も見受《みうけ》られる又《また》たとへ左程《さほど》野鄙《やひ》ならぬまでも餘《あま》り陸海軍《りくかいぐん》の服制《ふくせい》に酷似《こくじ》させて作《つく》つた服《ふく》はホン〳〵一二回唯其時《くわいたゞそのとき》の行列《ぎやうれつ》の用《よう》を達《た》した後《あと》はどうも平常《ふだん》には到底着用《たうていちやくよう》するに堪《た》えられぬものだ

から可惜《あたら》少《すく》なからぬ費用《ひよう》を投《とう》じて新調《しんてう》したものも忽《たちま》ち行李《かうり》の底塞《そこふさ》げとなつて終《しま》つて再《ふたゝ》び顧《かへりみ》られる事《こと》なしとは不經濟《ふけいざい》千萬《せんばん》の至《いた》りであるそこで例《れい》の白木《しろき》屋《や》洋服店《やうふくてん》に斯《か》かる時《とき》にはどの樣《やう》な服《ふく》がよいだらうかと諮《はか》つて見《み》たら丁度《ちやうど》同店《どうてん》にも新着《しんちやく》の英國雜誌《えいこくざつし》が來《き》て其中《そのなか》に圖《づ》の如《ごと》きものが載《のせ》せてあつた、是《こ》れは彼地《かのち》で新流行《しんりうかう》のノルフオーク、ジヤケツトで運動着《うんどうぎ》としての範《はん》圍《ゐ》が中々廣《なか〳〵ひろ》い、先《ま》づ野外《やぐわい》の散歩《さんぽ》、山林《さんりん》の跋渉《ばつしやう》、河遊《かはあそ》び、魚釣《うをつり》、乘馬《じやうば》、自《じ》轉車《てんしやじ》自動車乘《どうしやのり》、射的《しやてき》、銃獵《じうれふ》等《とう》何《なん》にでも適《てき》せぬ事《こと》ない便利《べんり》至極《しごく》の服《ふく》でしかも外觀《ぐわいくわん》が如何《いか》にも男子的《だんしてき》であり又武裝《またぶさう》的《てき》であるから若《も》し今度《こんど》の樣《やう》な時《とき》になにか一組《くみ》面白《おもしろ》い服《ふく》をと望《のぞ》まるゝ向《むき》には現在《げんざい》のため兼《か》ねて又將來永久《またしやうらいえいきう》の常用《じやうよう》のため此《こ》の一着《ちやく》をとお薦《すゝ》めするような次第《しだい》になるとのこと

話《はな》しが前《まへ》に戻《もど》るが此服《このふく》をなるべく軍事的《ぐんじてき》に因《ちな》まして着《き》たいと云《い》はるゝ向《む》きには地質《ちしつ》にカーキー色《しよく》（Khaki）の材料《ざいりやう》を用《もち》ひたらば大《おほい》に宜《よろ》しからうカーキー色《しよく》とは目下《もつか》出征《しゆつせい》の將校士卒《しやうかうしそつ》が齊《ひと》しく着用《ちやくよう》されて居《ゐ》る彼《か》の黄褐色《わうかつしよく》若《も》しくは茶《ちや》褐色《かつしよく》の色《いろ》の事《こと》で色《いろ》の原理《げんり》から推《お》すと此色《このいろ》は夏《か》季《き》は勿論《もちろん》四時《じ》の衞生《ゑいせい》に最良無比《さいりやうむひ》で其上《そのうへ》一定《てい》の距離《きより》からは砲煙《はうえん》の色《いろ》と全然相混《ぜん〳〵あひこん》じて何《いづ》れを何《いづ》れと辨別《べんべつ》がつかぬそうなから我陸軍《わがりくぐん》でも此色《このいろ》を戰時《せんじ》服《ふく》に採用《さいよう》せられた譯《わけ》で兎《と》に角一寸見《かくちよつとみ》にも何《な》んとなく蒼然《さうぜん》、凛然《りんぜん》として犯《おか》す可《べか》らざる威嚴《いげん》を含《ふく》んだ色彩《しよくさい》ではあるまいか。

乙圖《おつづ》は此服《このふく》の形《かた》にもさま〴〵の變化《へんくわ》ある事《こと》を示《しめ》したもので襞《ひだ》にも單行《たんかう》のもの二行《かう》のもの或《あるひ》は胸襞付《むねひだつき》など色々《いろ〳〵》の好《この》みがあり又《また》EFGは普通脊廣形《ふつうせびろがた》の上衣《コート》の種々《しゆぐ》の模《も》形《けい》を示《しめ》してある若《も》し夫《そ》れカーキー色《しよく》で作《つく》つた詰襟銀鍍金釦付《つめゑりぎんめつきボタンつき》の上衣《コトー》AHよりKの中《うち》の半《はん》ヅボンの何《いづ》れかを

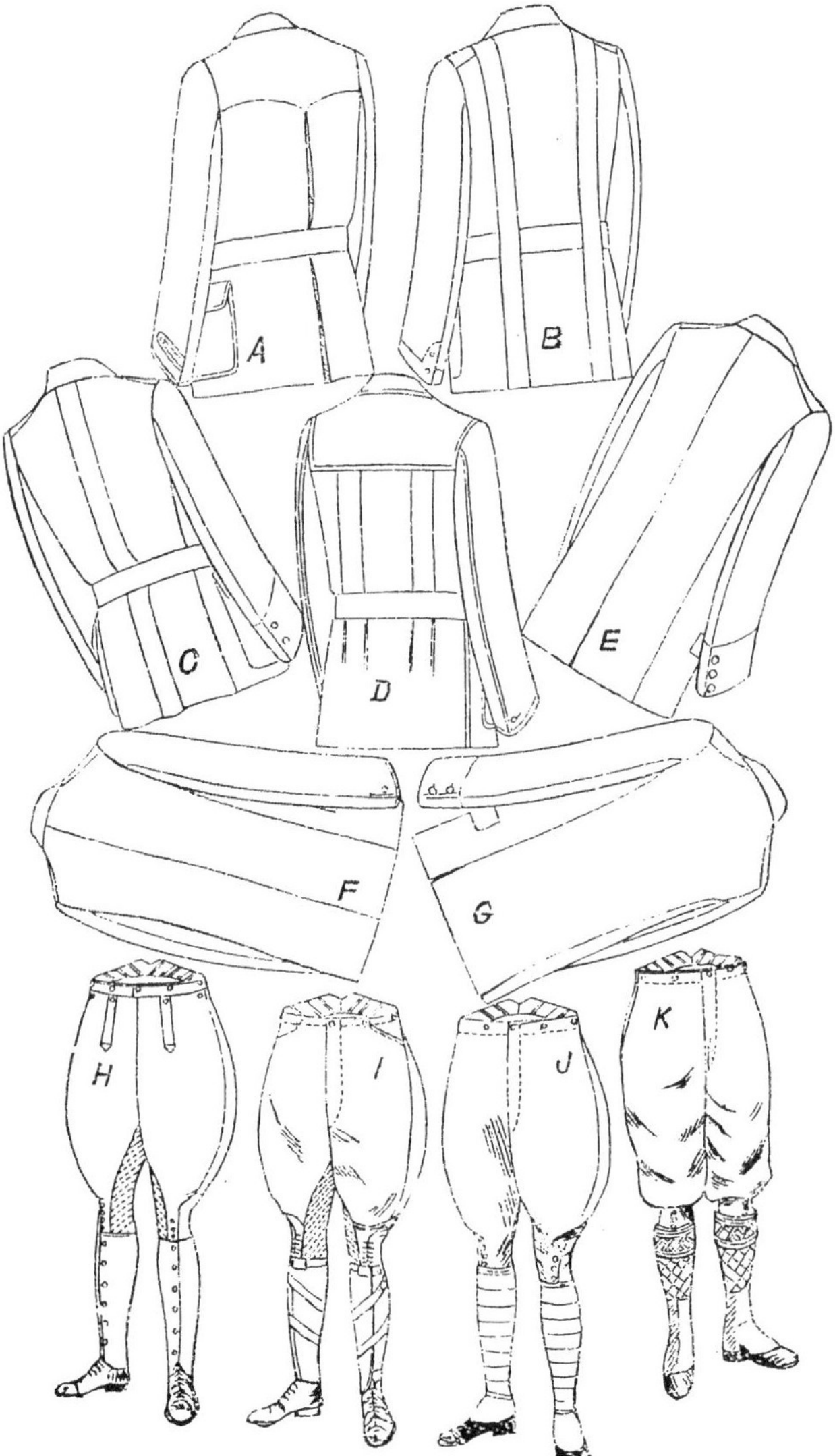
A
B
C
D
E
F
G
H
I
J
K

穿《うが》つとすれば宛然《ゑんぜん》たる一個《こ》士官風《しくわんふう》の扮装《いでたち》で祝《しゆく》捷會《せうくわい》や凱旋觀迎會《がいせんくわんげいくわい》の參加用《さんかよう》として此上《このうへ》なく適當《てきたう》又《また》平時《へいじ》には雅趣《がしゆ》ある普通運動服《ふつううんどうふく》と早變《はやがは》りする半《はん》ズボンの中《なか》にも意匠《ゐせう》を凝《こ》らした形《かた》が種《しゆ》種《じゆ》あるがHやIは股間《また》に鹿革又《しかがはまた》は羊革《ひつじがは》の綴付《とぢつけ》がしてあるから騎馬用《きばよう》に適《てき》した形《かた》で、JやK形《がた》は遠足《ゑんそく》などに妙《めう》な製式《せいしき》である、そこで此出《こので》來《き》上《あが》り一組《くみ》の價格《かかく》は

○ノルフォークジヤケット形《がた》（即《すなは》ち襞付脊《ひだつきせ》廣《ひろ》に半《はん》ズボンの揃《そろひ》）

一カーキ色《しよく》 雲齋製《うんさいせい》（上衣半ズボン）

金六圓八拾錢

一カーキメルトン製《せい》（同）

金拾參圓五拾錢

又秋《またあき》より冬《ふゆ》へかけて銃獵又《じうれうまた》は乘輪《じようりん》などの目的《もくてき》として稍厚目《やゝあつめ》の霜降《しもふり》か縞《しま》のスコッチや絨《らしや》を望《のぞ》まるゝなれば

一霜降《しもふり》メルトン、霜降《しもふり》スコッチ、縞《しま》スコッチ製《せい》（上衣《うわぎ》、チョッキ、半《はん》ズボン三ツ揃《ぞろひ》）

金拾七圓より

貳拾參圓五拾錢迄

又《また》一層上質《そうじやうしつ》の英國產《ゑいこくさん》の縞絨《しまらしや》などにて作《つく》りたらば

金貳拾圓五拾錢より

參拾壹圓五拾錢位迄

乘馬用《じようばよう》として特《とく》にズボンに革《かは》を綴《とぢ》付ければ之《これ》に壹圓八拾錢を增《ま》すとの事《こと》

右《みぎ》に適當《てきたう》する柄行《がらゆき》は黃褐色《わうかつしよく》、錆茶色《さびちやいろ》、朽葉色《くちはいろ》、青銅《ブロンズ》色、媚茶色《こびちやいろ》などに辨慶格子《べんけいがうし》、亂《みだ》れ格子《がうし》、朧格子《おぼろがうし》などを織《お》り其上《そのうへ》に更《さら》に上格子《オバーチエツク》を赤《あか》か綠《みどり》などで掛《か》けてあるもの目下《もくか》流行界《りうかうかい》の寵兒《てうじ》となつてをる

尚《なほ》一言附《げんぷ》して置《お》くが我國《わがくに》で男兒《だんじ》の洋服《やうふく》と云《い》へば殆《ほと》んど申合《まをしあは》したように海軍形《かいぐんがた》一點張《てんば》りで他《た》に餘《あま》り變化《へんくわ》ある形《かた》を見受《みう》けぬ様《やう》だが、此《こ》れは

陸軍形《りくぐんがた》の方《はう》は比《ひ》較的《かくてき》重《おも》くろしき制式《せいしき》で海軍形《かいぐんかた》ほど意氣《いき》で輕爽《けいそう》でないから小兒《こども》には餘《あま》り適當《てきたう》せなかつた爲《た》めでもあらう今前述《いまぜんじゆつ》のカーキー色銀釦《しよくぎんぼたん》の上衣《うはぎ》に半《はん》ヅボンと云《い》ふ戰時《せんじ》服形《ふくがた》にしたらば誠《まこと》に活潑《くわつぱつ》な陸軍形《りくぐんがた》の男兒《だんじ》服《ふく》が出來上《できあが》る譯《わけ》であらうし、又辨慶《またべんけい》や立縞《たてじま》などのスコッチで襞付《ひだつき》のノルフォーク形《かた》のジャケットに共《とも》切《ぎ》れで作《つく》つた鳥打帽子《とりうちばうし》を揃《そろひ》にして着《き》せて見《み》たらば嘸《さぞ》凛々《りゝ》しい學校着《がくかうぎ》が出來上《できあが》る事《こと》であらう其價《そのあたひ》とても僅々《きん〳〵》

一カーキ雲齋《うんさい》で　參圓八拾錢位
一同メルトンで　八圓五拾錢位
一縞《しま》スコッチで　八圓五拾錢より
　　拾貳圓五拾錢位迄

で新調《しんてう》され得《う》る次第《しだい》である。

○洋服着用者《やうふくちやくようしや》のしをり（三）

本號《ほんがう》には特《とく》に若《わか》き紳士《しんし》のために秋《あき》の初《はじ》めの日曜着《にちやうぎ》などに恰《かつ》好《かう》なる脊廣服《せびろふく》の標本《へうはん》として數多《かづおほ》き形《かた》の中《なか》より殊《こと》に思《おも》ひ切《きつ》て意氣《いき》なる仕立方《したてかた》の一種《しゆ》を撰《えら》びて掲《かゝ》げたり、これは彼地《かのち》にても極《きわ》めて嶄新《ざんしん》なる意匠《いせう》の由《よし》にて上衣《うはぎ》の肩《かた》の邊《へん》がキッシリと體《からだ》に密着《みつちやく》しながら襟先《えりさき》が其反對《そのはんたい》に大《おほ》きく下《した》まで寛《ゆる》やかに返《かへ》りたる又《また》ポケットが普通《ふつう》の横《よこ》一文字《もんじ》ならで意外《いぐわい》にも竪《たて》に取《とり》付《つ》けあるなど此服《このふく》の目新《めあた》らしき點《てん》なるべし

チョッキには紋織《もんおり》の地質《じしつ》を用《もち》ゐて圖《づ》にある如《ごと》く巾廣《はゞびろ》の黑《くろ》き縁《へ》りなど取《と》り付《つ》けなば此服全體《このふくぜんたい》の風貌《ふうぼう》を一層《そう》鮮快《せんくわい》ならしむるに與《あづか》つて力《ちから》あるべくヅボンは稍《やゝ》細《ほそ》めなる方《かた》宜《よろ》しかるべし

此服《このふく》を着《ちやく》するに當《あた》つては附屬品《ふぞくひん》にもなるべく瀟洒《しようしや》なる物《もの》を用《もち》ゐらるべく、薔薇色《ローズいろ》の立縞《たてじま》ある前襞《まへひだ》のシャーツに稍高《やゝたか》めなる二重《ダブル》カラー、白點《しろてん》ある花色地《はないろぢ》の蝶結《てふむすび》襟飾《えりかざり》に淡褐《たんかつ》色又《しよくまた》は生壁色《なまかべいろ》の山《クラウン》の少《すこ》しく高《たか》き軟帽《ソフトハット》など取合《とりあはせ》せとして最《もつと》も妙《めう》なるべし

地質《ちしつ》には黑地《くろぢ》、紺地《こんぢ》、オリーブがかりたる茶地《ちやぢ》、紅《べに》を帶《お》びたる鼠地《ねずみぢ》にフランネル風《ふう》の清爽《せいさう》なる立縞《たてじま》ある少《すこ》しく毛立《けだ》ちたるメルトンなどよろしかるべく脊廣《せびろ》とヅボンとを揃《そろひ》にしたる二品《ひん》の代價《だいか》金拾七圓五拾錢より貳拾壹圓位迄《ぐらゐまで》、之《これ》に併《あは》せて着《ちやく》すべき種々《しゆ〴〵》の異《こと》なりたる彩色《さいしき》や文樣《もやう》ある紋織絨《もんおりらしや》にて

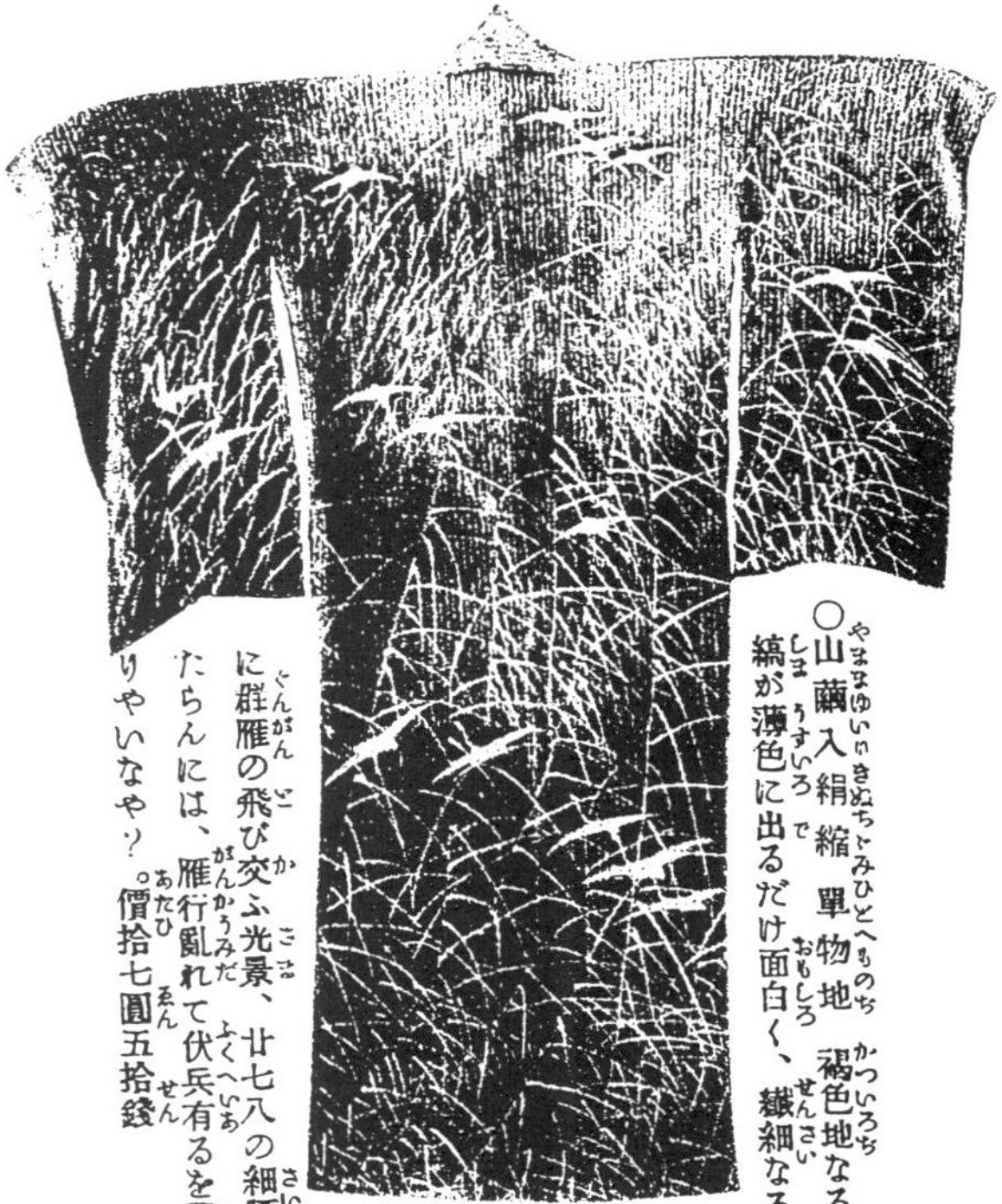

○山繭入絹縮單物地《やままゆいりきぬちゞみひとへものぢ》　褐色地《かついろぢ》なるも山繭《やままゆ》の縞《しま》が薄色《うすいろ》に出《で》るだけ面白《おもしろ》く、纖細《せんさい》なる草叢《そうくわ》の蘆《あし》に群雁《ぐんがん》の飛《と》び交《か》ふ光景、廿七八の細腰婦人《さいようふじん》が着《き》たらんには、雁行亂《がんかうみだ》れて伏兵《ふくへい》有《あ》るを覺《さと》る勇士《ゆうし》ありやいなや？。價《あたひ》拾七圓《ゑん》五拾錢《せん》

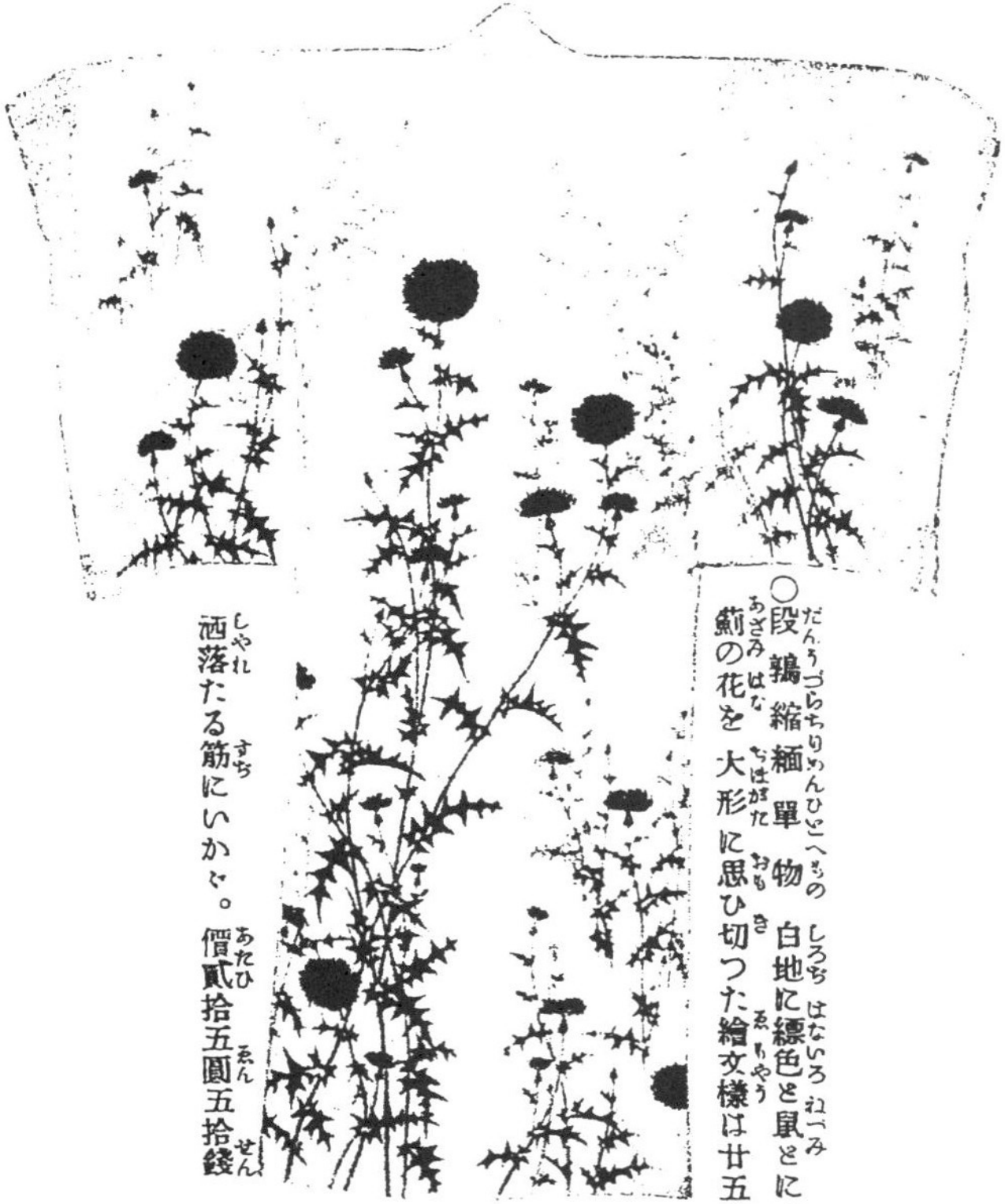

○段鶉縮緬單物《だんうづらちりめんひとへもの》　白地《しろぢ》に縹色《はないろ》と鼠《ねづみ》とにて、薊《あざみ》の花《はな》を大形《おほがた》に思《おも》ひ切《き》つた繪文様《ゑもやう》は廿五六の洒落《しやれ》たる筋《すぢ》にいかゞ。價《あたひ》貳拾五圓《ゑん》五拾錢《せん》

（い）

(い)絽繻珍丸帯《ろしゆちんまるおび》　葡萄地《ぶどうぢ》に菊水《きくすゐ》の織文《おりも》様《やう》は、楠《くすのき》よりなほ一入《ひとしほ》操《みさを》も堅《かた》き令《れい》夫人《ふじん》に動《うご》きなき柄合《がらあひ》價《あたひ》拾貳圓《ゑん》八拾錢《せん》

（ろ）

(ろ)鹽瀬丸帯《しほせまるおび》鼠地《ねづみぢ》友禪《ゆうぜん》枝垂《しだ》れ菊《ぎく》の新意匠《しんいしやう》花《はな》の匂《には》ひに縫入《ぬひい》りの淡泊《あつさり》した文様《もやう》は二十四五の婦人《ふじん》に佳良《かりやう》なるべし、價《あたひ》貳拾八圓《ゑん》。

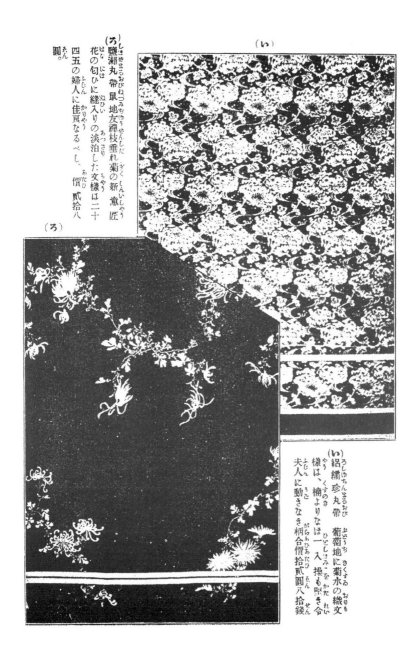

（イ）

（ロ）

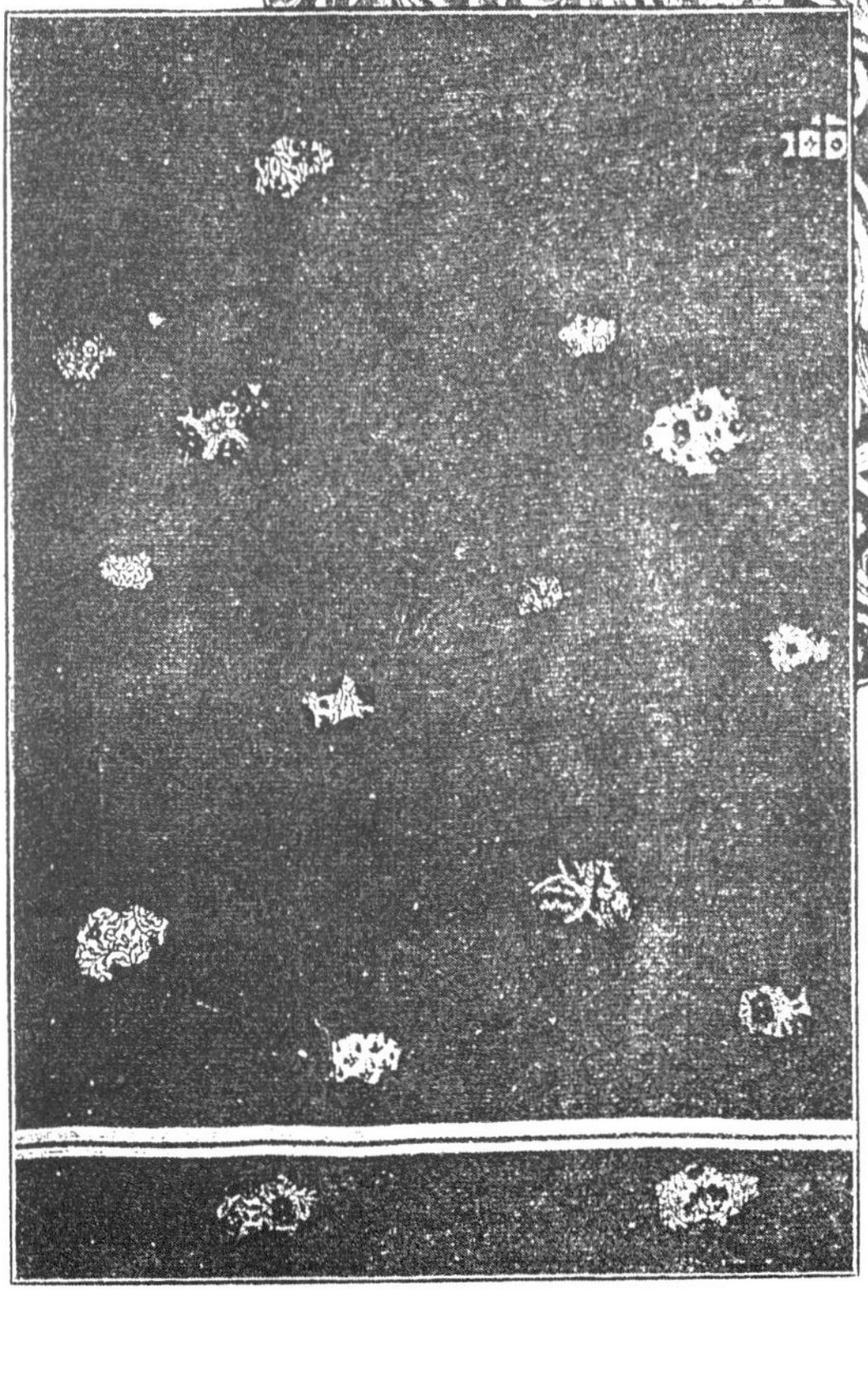

（イ）採羅織丸帯《さいらおりまるおび》　銀鼠地《ぎんねづみぢ》全部《ぜんぶ》へ變《かは》りたる水仙文樣《すゐせんもやう》
二十前後《はたちぜんご》の貴婦人《きふじん》向《む》き。價《あたひ》拾九圓《ゑん》五拾錢《せん》

（ロ）鹽瀬丸帯《しほせまるおび》　茶地《ちやぢ》に古代書《こだいが》き更紗《さらさ》を寫生《しやせい》にしたる友禪染《ゆうぜんぞ》めは好事《かうず》なる三十二三の婦人《ふじん》に押《お》しもおされもせぬ行《ゆ》きかた。
價《あたひ》貳拾七圓《ゑん》五拾錢《せん》

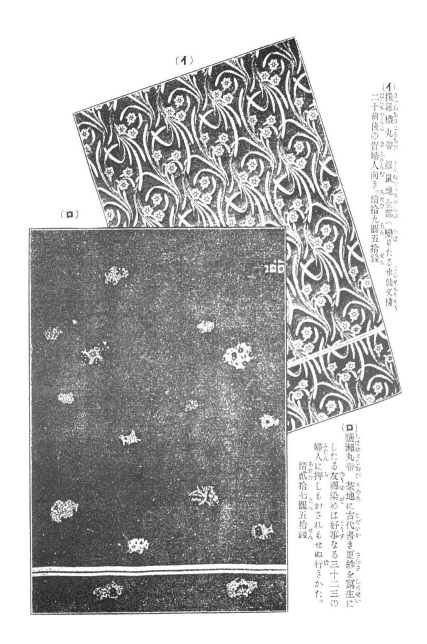

(一)博多織片側帶《はかたおりかたかはおび》 利休茶色地《りきうちやいろぢ》にて織出《おりだ》し、波《なみ》うち際《ぎは》の遠淺《とほあさ》に二個《ふたつ》脱《ぬ》ぎ捨《す》ての帽子《ぼうし》を文樣《もやう》に消化《せうくわ》して織《お》り出《だ》したるは、言《い》はでもしるき海水浴《かいすいよく》の留守文樣《るすもやう》、少《すこ》し離《はな》して光悅《くわうえつ》を今樣《いまやう》にしたる磯馴《そな》れ松《まつ》のいろ〳〵面白《おもしろ》し、先《まづ》廿二三によかるべく、價 七圓拾錢。(二)繻子入淸涼織單帶《しゆすいりせいりやうおりひとへおび》 葡萄色地《ぶどういろぢ》へ薄鼠色《うすねづいろ》にて陰陽《かげひなた》に蔓蔦《つるつた》を織《お》り出《だ》したる二十位《ぐらゐ》のお方《かた》に好適《かうてき》。價 拾六圓也。(三)博多織片側帶《はかたおりかたかはおび》 白地《しろぢ》に濃《こ》い小納戶色《おなんどいろ》にて竪《たて》のやたら縞《じま》を箏《こと》の糸《いと》に見立《みた》て、琴柱《ことぢ》を所々《しよ〳〵》にちらし黑《くろ》糸《いと》にて小《を》笹《ざさ》をあしらひたる廿二三によかるべし。

價 五圓九拾五錢

(四)繻子入淸涼單《しゆすいりせいれうひとへ》帶《おび》 葡萄鼠地白《ぶどうねづみぢしろ》絲《いと》に秋草《あきくさ》の茂《しげ》りたる文樣《もやう》を織《お》りたるにて廿五六の婦人《ふじん》向《む》き。

價 拾五圓七拾錢也。

(三)

(二)

(四)

(一)

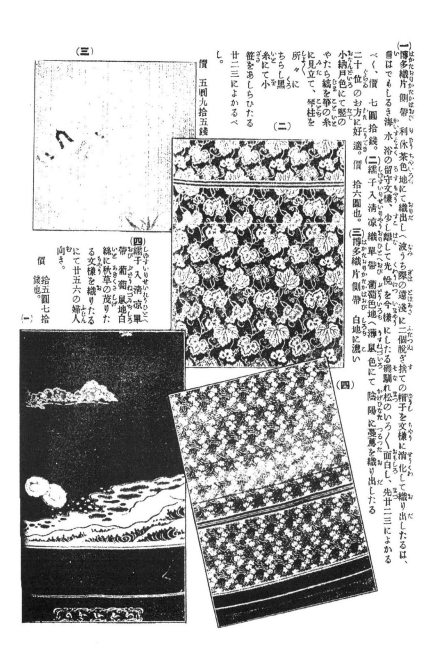

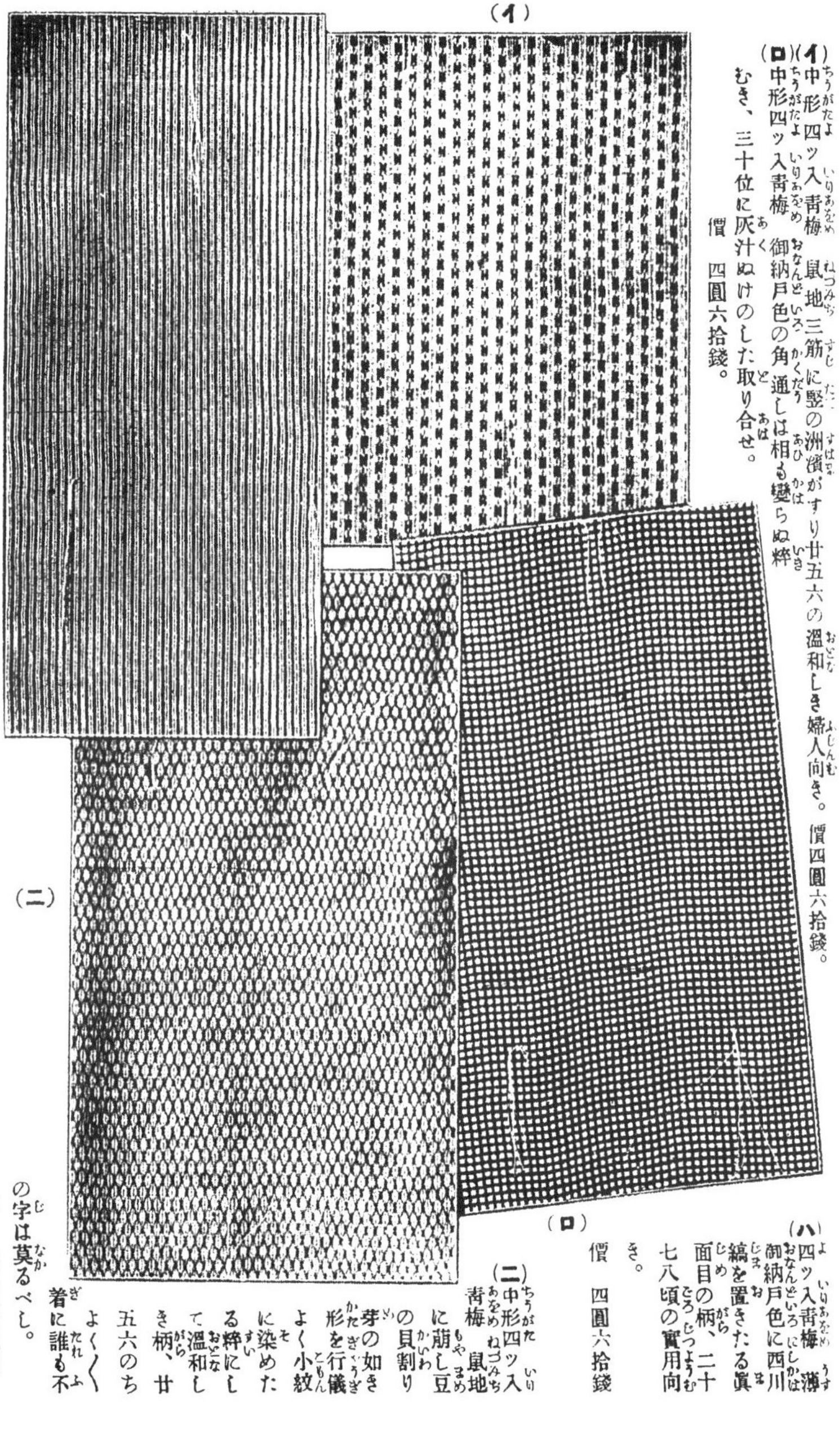

（イ）

（ロ）

（ハ）

（ニ）

（イ）中形《ちうがた》四ツ入《よいり》青梅《あをめ》鼠地《ねつみぢ》三筋《すぢ》に竪《たて》の洲濱《すはま》がすり廿五六の温和《おとな》しき婦人向《ふじんむ》き。價四圓六拾錢。

（ロ）中形《ちうがた》四ツ入《よいり》青梅《あをめ》御納戸色《おなんどいろ》の角通《かくだう》しは相《あひ》も變《かは》らぬ粋《いき》むき、三十位に灰汁《あく》ぬけのした取《と》り合《あは》せ。價　四圓六拾錢。

（ハ）四ツ入《よいり》青梅《あをめ》薄《うす》御納戸色《おなんどいろ》に西川《にしかは》縞《じま》を置《お》きたる眞面目《まじめ》の柄《がら》、二十七八頃《ごろ》の實用向《じつようむ》き。

價　四圓六拾錢

（ニ）中形《ちうがた》四ツ入《いり》青梅《あをめ》鼠地《ねづみぢ》に萠《もや》し豆《まめ》の貝割《かいわ》り芽《め》の如き形《かた》を行儀《ぎやうぎ》よく小紋《こもん》に染《そ》めたる粋《すい》にして温和《おとな》しき柄《がら》、廿五六のちよく〳〵着《ぎ》に誰《たれ》も不《ふ》の字《じ》は莫《なか》るべし。

價　四圓五拾五錢

(り)　(ち)　(と)

(を)　(る)　(ぬ)

(と)浮縞上布《うきじまじやうふ》　御納戸地《おなんどち》二十四五の粋《すゐ》な所《ところ》に好適《かうてき》。價參圓拾五錢　(ち)浮縞上布《うきじまじやうふ》　鐵納戸地《てつおなんどち》二十二三の婦人用《ふじんよう》。價貳圓貳拾五錢　(り)浮縞上布《うきじまじやうふ》　鐵《てつ》オリーブ色地《いろち》二十二三の凝《こ》つた向《む》きへ適當《てきたう》ならん。價貳圓貳拾五錢　(ぬ)(る)横麻《よこあさ》がすり　經糸《たていと》を木綿《もめん》に緯糸《よこいと》を麻糸《あさいと》にて織《お》りたる單物《ひとへもの》帷子《かたびら》兼用《けんよう》の品《しな》、三十位《くらゐ》の男女兩用《なんによりやうよう》。價貳圓四五拾錢　(を)浮縞上布《うきじまじやうふ》　濃葡萄色地《こひぶどういろち》二十四五の柔順《おとなし》むき。價貳圓八拾五錢

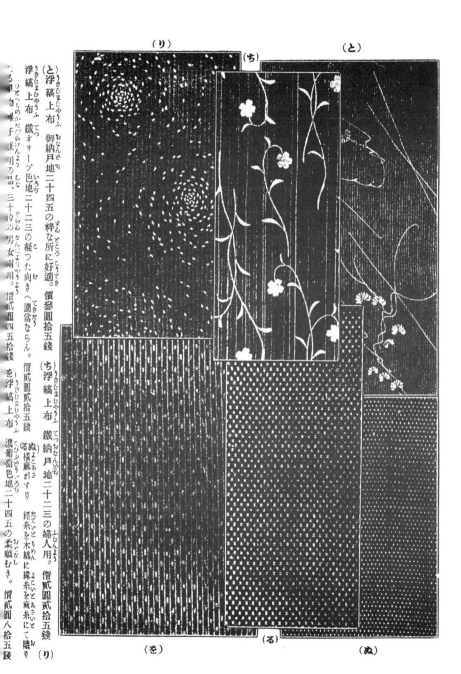

作《つく》りなしたるチョッキ一枚《まい》の代價《だいか》が金五圓より五圓五拾錢位迄《ぐらゐまで》

MRS. BLACK: "How does your husband spend his time in the evening?"

Mrs. White: "He stays at home and thinks of schemes to make money."

"And what do you do with yourself when he is thus occupied?"

"Oh, I think of schemes to spend it."

黒川夫人、御宅《おたく》の旦那様《だんなさま》は夜分《やぶん》はいつも何《なに》をなすつて入《いら》つしやいますの？

白山夫人　ズウト内《うち》にばかり居《を》りましてお金《かね》儲《もうけ》の工夫《くふう》ばかり致《いた》して居《を》ります

黒川夫人、そんな時《とき》に貴女《あなた》は又《また》どう遊《あそ》ばして入《いら》つしやるの？

白山夫人　わたしは又其《またその》お金《かね》を遣《つか》ふ工夫《くふう》を致《いた》してをります

雜錄

本欄には大方諸彦の投稿を歡迎す

物《もの》も言《ひ》ひやうで稜《かど》がたつといふことは昔《むかし》から俗諺《ぞくよう》にまである格言《かくげん》である、寔《まこと》に社交上言語《しやこうじやうことば》づかひの愼《つゝし》むべきは今更《いまさら》言ふまでもない。假《か》りに他《ひと》に對《むか》つて『面《つら》を見《み》やがれ』と罵倒《ばたう》したならば、對手《あいて》の人《ひと》は怫然《むつ》として怒《いか》るで有《あ》らう、これを若《も》し『お顏《かほ》を御覽遊《ごらんあそ》ばせ』と言《い》つたならは敢《あへ》て腹《はら》もたつまい。同《おな》じ文字《もじ》でも音讀《おんどく》するのと訓讀《くんどく》するのと天地《てんち》月鼈《げつべつ》の差《ちが》ひの出來《でき》る言葉《ことば》が有《あ》る。

御前《ごぜん》といはれて殿樣氣取《とのさまきど》りになつたは可《よ》いが若《も》し其《そ》の人《ひと》に御前《おまへ》といはれたらば『失敬《しつけい》な奴《やつ》だ』と御機嫌《ごきげん》を損《そん》じるであらう。

御臺所《みだいどころ》と申《まを》し上《あ》げると、奥樣《おくさま》の更《さら》に上流《じやうりう》の尊稱《そんしやう》と聞《きこ》えるが、御臺所《おだいどころ》といふとおさんどんの働《はたら》き場《ば》、炊事場《すいじば》と聞《きこ》える。

軍人《いくさにん》といふと緋縅《ひおどし》の鎧《よろひ》に龍頭《たつがしら》の兜《かぶと》を聯想《れんさう》されるが、これを音讀《おんどく》して軍人《ぐんじん》と稱《とな》へるとカーキー色《いろ》の軍服《ぐんぷく》が眼《め》に映《えい》じる。

是《こ》れだから昔《むかし》の百々一《どゞいつ》に

醫者《いしや》と石屋《いしや》は本字《ほんじ》でお書《か》き、唐紙《とうし》からかみ

假字《かな》で書《か》け。

といふのは簡《かん》にして明《めい》な教科書《けうくわしよ》である。

○

熱閙《ねつとう》の市井《しせい》に齷齪《あくそく》する我輩共《わがはいども》は、先《まづ》一日《にち》の仕事《しごと》を濟《す》まして一日《にち》の汗《あせ》を拭《ぬぐ》ひ去《さ》つて、涼風《りやうふう》徐《おもむろ》に來《きた》る猫額大《べうがくだい》の前栽《せんさい》でもあれば、此《こ》の椽端《えんばな》に一家團欒《いつかだんらん》で彼《か》れ一句《く》此《こ》れ一句《く》言《い》ひたいことを話《はな》しあつて緩《ゆる》りと晩餐《ばんさん》でもきこしめすほどの快樂《くわいらく》はなからう、これが實《じつ》に家庭《かてい》の神仙《しんせん》な所《ところ》である。彼《か》の三菱《みつびし》の故《こ》岩崎氏《いはさきし》が床《とこ》の掛物《かけもの》に、山水《さんすゐ》は値《よ》いが人物畫《じんぶつゑ》は嫌《きら》ひだと言《い》はれたさうな、夫《そ》れは何故《なぜ》であるかといふに、齷齪用事《あくそくようじ》をすましてヤレ是《こ》れから休息《きうそく》と家《うち》へ歸《かへ》つて床《とこ》の間《ま》を見《み》ると、乃公《おれ》より前《さき》へ唐人《たうじん》や仙人《せんじん》が來《き》て居《ゐ》るやうでどうも人物畫《じんぶつぐわ》は氣《き》に喰《く》はぬと言《い》はれたさうだ。

僕等《ぼくら》は其《そ》んな考《かんが》へもないが、軒々相摩《けんくあひま》すといひそうな市中《しちう》に住《す》まつて居《ゐ》て、何《なに》か心《こゝろ》を慰《なぐさ》めるふしがなくつてはならないとおもふ。

智者《ちしや》は水《みづ》を樂《たの》しみ仁者《じんしや》は山《やま》を樂《たの》しむ、又《また》智者《ちしや》は靜《しづか》仁者《じんしや》は　壽《いのちながし》ともいふから、先《まづ》仁者《じんしや》を氣取《きど》つて山《やま》を樂《たの》しむが可《よ》からうと思《おも》つて、緣日《えんにち》もので一盆《ぼん》の天地《てんち》を樂《たの》しまうと目論《もくろ》んだが、これも手當《てあ》てが屆《とゞ》かない。で枯死《こし》する憂《うれ》ひのない壺中《こちう》の一天地《てんち》を樂《たの》しむには自然《しぜん》の石《いし》を水盆《するはん》に盛《も》つて山水中《さんするちう》の人物《じんぶつ》と成《な》り濟《す》ますの外《はか》はなからうと考《かんが》えた。處《ところ》が此《こ》の石《いし》も僕等《ぼくら》の板臺《はんだい》にはなか〳〵乘《の》つて呉《く》れないから、人《ひと》のものを圖取《ごど》つて來《き》て樂《たの》しむことゝした。

根岸《ねぎし》の新坂《しんざか》を衝《つ》き當《あた》つた所《ところ》に住《すん》で居《ゐ》る大崎六花《おほさきりくくわ》といふ老人《らうじん》が有《あ》る、此《こ》の人《ひと》は元御役所生活《もとおやくしよせいくわつ》もやつた人《ひと》だが隨分《ずゐぶん》と變《かわ》りもので、骨董家《どうぐや》のやうな素人《しらうと》のやうな、威張《ゐば》りくさるやうな叮嚀《ていねい》なやうな、得體《にたい》の解《わか》らない面白《おもしろ》い人物《じんぶつ》である。

此《こ》の人物《じんぶつ》が近頃奇石《ちかごろきせき》を得《に》たといふことを聞《き》いたから閑《かん》を偸《ぬす》んで訪《たつ》ねた所《ところ》が、老人不在《らうじんふざい》で有《あ》つたから霎時《しばし》待《ま》つて居《ゐ》ると歸《かへ》つて來《き》た、僕《ぼく》は石《いし》を見《み》に來《き》たことを話《はな》すと、ソウか今見《いまみ》せてやらうと、ツカ〳〵椽側《ゑんがは》から小庭《こには》へ下《お》りて其《そ》の石《いし》を無造作《むざうさ》に摑《つか》んで沓脱《くつぬ》ぎ石《いし》の上《うへ》へ乘《の》せてザブ〳〵水《みづ》を掛《か》けてサア見《み》て呉《く》れ玉《たま》へ

更科田毎の月

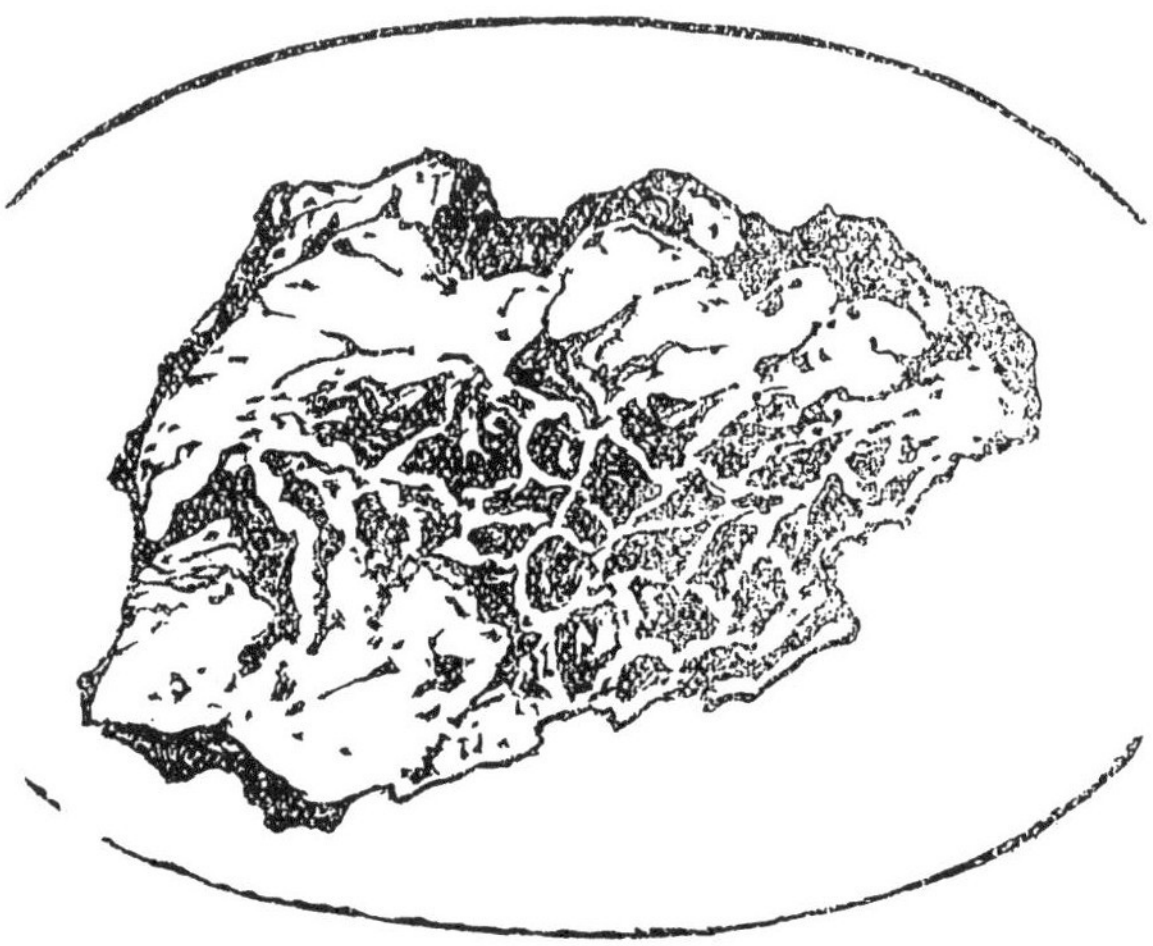

僕《ぼく》は首實檢《くびじつけん》といふ身《み》で扇《あふぎ》を笏《しやく》にとつて熟見《つくぐみ》たが成《な》る程不思議《ほどふしぎ》な石《いし》であつた。上《うへ》から覗《のぞ》く

と恰度《ちやうど》自分《じぶん》が山《やま》の頂《いたゞき》に居《ゐ》る心《こゝろ》になつて、山《やま》の中途《ちうと》に一段《だん》々々低《ひく》くなるやうに石《いし》の皺《しは》があつて、これが畦畔《けいはん》に見《み》える、其《そ》のなかへ水《みづ》の溜《たま》つた所《ところ》は全然《まる》で田面《たおも》になる、都《すべ》て山形《やまがた》から田《た》の配置《はいち》、梺《ふもと》のありさまが信州姥捨《しんしうをばすて》の田毎《たごと》の月《つき》を縮《ちゞ》めたと毫末《がうまつ》の變《かは》りがない、僕《ぼく》も馴染《なじみ》のある風景《ふうけい》であるから欲《ほ》しくなつて、君孔兄《きみこうけい》幾許《いくばく》に換《か》えると聞《きい》たら、君《きみ》なら百五十圓《ゑん》で讓《ゆづ》つて遣《や》らうと答《こた》へた、穢《きた》ない小庭《とには》の加旃《しか》も溲器《おまる》の側《そば》に抛《はふ》つて有《あ》つた品《しな》が……

其《そ》れから入谷《いりや》へ廻《まは》つて槖駝師《うゑきや》を素見《ひやか》した、そのうちで目《め》に停《とま》つたのは丸新《まるしん》の盆石《ぼんせき》であつた流石《さすが》に此《こ》の家《いへ》は槖駝師《たくだし》中《ちう》の泰斗《たいと》であるから盆《ぼん》栽《さい》は勿論《もちろん》のこと、盆石《ぼんせき》ばかりが一地區《ちく》を占領《せんりやう》して居《ゐ》る、此所《こゝ》に一室《しつ》が有《あ》つて床《とこ》や棚《たな》は明畫《みんぐわ》や古董《ことう》で飾《かざ》られてある、其《そ》の室《へや》に入《い》ると直《すぐ》に煎茶器《せんちやき》の盛《も》つて有《あ》る盆《ぼん》を捧《さゝ》げて來《き》て茗《ちや》を饗《きやう》せ

那智の瀑布

られた、此《こ》の庭前《ていぜん》の數壇《すうだん》に列《なら》べられた奇岩異《きがんい》石《せき》は各山紫水明《かくさんしすゐめい》を一握《あく》のうちに收《おさ》めて居《ゐ》る、中《なか》に就《つ》いて目《め》に停《とま》つたのは龍湫《れうしう》と銘《めい》をうつた一塊石《くわいせき》であつたが、龍湫《りうしう》とは支那《しな》の或《あ》る勝地《しやうち》の名《な》だといふことであつたが、僕《ぼく》の馴染《なじ》みの有《あ》る風景《ふうけい》では、那智《なち》の瀧《たき》に髣髴《はうふつ》として居《を》つたから僕《ぼく》は私擅《ほしいまゝ》に此《こ》の名《な》を負《お》はせたのである、而《さう》して其《そ》の價《あたへ》を問《と》ふたら五百圓《ゑん》といふことで有《あ》つた。

昔《むかし》から貨幣《くわへい》を麁末《そまつ》につかふことを金《かね》を石瓦《いしかわら》のやうに扱《あつか》ふと言《い》つたものだが、今《いま》では石瓦《いしかわら》のほうが金《かね》より貴《たつと》ひやうである

右　玄　齋　君寄稿

●記者《きしや》の見《み》たる白木屋吳服店《しろきやごふくてん》（承前）

休憩室《きうけいしつ》のうちは客人《きやくじん》の出船入船《でふねいりふね》が新陳代謝《しんちんたいしや》するので有《あ》るから一團《たん》々々の外《ほか》談話《はなし》に花《はな》の咲《さ》くこともない、隨《したが》つて記者《きしや》のやうな一人法師《ひとりぼふし》は對手人《あいて》に逃《に》げられたら再《ふたゝ》び話《はな》し敵手《がたき》を得《う》るに難《かた》い、況《いはん》や有髯男兒《いうぜんだんじ》の夫人淑女《ふじんしゆくぢよ》に於《おい》てをやであるから、竟《つひ》に一二鍾《はい》の茶《ちや》を喫《きつ》し、二三顆《くわ》の乾酪餅《ビスケツト》を味《あぢ》はつて更《さら》に賣塲《うりば》へ出《で》た、是《これ》から元《もと》來《き》た二階座賣塲《かいざうりば》插畫四頁目寫眞版參看を横《よこ》に見《み》て、三階《がい》の陳列塲《ちんれつぢやう》を見《み》る積《つも》りで登《のぼ》りつめて右方《みぎて》を見《み》たら爰《こゝ》が名《な》に響《ひゞ》くよせ切《ぎ》れ見切反物賣塲《みきりたんものうりば》であつた。

果然《くわぜん》、白木屋《しろきや》の寄《よ》せ切《ぎ》れは古來《こらい》から名《な》に響《ひゞ》いて居《ゐ》たもので東京名物《とうきやうめいぶつ》に算《かぞ》へられる程《ほど》であるから其《そ》の雜沓《ざつたう》の狀《さま》は實《じつ》に筆紙《ひつし》に盡《つく》し難《がた》い。

綾綿《あやにしき》の帶地《おびぢ》織物《おりもの》から、御召《おめし》や友禪《ゆうせん》の縮緬《ちりめん》もの、モスリン、木綿《もめん》の末《すへ》までが疊《たゝみ》のうへに堆《うづたか》く積《つ》んで有《あ》るもあれば、算《さん》を亂《みだ》したやうに散《ち》らしてあるも有《あ》る。是《これ》を極《ご》く解《わか》り易《やす》いやうに形《けい》容《よう》したら、桃太郎《もゝたらう》が鬼《おに》が島《しま》の戰利品《せんりひん》を水揚《みづあ》げ

して居《ゐ》るやうであると言《い》つたら、子供衆《こどもしゆ》にもよく合點《がてん》がゆくであらうと思《おも》はれる。

此《こ》の綾羅錦繡《りやうらきんしゆう》を踏《ふ》み超《こ》にて遙彼方《はるかあなた》の品《しな》を取《と》らうとする、ドッコイ夫《そ》れは私《わたし》が今見《いまみ》て置《お》いた品《しな》と品物《しなもの》の奪合《ばいあ》ひが始《はじ》まる、一方《ぱう》では先豫《まづあらか》じめ一塊《ひとかたまり》を攫《さら》つておいて、一隅《ぐう》に陣《ぢん》を取《と》つて密《ひそか》に品物《しなもの》の撰定《せんてい》に忙《いそが》しい、此際《このさい》二三の應援者《おうゑんしや》が背面攻撃《はいめんこうげき》の防備《ばうび》に備《そな》えるなど、千態萬狀《たいばんじやう》である。

此處《こゝ》に記者《きしや》は呆然自失《ばうぜんじしつ》右《みぎ》に避《さく》れば前《まへ》に敵《てき》あり左《ひだり》に觸《ふる》れば後《しりへ》を押《お》さる、肩摩轂撃《せんまこくげき》の間僅《あひだわづ》かに活路《くわつろ》を得《え》て吻《ほつ》と一息《いき》吐《つ》いたときは、宛然緣日《さながらえんにち》の盆栽《うゑき》市《いち》を通《とほ》り脱《ぬ》けて、氷屋《こほりや》の椽臺《えんだい》に渴《かつ》を醫《い》したときの趣《おもむき》があつた。

挿畫四頁目
寫眞版參看

（以下次號）

稟告

本誌《ほんし》の記事《きじ》に係《かゝ》る事柄《ことがら》にて御質疑《ごしつぎ》の廉《かど》も有之《これあり》候はゞ著者《ちよしや》へ宛《あて》御遠慮《ごゑんりよ》なく御問合《おとひあは》せ下《くだ》され度《たく》郵便又《ゆうびんまた》は本誌上《ほんしじやう》にて御答致《おこたへいた》すべく候《さふらふ》

茨城縣《いばらきけん》の大野菱花君《おほのりやうくわくん》に御答申候《おこたへまをしさふらふ》

本誌《ほんし》の見出《みだ》し、並《なら》びに仕切《しき》り等《とう》に用《もち》ゐて有《あ》ります異形《いけい》の文樣《もやう》は、コロボックル時代《じだい》の土器《どき》に有《あ》る文樣《もやう》を種《たね》にしてカット等《とう》に作《つく》りたるものにて、日本最古代穴居《にほんさいこだいけつきよ》の人《ひと》も、斯《か》く美術心《びじゆつしん》に富《と》みたること、今《いま》の世《よ》の我々《われく》がうら耻《はづ》かしく、自己《じこ》が頂門《ちやうもん》の一針《しん》にもと揭《かゝ》げ候事《さふらふこと》に御座《ござ》候《さふらふ》。

○流行品賣物取次《りうかうひんかひものとりつぎ》の件《けん》

本誌發行《ほんしはつかう》の初《はじ》めより東京市內《とうきやうしない》に於《お》ける服裝品《ふくそうひん》は勿論《もちろん》、髮飾品《かみかざりひん》、室內裝飾品等流行《しつないそうしよくひんとうりうかう》もの追々《おひく》正確《せいかく》に取調《とりしら》べ御報道《おしらせ》致候處《いたしさふらふところ》、遠隔地方讀者《ゑんかくちはうどくしや》より種々《しゆぐ》御《お》問合《とひあはせ》を蒙《かうむ》り候《さふらふ》と實《じつ》に著者《ちよしや》の光榮《くわうえい》と存候《ぞんじさふらふ》、就《つい》ては左《さ》の方法《しかた》により買物《かいもの》の取扱《とりあつかひ》可致候《いたすべくさふらふ》。

一本誌《ほんし》六箇月以上前金《げついじやうぜんきん》を以《もつ》て購讀《かうどく》せらるゝ讀者《どくしや》に限《かぎ》り當地《たうち》流行品購買方《りうかうひんかうばいかた》の依賴《いらい》に應《おう》じ可申事《まをすべくこと》。

一購買《かうばい》に付《つい》ては一切《さいて》手數料謝金等《すうれうしやきんとう》は申《まを》し受《う》けず。

一購買品《かうばいひん》の選擇《せんたく》は都《すべ》て當方《たうはう》に一任《にん》せらるべき事《こと》。

一購買品《かうばいひん》の價額《かがく》幷《なら》びに送料《さうれう》は豫《あらか》じめ御通知《ごつうち》致《いた》すべきに付《つ》き其節前金《そのせつぜんきん》に申受候上《まをしうけさふらふうへ》にて、購買發送可致事《かうばいはつさういたすべきこと》。

一本件《ほんけん》に係《かゝ》り御照會《ごせうくわい》の節《せつ》は必《かなら》ず返信用郵稅《へんしんようゆうせい》御封入有之度候事《ごふうにふこれありたくさふらふこと》。

右御承知の上御依賴有之度候以上

著者　同　人　誌

文苑

○川柳　題（避暑）

海邊の黑人選評

人

永々《ながく》の避暑《ひしよ》にふところ寒《さむ》くなり　神田　歌丸

評　或《あ》るものに熱《あつ》くなるほど

地

海濱《かいひん》を海老《えび》と海鼠《なまこ》が來《き》て濁《にご》し　栃木　彩花

評　角帽曰海鼠《かくばういはくなまこ》とは怪《け》しからん

天　　　濱松　抱　靜

大磯《おほいそ》で娘《むすめ》の腹《はら》が鰒《ふぐ》になり

評　海水浴《かいすゐよく》の効能《かうのう》も亦《またたい》大なるかな

○俳　句

癖三醉先生評

選外秀逸

夏草《なつくさ》の水車場《すゐしやば》に通《かよ》ふ小道哉《こみちかな》　神田　霞　溪

網《あみ》を干《ほ》す浦《うら》の小家《こいへ》や雲《くも》の峰《みね》　同

遠雷《ゑんらい》の雲湧《くわ》く沖《おき》の小島哉《こじまかな》　同

火焼田《ひやけだ》に晒井《さらしゐ》の水流《みづなが》れけり　茨城　菱　花

夕顔《ゆふがほ》や麥殼《むぎがら》を焚《た》く門畠《かどはたけ》　同

焼跡《やけあと》や箒木《はゝきぎ》ばかり茂《しげ》りけり　同

人　　　神田　霞　溪

二の瀬《せ》にて川狩《かはかり》の火《ひ》を消《けし》にけり

地　　　京橋　刎　子

鰻飼《うなぎかひ》ふ舟《ふね》に卯《う》の花《はな》下《くだ》しかな

天　　　茨城　菱　花

藻《も》の花《はな》や水《みづ》にうつれる大伽藍《だいがらん》

軸

烏賊釣舟《いかつりぶね》出《で》て賑《にぎや》かや夏《なつ》の月《つき》

土用波《どようなみ》今日《けふ》高《たか》き夜《よ》や夏《なつ》の月《つき》

大島《おほしま》に置《お》く笠雲《かさぐも》や夏《なつ》の月《つき》

右《みぎなる》小田原近傍旅中寫生句《たはらきんばうりよちうしやせいく》に御座《ござ》候《さふらふ》

癖　三　醉

○次號の課題

○俳句（新派）

露　稻苅　蜻蛉　景物｛天　本誌五月分　地　同　三月分　人　同　一月分

○川柳

題は何にても隨意、但上五文字又は下五文字いづれにても

（よくつてよ）又は（氣が知れぬ）の五文字を用ゆる事

九月十五日〆切（著者の方へ郵送あれ）

室内裝飾

松浦伯直傳
（承前）

一

○一幅物《いつぷくもの》

宸翰親王御筆《しんかんしんわうぎよひつ》

神像《しんぞう》　祖先《そせん》の墨痕《ぼくこん》、格別尊崇《かくべつそんすう》する墨蹟《ぼくせき》、

佛像《ぶつぞう》

以上《いじやう》は其《そ》の幅《ふく》により卓《しよく》、香爐《かうろ》、左右花《さいうくわ》瓶《びん》にても宜《よろ》し。

鳥獸《てうじう》　花瓶《くわびん》

花卉《くわき》　置物《おきもの》　盆石類《ぼんせきるゐ》

古歌《こか》　文狀《ぶんじやう》の類其《るゐそ》の文句《もんく》を味《あじは》ひ何《なん》にても取《と》り合《あは》して宜《よろ》し。

詩文章《しぶんしやう》　同上《どうじやう》

佛語《ぶつご》　香爐《かうろ》

先床《まづとこ》の掛物《かけもの》に對《たい》して種々飾《しゆぐかざ》りかたの心得《こゝろゑ》は、概《おほむ》ね前《まへ》に述《の》べました通《とほ》りで、此《こ》の上《うへ》はその時《とき》により品《しな》によりての工風專《くふうせん》一と存《ぞん》じます。又掛物《またかけもの》、花瓶《くわびん》、置物《おきもの》、香爐《かうろ》に付《つい》ての心得《こゝろえ》かたを一々《いちく》お話《はな》し申《まを》せば

○掛幅《かけふく》

新年《しんねん》は吉祥《きちじやう》を主《しゆ》と致《いた》しますから、慶賀《けいが》の歌《うた》、詩《し》、文章《ぶんしやう》など、畵《ゑ》なれば壽老人《じゆらうじん》、松《まつ》竹梅《たけむめ》、鶴龜《つるかめ》、龍虎《りやうこ》、雀《すゞめ》、馬《うま》、富士山《ふじさん》などよろし

花卉類《くわきるゐ》のものは譬《たと》へば梅花《ばいくわ》の時節《じせつ》にて庭中《ちう》に其《そ》の花《はな》あるときはこれを避《さ》くる方《かた》よろしく、併《しか》し花候《くわこう》の前《まへ》、落花《らくくわ》の後《のち》に花待《はなまつ》

心《こゝろ》、惜《をし》む心《こゝろ》にて花《はな》の掛幅《かけもの》は床《ゆか》しく見《み》らるるものであります、又花《またはな》の時節《じせつ》に庭《には》に花《はな》なければ掛幅《かけふく》の花《はな》にて賞玩《しやうくわん》の意《い》を表《へう》するなど優《やさ》しく感《かん》ぜられます。

詩歌《しか》は庭中《ていちう》の花紅葉《はなもみぢ》に對《たい》する讃《さん》の心《こゝろ》で掛《か》ければ一入面白《ひとしほおもしろ》く見《み》られます、總《すべ》て山海《さんかい》原野眺望《げんやてうばう》の地《ち》に相應《さうおう》のことよく〳〵考《かんが》へありたきものであります。

眺望《てうばう》十分《ぶん》なる樓閣《ろうかく》などに山水《さんすゐ》の圖《づ》はむしろ蛇足《だそく》の嫌《きら》ひが有《あ》ります、雪景《せつけい》は暑中《しよちう》など涼味《りやうみ》を追想《つひさう》して饗應《きやうおう》になります。

床《とこ》に餘地《よち》のありませんほどの大幅《たいふく》を掛《か》けました時《とき》には置物《おきもの》なしで宜《よろ》し。尤《もつとも》神佛《しんぶつ》の像《ざう》ならば香爐《かうろ》を盆《ぼん》に置《お》いて宜《よろ》し。又《また》それ程《ほど》の大幅《たいふく》でありませんでも人物花鳥《じんぶつくわてう》など十分具備《ぶんぐび》して居《を》ります幅《ふく》の前《まへ》には何《なに》も置《お》かぬほうか宜《よろ》しいので有《あり》ます。(未完)

吐瀉病

一體吐瀉病《いつたいとしやびやう》といふ病名《びやうめい》は、漢方《かんばう》にも洋方《ようはう》にも無《な》い名《な》でありますが、虎列刺病《コレラびやう》が流行《りうかう》の始《はじ》めに、政府《せいふ》の御布告《ごふこく》によつて世《よ》の中《なか》へ紹介《せうかい》されまして一般《いつぱん》に呼《よ》び慣《な》れた名《な》で有《あ》りますから、假《か》りに吐瀉病《としやびやう》と掲《かゝ》げました。

元來吐《ぐわんらいは》くとか瀉《くだ》すとか又《また》は吐《は》いたり瀉《くだ》したりする病氣《びやうき》は春夏秋冬《しゆんかしうとう》いつでもある病《やまひ》でありますが、比較的此《ひかくてきこ》の病《やまひ》を患《うれ》ふる人《ひと》の多《おほ》い時期《じき》は殘暑《ざんしよ》のつよい朝夕又《あさゆうまた》は夜中《よなか》から冷風《れいふう》の吹《ふ》く頃《ころ》多《おほ》くは寢冷《ねびへ》などからして腸胃《ちやうゐ》に異狀《いじやう》を發《おこ》すのが原因《もと》となつて此《こ》の病《やまひ》を發作《はつさ》する人《ひと》があるから、今《いま》が此《こ》の病氣《びやうき》の旬《じゆん》であると言《い》ひたいほどであるのです。

差當《さしあた》り先吐病《まつとびやう》に就《つい》ての手當《てあて》をお話《はなし》しませう、此《こ》の病《やまひ》が發《おこ》ると水《みづ》よ藥《くすり》よと狼狽《らうはい》してそれ熊膽《くまのゐ》それ何《なに》と有《あ》り合《あは》せの藥《くすり》を呑《の》ませるがこれは甚《はなはだ》よくないことで、殊《こと》に香氣《かうき》の有《あ》る藥《くすり》などを用《もち》ゐることは最《もつと》も不可《いけ》ません。實《じつ》は嘔氣《はきけ》のあるうちは吐《は》くだけの惡《わる》いものが胃中《ゐちう》に停滯《ていたい》して居《ゐ》るので有《あ》りますから充分《じうぶん》思《おも》ふさま吐《は》かせるほうが可《よ》いので、無理《むり》に抑《おさ》えつけることは却《かへつ》て患者《くわんじや》を永《なが》く苦《くる》しませるやうなものです、だから充分吐《じうぶんは》かせたうへ、清水《せいすゐ》で嗽《うがい》をさせまして、風通《かぜとほ》しの佳《よ》い所《ところ》へ靜《しづか》に寢《ね》させて、額上《ひたへ》を冷水《ひやみづ》に浸《ひた》した布《ぬの》か或《あるひ》は氷嚢《こほりぶくろ》で冷《ひや》して、傍《かたは》ら氷《こほり》の片《かけ》を呑《の》ませ（胃散《ゐさん》の少量《すこしばかり》を服用《ふくよう》させるもよし）而《さう》して安靜《しづか》にして置《お》くのが可《よ》いので有《あ》ります。夫《それ》で猶吐氣《なほはきけ》が止《や》みませんときは、西洋芥子《せいやうからし》の粉《と》五勺《しやく》ほどを姫糊《ひめのり》のやうに作《つく》るか日《に》本《はん》芥子《からし》粉《と》一合《がふ》ほどを充分辛《じうぶんから》くかいてこれも姫糊《ひめのり》ぐらゐにして、半紙《はんし》を二《ふた》つ折《を》りにして半《はん》分《ぶん》へ塗《ぬ》り付《つ》けて、殘《のこ》りの半分《はんぶん》を蓋《ふた》になるやうに折《を》りかへすと芥子《からし》は紙《かみ》の中心《なか》へ包《つゝ》まります それを胸《むね》の鳩尾《みづおち》の所《ところ》へ十分乃至《ぶんないし》二十分時《ぶんじ》間《かん》ほど貼《は》りつけて置《お》くと可《よ》いのです。

世間《せけん》では芥子泥《からし》を紙《かみ》に包《つゝ》むやうにせずに直《ぢ》接《か》に貼《は》るから、これを剝《はが》すときに乾《かわ》いた芥《から》子《し》が身體《からだ》にへばりついて强《しゐ》てとらうとすると痛《いた》む、捨《すて》て置《お》けば腫《は》れて彌《いよ〳〵》痛《いた》む、却《かへつ》て後害《とうがい》をのこすことが往々《まゝ》有《あ》ります。

これでも嘔氣《はきけ》が止《や》まなければ醫者《ゐしや》の藥《くすり》を仰《あほ》ぐより外《ほか》は有《あ》りません。

此《こ》の病《やまひ》は胃病《ゐびやう》から來《く》るのが多《おほ》いが、過食《くひすぎ》、腐《く》敗物《されもの》又《また》は未成熟《じゆくさぬ》品《もの》を喰《しよく》したるため、腦病若《のうびやうもし》くは子宮病等《しきうびやうとう》が原因《もと》となつて起《おと》ることなどが有《あ》ります。又小兒《またこども》は母親《はゝおや》が脚氣《かつけ》を患《わづら》つて居《ゐ》る爲《た》めに原因《げんゐん》して此《こ》の病《やまひ》を起《おこ》すことが有《あ》ります。

○本誌《はんし》第《だい》一號《ごう》に吐血《とけつ》に就《つい》ての手當方《てあてかた》を掲載《けいさい》したる所《ところ》、讀者《どくしや》に此《こ》の病《やまひ》を發《おこ》されたるありて、直《たゞち》に指示《しじ》の方法《はうはふ》を施《ほどこ》されたるに不思議《ふしぎ》にも時《とき》を移《うつ》さず吐血《とけつ》を止《と》めたりとて禮辭《れいじ》を寄《よ》せられたり。寧《むし》ろ著者《ちよしや》は、讀者《どくしや》が本誌《はんし》の指示《しじ》によりて救急《きうきふ》の實《じつ》を擧《あ》げられたるを悅《よろこ》ぶ所《ところ》なり。

HAWKINS: "Did you hear about Travers? He was fishing the other day, and an hour afterwards his hat was seen floating down the stream just below where he had been."

Dawkins: "Gracious! where was Travers?"

Hawkins: "He was trying to get it out with his fishing-rod."

長助、君《きみ》、與太郎《よたらう》さんの事《こと》を聞《きい》たかね、あの人《ひと》はツイ此《こ》の間《あひだ》釣《つり》に行《い》つたのさ、スルト彼是《かれこれ》一時間《じかん》も經過《たつ》てからあの人《ひと》の帽子《ばうし》が丁度今迄《ちようどいまゝで》居《ゐ》た近邊《きんぺん》の水《みづ》の上《うへ》に浮《う》いてると云《い》ふ始末《しまつ》さ

短藏、エヽエー與太《よた》さんはドヲしちまつたよ?

長助、先生《せんせい》自分《じぶん》の釣竿《つりさを》で頻《しき》りに其帽子《そのばうし》を搔《か》きよせて居《ゐ》たよ?

敵味方　むら

（上）

右手《めて》の山《やま》には日本軍《にほんぐん》、左手《ゆんで》の山《やま》には露軍《ろぐん》、相對《あひたい》して未《ま》だ戰《たゝか》はざるその間《あひだ》の谿《たに》に一軒《けん》の飲食《いんしよく》店《てん》、これは支那人《しなじん》の家《うち》である。

日本兵《にほんへい》も來《く》れば、露兵《ろへい》も來《く》る。同《おな》じ甕《かめ》の酒《さけ》に同《おな》じ醉《ゑひ》を分《わか》ち、同《おな》じ籠《かご》の鷄卵《たまご》に同《おな》じ味《あぢ》を買《か》うて、右《みぎ》と左《ひだり》の敵味方《てきみかた》が、それ〴〵に來《き》て、それ〴〵に歸《かへ》つて行《ゆ》く。初《はじ》めは店先《みせさき》で、雙方《さうはう》顏《かほ》を合《あは》せることもあつたが、日本兵《にほんへい》の威力《ゐりよく》は自《おのづ》から、戰《たゝか》はぬに先《ま》づ敵《てき》を壓《あつ》したのであらう、間《ま》もなく晝《ひる》の客《きやく》は日本兵《にほんへい》に限《かぎ》られ、露兵《ろへい》は日《ひ》の暮《くれ》を待《ま》つて、忍《しの》び〳〵に訪《と》ひ寄《よ》ることゝなつた。

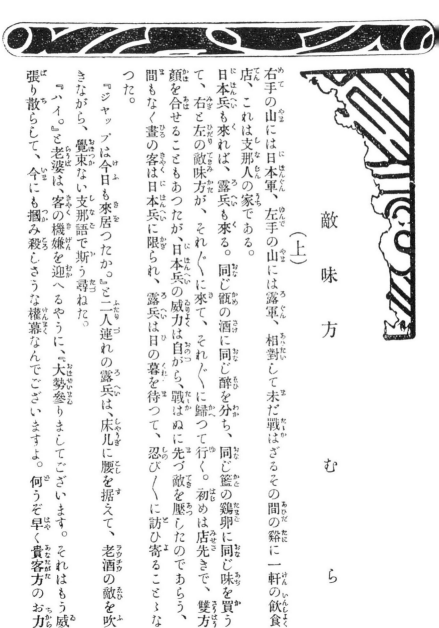

『ジヤツプは今日《けふ》も來居《きを》つたか。』と二人《ふたり》連《づ》れの露兵《ろへい》は、床几《しやうぎ》に腰《こし》を据《す》えて、老酒《ラウチウ》の醉《ゑひ》を吹《ふ》きながら、覺束《おぼつか》ない支那語《しなご》で斯《か》う尋《たづ》ねた。

『ハイ。』と老婆《らうば》は、客《きやく》の機嫌《きげん》を迎《むか》へるやうに、『大勢《おほぜい》參《まゐ》りましてございます。それはもう威《ゐ》張《ば》り散《ち》らして、今《いま》にも摑《つか》み殺《ころ》しさうな權幕《けんまく》なんでございますよ。何《ど》うぞ早《はや》く貴客方《あなたがた》のお力《ちから》で、何處《どこ》ぞへ追拂《おつぱら》つて戴《いたゞ》きたう存《ぞん》じます、ホヽホヽヽ。』

六十格好《がくかう》の皺《しわ》くちや苦茶《ちや》な顔《かほ》に、お世辭《せじ》笑《わら》ひの媚《こび》を作《つく》つて見《み》せた。

『ハッハッハ、侏儒《じつすんぼし》のジャップが、其樣《そんな》にも怖《おそ》ろしいのか。われ〳〵が少《すこ》し力《ちから》を入《い》れて見《み》い、この通《とほ》りだ。』と頬髭《ほうひげ》のあるのは猿臂《ゑんぴ》を伸《の》べて、やをら卓上《たくじやう》の籃《かご》を執《と》るなり、アンペラの敷《し》いてあるオンドルに敲《たゝ》き付《つ》けると、盛《も》り上《あ》げた雞卵《たまご》はグサとばかり、微塵《みぢん》になつて飛散《とびち》つた。老婆《らうば》は光《ひかり》の薄《うす》い目《め》を瞬《みは》つて、

『アラ貴客《あなた》、何《な》にを……。』と言《い》ひかけたが、急《きう》に音《ね》を嚥《の》んで顫《ふる》え出《だ》した。

『ハ、ハ、、、。』と他《た》の尖鼻《とがりばな》も同《おな》じく笑《わら》つて『實際《じつさい》そんなもんぢや。九連城《きうれんじやう》以來《いらい》、われ〳〵の背進《はいしん》したのは、決《けつ》して負《ま》けたんぢやないぞ、軍略《ぐんりやく》ぢや。今度《こんど》こそ見《み》て居《ゐ》い、奥《おく》の手《て》を出《だ》してやるわ。ぢやから安心《あんしん》して、われ〳〵を好《よ》くせんと、容赦《ようしや》はないぞ。』と威嚇《おどし》の軍刀《ぐんたう》に手《て》をかけたので、老婆《らうば》は飛《と》び返《の》いて、掌《て》を合《あは》せ、

『ア、ど、何《ど》うぞ御勘辨《ごかんべん》を。』と人心地《ひとごゝち》もない。

『好加嫌《いゝかげん》にしてやれ。』と頬髭《ほうひげ》は制《せい》して、『われ〳〵は文明國《ぶんめいこく》の軍人《ぐんじん》だ、ジャップと異《ちが》つて、亂暴《らんばう》は決《けつ》してせんから、婆《ばあ》さん、安心《あんしん》して居《ゐ》るが可《い》いわ。』

『有難《ありがた》うございます。では、この潰《つぶ》れました雞卵《たまご》の代《だい》も……。』

『直《す》ぐあれだから、チャイニースは癪《しやく》に觸《さは》る。』と今度《こんど》は頬髭《ほうひげ》が睨《にら》み付《つ》けると、尖鼻《とがりはな》が靜《しづ》かに宥《なだ》めて、

『好《よ》し〳〵、拂《はら》つてやる。主人《あるじ》の歸《かへ》り次第《しだい》、約束《やくそく》の報酬《はうしう》と一緒《しよ》に拂《はら》つてやるわ。』

『有難《ありがた》う存《ぞん》じます。』

『しかし、もう一時間《じかん》にもなるのに、戻《もど》つて來《こ》んのが不審《ふしん》ぢや。』と尖鼻《とかりばな》は衣嚢《ポツケツト》から時計《とけい》を出《だ》して、一寸覗《ちよつとのぞ》ながら、

『眞逆裏切《まさかうらぎり》ぢやあるまいなア、君《きみ》。』

『大丈夫《だいぢやうぶ》、その爲《た》めの人質《ひとじち》ぢやないか、この婆《ばゞア》が。』

老婆《らうば》はいよ〳〵身《み》を戰《ふる》はして、

『決《けつ》して其樣《そんな》不心得《ふところえ》の悴《せがれ》ではございません。』

『元來唯《ぐわんらいた》だ一軒《けん》、戰爭《いくさ》の中《なか》に踏止《ふみと》まつて、敵味方《てきみかた》へ物《もの》を賣《う》らうといふ程《ほど》の奴《やつ》ぢや、親《おや》の生命《いのちぐらゐ》位で、儲《まう》け口《ぐち》を見逃《みの》がすものか。彼奴《きやつ》、われ〳〵から絞《しぼ》つておいて、又《ま》たジヤツプからも掠《せし》めやうとするんぢやないかね。』

『それは吾輩《わがはい》が屹度受合《きつとうけあ》ふよ、マア安心《あんしん》して任《まか》しておき給《たま》へ。』と頰髭《はうひげ》は仕《し》たり顏《がほ》。『苟《いやしく》も隊長《たいちやう》どのから、特《とく》に偵察《ていさつ》の重任《ぢうにん》を命《めい》ぜられる程《ほど》の吾輩《わがはい》ぢやないか……、ハ、ア、君《きみ》も左《さ》うだが、……その吾輩《わがはい》が見込《みこ》んだ仕事《しごと》だ、そりやもう決《けつ》して間違《まちがひ》つこなしだから見《み》て居給《ゐたま》へ。しかし、一步《ぽ》も敵地《てきち》に踏込《ふみこ》まんでよ、斯《か》う酒《さけ》を飮《の》みながら、それで任務《にんむ》が果《はた》せるなんざア有難《ありがた》いぢやないか。何《な》に、身錢《みぜに》を切《き》る仕事《しごと》だと、君《きみ》も若《わか》いことをいふ漢《をとこ》だぜ。』と一段聲《だんこゑ》を低《ひく》くして、『無論飮《むろんの》み倒《たほ》しの潰《つぶ》し德《とく》よ、誰《た》れが代《だい》など拂《はら》ふものか。第《だい》一公務執行中《こうむしつかうちう》、吾々文《われ〳〵ぶん》

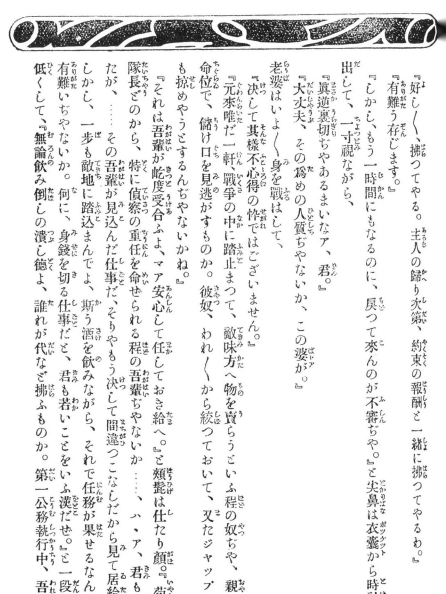

明國《めいこく》の軍人《ぐんじん》が、酒《さけ》なんぞ飲《の》む道理《だうり》があるまい、それ見給《みたま》へ、飲《の》まん酒《さけ》の代《だい》を拂《はら》ふ理由《りいう》もないだらう。……ウム主人《あるじ》の報酬《はうしう》も同《おな》じくよ。』と胸中《きやうちう》の秘計《ひけい》、髭《ひげ》の戰《そよ》ぎにつれて口《くち》を出《で》た。

『ヤ、感心《かんしん》、こりや中々《なか〱》豪《えら》いぞ。』と尖鼻《とがりはな》は首肯《うなづ》いたが、

『餘《あま》り待《ま》つて居《ゐ》たので、腹《はら》が空《す》いたわ。オイ婆《ばあ》さん、鹽豚《しほぶた》でも御馳走《ごちそう》せんか。』

『その事《こと》でございます。實《じつ》は一昨日《いつさくじつ》、貴客方《あなたがた》の大勢《おほせい》さまが入《い》らしつて、殘《のこ》らず取上《とりあ》げに……それから飼《か》つてあつた三頭《びき》まで。』と老婆《ろうば》は悲《かな》しげに水涕《みづばな》を啜《すゝ》つた。

『何《な》に、代《だい》を拂《はら》はんで徴發《ちようはつ》したと?! 婆《ばーア》、貴樣《きさま》言《い》ひがかりをするのだな。』といさゞ怖《おそ》ろしい頬髭《はうひげ》である。

『何《ど》ういたしまして、貴客《あなた》。』と老婆《ろうば》のいふには耳《みゝ》も假《か》さず、立上《たちあが》りざま、ヅカ〱と進《すゝ》んで突當《つきあたり》の帳帷《とばり》を揚《あ》げた。帳帷《とばり》の内《うち》は主人《あるじ》や老婆《ろうば》の居室《ゐま》で、その奥《おく》に今一室《いまひとま》、そこには主人《あるじ》張子薫《ちやうしくん》が最愛《さいあい》の紅蓮《こうれん》といふ、今年《ことし》二十《はたち》の花《はな》の盛《ひか》りが秘《ひ》めてあつたのだが、今夜《こんや》の店《みせ》の動靜《やうす》の尋常《たゞ》ならぬに、嫁《よめ》は姑《しうと》の上《うへ》を案《あん》じて、竊《そつ》と帳帷《とばり》の際《きは》に立出《たちい》で、一耳毎《ひとみゝごと》に心《こゝろ》を惱《なや》まして居《ゐ》たのである。

忽然《こつせん》として思《おも》ひもよらぬ頬髭《はうひげ》。

『アレッ。』と身《み》を引《ひ》いたが間《ま》に合《あ》はぬ。鷲摑《わしづか》みに襟首《ゑりくび》を引《ひ》かれて、斜《はす》に流《なが》れるをそのまゝ、小腋《こわき》に緊《し》めて動《うご》かしもせぬ。

『綺麗《きれい》な豚《ぶた》を生捕《いけど》つたぞ。』と高《たか》く名告《なのり》を上《あ》げたので、尖鼻《とがりはな》も躊躇《ためら》はず。

『そりや、好《よ》い下物《さかな》ぢや。』と續《つゞ》いて駈込《かけこ》む。老婆《ろうば》は唯《た》だ顚動《てんどう》して居《ゐ》る。と恰《あたか》も好《よ》し、日本《にほん》兵《へい》が來《き》た。

(下)

日《ひ》が出《で》て露《つゆ》の消《き》えるやうに、日本兵《にほんへい》の影《かげ》が射《さ》すと、露兵《ろへい》はあたふた逃出《にげだ》して了《しま》つた。日本《にほん》兵《へい》は佐伯《さへぎ》といふ軍曹《ぐんそう》たゞ一人《ひとり》であつたが、老婆《ろうば》の氣轉《きてん》で、大勢《おほぜい》やつて來《き》たかの如《ごと》く叫《さけ》んだので、敵味方《てきみかた》は恰《あたか》も燈《ともしび》の光《ひかり》の裡《うち》に摺違《すれちが》ひながら、後《あと》より續《つゞ》く者《もの》のあると思《おも》ひ取《と》つたらしく、露兵《ろへい》は手出《てだ》しもせぬのであつた。

『露助《ろすけ》め、まだ蠻行《ばんかう》を働《はたら》いて居《ゐ》たな。』と、佐伯《さへぎ》は恐氣《おそれげ》もなく露兵《ろへい》の後姿《うしろすがた》を睨《にら》み付《つ》けたが、やがて床几《しやうぎ》に腰《こし》を下《おろ》すと、老婆《ろうば》も嫁《よめ》も、その靴《くつ》の前《まへ》に匐《は》ひ寄《よ》つて、嬉《うれ》し涙《なみだ》の限《かぎ》りなき再生《さいせい》の思《おもひ》に掌《て》を合《あは》せたが、心付《こゝろづ》いて、觀音開《くわんおんびら》きの扉《と》を閉《し》め、錠《ぢやう》を下《おろ》して、卓上《たくじやう》の酒《さけ》を改《あらた》め、遂《つひ》ぞ例《ため》しのない紅蓮《とうれん》の酌《しやく》で、心《こゝろ》ばかりの歡待《もてなし》をして居《ゐ》ると、忽《たちま》ち扉《と》を敲《たゝ》く音《おと》がして、

『阿母《おつか》さん、開《あ》けて下《くだ》さい、もう寢《ね》たんですか。』と主人《あるじ》の聲《こゑ》。けれども主人《あるじ》と一緒《しよ》に、先刻《さつき》の露兵《ろへい》の復《ま》た附《つ》いて來《き》た氣配《けはい》があるので、素破《すは》や恩人《おんじん》の身《み》の上《うへ》と、老婆《ろうば》も紅蓮《とうれん》も色《いろ》を失《うしな》つた。

『オイ、私《わたし》が歸《かへ》つたのだ、開《あ》けて下《くだ》さいつたら。』と張《ちやう》は漸《やうや》く焦燥《いら》つて來《き》た、老婆《ろうば》は心《こゝろ》も坐《そゞ》ろである。無言《むごん》のまゝに佐伯《さへぎ》の手《て》を執《と》り、佐伯《さへぎ》の何《な》にか言《い》はうとしたのを目配《めばへ》で抑《おさ》へて、強《し》ゐて紅蓮《とうれん》の部屋《へや》に案内《あんない》した。この國《くに》の風俗《ふうぞく》として、別《わ》けても男禁制《をとこきんせい》の女《をんな》の閨房《ねや》、此處《こゝ》こ

そ屈竟《くつきやう》の庇護所《かくまひどころ》と思《おも》つたのであらう。

『何《ど》うしたんです、阿母《おつか》さん、オイ。』と戸外《おもて》の聲《こゑ》はます〳〵險《けは》しい、拳《こぶし》の音《おと》は破《やぶ》れるかとばかり。

『ハイ。』と 紅蓮《こうれん》は堪《た》へ切《き》れず、おづ〳〵立上《たちあが》つて、顫《ふる》ふ手《て》に扉《と》を開《あ》けると、張《ちやう》はあらあらしく一歩《ぽ》踏込《ふみと》んだが、振返《ふりか》へつて戸外《おもて》の者《もの》に、『おや直《す》ぐ御《ご》一緒《いつしよ》に參《まゐ》りますから、何《ど》うぞ霎時《しばらく》。』と言《い》ひ捨《す》てゝ向《む》け直《なほ》した。その眼《め》は先《ま》づも妻《つま》の出迎《でむか》へを異《あや》むのであつた。

『ヤア、お前出《まへで》て來《き》たの、阿母《おつか》さんは?』と流石《さすが》に優《やさ》しく。

『一寸奥《ちよつとおく》へ。』と聞取《きゝと》れぬ程《ほど》。

『ア、左《さ》うか。』と張《ちやう》は何氣《なにげ》なく首肯《うなづ》いたが、不圖《ふと》卓上《たくじやう》の酒《さけ》と杯《さかづき》に眼《め》が留《と》まると、

『誰《た》れか飮《の》んで居《ゐ》たのか。』と屹《きつ》と紅蓮《とうれん》の顔《かほ》を視《み》た。

『イエ……ハイ。』と返事《へんじ》が濁《にご》る。

『それは誰《た》れだ?』で、『お前《まへ》が對手《あひて》をしたのか。』と短兵急《たんぺいきう》。俯向《うつむ》きの顔《かほ》を僅《わづ》かに上《あ》げて、

『あの、お客樣《きやくさま》がごこいましたのよ。』

『客《きやく》!、客《きやく》なら猶《な》ほの事《こと》、何故《なぜ》扉《と》を閉《し》めた? 第《だい》一平生《へいせい》こんな處《ところ》へ出《で》たこともない、イヤ堅《かた》く出《で》ることを差止《さしと》めてある其《その》お前《まへ》が、阿母《おつか》さんを奥《おく》へやつて、この物騒《ぶつそう》な中《なか》へ顔《かほ》を出《だ》したのは何《ど》ういふ譯《わけ》だ? しかも客《きやく》と差向《さしむか》ひで、不屈《ふとゞき》な。』と恐《おそ》ろしく氣息《いき》を激《はつ》ませて居《ゐ》る。

『アラ、あんな事《こと》、私《わたし》が何時《いつ》差向《さしむか》ひなんぞに。』と紅蓮《とうれん》はもう涙《なみだ》ぐむのであつた。

『ぢや、如何《なせ》お前《まへ》こゝに居《ゐ》る？ 酒《さけ》や 杯《さかづき》 のある卓子《てえぶる》の側《そば》に、 お前《まへ》現《げん》に居《ゐ》るぢやないか。』

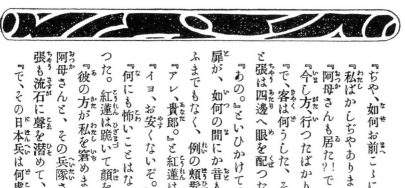

『私《わたし》ばかしぢやありません、阿母《おつか》さんだつて居《ゐ》たんですわ。』

『阿母《おつか》さんも居《ゐ》た？！でもお前《まへ》、今奥《いまおく》に居《ゐ》るといつたぢやないか。』

『今《いま》し方《がた》、行《い》つたばかりなんです。』

『で、客《きやく》は何《ど》うした、その客《きやく》といふのは？』

と張《ちやう》は四邊《あたり》へ眼《め》を配《くば》つた。

『あの。』といひかけて、紅蓮《こうれん》は恐《おそ》れるやうに入口《いりくち》を竊《そつ》と視《み》ると、張《ちやう》が假《か》りに閉《し》めておいた扉《と》が、如何《いつ》の間《な》にか音《おと》もなく細目《ほそめ》に開《あ》いて、其處《そこ》から薄氣味《うすきみ》惡《わる》く窺《のぞ》き込《こ》んで居《ゐ》るのは、言《い》ふまでもなく、例《れい》の頰髭《ほうひげ》と尖鼻《とがりはな》なので、

『アレ、貴郎《あなた》。』と紅蓮《こうれん》は身《み》を縮《ちゞ》め、思《おも》はず良人《をつと》の側《そば》に摺寄《すりよ》ると、

『イヨ、お安《やす》くないぞ。』と片言交《かたことまじ》りが扉口《とぐち》で囃《はや》す。

『何《な》にも怖《こわ》いことはない、あれは先刻《さつき》まで此《こゝ》に居《ゐ》たお客樣《きやくさま》だ。』と張《ちやう》の言葉《ことば》はまた優《やさ》しくなつた。紅蓮《こうれん》は跪《ひざまづ》いて顔《かほ》を伏《ふ》せ、良人《をつと》の膝《ひざ》に聲《こゑ》を含《ふく》めて。

『彼《あ》の方《かた》が私《わたし》を窘《いぢ》めましたのよ、それを日本《にほん》の兵隊《へいたい》さんが來《き》て救《すく》つて下《くだ》すつたの、だから阿母《おつか》さんと、その兵隊《へいたい》さんにお禮《れい》の酒《さけ》を上《あ》げて居《ゐ》たんですわ。』

張《ちやう》も流石《さすが》に聲《こゑ》を潛《ひそ》めて、

『で、その日本兵《にほんへい》は何處《どこ》に居《ゐ》る？』

『露西亞《ろしあ》の兵隊《へいたい》さんが復《ま》た來《き》たようですから、何《な》んにしろ私《わたし》の生命《いのち》の親《おや》なんでせう、萬一《もしも》の事《こと》があると可《い》けないつて、阿母《おつか》さんが御案内申《ごあんないまを》して、私《わたし》の部屋《へや》へ……。』

『お前《まへ》の閨房《ねや》へ？！』と張《ちやう》はその案外《あんぐわい》さを呆《あき》れたのである。

『だつて、外《ほか》に庇護《かくな》ふ處《ところ》がないんでせう。』と惱《なや》ましげに、良人《をつと》の顏《かほ》を覗《のぞ》いて、『早《はや》く露西亞《ろしあ》の兵隊《へいたい》さんを何《ど》うかして、そして貴郎《あなた》も、奧《おく》のお方《かた》にお禮《れい》をいつて下《くだ》さいな。』

『左《さ》うだらう、生命《いのち》の親《おや》とでも、何《な》んとでも名《な》を付《つ》けて、自分《じぶん》の閨房《ねや》へ引込《ひきこ》んで、澤山可愛《たくさんかあい》がつてやるが可《い》いさ。しかし、能《よ》く女房《にようばう》を盜《ぬす》んで下《くだ》さいましたと、私《わたし》が禮《れい》をいふこと丈《だけ》は、眞平御免《まつぴらごめん》だ。』と思《おも》ひも寄《よ》らぬ張《ちやう》の返事《へんじ》であつた。

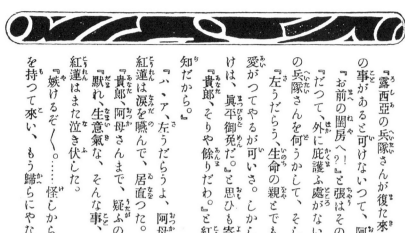

『貴郎《あなた》、そりや餘《あんま》りだわ。』と紅蓮《とうれん》は遂《つひ》に泣《な》き出《だ》して、何《な》んとでも仰有《おつしや》い、阿母《おつか》さんが御存《ごぞん》知《ち》だから。』

『ハヽア、左《さ》うだらうよ、阿母《おつか》さんが手引《てび》きだから。』

紅蓮《とうれん》は淚《なみだ》を嚥《の》んで、居直《ゐなを》つた。

『貴郎《あなた》、阿母《おつか》さんまで、疑《うたが》ふの？　貴郎《あなた》、孝經《かうきやう》の……。』

『默《だま》れ、生意氣《なまいき》な、そんな事《こと》、知《し》るものかえ。』

紅蓮《とうれん》はまた泣《な》き伏《ふ》した。

『妖《や》けるぞ〳〵。……怪《け》しからん奴《やつ》ぢや、人《ひと》の前《まへ》で、痴話《ちわ》ぐるなんぞ。』と早《はや》く來《こ》い、勘定書《かんでうがき》を持《も》つて來《こ》い、もう歸《かへ》らにやならない。』と扉外《おもて》の聲《こゑ》が揃《そろ》つて來《く》る。けれど張《ちやう》は、もう自暴《やけ》腹《はら》になつて居《ゐ》るので、見《み》えも外聞《ぐわいぶん》も忘《わす》れたらしい。

『これ。』と顫《ふる》ふ聲《こゑ》に力《ちから》を入《い》れて、『この戰爭《いくさ》最中《さいちう》に、この店《みせ》を續《つゞ》けて居《ゐ》るのも、又《ま》た今夜《こんや》賴《たの》まれて、日本軍《にほんぐん》の動靜《やうす》を見《み》に行《い》つたのも、皆《みな》お前《おへ》が可愛《かあい》いからの事《こと》ぢやないか。虎穴《こけつ》に入《い》らざれば虎兒《こじ》を得ずで、斯樣時《こんなとき》でなけりや、纏《まとま》つた金《かね》の入《い》る時《とき》はないと思《おも》へばこそよ、恐《おそ》ろしい目《め》も見《み》る、危《あぶ》ない橋《はし》も渡《わた》らうといふもんだ。それもこれも、お前《まへ》に奇麗《きれい》な物《もの》でも着《き》せて、一生安樂《せうあんらく》に過《すご》させたい一心《しん》であつたのに、そのお前《まへ》が日本兵《にほんへい》に魅入《みい》られて居《ゐ》やうとは知《し》らなかつた。日本軍《にほんぐん》の動靜《やうす》を探《さぐ》つて歸《かへ》つて來《く》ると、彼《あ》のお二人樣《ふたりさま》に逢《あ》つた、それから段々《だん〳〵》報告《はうこく》をした。で、約束《やくそく》の金《かね》を貰《もら》はうとすると、此《こゝ》にはないから軍《ぐん》まで來《こ》いと言《い》はれる。序《ついで》に酒《さけ》と雞卵《たまご》の代《だい》も拂《はら》はうから、店《みせ》へ寄《よ》つて勘定書《かんでうがき》を持《も》つて來《こ》いと言《い》はれる。店《みせ》へ寄《よ》つたら、日本兵《にほんへい》が猶《ま》だ居《ゐ》るか、居《ゐ》ないか、それを見《み》て來《こ》い、若《も》し居《ゐ》たら、人數《にんず》を報《しら》せい、一人《ひとり》や二人《ふたり》なら捕虜《ほりよ》にして行《ゆ》くと言《い》はれる。勿論《もちろん》その骨折賃《ほねをりちん》は餘分《よぶん》に出《だ》すと言《い》はれる。それで一寸歸《ちよつとかへ》つて見《み》ると、日本兵《にほんへい》が居《ゐ》るどころか、自分《じぶん》の女房《にようぼう》まで盗《ぬす》んで居《ゐ》るんだ。サアもう堪忍《かんにん》がならない。』と半狂亂《はんきやうらん》、怖《おそろ》しい權幕《けんまく》で立上《たちあが》るかと思《おも》ふと、扉口《とぐち》を向《む》いて、

『日本兵《にほんへい》が居《ゐ》ます、一人《ひとり》居《ゐ》ます。』と喚《さゝや》くや否《いな》や、頰髭《はうひげ》に尖鼻《とがりはな》は銃《ちう》を把《と》つて折敷《をりし》いた。

『どうぞ入《はい》つて、捕《つか》まへて下《くだ》さい。』と張《ちやう》は再《ふた》び呼《さけ》んだが、森《しん》として答《こた》へもない。張《ちやう》は懊惱しさに堪《た》えぬが如《ごと》く、身《み》を躍《おど》らして、帳帷《とばり》の方《はう》に突進《つきすゝ》んだが、忽《たちま》ち引返《ひきかへ》した其手《そのて》には細《ほそ》紐《ひも》を持《も》つて居《ゐ》た。

『アレ、貴郎《あなた》。』と逃《に》げ迷《まよ》つて居《ゐ》た紅蓮《こうれん》の後髮《うしろがみ》、取《と》るより早《はや》く引倒《ひきたを》して、件《くだん》の紐《ひも》でグル〳〵巻《ま》き。

『今對手《いまあひて》を捉《つかま》へて來《き》て並《なら》べてやる、柔順《おとな》しく待《ま》つて居《ゐ》ろ、動《うご》くと承知《しやうち》しないぞ。』

可愛《かあい》さ餘《あま》る柔《やさ》しい身體《からだ》を、嫉妬《しつと》の鬼《おに》に縛《しば》らせて、無殘《むざん》にも卓子《テーブル》の脚《あし》に繋《つな》ぎ止《と》めたのである。そのまゝ奥《おく》へ踏込《ふみこ》まうとする途端《とたん》に、扉外《おもて》の二人《ふたり》はのつそりと入《はい》つて來《き》た。張《ちやう》に續《つゞ》くのかと思《おも》ひの外《ほか》、紅蓮《こうれん》の手取《てど》り足取《あしど》り、繩目《なわめ》を切《き》つて駈出《かけだ》すのであつた。

仰天《ぎやうてん》して引返《ひきか》へした張《ちやう》の後《うし》ろの帳帷《とばり》の内《うち》に、夜陰《やゐん》の寂寥《せきりやう》を破《やぶ》つて一發《ぱつ》の銃聲《ちうせい》、聲《こゑ》に應《おう》じて扉口《とぐち》に倒《たを》れたのは頬髭《ほうひげ》である。尖鼻《とがりはな》は雲《くり》を霞《かすみ》、紅蓮《とうれん》は無事《ぶじ》に殘《のこ》つた。

張《ちやう》は悔《く》ゐ且《か》つ慚《は》ぢて、佐伯《さへざ》の前《まへ》に一命《めい》を乞《と》ふのであつたが、この銃聲《ちうせい》が皮切《かはき》りとなつて、摩天嶺《まてんれい》逆襲《ぎやくしう》の戰聲《せんせい》は、忽《たちま》ち左右《さいう》の山々《やまく》を震動《しんどう》させた。戰《いくさ》の正《まさ》に酣《たけなは》なる時《とき》、或隊《あるたい》の戰線《せんせん》まで水《みず》を持運《もちはこ》び、大《おほひ》に我兵士《わがへいし》の勇《ゆう》を助《たす》けたのは、この張子《ちやうし》薫《くん》であつたさうな。

（完）

NEPHEW : " Oh, the gout is noting, uncle. I shouldn't mind if I had it."

Uncle : " I shouldn't mind either if you had it."

甥《をい》　伯父《をぢ》さん中風《ちゆうふう》なんて何《な》んでもないものです　私《わたし》なんぞ病《わづら》つても何《なん》とも思《おも》ひません

伯父《をぢ》　自己《をれ》も貴公《きさま》が病《わづら》つたら何《な》んとも思《おも》はんよ

本誌定價表

一冊	金十二錢	郵税一錢
六冊	金六十五錢	郵税六錢
十二冊	金一圓二十五錢	郵税十二錢

本誌廣告料

一頁	半頁	四半頁
金二十圓	金十二圓	金七圓

○郵券を以て購讀料の代用を希望せらるゝ向は其料金に一割を加へて申受べし

○本誌廣告扱所　京橋區南佐柄木町二番地日本廣告株式會社

明治三十七年八月三十日印刷
明治三十七年九月一日發行

編輯兼發行者　東京市下谷區西黒門町四番地　山口笑昨
印刷者　東京市日本橋區兜町二番地　木村龜作
印刷所　東京市日本橋區兜町二番地　東京印刷株式會社
大賣捌所　東京市神田區表神保町　東京堂

白木屋呉服店《しろきやごふくてん》御注文《ごちうもん》の栞《しは》り

白木屋呉服店《しろきやごふくてん》は　寛文《くわんぶん》二年《ねん》江戸《えど》日本橋《にほんばし》通《とほり》一丁目《ちやうめ》に開店《かいてん》以來《いらい》連綿《れんめん》たる老舗《ろうほ》にして呉服太物《ごふくふともの》の一切《さい》を營業《ゑいげう》とし傍《かたは》ら洋服部《やうふくぶ》を設《まう》け歐米各國《おうべいかくこく》にまで手廣《てびろ》く御得意樣《おとくゐさま》の御愛顧《ごあいこ》を蒙《かふむ》り居《を》り候《そろ》

白木屋呉服店《しろきやごふくてん》は　呉服太物《ごふくふともの》各産地《かくさんち》に仕入店《しいれみせ》又《また》は出張所《しゆつちやうじよ》を設《まう》け精良《せいれう》の品《しな》新意匠《しんゐしやう》の柄《がら》等《とう》澤山《たく》仕入《しいれ》有之《これあり》又《また》價格《かかく》の低廉《ていれん》なるは他《た》に比類《ひるゐ》なき事《こと》と常《つね》に御賞讃《ごしやうさん》を蒙《かふむ》る所《ところ》に御座候《ござそろ》故《ゆゑ》に益《ますく》勉強販賣《べんきやうはんばい》仕《つかまつり》居《をり》候《そろ》且《かつ》洋服部《やうふくぶ》は海外各織物産地《かいぐわいかくをりものさんち》へ注文《ちうもん》し新柄《しんがら》織立《をりたて》させ輸入《ゆにふ》致《いたし》候《そろ》間《あひだ》嶄新《ざんしん》なる物品《ぶつぴん》不斷《たへず》仕入《しいれ》有之《これあり》是等《これら》は本店《ほんてん》の特色《とくしよく》に御座候《ござそろ》

白木屋呉服店《しろきやごふくてん》は　數《すう》百年間《ねんかん》正札附《しやうふだつき》にて營業《ゑいげう》致《いたし》居《をり》候《そろ》間《あひだ》遠隔地方《ゑんかくちはう》より御書面《ごしよめん》にて御注文《ごちうもん》被《くだ》下候《されそろ》とも値段《ねだん》に高下《とうげ》は無之候《これなくそろ》

白木屋呉服店《しろきやごふくてん》は　店内《てんない》に意匠部《いしやうぶ》を設《まう》け圖案家《づあんか》畫工《ぐわこう》等《とう》執務《しつむ》致居《いたしをり》候《そろ》に付《つき》御模樣物《おんもやうもの》等《など》は御好《おこのみ》に從《したが》ひ嶄新《ざんしん》の圖案《づあん》調進《てうしん》の御需《おんもと》めに應《おう》じ可申候《まをすべくそろ》

白木屋呉服店《しろきやごふくてん》は　御紋付用《ごもんつきよう》御着尺物《おんきじやくもの》御羽織地《おんはをりち》御裾模樣物《おんすそもやうもの》等《とう》急場《きふば》の御用《ごよう》に差支《さしつかへ》無之樣《これなきやう》石持《こくもち》にて染上置《そめあげおき》候《そろ》に付《つき》何時《なんどき》にても御紋章《ごもんしやう》書入《かきい》れ迅速《じんそく》御間《おんま》に合《あは》せ調進可仕候《てうしんつかまつるべくそろ》

白木屋呉服店《しろきやごふくてん》へ　染物《そめもの》仕立物《したてもの》等《とう》御注文《ごちうもん》の節《せつ》は御注文書《ごちうもんしよ》に見積代金《みつもりだいきん》の凡《をよそ》半金《はんきん》を添《そ》へ御申越《おんまをしこし》可被下候《くださるべくそろ》

白木屋呉服店《しろきやごふくてん》は　前金《ぜんきん》御送《おんおく》り被下候《くだされそろ》御注文品《ごちうもんひん》の外《ほか》は御注文品《ごちうもんひん》を代金引換《だいきんひきかへ》小包郵便《こづゝみゆうびん》にて御《ご》

送附可仕候《そうふつかまつるべくそろ》
但《たゞ》し郵便規則外《ゆうびんきそくぐわい》の重量品《ぢうれうひん》は通常運送便《つうじやううんそうびん》にて御届《おんとゞ》け可申候《まをすべくそろ》

☆白木屋呉服店《しろきやごふくてん》は　當分《たうぶん》の内絹物《うちきぬもの》の運賃《うんちん》は負擔仕候《ふたんつかまつりそろ》

☆白木屋呉服店《しろきやごふくてん》へ　爲換《かはせ》にて御送金《ごそうきん》の節《せつ》は日本橋區萬町第《にほんばしくよろづちやうだい》百銀行《ぎんかう》又《また》は　東京中央郵便局《とうきやうちうわうゆうびんきよく》へ
御振込《おんふりこ》み可被下候《くださるべくそろ》

☆白木屋呉服店《しろきやごふくてん》へ　電信爲換《でんしんかはせ》にて御送金《ごそうきん》の節《せつ》は同時《どうじ》に電信《でんしん》にて御通知被下候樣奉願上候《ごつうちくだされそろやうねがひあげたてまつりそろ》

☆白木屋呉服店《しろきやごふくてん》へ　御通信《ごつうしん》の節《せつ》は御宿所《ごしゆくしよ》御姓名等可成明瞭《ごせいめいとうなるべくめいれう》に御認《おんした》め被下度奉願上候《くだされたくねがひあげたてまつりそろ》

注文書

男子 女子 用衣裳又は羽織等	袖
年齢	ゆき
用途	口明
品柄	袖幅
好みの色	袖付
好みの柄	前幅
紋章并大さ及び數	後幅
好みの模様	衽《ヲクミ》幅
惣模様	衽《ヲクヒ》下り
腰模様	衿《エリ》幅
裾《スソ》模様	褄《ツマ》下
江戸褄《ツマ》模様	袘《フキ》の厚《アツ》さ
奴褄《ヤツコツマ》模様	八形
袘《フキ》模様	紐《ヒモ》付
仕立寸法	前下り
丈	紐下

備考

右注文候也

住所

明治　年　月　日

姓名

白木屋呉服店地方係中

明治卅　年　月　日

御宿所貴名	服名	地質 見本番號	見積金額

摘要

御注文用箋

白木屋洋服店

御注意

體格特徴欄へは、胸はり、肩はり、肩下り、出腹、ネコ脊等御記入のこと

採寸欄へは、裸體又は「シャツ」の上又は出來上り寸法と御記入のこと

用尺欄へは、御使用の度器（曲尺）（鯨尺）等の別を御記入のこと

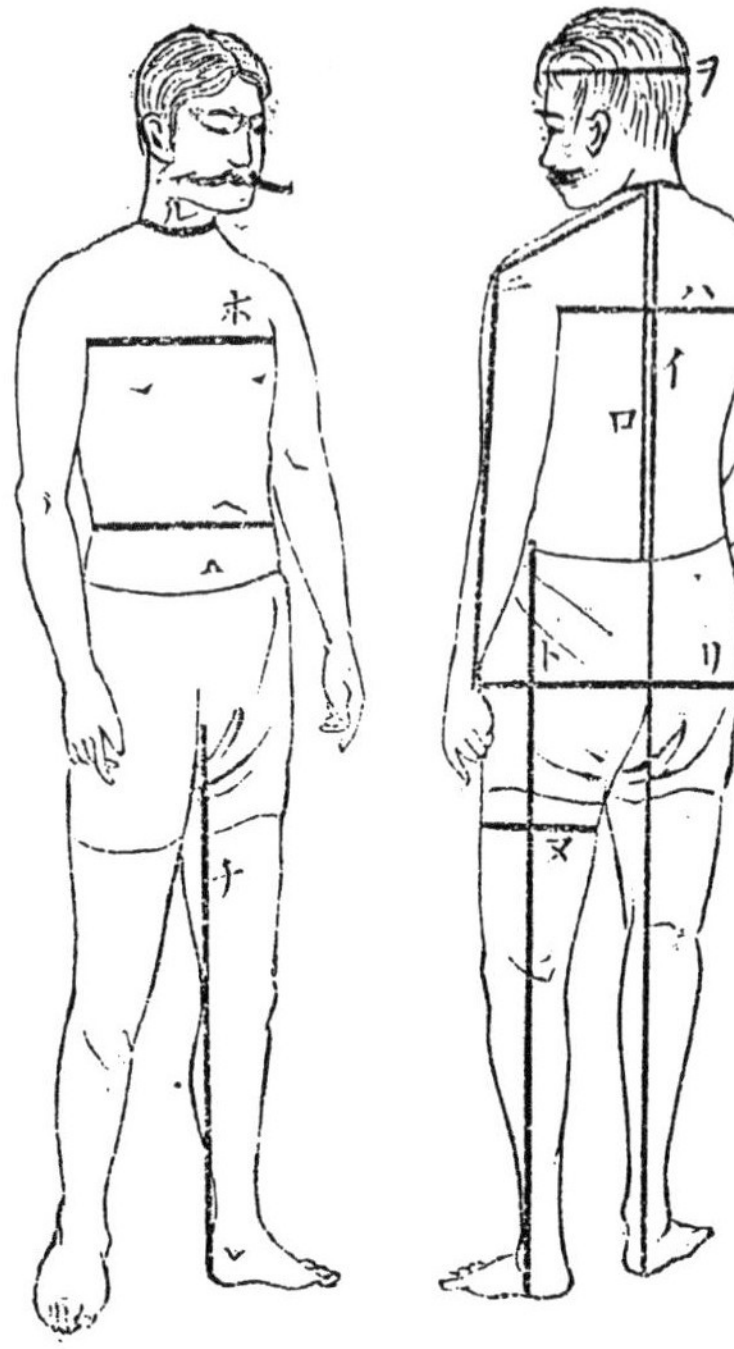

御寸法

イ	總丈	首の付際より足の踵迄	尺　寸　分
ロ	脊丈	首の付際より腹の廻り迄	尺　寸　分
ハ	脊巾	兩手を下げ左腕の付より右腕の付際迄	尺　寸　分
ニ	行	首の付際より肩へ掛け手首骨節迄	尺　寸　分
ホ	上胴	乳の上を廻す	尺　寸　分
ヘ	腹廻り	臍の上を廻す	尺　寸　分
ト	丈	（ヅボン）腰の臗骨より足の踵迄	尺　寸　分
チ	又下	睾丸の脇付際より足の踵迄	尺　寸　分
リ	臀	臀肉の最も高き處を廻す	尺　寸　分
ヌ	股	股の最も太き處を廻す	尺　寸　分
ル	襟廻り		尺　寸　分
ヲ	頭廻り	（但帽子御注文の際御記入のこと）	尺　寸　分

用尺	採寸	體格特徴

白木屋呉服店販賣 呉服物代價表

● 白地類

一白大幅縮緬	自二十圓	至三十圓
一白中幅縮緬	自十三圓	至十九圓
一白小幅縮緬	自九圓	至二十圓
一白山繭縮緬	自十二圓	至十七圓
一白紋縮緬	自十圓	至十五圓
一白鹽瀬	自十五圓	至二十圓
一白羽二重	自七圓	至十五圓
一白壁羽二重	自八圓	至十二圓
一白紋羽二重	自八圓	至十二圓
一白八ツ橋織	自七圓	至九圓
一白絹縮	自十圓	至十五圓
一金紗縮緬	自十五圓	至二十圓
一白市樂織	自十圓	至十七圓
一白本斜子	自十圓	至十五圓
一白京斜子	自十四圓	至二十圓
一白川越斜子	自七圓	至十三圓
一白信州斜子	自八圓	至十三圓
一白浮織	自五圓	至六圓半
一白綸子	自八圓	至十圓
一白本綸子	自十三圓	至十八圓
一白絹	自三圓	至四圓
一白紬	自三圓	至四圓半
一白奉書紬	自五圓	至七圓

● 御袴地類

一茶苧袴地	自十六圓	至十八圓
一兩面織袴地	自二十圓	至二十七圓
一博多平	自十四圓	至二十圓
一八千代平	自十四圓	至十八圓
一仙臺平	自十圓	至十八圓
一後仙平	自九圓	至十圓
一色琥珀平	自十圓	至十三圓
一節糸織平	自五圓	至七圓
一カシミヤ	自三圓	至四圓

● 男帶地類

一綴織	自十七圓	至二十圓
一繻珍織	自八圓	至十三圓
一博多織	自四圓	至十圓
一紋織博多	自六圓	至十圓
一厚板織	自六圓	至八圓
一博多兒帶	自二圓	至六圓
一繻珍兒帶	自三圓	至四圓

● 御婦人帶地類

一繻珍丸帶	自十五圓	至百圓
一綴錦丸帶	自百圓	至二百圓
一厚板丸帶	自十六圓	至六十圓
一博多丸帶	自十四圓	至三十五圓
一支那純子丸帶	自九圓	至十圓
一黒唐繻子丸帶	自十一圓	至十四圓
一色繻子丸帶	自十圓	至十六圓
一繻珍中帶	自八圓	至廿五圓
一博多中帶	自七圓	至十圓

● 縞着尺地及御羽織地類

一風通御召	自十四圓	至十九圓
一同　四丈五尺物	自廿二圓	至廿五圓
一縞御召	自十圓	至十三圓
一同　四丈五尺物	自十五圓	至二十圓

一吉野入紋御召 自十七圓 至十八圓
一吉野御召 自十二圓 至十四圓
一無地御召 自十三圓 至十四圓
一扶桑御召 自十二圓 至十四圓
一風通糸織 自十二圓 至十五圓
一繻珍織 自十四圓 至十六圓
一桑都織 自十三圓 至二十圓
一縞市楽 自十三圓 至二十圓
一繋糸織 自十三圓 至十八圓
一吉野織 自七圓 至十圓
一八端織 自十圓 至十六圓
一本八丈 自五圓 至八圓

一元龜織 自十四圓 至十六圓
一光輝織 自十二圓 至十五圓
一大島紬 自十三圓 至二十圓
一大島風通 自十圓 至十五圓
一米澤琉球 自四圓半 至八圓
一結城紬 自九圓 至十二圓
一信州紬 自六圓半 至八圓
一上田紬 自七圓 至九圓
一伊勢崎銘仙 自四圓半 至八圓
一秩父銘仙 自四圓 至六圓
一節糸織 自五圓 至八圓

●友仙及染地類

一友仙中巾縮緬 自十三圓 至十八圓
一友仙小巾縮緬 自十三圓 至十七圓
一小紋縮緬 自九圓半 至十三圓
一更紗縮緬 自九圓 至十二圓
一板〆縮緬 自九圓 至十三圓
一玉糊縮緬 自九圓 至十二圓

一絞り縮緬 自九圓 至十三圓
一玉糊紋羽二重 自八圓 至十二圓
一友仙紋羽二重 自十二圓 至十五圓
一色紋羽二重 自九圓 至十三圓
一更紗斜子 自八圓 至十圓
一更紗奉書 自六圓 至七圓半

●裏地類

一花色正花薄花絹 自三圓 至七圓
一花色正花薄花秩父 自二圓半 至四圓半
一變り色絹 自三圓 至五圓
一鼠羽二重 自五圓 至七圓半
一紅羽二重 自六圓 至十圓
一本紅絹 自三圓 至五圓
一直り紅 自六圓 至八圓
一紅秩父 自一圓二十錢 至四圓
一糸好紅 自二圓半 至四圓
一琥珀袴裏地 自七圓半 至八圓
一繻珍纈附胴裏 自五圓 至十二圓
一紅緞子胴裏 自五圓 至八圓
一綸緞子胴裏 自五圓 至十五圓

一時代緞子 自六圓 至十圓
一遠州緞子 自四圓 至五圓半
一綾綸子胴裏 自二圓半 至三圓半
一織綾胴裏 自三圓半 至四圓半
一色甲斐絹尺 自十八錢 至廿五錢
一縞甲斐絹尺 自二十錢 至廿五錢
一綸甲斐絹尺 自二十錢 至廿五錢
一瓦斯甲斐絹尺 自四錢 至九錢
一花色正花薄花新獻裏地 自一圓四十五錢 至一圓七十錢
一羽二重金巾 自七十錢 至一圓四十錢
一花色木綿眞岡 自五十五錢 至九十五錢
一花色金巾 自五十錢 至五十八錢

●帛紗類

一緞錦 自十三圓 至廿五圓
一御殿織 自九圓 至十圓
一九重織 自八圓 至九圓

一壁千代呂友禪 自四圓 至六圓
一鹽瀬友禪縫入 自六圓 至八圓
一同袷無雙 自十圓 至十六圓

一縮緬友禅　自三圓至五圓
一紋鹽瀬裏地　自四圓至五圓
一同中巾　自九十錢至一圓半

一郡内縞　自一圓半至三圓
一鹽瀬茶帛紗　自一圓至一圓半

●夜具地類

一郡内絹　自六圓至七圓
一糸織　自七圓至九圓
一本八丈　自六圓半至八圓半
一縞八丈　自六圓至八圓
一銘仙　自四圓至六圓
一節糸織　自四圓至六圓
一秩父縞　自四圓至五圓
一岸縞　自二圓半至三圓半

一絹堅瓦斯　自一圓半至二円三十錢
一熨斗横織　自一圓半至二圓
一御納戸大形縮緬　自十圓至十五圓
一御納戸大形秩父　自三圓半至四圓半
一唐草眞岡　自七十五錢至九十錢
一更紗眞岡　自七十錢至一圓
一紡績織　自一圓二十錢至一圓半
一松坂縞　自七十五錢至九十錢

●座蒲團地類

一本緞子　枚一　自六圓至十圓
一綿緞子　同　自七十錢至三圓
一大形縮緬　同　自三圓半至四圓
一更紗紬　同　自九十錢至一圓
一本八丈　同　自一圓四十錢至二圓

一綾八端　枚一　自一圓八十錢至二圓十錢
一縞八丈　同　自一圓四十錢至二圓
一郡内縞　同　自一圓二十錢至一圓半
一銘仙　同　自九十錢至一圓十錢
一秩父　同　自七十錢至一圓

一節織　枚一　自七十五錢至九十錢
一熨斗横織　同　自三十錢至四十五錢
一瓦斯糸織　同　自廿五錢至卅五錢

一紡績織　枚一　自三十錢至卅五錢
一更紗眞岡　同　自十三錢至二十錢
一更紗綿斜子　同　自二十錢至廿五錢

●絹綿交織

一九重御召　自三圓至六圓
一瓦斯御召　自二圓至三圓
一風通瓦斯御召　自五圓至八圓
一博多紬　自二圓半至三圓
一本場結城　自一圓七十錢至二圓二十錢
一同糸入　自二圓四十錢至二圓八十錢
一博多結城　自一圓半至三圓
一結城木綿　自七十五錢至一圓二十錢
一愛知結城　自一圓二十錢至一圓半
一吾妻銘仙　自一圓三十錢至一圓半

一新秩父縞　自一圓半至三圓
一紡績織　自一圓至二圓
一新琉球絣　自一圓半至二圓四十錢
一新大島絣　自二圓半至四圓
一本瓦斯雙子　自二圓至三圓
一細雙子　自一圓二十錢至二圓
一雙子織　自八十錢至一圓二十錢
一木綿紺絣　自一圓半至二圓半
一伊勢松坂縞　自八十錢至一圓

●吾妻コート地類

一色紋綾糸織　自二十圓至三十圓
一幸織　自廿二圓至廿五圓
一共紋風通織　自二十圓至廿八圓
一無地御召　自十七圓至廿五圓

（仕立上り）

一黒、紺、色綾絨　自十五圓至廿五圓
一黒紺色絨　自十五圓至二十圓
一色カシミヤ　自十圓至十二圓

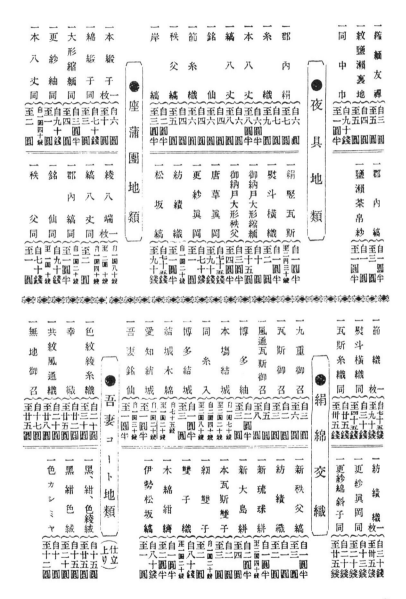

●色物類

一色大巾縮緬一尺	自八十錢	至一圓二十錢
一色中巾縮緬一尺	自四十五錢	至七十錢
一色小巾縮緬	自八圓	至十三圓
一色紋縮緬	自十圓	至十五圓
一色紋羽二重	自八圓	至十二圓
一色紬	自三圓半	至四圓半
一色太織	自二圓	至三圓
一色獻中	自二圓半	至二圓八十錢
一色獻緞	自三圓半	至五圓
一色絹縮	自九圓	至十二圓
一色、紅、絞り絹	自三圓	至四圓半
一紅、色、板締絹	自三圓半	至四圓半
一地白板締絹	自三圓半	至四圓半
一紅色紋甕瀬大巾尺	自一圓	至一圓半
一紅色壁千代呂大巾一尺	自八十錢	至一圓十錢
一木摺眞岡合羽地	自九十錢	至一圓十錢
一鐵色眞岡合羽地	自七十錢	至一圓
一色キヤラコ	自五十錢	至七十錢

一萠黄唐草染	自七十錢	至八十五錢
一萠黄眞岡木綿	自六十錢	至八十錢
一白大巾縮緬兵兒帶	自六圓	至十三圓
一同中巾兵兒帶	自四圓	至八圓
一自獻緞兵兒帶	自一圓半	至二圓
一縮緬下締	自一圓八十錢	至二圓半
一海老色琥珀袴	自十圓	至十三圓
一海老色カシミヤ袴	自四圓	至五圓
一海老色毛朱子袴	自二圓八十錢	至三圓三十錢
一友禪縮緬蹴出	自四圓	至五圓
一縮緬頭巾	自三圓	至五圓
一縮緬半襟	自五十錢	至二圓
一縮緬シゴキ地	自四圓	至六圓
一縮緬帶揚ケ	一圓卅錢	至四圓半
一紋羽二重帶揚	自一圓	至四圓

白木屋洋服店洋服目錄

品名	地質	製式	價格
勅任官御大禮服	表、最上等黒無地絨 裏、白綾絹	銀臺金消モールにて御制規ノ通、繍、帽子、劍、劍釣、正緒共	金二百七十圓
奏任官御大禮服	表、同上 裏、同上	同	金百八十圓
爵位御大禮服	表、同上 裏、同上	同上外ニ肩章付	金二百圓
陸軍御正服	表、上等濃紺無地絨 裏、黒毛朱子	御制規ノ通 將官 佐官 尉官	金八十圓 金五十五圓 金四十圓
同略服	表、同 裏、同上	同 將官 佐官 尉官	金三十圓 金二十七圓 金二十三圓
同外套	表、同 裏、同上（但將官ハ紅絨）	同 將官 佐官 尉官	金三十五圓 自金二十三圓 至金二十五圓
海軍御正服	表、濃紺無地絨 裏、黒佛蘭西絹及綾絹	同 將官 佐官 尉官	金八十五圓 金七十五圓 金六十五圓
同軍服	表、同上 裏、黒毛朱子	同 將官 佐官 尉官	金六十圓 金五十圓 金四十五圓
海軍通常軍服	表、濃紺無地絨 裏、黒毛朱子	同 將官 佐官 尉官	自金二十三圓 至金二十八圓
同外套	表、同 裏、同上	同 將官 佐官 尉官	自金二十圓 至金三十三圓
燕尾服	表、上等黒無地絨 裏、黒佛蘭西絹	三ツ揃琥珀見返付	自金四十圓 至金六十圓

トキシード	表、黒朱子絨及無地絨 裏、黒佛蘭西絹	同	自金四十圓 至金四十五圓
フロックコート	表、黒無地絨或は朱子目綾絨 裏、綾絹アルパカ	同	自金三十五圓 至金五十五圓
モーニングコート	表、黒、紺、斜綾絨或はメルトン、ヅボン立縞絨 裏、黒毛朱子及綾アルパカ	上衣、チヨキ、黒及紺ヅボン立縞	自金二十五圓 至金三十五圓
片前背廣	表、相鼠濃鼠霜降メルトン或は綾絨 裏、同色毛朱子或ハアルパカ	三ツ揃	自金二十圓 至金三十圓
兩前背廣	表、黒、紺、綾メルトン或は玉ヘル及霜降太綾絨 裏、縞サージ	三ツ前	自金二十三圓 至金三十三圓
ヲバーコート	表、鼠、茶、霜降絨、同斜子綾絨 裏、共色綾絹	カクシ鈕絹天鵞絨衿付	自金二十五圓 至金三十圓
同中等	表、同上 裏、共色毛朱子及綾アルパカ	カクシ鈕共ゑり	自金十五圓 至金二十圓
ロングコート	表、ヲクダ玉絨、厚地綾メルトン 裏、佛蘭西絹	ゑり及見返シ袖先獺毛皮付裏綿入菱形サシ縫	自金八十圓 至金百十圓
同中等	表、玉絨、厚地スコッチ 裏、縞サージ	頭巾付兩前	自金三十圓 至金四十五圓
インバネス	表、朱子目霜降綾絨 裏、共色毛朱子、或は甲斐絹	和洋兼用脇鈕掛	自金十五圓 至金二十五圓
銃獵服	表、枯葉色スコッチ 裏、共色毛朱子	半ヅボン脚絆付三ツ揃	自金十八圓 至金二十五圓
小裁海軍形	表、紺天鵞絨及紺絨 裏、毛朱子	五才位より八才迄錨縫箔付	自金六圓 至金九圓
和服用外套	表、黒紺綾絨及霜降 裏、緞子及綾絹	英形（一名ダルマ形 帶ヒダなし）頭巾付	自金三十圓 至金四十五圓
同中等	表、同上 裏、甲斐絹及毛朱子	同上	自金十七圓 至金三十圓
同角袖外套	表、同上 裏、甲斐絹	頭巾付	自金十八圓 至金二十五圓
吾妻コート	表、紺、黒紋織綾絨 裏、緞子及繻珍	被布ゑり及道行ゑり共色糸飾紐付	自金二十圓 至金三十圓

同	表、同上 裏、甲斐絹及綸子	同上	自金十三圓 至金二十圓
同	表、風通紋織、綾絲織 裏、綾綸子、紋羽二重	同上	自金二十三圓 至金三十圓
判、檢、辯護士法服	表、黑絹セル、及琥珀 裏、黑甲斐 スベリ	正帽付制規の縫箔	自金十四圓 至金二十五圓
學校用御袴	表、海老色カシミヤ	單仕立太白糸腰紐	自金四圓 至金五圓五十錢

夏服

フロックコート	表、黑絹絨薄綾絨メルトン、ヅボン縞絨 裏、佛蘭西絹、綾絹	上衣チヨツキ黑(但シ脊拔キ)ヅボン立縞	自金三十五圓 至金四十二圓
同中等	表、黑薄綾絨同絹セルメルトン、ヅボン縞セル 裏、アルパカ	同	自金二十五圓 至金三十圓
モーニングコート	表、黑紺絹絨全薄綾絨メルトン 裏、佛蘭西絹、綾絹	同	自金三十三圓 至金三十八圓
同中等	表、黑絹薄綾絨同絹セル、メルトン 裏、アルパカ	同	自金二十五圓 至金三十圓
脊廣	表、茶鼠降霜薄綾絨縞綾絨、色綾メルトン 裏、共色アルパカ	三ツ揃	自金二十二圓 至金二十五圓
同中等	表、茶鼠霜降セル、同縞セル 裏、共色アルパカ	同	自金十七圓 至金二十圓
ヲーバコート	表、茶鼠霜降メルトン同薄綾絨セル 裏、絹アルパカ	カクシ釦脊拔キ	自金十四圓 至金二十圓
同單	表、茶鼠アルパカ白獻純	カクシ釦	自金十圓 至金十三圓
雨具外套	ゴム絨頭巾付		自金十九圓 至金二十六圓

白チョッキ	表、紋リン子ル	貝釦取ハズシ付	自金二圓八十錢 至金四圓
單背廣上衣	表、黑紺鼠絹絨同アルパカ白獻純	上衣一枚	自金七圓五十錢 至金十五圓
インバ子ス	表、鼠茶霜降綾絨縞セル同アルパカ薄メルトン スベリ絹かいき	和洋服兼用	自金十圓 至金二十二圓
半チョッキ	表、黑琥珀、朱子 裏、かいき		自金三圓 至金五圓
和服外套	表、茶鼠霜降及び縞薄絨、セルアルパカ 裏、スベリかいき	無頭巾折エリ立エリ	自金十二圓 至金二十圓
同角袖外套	同上	無頭巾カクシ釦	自金十一圓 至金十七圓
東コート	表、淡色絹絨同セル及縞アルパカ 裏、スベリかいき		自金十圓 至金二十圓
羽織	表、縞セル霜降セル 裏、スベリかいき		自金七圓五十錢 至金十一圓
和服單衣	表、縞絹セル絽セル共		自金七圓 至金十圓
	表、縞英フラ子ル		自金四圓 至金六圓
判、檢、辯護士法服	表、黑紋絽同紋紗絹セル、アルパカ	正帽付制規の縫箔	自金十圓 至金二十四圓
學校用御袴	表、海老茶紫其他淡色各種	單仕立太白糸腰紐	自金四圓 至金五圓五十錢
女兒服	表、グレナヂン、キャンブリック、アートマスリン等	二才から五才迄 六才から十才迄	金自二圓五十錢至金四圓五十錢 金自四圓至金八圓

大禮服、陸海軍軍服、燕尾服、タクシードは冬物と同じ

白木屋洋服店販賣
小間物目錄

●襟飾

- 結び下げ　自五十錢　至一圓五十錢
- ダビー（フォーアインハント）　自六十錢　至一圓三十錢
- 蝶形《ボー》　自三十五錢　至一圓
- 縫模樣入　自一圓三十錢　至一圓八十錢
- 巾ダビー（フローイングフォーアインハンド）　自一圓三十錢　至二圓八十錢

●ズボン釣

- 並物　自八十五錢　至一圓二十錢
- ゴム引　自一圓　至三圓五十錢
- 絹製　自一圓八十錢　至三圓

●釦類

- カフス釦《リンク》　自六十錢　至二圓八十錢
- 同金製　自八圓　至二十圓
- 胸釦　自五十錢　至一圓八十錢
- カラ釦　自十錢　至四十錢

●メリヤス類

- 鼠毛メリヤスシャツ　自一圓八十錢　至三圓
- 同ズボン下　自一圓八十錢　至三圓
- 白麻シャツ　自一圓七十錢　至二圓八十錢
- 同ズボン下　自一圓八十錢　至三圓
- 綿麻シャツ　自一圓　至一圓五十錢
- 綿麻ズボン下　自一圓八十錢　至三圓
- 網目シャツ　自一圓十五錢　至二圓二十錢
- 縞メリヤスシャツ　自一圓二十錢　至一圓八十錢
- 婦人物シャツ　自一圓　至二圓五十錢
- サルマタ各種　自五十錢　至一圓五十錢

●靴下類

- メリヤス長物　自八十錢　至一圓五十錢
- 並物　自三十錢　至七十錢
- 麻製　自五十錢　至一圓
- 絹製　自一圓九十錢　至二圓五十錢
- 小兒物　自六十錢　至八十錢

●手袋類

- 女物絹製　自九十五錢　至二圓五十錢
- 同並物　自三十五錢　至八十錢
- 男物メリヤス製　自四十八錢　至一圓五十錢
- 同皮製　自一圓五十錢　至二圓五十錢

●ハンカチーフ類

- 絹製一枚に付　自四十錢　至一圓八十錢
- 麻製一ダース　自四圓二十錢　至八圓
- 並物一ダース　自六十五錢　至八十五錢
- 模樣入一ダース　自一圓五十錢　至二圓

●タヲール類

- 模樣入一枚に付　自一圓五十錢　至二圓
- 石目同　自四十錢　至七十錢
- 並物同　自三十三錢　至一圓四十錢

●レース類

- 細物一ヤード　自七錢　至十五錢
- 巾廣一ヤード　自二十錢　至三十五錢

●ホワイトシャツ

- 並物一枚に付　自一圓二十錢　至二圓五十錢
- 麻製一枚に付　自六圓五十錢　至十一圓
- 縞物カラ二本付　自二圓九十錢　至三圓八十錢

●リボン類

一吋半巾模様物一ヤード　自二十五錢　至五十錢
同水波一ヤード　自三十錢　至四十錢
一吋巾模様一ヤード　自二十錢　至三十五錢
同水波一ヤード　自二十錢　至二十五錢
細目各種一ヤード　自八錢　至二十錢
リボン製簪に付一個　自七錢　至五十錢

●櫛、簪類

舶來造花簪　自六十五錢　至八十五錢
ゴム製櫛其他　自八錢　至五十錢

●布團類

羽根入大布團　自十八圓　至三十五圓
枕布團　自五圓五十錢　至六圓五十錢
同緞織製　自二十五圓　至三十圓
車後掛　自七圓八十錢　至九圓八十錢

●毛布類

白毛布二枚續き　自五圓　至十三圓半

●膝掛類

縞格子セル製　自六圓至八圓

●夏ショール

綿物　自一圓四十錢　至一圓八十錢
絹製　自二圓八十錢　至三圓五十錢

●出來合物類

インバネス　自八圓五十錢　至十二圓
東コート　自九圓　至十圓
女兒服　自三圓五十錢　至七圓五十錢
木綿縮シャツ上下一組に付　自二圓二十錢　至四圓五十錢
カシミヤ袴寸法は紐下八尺八寸より二尺五寸迄　自二圓五十錢　至四圓五十錢
國旗モスリン製巾は一布一布半二布　自四十八錢　至二圓六十錢

畏《かしこ》き邊《あた》りの
御料《ごりやう》に召《め》させらるゝ

御料

御園白粉《みそのおしろい》

製造元 芝櫻川町 胡蝶園
發賣元 東京橋四 丸善商店
全國至る處の小間物化粧品店にあり

虛弱の父と乳の無き母見落勿れ

コンデンスドミルクの小兒を養育するに實効あるは普《あまね》く人の知《し》る處唯世人は日本製の良好品《よきしな》あるを知らざる爲め高價なる古き舶來品《はくらいひん》を用るを遺憾《いかん》とする處《ところ》なり茲《こゝ》に弊店《わたくし》が發賣《うりだし》するすもうミルクは牛乳《ぎうにう》七合を煎《せんじ》つめ是《これ》に白砂糖《しろざたう》少しを加へ煉製したる者にして牛乳の滋養《じやう》分《ぶん》と砂糖《さたう》の割合又は極暑《ごくしよ》も腐敗《ふはい》せざる等は誠《まこと》に適度を得たる風味《ふうみ》良好なる日本第一等品也請《こ》ふ用《もち》ひて其《そ》の虛《うそ》ならざるを知り玉《たま》ふべし

◉定價一罐金廿五錢一ダース以上割引す
◉賣捌は全國確實なる賣藥店に有り

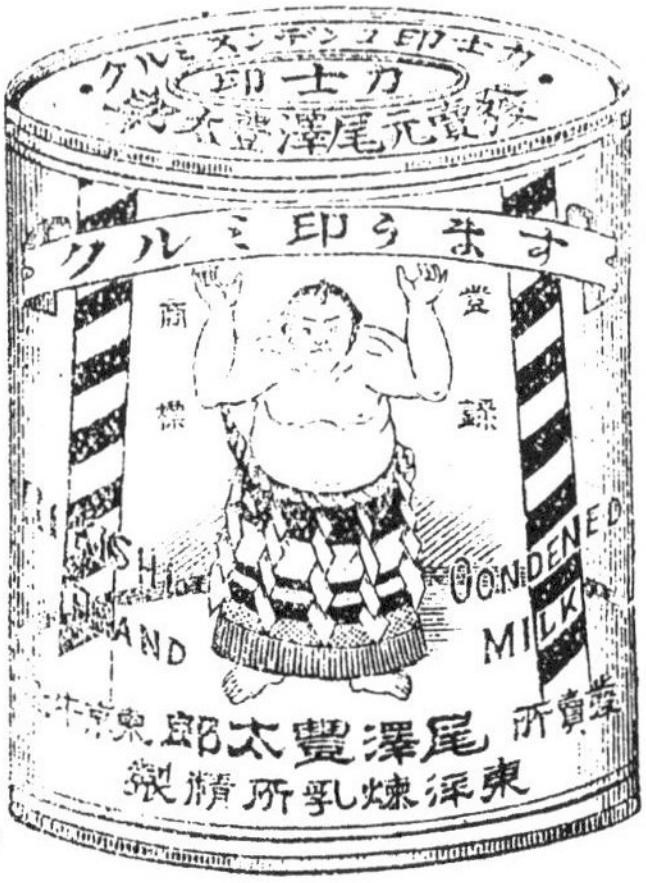

東京牛込區上宮比町 尾澤煉乳部 電話番町（二）三九九五番

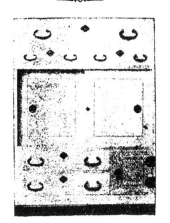

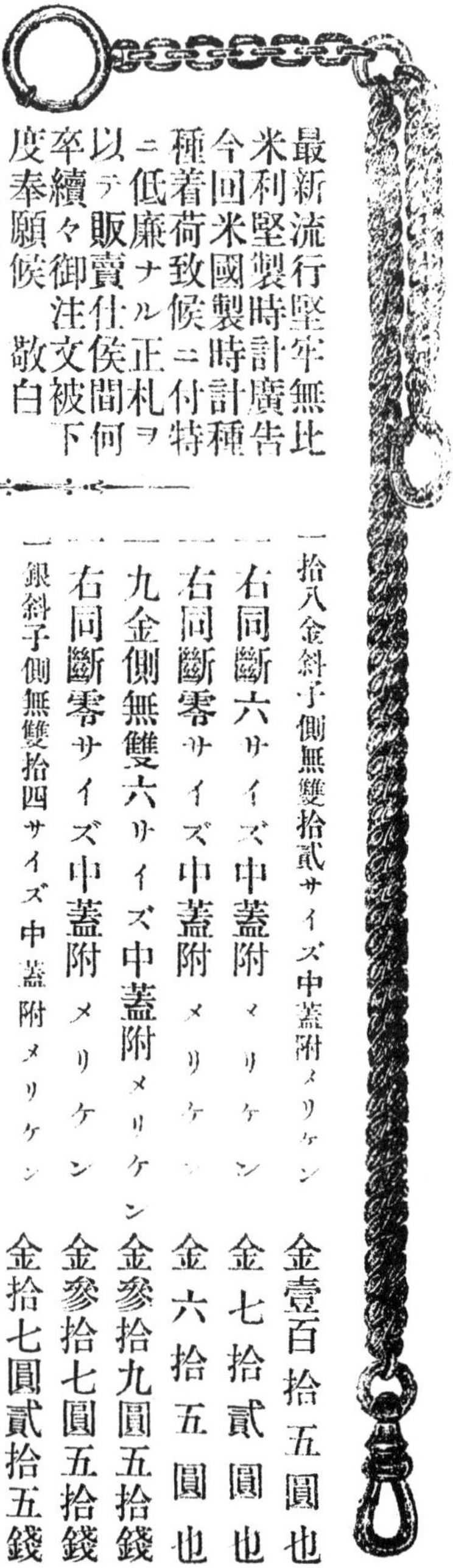

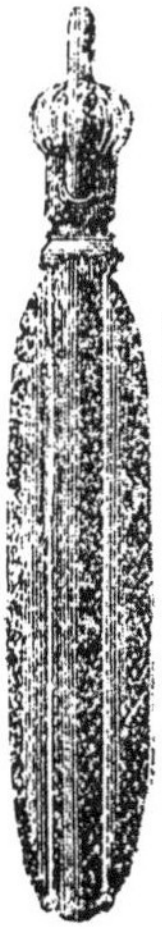

最新流行堅牢無比
米利堅製時計廣告

今回米國製時計種種着荷致候ニ付特ニ低廉ナル正札ヲ以テ販賣仕候間何卒續々御注文被下度奉願候　敬白

一拾八金斜子側無雙拾貳サイズ中蓋附メリケン　金壹百拾五圓也
一右同斷六サイズ中蓋附メリケン　金七拾貳圓也
一右同斷零サイズ中蓋附メリケン　金六拾五圓也
一九金側無雙六サイズ中蓋附メリケン　金參拾九圓五拾錢
一右同斷零サイズ中蓋附メリケン　金參拾七圓五拾錢
一銀斜子側無雙拾四サイズ中蓋附メリケン　金拾七圓貳拾五錢
一右同斷貳拾サイズ中蓋附メリケン　金拾七圓也
一右同斷六サイズ中蓋附メリケン　金拾六圓七拾五錢
一右同斷零サイズ中蓋附メリケン　金拾七圓五拾錢

其他種々無地側梨地側ハ斜子側ト同價ノ事

市内ハ御報次第見本品直ニ持參可仕候地方ハ小包郵便ニテ迅速ニ御發送申上候

東京日本橋通一丁目十一角

岡野時計店

柳古堂

商

各種時計同附屬品
雙眼鏡、金縁眼鏡
寶玉入金製指輪類

電話本局二八三一

戰捷紀念　新形束髮ピン

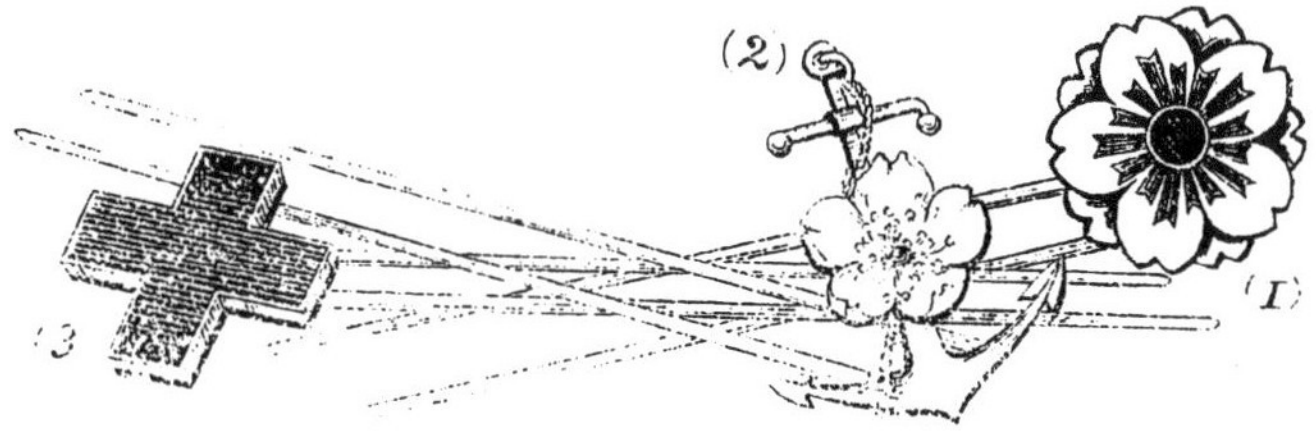

一號　陸軍の意
向ふ所敵なき大日本陸軍にかたどり純銀の櫻形へ眞紅の七寶にて旭日をあらはす

二號　海軍の意
連戰連勝勇ましき我が海軍にちなみ銀製の錨へ金色の櫻花を添へ眞珠を管入す

三號　博愛の意
博愛の心深き帝國貴婦人を表して純銀製へ紅色の七寶にて光りうるはしき赤十字

此三種にかぎり特別廉價一個金貳圓づゝ市外小包送料拾錢

東京市南傳馬町二丁目

大西白牡丹

特　電話本局三十番

日露戰爭と國民新聞

年中無休刊　　每號八頁

國民新聞の戰報
は確實也精詳也明瞭也專門的智識ある者の手に成りたる責任ある報道也戰報の眞僞は只だ國民新聞を以て標準となす可き也。

眞實なる天下の形勢
を知らんと欲せば、只だ國民新聞を讀む可し。其の報道の丁寧親切なるのみならず、其の眼孔は八面玲瓏にして世界の大事小事殆んど網羅せざるはなし

最も電報多き新聞
の一は國民新聞也。倫敦、巴里、伯林、北京、京城其の他內地の要所、悉く通信機關具備せざるなし。蓋し國民新聞は、內外電報、電話によりて成立つものゝ也。

最も精讀すべき新聞
は國民新聞也。世の大言壯語若くは大活字を濫用し徒らに虛勢を張る者と同一視す可らず。其の紙面の正味多き、價値の饒なる唯だ精讀者之を知る。

勢力あり信用ある新聞
は國民新聞也。我が內地に於て、社會に有力なる仲間に、最多數の讀者を有すると同時に、文明諸國も亦國民新聞によりて、日本の趨勢をトしつゝある也。

我が忠良なる國民
の好伴侶として、國民新聞を推薦す、諸君若し購讀半年を忍ばゞ必らず此の廣告の諸君を欺かざるを諒とせむ、國民新聞は諸君無二の親友也。

定價

一枚二錢	一ヶ月拾五錢
三ヶ月前金	一圓
六ヶ月前金	一圓九十五錢
一ヶ年前金	三圓八十五錢

東京市京橋區日吉町四拾番地

國民新聞社

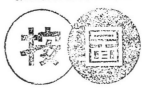

本社製造の織姫繻子の儀は品質精良にして堅牢耐久なることは世間既に定評あり御帯側御半襟御袖口等に御使用の方々其結果の僞ならざるを御風聽を祈る

殊に流行色は其時好に從ひ時々新品織出し申候

登錄商標

寶丹上包紙表面赤色ニ印刷セルモノ

商標

二十七番地

守田氏確證

TRADE MARK.

寶丹包紙裏面の商標

登錄商標 守田寶丹

◉寶丹は旅行乘船《たびだちふねのり》の際《とき》は勿論《もちろん》あるひは軍陣練兵《ぐんぢんれんぺい》等《とう》の節《せつ》は必《かならず》これを貯《たくは》へ時々服《ふく》してよろしまた風土《ふうど》の異《こと》なる地《ち》に到《いた》り少《すこ》しづゝ用《もち》ふるときは水害《みづがわり》あるひは惡《あし》き疾《やまひ》に罹《かゝ》るの患《うれひ》なからしむ故《ゆゑ》に時候《じこう》の不正《あしき》或《あるひ》は惡疫流行の土地《とち》若《もしく》は家《いへ》に到《いた》らんとするときは別《べつ》して怠《おこた》りなく度々《たびたび》用《もち》ひてよろし希《ねがは》くは攝生《せつせい》の諸君必《かな》らず常《つね》に携帯《ようい》して大《おほ》ひに自他《じた》の幸福を得玉《たま》はんことをと爾云

◉登錄商標

軍旅必携

◎偽物《にせもの》御注意◎包紙の表《おもて》と裏《うら》にある二個《ふたつ》の商標《しようへう》ならびに東京池之端仲町貳拾七番地を御認《おみとめ》知の上《うへ》御購求《おんもとめ》の程奉希上候也

寶丹本舗 東京市下谷區池之端仲町二十七號所有地 十世 守田治兵衛

明治三十七年四月七日第三種郵便物認可
明治三十七年九月一日發行毎月一回一日發行

『家庭の志る遍』

第四号（一九〇四〈明治三七〉年一〇月）

家庭乃志る遍

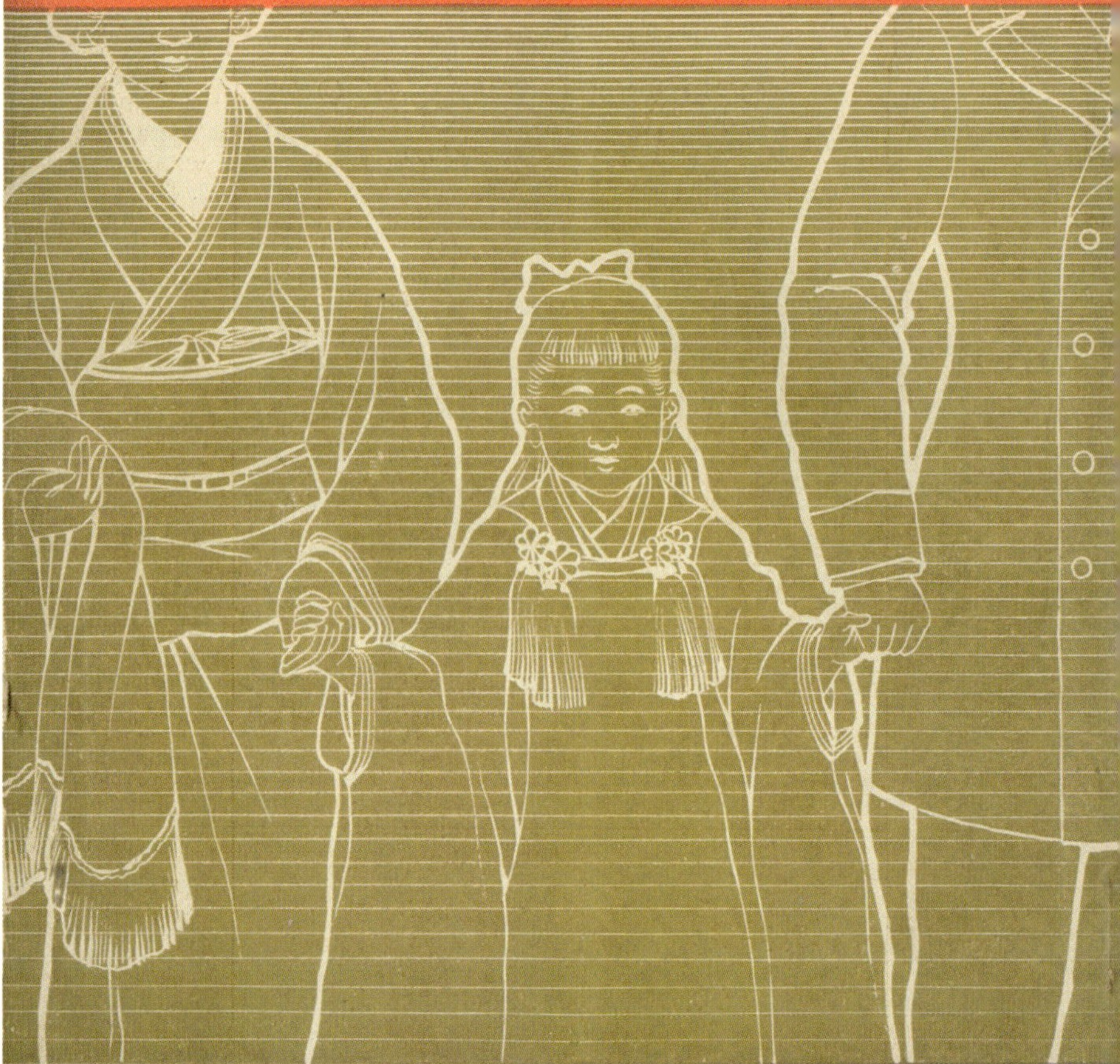

第四號

明治三十七年七月四日第三種郵便物認可
明治三十七年十月一日發行（毎月一回一日發行）

目次

○新禮儀の發生

○裁縫指南……物外

○流行
○男子七歳祝着○女子七歳祝着○女裝のあらまし○髮の結びぶり
○髮飾及び携帶品○千歳ショール○戰捷紀念の襟飾、手巾、手拭

○粋貴女紳士交際法……北廬譯

○雜錄

○寄書……呉羽生

○通俗法律

○笑門……丈八述

○式法

○素人醫者

○料理法

○育兒法……叢軒

○小說(犧牲)……なにがし

○挿畫
○新裝寺崎廣業畫伯○露兵の突貫(佛人の眼に映じたる)○日本の商店を代表すべき商店の內部○歐米最新流行の束髮○戰捷紀念の祝ひ着文樣其他數件

佛國刊行の新聞紙に登載したる露軍の
突貫（樂隊、僧侶の陣頭に立つを見よ）

紐育發刊マリヤース週刊評論社特派寫眞技師ロパート、エ、ル、ダン
氏が日本を代表すべき商店として撮影したる白木屋呉服店の一部

操形美術蒔繪櫛笄

○蒔繪の部
本黑甲臺へ上圖のたき高尙なる歌畫亦は意匠をこらせし新案の模樣を種々に蒔繪致せし物
大形 自廿圓至五十圓
中形 八圓以上廿圓迄
小形五圓以上十五圓迄
黑甲張臺にて前記の品と略同樣の物
大形五圓以上十三圓迄
中形 四圓以上十圓迄
小形 三圓以上六圓迄

○彫込の部
本黑鼈甲の生地へ金銀靑貝丁貝などにて草木花鳥若くは古代裂地模樣を精巧に嵌入せし物
大形自十一圓至廿圓

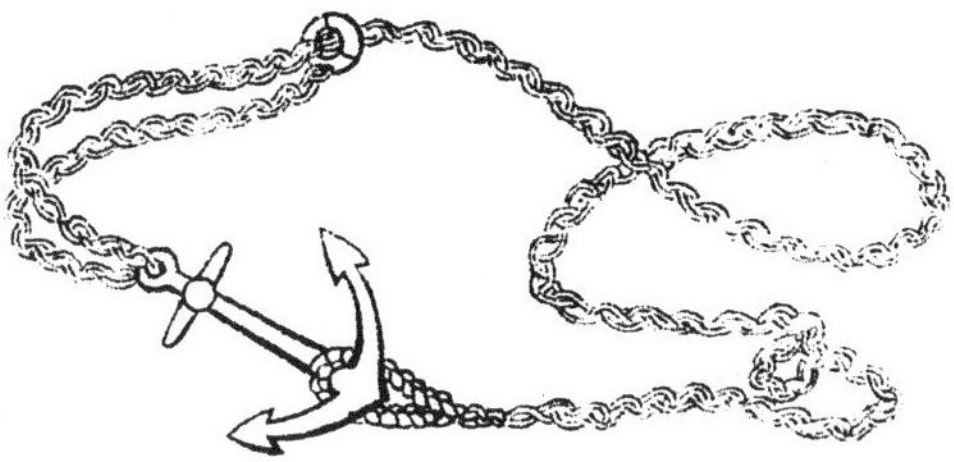

帝國海軍
勳《いさ》功《を》志《し》女《め》（意匠登錄出願中）

帝國海軍の成功を紀念の爲めこたび調製の帶留は光澤うるはしき蝶貝の錨へ丈夫なる絹打の鎖を紐こしコキは浮袋を模しいさをじめと名づけ左の廉價にて發賣仕候間何卒恰く御用命の程奉願上候

正價一個　金八拾錢
銀製壹個　壹圓五拾錢
內國送料　拾　錢

紐の色○勝色、牡丹色柳茶、鳩羽、古代紫、茶

東京市南傳馬町二丁目
大西白牡丹
電話本局 三十番

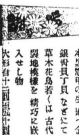

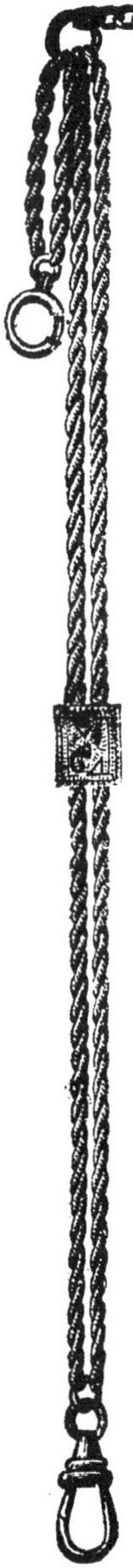

新着貴婦人用時計及び指輪廣告

メタル側片硝子拾四形龍頭卷
甲 金六圓貳拾五錢也
乙 金四圓七拾五錢也

銀側片硝子拾參四形龍頭卷
甲 八圓九拾錢也
乙 七圓五拾錢也

銀側兩蓋拾參四形龍頭卷
甲 金拾壹圓五拾錢也
乙 金八圓五拾錢也

銀七寶側兩蓋拾參四形龍頭卷
甲 金拾六圓參拾錢也
乙 金拾貳圓五拾錢也

銀金象嵌入兩蓋拾四形龍頭卷
甲 金貳拾七圓五拾錢也
乙 金貳拾四圓五拾錢也

拾四金側片硝子拾形龍頭卷
甲 金貳拾六圓五拾錢也
乙 金貳拾五圓也

拾四金側兩蓋拾形龍頭卷
甲 金參拾圓也
乙 金貳拾七圓五拾錢

拾八金側兩蓋拾參四形龍頭卷
甲 金四拾五圓也
乙 金參拾五圓也

拾八金製ルビー、サファヤ或ハ眞珠石入指輪
甲 金拾貳圓五拾錢以上
乙 金七圓八拾錢以上

拾八金製平打彫刻附指輪
甲 金拾八圓七拾五錢以上
乙 金拾參圓貳拾五錢以上

其他各種市内は御報次第見本品持參可仕候地方は小包郵便にて迅速に御送品可申上候

各種時計同附屬品
雙眼鏡金縁眼鏡
寶玉入金製指輪類

柳古堂

東京日本橋通二丁目十一角
岡野時計店
電話本局二八三一

商標

簞笥店

高等簞笥長持類一式

懇切叮嚀

數代老舗

精製品概目

一簞笥　一長持

一用簞笥　一鏡臺

一針箱　一挾箱

◎其他注文に隨ひ箱類一切調製仕候

當弊店特製簞笥類は多年の經驗に依り蟲害豫防法實施罷在候間其憂ひ無御座候萬一發生の兆有之候節は直ちに現品御取替可申上候

送荷方は遠近共一層注意仕候也

東京市日本橋區小傳馬町壹丁目

長谷川傳次郎

電話浪花一千四百三十五番

長島屋號

◎御婚禮用御急ぎの節は物品取揃え御間に合せ可申上候

登録商標

日《ひ》乃《の》出《で》龍《りう》脳《のう》

○箪笥長持等に入れ置くときは濕氣を拂ひ衣類の着心を能くす
○雛人形屏風掛物毛織物類等の貯藏に用ゆれば必ず蟲害の憂ひなし
○芳香優美にして價格低廉又使用に便利なれば最も有益の品なり
各府縣藥種、賣藥小間物店に有之候間御最寄にて御求を乞ふ

正價一打入金三十八錢　一個三錢五厘

東京日本橋區本町四丁目（電話本局一五三四番）

發賣元　藥種問屋　松本合資會社

販賣所は全國到る處の藥店にあり若し品切の節は郵券
金三十八錢御送り被下候へば一打御郵送申べく候

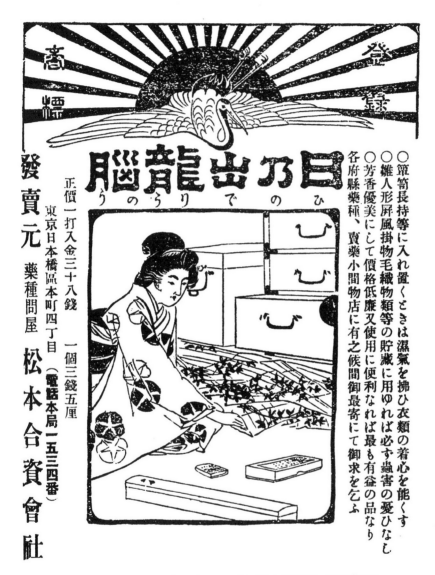

新禮儀の發生

東京《とうきやう》に電車《でんしや》の開通《かいつう》して以來《いらい》、端《はし》なくも吾輩《わがはい》の目《め》に觸《ふ》れて、特《とく》に快《こゝろよ》き一の新禮儀《しんれいぎ》こそ起《おこ》りたれ。何《なん》ぞや、婦人《ふじん》に座《ざ》を譲《ゆづ》るの美《び》風即《ふうすなは》ち是《こ》れなり。是《こ》れ必《かなら》ずしも今日《こんにち》に起《おこ》れるには非《あら》ざるべし、鐵道《てつだう》馬車《ばしや》時代《じだい》と雖《いへど》も、苟《いやしく》も常識《じやうしき》あり、同情《どうじやう》ある者《もの》は、繊弱《せんじやく》なる人《ひと》の革紐《かわひも》に縋《すが》りて立《た》ちつゝ、右動左搖《うどうさいう》、甚《はなはだ》しきは屢々《しば〳〵》仆《たふ》れんとする、其《その》いた〳〵しき風情《ふぜい》を見《み》るに忍《しの》びずして、奮《ふる》つて吾座《わがざ》を虚《むなし》うし、而《しか》して己《おの》れ婦人《ふじん》の勞苦《らうく》に代《かは》りしならん。而《し》かも其例《そのれい》の稀《ま》れなる、吾輩《わがはい》の嘗《かつ》て殆《ほと》んど見聞《けんぶん》せざる所《ところ》なりしに、今《いま》や電《でん》車《しや》に於《おい》て忽《たちま》ち之《こ》れあり。乘客《じやうかく》の多數《たすう》は尚《な》ほ爲《な》すを欲《ほつ》せず、或《あるひ》は爲《な》さんと欲《ほつ》して未《いま》だ爲《な》さゞるの状態《じやうたい》にあるが如《ごと》くなるも、兎《と》も角《かく》も混《こ》み合《あ》へる車《くるま》には、必《かな》らず此風《このふう》の行《おこな》はるゝに至《いた》れるは、甚《はなは》だ喜《よろこ》ぶべき現象《げんしやう》にして、それ自身《じしん》に文明式《ぶんめいしき》なる電車《でんしや》は、同時《どうじ》に又《ま》た文明式《ぶんめいしき》の副産《ふくさん》物《ぶつ》を齎《もたら》し來《きた》れりと謂《い》ふを得《う》べし。

勿論《もちろん》座《ざ》を讓《ゆづ》る人《ひと》の中《うち》には、單《たん》に歐米《おうべい》の風《ふう》を氣取《きど》らんとする外見《みえ》一遍《ぺん》のハイカラもあらん、さればとて其總《そのすべ》てを以《もつ》て、一概《がい》に爾《しか》く虛禮者《きよれいもの》と爲《な》すは謬《あやま》りなり。ハイカラの存在《そんざい》や久《ひさ》し、決《けつ》して電車《でんしや》と共《とも》に舶來《はくらい》したるに非《あら》ず、故《ゆゑ》に座《ざ》を讓《ゆづ》るを以《もつ》て、ハイカラの所爲《しよゐ》となさば、そは鐵道馬車時代《てつだうばしやじだい》に於《おい》て、既《すで》に盛《さかん》に行《おこな》はるべき筈《はず》なるに、事實《じじつ》の之《こ》れに反《はん》するは、少《すく》なくとも此新禮儀《このしんれいぎ》がハイカラの專有物《せんいうぶつ》に非《あら》ざることを證《しよう》するものなり。

蓋《けだ》し車上行進《しやじやうかうしん》の場合《ばあひ》にありて、盤石《ばんじやく》の男子《だんし》、晏然《あんせん》として椅子《いす》に凭《よ》り、纖弱《せんじやく》の婦人《ふじん》、却《かへつ》て競《きやう》競《きやう》として起立《きりつ》す、啻《たゞ》に事理《じり》の顚倒《てんたう》之れより甚《はなはだ》しきはなきのみならず、風裡《ふうり》の柳《やなぎ》、搖々《えうく》として豈見《あにみ》るに忍《しの》びんや、少《すこ》しく戒心《かいしん》を怠《おこた》らば、雨後《うご》の花《はな》、地《ち》に委《い》して更《さら》に憐《あは》れむべし。玆《こゝ》に於《おい》てか同情《どうじやう》の念期《ねんき》せずして發《はつ》し、常識《じやうしき》の裁判咄嗟《さいばんとつさ》に決《けつ》す、曰《いは》く、乃公其惱《だいこうそのなや》みに代《かは》らんのみと。讓座《じやうざ》の禮儀《れいぎ》は、斯《か》くの如《ごと》くにして生《しやう》じ來《きた》れり、此禮《このれい》や實《じつ》に衷心《ちうしん》より起《おこ》りて、直《たゞ》ちに形《けい》式《しき》に表《あら》はれたるもの、稱《しよう》して美風《びふう》といふ、洵《まこと》に美風《びふう》に非《あら》ずや。

唯《た》だ其嘗《そのかつ》て鐵道馬車内《てつだうばしやない》に生《しやう》ぜざりし所以《ゆゑん》は、馬車《ばしや》の速力電車《そくりよくでんしや》に及《およ》ばず、從《したが》つて車内《しやない》に立《た》つ者《もの》の戒心《かいしん》も、電車《でんしや》の場合《ばあひ》の如《ごと》く甚《はなはだ》しきを要《えう》せざりしと同時《どうじ》に、之《こ》れを觀《み》る者《もの》も亦《ま》た比較的《ひかくてき》に氣《き》の毒《どく》の感《かん》を生《しやう》ぜざりしなり。此點《このてん》より推《お》すも、讓座《じやうざ》の新禮儀《しんれいぎ》は、全《まつた》く同情《どうじやう》と常識《じやうしき》との結晶體《けつしやうたい》にして、人間《にんげん》の美性《びせい》、圖《はか》らずも此《こゝ》に煥發《くわんぱつ》し、而《しか》して已《や》むを得《え》ざるの必要《ひつえう》に投《とう》じたるものなるが故《ゆゑ》に、座《ざ》を讓《ゆづ》る者《もの》、却《かへつ》て自《みづか》ら其禮儀《そのれいぎ》なることを知《し》らず、知《し》らずして且《か》つ自《おのづ》から禮儀《れいぎ》に適《かな》へるなり。知《し》らず識《し》らずの禮儀《れいぎ》、これをこそ眞《しん》の禮儀《れいぎ》とはいふべきなれ。

世《よ》の禮儀《れいぎ》作法《さはふ》を云々《うんく》するもの、皆《みな》形式《けいしき》の末《すゑ》に拘泥《こうでい》し、人間《にんげん》無限《むげん》の動作《どうさ》を制《せい》して、悉《ことごと》く其準縄《そのじゆんじやう》に入《い》らしめんとす。何《なん》ぞ知《し》らん禮儀作法《れいぎさはふ》の根源《こんげん》は、素と常識《じやうしき》と同情《どうじやう》とに在《あ》りて、其常識《そのじやうしき》の宜《よろ》しとする所《ところ》、同情《どうじやう》の已《や》むを得《え》ざる所《ところ》に於《おい》て、始《はじ》めて禮儀作法《れいぎさはふ》の生《しやう》じ來《きた》れることを、故《ゆゑ》に凡《およ》そ常識《じやうしき》ありて、進《すゝ》むべきに進《すゝ》み、止《とゞ》まるべきに止《とゞ》まり、又同情《またどうじやう》ありて、喜《よろこ》ぶべきに賀《が》し、憂《うれ》ふべきに弔《てう》し、斯《か》くして禮儀作法《れいぎさはふ》に適《かな》はざるもの、若《も》し有《あ》りとするも甚《はなは》だ稀《まれ》ならん。徒《いたづ》らに形式《けいしき》に泥《なづ》みて、常識同情《じやうしきどうじやう》、即《すなは》ち其精神《そのせいしん》の之《これ》に伴《ともな》ふなく、而《しか》も禮儀作法《れいぎさはふ》に適《かな》ふもの、若《も》し有《あ》りとするも甚《はなは》だ稀《まれ》ならん。吾輩《わがはい》の言《げん》を信《しん》ぜずとせば、乞《こ》ふ去《さつ》て之《こ》れを電車《でんしや》に問《と》へ。

裁縫指南

（承前）

物外

○

浴室《ふろ》にゆく可《べ》く準備《したく》のために、邊《あた》りを取《と》り片付《かたづ》けつゝある所《ところ》へ、お槇《まき》に伴《ともな》はれて曹司《へや》へ來《き》たのは例《れい》の滿江《みつえ》である。

華紋《くわもん》御召《おめし》薄葡萄色地《うすぶだういろぢ》藤立涌《ふぢたてわく》の單物《ひとへもの》にヲリーブ色地《いろぢ》へ赤《あか》く龜甲《きつかう》を地紋《ぢもん》に織《お》つた所々《ところぐ》へ金糸《きんし》で飛鶴《ひかく》を縫《ぬひ》にした厚板《あついた》の丸帶《まるおび》、珍《めづ》らしく束髮《そくはつ》へ戰捷紀念《せんしやうきねん》の寶石入《ほうせきいり》簪《かんざし》に本《ほん》ばら斑《ふ》の束髮櫛《そくはつぐし》の外飾《ほかゝざ》りのない丸額《まるひたへ》、深醫《ふかゑくぼ》にいひしらぬ愛嬌《あいきやう》をたゞへて

『奥《おく》さん今日《こんにち》は……今彼所《いまあちら》へ往《い》きましたら、俊子《としこ》さんのお曹司《へや》に居《ゐ》らつしやると大奥《おほおく》さんが仰有《おつしや》つたので直《すぐ》とお槇《まき》どんと此所《こゝ》へ來《き》ました』

お槇《まき》は中腰《ちうごし》の滿江《みつえ》のうしろを徐《そつ》と通《とほ》つて座蒲團《ざぶとん》を貞子《さだこ》の對《むか》ひに据《す》えた。

『サア此方《こちら》へ御入《おはい》り成《な》すつて……サア御蒲團《おふとん》を……』

『アラ厭《いや》よお客《きやく》さま見《み》たいナ……』

『マア一寸《ちよつと》御頭《おぐし》を拜見《はいけん》……能《よ》く出來《でき》ましたこと那方《どなた》が？』

『母《かあ》さんが……馴《な》れないから拙《へた》だつて……』

『那様《どう》しまして、夫《そ》れにお髪《け》が良《い》いから大層《たいそう》佳《よ》くつてよ』

『アラ厭《いや》な奥《おく》さん……』と多少《たしやう》耻《はぢ》かむのであつた。此《こ》の應答《おうたう》のうちに更《さら》にお槇《まき》は入浴《にふよく》を促《うなが》しに來《き》た。

『もう皆《みな》さん濟《すん》だの？』と貞子《さだこ》が問《と》ふた

『イヱまだ大旦那様《おほだんなさま》と大奥様《おほおくさま》だけ……』とお槇《まき》が答《こた》へた

『厭《いや》な槇《まき》だよ其《そ》れでは新座敷《しんざしき》の方《はう》へそう申《まを》せば可《よ》いのに』

『何《なん》ですか大奥様《おほおくさま》が貴方《あなた》へ……』

『不可《いけ》ませんよ、新座敷《しんざしき》へ其様《そう》お言《い》ひよ』と却々《なかなか》應《おう》じそうもない。お槇《まき》は『それでは左様《さう》申《まを》しませう』と起《たつ》て往《い》つた。此《こ》の間《ま》に俊子《としこ》と滿江《みつに》とは簡短《かんたん》の挨拶《あいさつ》が濟《す》んだのであつたがお槇《まき》が起《たつ》て往《ゆ》くと同時《どうじ》に俊子《としこ》は更《さら》に貞子《さだこ》に對《むか》つて斯《か》う要求《ようきう》した

『夫《それ》では姉《ねへ》さん、兄《にい》さん達《たち》がお風呂《ふろ》の間《あひだ》に、あとを敎《おし》えて頂戴《てうだい》な。

『蒼蠅《うるさい》てば姉《ねへ》さんが……滿江《みつに》さんも入《い》らしつたではないか』と次雄《つぎを》が嘴《くち》を突《とが》らした。滿江《みつに》は氣《き》の毒《どく》そうに引《ひ》つ取《と》つて。

『妾《わたし》ア可《よ》くつてよ一緒《いつしよ》にうかゞふほうが』と調和《てうわ》した、奇貨《きくわ》措《お》く可《べ》し俊子《としこ》は附《つ》け入《い》つた。

『滿江《みつに》さんも其《そ》う仰有《おつしや》るから子ー……姉《ねへ》さん』覗《のぞ》きこむやうに同情《どうじやう》を得《え》やうとした姿勢《しせい》の愛《あい》らしいのが、竟《つい》に貞子《さだこ》の意《い》をむかへることに成功《せいこう》した。

『夫《それ》では滿江《みつに》さん御免《ごめん》なさい』と前《まへ》に取《と》り片付《かたづけ》られつゝ有《あ》つた筆記《ひつき》の調度《てうど》が再《ふたゝ》び中央《ちうわう》へ取《と》

り出《だ》さるゝと、滿江《みつゑ》も俊子《としこ》も例《いつも》のやうに並《なら》んで、貞子《さだこ》の開講《かいこう》を待《ま》つのである。次雄《つぎを》は無言《むごん》のまゝでツイと起《た》つて庭《には》へ出《で》て往《い》つた。

貞子《さだこ》は講師《こうし》の姿勢《しせい》になつて、

『今度《こんど》は一《ひと》つ身《み》棒衽《ぼうおくび》の標付《しるしつ》け方《かた》を敎《おし》えますが、衽《おくび》の外《ほか》は都《すべ》て前尅《さつき》敎《おし》えたとほりでありますけれども、滿江《みつゑ》さんもお出《い》でだから繰《く》り返《かへ》して身頃《みごろ》、袖《そで》、衿《えり》の圖《づ》も書《か》きます又仕立上《したてあが》りの寸法《すんぱふ》も書《か》きますから筆記《ひつき》なさい』

此《と》の前提《せんてい》を置《お》いて石筆《せきひつ》を走《は》しらせる戞々《かつく》の音《おと》と共《とも》に書《か》き了《お》はつた寸法《すんぱふ》、標付方《しるしつけかた》幷《なら》びに圖《づ》は、

仕立上寸法

一袖《そで》丈《たけ》	一尺二寸	一袖《そで》幅《はゞ》	五寸三分
一袖《そで》付《つけ》	三寸五分	一身《み》丈《たけ》	一尺八寸三分
一後《うしろ》幅《はゞ》	一ぱい	一前《まへ》幅《はゞ》	一ばい
一身八ツ口《みやくち》	二寸	一衽下《おくびさが》り	二寸五分
一衿《えり》幅《はゞ》	八分	一衽《おくび》幅《はゞ》	三寸
一褄《つま》下《した》	四寸五分	一相《あひ》褄《つま》幅	二寸八分

標《しるし》付《つけ》方《かた》

一衽《おくび》用布《ようふ》の表《おもて》を内《うち》に入《い》れるやうにして二枚重《まいかさ》ね、（用布《ようふ》の表《おもて》と表《おもて》と合《あ》ふ）裾《すそ》を右手《みぎて》に褄下《つました》

を手前《てまへ》にして（但布《たゞしぬの》の裁《た》ち目《め》の方《かた》を裙下《つました》の方《かた》に向《む》くやうにするなり）裁板《たちいた》の上《うへ》に置《お》き、丈《たけ》を度《はか》り、衽幅《おくびはゞ》、裙下《つました》の標《しるし》をつけ、劔先《けんさき》の所《ところ》は衽幅《おくびはゞ》の三分《ぶん》の一の所《ところ》に標《しるし》をつけ、其標《そのしるし》より衽幅《おくびはゞ》の標《しるし》まで定木《じやうぎ》を當《あ》て、相裙《あひづま》の所《ところ》に標《しるし》を付《つ》け、又劔先《またけんさき》より裙下《つました》の標《しるし》まで斜《なゝめ》に定木《じやうぎ》を當《あ》て細《こま》かく標《しるし》を付《つ》け寸尺《すんしやく》を度《はか》り置《お》くなり。

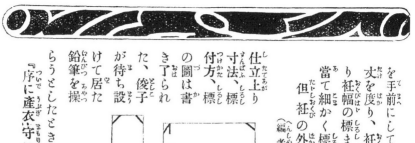

但衽《たゞしおくび》の外《ほか》の標付方《しるしつけかた》及《およ》び縫方共《ぬひかたとも》鈎衽《かぎおくび》の部《ぶ》に示《しめ》したるとほりなるを以《もつ》て略《りやく》す

（編者曰《へんしやいはく》鈎衽《かぎおくび》の部《ぶ》は本誌第《ほんしだい》三號《がう》に在《あ》り）

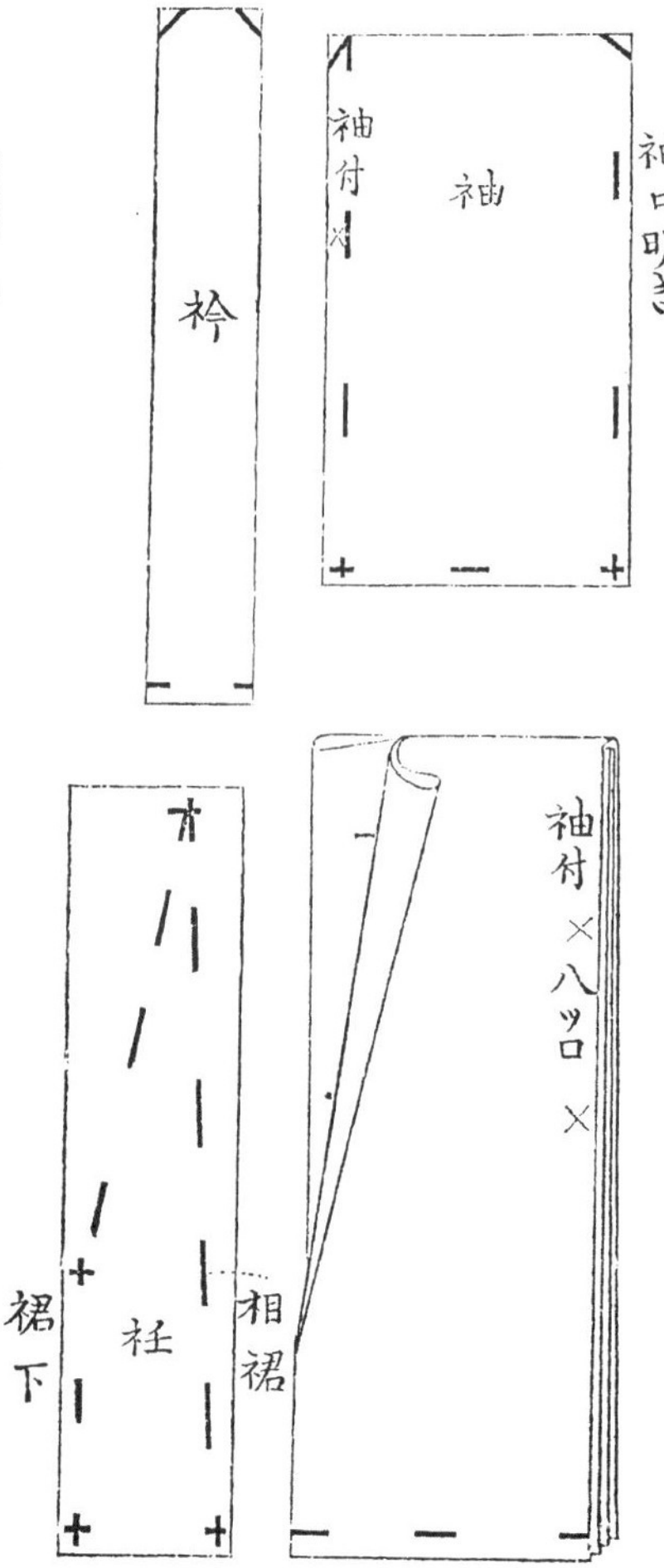

仕立上《したてあが》り寸法《すんぱふ》、標付方《しるしつけかた》、標《しるし》の圖《づ》は書《か》き了《おは》られた、俊子《としこ》が待《ま》ち設《まう》けて居《ゐ》た鉛筆《えんぴつ》を操《あやつ》らうとしたとき『一寸《ちよつと》お待《ま》ち』と停《とゞ》められたので、仰《あふ》いで姉《あね》の顔《かほ》を見《み》た。

『序《ついで》に産衣《うぶぎ》守縫《まもりぬひ》の縫《ぬ》ひ方《かた》を敎《おし》へませう、糸《いと》は白《しろ》、赤又《あかまた》は五色《ごしき》を用《もち》ゐるので、糸《いと》の色《いろ》には男女《なんによ》の別《べつ》はありませんが、縫《ぬ》ひ方《かた》には差別《さべつ》がある、又糸《またいと》の掛《か》け方《かた》も男《をとこ》は裏針《うらばり》、女《をんな》は表針《おもてばり》を出《だ》すので、竪《たて》に七針《なゝはり》斜《なゝめ》に五針《いつはり》縫《ぬ》ふのです、夫《それ》で斜《なゝめ》の縫《ぬ》ひ留《とま》りの端《はし》が男《をとこ》のは脊《せ》に向《むか》つて左《ひだり》の方《はう》、女《をんな》のは脊《せ》に向《むか》つて右《みぎ》の方《はう》に向《む》くのです。

續《つゞ》いて三《み》ツ身《み》を教《おし》へませう、三《み》ツ身裁《みた》ちは剪《はさみ》のいれかたが却々難《なかくむつか》しいし、大人《おとな》ものでも布幅《ぬのはゞ》の廣《ひろ》いもので造《つく》るときには、三《み》ツ身裁《みだ》ちを應用《おうよう》して裁《た》つことも有《あ》りますから、子供《こども》ものとばかり思《おも》はないで、よく〳〵記憶《きおく》してお置《お》きなさい、又《また》三《み》ツ身裁《みだ》ちは幅《はゞ》のない布《ぬの》では出來《でき》ませんから、用布《ようふ》を選《えら》むのに第一幅《だいはゞ》のあるものを選《えら》むの必要《ひつえう》があるのですからこれも記憶《きおく》して居《ゐ》なくてはなりません』と注意《ちうい》を與《あた》へたのである。

滿江《みつえ》は既《すで》に是等《これら》の事項《じこう》は習得《しうとく》したるとやうに僅《わづ》かに頷《うなづ》くので有《あ》つたが、俊子《としこ》はこれを備忘《びばう》誌《し》の記録《きろく》にのぼせた。貞子《さだこ》は前《まへ》の筆記《ひつき》や圖《づ》を石盤《せきはん》から拭《ぬぐ》ひ去《さ》つて、更《さら》に書《か》き顯《あら》はした三ツ身《み》の事項《じこう》は斯《か》うである。

三《み》ツ身《み》の裁《た》ち方積《かたつも》り方及《かたおよ》び裁《た》ち方圖《かたづ》

三ツ身裁方圖

三ッ身裁方圖の中身頃だけ切り放したる圖

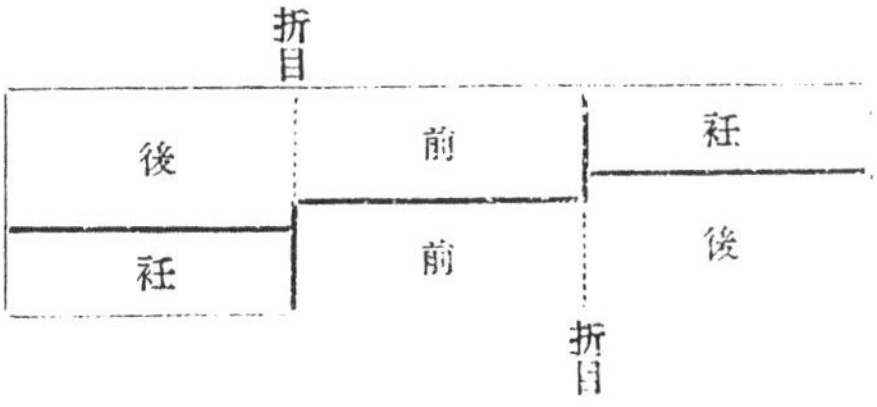

太き線は前を入れ切り放したる處なり

裁切《たちき》り寸法《すんぱふ》

身《み》丈《たけ》	二尺七寸五分	後《うしろ》幅《はゞ》	六寸
前《まへ》幅《はゞ》	四寸七分五厘	衽《おくび》幅《はゞ》	三寸四分
衿《えり》かた	一寸五分	衿《えり》幅《はゞ》	二寸五分
袖《そで》丈《たけ》	一尺五寸	袖《そで》幅《はゞ》	七寸

此《こ》の圖《づ》や裁《た》ち切《き》り寸法《すんぱふ》の筆記《ひつき》の了《おは》るのを待《ま》つて貞子《さだこ》は『是《これ》は今《いま》も言《い》ふとほり、用布《ようふ》の幅《はゞ》の廣《ひろ》いもの、九寸五分幅《はゞ》、長《なが》さ一丈四尺二寸五分のもので三ッ身《み》を拵《こしら》える裁《た》ち切《き》り寸法《すんぱふ》です、其《そ》の積《つも》り方《かた》は、身《み》丈《たけ》二尺七寸五分を三倍《ばい》すると八尺二寸五分、これに袖丈《そでたけ》一尺五寸の四倍《ばい》六尺を合《あは》せると一丈四尺二寸五分となります、是《これ》が用布《ようふ》の丈《たけ》です』此《こ》の敎授《けうじゆ》の了《おは》る折節《おりふし》、再《ふた》びお槇《まき》が入浴《にふよく》の催促《さいそく》に來《き》たので、滿江《みつに》はお槇《まき》と母屋《おもや》の老夫人《らうふじん》の方《かた》へ行《ゆ》く、俊子《としこ》は忽々《そうく》に四邊《あたり》を取《と》り片付《かたづ》けて姉《あね》と共《とも》に浴《よく》室《しつ》へゆく可《べ》く準備《したく》した。

＊　＊　＊　＊　＊　＊　＊

床《とこ》を脊《せ》にした主人《あるじ》の祐正《すけまさ》に並《なら》んで、彼《か》の新座敷《しんざしき》なる別室《べつしつ》に新《あた》らしい家庭《かてい》を作《つく》つて居《ゐ》る長男《ちやうなん》の祐一《すけかず》が居《を》つた、其《そ》の次《つぎ》の褥《しとね》には主婦《しゆふ》の操子《みさこ》と祐一《すけかず》の妻倭文江《つましづえ》とが近々《ちかぐ》と並《なら》んで居《ゐ》る。其《そ》の對座《むかひ》にもまた褥《しとね》が二枚並《まいならべ》て有《あ》つて、貞子《さだこ》は父《ちゝ》の指揮《さしづ》によつて其《そ》の末座《ばつざ》の褥《しとね》に坐《すわ》らせら

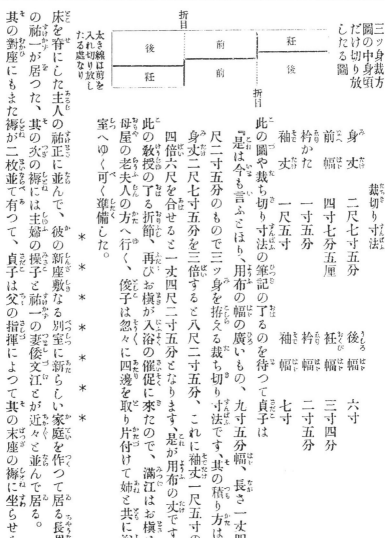

れた。跡《あと》は次雄《つぎを》俊子《としこ》と思《おも》ひ〳〵に居並《ゐなら》んで滿江《みつえ》もその仲間《なかま》に加《くは》はつて居《を》るのであつた。

貞子《さだこ》の上座《じやうざ》の空位《くうゐ》は誰《た》れが占《し》むるのであるか、何《いづ》れ後《おく》れ馳《ば》せの客《きやく》のために備《そな》へられたので有《あ》らうとは此《こ》の子供等《こどもら》の想像《さうぞう》であつたが、祐正《すけまさ》の開口《かいこう》で此《こ》の豫想《よさう》は全然《がらり》と外《はづ》れた。

『今日《けふ》は全《まつた》くの水入《みづい》らずで、滿《みつ》ぼうも内《うち》の人同樣《ひとどうやう》、氣《き》のつまるお客《きやく》はない、マア今日《けふ》のお客《きやく》は齋藤夫婦《さいとうふうふ》であるのだが……それで健雄殿《たけをどの》の分《ぶん》を假《かり》に其處《そこ》へ据《すへ》て置《お》いたのだ。で、今日《けふ》は祝《いは》ふ譯《わけ》でもなく、又悔《またくや》むわけでもない、實《じつ》は今度《こんど》の健雄殿《たけをどの》の負傷《ふしやう》で、其《そ》の筋《すぢ》や戰友《せんいう》からの報知《しらせ》に依《よ》れば、軍人《ぐんじん》として花々《はなぐ》しい天晴《あつぱれ》な働《はたら》きで、此《こ》の點《てん》に於《おい》ては充分《じゆうぶん》に祝《いは》はなければならない、併却々《しかしなかく》の負傷《ふしやう》であるから生還《せいくわん》するか否《いな》は疑問《ぎもん》であるし、縱令《たとひ》生《せい》還《くわん》するとしても癈疾《はいしつ》は免《まぬか》れないで有《あ》らうと思《おも》ふ。尤《もつと》も彼《あ》の氣象《きしやう》で……又遼陽《またれうやう》へ臨《のぞ》む前《まへ》に投《よこ》した手紙《てがみ》で大方生《おほかたいき》ては還《かへ》るまいと思《おも》つては居《を》つた。是等《これら》のことで今日《けふ》は相談《さうだん》もあるし、貞子《さだこ》の考《かんがへ》も聞《き》いて見《み》やうと思《おも》つて、齋藤殿《さいとうどの》の代《かは》りに舊弊《きうへい》なやうだが最後《さいご》の軍事郵便《ぐんじいうびん》に立《たち》合《あ》つて貰《もら》つて玆《こゝ》へ寄《よ》り合《あつ》た譯《わけ》なのだ』と中央卓《ちうわうじよく》の上《うへ》の服紗包《ふくさづゝ》みを指《ゆび》さした。祐一《すけかず》は言葉《ことば》を繼《つ》いで、

『貞子《さだこ》は那樣《どう》思《おも》ふか、僕《ぼく》も多少考慮《たしやうかんがへ》があるので、此《こ》の前途《ぜんと》のことは僕《ぼく》のあらん限《かぎ》り内外《ないぐわい》の心配《しんぱ》はさせない心算《つもり》で、實《じつ》は倭文江《しづゑ》とも相談《さうだん》して置《お》いたこともあるのです』と貞子《さだこ》と父《ちゝ》に言《い》ふのである、貞子《さだこ》は俯《ふ》し目《め》がちに沈着《おちつ》いた調子《てうし》で

『お父樣《とうさま》や阿兄《おあに》い樣《さま》の思召《おぼしめし》は眞《しん》に有《あ》り難《がた》いことで、健雄《たけを》が承《うけたま》はりましたら嘸歡《さぞよろこ》ぶことでム《ござ》

いませう、が妾《わたくし》が軍人《ぐんじん》の妻《つま》になりますには當初《はじめ》から覺悟《かくご》も厶《ござ》いまして……、萬一《もしも》の事《こと》が有《も》つた時《とき》には斯《か》うといふ慮《かんがへ》も決《き》めて有《あ》りました事《こと》でもあり、又《また》健雄《たけを》の氣象《きしやう》も彼《あ》のとほりで有《あ》りますから、縦令《たとへ》那様《どん》なことが有《あ》りましても其《そ》の時《とき》は斯《か》うと、出來《でき》るだけは御心配《ごしんぱい》をかけません心算《つもり》で……』

『夫《それ》はマア开様《そう》で有《あ》らうが、お前《まへ》那様《どう》いふ考《かんが》えを持《も》つておいてだへ』と母《はゝ》は量《はか》りかねて質《き》くのてあつた。

『其《そ》の考《かんが》えを言《い》つて見《み》な』と父《ちゝ》も問《と》ふた。

『ハイ、――、尊族《あなた》がたの庇陰《おかげ》で御《ご》教育《けういく》も受《う》けまして、文部《もんぶ》の檢定《けんてい》も受《う》けて居《を》りますのですから、健雄《たけを》の許《ゆる》しを得《え》ますれば、先《もと》の先生方《せんせいがた》へお願《ねが》ひまをして、教諭《けうゆ》として奉職《ほうしよく》の路《みち》も得《に》られませうし、良《よ》し自宅《じたく》教授《けうじゆ》にしましても皆様《みなさま》にお願《ねが》ひまをしたら何《なん》とか出來《でき》ないことも有《あ》りますまいから、成《な》るたけ自立《じりつ》して、其《そ》の筋《すぢ》から御手當《おてあて》が下《さが》りましても夫《それ》は手附《てつ》けずに前途《せんと》の基本《きはん》にする考《かんが》えで厶《ござ》ります』

＊　＊　＊　＊　＊　＊　＊　＊

齋藤健雄《さいとうたけを》は遼陽戰《れうやうせん》の〇〇部面《ぶめん》に進《すゝ》んで、頑強《ぐわんきやう》なる敵《てき》の抵抗《ていこう》を物《もの》ともせず、小數《せうすう》の部下《ぶか》を督勵《とくれい》して砲臺《はうだい》の某《あ》る一角《かく》に兵勇《へいゆう》をして銃鎗《じうさう》に括《くゝ》つた日章旗《につしやうき》を飜《ひるがへ》さしめた。加旃《しか》も惡戰《あくせん》の結果《けつくわ》で有《あ》つて、右手《めて》に刀創《とうさう》を受《う》けながら敵《てき》の士卒《しそつ》若干《そこばく》を斫《き》り捲《まく》つて、萬歳《ばんざい》の聲《こゑ》を揚《あぐ》るときに膝關節《しつくわんせつ》に彈片《だんぐわん》を受《う》けて、更《さら》に萬歳《ばんざい》を絶叫《せつきう》して倒《たを》れたのである。

明石《あかし》家《け》團欒《だんらん》の結果《けつくわ》は、滿場《まんぢやう》貞子《さだこ》の意志《いし》に賛成《さんせい》し、當分《たうぶん》齋藤家《さいとうけ》に於《おい》て裁縫《さいほう》の自宅《じたく》授教《けうじゆ》をすることになつた。で生徒《せいと》は多方面《たはうめん》から集《あつま》るのである。

（以下次號）

汝《なんじ》、後來《こうらい》如何《いか》なる終局《しうきよく》を成《な》さんやと云《い》ふに着眼《ちやくがん》せんよりは。寧《むし》ろ今日《こんにち》如何《いか》にして光陰《くわういん》を費《ついや》さんと云《い》ふに注意《ちうゐ》すべし。

ヘリンー、マルテイン

智者《ちしや》の口《くち》は、その心中《しんちう》に在《あ》り。愚人《ぐじん》の心《こゝろ》はその口裡《こうり》に在《あ》り。

箴言

人《ひと》の短《たん》を言《い》ふこと勿《なかれ》れ、己《おの》れが長《てう》を説《と》くことなかれ
ものいへば唇《くちびる》さむし秋《あき》の風《かぜ》

桃靑

流行案内

衣裳櫃《いしやうびつ》のあけたての忙《せわ》しい、種々《しゆぐ》な服裝《ふくさう》の複《ふく》雜《ざつ》する時節《じせつ》は一年中《ねんぢう》此《こ》の月《つき》に越《こ》した時《とき》はなからうと思《おも》はれます。

晩秋日和《ばんしうびより》が照《て》りこめば、日中《につちう》は單衣《ひとへ》でも汗《あせ》ばむときもあるに、朝夕《てうせき》はセルでも肌寒《はださむ》を覺《おぼ》えてちよつと袷羽織《あはせばおり》を引《ひ》つかけねばならず、濕《し》氣降《けぶ》りに西北《にしきた》の風《かぜ》でも吹《ふ》けば袷《あはせ》か薄綿入《うすわたい》れも必要《ひつえう》になるといふ季節《きせつ》でありますから、多人《たにん》數集合《ずしうがふ》の場所《ばしよ》へ往《い》つて見《み》ると、十人十色《にんといろ》、朝《あさ》から出《で》た人《ひと》と晝《ひる》なかに出《で》た人《ひと》とは全然《まるで》服裝《ふくさう》が違《ちが》ふといふ今日《けふ》此頃《このごろ》でありますから、種々《しゆぐ》なものを御紹介《ごせうかい》せねばなりません、綴《つゞ》れさせてふ蟋蟀《きりぐす》と歌《うた》にでも詠《わい》じましたら優《やさ》しくも聽《きこ》えますが、寒空《さむそら》の準備《したく》ほど忙《いそが》しいものは有《あ》りません。殊《こと》に來月《らいげつ》は七三五の祝《いは》ひ月《づき》、軍國多時《ぐんこくたじ》とはいへ其處《そこ》が雄飛國《ゆうひこく》の態度《たいど》、出來《でき》るだけの身祝《みいは》ひこれも一生《いつしやう》の晴《は》れと、其《そ》れや此《こ》れやに忙《いそ》がしい讀者《どくしや》のお手助《てだす》けにもと、流行《りうかう》に背《そむ》かぬ所《ところ》を白木屋《しろきや》呉服店《ごふくてん》で調《しら》べて見《み》ましたら先斯《まづか》うであります。

○男子《だんし》七歳祝着《さいゝはひぎ》

上衣《うはぎ》　地質《ぢしつ》は羽二重《はぶたへ》、黑五所紋《くろいつところもん》の熨斗目《のしめ》、鎌倉文樣《かまくらもやう》か古代模樣《こだいもやう》の類《るゐ》は言《い》ふまでもなく、更《さら》に戰捷國《せんしやうこく》の紀念《きねん》を意味《いみ》したる文樣《もやう》は特種《とくしゆ》の好《この》みとすべきか。

下衣《したぎ》　羽二重《はぶたへ》の白襲《しろがさ》ねとすれば高尚《かうしやう》此《こ》の上《うへ》も

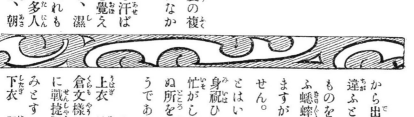

なかるべく。叉下衣《またしたぎ》を同地質《おなじぢしつ》の薄色無垢《うすいろむく》、これも胴裏《どうゝら》を白絹《しろぎぬ》にすれば上品《じやうひん》なり、此出來上《このできあが》り代價《だいか》五十圓位。

更《さら》に上衣《うはぎ》を黑羽《くろは》二重《ぶたへ》の紋付《もんつき》となし、下衣《したぎ》に更《さら》紗《さ》羽《は》二重或《ぶたへある》ひは糸織《いとおり》を用《もち》ゐ裏《うら》に中縹色絹《ちうはないろぎぬ》を用《もち》ゆれば曠《はれ》がましくなくて品位《ひんゐ》も下《くだ》らず、此《こ》の種《しゆ》の類《るゐ》には往々快活《わう〳〵くわいくわつ》に筒袖仕《つゝそでじ》立《たて》にするもあり。此場合《このばあひ》にこそ元祿袖《げんろくそで》など用《もち》ゐて見《み》たきものなり、此《この》二枚重《まいがさ》ね仕《し》立上《たてあが》り代價《だいか》二十七圓位。

○袴　仙臺平《せんだいひら》、博多平《はかたひら》の竪縞《たてじま》なれど、近來《きんらい》は熨《の》斗《し》目《め》織《おり》流行《りうかう》す此仕立上《このしたてあが》り代價《だいか》七八圓位。

○帶　繻珍《しゆちん》叉《また》は風通《ふうつう》にて價《あたへ》四圓より六圓位

○○羽織　黑羽《くろは》二重《ぶたへ》紋付《もんつき》、裏《うら》は白綸子《しろりんず》叉《また》は紋羽《もんは》二《ぶた》重《へ》を付《つ》けて此仕立上《このしたてあが》り十圓位。

○女子《ぢよし》七歳祝着《さいゝはひぎ》

上衣《うはぎ》　地質《ちしつ》は縮緬《ちりめん》、紋羽《もんは》二重《ぶたへ》など地色《ちいろ》は赤《あ》小《づ》豆《き》、錆柹《さびかき》、古代紫《こだいむらさき》の類《るゐ》にて何《いづ》れも曙染《あけぼのぞめ》叉《また》は脊切《せざ》りとなし、文樣《もやう》はそれ〲の好《この》みあるべきも、下衣《したぎ》は緋《ひ》紋縮緬《もんちりめん》、同紋羽《どうもんは》二重《ぶたへ》となし三枚重《まいがさ》ね仕《し》立上《たてあが》り（本身裁《ほんみだち》）代價《だいか》四十五圓より六十圓まで。

叉紅《またべに》入り友禪縮緬《ゆうぜんちりめん》、同金糸《どうきんし》入《いり》、同紋羽《どうもんは》二重等《ぶたへどう》にて下衣《したぎ》に紅玉糊《べにたまのり》、板締等《いたじめどう》の縮緬或《ちりめんある》は曙染紋《あけぼのぞめもん》羽《は》二《ぶ》重《たへ》を用《もち》ゐ、裾廻《すそすは》しに緋《ひ》、金雀《ひわ》、肉色《にくいろ》、牡《ぼ》丹色等《たんいろどう》の縮緬《ちりめん》を用《もち》ゐて此仕立上《このしたてあが》り（本身裁《ほんみだち》）三枚重代價《まいがさねだいか》四十五圓より五十圓まで。

中幅帶《ちうはゞおび》　繻珍《しゆちん》、糸錦《いとにしき》の類《るゐ》にて緋《ひ》、黑《くろ》、金雀《ひわ》、納戸《なんど》、牡《ぼ》丹《たん》、海老等《えびどう》の地色《ちいろ》を選《えら》み、花《はな》やかにして品位《ひんゐ》ある文樣《もやう》を選《えら》み此仕立上《このしたてあが》り代價《だいか》十五六圓より三十圓まで。

扱《しごき》　紋縮緬《もんちりめん》の地紋《ちもん》にある龜甲《きつかう》に鳳凰《はうわう》、叉《また》は飛《ひ》鶴《かく》などの紋柄《もんがら》を利用《りよう》して、薄牡丹《うすぼたん》、薄小豆《うすあづき》赤等《とう》に染《そ》めれば面白《おもしろ》く、叉朱鷺色金雀色等《またときいろひわいろとう》の縮《ちり》緬紋絹縮緬等《めんもんきぬちりめんとう》にて兩端《りやうはし》に總《ふさ》をつけたるものも流行《りうかう》せり。此價《このあたへ》三四圓より六七圓。

祝《いは》ひ着《ぎ》の概略《あらまし》は前記《ぜんき》の如《ごと》きものであります、これより通常女裝《つうじやうぢよそう》のあらましを御紹介《ごしやうかい》いたしませう。

地質《ぢしつ》を紋縮緬《もんちりめん》にして、これに崩《くづ》し海鼠《なまこ》、柳等《やなぎとう》の變《かは》り小紋《こもん》をおき、胴《どう》ぬき比翼《ひよく》にし、焦茶《こげちや》、栗梅色《くりうめいろ》などの匹田《ひつた》絞《しぼ》りか紺色《こんいろ》市松形《いちまつがた》の胴《どう》をつけ、裏《うら》は白絹《しろぎぬ》にして三枚重《まいがさ》ね、此仕《このし》立上《たてあが》り代《だい》價《たい》六十五圓位。

又白山繭入縮緬五所紋付《またしろやまゝゆいりちりめんいつゝどころもんつき》、素鼠《すねずみ》、錆鼠《さびちや》、御召《おめし》納戸等《なんどとう》の地色《ぢいろ》にして、前裾《まへすそ》へ蔦《つた》かつら、露芝《つゆしば》のたぐひを極僅《ごくわづ》かに染出《そめだ》したる三枚重《まいがさ》ね、胴《どう》や裏其他《うらそのた》都《すべ》て前《まへ》の通《とほ》りにして此出來上《このできあが》り代價《だいか》六十五圓以上《いじやう》七十圓位。

○帶は紬《つむぎ》、錦《にしき》、幽谷織《ゆうこくおり》、繻珍等《しゆちんとう》にて作《つく》れば三十圓前後《ぜんご》にて適當《てきたう》のものあり。

長襦袢《ながじゆばん》は紋縮緬縮山繭入縮緬縮《もんちりめんやまゝゆいりちりめん》にて目下《もくか》は種々《しゆ〴〵》の珍柄蒐集《ちんがらしうく》の時機《じき》なれば、獨《ひと》り是等《これら》の品《しな》のみならず何品《なにしな》にても充分選定《じゆうぶんせんてい》し得《え》らるべく、十八九圓にて佳品《かひん》を得《え》らる。

次《つぎ》に二枚重ねなれば、縮緬《ちりめん》、錦紗縮緬《きんしやちりめん》、或《あるひ》は山繭入縮緬《やまゝゆいりちりめん》（山繭糸《やまゝゆいと》にて縞又《しまゝた》は格子《かうし》の類《るゐ》を織《おり》たるもの）、此《こ》の地質《ぢしつ》を選《えら》み、松皮《まつかは》、花葡萄《はなぶどう》、錆赤小豆《さびあづき》、素鼠《ひねずみ》の類《るゐ》の色《いろ》にて、江戸褄《えどづま》、曙《あけぼの》、脊切《せぎ》り等嗜好《とうしかう》によりて地落《ぢおと》し染《ぞめ》に文様《もやう》を顯《あら》はすなど流行《りうかう》につれたるものなるべし、就中片《なかにもかた》前江戸褄《まへえどづま》などは粹《すい》なるところ、裏《うら》には白絹《しろぎぬ》か本紅絹《ほんもみ》を付《つ》けて、下着《したぎ》は胴脫《どうぬ》きとなし此《こ》の仕《し》立上《たてあが》り代價《だいか》四十二三圓より五十五圓位。

又《また》二枚重ね、上衣《うはぎ》に普通《ふつう》の御召縮緬《おめしちりめん》、錦城御《きんじやうお》召《めし》、金糸入縮緬等《きんしいりちりめんとう》の地質《ぢしつ》、下着《したぎ》も同《おな》じ品《しな》を胴《どう》脫《ぬ》きにして、裾廻《すそまは》しは茶《ちや》、御召納戸色《おめしなんどいろ》などのうちにて羽二重又《はぶたへまた》は縮緬《ちりめん》を用《もち》ゐ、胴《どう》には變《かは》り色《いろ》の絞《しぼ》り、板縮絹《いたじめきぬ》、八《や》ツ橋《はし》の内《うち》を用《もち》ゆるとし

（イ）

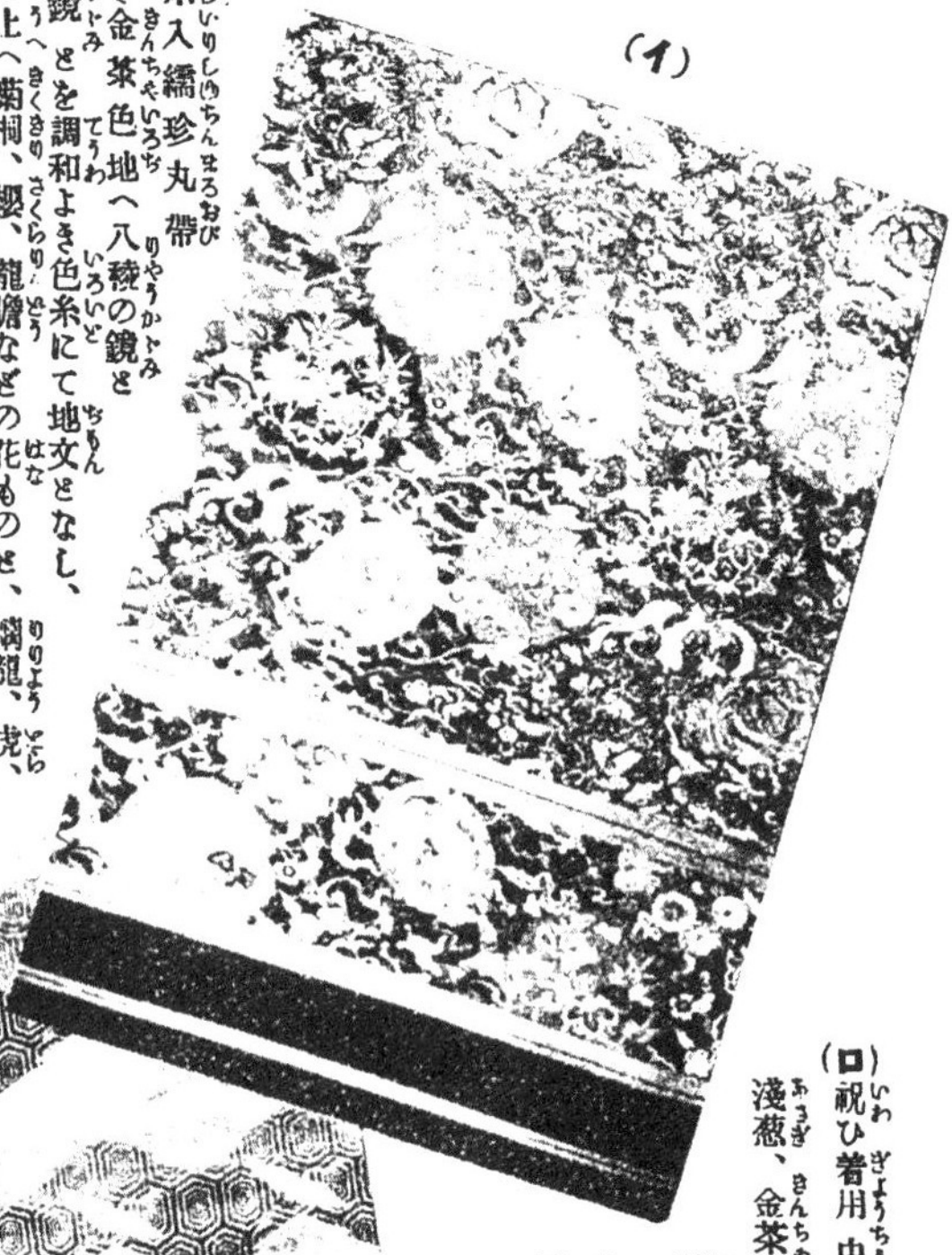

（ロ）

（イ）金糸入《きんしいり》繻珍《しゆちん》丸帯《まろおび》
濃《こ》き金茶色地《きんちやいろぢ》へ八稜の鏡《りやうかゞみ》と丸鏡《まるかゞみ》とを調和《てうわ》よき色糸《いろいと》にて地文《ちもん》となし、其《そ》の上《うへ》へ菊桐《きくきり》、櫻《さくら》、龍膽《りんどう》などの花《はな》ものと、螭龍《ちりよう》、虎《とら》、鳳凰《ほうわう》等の萬曆式文樣《ばんれきしきもやう》を織り出《だ》したる極《きわ》めて優雅《いうが》の逸《いつ》品《びん》は、二十一二の令夫人《れいふじん》向《む》きと思《おも》はる。　價九拾五圓

（ロ）祝《いわ》ひ着用中《ぎやうちう》帯《おび》寸幅一尺六　金糸入《きんしいり》繻珍《しゆちん》　牡丹色地《ぼたんいろぢ》に紅《べに》、金雀《ひわ》淺葱《あさぎ》、金茶《きんちや》の色糸《いろいと》にて松皮菱《まつかわびし》を織《お》りたるその上《うへ》に重《かさ》ね龜《きつ》甲《かう》の地文《ちもん》、所々《ところぐ》へ白糸《しろいと》にて羽《は》を伸《の》す鶴《つる》をあしらひたるいとも目出《めで》たき有職文樣《いうしよくもやう》。　價拾八圓五拾錢

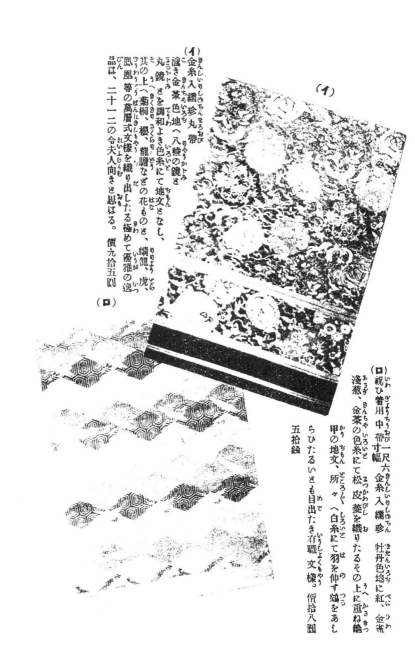

友禪《ゆうせん》三種《しゆ》

（い）縮緬《ちりめん》、鼠地《ねつみぢ》へ鐵納戸地《てつなんどぢ》へ笹《さゝ》を染《そめ》出《だ》したる撥包《ばちづゝ》み、他《た》は悉《ことごと》く寫《しや》生《せい》の色《いろ》に巧妙《とうめう》の染《そめ》を表《あらは》したる新《しん》柄《がら》、太棹《ふとざほ》界《かい》に捨《す》て難《がた》き品《しな》なるべし。價拾七圓

（い）

（ろ）

（ろ）縮緬《ちりめん》時代《じだい》紫地《むらさきぢ》へ扇散《あふぎち》らしは、濃紅《こきくれない》に白菊《しらぎく》など配《はい》色《しよく》の妙《めう》至《いた》れり盡《つく》せり。價拾八圓

（は）紋羽二重地《もんはぶたにぢ》へ濃淡《のうたん》の墨繪《すみゑ》の如《ごと》き雲《くも》に荒浪《あらなみ》、なかに白鷹《しらたか》の舞《ま》ふさまは、いづれ我《わ》が旗艦《きかん》の檣《マスト》に羽《は》をや息《やす》めんか。價拾四圓九拾錢

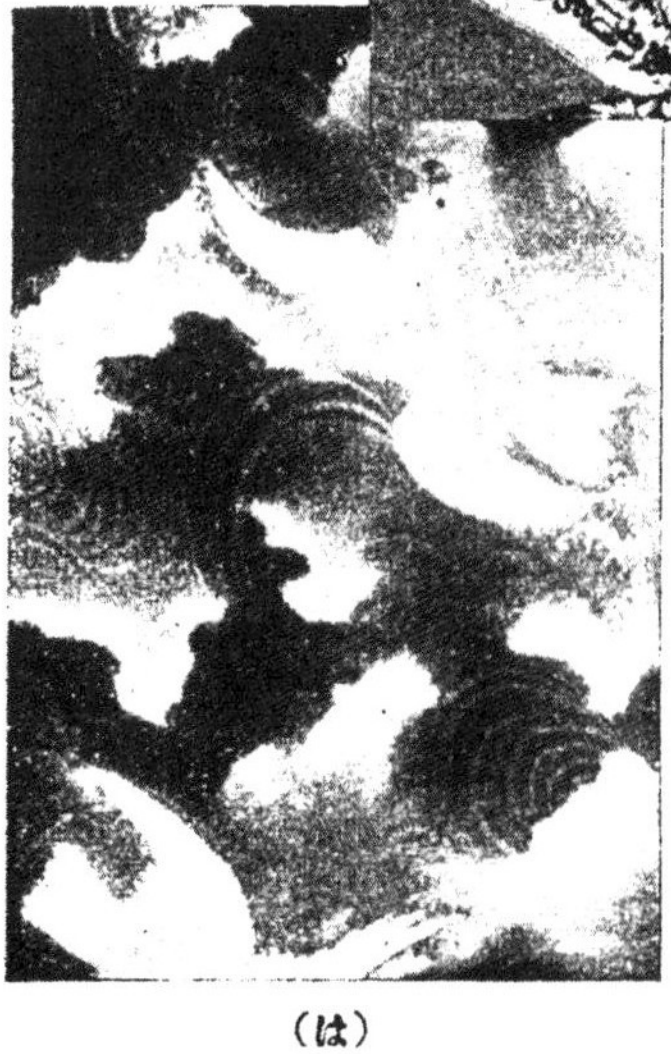

（は）

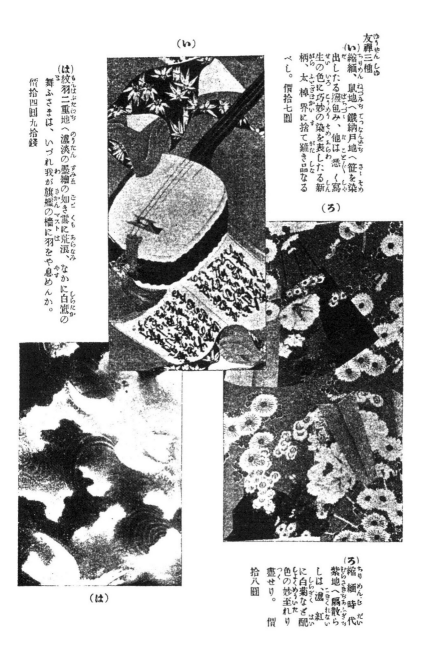

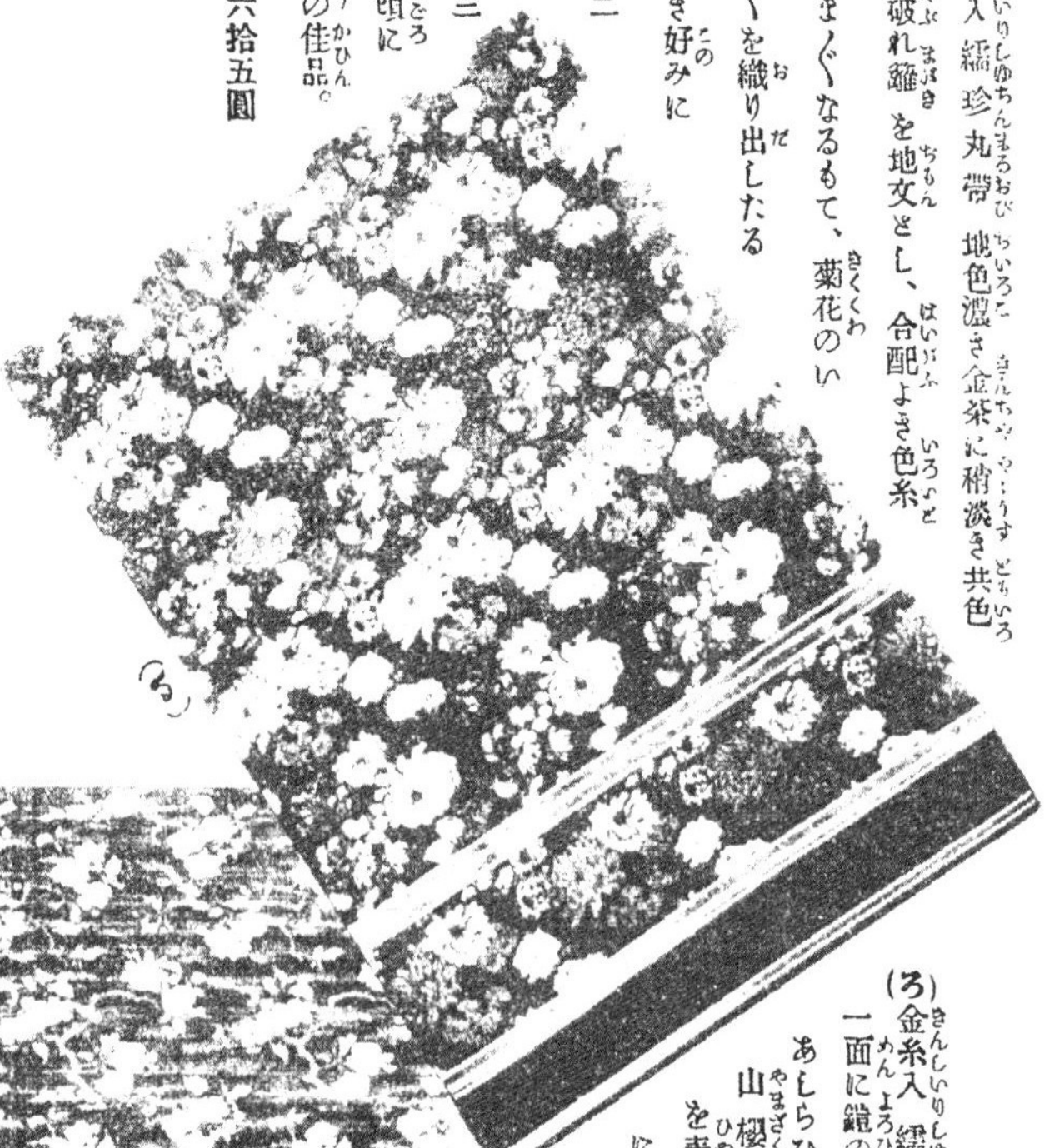

(い)金糸入繻珍丸帯《きんしいりしゆちんまるおび》　地色濃《ちいろこ》き金茶《きんちや》に稍《やゝ》淡《うす》き共色《ともいろ》にて破《やぶ》れ籬《まがき》を地文《ちもん》とし、合配《はいがふ》よき色糸《いろいと》のさまぐ\なるもて、菊花《きくくわ》のいろ\/を織《お》り出《だ》したる美《うつく》しき好《この》みにて。二十二三の年頃《としごろ》に適當《てきたう》の佳品《かひん》。

價六拾五圓

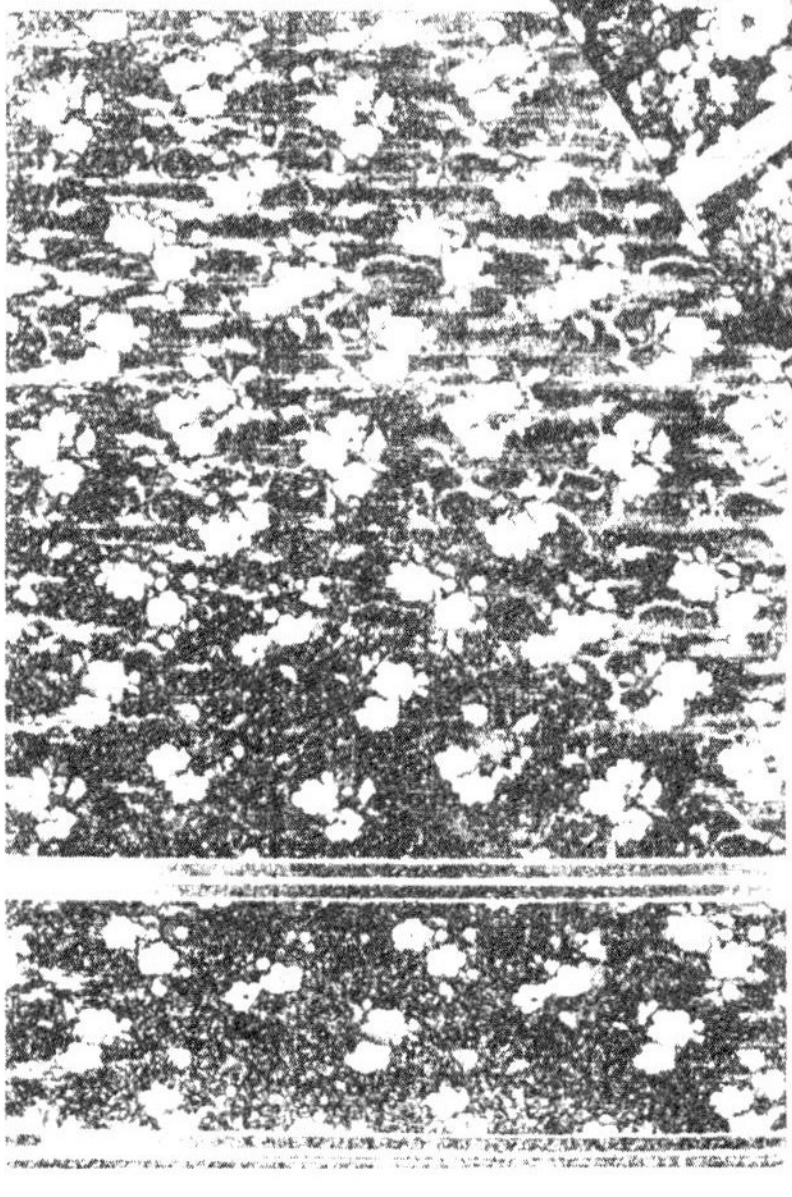

(ろ)

(ろ)金糸入繻珍丸帯《きんしいりしゆちんまるおび》　地色濃《ちいろこ》き金茶《きんちや》に共色《ともいろ》の稍《やゝ》淡き糸《いと》にて一面《かん》に鎧《よろひ》の縅《おどし》を地文《ちもん》に織《お》り出《だ》し、其《そ》の上《うへ》に金糸《きんし》もて雲《くも》をあしらひ、白糸《しろいと》に金糸《きんし》の隈取《くまど》りしたる幷《なら》びに鐵色《てついろ》との山櫻《やまざくら》を配置《はいち》よく織《お》りこみたるは敷島《しきしま》の大和《やまと》ごころを表《ひやう》したる意匠《いせう》なるべし。二十四五の氣高《けたか》き婦人《ふじん》には色合《いろあひ》といひ柄《がら》といひ動《うご》きなき所《ところ》なるべし。

價九拾五圓

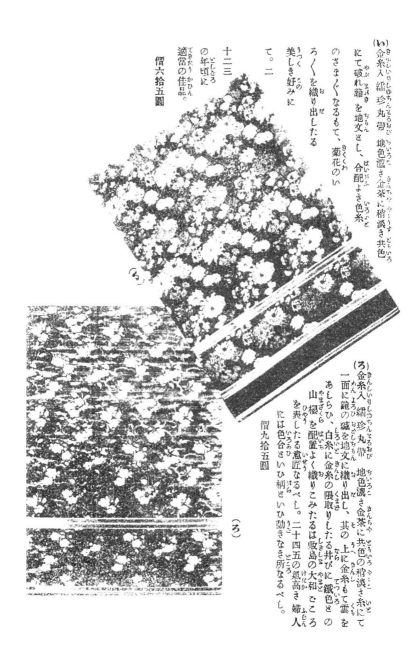

友禪縮緬《ゆうぜんちりめん》三種《しゆ》

(一)薄葡萄地《うすぶどうち》へ鷄頭花《けいとうくわ》に似《に》たる異形《いけい》の菊《きく》、花《はな》は繧繝《うんげん》又《また》は更紗形《さらさがた》を描《えが》き、所々《ところどころ》に赤《あか》、黄《き》、金雀色《ひわいろ》の細《ほそ》き線《せん》にて檜垣《ひがき》を顯《あら》はし、これに白萩《しらはぎ》のやさしきをあしらひたる意匠《いしやう》おもしろし。價拾四圓

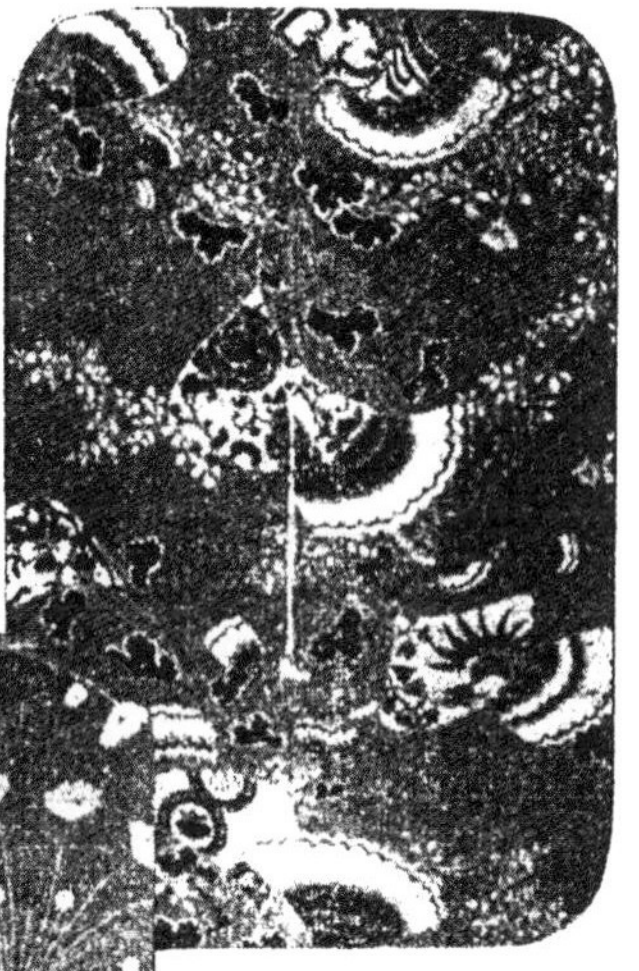

(一)

(二)

(三)

(二)濃《こ》き葡萄地《ぶどうち》に佛國式《ふつこくしき》に野菊《のぎく》を面白《おもしろ》く顯《あらは》し、花《はな》は柿茶《かきちや》と鼠《ねづみ》と白《しろ》とを配合《はいがう》し、葉《は》の裏《うら》表配色《おもてはいしよく》頗《すこぶ》る精巧《せいかう》。價拾四圓五拾錢

(三)時代紫地《じだいむらさきぢ》へ八角金盤《やつで》の葉《は》を文様《もやう》とし、其《そ》の葉《は》は白茶《しらちや》、白《しろ》、萠葱《もえぎ》の濃《こ》き淡《うす》き等《とう》にて葉《は》の線《せん》を赤《あか》、萠葱《もえぎ》、黒等《くろとう》にて配色《はいしよく》よく彩《いろど》りたるもの。價拾五圓

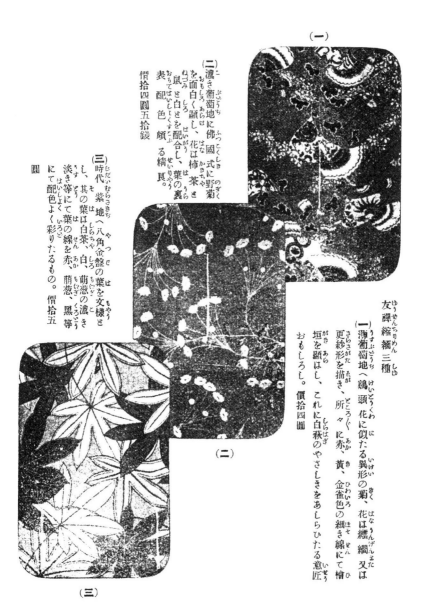

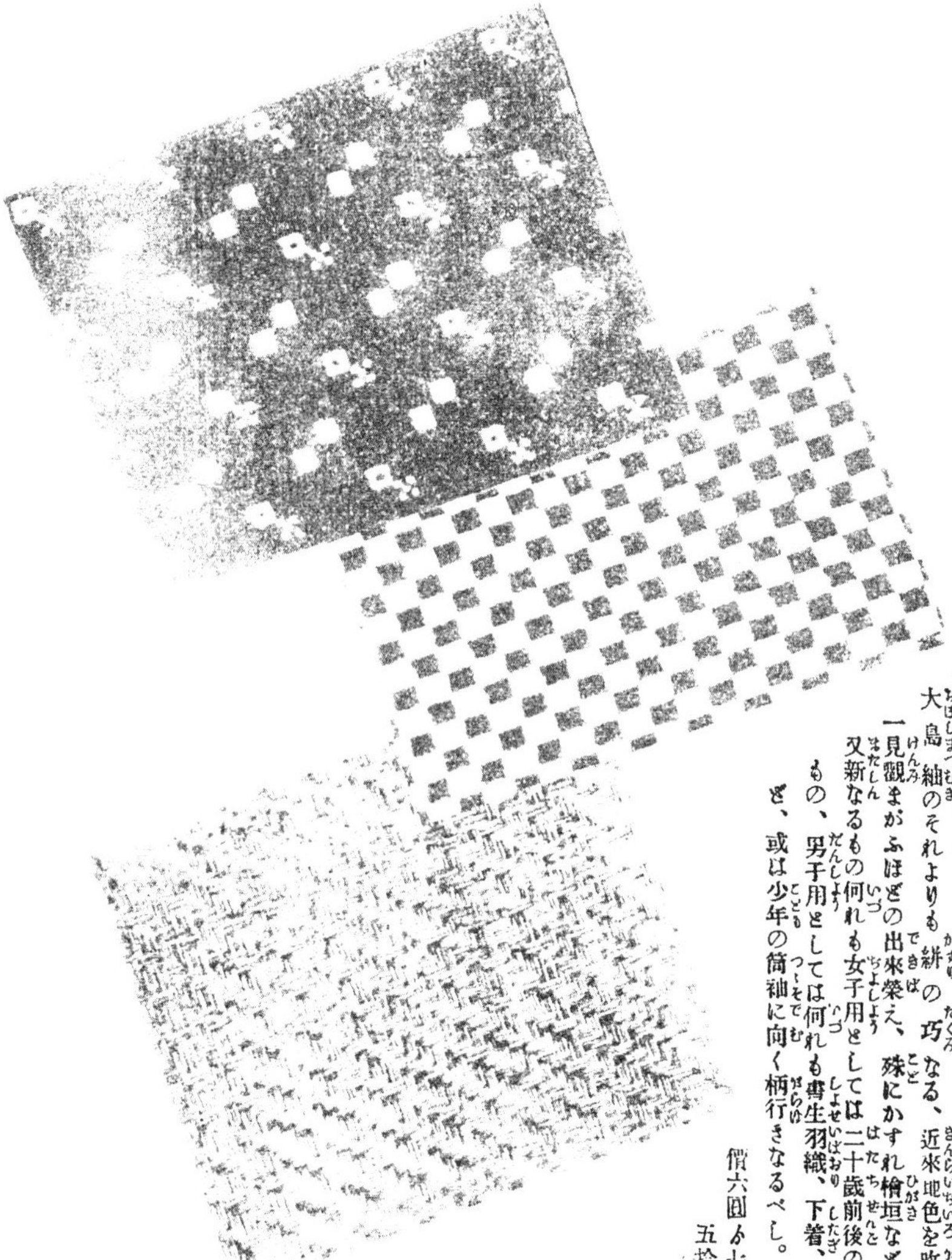

○米澤琉球絣《よねざはりうきうかすり》三點
大島紬《おほしまつむぎ》のそれよりも絣《かすり》の巧《たくみ》なる、近來地色《きんらいぢいろ》を改良《かいりやう》して一見觀《けんみ》まがふほどの出來榮《できば》え、殊《こと》にかすれ檜垣《ひがき》などは新《しん》の又新《またしん》なるもの何《いづ》れも女子用《ぢよしよう》としては二十歳前後《はたちぜんご》の粋《いき》むきもの、男子用《だんしよう》としては何《いづ》れも書生羽織《しよせいばおり》、下着《したぎ》、丹前《たんぜん》など、或は少年《こども》の筒袖《つゝそで》に向《む》く柄行《がらゆ》きなるべし。

價六圓ゟ七圓五拾錢迄

（イ）

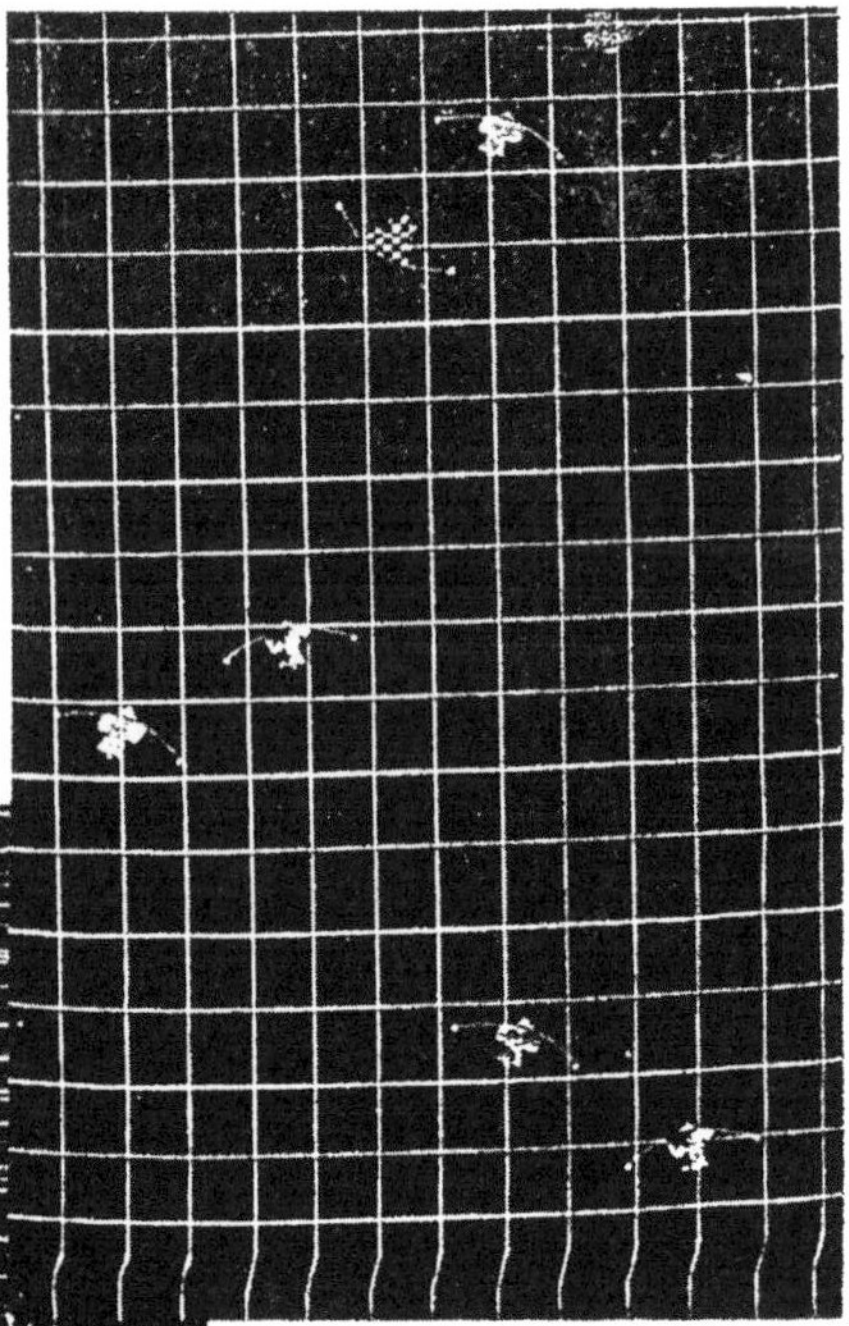

（イ）博多片側帯《はかたかたかはおび》　濃《こ》き納戸色地《なんどいろぢ》、白《しろ》と焦茶《こげちや》の婦夫縞《めをとじま》と白茶《しらちや》の一本筋《ぽんすぢ》とを横堅格子《よこたてがうし》にして、各變《かくかは》りたる配《はい》色《しよく》に面白《おもしろ》き文樣《もやう》の衣着《きぬき》たる彌次郎兵衞《やじろべゑ》を散《ち》らしたる洒落《しやれ》た品柄《しながら》。價五圓四拾錢

（ロ）博多片側帯《はかたかたかはおび》　フリージ色地《いろぢ》へ白《しろ》のかすれ格子《がうし》に白《しろ》と金茶《きんちや》にて鬼齒朶《おにしだ》を織《お》り出《だ》したる嶄新《ざんしん》の文樣《もやう》。價五圓四拾錢

（ロ）

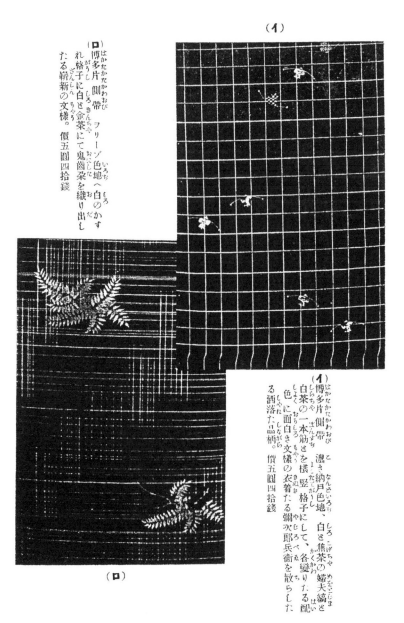

て此《こ》の仕立上《したてあが》り價《あたへ》三十圓より四十圓まで。

帶　鹽瀬《しほせ》の丸帶《まるおび》は袷時《あはせどき》に用《もち》ゐて締工合《しめぐあひ》輕《かろ》く、頗《すこぶ》る外觀《ぐわいくわん》も高尙《こうしやう》で價《あたへ》は三十圓內外《ないぐわい》。腹合帶は博多《はかた》霞織《かすみおり》の飛文樣《とびもやう》、厚板《あついた》なれば土耳古《トルコ》、羅馬《ローマ》などの古代形《こだいがた》を織《お》り出《だ》したるもの目下《もくか》の流行《りうかう》にて、片側《かたかは》は變《かは》り色繻子《いろじゆす》を合《あは》せて價《あたへ》十一二圓より十七八圓まで。

袷羽織　地質《ちしつ》は絹縮《きぬちゞみ》、山繭縮緬《やまゝゆちりめん》、並《ならび》に壽織《ことぶきおり》と稱《しやう》する白紋御召《しろもんおめし》などを選《えら》み、何《いづ》れも濃《こ》き流行《りうかう》色《いろ》に染上《そめあ》げ、裏《うら》には、糊置染《のりおきぞめ》の紋羽《もんは》二重《ぶたへ》か更《さら》紗羽《さは》二重《ぶたへ》を用《もち》ゐて、出來上《できあが》り二十圓より二十七八圓。

近頃《ちかごろ》花柳界《くわりうかい》に歡迎《くわんげい》せらるゝものは、無地御召《むぢおめし》に陰《かげ》か比翼紋《ひよくもん》として脊《せ》に一箇所《かしよ》の紋章《もん》をつけ裏《うら》は更紗縮緬《さらさちりめん》羽《は》二重《ぶたへ》を用《もち》ゐ、價《あたへ》十八圓より二十二三圓。

此邊《このへん》にて新調《しんてう》せらるれば間然《かんぜん》する所《ところ》なかるべしとは、白木屋《しろきや》呉服店員《ごふくてんゐん》に就《つい》て取調《とりしら》べた所《ところ》であります。

○髮《かみ》の結《ゆ》ひぶり

女子《ぢよし》の髮形《かみかたち》は男子《だんし》が理髮《りはつ》の形《かたち》よりも猶其《なほそ》の人《ひと》の品位《ひんゐ》を上下《じやうげ》せしむるものであるが、近頃《ちかごろ》は其《そ》の種類《しゆるゐ》が追々少《おひ〳〵すくな》くなつて今《いま》に束髮《そくはつ》と丸髷《まるまげ》、島田《しまだ》、銀杏返《いてふがへ》し位《くらゐ》になつて了《しま》ふであらうと思《おも》はるゝ、四五年前《ねんまへ》までは束髮《そくはつ》にも亦《また》いろ〳〵の種類《しゆるゐ》が有《あつ》たが、今《いま》は大抵《たいてい》一定《てい》した、茲《こゝ》に最《さい》近米國《きんべいこく》流行《りうかう》の束髮形《そくはつがた》を取《と》り寄《よ》せて次《つぎ》の頁《ページ》に示《しめ》すが、髮形《かみかたち》と衣服《いふく》とは密接《みつせつ》の關係《くわんけい》があるから多少《たせう》淑女《しよくぢよ》がたの參考《さんかう》となるであらふと思《おも》ふ。

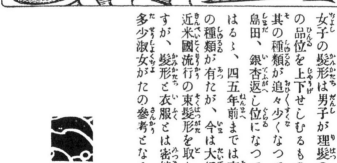

○髪飾《かみかざり》及《およ》び携帯品《けいたいひん》

最近《さいきん》流行《りうかう》の束髪用《そくはつよう》簪《かんざし》は前《せん》號《がう》に報道《はうだう》したが、日本風《にほんふう》の櫛《くし》笄《かうがひ》や持物《もちもの》を例《れい》の池《いけ》の端《はた》の玉寶堂《ぎよくはうだう》で調《しら》へたところが先斯《まつか》うである。

下圖《かづ》の櫛《くし》笄《かうがひ》は、玉寶堂《ぎよくはうだう》で遠州形《けんしうがた》と名命《めいめい》したもの、流行《りうかう》の形《かた》といへば、此《こ》の外《はか》に無《な》いのである、本鼈甲《ほんべつかう》に蒔繪《まきゑ》で斬新《ざんしん》な圖案《づあん》によつて作《つく》つたものが

最上製《さいじやうせい》一組《ひとくみ》　二十五圓より四十五圓

上製《じやうせい》　七八圓より十七八圓

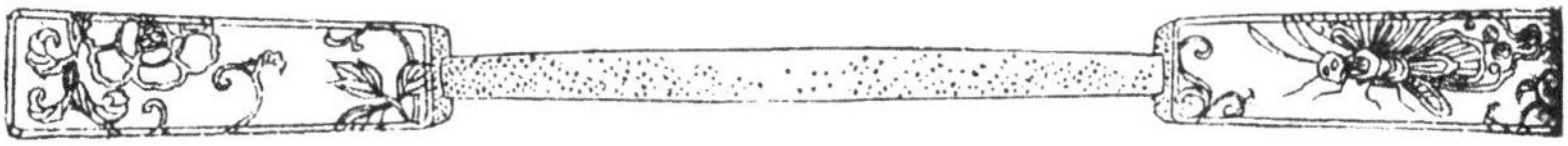

○貴婦人持《きふじんもち》

箱《はこ》せこ

箱《はこ》せこは武家《ぶけ》の奥向《おくむき》にばかり行《おこな》はれたもので、近頃《ちかごろ》再《ふたゝ》び貴婦《きふ》人界《じんかい》にも囃《はや》さるゝことゝなつた。それは裂《きれ》地《ち》や作《つく》り方《かた》が野暮《やぼ》でなくなつたので常《つね》の裝《そう》飾《しよく》にもなるのである。

地質《ぢしつ》は

繻珍　大形一圓八十錢以上四圓八十錢
　　　小形一圓三十錢以上三圓五十錢

緞子　大形三圓五十錢以上九圓五十錢
　　　小形二圓五十錢以上五圓五十錢

簪《かんざし》模樣《もやう》彫刻《てうこく》又《また》は定紋付《でうもんつき》にて

洋銀地　九十五錢以上一圓八十錢

純銀地　二圓五十錢以上四圓八十錢

○男子持巻煙草入《だんしもちまきたばこいれ》と抱《かゝへ》かばん

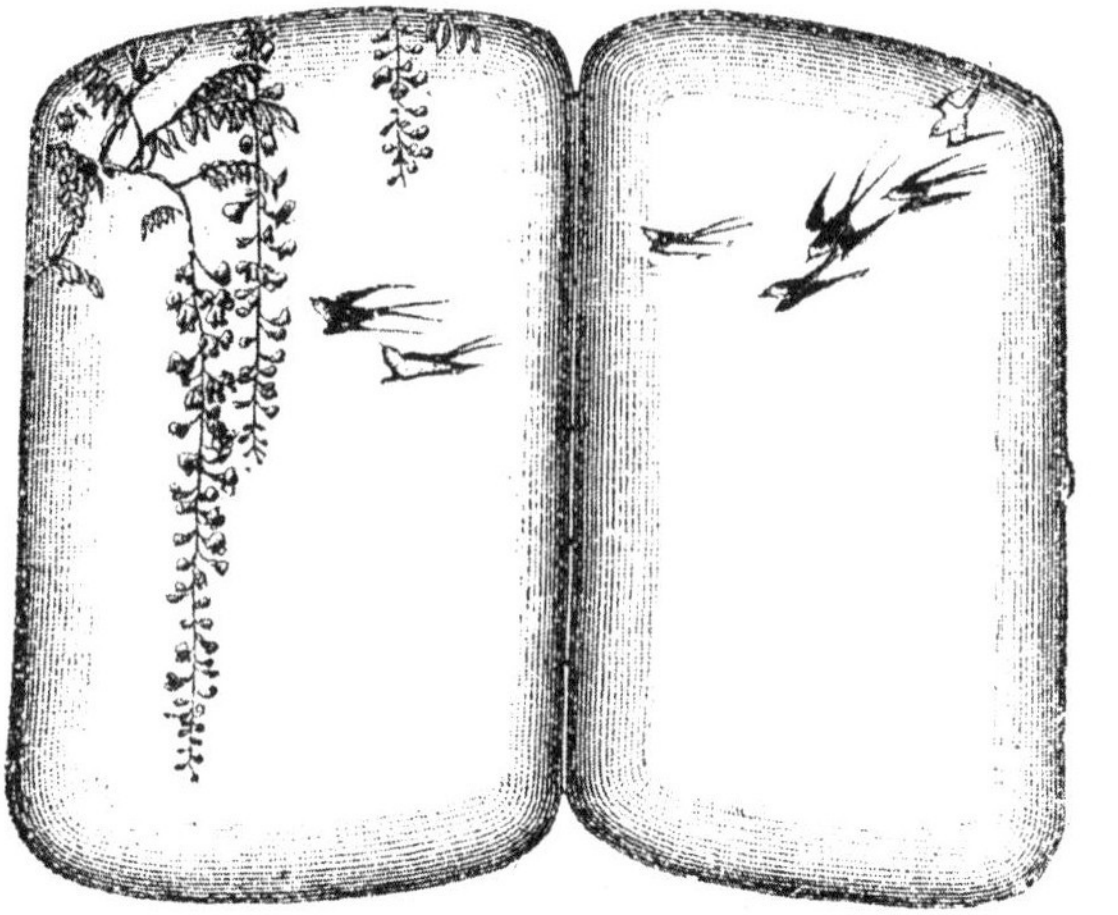

金屬製《きんぞくせい》の薄作《うすさく》で頗《すこぶ》る精工《せいこう》を極《きは》めてあるからポケットにも袂《たもと》にも嵩《かさ》ばらぬ持《もち》よいもので彫刻《てうこく》は好《この》み次第《しだい》であるが通常片切《つうかたぎり》象眼《ざうがん》で銀製《ぎんせい》十七八圓より八十五圓位、朧銀製《らうぎんせい》で十五圓より六十五圓位、藤井象眼《ふぢゐざうがん》で山水花鳥《さんすゐくわてう》など施《ほどこ》したるものにて八圓五十錢。

○抱鞄《かゝへかばん》

革《かは》でもなからう、絨緞《じうたん》は持《もて》ないといふ筋《すぢ》のもので、阿《お》蘭陀木綿《らんだもめん》摸《うつ》しか正羽織《しやうばおり》で作《つく》て前金物《まへかなもの》の中《なか》へ認印《みとめいん》を入《い》るべく造《つく》つてあるのが獨特《どくとく》の所價《ところあたへ》は二圓五十錢以上《いじやう》四圓五十錢。

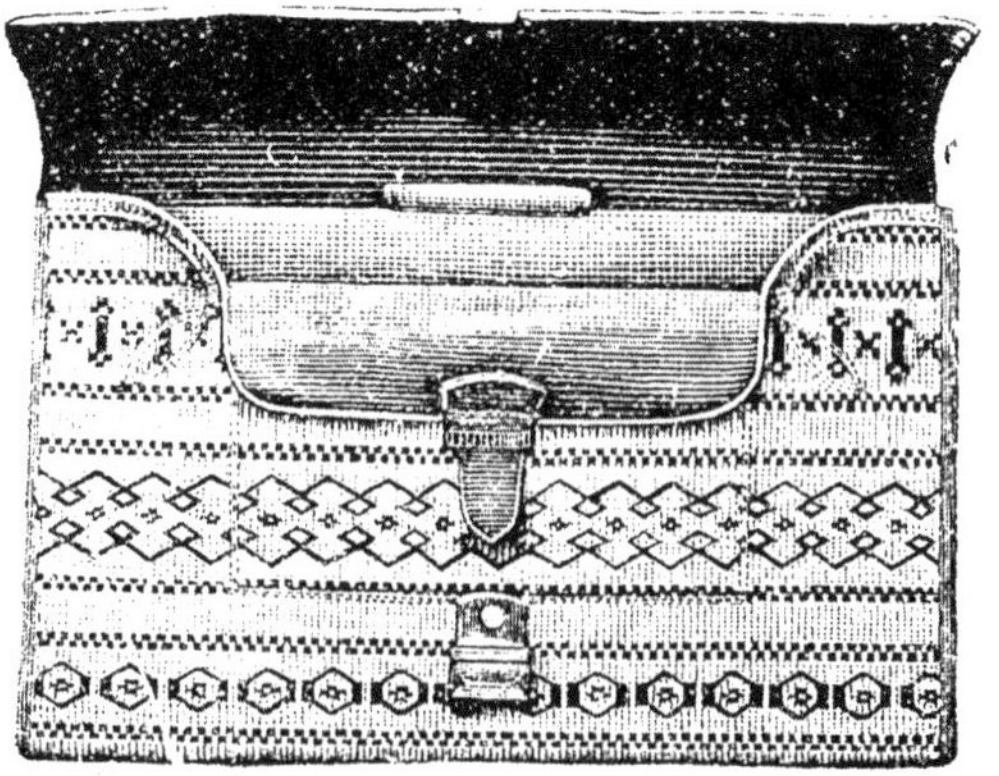

○婦人肩掛《ふじんかたかけ》（ショール）

千歳《ちとせ》ショール　通常羽衣《つうじやうはごろも》ショールの襟《えり》より前《まへ》に垂《た》るべき一端《たん》に都《すべ》て白鶴《はくかく》の羽《はね》をもて保温《はおん》と装飾《そうしよく》をかね美麗《びれい》に造《つく》りたるものにて、鶴《つる》に因《ちな》みて千歳《ちとせ》ショールとはいふなるべし。其《そ》の美《うつ》くしく氣高《けだか》きことは天津乙女《あまつをとめ》の着《き》たるといふ羽衣《はごろも》にも勝《まさ》るべく、三保《みほ》の浦邊《うらべ》の漁夫《ぎよふ》はものかは、都門《ともん》のうかれをたちも、此《こ》のショールかけたる乙女《をとめ》を見《み》て心浮《こゝろう》かれずやは。

價五圓より五圓五十錢　白木屋呉服店にあり

○戰捷紀念《せんしようきねん》の襟飾《ゑりかざり》、手巾《ハンケチ》、手拭《てぬぐひ》

（同店販賣）

新案《しんあん》とし云《い》へば何《なに》にても戰捷《せんしよう》を意味《いみ》することゝなれるは、戰捷國《せんしようこく》の嬉《うれ》しき所《ところ》で有《あ》らう。題號《だいかう》の如《ごと》き襟飾《ゑりかざり》、手巾《ハンケチ》、手拭《てぬぐひ》などの賣《う》れゆき非常《ひじやう》に多《おほ》く、内國人《ないこくじん》はいふもさらなり、遠《とほ》く海外《かいぐわい》より筇《つゑ》を曳《ひ》く外人《ぐわいじん》までも、態々《わざ〳〵》東遊《とうゆう》の紀念品《きねんぴん》として買入《かひい》れるもの多《おほ》く、爲《ため》に製造《せいぞう》に日《ひ》も亦《また》足らず、品切《しなぎ》れとなることあれば滯在《たいざい》してまでも購《あがな》ひ歸《かへ》るなぞなか〳〵の大景氣《おほけいき》なりと、襟飾《ゑりかざり》は一圓以上《いじやう》、ハンカチーフは三十五錢より五十錢まで、手拭《てぬぐひ》は一筋《すぢ》四錢五厘とのこと。

貴女紳士交際法《きぢよしんしかうさいはふ》

北　廬　譯

此書は Etiquette for Ladies and Gentlemen と云ふて、倫敦と紐育のフレドリック、ワーン會社の出版にかゝり、非常に歡迎されつゝある最新の禮法書であるから、讀者の御參考にもと本號より掲載する事とはなしぬ。

貴女《きぢよ》の部《ぶ》

緒論《ちよろん》

禮法《れいはふ》は言語動作《げんぎよどうさ》の指導《しどう》となるもので、何人《なんびと》にさりても至極大切《しごくたいせつ》な問題《もんだい》である、凡《およ》そ世《よ》の中《なか》の事《こと》は、何《なに》によらず悉《ことごと》く一定《てい》の法則《はふそく》に從《したが》ふものであるから、此法則《このはふそく》を知《し》らぬ時《とき》は、事《こと》に臨《のぞ》み變《へん》に處《しよ》し種々《いろ〱》の疑《うたがひ》が出《で》て困難《こんなん》なることが多《おほ》い、苟《いやしく》も事《こと》に據《よ》るべきの先例《せんれい》なく其節々《そのをり〱》に自《じ》分《ぶん》の腦漿《のうしやう》を絞《しぼ》るやうでは、時間《じかん》の空費《くうひ》はどのやうであらう、法式《はふしき》の設定《せつてい》は實《じつ》に無限《むげん》の煩勞《わづらひ》を省《はぶ》くものである。

世《よ》には表面《へうめん》、禮法《れいはふ》を輕《かろ》んじて頻《しき》りに得意顔《とくいがほ》する人《ひと》も隨分多《ずゐぶんおほ》いやうであるが、深《ふか》く其內心《そのないしん》に立入《たちい》りて見《み》れば、何《いづ》れも此問題《このもんだい》には密々《ひそ〱》多《た》少《せう》の心《こゝろ》を痛《いた》めて居《ゐ》るらしい。行儀作法《ぎやうぎさは》の書籍《しよじやく》研《けん》究《きう》などは一笑《せう》の價値《ねうち》もないなどと嘯《うそぶ》き居《を》る當《たう》世《せい》なれど、去《さ》る折《おり》の會席《くわいせき》上《じやう》にて禮法《れいはふ》に關《くわん》する問題《もんだい》を提出《ていしゆつ》して見《み》られよ、談話《はなし》に倦《う》み言葉《ことば》寡《すくな》になれる一座《ざ》も、俄《にわ》かに活氣《かつき》を帶《お》び來《きた》り、猫《ねこ》も杓子《しやくし》も何事《なにごと》をか言出《いひだ》して、先例古格《せんれいこかく》に訴《うつた》へるやら、新舊《しんきう》の慣例《くわんれい》を較《くら》べるやら、怪《あや》しきまでに景氣《けいき》つくではないか。

何《なに》は兎《と》もあれ、今日《こんにち》の流行《りうかう》は昔《むか》しの流行《りうかう》から脫化《だつくわ》したもので、且《か》つ古代《こだい》の風習《ふうしふ》は自《おのづか》ら當時《たうじ》の精神《せいしん》を保存《ほぞん》して、後世《こうせい》に殘《のこ》すものであるから、單《たん》に考古《かうこ》の點《てん》より見《み》るとしても、禮法《れいはふ》の研究《けんきう》は充分其價値《じうぶんそのねうち》あるものと云《い》つて宜《よろ》しい、勿論吾々今日《もちろんわれ〱こんにち》の習慣《しふくわん》の內《うち》には、全然近代生活《ぜん〱きんだいせいかつ》の必要《ひつえう》より起《おこ》りて、前代《ぜんだい》と何《なん》の關係《くわんけい》もないものもあるが、併《しか》しまた古代《こだい》のものを其《その》まゝに、再興《さいこう》したものも少《すく》なからぬである、風俗流行《ふうぞくりうかう》は上流《じやうりう》の人《ひと》まづ之《これ》をはじめ、それよりして次《し》第《だい》に社會《しやくわい》の下層《かそう》に推移《うつ》るので、それまでには可《か》なりの長日月《ちやうじつげつ》を要《えう》する、其故前代《それゆゑぜんだい》の流行《りうかう》が現時《げんじ》の下等社會《かとうしやくわい》の間《あひだ》に殘《のこ》り居《を》るは、吾々《われ〱》の往《わう》往《わう》に實見《じつけん》する所《ところ》である、今日《こんにち》ブリタニーの農《のう》民《みん》がチャーレス一世時代《せいじだい》の騎兵《きへい》と同樣《どうやう》な表衣《うはぎ》を着用《ちやくよう》するなどが其《その》一例《れい》である。

今日《こんにち》は流行《りうかう》の變化《へんくわ》頗《すこぶ》る速《すみや》かなる時代《じだい》で、之《これ》に關《くわん》する一定《ていふ》不變《へん》の書物《しよもつ》を書《か》くと云《い》ふことは、迚《とて》も出來《でき》ぬ仕事《しごと》である、從《したが》つて此書《このしよ》の如《ごと》きも餘《あま》り貴《たつと》き功能《かうのう》はないかも知《し》れぬが、是《これ》まで世《せ》間類《けんるゐ》の少《すく》い新方面《しんはうめん》の著述《ちよじゆつ》で、且《か》つ今日現《こんにちげん》に流《りう》行《かう》しつゝある禮法《れいはふ》の概略《がいりやく》を讀者《どくしや》に知《し》らしむるに足《た》りるであらうとは、著者《ちよしや》が私《ひそか》に信《しん》ずる處《ところ》である。

衣服《いふく》の事《こと》

衣《い》服《ふく》の事《こと》は婦人《ふじん》にとりて頗《すこぶ》る重大《ぢうだい》である、賢《けん》婦《ふ》人《じん》たるものは決《けつ》して之《これ》を輕忽《けいこつ》に附《ふ》してはならない、服裝賤《ふくさういや》しき人《ひと》は絶《た》えず相手《あひて》に不快《ふくわい》の念《ねん》を起《おこ》させる、之《これ》に反《はん》して外見《ぐわいけん》の瀟洒《さつぱり》としたるは、其人柄《そのひとがら》の程《ほど》も思《おも》ひやらるゝ。勿論吾々《もちろんわれ〳〵》の門閥《もんばつ》だとか身分《みぶん》とかゞ背《せ》の眞中《まんなか》に記《しる》されてある譯《わけ》でもないから、何程《なにほど》の才能《さいのう》、何程《なにほど》の徳《とく》義《ぎ》が備《そな》はり居《を》るとも、相手《あひて》に其程《それほど》の感《かん》じを能《あた》へる事《こと》の出來《でき》ぬ塲合《ばあひ》が多《おほ》くある、然《しか》るに氣《き》の利《きい》た巧《たくみ》な服裝《ふくさう》は直《たゞ》ちに吾人物《わがじんぶつ》の程《ほど》を表白《ひやうはく》し、會《あ》ふ人毎《ひとごと》に自《おのづか》ら愛敬《あいけい》の念《ねん》を起《おこ》さしむるのである、別《べつ》して今日《こんにち》の如《ごと》く身仕度《みじたく》に獨創《どくそう》の工風《くふう》を凝《こ》らすを貴《たつと》ぶ時世《じせい》に處《しよ》しては、衣《い》服《ふく》の事《こと》は實《じつ》に多分《たぶん》の考慮《かうりよ》を要《えう》するのである、併《しか》し考慮《かうりよ》を要《えう》すると云《い》ふても餘《あま》り詮索《せんさく》に深入《ふかいり》して、色即《しきそく》是空《ぜくう》と大悟《たいご》し、短褐緩帶《たんかつくわんたい》に得意《とくゐ》がる樣《やう》になりては感心《かんしん》の出來《でき》ぬ話《はなし》であるが、先《ま》づ今日《こんにち》は何《いづ》れの時代《じだい》よりも取分《とりわ》けて、婦人《ふじん》が服裝《ふくさう》の上《うへ》に個人的性格《こじんてきせいかく》を表《へう》するに、尤《もつと》も都合《つがふ》よき時代《じだい》であると考《かんが》へらるゝ。

人々《ひと〴〵》の服裝《ふくさう》がそれ〴〵に作《つく》り附《つ》けた樣《やう》に固定《こてい》するのを、好《この》ましいと云《い》ふ考《かんがへ》ではないが、婦《ふ》人《じん》が皆特異《みなとくゐ》の外貌《ぐわいはう》を有《いう》し居《を》ると云《い》ふ事《こと》は、爭《あらそ》はれぬ事實《じじつ》である、別段《べつだん》に適當《てきたう》の語《ご》を思當《おもひあた》らぬから、假《かり》に此特異《このとくゐ》の外貌《ぐわいはう》を其人々《そのひと〴〵》の風と呼《よ》むで置《お》かう。

扨《さ》て婦人《ふじん》は其風《その◎》により千差萬別《さべつ》で、甲《かう》には長《なが》くだらりとした服《ふく》が一番《ばん》よく似合《にあ》ひ、乙《おつ》には亞麻《あま》のカラーを着《つ》けたガウン（表衣《うはぎ》の一種《しゆ》）が最《もつと》も好《この》ましいやら、または東洋流《とうやうりう》のチー、ガウン（茶席《ちやせき》の表衣《うはぎ》）が大層器量《たいそうきりやう》を上《あ》げるもあり、黒服《くろふく》に菫花《すみれ》の一束《ひとたば》が人《ひと》の目《め》を引《ひ》く種子《たね》となるもあり、要《えう》するに婦人《ふじん》は能《よ》く自分《じぶん》の風《◎》を考《かんが》へて、之《これ》に相當《さうたう》する樣《やう》な身仕度《みじたく》をするのが大切《たいせつ》である、斯《かく》の如《ごと》く服裝《ふくさう》は其人《そのひと》によりて變《かは》へられねばならぬのに、世間《せけん》の批判《ひはん》はまた衣《い》服《ふく》の種類《しゆるゐ》については頗《すこぶ》る寛大《くわんだい》である、併《しか》し其《その》衣服《いふく》を着《つ》ける時と場合とに關《くわん》してはまた至極《しごく》嚴重《げんちう》なものであるから、時《とき》と場合《ばあひ》に相應《ふさ》はしきと云《い》ふ事《こと》が、裝服秘訣《ふくさうひけつ》の半分《なかば》を占《し》めて居《ゐ》る、如何《いか》に申分《まうしぶん》なき完全《くわんせん》な身仕度《みじたく》でも、時《とき》の狀況《じやうけう》に適《かな》はなければ全然失敗《ぜん〳〵しつぱい》と云《い》ふ外《ほか》はない。

何《いつ》れの時《とき》でも專《もつぱ》ら馬車《ばしや》に乘《の》る時《とき》のみの着料《きれう》として流行《りうかう》する服《ふく》がある、中等社會《ちうとうしやくわい》の人《ひと》は能《よ》く注意《ちうい》して間違《まちが》つて着《き》ないやうにせねばならぬ、例《たと》へば長《なが》い錦《にしき》の表衣《うはぎ》は、一頭立《とうだち》の馬車《ばしや》に乘《の》りては至極適當《しごくてきたう》だが、街路《まち》を歩《あゆ》むには何《ど》う見《み》ても可笑《おか》しく、色《いろ》綵鮮麗《あざやか》なるボンネット（女帽《をんなばう》）は公會《はれ》の場所《ばしよ》では如何《いか》にも都雅《みやびやか》だと云《い》はるれど、小買物《こかひもの》にでも出《で》る時《とき》は全然《ぜん〳〵》野卑《やひ》な風俗《ふうぞく》と見《み》えるであらう、服裝《ふくさう》に上流下流《じやうりうかりう》の區《く》別《べつ》無《な》しとは今日《こんにち》一般《ばん》に云《い》ふ所《ところ》ではあるが、それにしても富者《ふしや》には自《おのづか》ら富者《ふしや》の流行《りうかう》あれば、貧人《ひんじん》は強《し》ゐて其仲間《そのなかま》入《いり》をせぬが好《よ》からうと思《おも》ふ。

衣服《いふく》の禮法《れいはふ》を知《し》るは誠《まこと》に容易事《たやすいこと》である、乃《すなは》ち朝《あさ》の衣服《いふく》は素樸《そぼく》にして而《し》かも何處《どこ》までも清楚《せいそ》なるが如《ごと》し、午後《ごご》の衣服《いふく》は一體《たい》に朝よりは晴《は》手《で》なるがよし、殊《こと》に人《ひと》を訪問《はうもん》する折《おり》なぞは最《もつと》もしかすべきである、中餐《ちうさん》の衣服《いふく》は四角形《かくがた》の胸當《むねあて》と臂切袖《ひぢきりそで》が一般《ぱん》の風《ふう》である、夜《よる》のは鮮麗《はなやか》でなくてはならぬ、しかも舞踏會《ぶたうくわい》には半化粧《はんげしやう》はならぬものである。

衣服《いふく》の相應《ふさ》はしきと云《い》ふ事《こと》は大切《たいせつ》なれど、日《にち》曜日《えうび》丈《だけ》は前述《せんじゆつ》の法式外《はふしきぐわい》と見做《みな》さねばならぬ、日曜日《にちえうび》に朋友《ほういう》の家《いへ》に滯留《ていりう》し居《を》る場合《ばあひ》には、朝《あさ》の服裝《ふくさう》は素樸《そぼく》にせよとの法式《はふしき》は無用《むよう》である、又教會堂《またけうくわいだう》へ行《ゆ》く服其《ふくその》まゝで朝餐《てうさん》の席《せき》に就《つ》くのは相當《さうたう》の事《こと》であつて、朝餐《てうさん》をする僅《わづ》かな時間《じかん》の爲《た》めに衣服《いふく》を改《あらた》むるなぞは却《かへつ》て間違《まちが》つた話《はなし》である。

中餐會《ちうさんくわい》にては手袋《てぶくろ》は必《かな》らず着《つ》けなくてはならぬ、そしていよ／＼食卓《しよくたく》に就《つ》いてから、初《はじ》めて脱《ぬ》ぐのである。

（本項未完以下次號）

雜録

本欄には大方諸彦の投稿を歡迎す

○形容詞《けいようし》といふものは必要《ひつえう》なもので、都《すべ》ての事《じ》物《ぶつ》を叙《じよ》するうへに於《おい》て無《な》くてならぬものである。數《す》十言《げん》にも言《い》ひ盡《つく》せぬことを、僅《わづ》か一句《く》のうちに痒《かゆ》い所《ところ》に手《て》の屆《とゞ》くやうに感動《かんどう》させるのは全《まつた》く形容詞《けいようし》の力《ちから》である。此《こ》れだけ効驗《かうけん》のあるものだけに又用《またもち》ゐやうを誤《あやま》ると瞑眩《めんげん》する恐《おそ》れが有《あ》る。支那《しな》が濫《やたら》に此《と》の形容詞《けいようし》を用《もち》ゐて終《つゐ》に針小棒大《しんせうぼうだい》に軌道《きだう》を外《はづ》れて、時《とき》には折角《せつかく》の叙事《じよじ》が此《こ》の形《けい》容《よう》の大袈裟《おほげさ》なために滑稽《こつけい》に爲《な》り了《おは》ることがある。日本《にほん》も大分《だいぶ》此《こ》の病《やまひ》にかぶれて居《ゐ》ると思《おも》ふふしが多《おほ》い。

一寸《ちよつと》した事《こと》だが謡曲《ゑうきよく》の鉢《はち》の木《き》、北條家《ほうでうけ》の武士《ぶし》佐野《さの》常世《つねよ》が流浪《るらう》しても主家《しゆうか》を忘《わす》れざる士道《しだう》を主人公《しゆじんこう》として、傍《かたは》ら最明寺《さいめうじ》時頼《ときより》が自《みづか》ら辛酸《しんさん》を嘗《な》めて民情《みんじやう》を視察《しさつ》せる事蹟《じせき》を叙《じよ》したもので、能《よ》く鎌倉武士《かまくらぶし》の本體《ほんたい》を顯《あらは》して文句《もんく》もなか〳〵面白《おもしろ》く出來《でき》て居《ゐ》る。けれども此《こ》の常世《つねよ》が流浪《るらう》の爲《た》めに粟《あは》を喰《しよく》するにまで至《いた》つたといふ貧窮《ひんきう》の狀《さま》を叙述《じよじゆつ》する場合《ばあひ》に於《おい》て、餘《あま》りに情《じやう》に迫《せま》つて、例《れい》の形容《けいよう》が軌道《きだう》を外《はづ》れて居《ゐ》る。丌《そ》は何《なに》かといふに、常世《つねよ》の詞《ことば》に

運《うん》の盡《つき》る所《ところ》は最明寺《さいめうじ》殿《どの》さへ修行《しゆぎやう》に御出《おんいで》候上《うへ》は候。か樣《やう》におちぶれては候へ共《ども》。御覽《ごらん》候へ是《これ》に武具《もの〻ぐ》一領《れう》長刀《なぎなた》一トえだ。あれに馬《うま》をも一疋《ぴき》つないで持《も》ち候。是《これ》は只今《たゞいま》にてもあれ。鎌倉《かまくら》に御大事《おんだいじ》あらば。ちぎれたりとも此具足《このぐそく》取《とつ》て投《なげ》かけ。さびたりとも長刀《なぎなた》を持《も》ち。痩《やせ》たり共《とも》あの馬《うま》に乘《の》り云云《うんぬん》

とある。如何《いか》に貧《ひん》の餘《あま》り餓《うへ》に痩《つか》るゝ身《み》とはいへ此《こ》の時《とき》までも主家《しゆか》に大事《だいじ》あるときは、一番《ばん》に馳《は》せ參《さん》じて思《おも》ふ敵《てき》と引《ひ》つ組《く》まんず心掛《こゝろがけ》の武士《ぶし》が、甲冑《かつちう》の損《ちぎ》れを修繕《しうぜん》すべき資力《しりよく》もなく、馬《うま》を肥《こや》すべき秣《まぐさ》も與《あた》へられぬは言《い》ふまでも無《な》いことでは有《あ》るが、武士《ぶし》の魂《たましい》ともいふべき打《うち》物《もの》を銹《さび》させるとは不覺《ふかく》千萬の白徒《しれもの》と言《い》はねばならぬ、縱《よ》しこれは常世《つねよ》が謙遜《けんそん》の詞《ことば》としても、其《そ》の末段《まつだん》に、時頼《ときより》が諸國《しよこく》の軍勢《ぐんせい》を集《あつ》め、而《しか》して其《そ》の軍勢《ぐんせい》のうちには必《かなら》ずや常世《つねよ》有《あ》らんといふことを信《しん》じ、雜式《ざうしき》に命《めい》じてこれを尋《たづ》ねさせる件《くだん》の詞《ことば》に

其諸軍勢《そのしよぐんせい》の中《なか》に。いかにもちぎれたる具足《ぐそく》

を着《き》。錆《さび》たる長刀《なぎなた》を持《もち》。やせたる馬《うま》を自身《じしん》ひかへたる武者《むしや》一騎《き》有《ある》べし、急《いそ》いで此方《こなた》へ來《きた》れと申候へ

といふ、是《これ》で彌《いよ／＼》最明寺殿《さいみやうじどの》までが常世《つねよ》の薙刀《なぎなた》は錆《さび》たものとして了《しま》つたので有《あ》る。

嗚呼《あゝ》廉潔《れんけつ》と忠義《ちうぎ》とを表《おもて》として居《ゐ》る常世《つねよ》の男前《をとこまへ》も、此《こ》の謠曲《えうきよく》の作者《さくしや》が餘《あま》りに窮乏《きうぼう》の狀《じやう》を聽《き》くものに感動《かんどう》せしめんとした熱心《ねつしん》の形容《けいよう》が遂《つひ》に軌道《きだう》を外《はづ》れた爲《た》めに散々《さん／″＼》に下落《げらく》させられて、武士《ぶし》に有《あ》る間《ま》敷《じき》不覺者《ふかくもの》となつたので有《あ》る。恰《あだか》も出《で》入《い》り場《ば》を失策《しくじつ》た左官《さくわん》が、近火《きんくわ》に驅《かけ》つけて詫事《わびこと》が叶《かな》つたくらゐの價値《かち》にしか見《み》えない是《これ》では常世《つねよ》も閻魔《えんま》の廳《ちやう》で此《こ》の作者《さくしや》を被告《ひこく》として名譽恢復《めいよくわいふく》の訟《うつたへ》でも提起《ていき》せねばなるまいと思《おも》ふ。夫《それ》から淨瑠璃《じやうるり》の八百屋《やはや》半七酒屋《はんしちさかや》の段《だん》、誰《たれ》も知《し》つて居《ゐ》る今頃《いまごろ》は半七《はんしつ》さんのさわりの前《まへ》、半兵衛《はんべ》同妻宗岸《おなじくつまそうがん》おその此《こ》の四人がいろ／＼の義理《ぎり》に搦《から》んで一同《どう》ドッと泣《な》き落《おと》す所《どころ》に、

四人の涙洪水《なみだこうずゐ》に樋《ひ》の口明《くちあ》けし如《ごと》くなり

といふ文句《もんく》が有《あ》る、いかに四人《よにん》愁歎《しうたん》の涙《なみだ》を形容《けいよう》するとて、洪水《こうずゐ》に樋《ひ》の口明《くちあ》けたやうであるとは餘《あま》りのことに滑稽《こつけい》になつて、折角《せつかく》の太夫《たいう》の苦心《くしん》も雜錄子《ざつろくし》の耳《みゝ》には、惡《わ》る落《おち》が來《き》て笑《わら》はずには居《ゐ》られない。

寄書《きしよ》

赤坂《あかさか》の吳羽生《くれはせい》といふ名《な》で左《さ》の書《しよ》を寄《よ》せられましたから、玆《こゝ》に揭《かゝ》げます

前號《ぜんがう》に、物《もの》も言《い》ひやうで稜《かど》がたつといふ事《こと》、又同《またおな》じ文字《もじ》の音讀《おんどく》、訓讀《くんどく》の差《さ》が揭《かゝ》げてあつたが、今僕《いまぼく》も二つ三つ述《の》べやう。

立食は「リッショク」と云へば、ソワレーと解《かい》釋《しやく》されて、紳士《しんし》の園遊會《ゑんゆうくわい》などを聯想《れんさう》されるが「タチグイ」と云《い》ふと、熊公《くまこう》、八公《とう》が屋臺店《やたいみせ》で

食《く》ふ様《やう》に聞《き》こえて賤《いや》しい。金も「キン」といふと、指輪《ゆびわ》、時計《とけい》など連想《れんそう》するが、「カネ」と云《い》ふと賤《いや》しくなる。「マッチ」と云ふと三歳《さい》の小兒《せうに》も知《しつ》ている文明《ぶんめい》の道具《だうぐ》だが、「スリッツケギ」とか「ハヤツケキ」と云《い》ふと言葉《ことば》が通《つう》じなく、天保時代《てんぽじせい》の様《やう》だ、此《こ》のマッチと云《い》ふ様《やう》な物《もの》で外國《ぐわいこく》から輸入《き》た名《な》に訛《なま》つて其儘《そのまゝ》使《つか》つている言葉《ことば》が、澤山《たくさん》ある、彼《か》のバケツとか、パン、ナイフ、フオーク、スプーン、羹《ソツプ》、ランプ、三鞭酒《シヤンパン》など、隨分《ずいぶん》、澤山《たくさん》ある、此等《これら》を研究《けんきう》すると、中々《なかなか》面白《おもしろ》い名《な》がある、

●記者《きしや》の見《み》たる白木屋呉服店《しろきやごふくてん》（承前）

寄《よ》せ切室《ぎれしつ》を出《で》て吻《はつ》と息《いき》を吐《つ》いて居《ゐ》ると、不思議《ふしぎ》!!! 不思議《ふしぎ》!!!……鼕々《とうく》として太鼓《たいこ》の調《しら》べが聴《き》こえる、嚠喨《りうれう》として洋琴《やうきん》の爪音《つまおと》、清樂《しんがく》の上工《シヤンコン》銀笛《ぎんてき》これに和《わ》す。

耳《みゝ》を欹《そばだ》てゝ其《そ》の音《ね》の出《いづ》る處《ところ》を察《さつ》するに、確《たし》かに店内階下《てんないかいか》の一隅《ぐう》に在《あ》るものゝ如《ごと》くである。不思議《ふしぎ》!!!不思議《ふしぎ》!!!……此《こ》の商店《しやうてん》にして嚠喨《りうれう》の聲《こゑ》、鼕々《とうく》の音《ちご》、……。記者《きしや》が奇《き》を好《この》む心《こゝろ》は馳《は》せて足《あし》の運《はこ》びも焦燥《もど》かしく、音《おと》を栞《しるべ》りに馳《か》け下《お》りた。嗚呼《あゝ》思《おも》はざりき此《こ》の鬧熱《ねつとう》錙銖《ししゆ》を爭《あらそ》ふ商店《しやうてん》の内《うち》に此《こ》の仙境《せんけう》あらむとは、嚠喨《りうれう》の聲鼕々《こゑとうく》の音《ね》は果《はた》して此《こ》の仙境《せんけう》より洩《も》れたのであつた。

商店内《しやうてんない》の仙境《せんけう》とは如何《いか》に、綠樹鬱蓊《りよくじゆうつおう》たる庭内《ていない》に池《いけ》あり、潑剌《はつらつ》として鯉《り》魚《ぎよ》跳《おど》り、中央《ちうわう》には噴水《ふんすゐ》あり、鴛鴦《ゑんわう》は岩頭《がんとう》に憩《いこ》ふて恰《あだか》も圓滿《ゑんまん》なる家庭《かてい》を爲《な》すが如《ごと》きであつた、更《さら》に傍《かたは》らに一小亭《せうてい》がある、婦人化粧室《ふじんけしやうしつ》。床《とこ》には一幀《てい》の畵幅《ぐわふく》を掲《かゝ》げ、挿花《そうくわ》をもて飾《かざ》られてあり、研《と》の如《ごと》き一面《めん》の姿見《すがたみ》鏡が壁面《へきめん》に掛《か》けてある。其室《そのしつ》の傍《かたは》ら庭《には》を正面《しやうめん》にした廣間《ひろま》が記者《きしや》の所謂仙境《いわゆるせんけう》である。

什麼《そも》仙《せん》とは誰《た》れ、郭子儀《くわくしぎ》か布袋《ほてい》かッ、無數《むすう》の稚兒《ちご》は此《こ》の室《しつ》に群居《ぐんきよ》して鼓《こ》をうつもの、鉦《せう》を叩《たゝ》くもの、笛《ふへ》を吹《ふ》くもの、假馬《もくば》に騎《の》るもの、洋琴《やうきん》を操《あやつ》るもの、既《すで》に遊戯《ゆうぎ》に勞《つか》れて長椅子《ベンチ》に倚《よ》つて休憩《きうけい》するもの、一面兄弟《めんけいてい》の如《ごと》く姉妹《しまい》の如《ごと》く靄々《あいく》として和氣堂《わきだう》に滿《み》つるのである。是《こ》はかねて同店《どうてん》が稚兒同伴《こどもづれ》の顧客《こかく》のために、稚《こ》兒《ども》の倦厭《けんえん》を慰《なぐさ》むるために設《まう》けた遊戯室《ゆうぎしつ》であつて既《すで》に保姆《はほ》の用意《ようゐ》があつて、唱歌《しやうか》や手風琴《しゆふうきん》や宛然《ゑんぜん》たる幼稚園《ようちゑん》である、一個《こ》の商店《しやうてん》にして此《こ》の周到《しうたう》の用意《ようい》あるもの我《わ》が東京中他《とうけいちうた》に類《るゐ》なき所《ところ》であると思《おも》ふ。

記者《きしや》も此《こ》の稚氣滿堂《ちきまんだう》のうちに恍惚《くわうとつ》として霎時《しばし》ベンチに憩《いこ》ふて居《ゐ》たら、面識《めんしき》ある店員《てんゐん》が來《きた》つて談話《だんわ》を聞《き》かれた。

近來《きんらい》二人以上相寄《にんいじやうあいよ》つて談話《だんわ》を開《ひら》けば先話頭《まづわとう》は軍事《ぐんじ》に及《およ》ぶことは、何《いづ》れの莚《むしろ》と雖《いへど》も免《まぬか》れないのである。遂《つい》に話《はな》しは遼陽占領後《れうやうせんりやうご》の東京滿都《とうけいまんと》狂喜《けうき》の景況談《けいきやうだん》となつた、試《こゝろ》みに記者《きしや》は當時同《たうじどう》店《てん》は奈何《いかゞ》であつたかを問《と》ふたら、渠《かれ》店員《てんゐん》は肅然《しゆくぜん》として襟《えり》を正《たゞ》し、諄々《じゆんく》として祝捷《しゆくせう》に就《つ》いての所感《しよかん》を説《と》いたが恰《あだか》も記者《きしや》が本誌《ほんし》第三號《だいがう》の冒頭《ばうとう》に於《おい》て、祝捷《しゆくせう》の意義《ゐぎ》なる論文《ろんぶん》を掲《かゝ》げたのであつたが、其《そ》の説《と》く所大《ところおほい》に我《わ》が意《ゐ》を得《え》て居《を》つた、更《さら》に話頭《わとう》を轉《てん》じて商業談《しやうげうだん》となつたが、茲《こゝ》に同店《どうてん》が十月一日から、全國《ぜんこく》の染織業者《せんしよくげうしや》を奬勵《しやうれい》し意《ゐ》匠嶄新《せうざんしん》の精巧品《せいこうひん》を蒐集《しうしう》して滿場《まんちやう》に陳《ちん》列《れつ》し、これを染織品競技會《せんしよくひんけうぎくわい》と號《なつ》けて前途斯業《ぜんとしげう》者《しや》の降盛《りうせい》を期《き》するの企《くわだ》てが有《あ》るとのことで同《どう》店《てん》は獻身的《けんしんてき》に、此《こ》の染織業者《せんしよくげうしや》を奬勵《しやうれい》して、戰《せん》勝平和克復《しやうへいわこくふく》の曉《あかつき》、海《うみ》の內外《ないぐわい》に雄飛《いうひ》せしめんとするのは、寧《むし》ろ軍國《ぐんこく》の商人《しやうにん》として當《まさ》に勉《つと》むべきの本分《ほんぶん》として居《を》ると思《おも》はれる。記者《きしや》も亦《また》此《こ》の點《てん》には大《おほい》に同感《どうかん》である。などゝ、少《すこ》し話《はな》しが堅《かた》くなつたと思《おも》ふと、耳元《みゝもと》で愛《あい》らしい聲《こゑ》のあるだけを張《は》りあげて、征露軍歌《せいろぐんか》を唱《うた》はれたので、前《まへ》の談話《はなし》は散《ち》らばつて了《しま》つた。

更《さら》に話頭《わとう》は同店大賣《どうてんおほう》り出《だ》し準備《じゆんび》のことに轉《てん》じた、其《そ》の梗概《あらまし》を擧《あ》ぐれば。

日々《にちく》に產地《さんち》から輸送《しゆそう》して來《く》る荷物《かぶつ》の整理《せいり》と陳《ちん》列《れつ》の準備《じゆんび》に日《ひ》もまた足《た》りない。

店頭《てんとう》の飾《かざ》り窓《まど》「ショーウヰンド」には妙齡美人《めうれいびじん》の人形《にんげう》を以《もつ》て今《いま》や婚嫁《こんか》の服裝《ふくそう》を整《とゝの》へつゝある體《てい》を飾《かざ》つて、其《そ》の衣裳髪飾《いしやうかみかざ》りに目下《もくか》の流行《りうかう》を示《しめ》すとのことで、洋服部《やうふくぶ》では、時分《じぶん》から快活《かいくわつ》の運動服最新形《うんどうふくさいしんがた》のものを着用《ちやくよう》した紳士《しんし》が、狩《しゆ》獵《れふ》の少憩《しやうけい》に前山《せんざん》を望《のぞ》みつゝ喫烟《きつえん》のさまを同《おな》じく木偶《にんぎやう》で示《しめ》すとのこと、服裝《ふくそう》の標本《ひやうほん》として實《じつ》物大《ぶつだい》の木偶人《にんぎやう》を用《もち》ゆることは、實《じつ》に表顯《ひようけん》の捷《ちか》徑《みち》である。

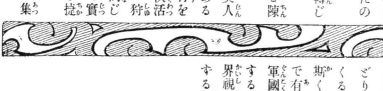

內部《ないぶ》の中央《ちうわう》は二階《かい》三階《がい》を通《つう》じて店內光線《てんないくわうせん》の集《あつ》まる所《ところ》、玆《こゝ》には華麗《くわれい》な造花《ぞうくわ》を以《もつ》て秋《あき》の錦《にしき》を彩《いろ》ざり、所々《しよく》に花電燈《はなでんとう》を裝置《そうち》して夕景《ゆふけい》の興《けう》を幇《たす》くることは用意《ようゐ》到《いた》れり盡《つく》せりである。

斯《か》くして精巧《せいこう》の錦繍《きんしう》と相映《あいえい》じたならば、甚麼《どう》で有《あ》らうか、其《そ》は兎《と》もあれ記者《きしや》は次號《じがう》に於《おい》て軍國多事《ぐんこくたじ》の際當業者《さいたうげうしや》が奈何《いか》なる精巧品《せいこうひん》を產出《さんしゆつ》するかを觀察《くわんさつ》して報導《はうだう》しやうと思《おも》ふが、經濟《けいざい》界視察《かいしさつ》のために、無用《むよう》の業《わざ》ではあるまいと信《しん》ずる所《ところ》である。

通俗法律（承前）

本誌《ほんし》第《だい》二號《がう》及《およ》び第《だい》三號《がう》と引《ひき》き續《つゞ》いて私生子《しせいじ》の父《ちゝ》が其《そ》の子《こ》を認知《にんち》することに就《つい》ての法律《はふりつ》の効力《かうりよく》、並《なら》びに其《そ》の法律行爲《はふりつかうゐ》を詳《くわし》く解《と》き明《あか》しましたが、未《ま》だ盡《つく》さない所《ところ》が有《あ》りますから、本號《ほんがう》に於《おい》て私生子《しせいじ》認知《にんち》に係《かゝ》る法律《はふりつ》の効力《かうりよく》を解《と》き明《あか》し盡《つく》しませうと思《おも》ひますから、少《すこ》し長《なが》くなりますが御辛抱《ごしんばう》を願《ねが》ひ度《た》いと存《ぞん》じます、而《さう》して玆《こゝ》に私生子《しせいじ》の事《こと》を了《おは》りまして、次號《じがう》から養子《やうし》に係《かゝ》る事柄《ことがら》を申上《まをしあげ》る積《つも》りであります。

扨《さて》前號《せんがう》までに述《の》べました私生子《しせいじ》は皆《みな》未成年《みせいねん》又《また》は胎兒《たいじ》に就《つい》ての事柄《ことがら》を申《まを》しましたので、此《こ》の子《こ》が若《も》し丁年以上《ていねんいじやう》になりましてから其《そ》の父《ちゝ》が我《わ》が子《こ》であると認知《にんち》しやうと思《おも》ひましても、其《そ》の時《とき》は子《こ》の承諾《しやうだく》を受《う》けてからでなくては認知《にんち》の手續《てつゞき》を爲《す》ることが出來《でき》ません。

民法

第八百三十條　成年《セイネン》ノ私生子《シセイジ》ハ其承諾《ソノシヤウダク》アルニ非《アラ》サレハ之《コレ》ヲ認知《ニンチ》スルコトヲ得《エ》ス

斯《か》う規定《きてい》して有《あ》ります、何故《なぜ》眞《しん》の親子《おやこ》であるといふことが判《わか》つたならこれを親《おや》が子《こ》とするのに其子《そのこ》の承諾《しやうだく》を得《う》なければならぬかと不審《ふしん》に思《おも》はるゝお方《かた》も有《あ》らうかと思《おも》はれますが、法律《はふりつ》は昔《むかし》のやうに何《なん》でも彼《か》でも一から十まで親《おや》の自由自在《じゆうじざい》にすることは許《ゆる》しません。何故《なぜ》なれば、元來《ぐわんらい》親《おや》としては其《そ》の子《こ》を敎育《けういく》し扶養《ふやう》するの義務《ぎむ》があるのに、其《そ》の子《こ》が成年《せいれん》に達《たつ》するまで拋棄《はうき》して置《お》いて、能《よ》い加減《かげん》の時分《じぶん》に顯《あら》はれて來《き》て、親《おや》で有《あ》ると名乘《なの》り出《た》されましては其《そ》の子《こ》の迷惑《めいわく》する塲合《ばあひ》が多《おほ》い、假《かり》に其《そ》の子《こ》が苦學勉强《くがくべんきやう》の結果學士博士《けつくわがくしはくし》となつて現在世《げんざいよ》に時《じき》めく紳士《しんし》でありますのに、突然車夫馬丁《とつぜんしやふばてい》等《ら》が我《わ》が子《こ》と認知《にんち》して我《わ》が子《こ》で候《さふらう》と顯《あらは》れ出《で》ましたら何樣《どう》で有《あ》りませうか、夫《そ》れのみならず一《いつ》旦親子《たんおやこ》の關係《くわんけい》を生《しやう》じました以上《いじやう》は扶養《ふやう》の義務《ぎむ》も生《しやう》じます、其《そ》の他子《はかこ》の爲《ため》に不利益《ふりゑき》の結果《けつくわ》を生《しやう》ずる塲合《ばあひ》も少《すくな》く有《あ》りません。

法律《はふりつ》は其《そ》の根本《こんぽん》が親子《おやこ》で有《あり》ましたにもせよ、其《そ》の親《おや》が生《うま》れた子《こ》を認知《にんち》せずに置《お》いて、他《に》人《にん》の手《て》で能《よ》い加減《かげん》に成人《せいじん》した時分《じぶん》に出《で》て來《き》て己《おのれ》獨《ひと》り親子《おやこ》の關係《くわんけい》から生《しやう》ずる利益《りゑき》だけを受《うけ》やうと爲《し》ましても夫《そ》う甘《うま》くはゆきません、併《しか》し其《そ》の子《こ》が承諾《しやうだく》すれば法律《はふりつ》は夫《そ》れ以上《いじやう》までは立《た》ち入《い》らぬので有《あ》りますから、直《たゞち》に親子《おやこ》となることが出來《でき》るのであります。

最《も》一《ひと》つは其《そ》の子《こ》私生子が死《しん》だ後《のつ》でも塲合《ばあひ》に依《よ》りましては其《そ》の親《おや》は認知《にんち》することが出來《でき》ます。

元來《ぐわんらい》法律上《はふりつじやう》の人格《じんかく》は出生《しゆつしやう》の後《のつ》でありませんければ具備《ぐび》せぬことは第《だい》一條《でう》に規定《きてい》してありますが、私生子《しせいじ》認知《にんち》の塲合《ばあひ》は例外《れいぐわい》で有《あ》ります。何故《なぜ》なれは、設《もし》その父《ちゝ》が瀕死《ひんし》の塲合《ばあひ》に胎《たい》兒《じ》を認知《にんち》することが出來《でき》ませなんだら、其《そ》の子《こ》は竟《つい》に父《ちゝ》を得《う》ることが出來《でき》ません。

又其《またそ》の子《こ》が死去《しきよ》の後《のち》若《も》し其《そ》の子《こ》に直系卑屬《ちよくけいひぞく》子孫が有《あ》りました時《とき》には其《そ》の私生子《しせいじ》の親《おや》は死亡《しばう》の子《こ》を認知《にんち》することが出來《でき》ます。併其《しかしそ》の塲合《ばあひ》には直系卑屬《ちよくけいひぞく》の承諾《しやうだく》を得《う》ることを要《いう》するので有《あ》ります。

民法

第八百三十一條第二項に

○戦捷紀念厚板男帯《せんしやうきねんあついたおとこおび》 地色濃《ちいろこ》き茶色《ちやいろ》へ錨《いかり》を地《ち》文《もん》に織《お》り、日章旗《にっしやうき》と聯隊旗《れんたいき》とを組《く》み合《あ》せて色紙《しきし》がたに散《ち》らしたる軍國《ぐんこく》男兒《なんじ》の紀念《きねん》として好個《こうこ》の逸品《いつぴん》。價六圓八拾五錢

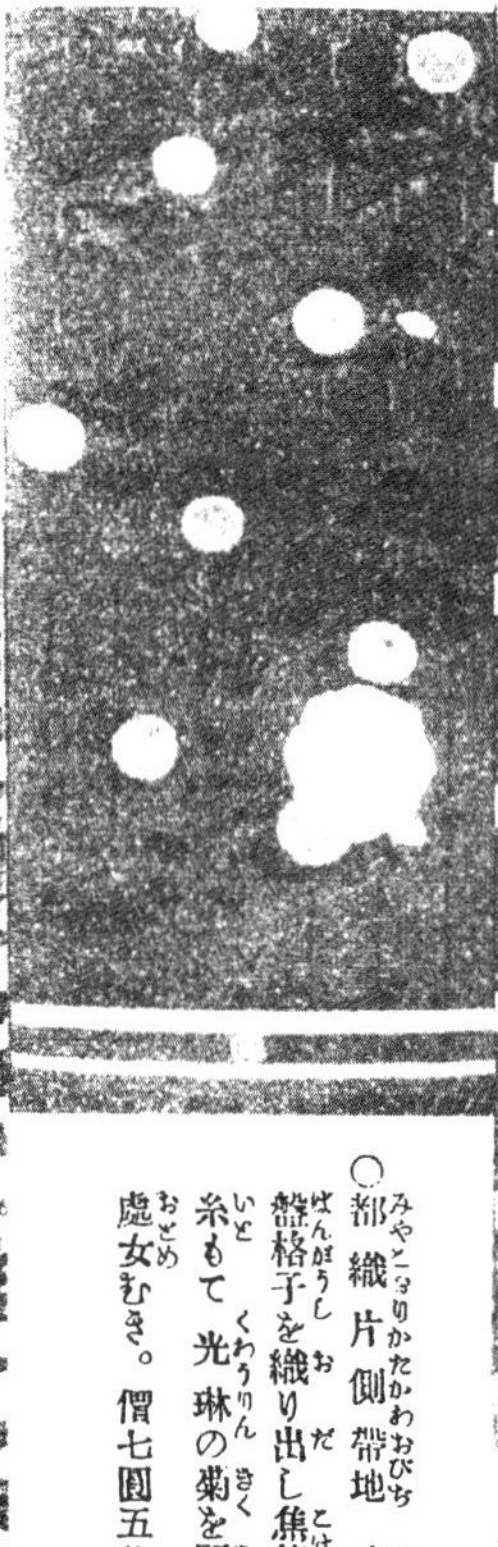

○都織片側帯地《みやこおりかたかわおびち》 地色《ちいろ》は緋《ひ》に共糸《ともいと》にて碁《ご》盤格子《ばんがうし》を織《お》り出《だ》し焦茶《こげちや》、利休茶《りきうちや》、白茶《しらちや》の色《いろ》糸《いと》もて光琳《くわうりん》の菊《きく》を顯《あら》はしたる。十四五の處女《おとめ》むき。價七圓五拾錢

○金糸入繻珍中帯《きんしいりしゆちんちうおび》（一尺二寸幅） 緋色地《ひいろぢ》へ金糸《きんし》にて古代錦文様《こだいにしきもやう》の向《むか》ひ鶴《づる》に、松竹梅《しやうちくばい》、喰初文様《くひぞめもやう》の龜《かめ》等《とう》を織《お》り出《だ》したる、古鏡《こきやう》の裏《うら》や韓錦《からにしき》などを拉《とら》へて圖案《づあん》したる高尚《こうしやう》の佳什《かじう》。これも十四五の少女《おとめ》によき頃《ころ》のものなるべし。價拾參圓五拾錢

戰捷紀念祝ひ着文樣

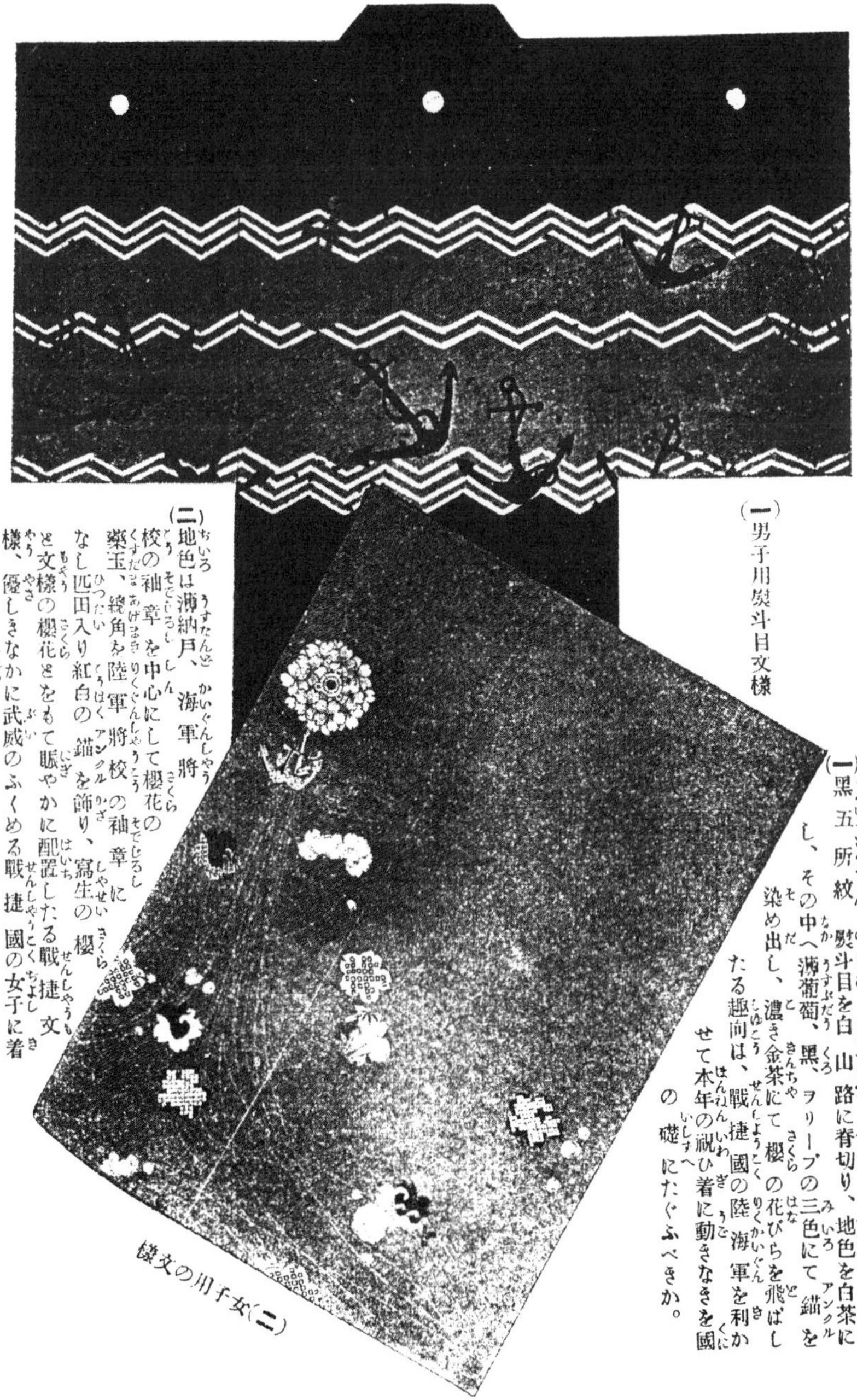

(一)男子用熨斗目文樣

(二)女子用の文樣

(一)黒五所紋《くろいつところもん》熨斗目《のしめ》を白山路《しろやまみち》に脊切《せぎ》り、地色《ちいろ》を白茶《しらちや》にし、その中《なか》へ薄葡萄《うすぶだう》、黒《くろ》、ヲリーブの三色《みいろ》にて錨《アンクル》を染《そ》め出《だ》し、濃《こ》き金茶《きんちや》にて櫻《さくら》の花《はな》びらを飛《と》ばしたる趣向《しゆこう》は、戰捷國《せんしようこく》の陸海軍《りくかいぐん》を利《き》かせて本年《ほんねん》の祝《いわ》ひ着《ぎ》に動《うご》きなきを國《くに》の礎《いしずへ》にたぐふべきか。

(二)地色《ちいろ》は薄納戸《うすなんど》、海軍將校《かいぐんしやうかう》の袖章《そでじるし》を中心《ちゆうしん》にして櫻花《さくら》の藥玉《くすだま》、總角《あげまき》を陸軍將校《りくぐんしやうこう》の袖章《そでじるし》になし匹田入《ひつたい》り紅白《こうはく》の錨《アンクル》を飾《かざ》り、寫生《しやせい》の櫻《さくら》と文樣《もやう》の櫻花《さくら》とをもて賑《にぎ》やかに配置《はいち》したる戰捷文樣《せんしやうもやう》、優《やさ》しきなかに武威《ぶい》のふくめる戰捷國《せんしやうこく》の女子《ぢよし》に着《き》せまほしき新案《しんあん》。

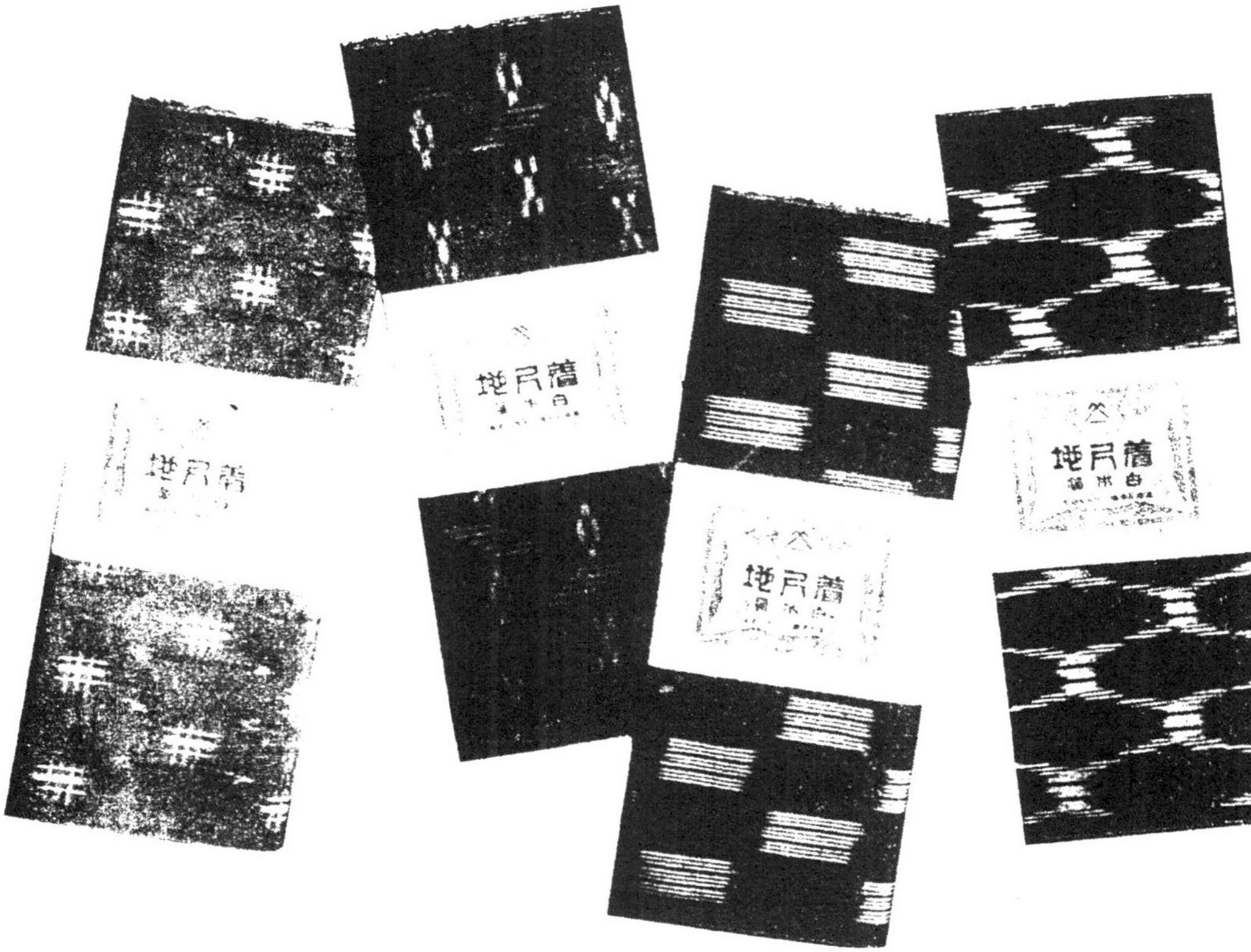

○瓦斯《がす》がすり四種《しゆ》　絣《かすり》の巧妙《こうみやう》なる機業家《きげふか》の進歩《しんぽ》驚《おどろ》くに堪《た》えたり、此《こ》の絶妙《ぜつめう》なる技《ぎ》を顯《あら》はして其《そ》の價は壹圓六七拾錢

○紡績《ばうせき》并に漣織《さゝなみおり》の絣《かすり》

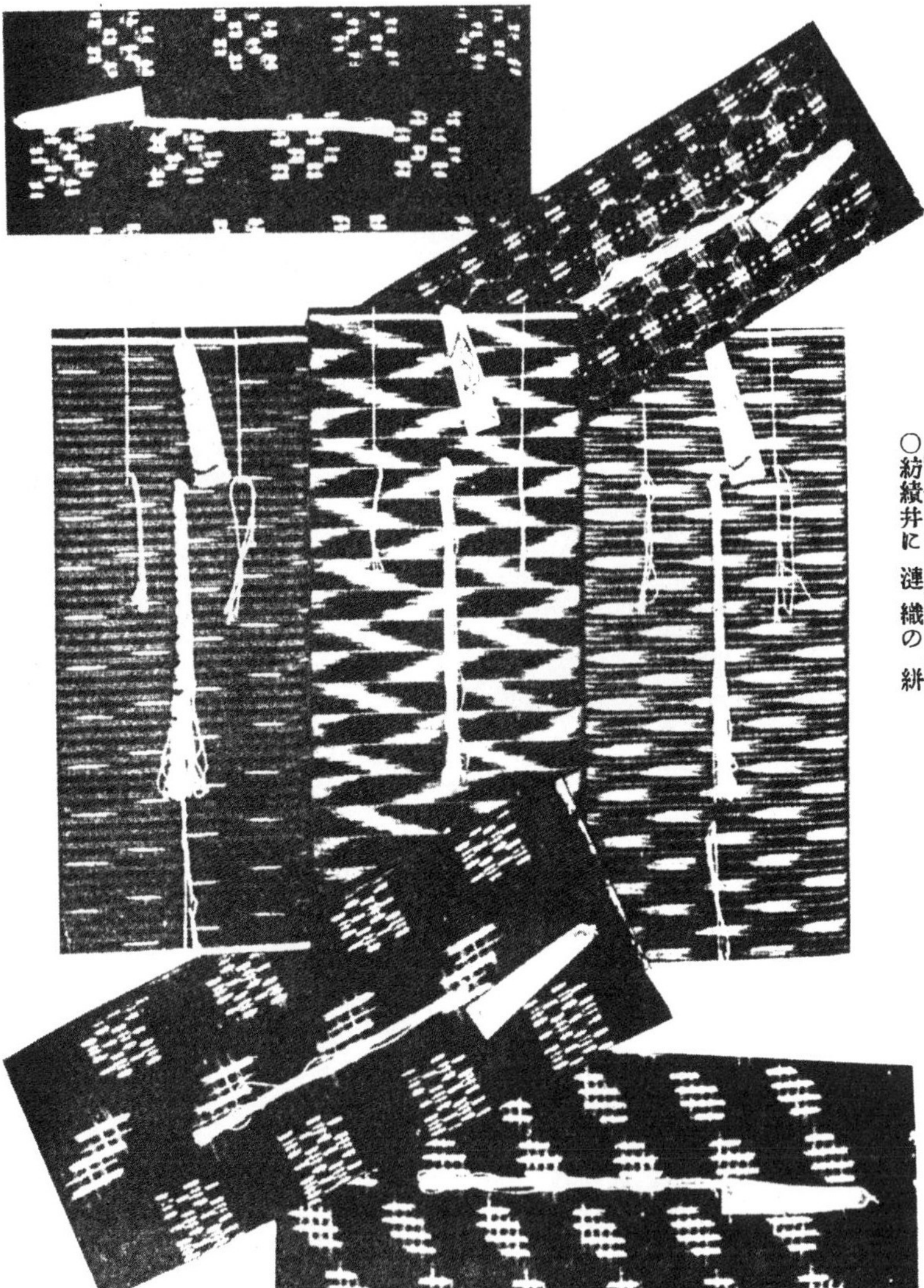

中央《ちうわう》に三反《だん》ならびたるは漣織《さゞなみおり》にて價は各貳圓六拾錢上部《じやうぶ》と下《か》部《ぶ》の二反《たん》づゝは紡績絣《ばうせきがすり》にて價貳圓前後《せんご》。各《おの〳〵》精巧《せいこう》を極《きわ》めたる製品《せいひん》にて絹布《けんぷ》を凌《しの》ぐの趣《おもむき》あり。

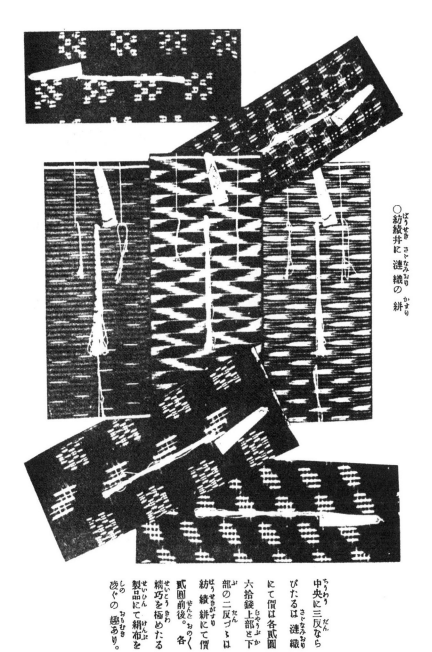

父《チヽ》又《マタ》ハ母《ハヽ》カ死亡《シボウ》シタル子《コ》ト雖《イヘド》モ其直系卑屬《ソノチヨクケイヒゾク》アルトキニ限《カギ》リ之《コレ》ヲ認知《ニンチ》スルコトヲ得《ウ》此塲《コノバ》合《アヒ》ニ於《オイ》テ其直系卑屬《ソノチヨクケイヒゾク》カ成年者《セイネンシヤ》ナルトキハ其《ソノ》承認《シヨウニン》ヲ得《ウ》ルコトヲ要《エウ》ス

猶茲《なほこゝ》に重要《ちやうえう》の事實《じじつ》が有《あ》ります、都《すべ》て認知《にんち》は出生《しゆつしやう》の時《とき》に遡《さかのぼ》つて其《そ》の効力《かうりよく》を生《しやう》じますものでありますが茲《こゝ》に一《ひと》つ取《と》り除《の》けの塲合《ばあひ》が有《あり》ます。何《なん》となれば、此《こ》の認知《にんち》に因《よ》つて第三者《だいさんしや》の既《すで》に取得《しうとく》しました權利《けんり》を害《がい》することは出來《でき》ないといふことであります。

民法

第八百三十二條　認知《ニンチ》ハ出生《シユツシヤウ》ノ時《トキ》ニ遡《サカノボ》リテ其效力《ソノカウリヨク》ヲ生《シヤウ》ス但第三者《タヾシダイサンシヤ》カ既《スデ》ニ取得《シユウトク》シタル權利《ケンリ》ヲ害《ガイ》スルコトヲ得《エ》ス

此《こ》の第三者《だいさんしや》が既《すで》に取得《しゆうとく》した權利《けんり》とは何樣《どう》いふ塲合《ばあひ》を意味《いみ》するかといひますと、譬《たと》へば父《ちゝ》が隱居《ゐんきよ》しました塲合《ばあひ》に男子《だんし》が無《な》い爲《ため》に女子《ぢよし》相續《そうぞく》を爲《し》ますか又《また》は親族中《しんぞくちう》の一人《にん》を擧《あ》げて其《そ》の相續人《さうぞくにん》と爲《し》ました後《のち》、其《そ》の私生《しせい》の男子《だんし》を認知《にんち》しますと夫《そ》れが出生《しゆつしやう》の當時《たうじ》に効力《かうりよく》が遡《さかのぼ》るとすれば或《あるひ》は父《ちゝ》の隱居《ゐんきよ》の時《とき》に私生子《しせいし》が生《うま》れて居《ゐ》りましたらば、當然男子《たうぜんだんし》たる人格《じんかく》を具有《ぐいう》する譯《わけ》となりませう、夫《そ》うしますと既《すで》に相續《さうぞく》して居《ゐ》る女子《ぢよし》若《もし》くは親族《しんぞく》の一人《にん》は相續《さうぞく》すべき權利《けんり》が無《な》い譯《わけ》になります。けれども是《これ》が爲《ため》に既《すで》に收得《しうとく》した權利《けんり》を剝奪《はくだつ》せられることゝなりましたらば一身一家《しんか》の安固《あんこ》は保《たも》たれません、夫《そ》れで法律《はふりつ》は此《こ》の如《ごと》き第《だい》三者《しや》の權利《けんり》までを害《がい》するやうのことは爲《さ》せません。又法律《またはふりつ》は都《すべ》て一旦認知《たんにんち》しました父又《ちゝまた》は母《はゝ》が其《そ》の認知《にんち》を取《と》り消《け》すことは絶體《せつたい》に宥《ゆる》しません。

民法

第八百三十三條　認知《ニンチ》ヲ爲《ナ》シタル父又《チヽマタ》ハ母《ハヽ》ハ其認知《ソノニンチ》ヲ取消《トリケ》スコトヲ得《エ》ス

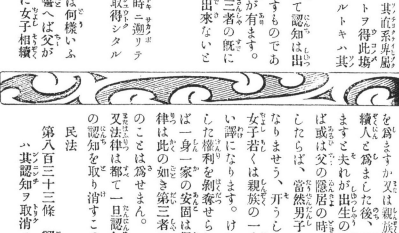

又子《またこ》の方《ほう》の側《がは》からは、其《そ》の子《こ》、其《そ》の外《ほか》の利《り》害《がい》關係人《くわんけいにん》は認知《にんち》に對《たい》して反對《はんたい》の事實《じじつ》を主張《しゆちやう》することが出來《でき》ます、更《さら》に反對《はんたい》に此《こ》の側《がは》からして父又《ちゝまた》は母《はゝ》に對《たい》しまして認知《にんち》を求《もと》むることも出《で》來《き》ます。

民法

第八百三十四條　子《コ》、其他《ソノタ》ノ利《リ》害關係人《ガイクワンケイニン》ハ認知《ニンチ》ニ對《タイ》シテ反對《ハンタイ》ノ事實《ジジツ》ヲ主張《シユチヤウ》スルコトヲ得《ウ》

第八百三十五條　子《コ》、其直系卑屬《ソノチヨクケイヒゾク》又《マタ》ハ此等《コレラ》ノ法定代理人《ハフテイダイリニン》ハ父《チヽ》又《マタ》ハ母《ハヽ》ニ對《タイ》シテ認知《ニンチ》ヲ求《モト》ムルコトヲ得《ウ》

第《だい》八百三十四條《でう》は實《じつ》に親子《おやこ》の關係《くわんけい》を新《あらた》に生《しやう》じまする大切《たいせつ》の場合《ばあひ》に、若《も》し其《そ》の父母《ふぼ》ならぬものが疎漏《そろう》に因《よつ》て認知《にんち》し又《また》は故意《こい》に認知《にんち》することと有《あ》りとしますれば、其《そ》の對手人《あいて》に取《と》りましては容易《ようい》ならぬ一大事《だいじ》でありますから、否其《いやそ》の認知《にんち》は事實《じじつ》が違《ちが》ふといふことを主張《しゆちやう》することが出來《でき》るのであります。又第《まただい》八百三十五條《でう》は父又《ちゝまた》は母《はゝ》は現《げん》に誰《たれ》であるといふことを確知《かくち》しますれば、認知《にんち》して呉《く》れよと請求《せいきう》することが出來《でき》ますので、實《じつ》に當然《たうぜん》のことであります。斯《か》く認知《にんち》に因《よ》つて庶子《しよし》となりました子《こ》は、其《そ》の父《ちゝ》が其《そ》の母《はゝ》と婚姻《こんいん》を爲《し》ました時《とき》に直《すぐ》に嫡出《てきしゆつ》子《し》となりますし。父母《ちゝはゝ》が婚姻中《こんゐんちう》に認知《にんち》しました私生子《しせいじ》も亦嫡出子《またてきしゆつし》となります。

民法

第八百三十六條　庶子《シヨシ》ハ其父母《ソノフボ》ノ婚姻《コンイン》ニ因《ヨ》リテ嫡出子《テキシユツシ》タル身分《ミブン》ヲ取得《シユウトク》ス
婚姻中父母《コンインチウフボ》カ認知《ニンチ》シタル私生子《シセイジ》ハ其認知《ソノニンチ》ノ時《トキ》ヨリ嫡出子《テキシユツシ》タル身分《ミブン》ヲ取得《シユツトク》ス
前《ゼン》二項《コウ》ノ規定《キテイ》ハ子《コ》カ既《スデ》ニ死亡《シボウ》シタル場合《バアヒ》ニ之《コレ》ヲ準用《ジユンヨウ》ス

上來數頁《じやうらいすうページ》に渉《わた》つて述《のべ》ました所《ところ》は私生子《しせいじ》が庶《しよ》

子《し》となり及《およ》び嫡出子《てきしゆつし》となる方法《はうはふ》を定《さだ》めました法律《はふりつ》の解釋《かいしやく》であります。是《これ》は本邦從來《ほんぱうじゆうらい》の習慣《しうくわん》を根據《こんきよ》として作《つく》られた法《はふ》律《りつ》で、子孫相繼《しそんあひつ》ぐの國體《こくたい》に背《そむ》かぬやう、嫡子《ちやくし》庶子《しよし》の順位《じゆんゐ》にも反《そむ》かぬやうに制定《せいてい》されたもので有《あり》ます。故《ゆゑ》に理論《りろん》にのみ拘泥《こうでい》しません證據《しようこ》には、假令《たとひ》庶子《しよし》で有《あり》ましても、其父母《そのふぼ》が正當《せいたう》の婚姻《こんいん》を致《いた》しますと、其《そ》の子《こ》が生《うま》れた時《とき》に遡《さかのぼ》つて、出生當初《しゆつしやうたうしよ》からの嫡出子《てきしゆつし》の權利《けんり》を得られるやうに致《いた》して有《あ》りますので、之《これ》が若《も》し私通《しつう》の結果《けつくわ》に擧《あ》げた子《こ》私生子が有《あ》りまして、其後兩《そのごりやう》親《しん》が婚姻《こんいん》して更《さら》に一子《いつし》二男を擧《あ》け、其後父《そのごちち》が私《し》生子《せいじ》長男を認知《にんち》する塲合《ばあひ》が有《あ》りまして、此《こ》の出《しゆつ》生當時《せいたうじ》に遡《さかのぼ》る法律《はふりつ》が有《あ》りませなんだら長男《ちやうなん》私生子は二男《なん》の次位《じゐ》に居《を》らねばならぬことゝなります。是等《これら》が理論《りろん》と實際《じつさい》と異《ことな》る所以《ゆゑん》で有《あ》りまして我《わ》が法律《はふりつ》の最《もつと》も用心《ようじん》した點《てん》で有《あ》ります。

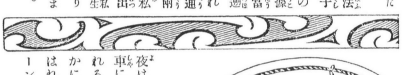

笑門

丈八述

○武辨夜巡

夜《よ》は深々《しんく》と更《ふけ》わたりまして、白晝《ひるま》は街鐵《がいてつ》の電《でん》車《しや》に軋《きし》られて、地下《ちか》から火《ひ》を發《はつ》するかと疑《うたが》はれるほど熱鬧《ねつどう》を極《きは》めました本鄕《ほんがう》の通《とほ》りも、幽《かす》かに街燈《がいとう》の影暗《かげくら》く、瓦斯燈《がすとう》までが睡《ねむ》るかと思《おも》はれます眞夜中《まよなか》に、上野《うへの》の鐘《かね》は陰《いん》に罩《こも》つてボーンと響《ひゞ》きます、舊昌平黌《きうしやうへいくわう》のうしろ椎《しひ》の木《き》の

蔽《お》ひ冠《かぶ》さつた杜《もり》の下《した》、鼻《はな》を摘《つま》まれそうな木下《こした》闇《やみ》、秋風《あきかぜ》の啾々《しうく》と梢《こずへ》を切《き》つて鳴《な》り渡《わた》る物淋《ものさび》しいなかを只一人《たゞひとり》、顔色憔悴形容枯槁《がんしよくせうすいけいようこかう》たる一青《せい》年《ねん》が、左手《めて》に重《おも》そうな風呂敷包《ふろしきづゝ》みを抱《かゝ》えまして、左《ひだり》の袂《たもと》を膨《ふく》らしてポツリ〳〵歩行《あるい》てまいりますと、突然《とつぜん》、闇《やみ》を破《やぶ》つて白装束《しろせうぞく》が顯《あら》はれて大喝一聲《だいかつせい》コラ!、と呼《よ》び止《と》めた。

イヤ吃驚《びつくり》しまいことか彼《か》の青年腰《せいねんこし》を脫《ぬか》さないばかり……、唯《たゞ》さへ薄氣味《うすきみ》のわるひ森陰《もりかげ》の眞《まつ》暗闇《くらやみ》にニヨツキリ出《で》た白装束《しろせうぞく》で、大抵臆病《たいていおくびやう》の虫《むし》が縮《ちゞ》みあがつて居《ゐ》る所《ところ》へ、耳元《みゝもと》で破鐘聲《われがねごゑ》がコラ!と來《き》たから溜《たま》りません。

ワツと云《い》つて尻餅《しりもち》を搗《つ》くと、

『コラ……此《こ》の夜更《よふけ》に重《おも》そうな風呂敷包《ふろしきづゝみ》を抱《かゝ》えて杜《もり》の下《した》を密々步行《ひそくあるく》のは怪《あや》しい奴《やつ》た、コラ交番《こうばん》へ來《こい》』と鶩《ど》鳴《なつ》たのは巡査《じゆんさ》であつた。

漸《やつと》のことで尻餅《しりもち》を揚《あ》げて立《た》ち上《あが》つた青年《せいねん》は

『僕《ぼく》は刻下《こくか》學校《がくかう》の試驗《しけん》まへであるから、學友《がくゆう》の所《ところ》へ往《い》つて輪講《りんこう》をした歸《かへ》り路《みち》で……決《けつ》して怪《あや》しい者《もの》ではない』

『コラ自《みづか》ら怪《あや》しくないと辯疏《べんそ》しても不可《いか》ん、其《そ》の携帯品《けいたいひん》は何《なん》だ』

『此《こ》れは洋書《やうしよ》だ』

『袂《たもと》の中《なか》のは何《なん》た?出《だ》して見《み》せろ』

『此《こ》れは其《そ》の何《なん》だ……怪《あや》しい物《もの》ではない』

『不可《いか》ん……彌《いよ〳〵》怪《あや》しい出《だ》さんければ職權《しよくけん》を以《もつ》て檢《あらた》めるが忽歴《ぜう》だ』

青年《せいねん》も詮方《しかた》がないから恭《うやく》しく袂《たもと》から出《だ》した、何《なに》かと思《おも》つたら甘薯《さつまいも》の蒸熱《ふか》したのであつた。

『宜《よろ》しい、夫《そ》れは片付《かたつ》けろ』と云《い》はれて青年《せいねん》は元《もと》の袂《たもと》へ納《しま》つた。

『貴樣書生《きさましよせい》に違《ちが》ひないか、今言《いまい》ふとほりならば貴樣《きさま》も多少學問《たせうがくもん》して居《ゐ》るだらう、乃公《おれ》が試《こゝろ》みに問題《もんだい》を出《だ》すが、これに答《こた》へたらば許《ゆる》して遣《や》る』

『ハイ僕《はく》の學力相應《がくりよくさうおう》の問題《もんだい》なら何《なん》でも答《こた》へます、幾何《きか》、生理《せいり》、化學《くわがく》何《なん》でも御《ご》隨意《ずゐい》な問《もん》題《だい》をお出《だ》しなさい』

『好々《よしよし》』そこで査公《さこう》頻《しきり》に考《かんが》へたが些《ちつと》も考《かんが》へ付《つ》かない、考《かんが》へ付《つ》かない筈《はず》だ元來が零《ゼロ》なのですから、彌《いよ〳〵》我《が》を折《を》つた。

『貴樣《きさま》造化《しあはせ》の好《よ》い奴《やつ》だ、今夜《こんや》問題《もんだい》がない、放《ゆる》して遣《や》る』

器械的《きかいてき》に振《ふ》り向《む》いてポクリ〳〵靴音《くつおと》高《たか》く闇中《あんちう》に影《かげ》を沒《ぼつ》しました』

原文

一武辨夜巡、有二犯夜者一、自稱二書生會レ課歸遲一、武辨曰、既是書生、且考二爾一考一、生請レ題、武辨思レ之不レ得、噶曰造化了、爾今夜幸而沒レ有二題目一、

○

扨豚《さてぶた》の油臭《あぶらくさ》い支那《しな》のお話《はな》しばかり續《つゞ》きましたから、一寸一関天明風流《ちよつとひとくさりてんめいぶり》の落《おと》し噺《ばな》をお聞《き》きに入《い》れませう。これは初代《しよだい》の談洲樓立川焉馬《だんしうろうたてかはえんば》が撰《えら》みました當時《たうじ》有名《ゆうめい》の落語《らくご》集《しふ》、開卷《かいくわん》百笑《せう》のうちから書《か》き拔《ぬ》きましたので、當時《たうじ》の輕口《かるくち》な文《ぶん》章《しやう》も味《あぢは》いますさなか〳〵面白《おもしろ》いふしが有《あ》りますから、御《ご》通讀《つうどく》を願《ねが》ひます。

○野狐《のぎつね》　一陽亭　秀朔　作

今《いま》はむかし田舍《ゐなか》にて狐《きつね》出《い》で人《ひと》を化《ばか》すといふ事《こと》武邊《ぶへん》自慢《まん》の侍《さむらひ》退治《たいぢ》せんさ彼《か》の所《ところ》へ行《いつ》て待《ま》ち居《ゐ》たる、十六七の標致《きりやう》のよき娘來《むすめきた》り、私《わたくし》は向《むか》ふの村《むら》まで參《まゐ》る者《もの》でござります、ごふぞお伴《つ》れなされて下《くだ》さりませといふ、強膽《ふと》い奴汝《やつおのれ》は此の邊《あたり》に住《すん》で人《ひと》を誑《たぶら》かす狐《きつね》であらう、乃公《おれ》が女《をんな》好《すき》だといつてそう甘《うま》く誑《ばか》されるものか、おきにしろ出《で》なをせ〳〵さ言《い》へば、忽《たちまち》男《をとこ》に化《ばけ》私《わたくし》は江戸《えど》の者一人《ものひとり》旅《たび》なれば何《なに》とぞ御《ご》同道《どうだう》さ言《いふ》、己《おのれ》も今《いま》の狐《きつね》だ、止《よし》にしろさ言《い》へば、爺《ぢゝい》になり、もしお侍樣《さむらひさま》、何《なん》だ又爺《またぢゝい》に化《ばけ》たか古《ふる》い〳〵さい

へば、今度《こんど》は婆《ばーあ》になる、婆《ばーあ》でも狐《きつね》だといわれて、詮方《しかた》がなさに狐《きつね》になる、夫《そ》れ見《み》ろ狐《きつね》め己《おのれ》生捕《いけどり》にするぞと追驅《おひかけ》れば、狐《きつね》は叶《かな》わじと逃《にげ》、追詰《おひつめ》られて藪《やぶ》の中《なか》へ這入《はい》る、尻尾《しつぽ》をとらへ引《ひつ》ぱる拍子《へうし》に、コン〱クワイ〱と狐《きつね》は鳴《な》きながら尾尻《しつぽ》がぬける、扨《さて》こそみせしめに是《これ》を土産《みやげ》にするといふ後《うしろ》から百姓《ひやくせう》が『なぜ大根《だいこん》をぬいた』

○湯《ゆ》ごうふ　　奥久作

或所《あるところ》へ夜噺《よはなし》に行《ゆき》ける折《おり》から、子僧《こぞう》出《で》て旦那様《だんなさま》お夜食《やしよく》をおあがりなされませといふ、貴君《あなた》にもあげろ何《なん》ぞ出來《でき》たか、ハイ豆腐《どうふ》でム《ござ》ります、ム、八はいごうふか、イ、ヱ、葛《くず》かけか、イ、ヱ、而《そ》して何《なん》だ、『ハイゆでたの』

式法

婚禮の部

二號のつゞき

漱石

〇本誌《ほんし》初號《しよがう》並《なら》びに二號《がう》に於《おい》て結納式《ゆひなふしき》及《およ》びこれに必要《ひつえう》の目録《もくろく》の書《か》きかた、包《つゝ》みものゝ仕《し》やう、結納《ゆひなふ》を贈《おく》るときの手續等《てつゞきとう》を縷述《るじゆつ》せり。前《まへ》に述《のべ》たるものは概《おほむ》ね最鄭重《さいていちやう》の式《しき》にかゝるものなれば、玆《こゝ》には略儀《りやくぎ》なる結納《ゆひなふ》を料金《れうきん》にて贈《おく》るその包《つゝ》みかた等《とう》を示《しめ》すべし。

圖《づ》に示《しめ》す如《ごと》く、水引《みづひき》は都《すべ》て二本《はん》を用《もち》ゐ、結《むす》びたる端《はし》を折《お》りかへさず、其《そ》の中《なか》の三本乃至《はんないし》五本《はん》を丸《まる》く細《ほそ》き鐵火箸《かなひばし》の如《ごと》きものゝ端《はし》に卷《ま》きて浪《なみ》がしらを造《つく》るべし。（左右とも同斷）總《すべ》て贈《おく》り物《もの》に水引《みづひき》を掛《かく》ることは、流《なが》して心《こゝろ》を止《と》めざるの意《い》を象《かたど》りたるにて、その水引《みづひき》の左右《さゆう》を卷《ま》くは大海《だいかい》の如《ごと》き生《い》き水《みづ》を造《つく》り追《お》ひ浪《なみ》を形《あら》はすものなり。因《ちなみ》に云《いふ》葬儀《そうぎ》には池水《いけみづ》の如《ごと》き死水《しする》（動《うご》かざる水《みづ》）の意《い》を象《かたど》るを以《もつ》て浪《なみ》を卷《ま》かず。而《しか》して婚儀《こんぎ》葬儀《そうぎ》の二件《けん》は生涯中《せうがいちう》二度《ど》あるまじく、再繰《ふたゝびく》り返《かへ》すことなきを表《へう》して水引《みづひき》を結《むす》び切《き》りとなし折《お》り返《かへ》さゞるなり、故《ゆゑ》に折《お》り返《かへし》た

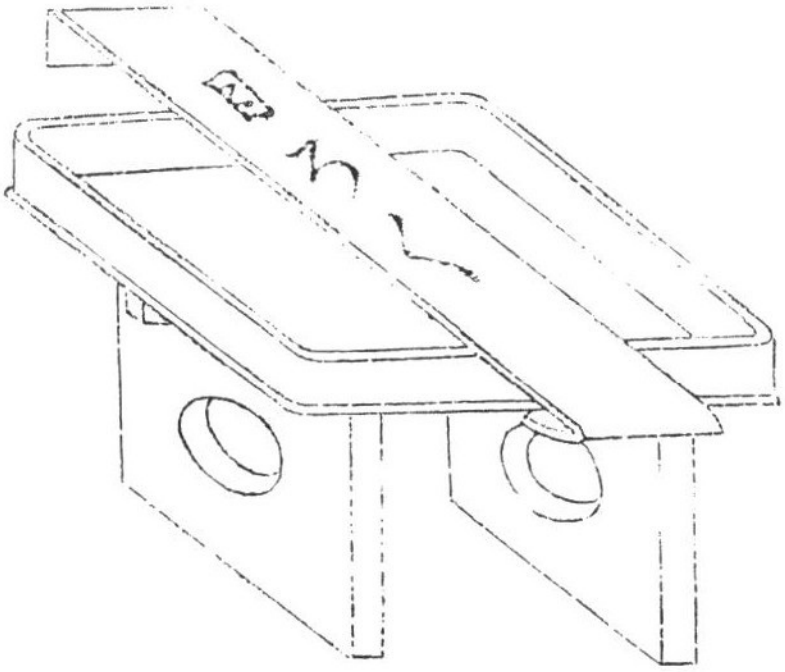

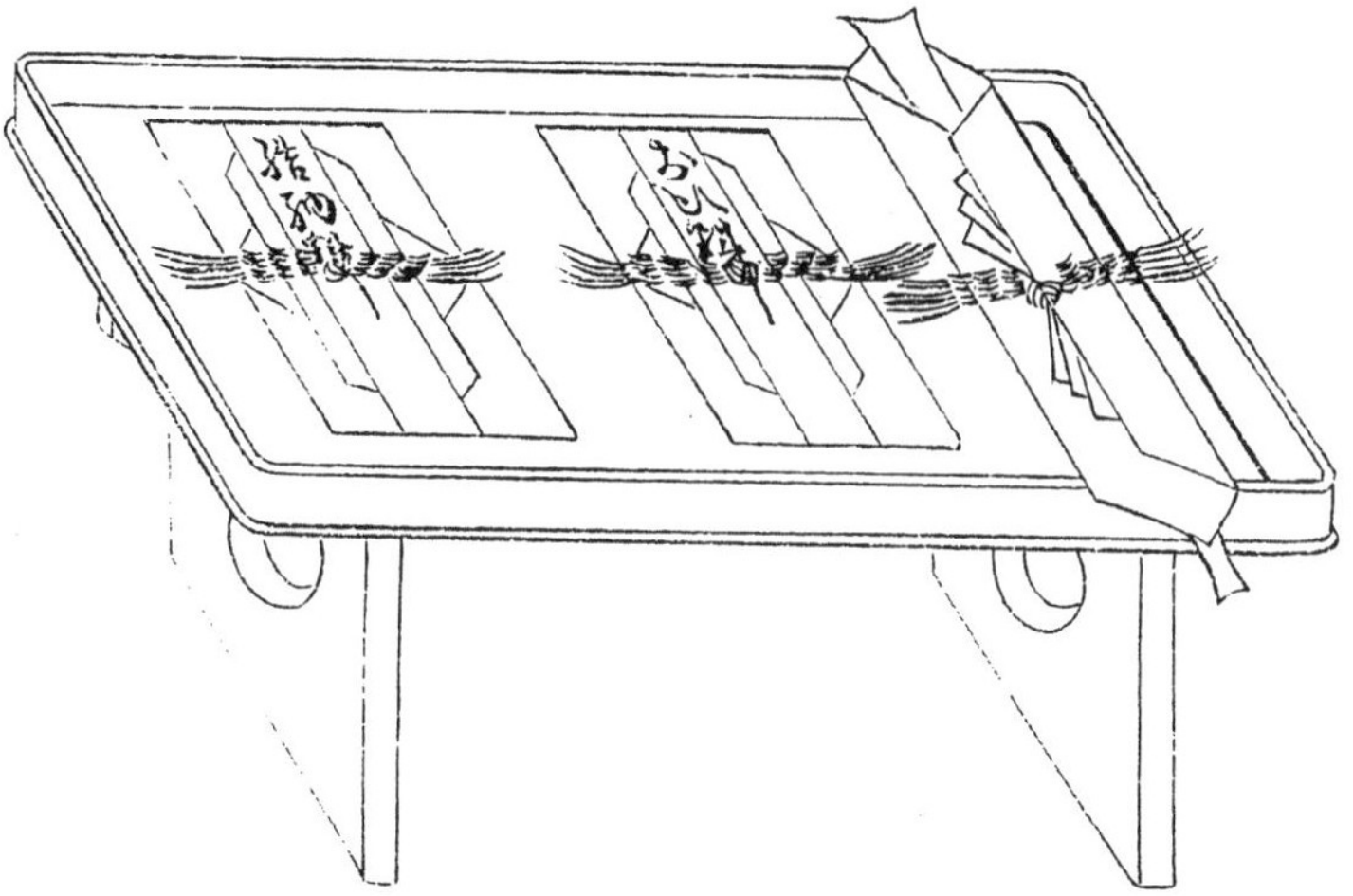

る結《むす》び方《かた》(膝折《ひざお》りといふ)は折《お》り返《かへ》し繰《く》り返《かへ》し數《かづ》の重《かさな》るを意味《いみ》したるものと知《し》るべし。水引《みづひき》に種々《さまぐ》ありと雖《いへど》も、金銀《きんぎん》を眞《しん》とし、白紅《しろくれなゐ》を行《げう》とし、赤白《あかしろ》を草《そう》とす(白紅《しろくれなゐ》を眞《しん》とする流派《りうは》もあり)何《いづ》れも陰陽《いんやう》を象《かたど》りたるにて、其《その》他《た》の水引《みづひき》は裝飾《さうしよく》の美《び》麗《れい》を增《な》すために造《つく》られたるにて式正《しきしやう》に用《もち》ゆべきものにはあらず。

嫁女《よめぢよ》の荷物《にもつ》は

分《ぶん》に應《おう》じ持參《ぢさん》あるべきも新夫《しんぷ》に對《たい》して土產《みやげ》を贈《おく》るは從來禮儀《じゆうらいれいぎ》の一に數《かぞ》へられ通常《つうじやう》、禮服《れいふく》一具《ぐ》、重《おも》きは小袖《こそで》、羽織帶《はおりおび》、或《ある》ひは略《りやく》して羽織《はおり》袴《はかま》、又《また》は白羽織地《しろはおりぢ》と袴地《はかまぢ》を用《もち》ゆ、これに樽肴《たるさかな》を添《そ》え(其《そ》の品數《しなかず》は結納《ゆひなう》の數《かず》より多《おほ》きは宜《よろ》しからず多《た》小減《せうげん》ずる方《かた》至當《したう》なるべし)目錄《もくろく》に認《したゝ》め又兩親《またりやうしん》を始《はじ》め豫《あら》じめ取替《とりかは》せ置《お》きたる親族書《しんぞくしよ》の順《じゆん》によりて相當《さうたう》の品々《しなぐ》を送《おく》り又雇人等《またやとひにんとう》まで祝《いは》ひものを遣《つかは》すこと通例《つうれい》たるが如《ごと》し。

因《ちなみ》に云《いふ》、緣女《えんぢよ》より聟《むこ》へ土産物《みやげもの》を贈《おく》るを誤《あやま》りて結納《ゆひなふ》を交換《かうくわん》するものとなし、互《たがひ》に取《と》り換《かは》せる向《むき》あれども、結納《ゆひなふ》は聟方《むこがた》よりのみ贈《おく》るものにて緣女《えんぢよ》より決《けつ》して贈《おく》るべきものにあらず、只當日《たゞたうじつ》若《も》しくは前日持參《ぜんじつぢさん》の荷物《にもつ》を送《おく》るときに土産《みやげ》として前記《ぜんき》の如《ごと》く物《もの》を贈《おく》ること本法《ほんぱふ》なりとす。又輿入《またこしい》れの當日《たうじつ》兩親《りやうしん》其他《そのほか》近《きん》親《しん》が緣女《えんぢよ》と共《とも》に聟方《むこかた》へ行《ゆ》くことも正式《せいしき》にはなきことにて、媒酌人《なかうど》夫《ふ》妻及《さいおよ》び從者腰元等《じうしやこしもとどう》の外隨行《ほかずゐかう》せぬを本式《ほんしき》とせり。

緣女《えんぢよ》の方《かた》にて結納《ゆひなふ》を受《うけ》たるときはこれを一室《しつ》に陳列《ちんれつ》し、親族《しんぞく》一同《どう》を招《まね》きて披露《ひろう》す、これを結納開《ゆひなふひら》きといふなり。（是《これ》より持參《ぢさん》すべき調度《てうど》準備《じゆんび》に着手《ちやくしゆ》するものなるが、茲《こゝ》に注意《ちうい》すべきは其《そ》の調度《てうど》の好尙《かうしやう》によりて其《そ》の家庭《かてい》の文野《ぶんや》を顯《あら》はすものなれば茲《こゝ》に用意《ようい》を要《えう》するは勿論《もちろん》、一面《めん》には婚家《こんか》の家庭《かてい》に於《お》ける有樣《ありさま》を斟酌《しんしやく》すること最《もつと》も肝要《かんえう》なるべし。）

偖婚姻當日嫁女《さてこんいんたうじつよめぢよ》の服裝《ふくさう》はいかにといふに、其《そ》の土地《とち》に依《よ》りて習慣《しふくわん》に差違《さゐ》あるべしと雖《いへど》も茲《こゝ》には正式《せいしき》として定《さだ》まれるものを掲《かゝ》ぐべし。衣裝《いしやう》、白羽《しろは》二重《ぶたへ》無垢《むく》、白地《しろぢ》の帶《おび》、地《ち》白縫文《しろぬひも》樣《やう》の褂《かけ》を用《もち》ゆるを眞《しん》とし、次《つぎ》には淡色《うすいろ》の時花色《はやりいろ》を選《えら》び、縮緬裾文《ちりめんすそも》樣《やう》の重《かさ》ねを用《もち》ゐる帶《おび》は何《なに》なりとも品位《ひんゐ》よき文樣《もやう》のものを用《もち》ゆべく、髮飾《かみかざ》りは玳瑁《たいまい》を用《もち》ゐ、金屬《きんぞく》の打物《うちもの》は避《さ》くるを禮《れい》とす。因《ちなみ》に云《いふ》、櫛《くし》は裝飾《さうしよく》にあらずして理髮用《りはつよう》の器具《きぐ》なればこれを式正《しきせう》の座《ざ》に用《もち》ゆるは違法《ゐはふ》の事《こと》たり。又金屬製打物《またきんぞくせいうちもの》の簪《かんざし》は古法《こはふ》に於《おい》て、護身《ごしん》を意味《いみ》するものなるが故《ゆゑ》に、余《よ》が傳來《でんらい》の敎《をしへ》に於《おい》てはこれを用《もち》ゐざるものと定《さだ》めあり。

（以下次號）

素人醫者

秋高《あきたか》く氣《き》清《きよ》しといふと追々《おひ〳〵》詩《し》趣《しゆ》に富《と》むで來《く》る冷《すゞ》が、人間《にんげん》の病氣《びやうき》は得手《えて》此《こ》の時《とき》に起《おこ》るので、風《かぜ》が立《た》つてよく犯《おか》され易《やす》いのは

○僂麻質斯《レウマチス》

である。此《こ》の病《やまひ》は賊風《ぞくふう》といつて、障子《しやうじ》や壁《かべ》の隙《すき》を洩《も》る風《かぜ》に侵《おか》されて局部《きよくぶ》に感冒《かぜ》をひくのが原因《もと》である。

一度《ど》これに侵《おか》されたらば、第《だい》一に局部《きよくぶ》を温包《おんぱう》するのが必要《ひつえう》である、若《も》し痛《いた》みがあつたならば五十倍《ばい》の石炭酸水《せきたんさんすゐ》を布片《きれ》に浸《ひた》して患部《くわんぶ》に當《あ》て、油紙《あぶらがみ》を蔽《おほ》つて其《そ》の上《うへ》へ綿《わた》をあてゝ布《ぬの》で卷《ま》いて置《お》くのが可《よ》い。又《また》三百倍《ばい》のザルチール酸《さん》水《すゐ》でも宜《よろ》しい。

特効服薬《とくかうふくやく》としては

撒曹《ザルチールサンソーダ》一瓦《グラム》を百瓦《グラム》に溶解《とか》し、苦味丁幾《クミチンキ》一瓦《グラム》を加《くは》へ、三度《ど》に分服《ぶんぷく》して可《よ》い。アスピリンを用《もち》ゆる法《はふ》もあるが、これは醫《い》者《しや》の配劑《はいざい》を乞《こ》はねば不可《いけ》ない。

○腸加答兒《ちやうかたる》

是《これ》は多《おほ》く此《こ》の頃《ころ》の寐冷《ねびへ》や、食物《しよくもつ》の變動《へんどう》が原因《げんいん》となつて發《おこ》るので、此《こ》の病《やまひ》には二種《しゆ》ある。水《みづ》の如《ごと》く下痢《げり》するのと痢病《りびやう》の如《ごと》く澁《しぶ》るのとあつて、此《こ》の澁《しぶ》るのを大腸加答兒《だいちやうかたる》といふのである。

何《いづ》れも食鹽《しほ》を入《い》れた湯《ゆ》で座浴《こしゆ》をつかつてよく

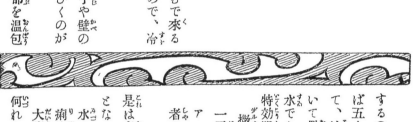

温《あたゝ》まり、葛湯《くずゆ》か飴湯《あめゆ》を飲《の》むのが可《よ》い。

水瀉《するしや》のやうに下痢《げり》する症《しやう》には

タンニン酸《さん》　三瓦《グレイン》　ゼルマトール　十瓦《グレイン》

乳《にう》　糖《とう》　十瓦《グレイン》

右《みぎ》三度《ど》に分服《ぶんぷく》して可《よ》い

澁《しぶ》る症《しやう》は

（現《げん》の證據《しやうこ》）といふ薬種《やくしゆ》が何《いづ》れの薬舗《くすりや》にもある、これは此《こ》の病《やまひ》に奇功《きかう》を奏《そう》する植物《しよくぶつ》である、此《こ》の四匁《もんめ》を水《みづ》一合《がふ》五勺《しやく》で一合《がふ》に煎《せん》じつめて一日《にち》に數度《すど》に分服《ぶんぷく》すると治《なほ》る。

此《こ》の症《しやう》に必要《ひつえう》な心得《こゝろえ》かたは、便氣《べんき》を催《もよほ》しても出來《でき》るたけ耐《こら》えて我慢《がまん》することゝ、一二回《ど》も澁《しぶ》つたら醫療《いれう》を請《こ》ふべきで、往々《わう〳〵》赤痢《せきり》になる恐《おそ》れがあるからである。

水瀉《するしや》の方《はう》は若《も》し小便《せうべん》が止《とま》つたらば油斷《ゆだん》は出來《でき》ない、コレラに變《へん》じるか然《さ》なくも重症《ぢうしやう》になる恐《おそ》れがある。

○陰《いんきん》癬《だむし》

陰癬《いんきんたむし》といふと男《をとこ》の陰囊《いんのう》を冒《おか》す病《やまひ》とのみ思《おも》ふ人《ひと》があるが、婦女《ふぢよ》にもある疾《やまひ》で、殊《こと》に小女《せうぢよ》に此《こ》の病《やまひ》に罹《かゝ》るものが多《おほ》い。

若《も》し痛《いた》みを發《はつ》して廣《ひろ》がるやうでは、專門《せんもん》の醫《い》者《しや》に治療《ちれう》を受《う》くべきであるが然《さ》もなければ、其《そ》の療法《れうはふ》は、

アルボース石鹼《せつけん》にて患者《くわんぶ》を洗滌《せんでき》し

撒酸《ザルチールサン》　一分《ぶん》に　アルコール　五十分《ぶん》の割《わり》合《あひ》のものを患部《くわんぶ》に塗《ぬ》るが宜《よろ》しい。

小女《せうぢよ》が此《こ》の病《やまひ》に侵《おか》されたならば、座浴《とじゆ》してよく洗《あら》ひ（刺戟《しげき》なき石鹼《シヤボン》にて）

重曹《ぢうそう》　一分《ぶん》　水《みづ》　百分《ぶん》のものを布片《きれ》に浸《ひた》して患部《くわんぶ》に當《あ》て。

或《あるひ》は

澱粉《でんぷん》　五十分《ぶん》　亞鉛花《あゑんくわ》　十分《ぶん》をよく〳〵細《さい》密《みつ》に混和《こんわ》したものを患部《くわんぶ》に撒布《さんぷ》して可《よろし》い。

文苑

應募川柳　題　沓冠　よくつてよ　氣がしれぬ

海邊の黑人評

人　函館　六花

よくつてよ跋扈《ばつこ》ざますの跡《あと》を絶《た》ち

評　孔子《こうし》なんし曾子《そうし》なましの廓《さと》ことばも今《いま》はむかしとなりにけりかな

地　奈良　みやこ

よくつてよなど〻胡麻《ごま》かす鄙言葉《ひなことば》

評　種彦《たねひこ》に田舍源氏《ゐなかげんじ》あり故《ゆゑ》に田舍式部《ゐなかしきぶ》もある道理《だうり》

天　廣島　TS生

氣《き》が知《し》れぬ標致《きりやう》のぞみの果《はて》が彼《あ》れ

評　彼《あ》アでもない此《と》ウでもないと酢豆腐《すどうふ》を旨味《うま》がつて召《め》しあがる御仲間《おなかま》でせう。

○次號の課題　川柳

○近事　○失戀

俳句

癖三醉先生評

人

蜻蛉《とんばう》の高《たか》き紫苑《しをん》にとまりけり　三星

地

江《じ》には入《い》る沼《ぬま》の流《なが》れや蜻蛉《とんぼ》飛《と》ぶ　霞溪

天

阿蘇山《あそやま》の前《まへ》に夕日《ゆうひ》の蜻蛉《とんぼ》かな　霞溪

選者吟

干《ほ》してある帆《ほ》に數《かづ》とまる蜻蛉《とんぼ》かな

句數隨意　十月十五日堅く〆切

御出吟屆先　東京下谷區西黑門町四番地　家庭のまどゐ發行所

前號《ぜんがう》期節《きせつ》から衛生上《ゑいせいじやう》消化《しやうくわ》不良《ふりやう》の嫌《きら》ひある食物《しよくもつ》を擧《あ》げて讀者《どくしや》の注意《ちうゐ》を與《あた》へ、傍《かたはら》穀類《こくるゐ》の成分表《せいぶんへう》を掲《かゝ》げて參考《さんこう》に供《きやう》しました扨《さて》料理《れうり》法《はふ》の書《しよ》も澤山《たくさん》著述《ちよじゆつ》されまして、遺《のこ》る所《ところ》無《な》ひやうでありますが、多《おほ》くは立派《りつぱ》な御馳走《ごちそう》ばかりで、日常《ふだん》家庭《かてい》の惣菜《そうさい》として、輕便《けいべん》と經《けい》濟《ざい》と滋養《じやう》の點《てん》と相待《あいま》つて作《つく》られたものが少《すくな》いやうで有《あ》ります。

家庭《かてい》の料理《れうり》法《はふ》のうちには無論《むろん》滋養《じやう》の價値《かち》、簡《かん》易《い》、廢物利用《はいぶつりよう》、經濟《けいざい》、味《あぢはひ》を美《び》にして倦《う》まざらしむること等《とう》の要素《えうそ》を含《ふく》むで居《を》らねばならぬものと思《おも》ひます、彼《か》の徒《いたづら》に體裁《ていさい》と味《あぢはひ》のみに拘《こう》泥《でい》して、滋養《じやう》の價値《かち》を失《うしな》ひ、非常《ひじやう》の費用《ひよう》と勞《らう》力《りよく》を失《うしな》ふが如《ごと》き貴族《きぞく》式割烹《かつぱう》店《てん》式《しき》の料理《れうり》法《はふ》は一《いつ》般《ぱん》の家庭《かてい》に普及《ふきう》することは出來《でき》ぬのみか、著《ちよ》者《しや》は寧《むしろ》普及《ふきう》することを好《この》まぬので有《あ》ります。茲《こゝ》に惣菜《そうざい》として便利《べんり》なものは豆腐《とうふ》で有《あ》りまして薪樵《たきゞこ》る山家《やまが》にも汐汲《しほく》む濱《はま》にも豆腐《とうふ》の無《な》い里《さと》は有《あ》るまいと思《おも》ひます。所《ところ》が豆腐《とうふ》の調理法《てうりはう》が有《あ》り觸《ふ》れた仕方《しかた》ばかり世《よ》に傳《つた》はつて居《ゐ》りまして夫《それ》すら豆腐《とうふ》の味《あぢ》を充分《じうぶん》に顯《あらは》すほどの調理法《てうりはふ》が世《よ》の中《なか》に傳《つた》はつて居《を》りませんから、號《がう》を逐《お》ふて豆腐《とうふ》の調理法《てうりはふ》を數種御《すうしゆご》教授《けうじゆ》しやうと思《おも》ひます。而《そう》して豆腐《とうふ》の滋養價値《じやうかち》は如何《どう》であるかと申《まを》しますと、

蛋白質	脂肪	含水炭素	灰分
六、五五	二、九五	一、〇五	〇、六四

表記《へうき》の通《とほ》り食餌《しよくじ》として平準《へいじゆん》の割合《わりあひ》に配合《はいがう》されて居《ゐ》ります。

玆《こゝ》に掲《かゝ》げます豆腐料理法《とうふれうりはふ》は、通常《つうじやう》のものから始《はじ》めまして追々珍品《おひ〳〵ちんぴん》を御紹介《ごしやうかい》いたすことに致《いた》します。

〇通常品《つうじやうひん》

△木《こ》の芽田樂《めでんがく》

成《な》るたけ手《て》の自由《じゆう》に操作《さうさ》の出來《でき》るほどの大《おほ》きさの盤《ばん》に温湯《おんたう》を湛《たゝ》えて、その中《なか》へ豆腐《とうふ》を浮《う》かし、切《き》るも串《くし》にさすも其《そ》の湯《ゆ》の中《なか》にて爲《す》るなり、決《けつ》して危《あや》うく落《お》つるなどの憂《うれ》ひなし、斯《か》くして湯《ゆ》より引《ひ》きあげ直《す》ぐ火《ひ》にかけ燒《や》く。

味噌《みそ》には山椒《さんしよ》の木《こ》の芽《め》（木《こ》の芽《ぬ》なき頃《ころ》は粉《こ》山《さん》椒《しよ》にて香氣《かうき》を添《そ》ふるもよし）醴《あまざけ》の堅煉《かたね》りを少《すこし》許《ばかり》加《くは》へれば味《あじわひ》最《もつとも》美《び》なり但《たゞし》多《おほ》きに過《すぐ》れば甘《あま》すぎて却《かへつ》てよろしからず。

△雉子《きじ》やき田樂《でんがく》

前《まへ》の通《とほ》り豆腐《とうふ》を操作《さうさ》して火《ひ》にかけ、狐色《きつねいろ》にやき、猪口《ちよこ》に生《き》の煑《に》かへし醬油《しやうゆ》に杣《ゆづ》のおろしをそへて出《だ》すなり。

△あらがね豆腐《とうふ》

豆腐《とうふ》を布《ぬの》に包《つゝ》みてよく水《みづ》をしぼり、摑《つか》み崩《くづ》し油《あぶら》を用《もち》ゐず、酒《さか》しほと醬油《しやうゆ》にて炒《いり》つけ、擂《す》り山椒《さんしよ》を入《い》れ香氣《かうき》を添《そ》ゆ。

△むすび豆腐《とうふ》

豆腐《とうふ》を細《ほそ》く切《き》り酢《す》に浸《つ》けおくときはいかやうにも結《むす》ばるゝなり、能《よ》く結《むす》びて水《みづ》へ入《い》れ酢《す》の氣《き》を去《さ》るなり、調味《てうみ》好《この》みしだい。

△ハンペン豆腐《とうふ》　一名白玉どうふ

長薯《ながいも》をよく擂《す》り、水《みづ》をしぼりたる豆腐《とうふ》を等分《とうぶん》に入《い》れ擂《す》り交《ま》せ、丸《まる》く取《と》りて美濃紙《みのがみ》に包《つゝ》みて湧烹《ゆに》し、調味《てうみ》好《この》みしだい。

（以下次號）

衛生眼より研究したる

育兒法

國家《こくか》の隆盛《りうせい》を圖《はか》るには健全《けんぜん》なる國民《こくみん》を繁殖《はんしよく》せしむるに勝《まさ》るはなし、而《しか》して健全《けんぜん》なる國民《こくみん》を繁殖《はんしよく》せしめんと欲《ほつ》せば父母《ふぼ》の身體《しんたい》を健全《けんぜん》にし然《しか》も品行《ひんかう》を方正《はうせい》にし、以《もつ》て其《そ》の擧《あ》げたる子《こ》を健全《けんぜん》に養育《やういく》するに在《あ》るなり、蓋《けだ》し育兒法《いくじはふ》の必《ひつ》要則《えうすなは》ち茲《こゝ》に在《あ》りて存《そん》す。

これに依《よつ》て本號《ほんがう》より育兒法《いくじはふ》の一欄《らん》を設《まう》け、大《たい》方諸彥《はうしよけん》をして彌《いよく》健全《けんせん》なる子女《しじよ》を擧《あ》げしめ、而《しか》して益《ますます》國家《こくか》の隆盛《りうせい》を期《き》せんと欲《ほつ》する所《ところ》なり請《こ》ふ號《がう》を逐《お》ふて其《そ》の說《と》く所《ところ》を聽《き》け

叢軒

育兒法《いくじはふ》に伴《ともな》ふ妊婦《にんぷ》の心得《こゝろえ》

育兒法《いくじはふ》を說《と》くに際《あた》つて、豫《あらか》じめ妊娠中《にんしんちう》に於《お》ける母體《はたい》の攝生法《せつせいはふ》を講《かう》ずるは、强《あなが》ち無用《むよう》の業《げう》に非《あら》ざるを信《しん》ず、蓋《けだ》し母體《はたい》の健康《けんかう》ならざるは、延《ひい》て生兒《せいじ》の體格《たいかく》に影響《えいきやう》すること尠《すくな》からざるを以《もつ》てなり。

妊娠中《にんしんちう》の攝生事項《せつせいじかう》は分《わか》つて運動《うんどう》、食餌《しよくじ》、衣服《いふく》、便通等《べんつうとう》とす。

運動《うんどう》　常《つね》に新鮮《しんせん》の空氣《くうき》を呼吸《こきう》し勉《つと》めて適度《てきど》の運動《うんどう》を怠《おこた》らず、怠惰《たいだ》にして一室《しつ》に籠居《ろうきよ》し、起臥《きぐわ》を恣《ほしいまゝ》にするが如《ごと》きは最《もつと》も忌《い》むべきのことたり。

精神《せいしん》に甚《はなは》だしき感動《かんどう》を發《はつ》すべき事物《じぶつ》の耳目《じもく》に觸《ふ》るゝことは大《おほい》に遠《とほ》ざけざるべからず、彼《か》

の耳《みゝ》に淫聲《いんせい》を聞《き》かず等《とう》古《いにしへ》の敎《おしへ》も玆《こゝ》に見《み》る所《ところ》ありての事《こと》ならんか。故《ゆゑ》に精神《せいしん》を爽快《さわやか》にし憂愁忿怒《ゆうしうふんど》等《とう》の甚《はなはだ》感動《かんどう》を惹《ひ》き起《おこ》すべき事《こと》柄《がら》に接《せつ》せんとするときは。これを運動《うんどう》に避《さ》けよ。

食事　消化《しやうくわ》し易《やす》き食物《しよくもつ》を選《えら》ぶことは勿論《もちろん》、瓦《くわ》斯《す》を釀《かも》すべき食餌《しよくじ》、則《すなはち》甘藷《さつまいも》其他《そのた》これに類《るゐ》するものを避《さ》くるを要《えう》す。可成的《なるたけ》食事《しよくじ》の時間《じかん》を一定《てい》し、朝餉《あさ》午餐《ひる》は平《つ》常《ね》の量《りやう》にし、晩餐《ばんさん》を減《げん》じ、常《つね》に胃中《ゐちう》をして膨滿《ばうまん》せしめざるを要《えう》す。

衣服　衣服《いふく》を着《つ》くるに身體《しんたい》を緊迫《きんぱく》せしめざるやう注意《ちうゐ》すべく、然《しか》れども甚《はなはだ》緩《ゆる》やかに過《す》ぐるは宜《よろ》しからず。腹帯《はらおび》は常《つね》に缺《か》く可《べ》からず、これを施《ほどこ》すに先《まづ》適宜《てきぎ》の綿《わた》を當《あ》て、其《そ》の上《うへ》を布《ぬの》にて卷《ま》くべし綿《わた》を當《あて》てのち布《ぬの》を卷《ま》くは、綿《わた》の彈力《だんりよく》によりて腹帯《はらおび》の壓迫《あつぱく》を防《ふせ》ぐに在《あ》り。

便通　尿《しやうべん》は催《もよう》すに從《したがつ》て隨時《ずいじ》に放出《はうしゆつ》すべく何等《なにら》の事故《じこ》あるも必《かなら》ず怺《こら》えて時《とき》を過《すご》すべからず小便《しやうべん》の通《つう》じを怺《こら》ゆるときは終《つひ》に膀胱痲《ばうくわうま》痺《ひ》或《あるひ》は膀胱加答兒《ばうくわうかたる》を發《おこ》し、不治《ふち》の大害《たいがい》を釀《かも》すの恐《おそ》れあり。分娩期《ぶんべんき》に近《ちか》づくときは往々《わうく》大便秘結《だいべんひけつ》を發《おこ》すも斷《たん》じて下劑《げざい》を用《もち》ゆべからず、烹《に》たる菓物《くだもの》則《すなは》ち梨子《なし》、林檎《りんご》の類《るゐ》を烹《に》て食《しよく》するは穩和《おんわ》の便通劑《べんつうざい》となる又砂糖水《またさたうみづ》を服《ふく》して便通《べんつう》を促《うなが》すも可《か》なり。

此《こ》の外《ほか》妊娠中《にんしんちう》に愼《つゝし》むべきは、殊《こと》に分娩《ぶんべん》の前《まへ》一箇月《かげつ》は全《まつた》く同衾《どうきん》を避《さ》くべく、墮胎《だたい》の原因《げんいん》となること往々《わうく》これ有《あ》ればなり。又初《またはじ》めて妊娠《にんしん》したる婦人《ふじん》は平日《つねに》勉《つと》めて乳房《ちぶさ》を自《みづか》ら引《ひ》き出《だ》す操作《さうさ》を爲《な》すべし、常《つね》に斯《かく》の如《ごと》くするときは、乳房《ちぶさ》の凸出《とつしゆつ》するが故《ゆゑ》に、分娩《ぶんべん》の後孩兒《のちがいじ》をして、吸乳《きうにう》に困難《こんなん》ならしむるの患《うれひ》なきなり。

産後《さんご》の養生《やうじやう》

特《とく》に産後《さんご》は産前《さんせん》よりも猶《なほ》一層養生《そうやうせう》に注意《ちうゐ》を要《えう》す、これを忽《ゆる》がせにするときは、不妊症《ふにんしやう》となり、甚《はなはだ》しきは不起《ふき》の客《かく》となり、然《しか》らざるも母體健康《ぼたいけんかう》ならざるため害《がい》を生兒《せいじ》に及《およ》ぼすことあり、愼《つゝし》まずんばあるべからず

出産《しゆつさん》の後《のち》若《も》し衣服《いふく》を換《か》えんとするときは、平臥《へいぐわ》のまゝ片袖《かたそで》づゝ靜《しづか》に脫《ぬ》ぎ換《か》え、決《けつ》して身《み》を起《おこ》すやうのことを爲《な》すを禁《きん》ず。

腹帶《はらおび》は新鮮《しんせん》の布《ぬの》を用《もち》ゐ、先綿《まつわた》を當《あ》て其《そ》の上《うへ》を卷《ま》くべし、壓迫《あつぱく》を避《さ》け、呼吸《こきう》し易《やす》からしむる爲《た》めなり。

舊式《きうしき》にては産婦《さんぷ》を着座《ちやくざ》せしめ、又《また》は物《もの》に倚《よ》り掛《か》ゝらしむることあり、これがため子宮《しきう》の收縮《しうしゆく》を不充分《ふじうぶん》にし、不妊症《ふにんしやう》となり又《また》は不治《ふち》の固疾《こしつ》となるの患《うれひ》あり、必《かなら》ず平臥安靜《へいぐわあんせい》にすべし。

分娩後《ぶんべんご》一週間《しうかん》は厠《かわや》に上《のぼ》るべからず、蓐中《じよくちう》に在《あり》て便器《べんき》を以《もつ》て用《よう》を便《べん》ずるを要《えう》す。

分娩後《ぶんべんご》六週間《しうかん》は産後養生《さんごやうじやう》の期間《きかん》とす、此間《このあいた》は帶下《おりもの》あるものとす、故《ゆゑ》に此《こ》の期間《きかん》は攝生《せつせい》に最《もつと》も注意《ちうゐ》を要《えう》するものとす。

食事　粥《かゆ》、水飴等《みつあめとう》を用《もち》ゐ、澹泊無味《たんぱくむみ》にして且《かつ》刺戟《しげき》なきものを用《もち》ゆるを可《か》とす。牛乳《ぎうにう》も水《みづ》を和《わ》して薄《うす》め、煮《に》て用《もち》ゆべく、肉汁《スープ》は若《も》し産婦《さんぷ》に熱氣《ねつけ》なければ分娩《ぶんべん》の後《のち》五日目頃《かめごろ》よりは用《もち》ゐて害《がい》なきも牛肉《ぎうにく》は食《しよく》すべからず、又消化《またしやうくわ》し易《やす》き野菜《やさい》、胡蘿蔔《にんじん》の類及《るゐおよ》び脂肪少《しぼうすくな》き魚肉《ぎよにく》は同時《どうじ》より食膳《しよくせん》に上《のぼ》すもよし。

附言分娩後《ふげんぶんべんご》一週間《しうかん》を過《す》ぐれば坐浴《こしゆ》をなしてよし、又《また》五週間後《しうかんご》は同衾《どうきん》に害《がい》なし。

分娩《ぶんべん》の後俗《のちぞく》に「血《ち》のあがる」といふ事《こと》あり、是《こ》は字《じ》の如《ご》く、血液上昇《けつえきじやうしやう》を意味《ゐみ》したる詞《ことば》

にして、昔《むかし》はこれを脳《のう》に充血《じうけつ》するものと誤《あやま》りたるものならんも、事實《じじつ》は之《これ》に反《はん》し脳貧《のうひん》血《けつ》を發作《はつさ》するに因《よ》るものなり。故《ゆゑ》に此場合《このばあひ》に處《しよ》するは、却《かへつ》て頭部《とうぶ》を下垂《たる》るを要《えう》するものにして、平臥《へいぐわ》するにも枕《まくら》を用《もち》ゐず頭部《とうぶ》の下《さが》るやうにして臥《ふ》さしむべし。（以下次號）

編者曰《へんしやいはく》從來育兒法《じうらいいくじはふ》を説《と》くもの少《すく》なからずと雖《いへど》も悉《こと〴〵》く教育《きやういく》の方面《はうめん》より研究《けんきう》したるもの〻外《ほか》なし、然《しか》るに、教育《けふいく》は既《すで》に健全《けんぜん》なる子女《しじよ》を擧《あげ》て而《しか》して後相待《のちあひまつ》て施《ほどこ》すべきものなれば、豫《あらかじ》め衛《ゑい》生眼《せいぐわん》より研究《けんきう》したる育兒法《いくじはふ》を掲《かゝ》げ、徐《おもむろ》に教育《けういく》眼《ぐわん》より研究《けんきう》したる育兒法《いくじはふ》に及《およ》ばんとする結構《けつこう》なり、依《よつ》て叢軒先生《そうけんせんせい》に請《こ》ひ本號《ほんがう》より掲載《けいさい》することゝは爲《な》したるなり。讀者《どくしや》これに依《よつ》て健全《けんぜん》の子女《しじよ》を擧《あ》げ、而《しか》して完全《くわんぜん》なる教育《けういく》を施《ほどこ》し、兩々相待《りやう〳〵あひま》つて進《すゝ》むときは國家《こくか》を益《ゑき》すること甚《はなは》だ大《だい》なるを信《しん》ず、讀者《どくしや》これを諒《りやう》せよ。

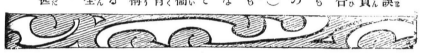

社告

○流行品《りうかうひん》の買物取次《かひもののとりつぎ》の件《けん》

本誌《ほんし》愛讀諸彥《あいどくしよけん》の御便利《ごべんり》を謀《はか》り、左《さ》の方法《はうはふ》を以《もつ》て當地流行品買物取次《とうちりうかうひんかひものとりつぎ》の依頼《いらい》に應《おう》ず。

一本誌《ほんし》六箇月以上前金《かげついじやうぜんきん》を以《もつ》て購讀《こうどく》せらるゝ讀者《どくしや》に限《かぎ》り當地流行品購買方《たうちりうかうひんこうばいかた》の依頼《いらい》に應《おう》じ可申事《あひなすべきこと》。

一購買《こうばひ》に付《つき》ては一切手數料謝金等《さいてすうりようしやきんとう》は申《あひ》し受《う》けず。

一購買品《こうばひひん》の選擇《せんたく》は都《すべ》て當方《たうはう》に一任《にん》せらるべき事《こと》。

一購買品《こうばひん》の價額《かがく》幷《なら》びに送料《そうれう》は豫《あらか》じめ御通知《ごつうち》致《いた》すべきに付《つ》き其節前金《そのせつぜんきん》に申受候上《あひうけさうらふうへ》にて、購買發送可致候《こうばひはつそういたすべくさうらふ》。

一本件《ほんけん》に係《かゝ》り御照會《ごしやうくわい》の節《せつ》は必《かなら》ず返信用郵稅《へんしんようゆうせい》御封入有之度候事《ごふうにふこれありたくさうろふこと》。

以上　家庭の志るべ發行所

犧牲《いけにへ》

（上）

無名子

宵闇《よひやみ》の秋《あき》の村《むら》を轟《とゞろ》かして、滊車《きしや》の通《とほ》る音《おと》がするかと思《おも》ふと、冷々《ひやく》と千草《ちくさ》の露《つゆ》を吹《ふ》く風《かぜ》が、オルガンの音《ね》につるゝ勇《いさ》ましい軍歌《ぐんか》の聲《こゑ》を送《おく》つて來《き》た。停車塲《ステーシヨン》のおかれた他《ほか》の町《まち》や村《むら》では、大抵少年樂隊《たいていせうねんがくたい》を組織《そしき》して、太鼓《たいこ》、喇叭《らつぱ》の騷々《さう〳〵》しく囃立《はやした》つるのであるが、此村《このむら》のみは小學校《せうがくかう》の樂器《がくき》を移《うつ》し据《す》ゑて、優《いう》にやさしく、出征《しゆつせい》の士《し》を送《おく》つて居《ゐ》るので、又《ま》た樂隊《がくたい》かと大凡《おほよそ》に聞《きゝ》流《なが》さうとした兵士《へいし》は、思《おも》ひもかけぬ變調《へんてう》に耳《みゝ》を引《ひ》かれて、車窓《しやそう》を顔《かほ》に埋《うづ》め、はては情《こゝろ》なき滊車《きしや》の足掻《あが》きを恨《うら》むのであつた。

滊車《きしや》が過《す》ぎて、嚠喨《りうれう》の樂《がく》も絶《た》えた間《ま》もなく、停車塲《ステーシヨン》から五町《ちやう》とは距《さ》らぬ丘《をか》の上《うへ》の、虫《むし》の音《ね》に圍《かこ》まれた家《いへ》の柴戸《しをりど》が開《あ》いて、

『婆《ばあ》や、今歸《いまかへ》つてよ。』と甘《あま》へるやうな清《すゞ》しい聲《こゑ》を先《さ》きに立《た》てながか、内《うち》より射《さ》す燈光《あかり》の、明晰《はつきり》さやゝ扇形《あふぎがた》に庭《には》の闇《やみ》を劃《かぎ》つた中《なか》へ、靴音《くつおと》を運《はこ》び込《こ》んだのは、十五六の袴《はかま》を穿《は》いた、色《いろ》白《しろ》の眉目《みめ》麗《うる》はしい、學生風《がくせいふう》の少女《せうぢよ》である。その背後《うしろ》へ浴《あび》せるやうにして、柴戸《しをりど》の外《そと》から、

『お婆《ばあ》さん、確《たし》かに送《おく》り届《とゞ》けたよ。お嬢《ちやう》さん左《さ》よなら、』と同《おな》じ年輩《ねんぱい》の少年少女《せうねんせうちよ》二三人《にん》の聲《こゑ》が混《まじ》つて聞《きこ》えた。あたふたと椽先《えんさ》きに出迎《でむか》へた婆《ばあ》やは、

『お歸《かへ》りなさいまし。………マア皆《みな》さん、お茶《ちや》でも飮《の》んで行《い》かつしやるが可《い》いだよ。』

栞戸《しをりど》の方《はう》に向《む》いて斯《か》ういつたが、もう返事《へんじ》も人影《ひとかげ》もないので、氣《き》を換《か》へて、

『眞個《ほんとう》に御苦勞《ごくらう》だこと。學校《がくかう》から歸《かへ》る、直《す》ぐ引張出《ひつぱりだ》される、これぢやお嬢《ちやう》さんだつて、休《やす》む暇《ひま》がありやしないだもの。』と心《こゝろ》から劬《いた》はりながら、

『早《はや》く靴《くつ》を脱《ぬ》つて、上《あが》らつしやるが可《い》いだ。』

『マア好《い》いのよ、今夜《こんや》は靜《しづ》かで、虫《むし》の音《ね》が大變《たいへん》好《い》いから、このまゝ少《すこ》し聽《き》いてるわ。』と少《せう》女《ちよ》は腰《こし》をかけて、砌《みぎり》を靴《くつ》で鳴《な》らして居《ゐ》る。

『如何《いか》な虫《むし》の音《ね》が可《い》いたつて、お嬢《ちやう》さんのオルガンに敵《かな》ふもんでねえだ。今夜《こんや》も能《よ》く聞《きこ》えただが、眞個《ほんとう》に巧《うま》いもんだ。』

『ホヽホヽ、婆《ばあ》やは音樂《おんがく》の上手《じやうず》下手《へた》が解《わか》つて？』と少女《せうちよ》は振向《ふりむ》いて嬌然《につこり》した。

『アレお嬢《ちやう》さん。』と婆《ばあ》やはしよぼ〳〵した眼《め》を忙《せは》しく瞬《しばだゝ》き、

『私《わし》なんぞにそれの解《わか》る筈《はず》はねえだが、村《むら》の學校《がくかう》の先生《せんせい》さんが、到底《とても》お嬢《ちやう》さん見《み》たいにや鳴《な》らないつて、大變感心《たいへんかんしん》して居《ゐ》るちうし、だもんだから、兵義會《へいぎくわい》の人《ひと》も、是非《ぜひ》お嬢《ちやう》さんにつて賴《たの》んで來《き》たゞアネ。』

『私《わたし》は厭《いや》でならないんだけど、兄樣《にいさま》が戰爭《せんさう》に行《い》らしつてるから、何時《いつ》會《くわい》から何樣《どんな》世話《せわ》にな

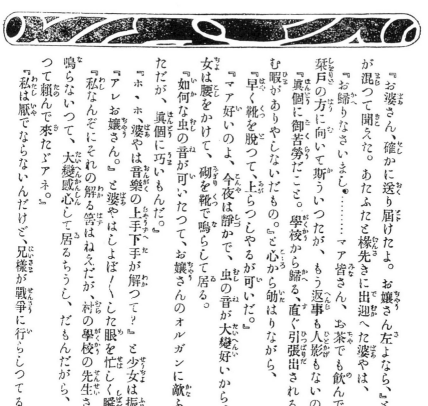

らないとも限《かぎ》らないし、第《だい》一村《むら》の交際《つきあひ》といふことがあつて、それが大變《たいへん》喧《やか》ましいから、此《この》村《むら》に居《ゐ》る以上《いじやう》は、仕《し》方《かた》がない、學校《がくかう》の閑暇《ひま》な時丈《ときだ》けでも行《い》つて彈《ひ》いてやれつて、小兄《ちいにい》さんが仰有《おつしや》るんだもの、私《わたし》、斯様《こんな》羞《はつ》かしい、極《きま》りが惡《わる》い目《め》を見《み》たことはないわ。』と柔《やさ》しい溜息《ためいき》をホッと吐《つ》いて、見《み》るとはなしに目《め》を移《うつ》すと、燈火《あかり》の末《すゑ》が薄《うつす》りと前栽《せんさい》の白萩《しらはぎ》の花《はな》を暈《ぼか》して、そこに鈴虫《すゞむし》の音《ね》が、一際《ひときは》浮《う》くやうに冴《さ》えて居《ゐ》る。

『あの萩《はぎ》は、去年兄様《きよねんにいさま》がお植《う》ゑなすつたのよ。』と少女《せうぢよ》はいとゞ悲《かな》しげな聲《こゑ》になつたので、婆《ばあ》やも何《な》んと慰《なぐさ》めて好《よ》いやら、是《こ》れも無言《むごん》のまゝで萩《はぎ》を見《み》た。暫《しば》らくして、

『小兄《ちいにい》さんは？』と少女《せうぢよ》は瞼《まぶた》の露《つゆ》を零《おと》さじとやうに、俯目《ふしめ》を障子《しやうじ》の内《うち》へ向《む》けたのである。

『今夜《こんや》も先刻《さつき》行列《ぎやうれつ》の稽古場《けいこば》から迎《むか》へが參《まゐ》りましたでね、折角《せつかく》讀《よ》みかけた書《ほん》を了《しま》つてお出《い》でなさりましたゞ。』

『左《さ》う、小兄《ちいにい》さんも、眞個《ほんとう》に大體《たいてい》ぢやないのね。朝《あさ》七時《じ》から神田《かんだ》まで行《い》つて、五時《じ》に歸《かへ》つて來《く》ると、お復習《さらひ》をするかしないのに、また村《むら》の義理《ぎり》で、引出《ひきだ》されるんだもの。』とやう〳〵少《すこ》し元來《げんき》付《つ》いて居《ゐ》る。

『そりやハアお孃《ぢやう》さんだつて同《おんな》じだ。何《な》んぼ電車《でんしや》が便利《べんり》だつても、こゝから上野《うへの》まで搖《ゆら》れて行《い》つて、搖《ゆら》れて歸《かへ》つて、時《とき》によると又停車場《またステーション》へ兵隊《へいたい》の送《おく》り迎《むか》へに行《ゆ》くんだもの、堪《たま》つたもんぢやありましないよ。』

『停車場《ステーション》へ行《ゆ》くも好《い》いのよ。それが善《よ》い事《こと》をするのだと思《おも》ふと、此頃《このごろ》は私《わたし》、反《かへ》つて樂《たの》しみに

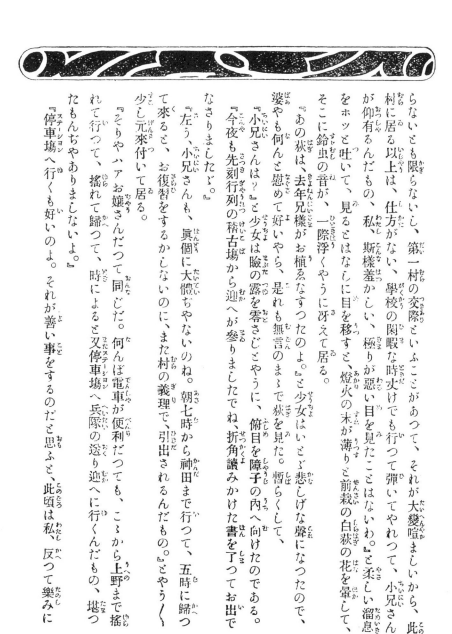

なつて來《き》てよ。だけども、兵隊《へいたい》さんが、窓《まど》から雜然顏《ぞつくりかほ》を出《だ》して行《ゆ》くのを見《み》ると、私何《わたしな》んだか氣《き》の毒《どく》でならないの。吃度彼《きつとあ》の人《ひと》なぞも、後《あと》に家族《かぞく》が居《ゐ》るのだらう、そして困《こま》つて居《ゐ》るのだらうと、斯《か》う思《おも》ふとね、私《わたし》、泣《な》きたくなつて仕樣《しやう》がないのよ。でも歩兵《はへい》の方《かた》や何《な》んかは、自分《じぶん》で戰爭《いくさ》が出來《でき》るんだから、打死《うちじに》しても、少《ちつ》とは諦《あきら》めも付《つ》かうけれど、自家《うち》の兄樣《にいさま》見《み》たいな輜重輸卒《しつようゆそつ》が通《とほ》ると、私《わたし》もう涙《なみだ》が出《で》で、オルガンなんぞ彈《ひ》いてる空《そら》もないわ。』ととう〳〵半帕《ハンケチ》を顏《かほ》に當《あ》てた。

所謂兄樣《いはゆるにいさま》は、高津文學士《たかつぶんがくし》と人《ひと》にも知《し》られ、此瀨田村《このせたむら》の都《みやこ》に近《ちか》く、しかも田園《でんゑん》の趣味《しゆみ》の饒《おほ》きに居《きよ》を卜《はく》して、東京《とうきやう》の去《さ》る私立大學《しりつだいがく》の講座《かうざ》を受持《うけも》ち外《ほか》に、折々書《をり〳〵しよ》を著《あら》はして、洛陽《らくやう》の紙價《しか》を貴《たか》からしめた博學達才《はくがくたつさい》であるのに、その才《さい》もその學《がく》も、戰時《せんじ》には用《もち》ひて益《えき》なく、あはれ豫備《よび》の輜重輸卒《しつちようゆそつ》として、五尺《しやく》の肉《にく》と骨《ほね》とを捧《さゝ》げ、國民平等《こくみんびやうどう》の義務《ぎむ》を果《はた》すべき秋《とき》が來《き》たのである。手綱《たづな》を筆《ふで》に代《か》へて、駄馬《だば》の轡《くつわ》の下《した》に立《た》ちながら、薄暗《うすぐら》い箱車《さうしや》の扉口《とぐち》に靠《もた》れて、見送《みおく》りのフロックコートや、絹帽《シルクハツト》に別《わか》れを告《つ》げたプラットホームの夕間《ゆふま》ぐれよ、世《よ》にも不思議《ふしぎ》の圖《づ》を現《げん》じて、勇《いさ》ましいといへば勇《いさ》ましい、物《もの》の哀《あは》れの出陣《しゆつぢん》を遂《と》げた。

兩親《りやうしん》は世《よ》を去《さ》つて既《すで》に久《ひさ》しく、夫人《ふじん》も流行病《りうかうびやう》の爲《た》めに昨年空《さくねんむな》しく玉《たま》を瘞《うつ》めた。この不幸《ふかう》な家族《かぞく》の中《なか》にも、弟俊二《おとうとしゆんじ》、妹愛子《いもうとあいこ》、この二人《ふたり》を切《せ》めてもの話敵《はなしがたき》として、親《おや》の如《ごと》く子《こ》の如《ごと》く、相《あひ》睦《むつ》み相親《あひしたし》み、そこに和樂《わらく》の春《はる》を見出《みいだ》したのも暫《しば》し、學士《がくし》は忽《たちま》ち出征《しゆつせい》の身《み》となつたので、後《こう》事《じ》を同窓《どうそう》の親《した》しき友《とも》に托《たく》し、俊二《しゆんじ》は第《だい》一高等《かうとう》に、愛子《あいこ》は東京音樂學校《とうきやうおんがくくかう》に、是迄通《これまでどほ》り通學《つうがく》して居《ゐ》るのであつた。で、輜重輸卒《しちようゆそつ》は骨《ほね》の折《を》れる代《かは》り、十の七八迄《まで》は討死《うちじに》することもあるまいと、留守家《るすたく》の兄妹《きやうだい》は唯《た》だそれ丈《だ》けを頼《たの》みにして居《ゐ》るのであるが、若《も》し萬一《まんいち》の事《こと》にもなると、通學《つうがく》は扨《さて》おき、添《そ》ふべき垣《かき》を失《うしな》つた秋草《あきぐさ》の、風《かぜ》に揉《も》まれる、雨《あめ》に擊《う》たれる實《げ》にや一寸《いつすん》先《さ》きは闇《やみ》の夜《よ》の今《いま》、俊二《しゆんじ》は未《ま》だ歸《かへ》つて來《こ》ぬ。

『それに婆《ばあ》や、會《くわい》の者《もの》も餘《あんま》りぢやないか。今《いま》の汽車《きしや》のも乾度《きつと》普通《ふつう》の兵隊《へいたい》だと思《おも》つたのよ、ところが汽車《きしや》の着《つ》く前《まへ》になつて輜重兵《しちようへい》だつてことが知《し》れたらう、すると萬歲《ばんざい》は止《よ》さうつて言《い》ふの、私《わたし》餘《あんま》り口惜《くやし》しかつたから、管《かま》はずオルガンを彈出《ひきだ》したもんだからね、皆《みんな》も仕樣《しやう》がなしに唱出《うたひだ》したのよ、眞個《ほんとう》に可笑《おか》しかつたわ。』と晴《は》れやかに笑《わら》つたが、

『だから兄樣《にいさま》なんか、何《ど》んなにか辛《つら》い思《おも》ひをなさるだらうと、私心配《わたししんぱい》でならないの。若《も》し偶然《ひよつと》御病氣《ごびやうき》にでも……ア、厭《いや》だ、緣喜《えんぎ》でもない、兄樣御免《にいさまごめん》なさいよ。』とまた凋《しは》れて、

『滿洲《まんしう》にも萩《はぎ》があるか知《し》ら、鈴虫《すゞむし》が啼《な》いてるだらうかねえ婆《ばあ》や。兄樣《にいさま》は今《いま》起《お》きてるだらうか、お寢《やす》みだらうか。』

折《をり》から柴戸《しをりど》の外《そと》の闇《やみ》の中《なか》に

『電報《でんぽう》』と叫《さけ》ぶ聲《こゑ》がした。愛子《あいこ》は走《はし》り出《で》て受取《うけと》るなり、引返《ひつかへ》して封《ふう》を切《き》ると、

『タカツシ、ビヤウシナサレタ、イサイアトヨリ』

勿論《もちろん》聯隊《れんたい》からの公《おほや》けの通知《つうち》ではない、差出人《さしだしにん》は多分《たぶん》學士《がくし》と病室《びやうしつ》を共《とも》にして居《ゐ》たものらしい、遂《つひ》ぞ愛子等《あいこら》の聞知《きゝし》らぬ名前《なまへ》であつた。

讀《む》むや否《いな》や、愛子《あいこ》は氣絶《きせつ》せぬばかりの有様《ありさま》であつたが、忽《たちま》ち信紙《しんし》を引攫《ひつつか》んだまゝ、兄《あに》の許《もと》へと栞戸《しをりど》を駈出《かけだ》した。

（下）

若《も》しこれが將校《しやうかう》の遺骸《いがい》であつたら、村人《むらびと》は大旗小旗《おほはたこばた》の數《かず》を盡《つく》して停車場《ステーション》に居並《ゐなら》び、一郷《きやう》の

譽《ほま》れとして、死《し》の凱旋《がいせん》を感謝《かんしや》したであらう。よし將校《しやうかう》でないにしても、切《せ》めては萬骨《ばんこつ》を以《もつ》て其《その》一骨《こつ》を値《あたひ》する戰鬪兵《せんたうへい》であつたら、猶《な》ほ義會《ぎくわい》の弔慰《てうい》を以《もつ》て、討死《うちじに》の名《な》を華《はな》やかにしたであらう。よし戰鬪兵《せんたうへい》でないにしても、切《せ》めては敵《てき》の流彈《りうだん》に觸《ふ》れて、それが爲《た》めの病死《びやうし》であつたら、猶《な》ほ少《すく》なくも界隈《かいわい》の人《ひと》に沙汰《さた》して、その出迎《でむか》へを煩《わづら》はすことも出來《でき》たであらうに、有名《ゆうめい》なる學士《がくし》にして、而《し》かも無名《むめい》の輜重輸卒《しちようゆそつ》たる高津《たかつ》の病死體《びやうしたい》は、僅《わづ》かに一人《ひとり》の親友《しんゆう》に衛《まも》られつゝ、廣島《ひろしま》の病院《びやうゐん》を出《い》で、風寒《かぜさむ》き秋《あき》の夕暮《ゆふぐれ》を、蕭々《せう〳〵》として音《おと》も香《か》もなく、白骨《はくこつ》となつて留守宅《るすたく》に歸《かへ》つた。停車場《ステーション》に出迎《でむか》へたのは、同胞《はらから》の唯二人《たゞふたり》ぎりで、義會《ぎくわい》の者《もの》も來《こ》なければ、近隣《きんりん》の人《ひと》も見《み》えぬ。見《み》ゑぬ筈《はず》だ、別《べつ》に留守宅《るすたく》よりの通知《つうち》がなかつたから。否《いな》、通知《つうち》があつたにしても、輜重輸卒《しちようゆそつ》の病死《びやうし》の遺骨《ゐこつ》を態々《わざ〴〵》出迎《でむか》へる程《ほど》の餘裕《よゆう》がなかつたかも知《し》れぬ。實《じつ》に遼陽占領《れうやうせんれう》の大快報《だいくわいはう》は、この夕《ゆふべ》、天使《てんし》の如《ごと》き號外賣《がうぐわいうり》の翼《つばさ》を假《か》りて、村《むら》の家々《いへ〳〵》に舞下《まひさが》り、到《いた》るところの人心《じんしん》を躍《をど》り狂《くる》はせたのである。

歡喜《くわんき》の色《いろ》は先《ま》づ軒提灯《のきちやうちん》の紅《べに》に榮《は》ねて、萬歲《ばんざい》の外《ほか》に聲《こゑ》もなければ、祝捷《しゆくせう》の外《ほか》に語《ことば》もなく、明《あ》くれば軒々《のき〳〵》の旗影《はたかげ》に勇《いさ》む心《こゝろ》の閃《ひら》めいて、閾《しきゐ》の內《うち》に尻《しり》が据《すわ》らず、申合《まをしあは》せたやうに業《しごと》を休《やす》んで、果《はて》は年賀《ねんが》の例《れい》の如《ごと》く、互《たがひ》に賀《よろこ》び、共《とも》に祝《いは》ふべく、吾《わ》れ勝《が》ちに村《むら》の鎭守《ちんじゆ》を指《さ》して押寄《おしよ》せたのである。

『實《じつ》は豫《かね》て申談《まをしだん》じて置《お》いた通《とほ》り、皆《みな》さんに觸《ふ》れを出《だ》して、それから此處《こゝ》へ寄《よ》つて貰《もら》ふべい思《おも》つた處《ところ》でがしたが、その觸《ふ》れもない中《うち》に、斯《か》う氣《き》が揃《そろ》つて、皆《みな》さんが寄《よ》つて御座《ござ》らしつたといふのは、實《じつ》に日本大勝利《にほんだいしやうり》の瑞祥《ずゐしやう》だ。私《わし》は嬉《うれ》しくつて、嬉《うれ》し涙《なみだ》が溢《こぼ》れますた。賽錢箱《さいせんばこ》の前《まへ》に立《た》つて、玉垣《たまがき》の下《した》の群集《ぐんしふ》を見渡《みわた》しながら、如何《いか》にも感《かん》に堪《た》へた如《ごと》くに斯《か》う演《の》べたのは、日頃村人《ひごろむらびと》の尊敬《そんけい》を身《み》に集《あつ》め、開戰匆々奬兵義會《かいせんそう〳〵しやうへいぎくわい》の會頭《くわいとう》に推《お》された村瀨《むらせ》といふ半《はん》白《ぱく》の有徳人《うとくじん》である。村瀨老人《むらせらうじん》は尙《な》ほ續《つゞ》けて、

『何故《なぜ》と言《い》はつしやい、皆《みな》さんが一心《しん》に國《くに》を思《おも》つて居《ゐ》ればこそ、改《あらた》めて報《しら》せもないのに、斯《か》う集《あつ》まれたでがす、私《わし》は實《じつ》に嬉《うれ》しい。日本《にほん》にはこの一心《しん》がある、假《よ》しんば敵《てき》は何《な》んであらうと、此一心《このいつしん》に勝《か》つことは出來《でき》ないでがす。で、その一心序《しんづいで》に、豫々申合《かねぐ〵まをしあは》せた行列《ぎやうれつ》を、今日《けふ》是《と》れから行《や》つて了《しま》つたら何《ど》うかと思《おも》ひますだが。』と大勢《おほぜい》に議《はか》つた。勿論異議《もちろんいぎ》のあらうやうもない。

『では、先《ま》づ順序《じゆんぢよ》でがすから、例《れい》のオルガンで「君《きみ》が代《よ》」を歌《うた》ひ、それから、皆《みな》さんと一緒《しよ》に、陛下《へいか》の萬歳《ばんざい》、陸海軍《りくかいぐん》の萬歳《ばんざい》を祝《いは》つて、いよ〳〵行列《ぎやうれつ》に取《と》りかゝりますかな。』

『それ可《い》いだ、〳〵。』と大勢《おほぜい》は異口同音《いくどうおん》に勇《いさ》み立《た》ち、オルガンは早速若者《さつそくわかもの》の手《て》で運《はこ》ばれたが、さて肝腎《かんじん》の彈人《ひきて》が見《み》えない。人々《ひとぐ〵》は始《はじ》めて顏揃《かほぞろ》ひの中《うち》に、高津《たかつ》の兄《あに》も妹《いもうと》も居《ゐ》ないことを發見《はつけん》したのである。

『何《ど》うしたゝんべい、孃《ぢやう》さんが來《き》て吳《く》れねいと、オルガンも始《はじ》まらないや。』

『俊二《しゆんじ》さんでなくつちや、行列《ぎやうれつ》だつて巧《うま》く揃《そろ》やしないせ。』

『大事《だいじ》な役《やく》を持《も》つてるだから、一番先《ばんさ》きへ驅付《かけつ》けて吳《く》んねいと困《こま》るだに、眞個《ほんとう》に何《ど》うした

だんべい。』

『初中村《しよつちうむら》の厄介《やつかい》になつてるだから、こんな時位《ときぐらゐ》は、村《むら》へ勤《つと》めるが可《い》いだよ、小供上《こどもあが》りでも、その位《くらゐ》な事《こと》が知《し》れない筈《はず》がねいだ。』

不滿《ふまん》の聲《こゑ》が其處此處《そこここ》に咽《つぶや》かれたのを、村瀬老人《むらせらうじん》は徐《しづ》かに制《せい》して、早速迎《さつそくむか》への者《もの》を出《だ》したが、暫《しばら》くすると歸《かへ》つて來《き》て、高津輜重輸卒病死《たかつしちようゆそつびやうし》の事《こと》、昨夜《さくや》白骨《はくこつ》の着《つ》いた事《こと》、この目出度《めでた》い日《ひ》に旗《はた》も出《だ》さず、兄妹《ふたり》とも線香《せんかう》の煙《けむ》に咽《むせ》んで居《ゐ》ることを復命《ふくめい》に及《およ》んだ。

『はてね、輜重輸卒《しちやうゆそつ》の病死《びやうし》……輜重《しちやう》……病死《びやうし》。』と村瀬老人《むらせらうじん》は目《め》を瞑《つぶ》つて、口《くち》の内《うち》で斯《か》う繰返《くりか》へしたが、やがて、

「けんご、それはそれ、これはこれでがすから。』と嚴《おご》そかに言《い》ひ切《き》つて。兎《と》も角《かく》、私《わし》が行《い》つて呼んで來《き》ますだ。皆《みな》さん、少《すこ》し待《ま》つて居《ゐ》て下《くだ》さるが可《い》い。』

額《ひたひ》の波《なみ》の豐《ゆた》かな、眉《まゆ》の修《なが》い、如何《いか》にも悠然《ゆつたり》とした有徳《うとく》の相顏《さうばう》は、間《ま》もなく高津家《たかつけ》の客間《きやくま》の床《とこ》と相對《あひたい》して居《ゐ》るのであつた。正面《しやうめん》には黒檀《こくたん》の文机《ふづくゑ》が据《す》ゑられて、嘗《かつ》ては書見《しよけん》の肘《ひぢ》を靠《もた》せた其人《そのひと》の遺骨《ゐこつ》を載《の》せてある。白木《しらき》の箱《はこ》の前《まへ》へは寫眞《しやしん》、左右《さいう》には樒《しきみ》と白萩《しらはぎ》、その葉《は》に花《はな》に搦《から》んで、線香《せんかう》の煙《けむり》が二條《すぢ》、力《ちから》なさゝうに搖曳《うれ》つて居《ゐ》る。

茶《ちや》を運《はこ》ぶ婆《ばあ》やが、沈《しづ》んだ顏《かほ》の、言葉《ことば》もなくて退《しりぞ》くと、俊二《しゆんじ》が出《で》て挨拶《あいさつ》をした。

『お兄樣《あにいさま》が御《ご》病氣《びやうき》で亡《な》くなられたさうで、何《な》んとも早《は》や申《まを》しやうもないでがす。切《せ》めてお歸《かへ》りの時刻《じこく》が知《し》れてゞも居《ゐ》ると、停車場《ステーション》まで迎《むか》へに出《で》るだつたに、誠《まこと》に不念《ぶねん》な事《こと》をして退《の》

けましたよ。後《あと》は嘸《さぞ》お困《こま》りだんべい、それもお察《さつ》し申《まを》して居《ゐ》ますだ。義會《ぎくわい》の方《はう》でも出來《でき》る丈《た》け力《ちから》になつて上《あ》げたいのだが、外《はか》に未《ま》だ村《むら》から戰爭《せんさう》に出《で》て居《ゐ》る者《もの》もあるし、第《だい》一遺《ゐ》族《ぞく》扶《ふ》助《ぢよ》の方法《はうはふ》も、生憎《あひにく》病死者《びやうしや》のあつた場合《はあひ》を考《かんが》へて居《ゐ》なかつたでの、何《いづ》れ私《わし》から相談《さうだん》をかけて、何《な》んとか運《はこ》ぶ心算《つもり》だから、マア惡《わる》く思《おも》はないで貰《もら》ひたい。』と老人《らうじん》は茶《ちや》を飮《の》んだ。俊二《しゆんじ》は俯《うつ》向勝《むきが》ちの、只《た》だハイ〳〵といふのみであつたが、

『時《とき》にお孃《ちやう》さんはね？』と不意《ふい》に訊《き》かれて、躊躇《ためら》ひながら、

『ハ、居《を》ります、……昨夜《ゆふべ》から、な、泣《な》き通《とほ》しで、困《こま》ります。』と俊二《しゆんじ》も遂《つひ》に泣出《なきだ》した。

『道理《もつとも》でがす。』と老人《らうじん》も一寸鼻白《ちよつとはなじろ》んだが、心弱《こゝろよわ》くてはと氣《き》を取直《とりなを》したらしく、

『お取込《とりこ》みの中《なか》で、未《ま》だ知《し》らないかも知《し》れないが、實《じつ》は昨夜《ゆんべ》遼陽占領《れうやうせんりやう》の公報《こうはう》が參《まゐ》つたゞわ。で、今日《けふ》は村中鎮守樣《むらぢうちんじゆさま》に寄《よ》つて、是《こ》れからお孃《ちやう》さんのオルガンで、萬歲《ばんざい》を祝《いは》ひ、その後《あと》で、お前樣《まへさま》に號令《がうれい》をかけて貰《もら》つて、今迄稽古《いまゝでけいこ》をした行列《ぎやうれつ》をやることになつてるだわ。ところが、肝腎《かんじん》の音頭《おんど》取《と》りが居《ゐ》ないので、膳立《せんだて》は出來《でき》た、お客《きやく》が來《こ》ないちう羽目《はめ》になつてるだて。だから、御愁傷《ごしうしやう》はお察《さつ》し申《まを》すが、村《むら》の交際《つきあひ》といふこともな、イヤお國《くに》の爲《た》めだ、今日《けふ》は是非《ぜひ》とも出《で》て貰《もら》はないと、どうも村《むら》の治《をさま》りが付《つ》き惡《にく》い、で、自然《しぜん》お前《まへ》さん達《たち》の爲《た》めにもなるまいと思《おも》ふだが。』と宥《なだ》めるのやら、威嚇《おど》すのやら。餘《あま》りの事《こと》に婆《ばあ》やは顏《かほ》を突出《つきだ》した。

『そりや旦那《だんな》さまが無理《むり》だんべ、お兄樣《あにいさま》が亡《な》くなつて、跡《あと》に親類《しんるゐ》があるでもなし、是《こ》れから何《ど》うしたら好《よ》かんべいつて、昨夜《ゆんべ》から若《わか》いお兄妹《ふたり》が、泣《な》きの涙《なみだ》で、私見《わしみ》たいな者《もの》へ相談《さうだん》

かけるでがす。私《わし》はハアお可哀想《かわいさう》で、いぢらしくつてなんねいだ。旦那《だんな》さんのお友達《ともだち》は、東京《とうきやう》へ歸《かへ》つて未《な》だ來《と》ないし、眞個《はんとう》にマア何《ど》うして可《い》いだか、差當《さしあた》つたお葬式《さうしき》の事《こと》だつて、未《な》だ取極《とりき》めることが出來《でき》ないちう始末《しまつ》でねいか。戰《いくさ》が勝《か》つて目出度《めでた》いか知《し》りましないが、その泣《な》きの涙《なみだ》の若《わか》い小供《とども》を引張出《ひつぱりだ》して、祝《いは》ひ道具《だうぐ》に使《つか》ふなんて、旦那《だんな》さんにも似合《にあは》ない、餘《あん》りてば無慈悲《むじひ》な仕方《しかた》であんめいか。』と血相《けつさう》かへて詰《つ》め寄《よ》せた。

『ハ、ハ、、。』と老人《らうじん》は寧《むし》ろ其愚《そのぐ》を憫《あは》れむとやうに苦笑《にがわら》ひして、

『お前《まへ》なんぞには解《わか》らう筈《はず》もないだがの、公義《こうぎ》親《しん》を滅《めつ》すちうことがあつて、お國《くに》の爲《た》めには、一家《か》の私事《わたくしごと》を捨《す》てなけりやなんないだ。家《うち》の柱《はしら》が亡《な》くならうと、是《と》れから自分《じぶん》の身《み》が何《ど》うならうと、それは一家《か》の私事《わたくしごと》だわ。日本《にほん》の國《くに》が大勝利《だいしやうり》になつたちうのに、私事《わたくしごと》にかまけて、天下《てんか》晴《は》れた目出度《めでた》いお祝《いは》ひを疎略《そりやく》にして濟《す》むもんか、濟《す》まないもんか、好《よ》く考《かんが》へて見《み》るが可《い》いだ。』とやゝ氣色《けしき》ばんだが、直《す》ぐと又柔《またやは》らいで、

『俊二《しゆんじ》さんも、お孃《ぢやう》さんも、敎育《けういく》のある方々《かたぐ》だわ。その位《くらゐ》な事《こと》は、この老人《らうじん》なんぞに聞《き》かつしやる迄《まで》もない。サア、お國《くに》の爲《た》めに涙《なみだ》を拭《ふい》て出《で》て呉《く》れるが可《い》いだ。オルガンでも彈《ひ》いたり、行列《ぎやうれつ》でもしたりする中《うち》には、氣《き》が紛《まぎ》れて、心配《しんぱい》も忘《わす》れて、ソラ身體《からだ》の爲《た》めにもなるちうもんだ。村《むら》の交際《つきあひ》を好《よ》くして呉《く》れゝば、村《むら》の者《もの》だつて惡《わる》くする筈《はず》がないだから。』と口《くち》を極《きは》めて說付《ときつ》くるのであつた。

『解《わか》りました。』と俊二《しゆんじ》はやう〱顏《かほ》を上《あ》げて、『愛子《あいと》さん。』と呼《よ》びながら、手早《てはや》く學校《がくかう》の

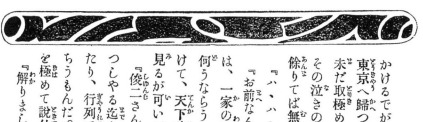

制服《せいふく》に着換《きか》へた。

『愛子《あいこ》さん、何《ど》うしたの、早《はや》くお出《で》よ、泣《な》いてたつて仕様《しやう》がありやしない。』といつたが、返事《へんじ》もないので、遂《つひ》には奥《おく》の間《ま》から手《て》を取《と》つて伴《つ》れ出《だ》した。髮《はみ》は亂《みだ》れ、瞼《まぶた》は腫《は》れて、あはれ雨後《うご》の秋海棠《しうかいだう》のそれにも増《ま》して無慘《むざん》の姿《すがた》よ。その涙《なみだ》の手《て》に用意《ようい》されて、この悲《かな》しい家《いへ》の軒端《のきば》に、賀《よろこ》びの旗《はた》の懶《もの》うげに飜《ひろが》へつたのは、それから十分《ぶん》とは經《た》たぬ時《とき》の事《こと》であつた。

斯《か》くして世《よ》にも不幸《ふかう》な兄《あに》と妹《いもうと》は、晴《は》れやかに歌《うた》ひ奏《かな》づべく、將《は》た勇《いさ》ましき行列《ぎやうれつ》の音頭《おんど》取《と》るべく、有徳《うとく》な老人《らうじん》に追立《おひた》てられつゝ、屠所《としよ》の羊《ひつじ》の歩《あゆ》みをば、鎮守《ちんじゆ》の庭《には》へ運《はこ》ぶのであつた。

本誌定價表

一冊	金十二錢	郵税一錢
六冊	金六十五錢	郵税六錢
十二冊	金一圓二十五錢	郵税十二錢

本誌廣告料

一頁	金二十圓
半頁	金十二圓
四半頁	金七圓

○郵券を以て購讀料の代用を希望せらるゝ向は其料金に一割を加へて申受べし

○本誌廣告扱所　京橋區南佐柄木町二番地日本廣告株式會社

明治三十七年九月三十日印刷
明治三十七年十月一日發行

編輯兼發行者　東京市下谷區西黒門町四番地　山口笑昨
印刷者　東京市日本橋區兜町二番地　木村鑑作
印刷所　東京市日本橋區兜町二番地　東京印刷株式會社
大賣捌所　東京市神田區表神保町　東京堂

白木屋《しろきや》呉服店《ごふくてん》御注文《ごちうもん》の栞《しを》り

白木屋《しろきや》呉服店《ごふくてん》は　寛文《くわんぶん》二年《ねん》江戸《えど》日本橋通《にほんばしどほり》一丁目《ちやうめ》に開店以來《かいてんいらい》連綿《れんめん》たる老舗《らうほ》にして呉服太物《ごふくふともの》一切《さい》を營業《えいげふ》とし傍《かたは》ら洋服部《やうふくぶ》を設《まう》け歐米各國《おうべいかくこく》にまで手廣《てびろ》く御得意樣《おとくゐさま》の御愛顧《ごあいこ》を蒙《かふむ》り居《を》り候《そろ》

白木屋《しろきや》呉服店《ごふくてん》は　呉服太物《ごふくふともの》各産地《かくさんち》に仕入店《しいれみせ》又《また》は出張所《しゆつちやうじよ》を設《まう》け精良《せいれう》の品《しな》新意匠《しんゐしやう》の柄《がら》等《とう》澤《たく》山《さん》仕入有之《しいれこれあり》又《また》價格《かく》の低廉《ていれん》なるは他《た》に比類《ひるゐ》なき事《こと》と常《つね》に御賞讃《ごしやうさん》を蒙《かふむ》る所《ところ》に御座候《ござそろ》故《ゆゑ》に益《ます》く勉強販賣《べんきやうはんばい》仕《つかまつ》り居《をり》候《そろ》且《かつ》洋服部《やうふくぶ》は海外各織物産地《かいぐわいかくおりものさんち》へ注文《ちうもん》し新柄《しんがら》織立《おりたて》させ輸入《ゆにふ》致候《いたしそろ》間《あひだ》嶄新《ざんしん》なる物品《ぶつぴん》不斷《たへず》仕入有之《しいれこれあり》是等《これら》は本店《ほんてん》の特色《とくしよく》に御座候《ござそろ》

白木屋《しろきや》呉服店《ごふくてん》は　數《すう》百年間《ねんかん》正札附《しやうふだつき》にて營業《えいげふ》致《いたし》居《をり》候《そろ》間《あひだ》遠隔地方《ゑんかくちはう》より御書面《ごしよめん》にて御注文《ごちうもん》被下《くだされ》候《そろ》とも値段《ねだん》に高下《かうげ》は無之《これなく》候《そろ》

白木屋《しろきや》呉服店《ごふくてん》は　店内《てんない》に意匠部《いしやうぶ》を設《まう》け圖案家《づあんか》畫工《ぐわこう》等《とう》執務《しつむ》致居《いたしをり》候《そろ》に付《つき》御模樣物《おんもようもの》等《など》は御好《おこのみ》に從《したが》ひ嶄新《ざんしん》の圖案《づあん》調進《てうしん》の御需《おんもと》めに應《おう》じ可申《まをすべく》候《そろ》

白木屋《しろきや》呉服店《ごふくてん》は　御紋付用《ごもんつきよう》御着尺物《おんきじやくもの》御羽織地《おんはおりち》御裾模樣物《おんすそもようもの》等《とう》急場《きうば》の御用《ごよう》に差支《さしつかへ》無之樣《これなきやう》石持《こくもち》にて染上置《そめあげおき》候《そろ》に付《つき》何時《なんどき》にても御紋章書入《ごもんしやうかきい》れ迅速《じんそく》御間《おんま》に合《あは》せ調進《てうしん》可仕《つかまつるべく》候《そろ》

白木屋《しろきや》呉服店《ごふくてん》へ　染物《そめもの》仕立物《したてもの》等《とう》御注文《ごちうもん》の節《せつ》は御注文書《ごちうもんしよ》に見積代金《みつもりだいきん》の凡半金《およそはんきん》を添《そ》へ御申越《おんまをしこし》可被下《くださるべく》候《そろ》

白木屋《しろきや》呉服店《ごふくてん》は　前金御送《ぜんきんおんおく》り被下候《くだされそろ》御注文品《ごちうもんひん》の外《ほか》は御注文品《ごちうもんひん》を代金引換《だいきんひきかへ》小包郵便《こづゝみゆうびん》にて御《ご》

送附《そうふ》可仕候《つかまつるべくそろ》
但《たゞ》し郵便規《ゆうびんき》則外《そくぐわい》の重量品《ぢうれうひん》は通常運送便《つうせううんそうびん》にて御届《おんとゞ》け可申候《まをすべくそろ》

白木屋《しろきや》呉服店《ごふくてん》は 當分《たうぶん》の内絹物《うちきぬもの》の運賃《うんちん》は負《ふ》擔仕候《たんつかまつりそろ》

白木屋《しろきや》呉服店《ごふくてん》へ 爲換《かはせ》にて御送金《ごそうきん》の節《せつ》は日《に》本橋區萬町第《ほんばしくよろづちやうだい》百銀行又《ぎんかうまた》は 東京中央郵便局《とうきやうちうわうゆうびんきよく》へ
御振込《おんふりこ》み可被下候《くださるべくそろ》

白木屋《しろきや》呉服店《ごふくてん》へ 電信爲換《でんしんかはせ》にて御送金《ごそうきん》の節《せつ》は同時《どうじ》に電信《でんしん》にて御通知被下候様奉願上候《ごつうちくだされそろようねがひあげたてまつりそろ》

白木屋《しろぎや》呉服店《ごふくてん》へ 御通信《ごつうしん》の節《せつ》は御宿所《ごしゆくしよ》御姓名等可成明瞭《ごせいめいとうなるべくめいりやう》に御認《おんした》め被下度奉願上候《くだされたくねがひあげたてまつりそろ》

東京日本橋區通一丁目

白木屋 呉服 洋服 店

電話本局 八十一 八十二 八十三 特四七五

大阪東區心齋橋筋二丁目

白木屋出張店

電話 東 五四五

白木屋呉服店販賣
呉服物代價表

白地類

- 一白大幅縮緬　自二十圓　至三十圓
- 一白中幅縮緬　自十三圓　至十九圓
- 一白小幅縮緬　自九圓　至二十圓
- 一白山繭縮緬　自十二圓　至十七圓
- 一白紋縮緬　自十圓　至十五圓
- 一白鹽瀬　自十五圓　至二十圓
- 一白羽二重　自七圓　至十五圓
- 一白壁羽二重　自八圓　至十二圓
- 一白紋羽二重　自八圓　至十二圓
- 一白八ツ橋織　自七圓　至九圓
- 一白紗縮緬　自十圓　至十五圓
- 一金紗縮緬　自十五圓　至二十圓
- 一白市樂織　自十圓　至十七圓
- 一白本斜子　自十圓　至十五圓
- 一白京斜子　自十四圓　至二十圓
- 一白川越斜子　自七圓　至十三圓
- 一白信州斜子　自八圓　至十三圓
- 一白浮織　自五圓　至六圓半
- 一白綸子　自八圓　至十圓
- 一白本綸子　自十三圓　至十八圓
- 一白絹　自三圓　至四圓
- 一白紬　自三圓　至四圓半
- 一白奉書紬　自五圓　至七圓

御袴地類

- 一茶宇袴地　自十六圓　至十八圓
- 一兩面織袴地　自二十圓　至三十七圓
- 一博多平　自十四圓　至二十圓
- 一八千代平　自十四圓　至十八圓
- 一仙臺平　自十圓　至十八圓
- 一後仙平　自九圓　至十圓
- 一色琥珀平　自十圓　至十三圓
- 一節糸織平　自五圓　至七圓
- 一カシミヤ　自三圓　至四圓

男帯地類

- 一綴織　自十七圓　至二十圓
- 一繻珍織　自八圓　至十三圓
- 一博多織　自四圓　至十圓
- 一紋織博多　自六圓　至十圓
- 一厚板織　自六圓　至八圓
- 一博多兒帯　自二圓　至六圓
- 一繻珍兒帯　自三圓　至四圓

御婦人帯地類

- 一繻珍丸帯　自十五圓　至百圓
- 一綴錦丸帯　自百圓　至二百圓
- 一厚板丸帯　自十六圓　至六十圓
- 一博多丸帯　自十四圓　至三十五圓
- 一支那繻子丸帯　自九圓　至十圓
- 一黒唐繻子丸帯　自十一圓　至十四圓
- 一色繻子丸帯　自十圓　至十六圓
- 一繻珍中帯　自八圓　至廿五圓
- 一博多中帯　自七圓　至十圓

縞着尺地及御羽織地類

- 一風通御召　自十四圓　至十九圓
- 一同　四丈五尺物　自廿二圓　至廿五圓
- 一縞御召　自十圓　至十三圓
- 一同　四丈五尺物　自十五圓　至二十圓

一吉野入紋御召	自十七圓	至十八圓
一吉野御召	自十二圓	至十四圓
一無地御召	自十三圓	至十四圓
一扶桑御召	自十二圓	至十四圓
一風通糸織	自十二圓	至十五圓
一繻珍織	自十四圓	至十六圓
一桑都織	自十三圓	至二十圓
一縞市樂	自十三圓	至二十圓
一繋糸織	自十三圓	至十八圓
一吉野織	自七圓	至十圓
一八端織	自十圓	至十六圓
一本八丈	自五圓	至八圓
一元龜織	自十四圓	至十六圓
一光輝織	自十二圓	至十五圓
一大島紬	自十三圓	至二十圓
一大島風通	自十圓	至十五圓
一米澤琉球	自四圓半	至八圓
一結城紬	自九圓	至十二圓
一信州紬	自六圓半	至八圓
一上田紬	自七圓	至九圓
一伊勢崎銘仙	自四圓半	至八圓
一秩父銘仙	自四圓	至六圓
一節糸織	自五圓	至八圓

●友仙及染地類

一友仙中巾縮緬	自十三圓	至十八圓
一友仙小巾縮緬	自十三圓	至十七圓
一小紋縮緬	自九圓半	至十三圓
一更紗縮緬	自九圓	至十二圓
一板〆縮緬	自九圓	至十三圓
一玉糊縮緬	自九圓	至十二圓
一絞り縮緬	自九圓	至十三圓
一玉糊紋羽二重	自八圓	至十二圓
一友仙紋羽二重	自十二圓	至十五圓
一色紋羽二重	自九圓	至十三圓
一更紗斜子	自八圓	至十圓
一更紗奉書	自六圓	至七圓半

●裏地類

一花色正花薄花絹	自三圓	至七圓
一花色正花薄花秩父	自二圓半	至四圓半
一變り色絹	自三圓	至五圓
一鼠羽二重	自五圓	至七圓半
一紅羽二重	自六圓	至十圓
一本紅絹	自三圓	至五圓
一直り紅	自六圓	至八圓
一紅秩父	自一圓二十錢	至四圓
一糸好紅	自二圓半	至四圓
一琥珀袴裏地	自七圓半	至八圓
一繻珍額附胴裏	自五圓	至十二圓
一紅緞子胴裏	自五圓	至八圓
一綸緞子胴裏	自五圓	至十五圓
一時代緞子	自六圓	至十圓
一遠州緞子	自四圓	至五圓半
一綾綸子胴裏	自二圓半	至三圓半
一織綾胴裏	自三圓半	至四圓半
一色甲斐絹尺	自十八錢	至廿五錢
一縞甲斐絹尺	自二十錢	至廿五錢
一綸甲斐絹尺	自二十錢	至廿五錢
一瓦斯甲斐絹尺	自四錢	至九錢
一花色正花薄花新獻裏地	自一圓六十五錢	至一圓七十錢
一羽二重金巾	自七十錢	至一圓四十錢
一花色木綿眞岡	自五十五錢	至九十五錢
一花色金巾	自五十錢	至五十八錢

●帛紗類

一綴錦	自十三圓	至廿五圓
一御殿織	自九圓	至十圓
一九重織	自八圓	至九圓
一壁千代呂友禪	自四圓	至六圓
一鹽瀬友禪縫入	自六圓	至八圓
一同袷無雙	自十圓	至十六圓

一縮緬友禪　自三圓　至五圓
一紋鹽瀬更地　自四圓　至五圓
一同巾巾　自九十錢　至一圓半

一郡内縞　自一圓半　至三圓
一鹽瀬茶帛紗　自一圓　至一圓半

●夜具地類

一郡内絹　自六圓　至七圓
一糸織　自七圓　至九圓
一本八丈　自六圓半　至八圓半
一縞八丈　自六圓　至八圓
一銘仙　自四圓　至六圓
一節糸織　自四圓　至六圓
一秩父縞　自四圓　至五圓
一岸縞　自二圓半　至三圓半

一絹瓦斯　自一圓半　至二圓二十錢
一熨斗横織　自一圓半　至二圓
一御納戸大形縮緬　自十圓　至十五圓
一御納戸大形秩父　自三圓半　至四圓半
一唐草眞岡　自七十五錢　至九十錢
一更紗眞岡　自七十錢　至一圓
一紡績織　自一圓二十錢　至一圓半
一松坂縞　自七十五錢　至九十錢

●座蒲團地類

一本緞子　一枚　自六圓　至十圓
一綿緞子　同　自七十錢　至三圓
一大形縮緬　同　自三圓半　至四圓
一更紗紬　同　自九十錢　至一圓
一本八丈　同　自一圓四十錢　至二圓

一綾八端　一枚　自一圓八十錢　至二圓十錢
一縞八丈　同　自一圓四十錢　至二圓
一郡内縞　同　自一圓二十錢　至一圓半
一銘仙　同　自九十錢　至一圓十錢
一秩父　同　自七十錢　至一圓

一節織　一枚　自七十五錢　至九十錢
一熨斗横織　同　自三十錢　至四十五錢
一瓦斯糸織　同　自廿五錢　至卅五錢

一紡績織　一枚　自三十錢　至卅五錢
一更紗眞岡　同　自十三錢　至二十錢
一更紗綿斜子　同　自二十錢　至廿五錢

●絹綿交織

一九重御召　自三圓　至六圓
一瓦斯御召　自二圓　至三圓
一風通瓦斯御召　自五圓　至八圓
一博多紬　自二圓半　至三圓
一本場結城　自一圓七十錢　至二圓二十錢
一同糸入　自二圓四十錢　至二圓八十錢
一博多結城　自一圓半　至三圓
一結城木綿　自七十五錢　至一圓二十錢
一愛知結城　自一圓二十錢　至一圓半
一吾妻銘仙　自一圓三十錢　至一圓半

一新秩父縞　自一圓半　至三圓
一紡績織　自一圓　至二圓
一新琉球絣　自一圓半　至二圓四十錢
一新大島絣　自二圓半　至四圓
一本瓦斯雙子　自二圓　至三圓
一絹雙子　自一圓二十錢　至二圓
一雙子織　自八十錢　至一圓二十錢
一木綿紺絣　自一圓半　至二圓半
一伊勢松坂縞　自八十錢　至一圓

●吾妻コート地類

（仕立上り）

一色紋綾糸織　自二十圓　至三十圓
一幸織　自廿二圓　至廿五圓
一共紋風通織　自二十圓　至廿八圓
一無地御召　自十七圓　至廿五圓

一黒、紺、色綾絨　自十五圓　至廿五圓
一黒紺色絨　自十五圓　至二十圓
一色カシミヤ　自十圓　至十二圓

●色物類

一色大巾縮緬一尺	自八十錢 至一圓二十錢
一色中巾縮緬一尺	自四十五錢 至七十錢
一色小巾縮緬	自八圓 至十三圓
一色紋縮緬	自十圓 至十五圓
一色紋羽二重	自八圓 至十二圓
一色紬	自三圓半 至四圓半
一色太織	自二圓 至三圓
一色獻中	自二圓半 至二圓八十錢
一色獻緞	自三圓半 至五圓
一色絹縮	自九圓 至十二圓
一色、紅、絞り絹	自三圓 至四圓半
一紅、色、板締絹	自三圓 至四圓半
一地白板締絹	自三圓半 至四圓半
一紅色紋鹽瀬大巾尺	自一圓 至一圓半
一紅色壁千代呂大巾一尺	自八十錢 至一圓十錢
一木摺眞岡合羽地	自九十錢 至一圓十錢
一鐵色眞岡合羽地	自七十錢 至一圓
一色キヤラコ	自五十錢 至七十錢

一萌黃唐草染	自七十錢 至八十五錢
一萌黃眞岡木綿	自六十錢 至八十錢
一白大巾縮緬兵兒帶	自六圓 至十三圓
一同中巾兵兒帶	自四圓 至八圓
一白獻緞兵兒帶	自一圓半 至二圓
一縮緬下締	自一圓八十錢 至二圓半
一海老色琥珀袴	自十圓 至十三圓
一海老色カシミヤ袴	自四圓 至五圓
一海老色毛朱子袴	自二圓八十錢 至三圓三十錢
一友禪縮緬蹴出	自四圓 至五圓
一縮緬頭巾	自三圓 至五圓
一縮緬半襟	自五十錢 至二圓
一縮緬シゴキ地	自四圓 至六圓
一縮緬帶揚ゲ	自一圓卅錢 至四圓半
一紋羽二重帶揚	自一圓 至四圓

白木屋洋服店洋服目録

品名	地質	製式	價格
勅任官御大禮服	表、最上等黒無地絨 裏、白綾絹	銀臺金消モールにて御制規の通、緒、帽子、劍、劍釣、正緒共	金二百七十圓
奏任官御大禮服	表、同上 裏、同上	同	金百八十圓
爵位御大禮服	表、同上 裏、同上	同上外に肩章付	金二百圓
陸軍御正服	表、上等濃紺無地絨 裏、黒毛朱子	御制規の通 將官 佐官 尉官	金八十圓 金五十五圓 金四十圓
同略服	表、同上 裏、同上	同 將官 佐官 尉官	金三十圓 金二十七圓 金二十三圓
同外套	表、同上 裏、同上(但將官ハ紅絨)	同 將官 佐官 尉官	金三十五圓 自金二十三圓 至金二十五圓
海軍御正服	表、濃紺無地絨 裏、黒佛蘭西絹及綾絹	同 將官 佐官 尉官	金八十五圓 金七十五圓 金六十五圓
同軍服	表、同上 裏、黒毛朱子	同 將官 佐官 尉官	金六十圓 金五十圓 金四十五圓
同上通常軍服	表、同上 裏、同上	同 將官 佐官 尉官	自金二十三圓 至金二十八圓
同外套	表、同上 裏、同上	同 將官 佐官 尉官	自金二十三圓 至金三十圓
燕尾服	表、上等黒無地絨 裏、黒佛蘭西絹	三ツ揃琥珀見返付	自金四十五圓 至金六十五圓

トキシード	表、黒朱子絨及無地絨 裏、黒佛蘭西絹	三ツ揃琥珀見返付	自 金四十円 至 金四十五円
フロックコート	表、黒無地絨或は朱子目綾絨 裏、綾絹	同	自 金三十五円 至 金六十五円
モーニングコート	表、黒、紺、斜綾絨或はメルトン、裏付朱子及ビ綾絹 裏、黒毛朱子及綾	上衣、チョキ、黒及紺ヅボン立縞	自 金二十八円 至 金四十五円
片前背廣	表、相鼠、濃鼠、霜降メルトン、スコチ或は綾絨 裏、同色毛朱子或はアルパカ	三ツ揃	自 金十八円 至 金三十三円
兩前背廣	表、黒、紺、綾メルトン或は玉ヘル及霜降太綾絨 裏、縞サーヂ	三ツ前	自 金二十円 至 金三十五円
ヲーバコート	表、鼠、茶、霜降絨、同斜子綾絨 裏、共色綾絹	カクシ釦絹天鵞絨衿付	自 金二十八円 至 金三十五円
同　中等	表、同上 裏、共色毛朱子及綾アルパカ	カクシ釦共ゑり	自 金十八円 至 金二十五円
ロング・コート	表、ラクダ玉絨、厚地綾メルトン 裏、佛蘭西絹	ゑり及見返し袖先獺毛皮付裏綿入菱形さし縫	自 金八十円 至 金百十円
同　中等	表、玉絨、厚地スコッチ 裏、縞サーヂ	頭巾付兩前	自 金三十円 至 金四十五円
インバネス	表、茶鼠霜降綾絨 裏、共色毛朱子、或は甲斐絹	和洋兼用脇釦掛	自 金十八円 至 金三十円
銃猟服	表、枯葉色スコッチ 裏、共色毛朱子	半ヅボン脚絆付三ツ揃	自 金十八円 至 金三十円
小裁海軍形	表、紺天鵞絨及紺絨 裏、毛朱子	五才位より八才迄錨縫箔付	自 金六円 至 金九円
和服用外套	表、黒、紺綾絨及霜降 裏、緞子及綾絹	英形（一名ダルマ形　帶ヒダなし）頭巾付	自 金三十五円 至 金四十八円
同　中等	表、同上 裏、甲斐絹及毛朱子	同　上	自 金二十円 至 金三十五円
同角袖外套	表、同上 裏、甲斐絹	頭巾付	自 金十八円 至 金二十五円
吾妻コート	表、紺、黒紋織綾絨 裏、緞子及繻珍	被布ゑり及道行ゑり共色糸飾紐付	自 金二十円 至 金三十円

同	表、同上 裏、甲斐絹及綸子	同上	自金二十五圓 至金二十圓
同	表、風通紋織、綾絲織 裏、綾綸子、紋羽二重	同上	自金二十三圓 至金三十圓
判、檢、辯護士法服	表、黑絹セル、及琥珀 裏、黑甲斐絹スベリ	正帽付制規の縫箔	自金十六圓 至金二十八圓
學校用御袴	表、海老色カシミヤ	單仕立太白糸腰紐	自金四圓 至金五圓五十錢

右之外陸海軍各學校御制服等御好ニ應シ入念御調製仕可候

白木屋洋服店販賣
小間物目錄

●襟飾

- 結び下げ　自五十錢　至一圓五十錢
- ダビー（フォーアインハンド）　自六十錢　至一圓三十錢
- 蝶形《ボー》　自三十五錢　至一圓
- 縫模樣入　自一圓三十錢　至一圓八十錢
- 巾ダビー（フローイングフォーアインハンド）　自一圓三十錢　至二圓八十錢

●ズボン釣及胴締

- 並物　自八十五錢　至一圓二十錢
- ゴム入　自一圓　至三圓五十錢
- 絹製　自一圓八十錢　至三圓
- 皮製胴締　自一圓五十錢　至三圓五十錢

●釦類

- カフス釦《リンク》　自六十錢　至二圓八十錢
- 同金製　自八圓　至二十圓
- 胸釦　自五十錢　至一圓八十錢
- カラ釦　自十錢　至四十錢

●メリヤス類

- 白地メリヤスシャツ　自二圓十錢　至四圓五十錢
- 同ズボン下　自二圓十錢　至四圓五十錢
- 同綿物シャツ　自一圓　至一圓三十錢
- 同ズボン下　自一圓　至一圓三十錢
- 鼠メリヤスシャツ　自一圓五十錢　至三圓九十錢
- 同ズボン下　自一圓五十錢　至三圓九十錢
- 同厚地シャツ　自一圓八十錢　至二圓九十錢
- 同ズボン下　自一圓八十錢　至二圓九十錢
- 婦人物シャツ　自一圓　至一圓九十錢
- 小供物シャツ　自一圓　至一圓三十錢

- サルマタ　自五十錢　至一圓五十錢
- 自轉車乘用　自一圓九十錢　至三圓五十錢

●靴下類

- メリヤス製　自四十八錢　至九十八錢
- スコッチ製　自四十三錢　至一圓三十錢
- 同自轉車用　自一圓　至一圓九十五錢
- 絹製　自一圓八十錢　至二圓
- 小供物　自二十八錢　至八十錢
- 乳兒用　二十二錢

●手袋類

- 男物メリヤス製　自四十錢　至一圓五十錢
- 同皮製　自一圓八十五錢　至三圓
- 婦人物メリヤス製　自三十八錢　至一圓五十錢
- 同絹製　自一圓　至二圓

●ハンカチーフ類

- 金巾製一ダース　自一圓八十錢　至三圓八十錢
- 麻製一ダース　自四圓二十錢　至八圓
- 絹製一枚に付　自四十錢　至一圓八十錢

●タヲール類

- 和製　自三十錢　至五十五錢
- 舶來　自一圓十錢　至一圓七十錢

●ホワイトシャツ

- 並物一枚に付　自一圓二十錢　至二圓五十錢
- シングルカラー一本に付　三十三錢
- ダブルカラー一本に付　五十五錢
- 麻製一枚に付　自六圓五十錢　至十一圓
- 縞物カラ二本付　自二圓九十錢　至三圓八十錢

●リボン類

一吋半巾模様物一ヤード	自二十五錢至五十錢
同水波一ヤード	自三十錢至四十錢
一吋巾模様一ヤード	自二十錢至三十五錢
同水波一ヤード	自二十錢至二十五錢
細目各種一ヤード	自八錢至二十錢
リボン一個簪に付製	自七錢至五十錢

●櫛、簪類

ゴム製櫛	自三十八錢至九十五錢
同ヘーヤピン	自十五錢至八十三錢
造花簪	自二十五錢至八十五錢
ショール留メ	自六十錢至三圓八十錢

●毛布類

白毛布二枚續き	自七圓五十錢至十三圓
鼠毛布一枚に付	自五圓二十錢至七圓

●膝掛及肩掛類

極上絹プラシ	三十二圓
絹ラッコ製	自十三圓五十錢至十八圓
駱駝織製	自二十二圓至二十五圓
縞格子セル製	自六圓至八圓

●乳兒用帽子(フード)

毛糸製	自一圓二十錢至一圓三十錢
絹天製	三圓

●襟卷類

絹ラッコ製	自四圓九十錢至五圓八十錢
毛糸製	自六十五錢至七十五錢
ショール及ケープ	自四圓至七圓五十錢

●靴及足袋

色羅紗製小供用靴	自一圓七十錢至二圓
毛足袋大人用	四十七錢

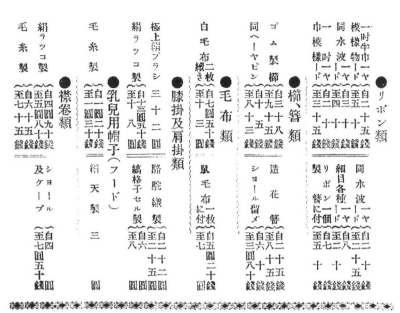

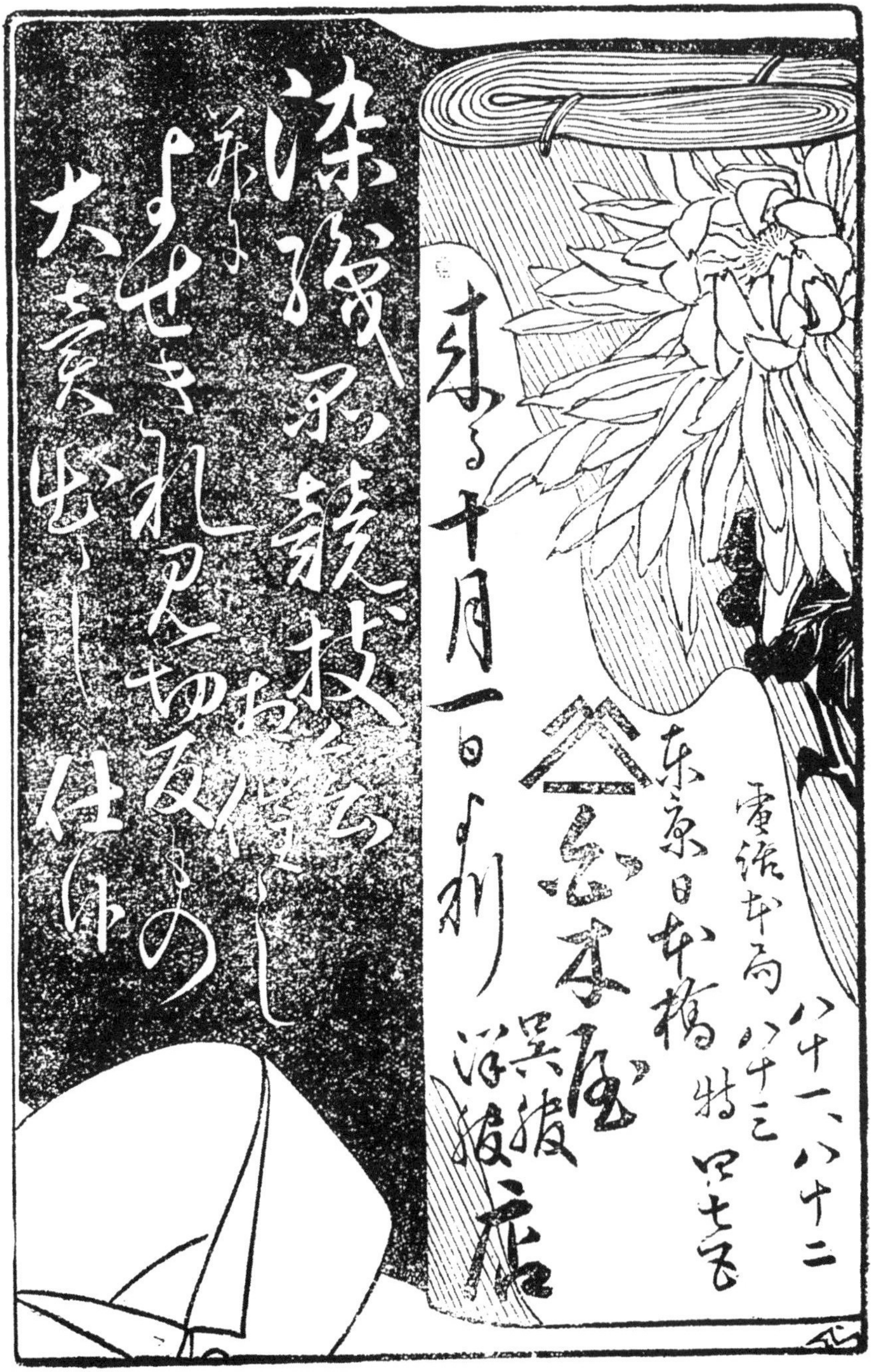
来る十月一日より
東京日本橋
白木屋
呉服
洋服店
電話本局 八十一、八十二
特 四十二
大売出し仕候

注文書

男子女子用衣裳又は羽織等	袖
年齢	ゆき
用途	口明
品柄	袖幅
好みの色	袖付
好みの柄	前幅
紋章并大さ及び数	後幅
好みの模様	衽《ヲクミ》幅
惣模様	衽《ヲクヒ》下り
腰模様	衿《エリ》幅
裾《スソ》模様	褄《ツマ》下
江戸褄《ツマ》模様	袘《フキ》の厚《アツ》さ
奴褄《ヤツコツマ》模様	人形
袘《フキ》模様	紐《ヒモ》付
仕立寸法	前下り
丈	紐下

備　　考

右注文候也

住所

明治　　年　　月　　日

姓名

白木屋呉服店地方係中

御注文用箋

白木屋洋服店

明治卅　　年　　月　　日

御宿所貴名	服名	地質見本番號	見積金額

摘要

御寸法

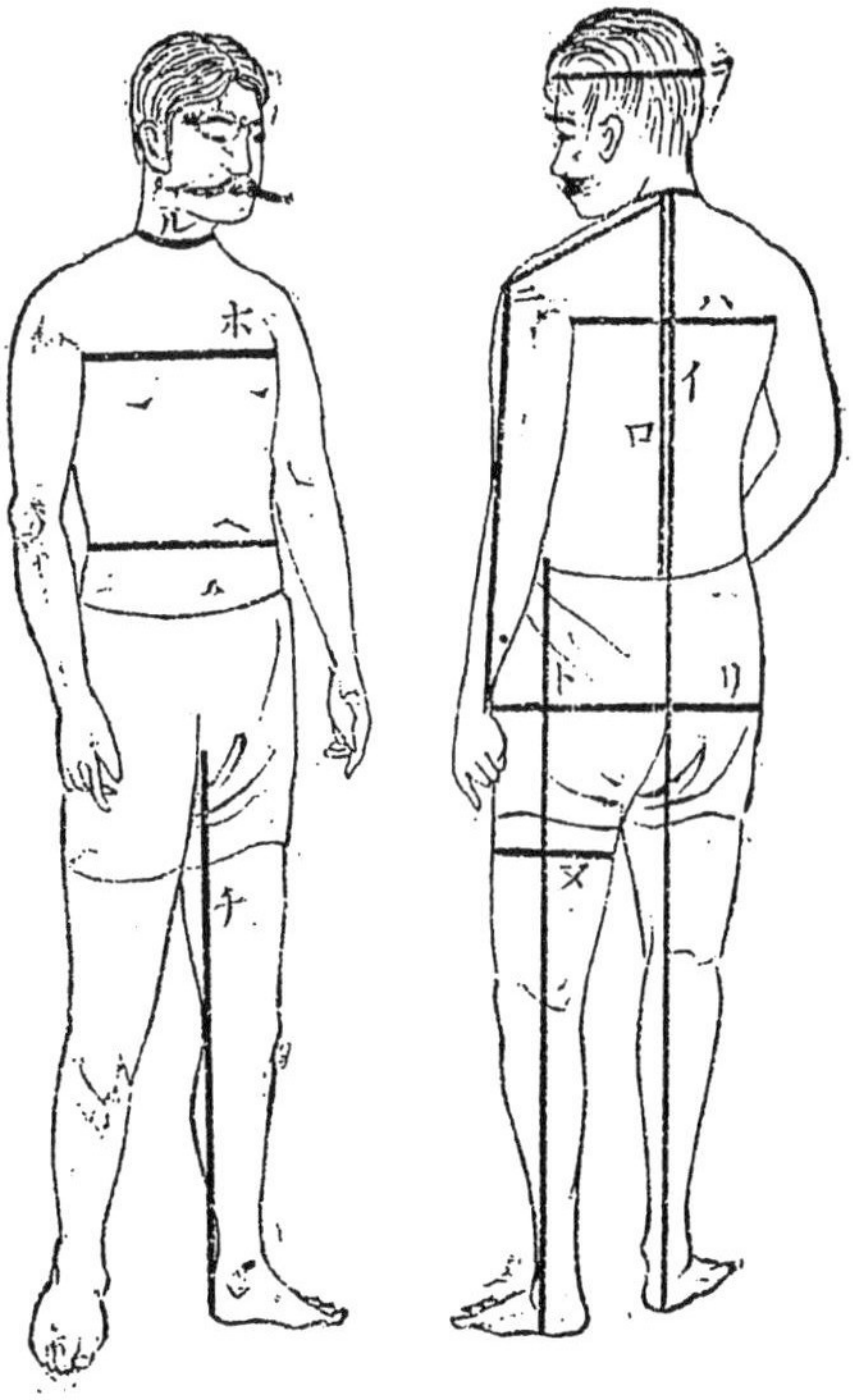

イ	總丈	首の付際より足の踵迄	尺　寸　分
ロ	脊丈	首の付際より腹の廻り迄	尺　寸　分
ハ	脊巾	兩手を下げ左腕の付より右腕の付際迄	尺　寸　分
ニ	行	首の付際より肩へ掛け手首骨節迄	尺　寸　分
ホ	上胴	乳の上を廻す	尺　寸　分
ヘ	腹廻り	臍の上を廻す	尺　寸　分
ト	丈	(ヅボン)腰の腕骨より足の踵迄	尺　寸　分
チ	又下	睾丸の脇付際より足の踵迄	尺　寸　分
リ	臀	臀肉の最も高き處を廻す	尺　寸　分
ヌ	股	股の最も太き處を廻す	尺　寸　分
ル	襟廻り		尺　寸　分
ヲ	頭廻り	(但帽子御注文の際御記入のこと)	尺　寸　分
用尺			
採寸			
體格特徴			

御注意

體格特徴欄へは、胸はり、肩はり、肩下り、出腹、ネコ脊等御記入のこと

採寸欄へは、裸體又は「シャツ」の上又は出來上り寸法と御記入のこと

用尺欄へは、御使用の度器(曲尺)(鯨尺)等の別を御記入のこと

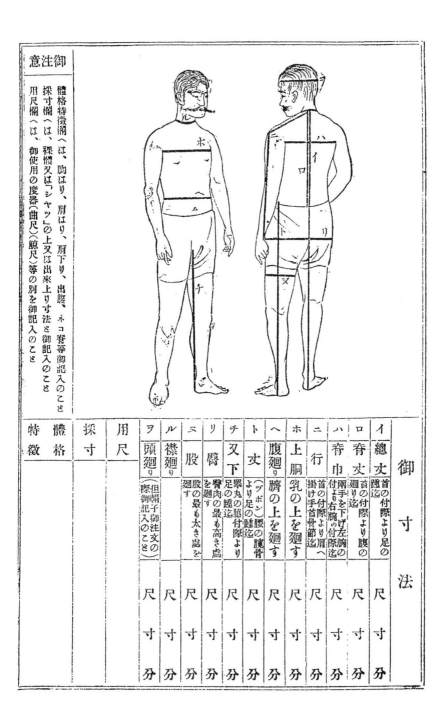

世界大發明寫聲機 **平圓盤新曲譜着荷**

曲譜大形價壹圓七拾五錢以上五圓迄
器械價參拾六圓以上七拾五圓迄

本堂の寫聲に係る我國諸大家演奏の日本譜平圓盤一二百餘種今回『セルスドン』號にて着荷せり、本堂は過般來より新着船を期待せらるゝ愛顧各位にして若し此際貸命一日を緩ふし現品忽ち盡き爲に又し又次回の着荷を待たざるべからざるの遺憾あるを顧慮し敢て謹告すること爾り

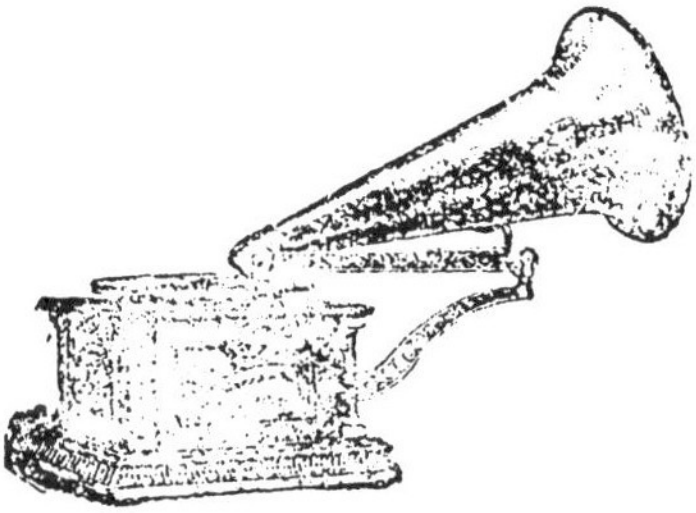

東京市京橋區尾張町二丁目十六、十七、十八、十九番地

日本支那朝鮮一手販賣元 **天賞堂**

（電話新橋特三三三三・三二五三）

◉寫聲機平圓盤曲名一覽御希望の御方は郵券貳錢封入御申越あれ

◉特約販賣御希望の向へは御申越次第堂員を出張せしめ御契約をなさしむべし

ムスク香水

大瓶壹圓
小瓶廿五錢

○ムスク香水の特色は芳香永く保つ點に於て頗る高評なり

ホーサン石鹸

大形廿錢
小形拾錢

○本品を常用せば皮膚病を全治し身體を白色艶麗ならしむる效あり

○賣藥小間物化粧品店に有升御試用を乞ふ
○僞物品有之候間松澤名義に御注意を乞ふ

東京日本橋區本石町四丁目廿番地

芳香藥種問屋 **松澤化粧品部**

電話本局百四十五番

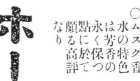

中央新聞の名聲世界に鳴る

中央新聞は日本の新聞中の新聞として歐米到る處の新聞雜誌に掲げたる寫眞此の如し

定價一箇月金參拾五錢
郵稅直接郵送に限り一箇月特別八錢
廣告料一行　金四拾錢

東京京橋區銀座四丁目

中央新聞社

新小說

◀第九年第拾卷●拾月壹日發行▶

相續人……小杉天外
くさ場……昇曙夢
根摺衣……山岸荷葉
故原抱一氏追憶錄
病間錄……綱島梁川
泓景を悼む……中島孤島
三亭小說中の出典……山方香峰
亡き友……梅澤和軒
戰捷紀念混寫の記……呵々生
矚目懲中……後藤宙外
花賣女……兒玉花外
新秋……大塚甲山
二千里……中村星湖
綻かざり……流行子
譚叢▲藝苑▲社會等……趣味津々

實價一冊貳拾五錢郵稅貳錢

大捷紀念繪葉書

▲全部三組、六枚一組、實價貳拾五錢郵稅貳錢

大捷紀念として春陽堂から出した三組の繪葉書は祝捷市中の光景を撮影したもので材料も良し印刷も良し、少しの厭味もなく東京人士が紀念として送るには至極適當だ(電報新聞評)

發行所 東京日本橋通四丁目角 春陽堂

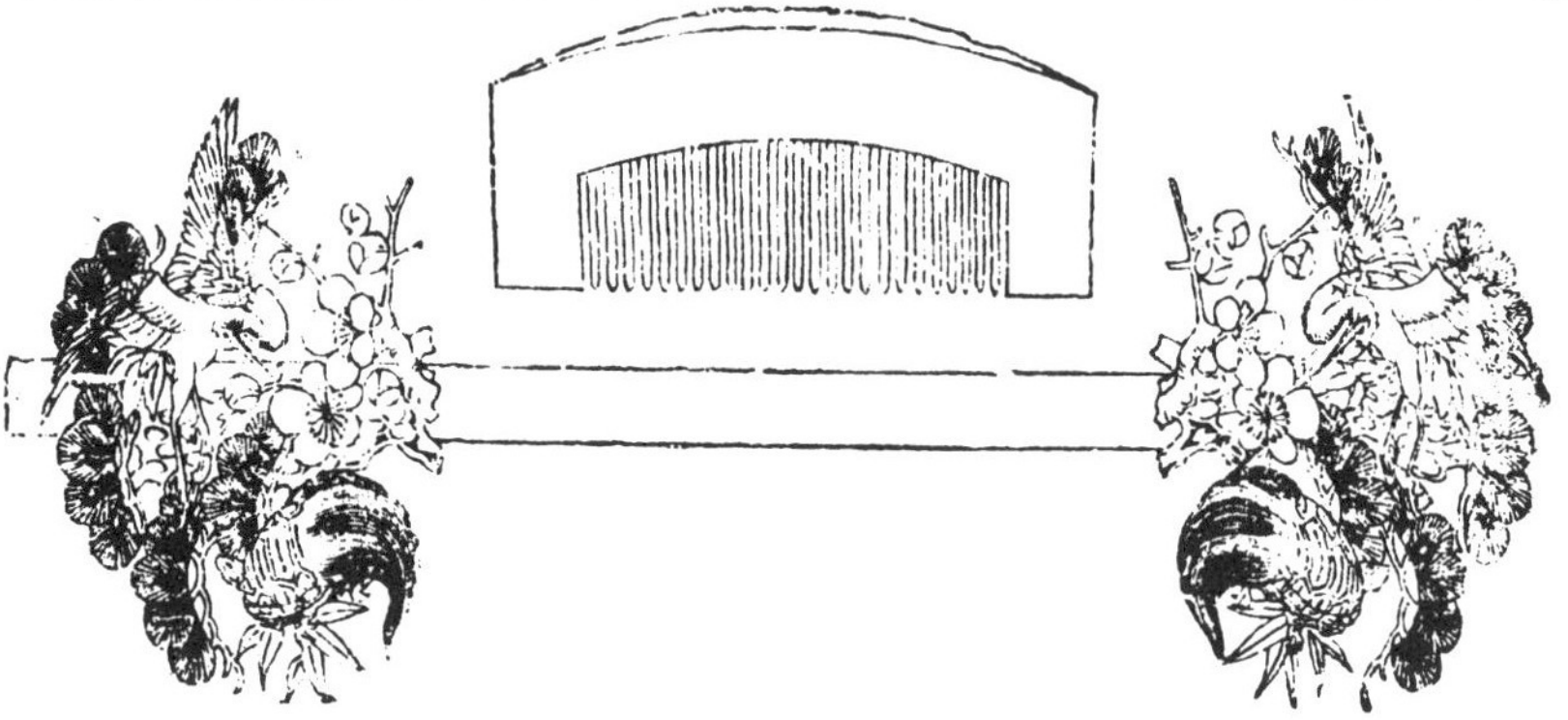

鼈甲櫛笄 儀式用品
金銀細工 簪指輪帶止
珊瑚珠并に 寶石玉根掛
美術彫刻 流行蒔繪物
最新流行 束髮用櫛簪 新形各種
かもじ前髮じん 花簪各種
其他御注文に應じ 調進可仕候

●市内御報次第參上
●地方は代金引替小包

日本橋區通一丁目十五番地
美術小間物商
小紅屋
(白木屋向角)

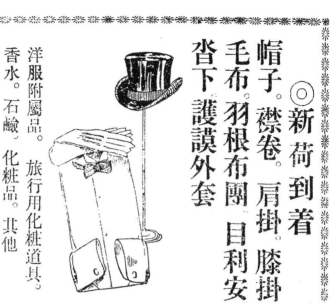

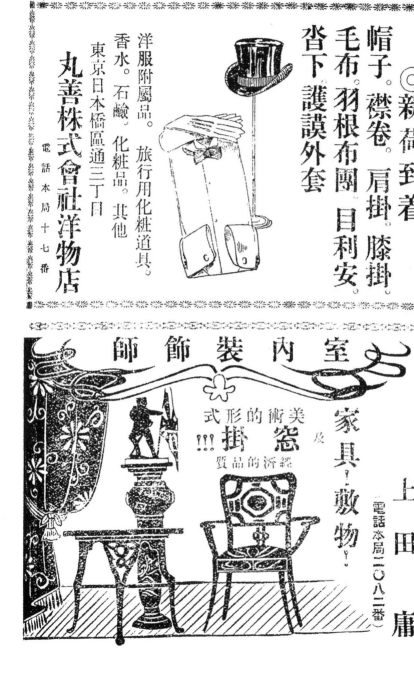

TRADE 清 MARK

YETSUCHUYA.

WASHIZUKA & Co.

Kyobashi Tokyo. Japan. Telephone.
No. 571. Shinbashi

第五回內國勸業博覽會

賜二等銀牌

第三回博覽會 金牌受領 ＊ 內國製產品評會 銀牌受領 ＊ 第四回博覽會 褒狀受領

簞笥御注文の御思召ある御方樣には完全美麗なるたんす目錄差上仕候
但し郵券二錢封入の事

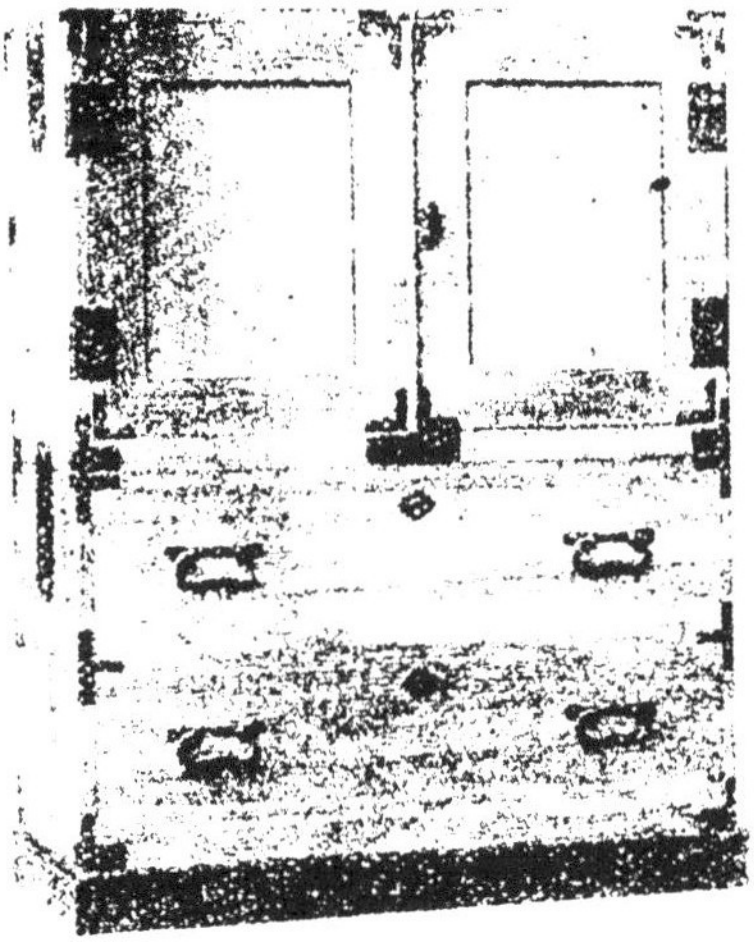

大阪代理店 中原簞笥店
大阪市東區南本町井池角

簞笥長持御婚禮道具一式

調製

精製確實 不誤時期

東京本店
東京市京橋區水谷町角

越中屋
鷲塚簞笥店

電話新橋五百七十一番

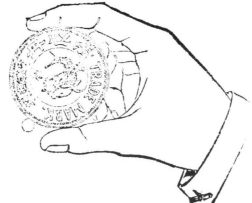

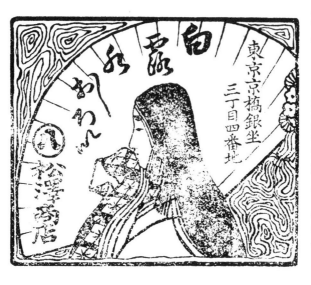

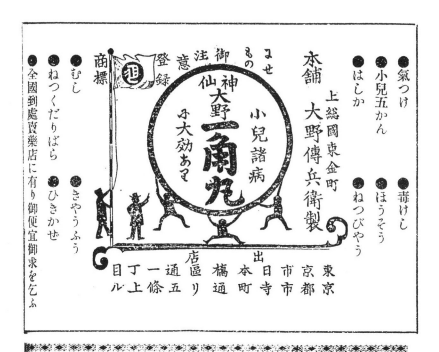

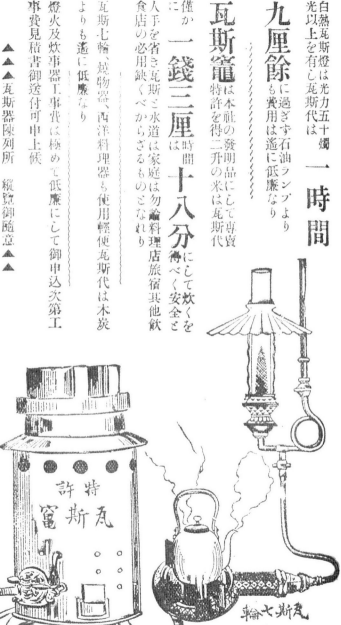

明治三十七年七月四日第三種郵便物認可
明治三十七年十月一日發行毎月一回一日發行

シリーズ 百貨店宣伝資料 1　白木屋①

2018年11月15日　印刷
2018年11月22日　第1版第1刷発行

［監　修］　瀬崎圭二《せざきけいじ》
［発行者］　荒井秀夫
［発行所］　株式会社ゆまに書房
〒101-0047　東京都千代田区内神田2-7-6
tel. 03-5296-0491 / fax. 03-5296-0493
http://www.yumani.co.jp
［印刷］　株式会社平河工業社
［製本］　東和製本株式会社
落丁・乱丁本はお取り替えいたします。　Printed in Japan
定価：本体19,000円＋税　ISBN978-4-8433-5446-9 C3363